출애굽기 주석은
대구대은교회(담임목사 김덕오) 후원으로
제작되었습니다.

Exodus, The 60th Jubilee Commentary of the Presbyterian Church in Korea by JeongGeon Han

published by The General Assembly of the Presbyterian Church in Korea Publishing Department, Seoul, Korea, 2022 © The General Assembly of the Presbyterian Church in Korea Publishing Department 2022. All rights reserved. No part of this publication may be reproduced, stored in a retrieval system, or transmitted, in any form or by any means, electronic, mechanical, photocopying, recording, or otherwise, without the prior written permission of the publisher.

대한예수교장로회
고 신 총 회
설립 60주년 기념
성 경 주 석

출애굽기

한정건 지음
고신성경주석편집위원회 편

대한예수교장로회
총회출판국

발간사

생명의 도라 불리는 기독교는 말씀의 종교라 할 수 있을 것입니다. 이 땅에 존재하는 많은 종교들이 이런 저런 자신들의 교리를 말하고 신비한 영적 체험을 말하지만, 생명의 도인 기독교는 하나님의 말씀이 잣대(canon)가 됩니다. 하나님의 말씀이라는 잣대가 있기에 기독교는 흔들리지 않습니다. 지금까지 반석 위에 세워진 교회가 흔들리지 않았듯이 주님 오실 때까지 하나님의 말씀에 기반한 교회는 영원할 것입니다.

시편 기자는 말합니다. 복 있는 사람이 어떤 사람인지를 말입니다. "복 있는 사람은 … 오직 여호와의 율법을 즐거워하여 그의 율법을 주야로 묵상하는도다"(시 1:1-2). 복 있는 사람은 하나님의 말씀이 얼마나 좋은지 그 말씀을 밤낮으로 묵상합니다. 마치 굶주린 사자가 먹을 것을 눈앞에 두고 포효하듯이 말입니다.

고신총회가 한국 땅에 존재하는 다른 총회에 비해 부족한 것도 있습니다. 그러나 다른 어떤 총회보다 말씀을 사랑하는 일에 있어서는 열심을 내고 있다고 할 수 있을 것입니다. 총회적으로 어린이부터 장년에 이르는 여러 말씀 묵상집을 내고 있고, 하나님의 말씀을 연구하는 성경연구소를 총회에 두는 등 하나님의 말씀을 사랑하는 일에 전력을 기울여 왔습니다.

특별히 고신총회 설립 60주년 준비하며 개혁주의 신학과 신앙에 근거한 말씀을 소수의 신학자들만이 아닌 모든 성도들과 나누기 위해 주석 발간이 기획하였습니다. 총회가 할 수 있는 많은 사업이 있지만 하나님이 우리에게 주신 말씀의 의미를 제대로 풀어낼 수 있는 주석 사업은 가장 귀한 일이라 믿습니다.

물론 지난 10년 동안 주석 발간 사업이 이런저런 문제로 인해 예정대로 진행되지 못한 것을 아쉽게 생각합니다. 바라기는 고신총회가 정한 기간 내 모든 주석이 완간되도록 함께 기도로 마음을 모아주시면 감사하겠습니다.

감사한 것은 주석 시리즈의 일곱 번째 책인 『출애굽기』를 내게 된 것입니다. 한정건 교수의 출애굽기 주석은 저자의 땀과 수고의 산물이며, 좋은 출애굽기 주석을 기대하는 한국 교회의 요청에 대한 하나님의 큰 선물이라 확신합니다.

코로나 19로 힘든 이때 충성된 종을 통해 하나님이 주시는 청량제로 모든 한국 교회와 성도님들의 삶이 풍성해지시기를 바랍니다.

> 충성된 사자는 그를 보낸 이에게
> 마치 추수하는 날에 얼음 냉수 같아서
> 능히 그 주인의 마음을 시원하게 하느니라
> 잠언 25:13

주후 2021년 10월
간행위원장 박영호 목사
(창원새순교회 담임)

시리즈 머리말

본 총회가 발행하는 〈고신총회 설립 60주년 기념 성경주석〉은 여러 모로 뜻 깊은 주석이 될 것이다. 한국에 주석들이 많이 있는데 굳이 우리 총회에서 따로 주석을 펴낼 필요가 있겠는가 하는 의문이 들 수도 있다. 그러나 고신 총회이 가지고 있는 순수한 신앙과 개혁주의 신학은 우리의 신앙과 신학에 맞는 주석을 요구하고 있다. 우리 주위에는 많은 주석들이 있지만 어느 것을 선택해야 할지, 많은 해석들 가운데서 어느 해석이 올바른 해석인지 몰라서 혼란스러운 가운데 있다.

본 총회가 발행하는 성경주석은 이런 상황에 답을 제시하려는 목적으로 기획되었다. 물론 이 세상에서 완전한 성경 해석은 불가능하겠지만, 선조들이 물려준 순수한 신앙과 건전한 신학의 토대 위에서 하나님의 말씀을 풀어 설명하려고 노력하였다. 이런 점에서 본 성경주석 시리즈는 다음과 같은 특징을 가지고 있다.

첫째, 본 주석은 '개혁주의적인 주석'이 되고자 한다. 성경을 정확무오한 하나님의 말씀으로 믿고 고백하는 가운데 바르게 해석하려고 노력을 기울였다. 인간의 이성(理性)이나 경험(經驗)이 성경 해석의 최고 권위가 아니라 "성경이 그 자신의 해석자이다"(Sacra Scriptura sui ipsius interpres est)라고 하는 종교

개혁자들의 성경 해석 원리를 따라 성경 자신이 성경을 해석하도록 노력하였다. 물론 우리는 앞서간 신앙 선배들의 노력을 무시하지 않는다. 우리는 칼빈과 개혁주의 신학자들의 신학 유산을 존중하고, 또한 한국 교회에 주신 귀한 선물인 박윤선 박사의 「성경주석」을 존중한다. 그러나 시대의 변화를 감안하여 좀 더 자세하고 깊이 있는 주석을 제공하려고 노력하였다.

둘째, 본 주석은 목회자들과 성도들에게 '실제적 도움이 되는 주석'이 되고자 한다. 서양에서 발전된 주석들을 보면 성도들의 실제 생활과 관계없는 학적 논의들이 많다. 그러나 본 주석은 가능한 한 불필요한 논쟁은 피하고 성도들의 실제 생활에 도움이 되는 주석이 되고자 노력하였다. 이를 위해 어려운 단어나 구절에 대해 간결한 설명을 제공하고, 복잡한 논의는 작은 글자로 소개하거나 미주로 처리하였다.

셋째, 본 주석은 단지 성경의 의미를 밝히는 것으로 끝나지 아니하고 '오늘날 우리에게 주는 교훈'을 찾기 위해 노력하였다. 그래서 각 단락의 마지막 부분에 〈교훈과 적용〉을 두었다. 이 부분은 앞에서 이루어진 본문 주해를 종합적으로 정리하고, 오늘날 우리들에게 주는 교훈을 제시하였다. 이 부분은 독자들에게 본문이 우리에게 주는 의미를 묵상하게 도와줄 뿐만 아니라, 목회자들이 설교를 작성하는 데에도 많은 도움이 될 것이다.

넷째, 그 외에도 본 주석은 '독자들의 편의'를 위해 여러 모로 세심한 노력을 기울였다. 주석의 각 장마다 간단하게 〈본문의 개요〉와 〈내용 분해〉를 넣어서 한 눈에 내용을 파악할 수 있도록 했다. 〈본문 주해〉에 들어가서도 먼저 전체 내용을 개관한 후에 각절 또는 몇 절들 단위로 주해를 하였다. 각 주해 단락 서두에 〈개역개정판 성경〉을 실어서 본문을 쉽게 볼 수 있도록 하였다. 성경 원어 사용은 가능한 한 피하되, 주해를 위해 꼭 필요하다고 판단되는 경우에는 한글 음역과 함께 원어를 실었다. 그리고 앞에서 말한 대로 〈본문 주해〉 뒤에 〈교훈과 적용〉을 넣어서 다시금 본문의 핵심 의미를 정리하고 교훈을 생각하며 각자의 삶에 적용하도록 하였다.

이러한 노력에도 불구하고 독자들의 손에 쥐어지는 주석에는 미흡한 점들이 많이 있을 것이다. 사람마다 요구사항이 다르기 때문에 독자에 따라 평가가 다를 수 있을 것이다. 이런 점들에 대해 편집위원회와 간행위원회는 충분히 인식하고 있으며, 앞으로 주석의 질을 높이기 위해 계속 노력하고자 한다. 본 주석 사업은 한 번의 출판으로 끝나지 않고 지속적으로 개선하고 업그레이드 하면서 점차 높은 수준의 주석이 되기를 희망한다.

본 주석은 단지 학적인 것이 아니라 목회자들과 성도들에게 도움이 되는 주석이 되기를 추구한다. 따라서 본 주석은 학적으로는 미흡할지 모르지만, 잘못된 해석들이 난무하는 이 시대에 올바른 개혁주의적 해석을 제공하고자 한다는 점에 큰 의미가 있을 것이다.

성경 해석이 바로 되어야 우리의 신앙과 생활이 바로 될 것이며, 나아가서 한국 교회가 바로 설 수 있을 것이다. 성도들의 기도와 하나님의 도우심으로 이 주석 간행 사업이 잘 진행되어서 한국 교회에 크게 기여하는 주석이 되기를 소망한다.

2021년 7월
편집위원장 변종길

저자 서문

총회에서 목회자들을 위한 표준주석을 집필하자고 결정한 지 많은 시간이 흘렀다. 처음에는 몇 년 만에 끝낼 계획을 했지만 주석 집필이 얼마나 어렵고 많은 시간이 소요되는지를 갈수록 깨닫게 된다. 본인이 창세기 주석을 출간한 지 5년이란 세월이 흘러, 이제 미국에서 두 번째 책인 출애굽기를 탈고하였다.

출애굽기 집필에서도 원래 주석 출간의 정신을 잃지 않으려 노력하였다. 개혁주의 신학에서 벗어나지 않아야 한다는 것, 목회자들이 설교 준비를 위해 실질적인 도움을 줄 수 있어야 하며(신학 논쟁은 줄임), 또 성도들도 읽을 수 있게 쉽게 써야한다는 것, 말씀이 오늘날 성도들에게 주는 교훈이 무엇인지를 살펴야 한다는 것, 그러면서도 학문의 깊이가 있어야 한다는 점 등이다. 그리고 또 중요하게 생각한 것은 '하나님 나라'라는 성경 전체의 주제를 가지고 써 나간다는 것이었다.

사실 쉽게 쓰는 것과 학문적인 깊이를 갖춘다는 것을 동시에 충족시키기 어렵다. 그러나 무게의 중심은 항상 전자에 있다는 인식을 하면서 썼음을 고백한다. 따라서 깊은 논쟁에 들어가야 할 부분은 '특주'로 처리하였다. 그리고 성막 부분에서는 출애굽기 본문 외 성경 다른 곳도 참조하는 세밀한 설명이 필요기 때문에 특주, 보론 란을 만들어 내용을 충실하게 만들려고 노력하였다. 이렇게 설명들을 추가하다 보니 책의 분량이 더 많아진 것에 대해 독자들에게 양해를 구한다.

　본 주석을 쓰는 데에 옆에서 기도로 많이 도와주신 분들이 있었다. 특히 아내의 헌신적인 기도에 감사드리고, 또 시애틀행복한교회의 여호수아 사랑방원들의 기도와 격려에 감사드린다. 이 주석 시리즈를 위해 헌신해주시는 간행위원들과 편집위원들, 그리고 편집에 수고해주신 출판국 담당자들에게 깊은 감사를 드린다.

　이 주석 책이 목회자와 성도들에게 조금이나마 도움이 되기를 바라며, 이 모든 것을 허락주신 여호와 하나님께 감사드린다.

2021년 8월

한정건

목차

서론

1. 책 이름

출애굽기는 마소라 본문(MT)과 70인역(LXX) 모두 성경의 두 번째에 위치해 있다. 마소라 본문은 토라(תורה 오경)에 속하는 책으로 분류한다. 마소라 본문의 출애굽기 이름은 웨엘래 쉐모트(וְאֵלֶּה שְׁמוֹת)이다. 번역하면 '이것들이 그 이름들이다'이다. 출애굽기 책의 첫 글자들을 이름으로 채택한 것이다. 마소라 전통은 대부분의 책 이름을 그 책 첫 글자 혹은 첫 문장의 가장 중요한 단어로 채택한다. 그러다보니 제목이 그 책의 주제와는 별로 상관이 없다. 이 책은 야곱 가족의 이름들로 시작하지만, 책 전체가 족보를 주제로 하지 않는다. 그래서 번역본들은 다른 이름을 붙이고 있다.

헬라어 번역성경인 70인 역본이 제목을 엑소도스(ἔξοδος)로 붙였다. 라틴어 성경(Vulgate)이 엑소도스를 따와서 책의 이름으로 사용했으며, 영어 등의 번역성경도 이것을 따라 엑소더스(Exodus)로 붙였다. 헬라어 엑소도스는 엑(ἐξ, ~에서부터)과 호도스(ὁδός, 길)의 합성어로 '길을 떠나다'는 의미이다. 이 말은 출애굽기의 주요 내용을 참고삼아 붙여진 이름이다. 한글성경은 여기에 더 나아가 '애굽에서 떠나는 기록'이라는 의미로 "출애굽기"라는 이름을 붙였

다. 이것도 완벽하지는 않지만, 그 중에서도 본서의 핵심내용을 잘 반영하였
다고 할 수 있다.

2. 저자와 저작 시기

출애굽기 저자는 모세오경 전체의 저자 문제와 함께 다루는 것이 좋다.[1] 전통
적으로 오경은 모세가 쓴 책으로 인식되어 왔었는데, 근대에 이르러 비평적
사고가 일기 시작하면서 모세가 저자라는 데 대해 의문이 제기되었다. 자유
주의 신학자들은 대체로 출애굽기가 J, E, P 문서들로 구성되었다고 보며, 또
그 문서들의 저작 시기를 늦게 잡는다. 심지어는 'S' 소스(Southern matterial,
R.H. Pfeiffer)가 있다고도 말한다. 더 나아가 각 문서들도 그대로 창작된 것이
아니라, 오랫동안 구전으로 내려온 단편들(sources)이 전해 내려와서 늦게 편
집되어 문서화 되었다고 한다.

　문서설 외에 또 그들이 시기를 늦게 보는 이유는 모세 당시 십계명과 같은
고등적인 윤리개념을 정리한 법조문이 발생할 수가 없다는 것과, 성막과 같
은 고도로 발전된 종교예전이 일찍 발생할 수가 없었다는 것이다. 그리고 출
애굽기 '언약의 책'에서 주는 법규들은 농경사회를 배경으로 하는 법들이 들
어있다는 것도 그 이유다. 그들이 주장하는 문서들의 저작 혹은 편집 연도는
J.E 문서는 아모스와 호세아 같은 초기 선지자 시대(주전 8~7세기경)로 추정하
고, P문서는 포로후기 시대에 만들어진 것으로 본다.

　그러나 여기에 대한 반론도 있다. 키첸(K. A. Kitchen) 등은 근동지역 고대
언약 문서들과 법전들에서 출애굽기의 내용과 비슷한 것들이 발견된다고 말
한다(수메르의 우르-남무의 법전은 주전 2112-2095년, 에쉬눈나 법전은 주전 약
2,000년, 함무라비 법전은 주전 1,700년대 등). 이들 법전들은 출애굽기의 언약

1　이 문제에 관하여는 한정건, 『창세기』 (서울: 총회출판국, 2016), 18~27을 참조.

과 비슷한 형태를 보이고 있으며(서문, 역사적 서술, 법률조항 등), 또 어떤 법전
은 축복과 저주까지 담고 있음을 지적한다.[2]

그 중에서 함무라비 법전(Hammurabi Law Code)은 주전 1,765년경에 쓰인
것으로서 출애굽기의 법과 형식면에서나 내용면에서 유사한 것들이 많다.[3]

물론 그 법전과 성경의 율법에는 분명한 차이가 있는 것이 사실이다. 그러
나 성경의 법 조항 때문에 후대의 것으로 보아야 한다는 데에는 위의 자료들
이 참고가 될 수 있는 것이다.

멘덴홀(G.E. Mendenhall)은 주전 1,400~1,200년경에 만들어진 히타이트 언
약(Hittites treaty)문서들의 체계를 정리하고 모세의 언약 체계를 비교 분석하
였다.[4]

그 결과 양쪽의 언약 체계는 같다는 결론을 맺는다. 멘덴홀이 주는 히타이
트 언약 문서의 순서는 다음과 같다.

(1) 서문(Title/preamble)

(2) 역사적 서술(historical prologue)

(3) 의무 조항(stipulations: basic and details)

(4) 문서를 만들고 보관하여 정규적으로 읽게 함(depositing and regular reading of treaty)

(5) 증인채택(witnesses)

(6) 축복과 저주(blessings, curses)

---

2 K.A. Kitchen, *The Bible and its world* (Downers Grove: IVP, 1977), 79 이하.
3 함무라비 법전과 출애굽기와 신명기에 나오는 법들에 대한 연구는 많이 이루어졌다. 많은 사람들은 출애굽기
   가 함무라비 법전을 빌려온 것이라고 주장한다. 유사한 점이 있다는 것은 오히려 그 시대에 그러한 법들이 공
   통적으로 있었음을 증명하는 것이 된다. 이 논쟁을 위해 다음 서적들을 참고하라. M. David, "The codex
   Hammurabi and its relation to the provisions of law in Exodus", *Oudtestamentische Studien*
   7(1950), 149-178. Brevard S. Childs, The Book of Exodus (Philadelphia: Wetminster, 1974),
   464. J.E. Park, *The Interpreter's Bible: The Book od Exodus* (NY: Abingdon, 1952). W.J. Martin,
   "The law code of Hammurabi", in *Documents from OT times*, ed. D.W. Thomas (NY: Harper
   & Row, 1958), 27-37. A. Leo Oppenheim, *Ancient Mesopotamia* (Chicago: Chicago University,
   1964), 349.
4 G.E. Mendenhall, *Law and Covenant in Israel and the Ancient Near East*(Western Pennsylvania:
   Presbyterian Board, 1955)

이상의 체계는 시내산 언약에서도 같이 나타난다고 주장한다. 이것은 출애굽기의 고대성을 증명하는 것이 된다.

키첸은 성막과 그 예배에 대해서도 고대에 비슷한 것이 발굴된다고 하였다. 에블라(Ebla)에서 이스라엘 성막(성전)의 구조와 같은 신전이 발굴되었다(주전 약 1,800년). 절기에 대하여는 이집트에도 여러 절기들이 신전에서 지켜졌고, 그리고 더베(Thebes) 신전에서는 150명의 제사장이 봉사했으며 하루에 5,500개의 떡과 수많은 제사가 드려졌다고 한다.[5]

이런 경우들을 볼 때에 출애굽기가 말해주는 성막과 절기축제들이 꼭 후대의 것이라고만 말할 수는 없다.

따라서 우리는 모세를 출애굽기뿐만 아니라 오경 전체의 저자로 보아야 한다. 출애굽기를 포함한 오경 전체를 모세의 저자로 보아야 하는 증거들은 다음과 같다.

1) 성경에서의 증언[6]

① 출애굽기 책에서 모세가 말씀을 듣거나, 기억하거나, 기록하였다고 말한다: "여호와께서 모세에게 이르시되"(출 17:14; 19:21), "모세가 여호와의 말씀을 기억하였고"(출 24:4-8), "여호와께서 모세에게 이르시되 너는 이 말을 기록하여"(출 34:27) 등.

② 다른 구약성경 책에서 '모세의 율법' 혹은 '모세의 책' 등의 증언들이 있다: "모세의 율법(수 8:31, 32, 34; 왕상 2:3; 왕하 14:6; 23:25; 등등); "모세의 손으로 쓴 여호와의 말씀"(수 22:9, 5); "여호와께서 모세에게 명하신 말씀(명령, 율법)대로"(수 11:23; 14:2, 5, 10; 17:4, 21:2; 삿3:4; 왕상 8:53; 왕하 18:6; 등등); "모세가 명한"(왕하 18:12; 21:8; 대상 6:49; 15:15; 대하 8:13) 등.

5　Kitchen, *The Bible and its world*, 86.

6　이하의 내용은 한정건, 『창세기』, 20~22을 참조하였다.

③ 신약의 책들에서도 많은 곳에서 모세의 기록을 뒷받침 한다. 예수님께서 직접 "모세가 명한"(마 8:4; 19:7, 8; 22:24; 막 1:44; 7:10; 10:3, 4; 12:19;눅 5:14; 20:28), 혹은 "모세의 율법(책)"(막 12:26; 눅 2:22; 24:27, 44; 요 1:17; 7:23), "모세가 율법에 기록하였고"(요 1:45); "모세가 율법을 주었다"(요 7:19, 22); "모세는 율법에..."(요 8:5); "하나님이 모세에게 말씀하신"(요 9:29) 등을 말씀하심으로서 모세의 저작설을 뒷받침 한다.

사도행전에서도 "모세가 말하되"(행 3:22; 26:22), "모세가 전하여 준 규례"(행 6:14), "모세에게 말씀하신"(행 7:44), "모세의 율법"(행 13:39; 15:1, 5; 28:23) 등에서 모세가 오경을 썼음을 증언한다. 서신들에서도 많은 곳에서 모세를 증언한다: "모세에게 이르시되"(롬 9:15); "모세가 기록한 율법"(롬 10:5); "모세가 이르되"(롬 10:19); "모세의 율법"(고전 9:9; 히 10:28); "모세의 글"(고후 3:15); "모세가 말한 후에"(히 9:19) 등등.

이상에서 예수님이 모세 기록으로 인정하였고, 신약성경이 모세의 것으로 말한 것은 가장 강력한 모세의 저작설을 뒷받침하는 것으로 보아야 한다. 예수님의 증언과 신약성경의 증거보다 더 큰 권위는 없기 때문이다.

2) 저자는 이집트를 잘 아는 사람이었다.[7]

문서설을 주장하는 사람들은 출애굽기를 이루는 문서들이 분열 왕국시대 (주전 8세기경)에 북왕국(E문서) 혹은 남왕국(J문서)에 살았던 선지자의 작품이라고 말한다. 그러나 출애굽기를 살펴보면 이 책을 쓴 저자는 이집트에서 직접 살았던 사람이었음이 분명하다. 그는 이집트의 언어, 풍습, 그리고 지리에 익숙한 사람이었다.

① 언어: '보디발'('태양신 '라'가 준 자'), '사브낫바네아'('세상을 구한 자', 창

---

7 이하의 내용은 한정건, 『창세기』, 22을 참조하였다.

41:45), '아스낫'('넷의 사랑을 받는 자', 창 41:45) 등은 순수한 이집트 말이다.

② 풍습: 바로의 생일에 한 죄수가 석방되고 또 한 죄수는 사형당하는 풍습(창 40:20-23), 요셉에게 인장을 빼어 손에 끼워주고 그에게 세마포 옷을 입히는 것(창 41:42), "애굽인들은 다 목축을 가증히 여긴다"고 한 말(창 46:34), 야곱과 요셉의 시체를 향료로 단장한 일(창 50:2, 26) 등은 순수한 이집트의 풍습들이다.

③ 지리: 저자는 나일강과 강가 갈대의 상황과 그 갈대를 사용하는 법을 알고 있었다(출 2; 3장). 그는 라암세스, 숙곳, 에담, 바아히롯(출 12:37; 13:20; 14:2) 등의 이집트 지명들에도 익숙한 사람이다.

3) 저자는 사막을 잘 아는 사람이다.[8]

"그들이 엘림에 이르니 거기에 물 샘 열둘과 종려나무 일흔 그루가 있는지라"라는 표현과(출 15:27), 성막 건축의 자재로서 백향목과 삼나무를 사용하지 않고 아카시아(조각목) 나무를 사용한 것(출 25:6; 10, 13, 23), 므리바에서의 사건 등의 기록은 저자가 사막을 경험해 본 사람임을 증명한다. 출애굽기와 민수기는 사막에서의 생활을 실감나게 묘사하고 있다. 이것은 시내 반도 사막에서 살아본 사람만이 표현할 수 있는 글이다. 이스라엘 땅에서 살았던 사람이 이렇게 사막생활을 생생하게 기록할 수는 없는 것이다. 따라서 그것을 기록할 사람으로는 모세가 가장 적당하다.

이상에서 볼 때에 모세보다 더 적절한 저자는 없다. 무엇보다 가장 확실한 것은 예수님이 모세의 글로 증언하신 것이다.

---

8 이하의 내용은 한정건, 『창세기』, 23을 참조하였다.

3. 출애굽기의 구조

출애굽기는 이스라엘의 이집트 생활에서부터 출애굽, 그리고 가나안으로 향한 행진으로 진행된다. 다음과 같이 나눌 수 있다.

제1장 이집트에서 이스라엘의 생활(1~2장)

제2장 하나님의 구원 계획(3:1~4:31)

제3장 이집트에서의 이스라엘 구출(5:1-13:16)

제4장 출애굽에서 시내산까지 (13:17~18장)

제5장 시내산 언약 (19장~24장)

제6장 성막과 성막예배(25장~31장)

제7장 언약의 파기와 갱신(32:1~35:3)

제8장 성막을 지음(35:4~40:38)

4. 출애굽기 목적과 주제

성경 전체의 주제를 "하나님의 나라"로 보는 것이 좋은데, 출애굽기도 그렇다.[9]

창세기는 하나님 나라의 원형을 그렸으며(창 1~3), 또 하나님 나라의 시작을 말해주었다. 나라는 땅, 백성, 그리고 통치권이라는 세 가지 요소가 있어야 한다. 특히 통치자는 단순한 백성을 다스리는 권력자를 의미하는 것이 아니라, 백성에게 안녕(평화)와 복지를 주는 자여야 한다. 천지창조에서 이러한 하나님 나라의 요소를 나타내며,[10] 그러한 복지가 이루어진 이상적인 나라를 에덴동산에서 볼 수 있었다.[11] 또 아브라함에게 주신 약속에서 이 요소들이

---

9 한정건, 『창세기』, 29~30 참조하라.

10 한정건, 『창세기』, 60~66 참조하라.

11 에덴동산에서 맺은 아담과의 언약에서 이 문제를 살펴보라. 한정건, 『창세기』, 75~83 참조.

확인되었다.[12]

하나님은 아브라함에게 세 가지 약속 즉 땅, 자손, 복을 주셨는데, 세 번째 복의 요소는 통치권과 관계 있다. 복은 통치자가 자기 백성에게 주는 복지에 해당하는 것이다. 창세기에서 이러한 약속들은 언약을 통하여 주어졌었다.

출애굽기는 이 언약의 약속들을 성취해 가는 과정을 그리고 있으며, 특히 하나님의 나라(神國)가 만들어지는 것에 그 초점을 모은다. 하나님이 이스라엘을 이집트에 가서 살게 하신 이유도 이 하나님 나라를 위한 준비의 과정이었다. 하나님은 아브라함의 자손을 이집트에서 번성하게 하셨다(백성의 요소가 충족됨). 그리고 그들을 약속의 땅으로 인도하기 위해 구출하신다(영토의 요소 충족을 위함). 하나님이 자기 백성을 구출하시는 과정은 전쟁이었다. 하나님은 열 가지 재앙을 통해 이집트 신들과 그 백성을 쳐서 무너뜨리고 그들을 구출하셨다(통치권의 요소를 확인해 주심). 출애굽은 왕이신 하나님이 자기 백성('군대'로 표현함, 7:4; 12:41)을 이끌고 승리자의 모습으로 본국을 향하여 행진하는 군대와 같았다.

위에서 나라의 세 요소들이 확인되었다. 그런데 이 요소들이 안정되고 나라가 구체화 되는 것이 필요하다. 그 나라 건설을 위해 무엇보다 통치권이 확립되고 백성이 그 통치에 순종할 체계가 이루어져야 한다. 하나님이 자기 백성을 이집트로부터 구출해서 신 광야를 거쳐 시내산에 도착했을 때 언약을 맺으신다. 하나님은 이 시내산 언약을 통하여 하나님 나라를 이 땅 위에 구현하셨다. 시내산 언약은 히타이트 언약과 같은 성격과 체계를 가진 종주권 언약(宗主權 言約)이었다. 언약은 나라 만들기라고 할 수 있다. 언약을 통해 하나님은 대왕으로 군림하시고 이스라엘을 자기 백성으로 삼으셨다. 이로써 보이는 현상적인 하나님의 나라가 세워졌다(물론 땅의 요소는 아직 약속으로만 남아있었다).

시내산 언약에서 두드러지게 나타나는 특징은 율법이 중심에 자리 잡고 있

12　한정건, 『창세기』, 238~43 참조

다는 것이다. 율법은 나라 체계를 만들기 위한 법 질서이다. 법에 관한 것은 왕의 권한에 속한다. 왕이 법을 공포하고, 그 법을 시행하고, 또 그 법으로 재판한다. 그런데 법은 왕의 권한만을 위한 것이 아니다. 이 법들을 지키는 자는 복을 받는다. 이 복은 왕이 백성에게 주는 복지에 해당한다. 법을 통하여 하나님은 통치권을 확보하고, 백성이 그 법을 지킴으로써 법질서가 이뤄지고 (법을 지킴으로 하나님의 통치권에 순종함), 그리고 왕이 백성에게 주는 복이 충분히 주어지는 것은 복지국가의 모습이며, 이것은 하나님 나라의 지향점이다.

시내산에서 하나님은 성막에 대한 청사진을 주신다. 출애굽기 25장에서부터 40장까지(그 사이 32~35장은 다른 사건이 끼어있지만) 성막에 대하여 기술하는데, 이것은 출애굽기에서 단일 기사로는 가장 긴 글에 해당한다. 흔히 성막은 이스라엘 백성이 광야에서 하나님을 모신 임시 처소로 생각한다. 그러나 성막에서 간과해서는 안 될 것이 있다. 바로 성막 청사진이 언약의 과정에서 주어졌다는 것이다(언약 의식의 종결은 언약 문서인 두 돌 판이 만들어져서 모세에게 주어짐으로써 끝난다. 성막에 대한 지시는 그 중간에 주어졌다). 그것은 성막이 언약과 밀접한 관계를 가진다는 의미이다.

성막은 하나님 임재의 장소이다. 하나님은 거기에 언약의 왕(통치자)으로 임재 하신다. 성막에서 백성들이 예배로 하나님을 섬기는데, 그 예배의 원형은 시내산 언약에서 만들어졌다. 백성은 그곳(하나님의 임재 앞)에서 거룩한 음식을 먹으며 안식을 누린다. 그것은 언약 백성으로서 누리는 누림이다. 따라서 성막은 하나님 나라가 무엇인지 그 의미를 담고 있다고 하겠다. 최후의 하나님의 나라에서 이 성막이 말해주고자 하는 그 모든 의미가 완성될 것이다.

언약을 맺는 중에 아직 그 의식이 채 끝나기도 전에(언약 문서가 아직 만들어지지 않았음) 이스라엘 백성은 금송아지 우상을 섬기며 언약의 법을 어겼다. 언약은 파기되었다. 모세가 갓 만들어진 언약 문서인 두 돌 판을 깨뜨렸다. 하나님은 모세의 중보기도를 들으시고 그들을 멸하지 않기로 하셨지만, 그들과 함께 가나안에 올라가지 않겠다고 하셨다. 하나님이 가지 않겠다는 것은 하나님이 그들의 통치자임을 포기하는 것이다. 그러면 하나님 나라도 무너진다.

따라서 하나님이 그들과 함께 가나안으로 올라갈 것인지의 문제는 하나님 나라가 지속될 수 있는지의 척도였다. 그러나 모세의 중보기도를 들으신 하나님은 그들과 가겠다고 허락하신다. 그리고 성막이 완성된다.

성막에 하나님의 영광이 임재하심으로 하나님이 성막을 승인하셨을 뿐만 아니라, 그곳을 자기 거처로 삼으셨다. 언약을 맺을 때 시내산에 머물렀었던 여호와의 영광이 성막으로 옮겨왔다. 그와 함께 시내산 언약이 성막으로 그대로 옮겨졌다. 앞으로 하나님은 법궤 위 속죄소에 임재하시면서 그들을 만나주실 것이다. 하나님은 법궤(언약의 법)위에 자신의 보좌를 펴시고, 거기서 백성을 다스리신다. 하나님은 안식일을 언약의 표징으로 주셨다(출 31:13,16~17). 안식일에 그들이 성막에 모여 언약 갱신적 예배를 드리며 여호와 하나님을 섬긴다. 그리고 그곳에서 그들은 거룩한 음식을 나누어 먹으며 안식을 누린다. 이 성막에서 하나님 나라의 참된 모습을 보게 된다.

이렇게 시작된 '하나님 나라'는 긴 여정을 거친다. 가나안 땅을 정복하여 백성에게 나누어 주심으로 하나님 나라의 중간단계가 이루어졌고, 법궤가 예루살렘으로 옮겨질 때에 여호와께서 개선 왕으로서 자기 도성에 입성하여 시온 산에 통치자로 군림하심으로서 완성되었다(시 68:16~25 참조). 하나님은 그 땅에서 백성 중에 거하면서 그들을 통치하실 것이다. 그로서 출애굽의 구속이 완성되며 이 땅 위에 구현되었던 하나님 나라도 완성 단계에 도달했다고 할 수 있다. 물론 그렇게 이루어진 하나님의 나라는 계속 험난한 길을 걸으며 왕이신 예수 그리스도를 통해 미래에 완성되는 그 나라를 향해 계속 나아갈 것이다.

5. 이집트 역사

출애굽기는 이스라엘 백성의 이집트 생활에서부터 시작된다. 따라서 이집트 역사를 아는 것이 출애굽기를 이해하는 데에 필수적이다. 일반적으로 고

대 이집트 역사는 마네토(Manetho)의[13] 역사책에 근거하여 30왕조로 나눈다.

1) 고왕국시대(1~6왕조, 주전 3,100~2,180)

제1왕조는 주전 3,100년경에 메네스(Menes)가 상(더베를 중심으로 스물 개의 노모스)과 하(델타를 중심으로 한 스물 개의 노모스)를 통합하여 최초의 통일 왕국을 멤피스(Memphis, 하류지역의 수도)에서 건설함으로 시작하였다. 주전 2,700년경의 제3왕조부터 피라미드[14] 건축시대에 들어간다. 제3왕조의 창시자 조세르(Djoser)왕은 최고위 신하인 임호텝(Imhotep)을[15] 시켜 피라미드 형의 왕의 무덤을 만들었다.[16] 제4왕조(2613-2494 BC)에 이르러서는 완성된 피라미드를 세우게 된다. 제4왕조의 창시자 스노프르(Snofru) 왕(후니의 서자)의 아들인 쿠푸(Khufu)왕이 기자(Giza)에 대 피라미드를 세웠다고 전한다.[17] 원래의 높이는 146.6m(현재는 137m), 바닥은 가로 세로 230m인 네모 뿔 형태이며, 평균 2.5톤 무게의 석회암 250만 개로 축조되었다고 한다. 기자의 두 번째의 것은 카프레(Khefren) 왕(4왕조의 네 번째 왕)의 것으로(높이는 144m, 평균 2톤이 되는 석회 200만 개가 사용됨) 알려졌고, 세 번째는 그의 손자 맨카우라

---

13 마네토(Manetho)는 이집트의 제사장이자 역사가였다. 톨레미 2세(Ptolemy II Philadelphus, 주전 285-246) 시대에 살았으며, 헬리오폴리스에서 제사장이 되었다. 그가 쓴 『이집트의 역사』 책에서 이집트 역사를 고왕조부터 톨레미왕조까지 30왕조들을 나누어서 기록하였다. 그 책은 중요한 왕들의 이름과 사건들, 그리고 연대를 담고 있었다. 그 책 원본은 없어졌으며, 사본도 일부분만 남아 있다. 그러나 마네토 책의 내용은 요세푸스에서 일부가 인용되었고, 아프리카누스(Sextus Julius Africanus)의 연대기(Chronicle, 주후 221년에 완성)에서와 유세비우스의 연대기(Chronicon, 주후 326)에, 그리고 그 외의 여러 책들에서 인용된 것이 발견되었다. 그 제2 혹은 제3의 자료들을 이용하여 오늘날 거의 완전한 마네토의 책을 재편집할 수 있게 되었다. 많은 고고학적인 증거들은 이 마네토의 역사가 매우 사실적이라는 것이 증명한다. 따라서 현대 역사가들은 이집트 역사를 쓸 때에 거의 마네토의 『이집트의 역사』를 기준 삼아 보완하여 편집하고 있다.

14 "피라미드"란 이름은 원래 그 건축물에 기록된 것이 아니었다. 이 이름은 그리스 여행자들이 그리스의 피라미드 과자와 형태가 비슷해 그렇게 부르기 시작하였다.

15 임호텝은 제사장이면서 최고위 관료였다. 또한 당대의 현자였으며, 지혜서, 잠언들을 지었다. 후대에서는 그를 신격화하기까지 하였다.

16 최초의 피라미드는 여섯 계단으로 이루어진 계단식 피라미드였다. 사카라에 위치해 있다.

17 기자에 있는 세 피라미드의 왕과 그 건설에 대한 것은 그리스 역사가 헤로도투스(Herodotos, 484?~425?)가 이집트를 방문하여 쓴 기록에 근거한다. 그 이후 역사는 헤로도투스가 기록한 내용을 거의 사실인 것처럼 받아들여 왔다.

(Menkaura)의 것으로 알려졌다.

제5왕조부터는 피라미드를 검소하게 축조하였다. 제6왕조(주전 약 2,350~ 2,200)는 팔레스틴을 5번 가량 걸쳐서 원정하였다(Pepi 2세 등). 제6왕조 후반부터 국력이 극히 쇠약하였다. 아마도 피라미드 축조에 국력 낭비가 컸던 것이 가장 큰 원인이었을 것이다.

2) 중왕국시대(7~17왕조, 2,180~1570)

중왕조의 제1기 시대는 7~10왕조까지로 본다. 이때에는 대혼란의 시기였다. '70일에 70명의 왕'이라는 말이 붙여질 정도로 왕이 자주 바뀌었다. 160년의 짧은 기간에 왕조만도 5번 바뀌었다.

중왕조의 제2기는 11~17왕조까지이다. 제11왕조는 이집트를 다시 통일하였고, 제12왕조(1,990~1,780)는 강력한 중앙집권의 왕국으로 다시 회복하였다. 영토를 확장하고 관개사업을 전개하였고, 팔레스틴과 휘니시아까지 지배하였다(저주문서에 이들 도시들과 왕의 이름들이 나타남). 그러나 제12왕조가 힉소스족들에게 망하였고, 제13왕조부터는 힉소스 왕조로부터 하류에서 쫓겨나 상류지역의 수도 더베에서 통치를 이어갔다. 거기서 이집트의 왕조는 약해진 상태로 계속 유지하다가, 제18왕조에게 망하였다.

*힉소스 왕조(주전 1750~1570년)

'힉소스'는 '이방 통치자들(rulers of foreign land)'라는 의미이며, 간혹 '목동 왕들(shepherd kings)'이라고까지 불리기도 하였다. 사실 힉소스에 대한 많은 자료는 없다. 먼저 마네토(Manetho)가 『이집트의 역사』에서 기록하였고, 세벤니투스(Sebennytus, 주전 3세기경의 역사가)가 그것을 인용하였다. 힉소스에 대한 가장 중요한 자료는 요세푸스가 쓴 "아피온을 대항하여"에 마네토의 것을 인용한 내용이다.[18]

힉소스는 서 셈족계의 무리들로서 주전 약 1,750년경에 아시아에서 이집트로 점차 유입해 들어왔다. 처음 들어와서는 주로 종이 되었으나, 나중에는 집단적으로 새 무기와 전차를 동원해서 침입해 왔다. 카이로 북부 델타 동쪽 지역을 차지하여 스스로 통치를 시작하였고, 이집트의 수도 멤피스까지 차지하면서 이집트 왕조를 몰아내었다. 그들은 나일강 삼각주 동편에 위치한 아바리스(Avaris)에 수도를 세우고 팔레스틴, 시리아, 유프라데스 강 유역까지 그 세력을 확장해 아시아 지역과 교역을 하며 풍요한 삶을 누렸다.[19]

힉소스 시대에 히브리인들이 이집트에서 번성하며 살았던 것으로 본다. 물론 야곱 가족의 이주는 힉소스 이전이었을 것이다. 힉소스 시대의 것으로 감정된 문서에서 왕의 신하의 목록으로 여겨지는 인물로 야곱-엘(Jacob-el), 야곱-바알(Jacob-Baal)이라는 이름들이 나타나기도 한다. 히브리인들은 고센 땅에 거주하였고 라암세스 지역으로 확장하며 번성하였다. 이 지역은 힉소스족들이 주로 살았던 지역과 겹친다.

3) 신 왕국시대 및 후기왕국(18~30왕조, 주전 1570~332)

제18왕조의 창건자 아모세 1세(Ahmose I, 주전 1,570~1,548)가 제17왕조를 무너뜨린 후 왕이 되었다. 그는 하류로 진출하여 힉소스 왕조를 무너뜨렸다(주전 1,570년경). 힉소스족들은 아모세에게 쫓겨 아시아로 도주하였다. 이 제18왕조가 들어서면서 히브리인들에게 박해가 가해졌을 것으로 추측된다. 출애굽기 1:8에 "요셉을 알지 못하는 새 왕이 일어나서 애굽을 다스리더니"라는 기록에서 새 왕은 아모세 1세로 추정된다. 다음 왕인 아멘호텝 1세(Amenhottep I, 주전 1,548-1,528)가 히브리인의 남자아이를 죽이라고 명령

---

18 요세푸스는 힉소스를 "우리의 조상"으로 표현하여 힉소스와 히브리인들을 동일시하였다. 그러나 히브리인들이 이집트를 정복하고 지배한 사람들로 볼 수는 없다. 한편 힉소스는 아시아 족으로서 이집트 하류지역을 정복하고 살았으며, 히브리인들이 힉소스 시대에 살았던 것은 분명하다. 그 시대에는 히브리인들이 평화를 누리며 번성하였던 시기였을 것이다.

19 힉소스에 대한 자세한 설명은 존 브라이트, 『이스라엘의 역사, 상』, 김윤주 역(서울: 분도출판사, 1978), 82~90을 참조하라.

했을 가능성이 있다. 아멘호텝 1세와 그의 아들 투트모세 1세(Thutmose I, 주전 1,528-1,508)는 힉소스의 침략이 다시는 일어나지 않도록 팔레스틴 깊숙이 정복하는 열정을 보였다. 그들은 많은 팔레스틴 성읍들을 정복하여 폐허로 만들었고, 더 북으로 전진하여 유브라데스 강에 이르기까지 광대한 지역을 장악하였다.

투트모세 1세는 정부인 아하메스에게서 유일하게 딸만 낳았는데, 그녀가 바로 핫셉슈트(Hatshepsut)였다. 그녀가 모세를 양자로 삼은 공주였을 가능성이 있다(출 2:5-10). 제18 왕조에서는 여자가 직접 왕좌에 오를 수 없기 때문에 그녀는 이복동생 투트모세 2세(주전 1,524-1,504)와 결혼하여 권력을 장악하였고, 남편이 죽자 서자인 투트모세 3세(투트모세 2세가 이시스에게서 낳은 왕자)를 자기의 딸 네메르라와 결혼시켜 왕위에 올렸다. 그녀는 사위의 재위 중에 절대적인 권력을 휘둘렀고, 실제 여왕의 행세를 하였다(주전 1,504-1,482).

투트모세 3세(주전 1,504-1,450)는 의붓어머니(장모)가 죽은 후에야 실질적인 왕권을 장악하였다(주전 1,482년 경). 그 후 그는 난폭한 왕으로 변모하여 어머니의 흔적을 파괴하였다. 그리고 가나안으로 침입하여 므깃도에서 가나안 동맹군과 싸워 이겼다.[20]

그로부터 팔레스틴은 이집트의 한 도(道)로 부속되었다. 그는 12차례나 아시아를 정복하였고(아마도 힉소스 잔당들을 전멸시킬 목적이 컸을 것으로 추측됨), 유프라데스 강까지 영토를 확장하였다. 뒤를 이은 아멘호텝 2세(주전 1,450-1,420)도 팔레스틴에 두 번 출정하고 기념비를 세웠다.[21]

아멘호텝 3세(주전 1,410-1,377)도 초기에는 활발한 원정을 했지만(메소포타미아까지), 후년에는 건강이 좋지 않아 국내 정치에 몰두하였다. 따라서 이때부터 아시아에서 이집트의 영향이 급격히 줄어들었다.

아멘호텝 4세(아켄아텐, 주전 1377-1346)는 아멘호텝 3세와 왕비 테예(Teye,

---

20   투트모세 3세는 카르낙 비문에 이 전쟁(므깃도 점령)에 대하여 자세히 기록하였다.
21   아멘호텝 2세 재위 중에 출애굽이 이루어진 것으로 볼 수 있다.

· 제18왕조의 계보도 ·

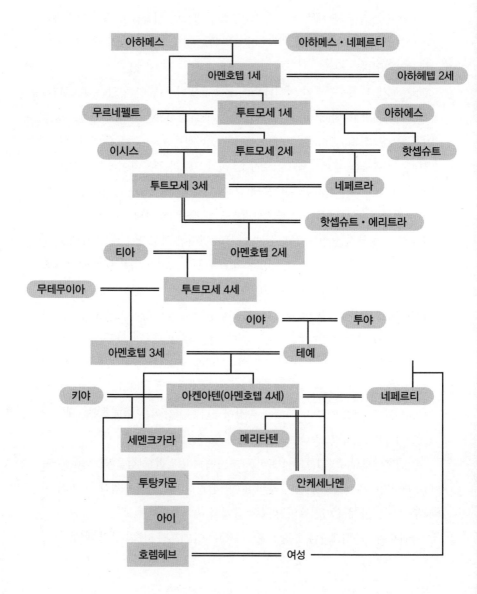

금슬이 좋았던 왕의 부부로 알려짐) 사이에 태어났다. 젊어서 왕위에 오른 아멘호텝 4세는 태양 신 아텐을 주신으로 섬겼다.[22]

그는 아텐 신을 유일신이라고 선언하고 그 신에게 경의를 표하기 위해 자기 이름을 아켄아텐(혹은 Ikhnaton, 아텐의 광채)라고 바꾸었다. 아켄아텐은 대 종교개혁을 단행하면서[23] 아문의 제사장들과 충돌을 빚었다. 그는 아몬 신전이 있는 더베를 떠나 수도를 아케타텐(Akhetaten, 오늘날 Tell el-Amarna)으로 옮겼다.[24] 아켄아텐의 종교개혁은 그가 죽음으로서 끝나고 만다. 왕위는 아켄아텐의 둘째 딸 안케세나멘과 결혼한 그녀의 이복형제인 투탕카텐(Tutankhaten, 주전 1,346-1,333)이 이어 받는다. 투탕카텐은 12살에 왕위에 올라 18살에 죽는다. 그는 권력투쟁에서 승리한 아몬 제사장들 휘하에 들어간다. 그래서 종교를 아텐 숭배에서 아문 숭배로 바꾸고, 그의 이름을 투탕카텐(Tutankhaten, beautiful life in Aten)에서 투탕카문(Tutankhamun, beautiful life in Amun)으로 바꾸었다. 그는 아마르나 시대를 끝내고 수도를 다시 더베로 옮겼다. 그리고 선왕(先王)이 만들었던 아텐 종교의 흔적들을 완전히 제거하였다(아문 제사장에 의한 압박에 의해서였을 것이다).[25]

투탕카문 이후 제18왕조는 급격히 기울어진다. 아문의 제사장 아야(Aya)가 왕위에 올랐다가 장군 하렘합(Haremhab)이 뒤를 이어 약 20년간 다스린다. 그의 친구인 라암세스가 왕위를 이어받아 새로운 왕조(제19왕조)로 바꾼다.

---

22 제18왕조는 더베의 신인 아몬(아몬-레)을 주신으로 섬겨왔다.

23 종교개혁을 하고 수도를 옮긴 것은 아문 제사장들과의 권력투쟁으로 보는 견해가 우세하다. 너무 비대해진 아문 신 제사장의 힘을 꺾기 위해 종교를 바꾸고 아문의 도시에서 다른 도시로 이주한 것으로 보는 것이다.

24 Tell el Amarna에서 약 1,400-1,350경으로 추정되는 다량의 문서들이 발견되었는데, 그 중에 가나안 왕들이 아멘호텝 3세와 아켄아텐 왕에게 보낸 것들이 있었다. 이 편지들이 서로의 영토 분쟁을 말하고 있는데, 특히 아피루(Apiru) 족의 위험을 알리면서 구원을 요청하고 있다는 것들이 여러 개 있었다. 혹자는 이것들이 출애굽한 히브리인들이 가나안 정복을 하고 있음을 증명하는 것으로 여기기도 한다. 이것을 위해 레온우드, 『이스라엘의 역사』 김의원 역 (서울: 기독교문서선교회, 1985), 112~16을 보라.

25 그가 18세에 죽은 후 아문의 제사장이 그의 장례를 거창하게 처리 주었다. 무덤에 그에게 속하였던 많은 옷들, 용기들, 무기들, 그리고 보물들을 합장하였다. 투탕카문(Tutankhamun)의 분묘는 주후 1922~23년에 영국의 Carnarvon과 Carter라는 두 고고학자에 의해 발견되어 발굴되었다. 무덤 안에서는 황금 마스크, 황금의 3중의 미이라 관들, 세계의 큰 황금의 케노피 관들, 왕의 의자(보좌) 여러 개와 다수의 침대, 신발, 많은 금 은 보석 조각품들 등이 도난당하지 않고 고스란히 보존된 채로 발굴되었다.

라암세스 1세(Rameses I, 주전 1,305-1,302)는 왕위에 오를 때에 이미 나이가 많았다. 그는 아들 세티를 섭정으로 세워 공동으로 다스리게 하였다. 세티 1세(Seti I, 주전 1305-1290)는 강력한 왕이었다. 가나안을 여러 번 침입하여 아시아에 이집트의 지배권을 확립하였다. 특히 그의 통치 제1년에 갈릴리와 요단강변 벳산 성읍까지 장악하고 벳산에 석비(石碑)를 세운 것으로 유명하다.[26]

세티의 아들 라암세스 2세(주전 1,290-1,224)는 강력한 이집트 왕국을 만들어 나갔다. 이집트는 이 시대에 역사상 가장 강한 전성기를 누린다. 라암세스 2세는 67년간 다스리고 90세까지 살았으며, 100명이 넘는 자식을 두었다. 많은 신전을 지었고(카르낙 신전, 룩소르 신전, 아부심벨 신전 등), 많은 성과 왕궁을 건설하였다. 초기에는 아시아를 진출하여 가나안 북방 지역까지 점령하고 기념비를 남겼다. 그의 통치 제5년에 거대한 대군을 이끌고 시리아를 향해 진군하여 히타이트의 왕 무와달리스(Muwattalis, 약 주전 1,306-1,282)와 시리아의 가데스에서 싸워 용맹을 떨치기도 하였다. 후기에는 전쟁보다 평화를 누리면서 내치에 전력을 쏟았다.

다음 왕인 메르넵타(Merneptah, 주전 1,224-1,214)는 즉위하자 곧 가나안의 여러 지역을 정복한다. 재위 제5년에 리비아의 침공을 격퇴시켰고, 서쪽 경계에 기념비를 세웠다. 이 기념비는 초기에 가나안 지역으로 침입하였던 상황을 기록하였는데, 마지막에 "이스라엘"이 언급되어 있어 이 비석을 "이스라엘 석비"라고 부른다: "이스라엘은 황폐하여졌고 그 씨라고는 하나도 남지 않았다." 이때가 바로 주전 1,220년이었다. 이때에 이스라엘이 이미 가나안에 정착하고 있었음을 이 석비가 증명한다. 그 이후의 왕들은 연약하여 제19왕조가 몰락한다.

---

26 석비에는 벳산 근처에 있는 야르뭇 산에서 아피루('Apiru, 히브리?)들을 쳐부수었다고 기록한다.

6. 출애굽 연대

출애굽에 대한 견해는 다양하다. 아시아 계통의 사람들이 부분적으로 조금씩 이집트에서 나왔다는 설과, 대대적인 출애굽이 두 번 정도 있었다는 설, 그리고 한 번 히브리 전 민족이 모세를 따라 출애굽하였다는 설 등으로 나뉜다. 우리는 한번에 대 민족이 출애굽하였다는 것을 믿으며, 그것을 전제로 하여 연대를 논하고자 한다. 크게 세 가지를 나누어서 살피도록 하겠다.

1) 초기연대 (주전 1,446)

이 이론은 이집트의 제18 왕조가 들어서면서 압박이 시작되었고, 특히 투트모세 3세(Thutmoses III) 때에 성을 쌓는 등의 큰 공사로 압박이 심하였던 것으로 생각한다. 그리고 그의 후계자 아멘호텝 2세(Amenhottep II) 때에 출애굽한 것으로 파악한다. 그 근거는 다음과 같다.

(1) 열왕기상 6:1의 증언

열왕기서의 기록은 다음과 같이 말한다: "이스라엘 자손이 애굽 땅에서 나온 지 사백팔십 년이요 솔로몬이 이스라엘 왕이 된 지 사년 시브월 곧 이월에 솔로몬이 여호와를 위하여 전 건축하기를 시작하였더라"(왕상 6:1). 이 구절은 솔로몬이 성전건축을 시작한 그의 재위 제4년이 출애굽 이후 480년이라고 말한다. 솔로몬 제4년은 주전 967/6년으로 계산된다. 따라서 출애굽은 주전 1,446에 있었다는 계산이 나온다.

(2) 사사기 11:26에 있는 입다의 증언

입다는 암몬 왕에게 이스라엘이 암몬에 거한 지 300년이 되었다고 한다. 이는 이스라엘이 출애굽하여 요단 동편에 머문 것을 말하는 것이다. 사사들의 연도는 정확하지는 않지만 솔로몬에서부터 거슬러 올라가서 보면, 다윗, 사무엘, 그 외의 4명의 사사들의 기간들을 더하면 입다가 활동한 시기는 주전 약 1,100년경으로 추정된다. 이스라엘이 출애굽하여 광야에서 40년을 지낸 후에 모압에 왔으므로 출애굽은 주전 약 1,440경이 된다. 도표를 보면 다음과 같다.

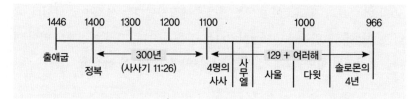

(3) 메르넵타 비석의 증언

라암세스 2세의 후계자 메르넵타는 재위 제5년(주전 1,219)에 리비아 국경에 석비를 세우고 자신이 가나안을 정복했던 일을 적었는데, 거기에 "이스라엘"이라는 이름이 나온다. 이 석비에서 메르넵타는 가나안의 여러 도시들을 정복한 이야기를 하면서, 그 중 이스라엘도 황폐하게 하였음을 자랑한다 ("Israel was laid waste, his seed is not"). 이것은 메르넵타 제5년에 이미 가나안에서 이스라엘이 나라 비슷한 형태로 존재하였음을 증명한다. 가나안을 정복하고 어느 정도 자리를 잡았다고 가정한다면(출애굽+광야 40+가나안 정복) 출애굽은 몇 백 년 이전에 이루어진 것이라 할 수 있다.

(4) 텔엘 아마르나(Tell el Amarna) 편지들이 '하비루'인들을 언급한 증언

텔엘 아마르나에서 발굴된 가나안의 부족국가 왕들이 이집트 왕에게 보낸 편지들에서 '하비루'인들의 침입을 알리고 있다. 텔엘 아마르나는 아켄아텐 왕의 재위시기(주전 1,377-1,346)의 수도였다. 출애굽 이후 광야 40년을 거치고 그 이후 가나안 정복이 시작되었다면 출애굽은 주전 1,440년경이 맞게 된다. 물론 '하비루' 혹은 '아피루'가 과연 히브리인들을 가리키는지에 대한 논쟁이 있다.[27] 그러나 하비루와 히브리인 관계는 충분하게 가능하다.

이상으로 볼 때에 출애굽은 주전 1,400년대로 이루어졌다고 볼 수 있다. 성

경의 증거를(왕상 6:1; 삿 11:26)를 중요하게 받아들이는 입장에서는 이 연대
를 주장하는 것이 당연하다.[28]

2) 후기연대 : 라암세스 2세 시대(Rameses II, 주전 약 1,225년경)

비평학자들은 아예 대민족의 탈출을 인정하지 않지만, 그러나 비평학을 받
아들이면서도 하나님의 말씀을 믿으려하는 복음주의 계통의 신학자들은 출
애굽을 라암세스 2세 시대로 본다. 특히 존 브라이트는 주전 1,225년으로 말
한다(라암세스 2세가 죽기 바로 전). 존 브라이트와 그 동조자들이 주장하는 근
거와[29] 거기에 대한 평가는 다음과 같다.

(1) 그들은 출애굽기 1:11에 이스라엘 백성이 국고성 비돔과 라암세스을 건
축했다는 기록을 가장 중요한 근거로 제시한다. 고고학적으로 라암세스 2세
가 라암세스과 비돔을 건설했다는 증거가 나타나기 때문이다. 그가 이 성들을
건설하기 위해 이스라엘의 학대를 시작하였고, 학대를 피하기 위해 그의 재위
마지막 가까운 때에 출애굽을 했다는 것이다. 이 이론에 대한 구체적인 근거
와 그에 대한 평가를 보면 다음과 같다.

① 대부분의 학자들은 출애굽기 1:11의 '라암세스'은 라암세스 2세의 이름
을 따서 붙여진 그의 도성(王都)이라고 생각한다. 이집트 기록에서는 라암세
스가 옛 힉소스의 왕도였던 아바리스(Avaris)에 페르-라암세스(Per-Rameses,

---

27 이 논쟁을 위해 레온 우드, 『이스라엘의 역사』, 112~16을 보라.

28 혹자는 고대 여리고 성의 발굴에서도 증거를 제시한다. 가스텡(John Garstang)이 주후 1930~36년에 텔
   여리고를 발굴한 결과 이중 성벽이 안쪽에서 바깥 쪽으로 무너진 지층을 발견하였다. 그 외에 여러 유물들
   을 관찰한 결과 그는 그 성벽이 무너진 연대를 주전 약 1,400경으로 계산하였다. 그러나 여기에 대한 다른
   논쟁들이 있다. 케년(Katheleen Kenyon)은 주후 1952~58년에 다시 고대 여리고를 발굴한 결과 2개의 성
   벽은 각각 시대가 다른 것이었으며, 그 무너졌던 것도 가스텡이 지정한 연도 보다 500년이 앞선 것이었다고
   주장하였다. 양쪽 주장이 모두 각자의 증거를 가지고 팽팽히 맞서지만 가스텡의 주장도 충분히 가능성이 있
   을 수 있다고 본다. 여기에 관해서는 레온 우드, 『이스라엘의 역사』, 101~103을 보라.

29 이 주장은 주로 존 브라이트, 『이스라엘의 역사, 상』, 177~82를 참조하였다.

라암세스의 집)를 건설하였다는 말이 나타나고 있기 때문이다. 많은 학자들은 오늘날 발굴이 잘 이루어진 타니스(Tanis)를 그 라암세스 도성(옛 아바리스 위에 세운)으로 파악한다. 실제 타니스 고적지에는 라암세스의 석상과 그의 이름이 있는 오벨리스크, 그리고 여러 신전의 흔적들이 있다. 그 거대한 신전들과 성벽을 짓기 위해 라암세스가 히브리인들에게 노역을 시켰다는 것이다.

그러나 타니스가 과연 그 라암세스 도성인지는 의문이 많다. 타니스가 아바리스의 그 라암세스가 아닌 증거로 타니스는 바닷물이 들어오고 소금기에 찌든 지역이라는 점이다. 타니스는 삼각주 동북쪽에 위치하였고, 지중해 바닷물이 들어오는 지역에 위치해 있다. 따라서 이 도시는 동부에서 오는 적들을 막기 위한 방어용 요새로 적합하지만, 한번도 풍성한 농사를 지었던 도시가 아니었다는 것이다. 그리고 이곳은 멤피스(현 카이로)에서 델타로 이어지는 통로에 위치한 것도 아닌 너무 외진 곳이라는 점도 약점이다. 힉소스 왕국이 과연 이렇게 농사를 지을 수 없고 외진 곳에 수도를 정했다는 것은 말이 안 된다는 것이다. 또 히브리인들이 거주한 고센 땅과는 멀어 과연 수많은 히브리인들을 쉽게 동원할 수 있었는지도 의문이다. 어떤 사람은 콴티르(Qantir)가 옛 아바리스였고, 라암세스의 집이라 불리는 그 도시일 가능성이 많다고 생각하기도 한다.

'라암세스'이라는 이름의 도시가 꼭 라암세스 2세가 만든 도시라고 할 수 없다. 그 이름의 도시는 그 이전에도 있었다. 창세기 47:11이 "요셉이 바로의 명대로 그 아비와 형들에게 거할 곳을 주되 애굽의 좋은 땅 라암세스를 그들에게 주어 기업을 삼게" 하였다고 말한다. 그러므로 출애굽기 1:11의 라암세스를 꼭 라암세스 2세가 지은 것이라고 할 필요가 없는 것이다. 페르-라암세스(Per-Rameses, 라암세스의 집)이라는 용어도 라암세스 왕과 관련한 어떤 특정한 도시를 가리키는 것보다, 보통명사로 사용된 용어였을 수 있다.

② 이 연도를 주장하는 사람들은 비돔에 관하여서도 텔 엘-마쉬쿠테(Tell el-Mashkuteh)의 유적지 신전 기둥에 새겨진 비문에 피-툼(Pi-Tum, 툼의 집)이라는 문자가 있는 것을 발견하고, 여기가 비돔이라고 주장한다. 이곳은 라

암세스 2세가 이집트 동쪽 경계에 요새로 세웠고 또 거주지로 만들었다는 것이다. 이곳에 라암세스의 비문이 발견된 신전을 세우고 아툼(Atum)신에게 봉헌하였다는 의미로 피-툼(아툼의 집)이라고 명명했다는 것이다.

그러나 이집트 기록에 페르-아툼(Per-Atum, 아툼의 집)이라는 말이 자주 나오며, 그곳에 새겨진 피-툼도 동일한 말이라고 주장하는 사람도 있다. 아툼의 신전이 있는 곳에는 '아툼의 집'이라는 말을 쓸 수 있고, 이것은 이집트 신 아툼의 예배 처소에 붙여지는 보통 명사와 같은 이름이라는 것이다. 따라서 출애굽기 1:11에 나오는 '비돔'이 꼭 라암세스 2세가 건설한 텔 엘-마쉬구테라고만 할 수 없다. 어떤 학자들은 헬리오폴리스(Heliopolis)가 비돔이라고 주장하는 사람들도 있다.

(2) 후기 연대를 주장하는 사람들은 가나안 땅의 여러 성들을 발굴한 결과가 공통적으로 주전 13세기경에 대 파괴가 있었음이 나타나는 것을 그 근거로 삼는다. 물론 여러 도시들이 주전 1,200년대에 파괴된 흔적들이 있지만, 그러나 그러한 파괴는 주전 15-12세기에 걸쳐서 다양하게 나타난다. 특히 중요한 도시 벧엘과 그 외 몇 지역은 주전 1,300년대에 파괴된 것으로 나타난다. 또 탄소 동위원소 방법이 얼마나 정확한 것인지에 대해서도 의문이 있다. 만약 1,200년대에 여러 마을들이 파괴되었다 하더라도 그것이 라암세스 말년(주전 1,225년경)에 출애굽했다는 증거가 될 수 없다. 왜냐하면 출애굽하여 광야에서 40년을 있다가 그 후에 가나안에 들어갔기 때문이다. 그렇다면 이스라엘이 가나안을 정복한 것이 주전 1,100년대가 되어야 하는 것이다.

(3) 브라이트는 열왕기상 6:1의 480이란 숫자는 실제의 숫자가 아닌 어림 숫자라고 주장한다. 그는 성경에 40년이 자주 등장하는 것에 주목한다. 그래서 광야 방랑 40년(이것은 실제 숫자가 아닌 어림 숫자로 봄)을 한 세대의 기간으로 보고, 모세에서 솔로몬까지가 12대로 12(세대)x40(년)=480년이 나오는데 이것은 어림 숫자에 불과하다는 것이다. 실제 한 세대는 25년이며, 따라서

12x23=300 정도가 맞다고 한다.[30] 그러나 모세에서 솔로몬까지를 12대라는
것이 확실하냐에 대한 의문이 있다. 성경에는 확실한 12세대를 주고 있는 곳
이 없기 때문이다. 또한 성경에는 세대를 완벽하게 이야기하지 않는다. 예를
들어 마태복음 1장에서 아브라함에서 다윗까지를 14대, 다윗에서 바벨론까지
를 14대, 그리고 바벨론에서 예수 그리스도까지를 14대로 주는데, 이 14대를
맞추기 위해 어떤 곳에는 여러 명의 이름이 생략되었다(아하시야, 요아스, 아마
샤 등이 빠짐). 그리고 이 계산에서 한 세대를 40년으로 간주하였다는 증거도
찾을 수 없다. 따라서 성경이 말하는 480년을 어림 숫자로 취급하기보다는, 브
라이트가 설정한 12대가 오히려 가상적인 숫자라고 생각된다.

더 중요한 반론으로는 ① 만약 라암세스 2세가 국고성 건축의 명령을 내렸
고, 라암세스 2세 때에 출애굽을 했으면, 고난의 기간은 기껏해야 50-60년밖
에 되지 않다는 점이다. 성경에는 그들이 고역을 해도 계속 자손이 번성하였
고, 산파를 시켜 아기를 죽이라고 명령했으나 실천이 되지 않았으며, 그 뒤 부
모가 직접 남자아이를 죽이라고 명령한 후에 모세가 태어났다고 한다. 모세의
연수를 계산하면 태어난 후 궁전에서 40년, 광야에서 40년(합 80년)의 기간이
지난 후에 출애굽이 있었다. 따라서 라암세스 2세가 국고성을 건축하게 하면
서 박해를 시작했고, 또 그의 재직 때에 출애굽했다는 것은 연도가 맞지 않는
다. 또 성경은 모세가 미디안 광야로 도망가 있는 동안 "여러 해 후에 애굽 왕
은 죽었고 이스라엘 자손은 고된 노동으로 말미암아 탄식하며 부르짖으니"라
고 말한다(출 2:23). 이것은 박해를 시작한 왕이 죽고 다음으로 들어선 왕 역시
계속 압박하였음을 말하고 있는 것이다.

② 메르넵타 비석에 의하면 주전 1,220년에는 이스라엘이 팔레스틴에 있어
야 한다. 만약 라암세스 시대 후반(주전 1,225년)에 출애굽했다면, 그리고 광야
에서 40년을 지냈다면 어떻게 1,220년에 가나안에 있을 수 있는가? ③ 라암세
스 2세 시기는 이집트가 초강대국이었고, 가나안과 그 주위를 속국으로 삼고

---

30 존 브라이트, 『이스라엘의 역사, 상』, 182.

있었다. 라암세스 2세의 왕권은 끝까지 흔들림 없이 강력하였다. 성경에 나타나는 사건들(열 가지 재앙과 홍해에서 군대 전멸)은 왕국 혹은 왕권을 크게 위축시켰을 것이 틀림없다. 그러나 라암세스 2세 시대에 그런 위축의 흔적이 없다. 이런 강력한 왕권 기간에 출애굽이 일어났다는 것은 맞지 않다.

이상에서 볼 때에 복음주의 진영에서 주장하는 라암세스 2세 시대에 출애굽이 있었다는 것은 도저히 연도에서 맞지 않다.

3) 제19왕조 메르넵타 왕 시대에 출애굽했다는 설

두 번째의 이론이었던 라암세스 2세 재위 기간에 출애굽했다는 것은 압박의 기간을 연도적으로 계산하면 도저히 맞지 않는다. 그래서 라암세스 2세가 히브리인들을 압박하고, 그의 아들 메르넵타 때에 출애굽했다는 것이다. 그러면 출애굽기 1:11에 기록된 국고성 비돔과 라암세스을 건설했다는 것과, 라암세스 2세가 그 성들을 건축했다는 증거가 맞으며, 박해의 기간도 상당히 길게 잡을 수 있다는 것이다. 그러나 여기에 대한 약점도 여전히 남는다. 메르넵타의 비석이 세워진 주전 1,220년 이전에는 이스라엘이 가나안에 가 있어야 한다는 것이다. 그리고 가나안에서 성읍들이 주로 주전 1,200년대에 무너졌다는 증거와도 맞지 않는다.

우리는 이상의 논쟁을 통해서 볼 때에 열왕기상 6:1이 말해주는 주전 1,446년에 출애굽이 있었다고 보는 것이 가장 타당하다고 생각한다.

제1장

이집트에서
이스라엘의 생활

1~2장

본문 개요

창세기는 이집트에 거주하고 있는 후손들이 그 약속의 땅을 향하여 출애굽해 나갈 것을 내다보면서 끝난다. 요셉은 유언에서 하나님이 그 백성을 이집트에서 인도하여 내어 약속의 땅 가나안으로 인도해 가실 것임을 상기시켰다(창 50:24). 그때에 자신의 해골도 꼭 메고 나갈 것을 부탁하였다. 출애굽기는 그 약속의 실현을 말해준다.

이집트에서 이스라엘 백성의 삶은 두 기(期)로 나뉜다. 초기에는 번영의 시기이다. 이집트에서 가장 좋은 땅에서 왕들의 호의 아래 풍요로운 삶을 누렸다. 그래서 그들의 숫자가 급속하게 불어날 수 있었다. 후기는 압박의 시대였다. 요셉을 모르는 새로운 왕조가 일어나서 이스라엘을 노예로 삼았다. 그들의 울부짖음을 듣고 하나님은 조상들과 맺은 언약을 기억하여 그들을 구원할 계획을 세우신다.

내용 분해

1. 이집트로 이주한 야곱의 아들들(1:1~5)
2. 번영을 누림(1:6~7)
3. 고난의 기간(1:8~22)
    1) 고난의 시작(1:10)
    2) 학대를 더함(1:11~14)
    3) 아들을 죽여야 하는 고통(1:15~22)
4. 모세를 준비시킴(2:1~25)
    1) 모세의 출생(2:1~4)
    2) 모세가 구출됨(2:5~10)
    3) 이집트에서 준비의 생활(2:11~15상)
    4) 미디안에서 준비의 생활(2:15하~22)

5) 모세가 떠난 이후 이스라엘의 상황(2:23~25)

본문 주해

1. 이집트로 이주한 야곱의 아들들(1:1~5)

1 야곱과 함께 각각 자기 가족을 데리고 애굽에 이른 이스라엘 아들들의 이름은
이러하니 2 르우벤과 시므온과 레위와 유다와 3 잇사갈과 스불론과 베냐민과 4 단
과 납달리와 갓과 아셀이요 5 야곱의 허리에서 나온 사람이 모두 칠십이요 요셉
은 애굽에 있었더라

출애굽기는 웨엘래 쉐모트(שׁמוֹת וְאֵלֶּה)로 시작한다. 이것을 해석하면 "그리고
이것들이 ...의 이름이니라"이다. 먼저 첫 글자 *웨*는 접속사로서 "그리고"이
다. 히브리어는 접속사 *웨*가 흔히 의미 없이 습관적으로 사용될 때가 많다. 그
러나 그 경우는 와우 접속법(*웨* 접속사가 미완료 동사와 함께 사용될 때)일 때에
해당하며, 명사 혹은 대명사 앞에 붙는 경우 모두 무의미한 것이라 할 수 없
다. 만약 이 접속사가 의미있게 사용되었다면, 그것은 출애굽기가 독립적인
책이 아니라 앞의 책에 연결되는 책임을 보여주는 것이다.

'웨엘래 쉐모트'는 맛소라 성경책에서 출애굽기의 이름이 된다. 대부분의
맛소라 성경은 첫 글자를 책 이름으로 채택한다. 이 말 다음에 이름들이 등장
하는데, 이는 야곱이 이집트로 같이 이주한 아들들의 명단들이다. 요셉의 경
우는 그가 이미 이집트에 있었음을 부가적으로 밝힌다. 창세기 46장에 이집
트로 이주할 때에 야곱 가족들의 명단에는 손자와 증손자까지 기록이 되었지
만 여기에서는 12명의 족장들 이름만 나타난다. 이들은 앞으로 하나님 나라
의 기초가 된다.

히브리어 본문 첫 여섯 글자는 창세기 46:8의 여섯 단어와 같다: 웨앨래 쉐
모트 베네이 이스라엘 핫바임 미츠라에마(מִצְרָיְמָה הַבָּאִים יִשְׂרָאֵל בְּנֵי שְׁמוֹת וְאֵלֶּה).

번역하면 다음과 같다: '이것들은 이집트로 들어간 이스라엘 아들들의 이름들이다.' 이렇게 같은 문장을 그대로 가져왔다는 것은 양쪽 본문이 서로 연결되어 있음을 보여준다. 그러나 그 뒤에 나오는 명단들은 출애굽기의 것은 야곱의 열 두 아들들만 주는 요약형이며, 순서도 창세기 46장의 것과 약간 다르다. 창세기는 정확하게 어떤 사람들이 이집트로 내려갔는지를 모두 밝히기를 원하였지만, 출애굽기에는 앞으로 이스라엘을 이룰 대표족장들 이름만 주고 있다.

양쪽 다 이름 순서는 연령별이 아니라 어머니별이다. 창세기 46장은 레아의 아들들과 그 자손, 그의 종 실바의 아들들과 그 자손, 라헬의 아들과 그 자손, 그리고 라헬의 종 빌하가 낳은 아들들과 그 자손들로 구성되었다. 출애굽기에서는 레아의 아들들 여섯명(르우벤, 시므온, 레위, 유다, 잇사갈, 스불론)이 먼저 나오고, 다음을 라헬의 아들 베냐민(요셉은 이미 이집트에 있었기 때문에 나중에 언급됨), 그 다음은 라헬의 여종 빌하가 낳은 두 명(단, 납달리), 그리고 마지막으로 레아의 여종 실바가 낳은 두 명(갓, 아셀)의 명단 순으로 이루어졌다. 명단은 어머니의 순서대로 엮어진 것인데, 레아는 법적으로 야곱의 정부인이었기에 그의 아들이 맨 먼저 나오는 것이 이치에 맞다. 다음은 라헬도 언니 뒤를 이어 정식 결혼한 것이므로 그 다음에 나와야 한다. 두 여종들에게는 특별히 정해진 순서가 없었기에 야곱이 더 애정을 가졌던 빌하의 아들들이 먼저 나오는 것 같다.

본문은 앞으로 이스라엘 국가를 이룰 기초들을 제시할 목적이 크겠지만, 그러나 작은 숫자가 나중에 얼마나 많이 번성하였는지도 말해 줄 목적이 있다.

2. 번영을 누림(1:6~7)

6 요셉과 그의 모든 형제와 그 시대의 사람은 다 죽었고 7 이스라엘 자손은 생육하고 불어나 번성하고 매우 강하여 온 땅에 가득하게 되었더라

출애굽기는 이집트로 이민한 첫 세대가 모두 갔고(1:6), 그 후손들의 시대에 그들이 번성하고 있는 것으로(7절) 기사를 본격적으로 시작한다. 이 번성의 기간이 얼마나 길었는지에 대하여 본문이 말해주지 않는다. 그러나 전체 그들이 있었던 기간이 430년이었으므로(12:41), 본문이 시작하는 즈음에는 300년 이상은 흘렀을 것이다. 이런 오랜 세월동안 하나님께서는 침묵하고 계셨다. 그러나 그 침묵의 기간에도 하나님께서 자신의 약속을 이루시는 일을 계속하고 계셨다.

첫 번째 하나님께서 하신 일은 야곱의 가족들이 풍족한 삶을 누리게 하신 것이었다. 요셉이 가장 비옥한 땅 고센에서 자기 가족들을 머무르게 하였다. 고센은 나일강 하류 델타지역으로서 물이 풍부할 뿐만 아니라 강물이 침전물들을 많이 뿌려주기 때문에 땅이 비옥하였다. 그런 땅을 어떻게 이집트 사람들이 차지하지 않고 있었는가? 그 이유는 그곳이 습지대였기 때문이었다. 연중 물에 잠겨있는 기간이 길었기에 그 땅에 사람이 거주할 수 없었다. 아마도 이스라엘이 이주해 와서 그 지역을 처음으로 개간한 것 같다. 요셉이 그 곳을 지정할 때에 한 말을 보면 그것을 알 수 있다. "... 애굽 사람은 다 목축을 가증히 여기나니 당신들이 고센 땅에 살게 되리이다"(창 46:34). 요셉이 이스라엘 사람들이 목축을 혐오하는 이집트 사람들과 멀리 떨어져 살기를 바로에게 간구하였던 것을 보면 그 지역은 이집트 사람들과 떨어진 곳임을 알 수 있다.

요셉은 고센 땅이 이집트에서 가장 물이 풍부하고 비옥한 곳임을 알고 있었다. 그리고 그곳에 마을을 만들 수 있는 방법까지 알고 있었기 때문에 자기 가족을 그곳에 거주하게 했을 것이다. 그 습지대에 사람이 거주하기 위해 먼저 흙벽돌(짚을 넣지 않은)로 땅을 다지고 그 위에 집을 건축하였다(짚을 넣은 흙벽돌을 이용). 거주할 집을 건축하는 문제가 해결되자 그곳은 이집트에서 가장 비옥한 곳이 되었을 것이며, 따라서 히브리 사람들은 번영을 누릴 수 있었을 것이다. 또 왕들이 우호적이었기 때문에 그들은 그곳에 평안히 거할 수 있었을 것이다.

하나님께서 하신 두 번째 일은 그들을 번성케 하신 것이다. 이스라엘 백성

은 70명으로 시작하였다. 그런데 출애굽할 때에 장정만 60만 대군으로 증가하
였다. 본문은 다음과 같이 묘사한다: "이스라엘 자손은 생육하고 불어나 번성
하고 매우 강하여 온 땅에 가득하게 되었더라"(1:7). "생육하다(*파라*, פָּרָה)" "불
어나다(*사라츠*, שָׁרַץ)" 그리고 "번성하다(*라바*, רָבָה)"의 세 단어는 거의 의미가
비슷하며, 모두 자손이 크게 불어났음을 나타낸다. *파라*는 열매들이 많이 열
리는 것에 주로 사용되었다(물론 사람의 번성에도 여러 번 사용되었음, 창 1:28;
9:1; 17:20 등). *사라츠*는 개구리나 물고기, 그 밖의 동물들이 크게 번성하는 것
에 많이 사용되었다('물에서 우글거리다,' '떼 지어 움직이다'와 같이 사용되었다,
창 1:20,21; 출 8:3 등). 물론 사람이 많아 땅에 가득찬 모습에도 사용되었다. *라
바*는 식물, 동물, 사람들의 번성에 두루 사용되었다. "강하여"의 *아춤*(עָצוּם)도
"강대하다"는 의미인데, 숫자적으로 많음을 의미하기도 한다(시 139:17 참조).
"온 땅에 충만하였다(וַתִּמָּלֵא הָאָרֶץ אֹתָם)"도 자손들의 번성을 나타낸다. 이 모든
말들은 그 자손이 얼마나 크게 번성하였는지를 강조하여 말해준다.

　본 절에 "온 땅"은 고센 땅 구역을 제한적으로 말한 것으로 볼 수 있다. 야
곱 가족이 처음 이주했을 때에 고센 땅은 사람이 없는 넓은 습지대에 불과하
였다. 그런데 히브리인들이 그 생활 영역을 점점 넓혀가서 고센 땅 전역을 사
람이 거주할 수 있는 곳으로 확장하였을 것이다. 사람이 그 넓은 고센 땅에 충
만하려면 그만큼 많은 숫자로 불어났음을 의미한다. 그러한 번성과 풍요로움
을 누리기 위해서는 왕들도 우호적이어야 한다. 이 번영의 시기는 힉소스 왕
조 기간 이었을 것이다.

　힉소스족들은 약 주전 1,750년경부터 아시아 쪽에서 이집트로 이주해 온
것으로 추정된다.[1] 처음에는 소수의 무리들이 넘어오다가 후에 말과 전차를
동원한 새로운 무기를 가지고 집단적으로 쳐들어와 델타 동쪽 지역을 차지
하고 스스로 왕국을 이루었다. 그리고 이집트의 수도 멤피스를 정복하고, 원
래의 이집트 왕조(제12왕조)를 나일강 상류로 몰아내었다. 그들은 나일강 삼

1　힉소스족들에 대하여는 서론 '4. 이집트 역사'를 참조하라.

각지 동편에 위치한 아바리스(Avaris)에 수도를 세우고, 아시아 쪽으로 교역을 확장해 갔다. 비옥한 하류 지역에서 나오는 생산물과 또 활발한 교역 덕분에 그들은 풍요한 삶을 영위하면서 성들을 요새화해 갔다. 히브리인들도 같은 아시아 계통의 사람들이었기 때문에 서로 좋은 관계 속에서 델타지역에서 함께 번영하였을 것이다.

그러나 7절에서의 "온 땅에 가득하게 되었더라"는 말은 단순히 지정학적인 의미로만 말씀하신 것으로 축소해서는 안 될 것이다. 이것은 하나님의 약속이 성취되었음을 확인하는 말이기에 그 신학적인 의미가 있다고 해야 한다.[2] 어떤 신학적인 의미가 있다는 말인가?

다시 7절 전체를 보자. "생육하고(파라)," "번성하고(라바)" 그리고 "(땅에) 충만하였다(말레, מָלֵא)"의 단어들은 하나님이 사람을 창조하시고 주신 복에 사용되었던 것이다: "하나님이 그들에게 복을 주시며 하나님이 그들에게 이르시되 생육하고(파라) 번성하여(라바) 땅에 충만하라(말레) …"(창 1:28). 창세기 구절들의 단어와 출애굽기 본문 구절의 단어가 거의 같다. 그런데 타락 이후에도 이 구절들이 계속 나타난다. 홍수 이후 하나님이 노아와 맺은 언약에서 다시 같은 축복이 내려졌다: "하나님이 노아와 그 아들들에게 복을 주시며 그들에게 이르시되 생육하고(파라), 번성하여(라바) 땅에 충만하라(말레)"(창 9:1). 하나님이 노아의 언약을 통하여 창조 때에 주셨던 그 복을 다시 주신 것이다.

그런데 그 복은 아브라함 이후에 다시 활성화되었다. 하나님이 족장들에게 땅을 주겠으며, 자손을 번성하게 하겠으며, 복을 주시겠다고 약속하셨다(창 12:1~3; 26:3~4; 28:13~14). 그 중에서 두 번째에 해당하는 약속과 관련하여 파라(창 17:6,20; 26:22 28:3; 35:11; 41:27; 48:4; 49:22)와 라바(16:10; 17:2,20; 22:17; 26:4; 28:3; 35:11; 47:27; 48:4) 단어는 축복에 자주 나타난다.[3] 특히 야곱이 마지막 임종을 앞두고 요셉에게 하나님께서 자신에게 주신 번성의 약

---

2 박철현, 『출애굽기 산책』 (서울: 솔로몬, 2014), 32.

3 박철현, 『출애굽기 산책』, 28.

속을 상기 시킨다: "... 하나님이 내게 나타나사 복을 주시며 내게 이르시되 내가 너로 생육하고(파라) 번성하게 하여(라바) 네게서 많은 백성이 나게 하고 ..."(창 48:3,4). 이스라엘 백성이 이집트에 몇 백 년 머무는 동안 계시역사는 침묵하고 있지만 하나님은 그 약속을 성취하고 계셨던 것이다. 사도행전은 그 것을 아래와 같이 정의한다: "하나님이 아브라함에게 약속하신 때가 가까우 매 이스라엘 백성이 이집트에서 번성하여 많아졌더니"(행 7:17). 따라서 이스 라엘 자손들이 번성한 것은 창조사역에서 시작하여 하나님이 족장들에게 내 리신 약속의 성취라고 할 수 있다.

하나님이 자손 번성의 약속을 이렇게 성취하셨다. 그러면 그 다음 땅을 주 시겠다는 약속은 어떻게 성취하실까 기대가 된다.

교훈과 적용

① 출애굽기는 창세기와 밀접한 연관이 있다. 하나님은 아브라함에게 땅, 자손, 복 세 가 지 약속을 주셨지만 이 약속들의 성취는 미루고 그들을 이집트로 보내셨다. 하나님은 브 엘세바에서 야곱에게 나타나셔서 "애굽으로 내려가기를 두려워하지 말라"고 독려하셨 다(창 46:3). 왜 그들을 이집트로 보내셨을까? 이집트로 내려가게 하신 이유들을 크게 두 가지로 요약할 수 있다.

첫째, 가나안에 살고 있는 족속들의 죄악이 아직 관영치 않았기 때문이었다: "...이는 아 모리 족속의 죄악이 아직 가득 차지 아니함이니라"(창 15:16). 가나안 땅을 히브리인들에 게 주려면 이미 그곳에 살고 있는 일곱 족속들을 다 죽이든지 아니면 쫓아내어야 한다. 그 런데 만약 족장시대에 하나님이 바로 가나안 땅을 그들에게서부터 빼앗아 히브리 사람들 에게 준다면, 하나님은 무죄한 사람들의 피를 흘리는 불의한 신이라고 온 세상 사람들로부 터 비난받을 것이다. 그래서 하나님은 그들의 죄악이 관영할 때까지 기다리겠다고 하신다.

둘째, 이집트에서 번성케 하여 강한 민족으로 키우기 위해서였다. 가나안 사람들은 이 미 그곳에 뿌리내려 살고 있었다. 만약 가나안에서 히브리 사람들이 그들과 함께 계속 살 면서 차차 번성한다면 뒤에 출발하는 히브리인들이 그들을 이길 수가 없을 것이다. 오히려 히브리 사람들이 가나안 사람들에게 동화되기 쉬울 것이었다. 그래서 하나님이 이스라엘을 이집트에서 번성하게 하여, 광야에서 연단시켜 가나안으로 인도해 오실 것을 계획하신 것이었다.

② 하나님이 아브라함에게 땅을 주겠으며, 자손을 번성하게 하겠으며, 복을 주시겠다는 세 가지 약속을 주셨다. 이것은 바로 하나님의 나라를 이루겠다는 약속으로 볼 수 있다. 나라는 땅, 백성, 그리고 통치권 세 가지 요소가 필요하다. 그 중에 복은 통치자가 백성에게 베푸는 복지에 해당한다. 이제 위의 세 가지 약속 중 백성을 번성케 하겠다는 약속이 이루어졌다. 이제 그들을 연단을 통해 강하게 훈련시키실 것이다. 하나님은 가장 적당한 방법으로 자기 백성을 인도하심을 알 수 있다.

3. 고난의 기간(1:8~22)

8 요셉을 알지 못하는 새 왕이 일어나 애굽을 다스리더니 9 그가 그 백성에게 이르되 이 백성 이스라엘 자손이 우리보다 많고 강하도다 10 자, 우리가 그들에게 대하여 지혜롭게 하자 두렵건대 그들이 더 많게 되면 전쟁이 일어날 때에 우리 대적과 합하여 우리와 싸우고 이 땅에서 나갈까 하노라 하고 11 감독들을 그들 위에 세우고 그들에게 무거운 짐을 지워 괴롭게 하여 그들에게 바로를 위하여 국고성 비돔과 라암세스을 건축하게 하니라 12 그러나 학대를 받을수록 더욱 번성하여 퍼져나가니 애굽 사람이 이스라엘 자손으로 말미암아 근심하여 13 이스라엘 자손에게 일을 엄하게 시켜 14 어려운 노동으로 그들의 생활을 괴롭게 하니 곧 흙 이기기와 벽돌 굽기와 농사의 여러 가지 일이라 그 시키는 일이 모두 엄하였더라 15 애굽 왕이 히브리 산파 십브라라 하는 사람과 부아라 하는 사람에게 말하여 16 이르되 너희는 히브리 여인을 위하여 해산을 도울 때에 그 자리를 살펴서 아들이거든 그를 죽이고 딸이거든 살려두라 17 그러나 산파들이 하나님을 두려워하여 애굽 왕의 명령을 어기고 남자 아기들을 살린지라 18 애굽 왕이 산파를 불러 그들에게 이르되 너희가 어찌하여 이같이 남자 아기들을 살렸느냐 19 산파가 바로에게 대답하되 히브리 여인은 애굽 여인과 같지 아니하고 건장하

여 산파가 그들에게 이르기 전에 해산하였더이다 하매 20 하나님이 그 산파들에게 은혜를 베푸시니 그 백성은 번성하고 매우 강해지니라 21 그 산파들은 하나님을 경외하였으므로 하나님이 그들의 집안을 흥왕하게 하신지라 22 그러므로 바로가 그의 모든 백성에게 명령하여 이르되 아들이 태어나거든 너희는 그를 나일강에 던지고 딸이거든 살려두라 하였더라

번영의 기간이 끝나고 곧 고난의 기간으로 접어든다. 그들의 고난은 3중적으로 가중되었다. 첫째, 종교적 암흑이었다. 그들은 오랫동안 하나님께 제사도 드리지 않았으며, 또 하나님을 잊고 살았다. 심지어 그의 이름조차 기억하지 못하였다(3:13). 아마도 그들은 하나님이 약속의 땅으로 인도해 주실 것이라는 약속마저 잊어버렸는지도 모른다(이후의 히브리 백성의 행동을 보면 그 약속을 기억하고 있는 흔적이 보이지 않는다). 고센 땅에서의 생활은 풍족하였기에 그들은 가나안 땅에 대한 그리움이 전혀 없었을 것이다. 그들이 하나님을 찾지 않으니 하나님도 그들에게 나타나지 않으셨다. 하나님과의 교통이 없다는 것은 그들이 어려울 때에 의지하고 찾을 신이 없음을 의미한다. 마치 엘리야 시대에 말씀을 거두어 가버린 암흑의 시기와 같았을 것이다.

둘째는 자식을 잃어야 하는 슬픔이다. 심지어는 남자아이를 자기 손으로 직접 죽여야 하는 고통을 감내해야 하였다. 셋째는 강제 노역이다. 그들이 고통 중에 부르짖는 소리가 하나님에게까지 상달할 정도로 그 고난이 극심하였다.

1) 고난의 시작(1:8~10)

8절에 "요셉을 알지 못하는 새 왕이 일어나 애굽을 다스리더니"라는 말과 함께 고난의 기간이 시작된 것을 알린다. 본문은 고난의 이유를 종교적인 것이 아닌 정치적인 문제로 제시한다. 이 구절에서 두 가지 중요한 문구가 눈에 띈다. 첫째 "새 왕"이라는 말이다. 이제 새로운 세상이 열렸음을 알리는 것이다. 앞 절에 이스라엘이 누리는 번영이 있었다. 이 문구는 이제 그 모든 것이

뒤집힐 것을 예고한다. 둘째, "요셉을 알지 못하는" 이라는 말이다. 여기에 사용된 "알다"의 히브리어 야다(ידע)는 자주 경험적으로 아는 것으로 사용된다. 이집트 왕이라면 히브리인들이 왜 거기 와서 살고 있는지 옛 역사를 통해 알았을 것이고, 또 이집트를 구출해 낸 영웅 요셉에 대해서도 지식적으로는 인지하였을 수 있다. 본문은 그러나 실제 요셉의 그 여러 가지 구민 정책들을 생활로 체험하지 못하였다는 의미일 것이다.

8절은 새로운 왕조가 열렸음을 알리는 것이다. 그 구절은 그 앞의 왕조가 요셉을 잘 알았으며, 그러므로 그들이 이스라엘 사람들과 친하게 잘 지내었음을 암시한다. 그리고 본 절은 이전과 전혀 연관성이 없는 완전한 새로운 왕조가 등장했음을 알린다. 이것은 단순히 한 왕이 바뀐 것 보다 더 큰 변화를 뜻한다. 따라서 이전의 왕은 힉소스 왕조였을 것이며, 새로운 왕은 아마도 제18왕조의 창시자 아모세 1세(Ahmose I)일 것이다. 힉소스가 하류 델타 지역에서 통치하던 시기에 이집트 왕조는 남쪽으로 밀려가 상류의 중심도시인 더베에서 약한 상태로 겨우 명맥을 유지하였다. 주전 1,570년경 제18 왕조의 창시자 아모세 1세는 북쪽으로 쳐들어가 힉소스족들을 몰아내고 이집트 전역을 통일하였다.

이 상황이 힉소스족들과 연관이 있는 증거는 10절하에 나타난다: "전쟁이 일어날 때에 우리 대적과 합하여 우리와 싸우고 이 땅에서 나갈까 하노라." 여기에서 바로가 전쟁을 예상하고 있음이 드러난다. 이것은 쫓겨난 힉소스족들이 호심탐탐 재진입을 노리고 있었기 때문일 것이다. 바로는 전쟁이 날 때에 히브리인들 대적과 연합하여 자기들을 칠 것을 걱정한다. 이는 이전에 힉소스족과 히브리인들이 함께 잘 지내고 있었던 것을 반증한다. 아마 뒤에 들어 온 힉소스족들은 낯선 곳에 정착하기 위해 먼저 와서 살고 있던 히브리인들로부터 많은 도움을 받았을 것이다.

이집트 역사에서 고대에는 이 델타 지역에 사람이 거주지 않았다. 아니, 습지였기 때문에 거주할 수 없었다. 그런데 어떻게 히브리인들이 그곳을 완전히 정착지로 삼고 번성할 수 있었겠는가? 그리고 아시아에서 온 힉소스족들이 어떻게 그 습지를 주 정착지로 삼았을까? 그 두 구룹이 델타지역에 자리 잡앉던 것은 절대적으로 요셉의 지혜를 빌렸기 때문에 가능했을 것이다.[4] 또 힉스스 족들이 아시아로부터 와서 이곳을 정착지로 삼았던 것도 히브리 집단을 모본으로 삼았기 때문에 가능했을 것이다.

1:8에 의하면 힉소스족들이 요셉을 알았던 것이 분명하다. 그들은 먼저 온 요셉과 그 가족들에게 고마움이 있었을 것이다. 힉소스 사람들은 이스라엘 사람들과 힘을 합쳐 그 델타지역에서 악조건을 극복하고 같이 번영하였을 것이다. 새 왕조(제18왕조)가 들어서자 전에 이집트 사람들이 전혀 접근하지 못하였던 지역에서 그렇게 번성하고 있는 외국인들을 그냥 두고 보지 못하였을 것이다. 그들은 이곳을 침입하여 통치자로 군림하고 있는 힉소스족들은 쫓아내고, 히브리인들은 남겨 노예로 삼았다.

이집트 새 왕조는 히브리인들을 단순히 종으로만 삼은 것이 아니라 심하게 압박하였다. 압박한 이유는 첫째로 그들이 자기들 보다 수가 더 많고 강해지는 것을 두려워했기 때문이다(9절). "강하다"의 아춤(עצום)은 '강한'의 뜻도 있지만 '거대한, 무수한'의 의미도 있다. 숫자가 많아서 강대해진 것으로 이해할 수 있다.[5] 히브리인들은 70명으로 시작하였지만 지금은 온 땅(고센 땅)에 가득할 정도로 번창하였다. 이 거대한 숫자로 인해 이집트인이 위협을 느꼈을 것이다. 만약 반란이 일어나면 그들을 힘으로 통제하기가 어려워질 것이다. 그러나 그 두려움은 심리적인 두려움이다. 그러므로 바로는 과민반응을 보인 것이다.

압박의 둘째 이유는 전쟁이 날 때에 적들과 합류할까 염려하기 때문이었다(10절중). 이집트인들에게 초미의 관심사는 쫓겨난 힉소스족들이 재침입해 오는 것이었다. 만약 전쟁이 난다면 이전에 서로 사이좋게 지냈던 양자가 내통할 가능성이 크다. 이집트인들이 적들과 싸우고 있을 때에 국내에서 반란이 일어나 전장에 있는 군대를 뒤에서 치게 되면 그들은 치명적인 상처를 입을

---

4 습지에서의 정착에 대하여 1:6~7주석을 참조할 것.
5 존 더햄, 『WBC 성경주석 3: 출애굽기』, 손석태·채천석 옮김 (서울: 솔로몬, 2011), 56.

것이다. 따라서 히브리인들이 더 이상 반란의 꿈을 꾸지 못하도록 압박할 필요가 있었던 것이다.

셋째 이유는, 그들이 도망할까 염려하기 때문이었다(10절). 이집트는 성들을 요새화하기 위해 많은 인력이 필요하다. 아시아로부터 힉소스족들의 침입을 대비하기 위해 델타지역 동부에 요새들을 많이 건설할 필요가 있었다. 델타 지역에서 성을 구축하는 데는 엄청난 노동력이 필요하다. 먼저 땅을 다져야 하고, 그 위에 성벽을 쌓고 집도 지으며, 또 신전과 왕궁을 건설해야 한다. 옛 힉소스족들은 동북부 경계를 철저히 요새화할 필요가 없었을 것이다. 왜냐하면 그들이 아시아에서 왔기 때문에 그쪽 사람들에게 위협을 느끼지 않았기 때문이었다. 그러나 새 왕조는 쫓겨난 힉소스족들이 다시 침입해 올 것을 대비하지 않을 수 없었다. 그래서 동북 경계지역에 많은 요새를 건설할 필요가 있었다. 그 중에서 대표적인 도시가 비돔과 라암세스이었다. 그뿐만 아니라 제18왕조부터 본격적으로 신전들을 건축하기 시작하였다. 따라서 많은 노동력이 필요하였다. 이집트인들은 히브리인들로부터 이 노동력을 착취하였다. 만약 그들이 도망간다면 그 많은 노동력을 잃게 된다. 그들이 도망하지 못하게 더 심하게 노예로 얽어맬 필요가 있었던 것이다.

2) 학대를 더함(1:11~14)

바로는 히브리인들에게 감독들을 세워 자신을 위한 국고성을 건축하게 하였다(1:11). '감독'의 *사르*(שׂר)는 지역장관 혹은 성의 우두머리를 가리키는 단어이다. 여기에서는 복수로 사용되었다. 히브리인들은 넓은 지역에 흩어져 살고 있었다. 따라서 각 권역 혹은 성읍마다 다스리는 자를 두어 그들을 노역에 동원하도록 하였다. "국고성"의 *미스케나*(מִסְכְּנָה)는 '창고(storage)'라는 의미이다. 단순한 곡물저장을 위한 성읍이라면 적의 침입에 쉽게 노출될 수 있는 델타 동북부에 지을 이유가 없다. 따라서 곡물뿐만 아니라 무기를 저장하는 성읍이었을 것이다. 또 새로 건설한 도시에는 신전과 왕궁도 필수적으로 있어야 하였다. 따라서 국고성은 다목적 성읍이었을 것이며, 특히 방어용 요새를 주목적으로 세웠을 것으로 추론된다.

그들이 건축한 비돔과 라암세스는 그 위치를 정확하게 확정지을 수가 없다. 많은 사람들은 비돔은 텔 엘-마쉬쿠테(Tell el-Mashkuteh)의 유적지로 추정한다. 그곳에서 여러 비문이 새겨진 기둥들과 신전들이 발견되었는데, 비문에 피-툼(Pi-Tum, 툼의 집)이 새겨진 문자를 발견했기 때문이다. 그리고 이곳은 제19왕조 라암세스 2세(주전 1,304-1,238년)가 세운 것으로 추정된다. 이곳이 라암세스 2세 이전에 건축된 흔적이 없다고 말한다. 그러나 이곳이 꼭 본문에서 말하는 비돔이라는 증거는 명확하지 않다. 이집트 기록에는 페르-아툼(Per-Atum)이라는 말이 자주 나타나는데, 이것은 "아툼의 집"이라는 뜻으로, 이집트 신 아툼의 예배처소에 붙여지는 이름이다. 따라서 피-툼이라는 비문도 "아툼의 집"이라는 뜻으로서 어떤 특정한 성을 뜻하기보다 아툼 신을 모신 곳이라는 보통명사로 생각할 수 있다. 어떤 학자들은 성경에 나오는 비돔이 엎힐(Uphill) 혹은 헬리오포리스(Heliopolis)의 옛 이름일 수 있다고 주장하기도 한다.[6]

라암세스에 관해서도 논란의 여지가 많다. 사람들은 흔히 본문 11절의 "라암세스"은 라암세스 2세의 이름을 따서 붙인 그의 도성(王都)이라고 생각한다. 이집트 기록에서는 라암세스 2세는 옛 힉소스의 왕도 아바리스(Avaris)에 페르-람세스(Per-Rameses, 라암세스의 집)를 건설했다고 말하는데, 많은 학자들은 현대에 발굴된 타니스(Tanis)가 바로 그 "라암세스"이라고 주장한다. 타니스 유적지에는 라암세스 2세의 동상과 그의 이름이 있는 오벨리스크 등, 그에 대한 많은 흔적들이 나타난다. 타니스를 라암세스 도성이라고 주장하는 사람들은 이 성이 주전 18세기 초에 힉소스족에 의해 최초로 건축되었다가, 제19왕조 라암세스 2세에 의해 재건된 것이라 말한다.

그러나 타니스는 라암세스 2세가 건설한 것은 확실하지만 그것이 바로 성

6 이에 관하여 본서 서론 '5. 출애굽 연대'를 참조하라.

경의 그 라암세스라는 것에 대하여는 의문이 많다. 타니스가 아바리스나 라
암세스로는 맞지 않는 증거로 타니스는 너무 해안 가까이에 위치해 있으며,
소금기가 찌든 지역으로 풍성한 농산물을 생산하는 도시로 적합하지 않다는
것이다. 그리고 동쪽에서부터 오는 델타의 통로도 아니다.[7]

페르-람세스는 "라암세스의 집(도성)"이라는 뜻으로 일반적으로 사용한 용
어일 수 있다. "라암세스"가 꼭 그곳만의 이름이라고 할 수 없다. 왜냐하면 창
세기 47:11에 요셉이 아버지와 형들에게 준 곳도 라암세스라고 말한다. 따라
서 "라암세스"가 꼭 라암세스 2세가 지은 도성일 필요는 없는 것이다. 라암
세스 2세 시대는 주전 1,200년대로서 제18왕조(주전 1,500 년대)의 시작과 함
께 고역이 시작된 것과 맞지 않다. 어떤 학자들은 델타 동부에 있는 콴티르
(Qantir)가 라암세스일 가능성이 있다고 한다.[8]

새로 등장한 바로가 다목적 성읍들을 건설하기 시작하였고, 이에 많은 노동
력이 필요했다. 그러한 노동력을 위해 바로는 외국인인 히브리인들을 노예로
삼아 그 노동력을 착취하였다. 그러나 학대할수록 히브리인들은 더 번성하였
다(12절상). 여기에 사용된 *라바*(רבה)와 *파라츠*(פרץ)는 모두 숫자적으로 불어
나 번창하는 것을 의미한다.[9]

그들은 고달픈 노동에도 불구하고 왕성한 생산력을 가졌다. 그만큼 육체적
으로 강건하였음을 의미한다. 그것은 이집트인들의 예상과 달랐다. 이집트인
들이 이스라엘로 말미암아 근심하였다(12절하). "근심하다"의 *쿠츠*(קוץ)는 '소
름이 끼칠 정도로 싫어하다' 혹은 '혐오하다'의 의미를 지녔다.[10]

이집트인들의 이스라엘 사람들에 대한 미움이 더 이상 참을 수 없을 지경
에 도달한 것이다. 그래서 이집트인들은 고역의 강도를 더 높였다(13절). 그
들이 다른 생활을 할 수 없게 몰아붙였다. 히브리인들이 해야 하는 일이 세

---

7 이에 관하여 본서 서론 '5. 출애굽 연대'를 참조하라.
8 아란 콜, 『틴델 구약주석: 출애굽기』, 장도선 역(서울: 기독교문서선교회, 1990), 75.
9 1:7 주석을 보라.
10 존 더햄, 『출애굽기』, 56.

가지였다.

첫째는 흙 이기기였다. 벽돌은 두 종류가 있다. 맨흙을 틀에 넣어 찍어내는 것과, 흙에 짚을 섞어 찍어내는 것이다. 맨흙으로 만든 것은 땅을 다지는 용도로 쓰인다. 델타 지역은 강물이 자주 범람하고 습지대이기 때문에 흙벽돌을 쌓아 지대(地臺)를 높인다. 이때에는 짚을 넣지 않은 벽돌을 이용한다. 그러나 넓은 도성 전체의 지대를 만들기 위해 어마어마한 흙벽돌이 필요하다. 그리고 성벽과 건축물은 짚을 넣은 벽돌을 이용한다. 이러한 벽돌을 만들기 위해 많은 흙이 필요하였다. 그 흙에 물을 부어 이기는 것은 매우 힘든 일이었다.

둘째는 벽돌 굽기였다. 이집트에는 일반적으로 벽돌을 틀에서 빼어내어 햇볕에 말린다. 햇볕이 뜨겁고 강렬하기 때문에 그렇게 말린 벽돌도 충분히 단단하다. 그러나 더 단단한 벽돌을 만들기 위해 열을 가하여 굽는다. 특히 새로운 도성에 왕궁과 신전을 지어야 한다. 그러한 건물을 위해서는 강도가 높은 벽돌이 필요했다. 이집트인들은 이러한 최고급 벽돌을 요구하였다. 이것을 굽는 작업도 힘들겠지만 땔감을 준비하는 것도 큰일이었을 것이다.

셋째는 농사를 짓는 일이었다. 도성을 만드는 일도 힘든데 농사일까지 시켰다. 델타 지역은 많은 농산물을 생산할 수 있는 비옥한 곳이었다. 여기에서 이집트 거의 전 지역의 사람들이 먹을 수 있는 농산물이 생산되어야 한다. 그뿐만 아니라 새로 세우는 국고성 창고에 전쟁을 대비한 비상 식량도 쌓아놓아야 한다. 이 일을 히브리인들에게 시키는 것이다. 물론 이러한 삼중적인 학대에도 불구하고 히브리인들의 생산은 멈추지 않았다.

3) 아들을 죽여야 하는 고통(1:15~22)

학대를 심하게 하여도 이스라엘 자손이 번성하자 그들의 번성을 막기 위해 바로는 극단적인 방법을 채택하였다. 산파를 시켜 남자아이는 죽이라고 명령하였다(1:15~16). 번성을 막는 것이 목적이라면 왜 남자아이들만 죽이라고 명령했을까? 아마 두 가지 목적이 있었을 것이다. 첫째는 남자들의 숫자가 줄면 반란의 위험이 적어질 것이다. 둘째, 여자아이를 통해 이집트 자손을 낳게 할 목적이 있었을 것이다. 만약 히브리 남자가 없고 여자만 있다고 가상하자. 히 브리 사람은 노예이기 때문에 주인이 여자아이를 마음대로 이집트 사람에게 줄 수 있다. 그 여자 아이들은 이집트 남자로부터 아이를 낳을 것이다. 그러면 그 자손들은 이스라엘 민족성이 희박해 질 것이다. 그리고 그 아이들을 계속 노예로 부릴 수 있을 것이다.

바로는 남자아이를 죽이려는 간악한 계획을 은밀하게 추진하려고 하였다. 산파들을 이용한 합법적인 제거작전이었다. 산파들의 이름인 "십브라(שִׁפְרָה)" 는 "아름다움(美)"이며, "부아(פּוּעָה)"는 '빛남, 영광'이라는 의미를 가졌다.[11] 이 이름들은 셈족어의 고어이다. 따라서 이들도 아시아 계통의 사람들인 것 같 다. 이집트 왕이 산파들에게 말한다. "해산을 도울 때에 그 자리를 살펴서" 아 들이거든 죽이고 딸이거든 살리라고 한다(16절). "자리를"로 번역한 히브리어 아브나임(אָבְנָיִם)은 '돌들'이다. 이것은 쌍수이다. 두 돌이라는 의미이다. 혹자 는 여기에 사용된 돌이 출산대라고 말하기도 한다. 그런데 출산할 때에 왜 돌 위에서 하는지, 그리고 왜 돌이 쌍을 이루고 있는지에 대한 해답을 찾을 수 없 다. 혹자는 이것이 남자의 생식기(고환)를 우회적으로 표현한 것이라고 한다.[12]

생식기를 보는 것이 남자인지 여자인지 판단의 가장 확실한 방법이다. 따 라서 매우 가능성이 있는 해석이라고 생각한다. 이 경우에 이미 출산한 아이 를 죽이는 경우가 된다.

산파는 태어나는 아이를 맨 처음 보고 또 처리하는 사람이다. 만약 산파가 이 일을 수행한다면 아이가 나온 즉시 남녀 구분부터 하고 바로 죽일 것이다. 아이가 울음을 터트리기 전에 죽이고, 그리고 아이가 죽어서 나온 것으로 가장 할 것이다. 일단 바로가 산파에게 이 일을 시킨 것은 비밀리에 그 일을 처리 하 겠다는 것이다. 아무리 무소불위의 힘을 가진 왕이라도 공개적으로 아이들을

---

11 아란 콜, 『출애굽기』, 76.

12 존 더햄, 『출애굽기』, 62.

죽이는 것은 부담이 컸을 것이다. 이스라엘 사람들이 거기에 대한 반발을 해 온다면 바로도 어려움을 겪을 수 있다. 따라서 산파들을 시켜 비밀리에 아이들을 죽이는 길을 선택했을 것이다. 산파들이 출산을 도우면서 아이를 죽인다면 그 아이는 난산으로 인한 죽음으로 가장할 수 있을 것이다.

그러나 산파들은 하나님을 두려워했다고 말한다(17절). "두려워하다"의 야 레(יָרֵא)는 두려운 감정을 표현할 때에 사용되기도 했지만, 존경(honour)이나 경의를 표시할 때에도 사용된다.[13] 여기서는 '경외하다'로 번역하는 것이 좋다. 바로의 엄한 명령을 거스를 정도로 그들은 하나님에 대한 경외심이 컸다. 그들이 생명을 주시는 자는 하나님이심을 믿었기에 바로의 명령보다 하나님을 더 두려워한 것이다. 바로의 추궁에(18절) 그들은 적당한 변명으로 둘러대었다. 이스라엘 사람들은 이집트 사람과 달리 그들은 "건장하여" 산파가 도착하기 전에 이미 출산을 했다는 것이다(19절). 여기에 "건장하다"에 쓰인 단어 하웨(חָיֶה)는 '생기가 넘치는'이라는 의미이다.[14]

바로는 더 이상 산파들을 책망할 수 없게 되었다. 산파들은 교묘히 바로의 진노를 피해갔다. 하나님은 이들 산파에게 은혜를 베푸셨다(20절상). "은혜를 베풀다"의 야타브(יָטַב)는 '잘되다, 성공하다'의 의미이다. 그들에게 좋은 일들이 많아졌다는 것이다. 이스라엘 백성은 더 번성하고 강해졌다(20절하). 바로는 더 이상 이스라엘 사람들이 번성해가는 것을 볼 수 없었다. 그래서 다음 단계의 계획으로 들어간다. 공개적으로 남자아이들을 제거하는 작전으로 들어간 것이다. 바로가 그들에게 남자아이가 태어나면 부모는 직접 강에 던지라고 명령한다. 개역개정판은 "나일강"으로 번역하지만 히브리어 예오르(יְאֹר)는 개역판과 같이 그냥 "하수"이다. 그러나 이집트에서의 하수는 나일강을 의미한다.

팔레스틴에서는 돌이 많기 때문에 사람을 공개처형 할 때에 돌을 던져 죽

13 F. Brown, S. R. Driver and C. A. Briggs, *Hebrew and English Lexicon of the OT*, 3rd ed. (Oxford: University Press, 1998) (이후로는 'BDB'로 표시할 것임), 431.
14 BDB, 313.

였다. 메소포타미아와 이집트는 큰 강이 그들의 생활을 지배하고 있었기 때문에 공개 처형 때는 물에 던져 넣었다. 강에 던져 넣은 것은 일반적인 사형 방법이기는 하지만 어린아이를 공개 처형 형식을 취하는 것은 잔인하다. 혹시 이 방법이 아이를 제물로 바치는 형태일는지 모른다. 이집트인들은 나일 강을 그들에게 생명을 주는 하피 신으로 섬긴다. 만약 바로가 하피 신을 섬기는 종교 행위로 이런 명령을 했다면, 자기 백성의 종교심을 이용했을 수도 있다. 이집트 사람들은 하피 신을 생명을 주는 신으로 섬긴다. 만약 이 일에 이스라엘이 강하게 반항한다면 자기 백성의 종교심을 부추겨서 그들을 대항하게 할 수 있을 것이다.

이스라엘에게 큰 위기가 닥쳤다. 그들이 이것을 어떻게 극복할 수 있을지, 하나님은 이 위기를 어떻게 이용하여 자기 백성을 보존하고 또 구출할지 궁금해진다.

교훈과 적용

번영의 기간이 끝나고 곧 고난의 기간으로 접어든다. 초기의 번영은 분명히 하나님이 주신 복이었을 것이다. 그러면 후기는 하나님의 징계 때문인가? 왜 하나님은 그들에게 고난을 허락하셨을까? 우리는 일단 두 가지 측면에서 살펴볼 필요가 있다.

① 그들의 죄악 때문에 하나님이 고난 속에 버려두셨다. 출애굽기 본문은 그것이 징계임을 분명하게 밝히지 않는다. 그러나 에스겔 20장은 그들이 당한 고난의 이유를 다음과 같이 설명해준다: "그들이 내게 반역하여 내 말을 즐겨 듣지 아니하고 그들의 눈을 끄는 바 가증한 것을 각기 버리지 아니하며 애굽의 우상들을 떠나지 아니하므로 내가 말하기를 내가 애굽 땅에서 그들에게 나의 분노를 쏟으며 그들에게 진노를 이루리라 하였노라"(겔

20:8). 에스겔은 자신들이 당하고 있는 고난은 조상 때부터 하나님을 배반한 이유 때문이라 말한다. 그 역사적 회고를 이집트에서의 생활로부터 시작한다. 그들이 하나님을 반역하고 이집트의 가증한 우상들을 섬겼다. 그래서 하나님이 그들에게 분노를 내리니 그들이 고난을 당한 것이라고 말한다. 물론 그 고난 중에서도 하나님은 자신이 주신 언약의 약속을 잊지 않으셨다. 따라서 그들을 이집트에서 인도해 내셨는데 그것은 전적으로 하나님의 거룩한 이름을 위해서라고 말한다(겔 20:9).

② 그들을 이집트에서 이끌어 내기위해 고난을 허락하셨다. 성도가 고난당하는 경우에 하나님의 뜻이 숨어있을 수 있다. 비록 자기의 잘못으로 인한 고난의 경우에도 하나님은 그것을 이용해서 결국 하나님의 뜻을 이루신다. 이집트에서 이스라엘 사람들은 풍요로운 삶을 살면서 너무 평안한 생활에 젖어버렸을 것이다. 거기에는 비옥한 땅과 풍부한 물이 있었다. 그들이 얼마나 농사를 쉽게 지었던지 발로 물을 이끌어 와서 채소밭에 물을 대었다(신 11:10). 그런 환경에서 살고 있는 그들이 자의적으로 그 땅을 떠난다는 것은 불가능하였을 것이다. 가나안 땅으로 가야한다는 열망은 사라졌을 것이며, 시간이 흐름에 따라 가나안으로 인도해 가시겠다는 하나님의 약속도 아예 잊어버렸을 것이다. 요셉의 마지막 부탁도(창 50:24~25) 잊고 살았을 것이다. 이러한 안일함이 더 지속된다면 그들은 영원히 이집트에서 정착하고 말 것이다. 하나님은 그들을 이집트에 그냥 내버려둘 수가 없다. 그들을 자기 백성으로 삼고, 그들에게 땅을 주어, 자기의 나라를 이루시기를 원하신다. 고난을 허락하심으로써 그들이 그곳에 살 것이 아님을 깨닫게 하시는 것이다.

③ 연단을 위해 고난을 허락하셨다. 하나님은 그들을 일깨우기 위해 고난을 허락하셨을 것이다. 그리고 고난을 통하여 그들을 연단시키셨다. 성경은 성도를 연단시키기 위해 하나님이 고난을 허락하신다고 자주 말씀하신다: "보라 내가 너를 연단하였으나 은처럼 하지 아니하고 너를 고난의 풀무 불에서 택하였노라"(사 48:10). 하나님은 고난을 통하여 그들을 단련시킬 뿐만 아니라, 여호와께 부르짖게 하셨다(2:23; 참고, 출 3:17; 느 9:9). 안일함에 빠져있던 그들을 고난을 통해 깨어나게 하셨다. 고난이 있었기에 그들이 약속의 땅(가나안)을 향하여 기뻐하며 출애굽할 수 있었다. 또 고난의 연단이 있었기에 광야를 통과하는 행군도 할 수 있게 되었을 것이다. 신약에서도 고난 속에서 성도가 받는 위로가 큼을 고백한다: "그리스도의 고난이 우리에게 넘친 것 같이 우리가 받는 위로도 그리스도로 말미암아 넘치는도다"(고후 1:5).

1 레위 가족 중 한 사람이 가서 레위 여자에게 장가 들어 2 그 여자가 임신하여 아

들을 낳으니 그가 잘 생긴 것을 보고 석 달 동안 그를 숨겼으나 3 더 숨길 수 없게 되매 그를 위하여 갈대 상자를 가져다가 역청과 나무 진을 칠하고 아기를 거기 담아 나일강 가 갈대 사이에 두고 4 그의 누이가 어떻게 되는지를 알려고 멀리 섰더니 5 바로의 딸이 목욕하러 나일강으로 내려오고 시녀들은 나일강 가를 거닐 때에 그가 갈대 사이의 상자를 보고 시녀를 보내어 가져다가 6 열고 그 아기를 보니 아기가 우는지라 그가 그를 불쌍히 여겨 이르되 이는 히브리 사람의 아기로다 7 그의 누이가 바로의 딸에게 이르되 내가 가서 당신을 위하여 히브리 여인 중에서 유모를 불러다가 이 아기에게 젖을 먹이게 하리이까 8 바로의 딸이 그에게 이르되 가라 하매 그 소녀가 가서 그 아기의 어머니를 불러오니 9 바로의 딸이 그에게 이르되 이 아기를 데려다가 나를 위하여 젖을 먹이라 내가 그 삯을 주리라 여인이 아기를 데려다가 젖을 먹이더니 10 그 아기가 자라매 바로의 딸에게로 데려가니 그가 그의 아들이 되니라 그가 그의 이름을 모세라 하여 이르되 이는 내가 그를 물에서 건져내었음이라 하였더라 11 모세가 장성한 후에 한번은 자기 형제들에게 나가서 그들이 고되게 노동하는 것을 보더니 어떤 애굽 사람이 한 히브리 사람 곧 자기 형제를 치는 것을 본지라 12 좌우를 살펴 사람이 없음을 보고 그 애굽 사람을 쳐죽여 모래 속에 감추니라 13 이튿날 다시 나가니 두 히브리 사람이 서로 싸우는지라 그 잘못한 사람에게 이르되 네가 어찌하여 동포를 치느냐 하매 14 그가 이르되 누가 너를 우리를 다스리는 자와 재판관으로 삼았느냐 네가 애굽 사람을 죽인 것처럼 나도 죽이려느냐 모세가 두려워하여 이르되 일이 탄로되었도다 15 바로가 이 일을 듣고 모세를 죽이고자 하여 찾는지라 모세가 바로의 낯을 피하여 미디안 땅에 머물며 하루는 우물 곁에 앉았더라 16 미디안 제사장에게 일곱 딸이 있었더니 그들이 와서 물을 길어 구유에 채우고 그들의 아버지의 양 떼에게 먹이려 하는데 17 목자들이 와서 그들을 쫓는지라 모세가 일어나 그들을 도와 그 양 떼에게 먹이니라 18 그들이 그들의 아버지 르우엘에게 이를 때에 아버지가 이르되 너희가 오늘은 어찌하여 이같이 속히 돌아오느냐 19 그들이 이르되 한 애굽 사람이 우리를 목자들의 손에서 건져내고 우리를 위하여 물을 길어 양 떼에게 먹였나이다 20 아버지가 딸들에게 이르되 그 사람이 어디에 있느냐 너희가 어찌하여 그 사람을 버려두고 왔느냐 그를 청하여 음식을 대접하라 하였더라 21 모세가 그와 동거하기를 기뻐하매 그가 그의 딸 십보라를 모세에게 주었더니 22 그가 아들을 낳으매 모세가 그의 이름을 게르솜이라 하여 이르되 내가 타국에서 나그네가 되었음이라 하였더라 23 여러 해 후에 애굽 왕은 죽었고 이스라엘 자손은 고된 노동으로 말미암아 탄식하며 부르짖으니 그 고된 노동으로 말미암아 부르짖는 소리가 하나님께 상달된지라 24 하나님이 그들의 고통 소리를 들으시고 하나님이 아브라함과 이삭과 야곱에게 세운 그의 언약을 기억하사 25 하나님이 이스라엘 자손을 돌보셨고 하나님이 그들을 기억하셨더라

이스라엘 사람들이 당한 위기를 하나님은 오히려 이용하셔서 자기의 뜻을 이루신다. 바로 모세를 준비시켜 자기 백성을 구하게 하신 것이다. 모세는 이집트 왕궁에서 잘 교육받았다. 앞으로 큰일을 할 수 있을 만한 큰 그릇으로 훈련받은 것이다. 그리고 광야에서 잘 연단을 받았다. 때가 되어 하나님은 준비된 모세에게 자기의 구원계획을 밝히신다.

1) 모세의 출생(2:1~4)

본문은 레위의 가족에 속한 한 가정을 소개한다. "가족"으로 번역된 *바이트*(בַּיִת)는 "집"을 의미하지만 때로는 "가문" 혹은 "족속"으로도 번역된다. 이 레위 가문의 사람은 6:20에 의하면 아므람이고, 결혼한 아내는 그의 고모(아버지의 누이)인 요게벳이다. 부모가 둘 다 순수 혈통의 레위가문이다. 앞으로 제사장으로서, 또 지도자로서의 활동하기에 가장 좋은 가문이라고 할 수 있다. 요게벳이 임신하여 아이를 낳았다고 하였는데, 뒤에 누이와 형이 나타나므로 첫 번째 아이가 아니다. 성경은 주제에 관계없는 경우 침묵할 때가 많다. 2절에서 "잘 생긴"의 토브(טוֹב)는 "좋다" 혹은 "선하다"의 의미이다. 하나님이 천지를 창조하시고 보시기에 "좋았더라" 할 때의 그 단어이다(창 1:31). 하나님의 선물이기에 좋을 수밖에 없을 것이다. 이러한 아이이므로 부모가 그를 보

호해야 하겠다는 더 큰 의지를 가졌을 것이다.

3개월이 되었을 때에 아이의 울음이 커져 더 이상 숨길 수 없게 되었다(2:3
상). 어머니는 아이를 내어놓을 수밖에 없음을 알았다. 어쩔 수 없이 바로의
명령대로 강에 던지는 수밖에 없는데, 그냥 물속에 버릴 수는 없었다. 그래
서 먼저 갈대상자를 만들었다. 여기에 나오는 "상자"는 테바(תֵּבָה)로서 노아
의 '방주'에 사용되었던 단어이다. 어머니는 아이를 위해 최고의 정성을 기울
인다. 노아의 방주처럼 여기에서도 역청을 발라 물이 들어오지 못하게 하였
다. 노아의 방주와 모세의 상자는 둘 다 물에서 그들의 생명을 보존해 주었다
는 의미에서 유사하다. 그리고 노아가 방주에서 나와 새로운 계시역사를 이
루어 나간 것처럼, 모세도 방주에서 나와 하나님이 기획하시는 새로운 역사
를 이루어 나간다.

어머니는 아이가 든 갈대상자를 갈대 사이에 두었다(3절하). 아이를 위해 정
성스럽게 고른 최고의 장소였다. 나일강가에는 많은 곳에 갈대가 우거져 있
다. 그 사이에 둔 것은 악어의 위협을 피하기 위해서일 것이고, 무엇보다 상자
가 빨리 그리고 멀리 떠내려가지 않게 하기 위해서였을 것이다. 강가에 오래
머물러 있어 누군가에 의해 구조될 것을 기대했을 것이다. "두다"의 히브리어
숨(שׂוּם)은 어떤 지정된 장소에 두는 것을 의미한다. 이렇게 강에 놓은 것은 하
나님에게 아이를 맡긴 것이다. 하나님이 이 아이를 보호하셔서 살려주실 것이
란 믿음을 가지고 한 행위일 것이다.

그러나 어머니가 그 상자 곁에 있을 수 없다. 만약 발각되면 그 아이가 그 여
인의 아들로 탈로날 것이고, 그러면 바로의 명령을 거역한 죄로 큰 화를 입을
것이기 때문이다. 따라서 아이를 지켜보는 일은 누이가 맡았다. 아이를 위해
가족이 함께 나선 것이다. 누이는 아이가 어떻게 되는지 지켜보았다. 본문은
누이가 "멀리 섰더니"라고 말한다. 아이 가까이 있다가는 아이가 발견될 때에
아이의 정체가 탄로난다. 마치 그 아이가 자기와 상관없다는 듯이 어느 정도
거리를 두고 서서 지켜보고 있었다. 그러나 멀리서 있었지만 마음을 가까이
두었을 것이다. 행여 아이에게 무슨 일이 발생하면 즉시 달려갈 수 있게 신경

을 곤두세우고 있었을 것이다.

2) 모세가 구출됨(2:5~10)

마침 바로의 딸(공주)이 목욕하러 강에 나왔다(2:5). 왕궁은 멤피스(현 카이로 근처)에 있었다. 고대 멤피스는 현재의 카이로에서 남쪽으로 약 25km 떨어진 곳이다. 그런데 그녀가 히브리인들이 살고 있는 고센 땅에 있은 것에 대하여 의문을 제기할 수 있다. 그러나 왕의 별장이 여기저기 많이 흩어져 있을 수 있다. 특히 새로이 건설되는 라암세스 도시도 바로를 위한 궁전과 신전이 있었을 것이다. 따라서 이곳에 공주가 있었다는 것은 의외의 일이지만 꼭 있을 수 없는 곳은 아니다. 사람의 생각으로 있을 수 없는 일이지만 하나님의 섭리로 그러한 일도 가능할 수 있다. 하나님께서 하신 일이 참으로 기묘하다. 왜냐하면 바로는 히브리인들의 가장 강력한 적이며, 아이를 죽이라고 명령한 자였기 때문이다. 그런데도 하나님께서 바로의 공주를 택하신 것은 그곳이 가장 안전한 곳이며, 또 앞으로의 지도자로서 훈련을 잘 받을 수 있는 곳이었기 때문이었을 것이다.

아이의 부모는 결코 이집트인이 발견하기를 원치 않았을 것이다. 그것도 왕궁의 사람이 발견한다는 것은 생각조차 하기 싫은 끔찍한 일이었다. 만약 그렇게 발견된다면 죽음을 면치 못할 것이다. 그런데 하나님은 그의 딸을 시켜 아이를 구출하게 만들고, 그 왕궁 깊숙한 곳에서 자라게 하신 것이다. 여기에 나오는 이 공주가 누구인지 궁금하다. 만약 늦은 출애굽 연대(주전 1,225년경)를 주장하는 사람은 라암세스 2세의 공주로 볼 것이다. 그러나 이른 출애굽 연대(주전 1,466년)를 따른다면 그 유명한 핫셉슈트(Hatshepsut, 주전 1,504-1,482년) 여왕일 수 있다. 이집트 제18왕조 세 번째 왕인 투트모세 1세(Thutmose I, 주전 1,528-1,508)의 정부인 아하메스는 핫셉슈트 공주 하나만 낳았다. 아버지가 죽자 핫셉슈트는 자기의 이복동생과 결혼하여 남편을 왕위에 올렸다(투트모세 2세, 주전 1,524-1,504). 핫셉슈트 왕비도 딸만 낳았고,

남편이 죽자 자기의 딸을 다른 왕비에서 난 서자와 결혼시켜 왕위에 올리고는(
투트모세 3세, 1,504-1,450), 자신이 왕노릇하였다.[15] 공주가 히브리 아이인 줄
알면서도 자기 아들로 채택한 것을 보면 대담한 행동을 거침없이 할 수 있는
핫셉슈트 공주를 반영한다고 할 수 있다. 만약 그렇다면 그의 아들이 된 모세
도 왕궁에서 아무나 건드릴 수 없는 유력한 존재가 되었을 것이다.

공주가 아이를 구출한 장면을 자세히 살펴볼 필요가 있다. 공주는 강에 내
려와 목욕을 하고 있었고 시녀들은 강가를 거닐고 있었다(2:5). 공주가 상자를
보고 시녀를 시켜 가져오라고 했는데, 앞의 시녀들과 다르다. 강가를 거닐고
있는 "그녀의 시녀들"을 말할 때에 *나아로테이하*(וְנַעֲרֹתֶיהָ)로 표현했는데, *네아
로트*(נַעֲרֹת)는 일반적으로 '소녀들'로 번역되는 단어이며, 또 복수로 사용되었
다. 그녀들은 공주에 딸린 일반 궁녀들로 보면 된다. 그런데 공주가 상자를 가
져오라고 시킨 "그녀의 시녀"는 *아마타하*(אֲמָתָהּ)로서 "몸종(단수로 표기됨)"으
로 번역되는 단어로서 그를 가장 가까이 보필하고 있는 시종이다. 그에게 시
킨 것은 바로 자신이 직접 하는 행위와 같다.

공주가 상자를 열어보니 아이가 울고 있었다(6절상). 공주는 히브리인의 아
이인 것을 바로 알아보았다(6절하). 일반적인 경우라면 이집트 사람들은 히브
리인들을 혐오했기 때문에 아이를 바로 내쳤을 것이다. 더욱이 공주는 아버지
의 명령을 누구보다 잘 알고 있었다. 그러나 공주는 이 아이의 울음소리를 듣
고 불쌍한 마음이 들었다. 어머니는 아이의 울음 때문에 아이를 버릴 수밖에
없었지만, 이 울음이 그 아이를 살리는 역할을 했다. 아마 아이가 건장했기 때
문에 울음도 컸을 것이다. "불쌍히 여겨"의 *하말*(חָמַל)은 원래 '아끼다(spare)'라
는 의미에서 시작하여, '측은히 여기다(have compassion)'로 해석된다.[16] 스가
랴 11:5에는 목자들이 양떼를 "불쌍히 여기지" 않았다고 할 때에 사용된 단어
이다. 여기에서는 공주가 그 아이에게 측은한 마음이 들어 아이를 아끼고 싶

---

15 이에 관하여 본서 서론 '5. 출애굽 연대'를 참조하라.

16 BDB, 328.

어한 것이다. 그것이 아버지 왕의 명령을 거스르는 일인데도 불구하고 아끼고 싶은 마음이 더 강하였다. 이것은 하나님의 역사하심이 분명하다.

멀리서 지켜보고 있었던 누이가 기지를 발휘하고 나섰다. 공주에게 가서 아이에게 유모를 소개해 주겠다고 하였다(7절). 누이의 민첩한 행동이었다. 이스라엘 사람의 입장에서 볼 때에 아이가 이집트 왕족에게 발견되었다는 것은 가장 위험한 경우가 된다. 그런데도 불구하고 재빠르고 대담한 행동을 보이고 있다. 누이의 담력이 컸다고 할 수 있다. 누이의 말에 유의할 두 가지가 있다. "당신을 위하여"와 "히브리 여인 중에"이다. 앞에 말은 이미 아이가 공주의 것임을 인정한 것이다. 아마도 공주는 아이를 살리고 싶었지만 자기의 아들로 삼는 것은 미처 생각도 못했을 것이다. 아이가 살 수 있는 유일한 길은 공주가 자신의 아이로 삼는 것이었다. 누이는 공주에게 그 아이가 그녀의 아들인 것을 확인시켜주고 있다. 또 누이는 히브리 사람 중에 젖먹일 여자를 찾아주겠다고 하였다. 히브리 남자아이를 모두 죽이라는 왕의 명령이 있었기에 만약 이 아이가 이집트 유모에게 맡겨진다면 그의 생사를 보장할 수 없다. 공주도 이것을 염려할 수밖에 없었을 것이다. 그래서 소녀의 제안대로 히브리 여인에게 맡기는 일이 안전하게 아이를 키울 수 있는 길이라고 생각했을 것이다.

소녀의 당돌한 제안에 공주는 가서 그 일을 수행하라고 명령하였다(8절). 물론 소녀는 어머니를 데리고 왔다. 누이의 지혜로 아이는 살았고 어머니의 품에 다시 안길 수 있게 되었다. 공주가 그 여인이 아이의 친어머니인 것을 인식하였는지는 본문이 밝히지 않는다. 그러나 만약 인식했을지라도 공주는 그것을 묵인하였을 것이다. 어머니 품에서 자라는 것이 아이에게는 가장 좋기 때문이다. 아마도 공주는 자기의 아이가 최상의 여건에서 자라나기를 원했을 것이다.

공주는 그 히브리 여인에게 아이를 데려가서 젖을 먹이라고 한다(9절). 그런데 공주는 분명히 선을 긋고 있다. 공주는 "나를 위해" 그렇게 하라고 한다. 그것은 아이는 분명히 자신의 소유임을 확인하는 것이다. 그리고 그녀에게 삯을 주겠다고 한다. 비록 그 여인이 친어머니일지라도 이제 아이의 소속은 자신에게 있음을 밝히는 것이다. 그녀는 삯을 받고 이 일을 수행할 뿐이다. 그러나 아이는 어머니 품에서 이스라엘의 자손으로 훈육받으면서 자랐을 것이다. 왜냐하면 나중에 그가 자신이 히브리인인 것을 스스로 알고 있기 때문이다(2:11 참조). 아이가 생명을 보존했으며, 또 자신의 품에서 키울 수 있게 되었으니 어머니로서 이보다 더 좋은 일은 없었다.

아이가 자랐을 때에 어머니는 아이를 공주에게 데려다 주었다(10절상). 그때는 젖을 뗄 나이인 2~3세 정도였을 것이다. 그리고 본문은 "그가 그의 아들이 되니라"고 말한다. 모세는 공주의 아들인 왕자로서 왕궁에서 교육을 받았을 것이다. 만약 그 공주가 핫셉슈트였다면 장차 왕도 될 수 있는 위치였을 것이다. 그러므로 그가 최상의 교육을 받았을 것이다.

공주는 아들의 이름을 "모세"라고 불렀다(10절하). 본문은 이름의 의미를 "이는 내가 그를 물에서 건져내었음이라"고 주석을 달고 있다. 여기에서 "건져내다"의 히브리어 *마솨*(מֹשֶׁה, 끌어내다, 건져내다)와 "모세"라는 이름이 연관되었음을 밝히는 것이다. 사무엘하 22:17과 시편 18:16에 *마솨*는 "물에서 건져내다"는 의미로 사용하고 있다. 그러나 이집트 공주가 히브리어를 알고 그 이름을 붙이지는 않았을 것이다. 이집트어로 *모스*(mw-s)는 '물의 아들'이라는 뜻이다. 이집트 사람들은 나일강을 신으로 모시기 때문에 왕이 자주 그 이름을 사용하였다. 제18왕조의 왕의 이름들에 자주 '모세'가 들어있는 이름이 나타난다(아모세, 투트모세 등). 따라서 공주가 붙여준 이름에도 그러한 이집트 말이었을 것이고 왕족이 자주 사용하는 그 단어를 일부러 붙여주었을 것이다. 그러나 양자가 모두 물과 관련된 것임에는 분명하다. 따라서 그 이름이 "물에서 건져내었다"는 것은 후에 덧붙인 언급일 수 있다.

본 단락에서 영웅 모세가 주인공으로서 태어나고 건짐을 받았다. 그런데 이 영웅이 세워지기까지 주변의 도우미들은 모두 여인들이었다. 모세 아버지는 나타나지 않고 어머니만 모든 역할을 담당한다. 형은 나타나지 않고 누이가 중간 역할을 감당한다. 그리고 공주와 시녀들도 각자의 역할들을 감당한다. 그래서 한 영웅이 세워지고 있다.

3) 이집트에서 준비한 생활(2:11~15상)

모세가 젊은 시절 궁중에서 어떻게 살았다는 기록은 없다. 사도행전 7:21에
는 "바로의 딸이 그를 데려다가 자기 아들로 기르매"라고 말할 뿐이다. 공주
가 자기 아들로 성장시켰다면 그에게 왕자로서 최고 교육을 받게 했을 것이
다. 사도행전 7:22에는 "모세가 애굽 사람의 모든 지혜를 배워 그의 말과 하는
일들이 능하더라"고 말한다. 모세는 이집트의 신성문자뿐만 아니라 당시 외
교문서에 통용되었던 아카드어(동북 셈족어)도 배웠을 것이다. 언어뿐만 아니
라 여러 분야의 학문도 학습하였을 것이다. 사도행전은 "이집트 사람의 모든
지혜"라고 했다. 이집트에서 전래되어 내려오던 고전문서들을 공부했을 것이
고, 또 왕족으로서 반드시 알아야할 법전들도 배웠을 것이다. 이러한 학문은
친어머니 요게벳이 줄 수 없는 것이었다.

모세의 배움은 다니엘이 받은 교육과 비교될 수 있다. 다니엘처럼 하나님
이 모세를 사용하시기 위해 철저하게 훈련시킨 것이다. 그리고 다니엘처럼 모
세 자신이 히브리 사람인 것을 분명히 인식하고 있었다. 바로 뒤에 있는 사
건들을 보면 자신이 히브리인으로 인식하였을 뿐만 아니라 민족에 대한 애
착이 있었음을 알 수 있다. 이것은 어릴 때에 입었던 친어머니의 영향력이었
을 것이다.

2:11에 "장성한 후에"라고 하는데, 신체적인 것뿐만 아니라 지적으로도 충
분히 성숙한 단계가 되었음을 뜻한다. 사도행전 7:23에서는 그때를 "나이 40"
이라고 말한다. 출애굽기 본문은 모세가 "자기 형제들"에게 나갔다고 말한다
(2:11상). "자기 형제들"이란 말에서 모세가 히브리인으로서 자기 정체성을 확
실하게 가지고 있음이 드러난다. 그는 이집트 왕자로서의 신분에도 불구하고
자신의 뿌리를 잊지 않았다. 그가 그들의 노동현장에 나간 것은 그들을 감독
하기 위함이 아니었다. 또한 단순히 산책을 한 것도 아니었을 것이다. 자기 형
제들의 형편을 살펴보기 위해서였다. 거기서 모세는 그 형제들이 고되게 노동

하는 것을 보았다(11절중). "고되게 노동하는 것"으로 번역된 히브리어는 *세발라(סבלה)*로서 '무거운 짐'이란 말이다. 사람들이 힘에 겨운 짐들을 나르며 힘들게 일을 하는 모습을 표현한 것이다. "보다"의 히브리어 *라아(ראה)* 동사 뒤에 전치사 브(ב)가 오면 단순히 보는 것이 아니라 '살펴보다' 혹은 '조사하다'의 의미가 강하다.[17]

그런데 거기서 어떤 사건이 벌어지고 있는 현장을 목격하였다. 이집트인이 히브리인을 치는 것을 본 것이다(11절하). 이집트 사람은 감독관이었을 것이다. 이러한 모습은 일상적으로 있는 일이었을 것이다. "치다"의 *나카(נכה)*는 '치다'라는 의미로 사용되었지만, '치명적인 타격을 가하다(smite fatally), 살해하다(smite the slain)'로도 사용되었다.[18] 자주 사람을 쳐서 죽이는 의미로 사용되었다. 이 단어는 한번 치고 마는 것이 아니라, 전쟁에서처럼 연속적으로 치는 행위를 가리키는 데에 자주 사용되었다.[19] 이 단어 *나카*는 이집트인이 히브리인을 칠 때에. 모세가 그 이집트인을 칠 때에(12절), 또 히브리 사람이 동료를 칠 때에(13절) 모두 같이 사용되었다.

이집트인과 히브리인 두 사람이 함께 있는 경우 양자의 신분은 뚜렷이 구분된다. 지배자와 노예라는 차이이다. 이러한 차이라면 높은 쪽이 낮은 쪽을 치거나 죽여도 항의할 수 없다. 그러나 모세는 그러한 상황에 견딜 수가 없었다. 그런데 마침 그때에 아무도 보는 사람이 없었다. 이 틈을 타서 모세는 이집트 사람을 쳐서 죽였다(12절). 모세는 이집트인에게 그가 행한 대로 갚아준 것이다. 만약 평범한 사람들 사이에서 있었던 일이라면 그 보복에는 크게 문제될 것이 없었을 것이다. 적어도 이집트 왕자가 그 정도의 판결과 시행을 할 힘이 있었기 때문이다. 그러나 히브리인을 위해 이집트인을 쳐서 죽였다는 것은 심각한 범죄에 속한다. 모세는 그의 시체를 모래 속에 묻었다. 이집트에는 대부분의 지역이 모래땅이다. 따라서 근방에 쉽게 땅을 파서 묻을 수

---

17 박철현, 『출애굽기 산책』, 55.
18 BDB, 645~46.
19 존 더햄, 『출애굽기』, 74.

있었을 것이다.

이 사건에서 나타나는 것은 모세가 자신의 민족성을 인식하고 있을 뿐만 아니라, 동족에 대한 강한 애착심을 가졌음을 알 수 있다. 그것은 어릴 때 어머니로부터 영향을 받았기 때문일 것이다. 그런데 그의 행동은 단순히 동족에 대한 애착심을 넘어선 것이었다. 히브리서는 그의 행동을 믿음에서 온 것으로 설명한다: "믿음으로 모세는 장성하여 바로의 공주의 아들이라 칭함 받기를 거절하고 도리어 하나님의 백성과 함께 고난 받기를 잠시 죄악의 낙을 누리는 것보다 더 좋아하고"(히 11:24~25).

모세는 다음날 다시 나가보았다. 그런데 거기에서 어떤 사건이 벌어지고 있는 현장을 목격하였다. 히브리어는 그 문장을 힌네(הנה)로 시작한다. 영어로는 'behold' 한글로는 '보라!'이다. 긴급한 혹은 충격적인 일이 발생했음을 알린다. 바로 히브리 사람 둘이 서로 싸우고 있었다. 아마도 모세에게는 그 광경이 충격적이었을 것이다. 그들이 싸워야 할 상대는 이집트인이어야 한다. 그런데 어찌 핍박을 당하고 있는 동족들이 서로 싸울 수가 있는가? 모세는 잘못한 사람에게 " 네가 어찌하여 동포를 치느냐"고 꾸짖었다(2:13). "잘못한"으로 번역한 라사(רשע)는 '사악한'의 뜻이다. 나중에 바로가 여호와와 자신들을 비교할 때에 사용하였다: "여호와는 의로우시고 나와 나의 백성은 악하도다(라사)"(9:27). 하나님의 "의"에 대조적으로 이집트 사람의 악함을 말할 때에도 사용되었다. "동포"로 번역된 레아카(רעך)는 '너의 친구'이다. 예수님이 구약을 인용하면서 "네 이웃을 네 몸과 같이 사랑하라"라고 하실 때에 인용되었던 레위기 19:18에 사용된 단어이다.

모세는 왕자였기 때문에 얼마든지 잘잘못을 판단하고 상벌을 내릴 수 있는 위치에 있었다. 그러나 지금은 왕자의 신분으로서가 아닌 히브리인 동족으로 동포를 꾸짖었다. 그럼에도 불구하고 그 악한 자는 모세에게 반발하였다: "누가 너를 우리를 다스리는 자와 재판관으로 삼았느냐?"(2:14상). "다스리는 자"의 사르(שׂר)는 '왕자'의 뜻도 가지고 있으며, 동시에 '지방장관' 혹은 '지도자'의 의미가 있다. 물론 모세는 재판관이 아니었다. 그러나 모세는 이집트 왕자로서 충분히 히브리인을 다스리는 위치에 있었다. 히브리 종이 감히 이집트 왕자에게 대어들 수가 없는 것이다. 그가 모세를 이집트 왕자로 보지 않았을 뿐만 아니라, 자기 동료의 지도자로도 보지 않고 있다. 어제 동포를 위해 모세가 어떤 용기 있는 일을 했는지를 알면서도 그를 거부한 것이다. 그는 오히려 모세를 위협했다: "네가 애굽 사람을 죽인 것처럼 나도 죽이려느냐?"(14절중).

모세는 자신이 한 일이 탄로난 것을 알고 두려워했다(14절하). 아마도 모세는 더 이상 그 악한 사람과 다투지 않고 돌아갔을 것이다. 모세는 즉시 도망하지 않았다. 소문은 번져나갔으며, 그 일이 바로의 귀에까지 들어갔다. 바로는 모세를 죽이기 위해 찾았다(15절상). 여기에 "죽이다"로 사용된 *하라그*(הרג)는 보통의 죽임이 아닌 '학살하다, 살해하다'와 같은 강한 의미를 가지고 있다. 당시 이집트 법에서는 같은 이집트 사람 사이에서 의도적으로 살인한 자는 사형에 처하였다. 그런데 특히 이스라엘 사람과 이집트 사람 사이의 일로 인하여 이집트 사람을 죽인 것은 왕의 분노를 살 만하다. 만약 바로가 모세가 히브리인이라는 것을 알았으면 그 진노는 더했을 것이다. 모세는 더 이상 이집트에 있을 수 없었다. 급히 피하지 않을 수 없었다. 모세는 어설픈 구원자 행세를 하다가 자기 인생을 망친 것 같이 보인다. 모세는 이집트인들뿐만 아니라 자기 동족으로부터도 떨어져 나간 외톨이가 되었다. 그러나 한편으로는 그가 그 사건을 통해 동족의 지도자로서 자질이 충분하다는 것을 증명하였다.

4) 미디안에 준비의 생활(2:15하~22)

모세가 도망간 곳이 미디안 땅이었다(2:15하). 본문이 말하는 미디안이 어디인지 정확하게 알 수 없다. 미디안은 아브라함의 후처 그두라가 낳은 아들이었다. 아브라함은 그를 요단강 동쪽으로 보내었고, 점점 동남쪽으로 옮겨가 아카바 만 동쪽 아라비아 지역에 살았던 것으로 알려졌다. 그래서 혹자는 시내산이 사우디 아라비아 서쪽 지역에 있다고 주장하기도 한다. 미디안의 원지역은 분명 아라비아 지역이지만, 그러나 미디안 사람들은 여러 곳에서 살

앗을 수 있다. 그들은 국제적으로 다니면서 장사하는 사람으로 묘사되었으므
로 여러 곳으로 옮겨 다니는 사람들이었을 것이다(창 37:25~28,36). 또 그들은
목축하는 사람들이었다. 목축하는 사람들도 널리 옮겨 다니면서 사는 것이 특
징이다. 그런데 특이한 것은 창세기 37장에서는 이스마엘 사람과 미디안 사
람들이 서로 교차되어 사용되었다. 그것은 양 종족들이 함께 이동하면서 살았
기 때문이었을 것이다. 이스마엘이 살았던 지역은 분명히 시내 반도였다. 또
미디안과 아말렉 사람들이 함께 군사행동을 한 경우도 나타난다(삿 6:3). 이것
은 그들이 같은 지역에서 함께 살았기 때문에 가능했을 것이다. 아말렉은 시
내 반도 신 광야에 살았다(17:8). 아마도 일부 미디안 사람들이 시내 반도 지
역(특히 신 광야)을 왕래하면서 살았을 것으로 생각한다.

뒤에 출애굽하여 광야를 지날 때에 미디안 사람인 이드로가 모세를 찾아 온
곳이 신 광야에 있을 때였다(8:1이하). 그것은 그가 그 지역에 살고 있었다는
증거가 된다. 또 모세가 시내 광야를 출발하여 바란 광야를 가고 있을 때에 미
디안 사람(르우엘의 아들 호밥)을 만나 같이 동행하자고 제안한다. 그때에 모세
가 동행을 요청한 이유가 나타난다: "청하건대 우리를 떠나지 마소서 당신은
우리가 광야에서 어떻게 진 칠지를 아나니 우리의 눈이 되리이다"(민 10:29).
미디안 사람들이 바란 광야에서 거주하여 그 지역을 너무 잘 알고 있음을 암
시한다. 그리고 바란 광야는 시내 광야 바로 옆이었다. 따라서 출애굽기 본문
에 나오는 미디안은 시내 반도의 어느 지역으로 보아야 할 것이다.[20]

출애굽기에서는 모세가 미디안에서 얼마를 살았는지 밝히지 않는다. 그런
데 사도행전 7:30은 "40년이 차매…"라고 하여, 그가 미디안에서 머무른 기간
이 40년이었음을 말해 준다. 이 40년 동안 모세는 무기력한 삶을 산 것처럼 보
인다. 이 기간 동안 하나님의 역사도 드러나지 않는다. 그러나 보이지 않는다
고 하여 하나님께서 아무 일도 하지 않은 것이 아니었을 것이다. 하나님도 침
묵하고 때를 기다리고 있었을 것이다. 사도행전에 "차매"의 플레로오(πληρόω,

---

20   아란 콜, 『출애굽기』, 83 참조.

본문에서는 단순과거 수동형 분사로 사용됨)는 '충만하다'는 의미로서, 어떤 정해진 기간이 찼다는 것을 나타낸다. 특히 이 단어는 구약의 예언이 "성취하다"란 의미로 자주 사용되었다. 이 기간의 모세의 삶과 하나님의 침묵도 무엇을 이루기 위한 준비의 기간이었음이 분명히 드러나는 단어이다.

출애굽기 본문에 모세가 미디안 땅에 "머물며"라고 하는데(2:15중), 히브리어 야솨브(שׁב)는 '살다'로 번역된다. 잠시 스쳐간 것이 아니라 그곳에서 정착하여 있었다는 의미이다. 시내 반도는 준 사막 지대이기 때문에 우물은 나그네에게 생명줄이다. 따라서 그는 우물에서 멀리 떠나지 않고 있었을 것이다. 우물이 있다는 것은 근방에 사람이 산다는 증거이다. 거기에서 사람을 만날 것을 기대했을 것이다. 우물은 중요한 만남의 장소이다. 특히 아브라함의 종이 리브가를 만난 장소도 우물이었다. 모세가 하루는 우물곁에 "앉았다"고 했는데(15절하), 이때에 사용된 히브리어도 야솨브이다. 지나치면서 잠시 쉬러 앉은 것이 아니라는 의미이다. 아마도 사람을 만나기 위해 기다리고 있었을 것이다.

마침 미디안 제사장의 딸들이 양떼에게 물을 먹이기 위해 왔다. 여기에서 중요한 만남이 이루어진다. 많은 학자들은 모세의 야훼 신앙을 그의 장인으로부터 물려받았다고 생각하기도 한다. 만약 그가 아브라함 후손의 제사장이면 그가 섬겼던 여호와를 섬겼을 가능성이 있다. 만약 모세가 장인으로부터 신앙을 전수받았다면 그것은 여호와 신앙과 완전히 다른 것은 아니었을 것이다.

제사장에게 일곱 딸이 있었다고 말한다(16절상). 그리고 딸들이 양떼를 먹이고 있다. 따라서 현재 그에게 아들은 없었거나 아주 어렸을 것이다(뒤에는 호밥이라는 아들이 나온다, 민 10:29). 그렇기 때문에 딸들만 양떼를 치고 있었을 것이다. 그녀들이 물을 길어 구유에 채우고 있었다. "구유"는 히브리어로 라하트(רהט)인데 아람어의 레하트(רהט)는 '흐르다'이다.[21] 이것은 구유의 형태를 잘 반영한다. 즉 구유는 길게 골이 파여 있어 한쪽에서 물을 부으면 물은

---

21 U. Cassuto, *A Commentary on the Book of Exodus* (Jerusalem: The Magnes, 1967), 24.

그 골을 따라 흘러 내려간다. 양떼들은 골을 따라 양쪽에 서서 물을 먹는다. 많은 양떼들에게 물을 먹이기 위해서 끊임없이 구유에 물을 채워줘야 한다. 시간이 걸리는 일이다.

　이때에 다른 목자들이 와서 그녀들을 쫓아내었다. 늦게 온 자는 먼저 온 양떼가 물을 다 먹는 동안 기다려야 한다. 그런데 장정들은 여자들을 멸시하고 몰아내었다. 사막에 있는 우물이기 때문에 여러 무리의 양떼들을 모두 먹이기에 부족할 수 있다. 힘에 의해 뒤로 밀린다면 그곳에서 생존할 수 없는 심각한 문제가 된다. 네게브 지역은 준 사막 지대이기 때문에 우물이 귀하다. 때문에 목자들 사이에 자주 다툼이 일어난다. 창세기에서 그랄 왕의 종들이 아브라함이 파 놓은 우물을 빼앗은 사건이 있었다(창 22:22~32). 이삭에게도 그랄 왕의 종들이 우물을 빼앗기도 하였다(창 26:14~33). 브엘세바도 네게브에 속한다. 따라서 우물은 생존 여부가 걸린 문제이다.

　장정들의 행패를 본 모세가 일어나 그들을 물리치고 그녀들을 도와 양떼들에게 물을 다 마시게 하였다(2:17). 일전에 불의를 보고 참지 못하였던 그의 성격을 보아서 이번에도 정의감이 발동한 것이 분명하다. 모세는 체격이 좋았을 것이다. 아마도 궁정에서 왕자로서 군사훈련도 받았을 것이다. 그러니 여러 명의 남정들을 능히 제압할 수 있었을 것이다. 그런데 여기에 사용된 "도와"의 히브리어는 야솨(יָשַׁע)는 '구원하다'이다. 하나님이 홍해에서 이집트로부터 이스라엘을 구원하실 때에 사용된 단어이다(14:13, 30). 여기에서 파생된 명사 예슈아(יְשׁוּעָה)는 잘 알려진 '구원'이라는 용어이며, 예수님의 이름이기도 하다. 이 모세의 도움은 여자들에게 생명을 건져준 정도의 큰 일이었다.

　모세의 도움을 받아 그녀들이 안전하게 그리고 일찍 양떼들 물 먹이는 일을 끝내고, 아버지에게로 돌아갔다(18절). 본문은 그 아버지의 이름을 르우엘이라 말하는데, 르우엘(רְעוּאֵל)은 '하나님의 친구' 혹은 '하나님의 목자'라는 의미이다.[22] 그가 하나님을 충성스럽게 섬기는 사람이었다는 것을 그 이름이 증

22　아란 콜, 『출애굽기』, 84.

명한다. 그가 또 "미디안의 제사장"이라고 말하였다. 그는 하나님의 제사장으로서 하나님을 섬기고 있었을 뿐만 아니라 하나님의 이름으로 사람에게 축복해 줄 권세도 가졌었다. 후에 그의 이름이 '이드로'로 나타나고(3:1), 또 사사기 4:11에는 '호밥'으로도 말해진다. 그는 두 개 이상의 이름을 가졌던 것 같다. 이렇게 이름이 바뀌지만 한결같이 그에 대하여 '제사장'이라는 존칭이 사용된다. 그에게 제사장 직위는 아주 중요한 의미를 가졌다고 생각할 수 있다.

아버지는 "너희가 오늘은 어찌하여 이같이 속히 돌아오느냐?"고 물었다. 이 물음에는 평소에도 딸들이 다른 목자들로부터 계속 행패를 당해왔었음을 암시한다. 딸들이 대답한다. "한 애굽 사람이 우리를 목자들의 손에서 건져내고 우리를 위하여 물을 길어 양 떼에게 먹였나이다"(2:19). 여기에서 두 단어들이 눈에 띈다. 첫째는 "애굽 사람"이라는 말이다. 그들은 모세를 이집트 사람으로 보았다. 물론 모세의 속은 이스라엘 사람이지만 아직 그의 겉모습은 이집트 사람으로 비치고 있었다. 물론 복장도 이집트 옷을 입고 있었겠지만, 그의 말과 행동 모든 것이 이집트인으로 채색되어 있은 것이다. 이것은 앞으로 광야에서 살면서 모세가 말끔히 벗겨내어야 하는 허물이다.

둘째로 눈에 띄는 단어는 "건져내고"이다. 여기에 사용된 히브리어 단어는 나찰(נָצַל)의 힢일형은 '구출하다'의 의미이다. 출애굽 때에 하나님이 백성을 "구출하다"고 할 때에 사용되는 단어이다(3:8). 모세의 행동을 야솨와(17절) 나찰로(19절) 묘사한 것으로 보아 이 사건은 그 여자들에게 매우 중요한 것임에 틀림없다. 모세는 그들에게 구원자로 비춰지고 있다. 사막의 목자들은 난폭한 기질을 가지고 있었을 것이다. 그런데 모세 혼자서 많은 목자들과 싸워 이긴 것을 목도한 여인들에게는 그가 구원자로 혹은 영웅으로 간주되었을 것이다. 그러나 여인들은 모세에게 감히 더 이상 말을 건네지 못하고 급히 집으로 돌아왔다. 아마도 수줍음 때문이었을 것이다.

아버지는 딸들에게 그를 버려두고 온 것을 꾸짖는다(20절). 아버지는 딸들이 그와 같은 구원자를 만난 것에 기뻐하였을 것이다. 그래서 급하게 그를 청하여 음식을 대접하라고 한다. 오늘날도 베두인들은 손님에게 즐겨 후한 대접을 한다. 아브라함도 손님을 대접하여 축복을 받은 적이 있었다(창 18장).
르우엘은 모세를 집에 초대했을 뿐만 아니라 그들과 함께 동거할 것을 제안
하였다(2:21상). 모세에게는 천만다행한 제안이었다. 하나님은 모세를 자신을
섬기는 제사장의 집으로 인도하신 것이었다. 모세는 이집트 왕궁에서 세속
적인 교육을 받았다면, 이제는 제사장의 집에서 신앙의 훈련을 받게 하셨다.

　르우엘이 그의 딸 십보라를 모세에게 주었다(21절하). "십보라(칩포라,
צִפֹּרָה)"는 조그만 새의 이름이기도 하며, 또한 '노래하는 자'라는 뜻을 가졌다.[23]
모세는 십보라를 통해 아이를 낳았는데, 이름을 "게르솜"이라 지었다. 게르솜
(גֵּרְשֹׁם)은 '거기에서 나그네가 됨'이라는 뜻이다. 모세는 그 이름을 지으면서 그
뜻을 "내가 타국에서 나그네가 되었음이라"고 스스로 밝힌다. 이 아들의 이름
은 모세의 당시 처지를 잘 나타내어 준다. 40년을 생활하였던 이집트 왕궁과
자기 백성 이스라엘을 떠나 낯선 광야에서 지내야 하는 자신의 처지를 비관적
으로 묘사한 것이다. 그는 낯선 광야에서 장인의 양을 돌보는 한가한 삶을 산
다. 이 동안의 삶은 유쾌하지 못하였던 것이 분명하다. 그러나 그는 그런 좌절
의 삶 속에서도 하나님은 그를 준비시키셨다.

5) 모세가 떠난 이후 이스라엘의 상황(2:23~25)

　모세가 떠난 이후 이스라엘은 더 암울한 삶을 살았을 것이다. 그들은 이집
트 사람들로부터 더 학대와 핍박을 받았을 것이며, 그들을 위해 나서주는 사
람도 없었다. 이런 고통이 상당 기간 계속되었을 것이다. 2:23은 "여러 날 후
에"로 시작한다. 사도행전 7:30은 모세가 미디안에서 머무른 기간이 40년이었
다고 말한다. 본문의 "여러 날"은 대략 40년을 가리키는 것으로 보아야 한다.
또 본문은 "이집트 왕이 죽었고"라고 말한다. 모세를 해하려던 왕이 죽었으니
모세가 이집트로 돌아갈 수 있는 가능성이 조금 열렸다고 할 것이다.

23　아란 콜, 『출애굽기』, 85.

이스라엘의 삶은 왕이 죽었다고 해서 달라진 것이 없었다. 오히려 학대가 더 심하였다. 본문은 "이스라엘 자손은 고된 노동으로 말미암아 탄식하며 부르짖으니"라고 말한다(23절중). "탄식하며"의 *아나흐*(אָנַח)는 '신음하다, 한탄하다'인데, 예루살렘 멸망과 관련하여 많이 사용되었다.[24] 출애굽기 본문에서도 결코 전란의 상처 못지않은 심각한 고통을 그들이 경험하고 있는 것이었다. 또한 "(그들이) 부르짖는 소리"(2:23하)의 *쇠웨아*(שַׁוְעָה)는 '도움을 청하는 부르짖음'이라는 의미한다. 그들이 누구에게 부르짖었는지는 정확하게 알 수 없다. 오랫동안 하나님께 경배하는 것을 잊어버린 그들이었다. 그러나 그들은 정확하지는 아니할지라도 막연하게 조상의 신에게 감당할 수 없는 자신들의 고통을 부르짖고 싶었을 것이다.

본문은 그들의 부르짖는 소리가 하나님에게 상달되었다고 하였다(23절하). "상달하였다"의 *알라*(עָלָה)는 '올라가다'이다. 마치 번제의 향기가 하늘로 올라간 것과 같은 묘사이다. 하나님이 그들의 고통소리를 들으셨다(24절상). "듣다"의 *쇠마*(שָׁמַע)는 단순히 듣는 것에만 그치지 않고 그것을 이해함을 포함하며, 또 들음으로 인하여 순종하거나 응답하는 것까지 이어짐을 함축한다. 하나님은 그 소리에 곧 반응하신다. 그는 족장들(아브라함과 이삭과 야곱)과 맺은 자신의 언약을 기억하셨다(24절). 특히 하나님은 아브라함과 언약을 맺으면서 이방 땅에서 괴롭힘을 당하는 그의 후손들을 위해 그 섬기는 나라를 징벌하고 그들을 약속의 땅으로 이끌어 내실 것을 약속하셨다(창 15장).[25] 하나님은 그 언약에 신실하신 분이시다. 이스라엘이 선민이 된 것도 그들에게 언약과 약속들이 있기 때문이다(롬 9:4; 행 3:24).

하나님이 자신의 언약을 기억하사(2:24하), 이스라엘 자손들을 "돌보셨다(개역성경은 '권념하셨다'로 번역)"고 하셨다(2:25상). "돌보셨다"의 *라아*(רָאָה)는 '보다'인데, '주의 깊게 살펴보다(observe, look at)' 혹은 보아서 '자각하다, 이해

---

24 BDB, 58~59.

25 한정건, 『창세기』, 279~82를 참조할 것.

하다(perceive)'의 의미도 내포한다.[26] 그리고 하나님은 그들을 기억하셨다고 말한다(25절하). 24절의 "기억하다"의 *자카르*(זכר)는 '생각하다'의 의미인 단순한 기억하심인데 반해, 25절의 "기억하셨다"는 *야다*(ידע, 알다)로서 단순히 지식적으로 아는 것이 아니라 체험적으로 그리고 느낌으로 아는 것을 의미한다. 창세기 4:1에 아담이 하와와 "동침하매"라고 말하는데, 이때에 사용된 단어가 야다이다. 아담이 체험적으로 하와를 알뿐만 아니라 그와 한 몸이 되었음을 말하는 것이다. 이제 하와는 아담의 것이 되었고, 아담 몸의 일부가 되었다는 것이다. 그와 같이 출애굽기 본문에서 하나님이 이스라엘을 체험적으로 알게 되었다. 이제 이스라엘은 하나님과 연합되었으며, 또 이스라엘의 고난이 하나님이 마치 자신의 것으로 체험하시게 되었다는 것이다. 이제 하나님은 그들을 위해 나설 때가 되었다.

교훈과 적용

① 모세 부모의 믿음. 출애굽기 2:2은 어머니는 아이가 "잘 생긴 것을 보고 석 달 동안 숨겼다"고 말한다. 그러나 어머니는 단지 아이가 잘 생겼기 때문에 숨겨 키운 것이 아니다. 아이를 숨기는 것은 자신의 생명을 내어놓을 각오를 한 것이었다. 히브리서는 그의 행동은 믿음으로 본다: "믿음으로 모세가 났을 때에 그 부모가 아름다운 아이임을 보고 석 달 동안 숨겨 왕의 명령을 무서워하지 아니하였으며"(히 11:23). 무엇이 그녀의 믿음인가? 하나님의 약속을 믿은 것이다. 하나님이 아브라함과 언약을 맺으면서 그 자손들이 타국에서

26 BDB, 907.

400년간 그 나라를 섬기겠고, 그 후에 그 나라를 징계하고 그들이 많은 재물을 이끌고 나오겠다고 약속하셨다(창 15:13~14). 야곱과 요셉도 죽으면서 하나님이 주실 출애굽을 예언하였다. 히브리서에 의하면 그녀는 그들의 후손들이 분명 살아 하나님의 약속대로 출애굽할 것을 믿고 그를 지키려 한 것으로 볼 수 있다.

② 모세의 믿음. 혹자는 모세가 이집트인을 죽인 사건은 잘못된 섣부른 행동으로 보며, 그가 실패하고 도망한 것으로 본다. 그러나 그의 행동은 혈기에 찬 사려 깊지 못한 행동으로만 볼 것이 아니다. 사도행전은 "한 사람이 원통한 일 당함을 보고 보호하여 압제 받는 자를 위하여 원수를 갚아 애굽 사람을 쳐 죽이니라"(행 7:24)고 했고, "그는 그의 형제들이 하나님께서 자기의 손을 통하여 구원해 주시는 것을 깨달으리라고 생각하였으나 그들이 깨닫지 못하였더라"라고 하였다(7:25). 백성이 깨닫지 못함을 보고 모세는 이집트를 떠났다. 그러나 그의 그러한 행동들을 믿음으로 볼 필요가 있다. 히브리서는 그의 행동을 믿음으로 규명한다:

믿음으로 모세는 장성하여 바로의 공주의 아들이라 칭함 받기를 거절하고, 도리어 하나님의 백성과 함께 고난 받기를 잠시 죄악의 낙을 누리는 것보다 더 좋아하고 그리스도를 위하여 받는 수모를 애굽의 모든 보화보다 더 큰 재물로 여겼으니 이는 상 주심을 바라봄이라(히 11:24~26).

그가 이집트인을 죽인 행위는 왕자의 신분을 버리고 고난 받는 백성의 위치로 자신을 낮춘 것이었다. 이집트의 권세와 보화를 포기할 때에 그는 오히려 하나님이 상 주심을 바라보았다. 그리고 하나님을 바라보며 길을 떠났다는 것이다. 이것이 그의 믿음의 행위였다. 모세가 이집트에서의 40년 생활에서 겉모습은 이집트인이었으나 속은 히브리인이었다. 그는 왕자로서의 화려한 생활을 버리고 스스로 히브리인으로서 정체성을 품에 안고 길을 떠난 것이었다.

히브리서는 그의 더 큰 믿음에 대하여 증언하면서, 그리스도를 위하여 받는 수모였다고 말한다. 어떻게 그의 행위가 그리스도를 위한 것이 되는가? 그것은 모세가 미래에 그리스도께서 하늘 영광을 버리고 낮은 데로 오셔서 죄인을 위해 자신을 희생하신 모형 역할을 하였기 때문이다. 모세가 왕자의 신분을 포기하고 자기 백성이 노동하는 곳으로 와서 자기 희생하였는데, 그리스도께서도 천한 백성을 위해 자신을 희생하셨다. 모세가 자기 백성으로부터 비난을 받고 죽음의 위협을 받는 처지에 이르게 된 것과 같이, 예수님도 예수님을 배신하고 죽음으로 몰아갔다. 백성으로부터 받는 그 비난은 앞으로 광야에서 끊임없이 당할 백성의 배신의 전초 역할을 하는 것이었다. 그러나 이 모든 것을 모세는 흔쾌히 감당하였다. 히브리서는 그것이 그의 믿음 때문이었다고 증언한다.

③ 때를 기다림. 그는 40년 이집트 왕자로서 훈련받았으며, 40년은 광야에서 연단을 받았으며, 나머지 40년은 이스라엘의 지도자로서 역할을 하였다. 이런 40, 40, 40은 후대에 힐렐과 아키바에게도 적용되었다. 힐렐은 젊은 시절 가정을 위해 단순하게 40년을 살았으며, 40년은 학당에서 공부한 기간이었고, 나머지 40년은 *나시*(우두머리)로 일하였다. 아키바 벤 요셉도 40년간 무학의 평민이었으나 아내의 권유로 40년간 공부하고, 그후 40년은 지도자로서 살았다.

모세에게 왕궁에서 40년은 학문과 지략, 그리고 용맹을 기르는 혹독한 훈련의 기간이었을 것이다. 아마 모세는 자기 동족의 미래를 위해 무엇인가 꿈을 꾸며 그러한 훈련을 잘 감당하였는지도 모른다. 그러나 그가 동족을 구하기 위해 나섰지만 오히려 그 행동이 도망하게 만들었다. 그의 꿈도 허망하게 사라졌을 것이다.

모세에게 40년 미디안 광야의 생활은 한가하였지만 행복한 시간은 아니었을 것이다. 자신의 무능력, 연약함을 느끼며 자포자기에 빠진 삶을 살았을 것이다. 이것은 영적 가난함이 넘치는 겸손의 시간이었을 것이다. 이것 역시 하나님께서 모세를 종으로 사용하시기 위해 주신 혹독한 훈련의 기간이었다. 하나님은 이 모세를 위해 80년을 기다려주셨다. 하나님의 기다림에 사람은 쉽게 지칠 수 있다. 그러나 언젠가는 하나님은 자신의 계획을 이루길 위해 준비된 사람을 사용하실 것임을 명심해야 할 것이다.

제2장
하나님의
구원 계획

3:1~4:31

본문 개요

하나님께서 400여년의 침묵을 깨시고 드디어 자신을 나타내시고 말씀을 주심으로써 새로운 계시역사를 시작하신다. 하나님의 계시역사를 이룰 동반자는 모세였다. 모세도 이제 모든 훈련이 끝나고 준비가 되었다. 하나님은 호렙산 가시덤불에서 모세를 만나서 백성을 출애굽 시킬 것을 명령하셨다. 하나님께서 백성을 인도하실 곳은 젖과 꿀이 흐르는 약속의 땅 가나안이었다(3:8).

그러나 그것만이 하나님의 출애굽 목적이 아니었다. 하나님은 모세에게 "네가 백성을 애굽에서 인도하여 낸 후에 너희가 이 산에서 하나님을 섬기리니..."라고 명령하셨다(12절). 하나님을 섬기는 것, 이것이 더 궁극적인 출애굽의 목적이었다. 모세가 이집트로 가서 바로에게 요청한 것도 하나님을 섬기러(혹은 제사하러) 가겠다는 요청이었고, 바로의 대답도 너희가 하나님께 제사하러 가지 못한다는 것이었다. 일차적인 예배의 장소는 바로 "이 산" 즉 호렙산(시내산)이었다.

모세는 하나님의 이름을 물었다. 하나님은 자신의 이름을 "여호와"라는 것을 알려줄 뿐만 아니라 그 이름을 뜻까지 밝히신다. 즉, "나는 스스로 있는 자니라"는 의미이다. 하나님은 "여호와"라는 자신의 이름인 걸고 자기 백성을 인도하시겠다고 약속하신다. 하나님은 모세에게 표적을 주시고 지팡이를 들려주셨다. 그리고 형 아론을 대언자로 붙여주셨다. 모세는 장인과 작별하고 가족을 데리고 이집트로 향하였다. 그의 손에는 하나님이 주신 지팡이가 들려있었다.

내용 분해

1. 호렙산에서 모세를 대면하시다(3:1~12)
    1) 하나님의 현현(3:1~6)
    2) 모세에게 사명을 주심(3:7~10)

　　　3) 모세가 사양하다(3:11~12상)

　　　4) 출애굽의 참 목적: 하나님을 섬기는 것(3:12하).

2. 여호와 이름의 계시(3:13~22)

　　　1) 하나님 이름을 묻다(3:13)

　　　2) 자기의 이름과 그 의미를 밝히시다(3:14~15)

　　　3) 자신의 정체성을 밝히시다(3:15~16)

　　　4) 여호와 이름을 걸고 하실 일을 밝히시다(3:16하~22)

3. 모세를 파송하다(4:1~17)

　　　1) 모세에게 표징을 주심(4:1~9)

　　　2) 아론을 붙여줌(4:10~17)

4. 모세가 이집트로 향하다(4:18~31)

　　　1) 모세가 미디안을 떠나다(4:18~23)

　　　2) 할례를 행하다(4:24~26)

　　　3) 형 아론을 만나다(4:27~31)

특주: 여호와 이름의 의미

본문 주해

1. 호렙산에서 모세를 대면하시다(3:1~12)

1 모세가 그의 장인 미디안 제사장 이드로의 양 떼를 치더니 그 떼를 광야 서쪽으로 인도하여 하나님의 산 호렙에 이르매 2 여호와의 사자가 떨기나무 가운데로부터 나오는 불꽃 안에서 그에게 나타나시니라 그가 보니 떨기나무에 불이 붙었으나 그 떨기나무가 사라지지 아니하는지라 3 이에 모세가 이르되 내가 돌이켜가서 이 큰 광경을 보리라 떨기나무가 어찌하여 타지 아니하는고 하니 그 때에 4 여호와께서 그가 보려고 돌이켜 오는 것을 보신지라 하나님이 떨기나무 가운데

서 그를 불러 이르시되 모세야 모세야 하시매 그가 이르되 내가 여기 있나이다 5
하나님이 이르시되 이리로 가까이 오지 말라 네가 선 곳은 거룩한 땅이니 네 발
에서 신을 벗으라 6 또 이르시되 나는 네 조상의 하나님이니 아브라함의 하나님,
이삭의 하나님, 야곱의 하나님이니라 모세가 하나님 뵈옵기를 두려워하여 얼굴
을 가리매 7 여호와께서 이르시되 내가 애굽에 있는 내 백성의 고통을 분명히 보
고 그들이 그들의 감독자로 말미암아 부르짖음을 듣고 그 근심을 알고 8 내가 내
려가서 그들을 애굽인의 손에서 건져내고 그들을 그 땅에서 인도하여 아름답고
광대한 땅, 젖과 꿀이 흐르는 땅 곧 가나안 족속, 헷 족속, 아모리 족속, 브리스 족
속, 히위 족속, 여부스 족속의 지방에 데려가려 하노라 9 이제 가라 이스라엘 자
손의 부르짖음이 내게 달하고 애굽 사람이 그들을 괴롭히는 학대도 내가 보았으
니 10 이제 내가 너를 바로에게 보내어 너에게 내 백성 이스라엘 자손을 애굽에
서 인도하여 내게 하리라 11 모세가 하나님께 아뢰되 내가 누구이기에 바로에게
가며 이스라엘 자손을 애굽에서 인도하여 내리이까 12 하나님이 이르시되 내가
반드시 너와 함께 있으리라 네가 그 백성을 애굽에서 인도하여 낸 후에 너희가
이 산에서 하나님을 섬기리니 이것이 내가 너를 보낸 증거니라

오랜 침묵을 깨고 하나님이 호렙산에 자신을 나타내셨다. 그리고 모세에게
이스라엘을 구원할 사명을 주셨다. 그들을 이집트에서 인도해 내라는 것이었
다. 그리고 조상들(아브라함과 이삭과 야곱)에게 언약의 약속으로 주셨던 가나
안 땅으로 인도하여 그 땅을 주겠다고 하시고, 또 백성을 인도하여 '이 산(호렙
산)'에서 자기를 섬기라고 명령하셨다. 출애굽의 목적은 가나안 땅이며 또 하
나님을 예배로 섬기는 것이었다.

1) 하나님의 현현(3:1~6)

모세는 장인 미디안 제사장 이드로의 양무리를 치고 있었다. 전에는 미디
안 제사장은 "르우엘"이었다. 여기에는 "이드로"로 나타난다. 히브리어 이트

로(יִתְרוֹ)는 '탁월한'이라는 의미이다. 양을 "치더니"라는 말에서 단회적인 일이 아니라 목축을 직업적으로 하고 있었음을 의미한다. 여기에서 이드로에게 아들이 있었는지 의문이 생긴다. 민수기 10:29에는 "르우엘의 아들 호밥"이 등장한다. 그런데 전에는 딸들이 양떼를 먹였고(2:16), 이제 모세가 그 일을 책임지고 있다. 아마도 아들이 늦게 태어났을 수 있다. 결혼 당시 모세는 이드로에게 데릴사위였을 수 있다. 만약 아들이 뒤이어 태어났더라도 장인의 유산을 상당 부분 차지할 것이다. 그리고 그의 제사장 직위도 이어받을 수 있었을 것이다. 모세는 그렇게 평범한 삶으로 생애를 마쳤을 것이다.

"하나님의 사람 모세의 기도"라는 제목이 붙은 시편에서 모세는 다음과 같이 기도한다: "우리의 연수가 칠십이요 강건하면 팔십이라도 그 연수의 자랑은 수고와 슬픔뿐이요 신속히 가니 우리가 날아가나이다"(시 90:10). 모세가 40년 동안 이집트 왕궁에서 살았었고, 40년은 광야에서 보내었다. 이제 80이 된 모세가 자신의 연수를 자랑할 것이 없다고 고백한다. 자신의 삶을 돌아보면 "수고와 슬픔뿐이라고"도 고백한다. 광야에서 한갓 목동으로서 살아가고 있는 세월을 잘 반영한 그의 고백일 것이다. 자신이 생각하기에 별 쓸모없던 세월을 흘러보내었건만, 그러나 하나님은 그를 그런 평범한 사람으로만 남겨두기를 원하지 않으신다.

모세가 양떼를 광야 서편으로 인도하여 하나님의 산 호렙에 이르렀다(3:1하). "서편"의 히브리어 아하르(אַחַר)는 '뒤에(behind)'라는 의미이다. 어떤 성경은 아하르를 서쪽(the west side)로 번역한다(RSV, ESV, 한글개역). 이러한 번역은 동쪽을 바라보는 상태에서 앞은 동으로 뒤는 서로 방향을 정하는 셈족들의 관습에 따른 것으로 보인다. 그러나 대부분의 번역 성경은 '광야를 지나(behind the wilderness)'(NKJV, NIV, YLT, 표준새번역, 공동번역 등) 혹은 '광야의 뒤로(the back side of desert)'(KJV, BBE 등)로 번역한다. 이러한 번역은 시내산이 그들의 거주지보다 동쪽을 전제로 하기 때문이다. 나중에 모세가 신 광야에 있을 때에 이드로가 가족들을 데리고 모세를 찾아온다. 아마 그 근처에 이드로가 살고 있었던 것 같다. 신 광야는 아직 시내산에 도착하기 전이었으며.

따라서 시내산은 그들이 사는 곳으로부터 동쪽 편이어야 한다. 따라서 본문에서는 '광야를 지나 멀리'라고 번역하는 것이 더 좋다고 생각한다.[1]

모세는 양을 치면서 먼 곳까지 이동하고 있었던 것이 분명한 것 같다. 본문은 이때가 언제인지 정확하게 밝히지 않는다. 2:23에는 "여러 해 후에"라고 하였다. 사도행전 7:30은 "사십년이 차매"라고 밝힌다. 모세가 미디안 광야에서 지낸지 40년이 되었다는 의미이다. "호렙(חֹרֵב)"은 '메마른' 혹은 '황폐한'이란 뜻이다. 시내 반도는 거의 사막과 같다. 거기에 위치한 산이므로 그러한 이름이 붙여질 만하다. 호렙은 후에 시내산으로 나타난다(신 5:2; 29:1; 왕상 8:9; 대하 5:10 등을 참조할 것). 본문은 이 산을 "하나님의 산"이라고 부른다(3:1하). 물론 모세는 처음에 그것이 하나님의 산이라는 인식이 없었을 것이다. 그리고 그 당시 그 누구도 그렇게 부르지 않았을 것이다. 이 말은 적어도 3장에서 있었던 이 사건 이후에 붙여진 이름이었을 것이다(17:1 참조). 바로 하나님이 임재하신 곳이기 때문에 붙여진 이름이다. 하나님이 임재한 장소는 바로 성소(聖所)가 된다.

"여호와의 사자가 떨기나무 불꽃 가운데서 그에게" 나타나셨다(3:2하). 40년간 평범하게 살고 있는 그에게 하나님께서 불쑥 나타나신 것이다. "사자"의 말 아크(מַלְאָךְ)는 기본적으로 '사자, 사신'을 의미하는데, '여호와의 사자'라고 할 때에 천사를 가리킨다. 그런데 성경에는 자주 "여호와의 사자"를 여호와 자신과 동일시할 때가 있다. 광야에 도망하던 하갈에게 나타나셨던 여호와의 사자는 여호와 하나님으로 나타나며(창 16:7~13), 소돔과 고모라를 향해 가던 천사들 중 한 분이 여호와 자신으로 나타나기도 했으며(창 18장), 모리아 산에서 나타났던 여호와의 사자는 아브라함과의 언약을 확인할 때에 하나님과 동일시된다(창 22:15-18). 여기 출애굽 본문에서도 처음에는 여호와의 사자로 불

---

1 존 더햄, 『출애굽기』, 90~91. 물론 '서편'으로 생각할 수 있는 구절이 있기도 하다. 모세가 이드로와 작별한 후 이집트를 향하여 가는 도중 아론을 만나는데 "하나님의 산에서"에서 였다(4:27). 하나님의 산은 분명히 호렙산이어야 한다. 그러면 호렙산은 이드로의 거주지보다 서쪽이 되어야 한다. 그렇다면 3:1의 아하르는 '서편'으로 번역하는 것이 타당한 것이 된다. 그러나 출애굽 과정과 전반적으로 볼 때에 시내산은 신 광야 동쪽 편에 있는 것이 확실하다.

리다가(3:2), 바로 다음 절부터 그가 "여호와" 자신으로 대치된다(4절 이하).

여호와의 사자가 가시덤불 불꽃 가운데 나타나셨다. "나타나다"의 야레(רָאָה, '보다')의 닢알형(수동태, 혹은 재귀)이다. 번역하면 '(자신을) 보여주다'이다. 바로 하나님이 자신을 모세에게 보여주기 위해 현현(顯現)하신 것이다. 하나님은 간혹 자신을 나타내셨다. 에덴동산에서 범죄한 아담과 하와에게 나타내셨고(창 3:8), 하갈에게, 또 아브라함에게도 나타내셨다. 모세 이전에는 그러한 현현이 매우 드물게 있었다. 그리고 이스라엘의 이집트 노예 생활 400년 동안도 침묵하셨다. 그러나 오랫동안의 침묵을 깨고 드디어 자신을 나타내셨다. 이로서 시내산은 하나님 임재의 장소가 되었다. 그리고 하나님은 앞으로 시내산에 본격적으로 나타나신다. 이스라엘 백성을 시내산으로 인도하여 언약을 맺을 때에 하나님은 산위에 임재하셨고(19:16이하; 24:16이하), 이스라엘이 범죄한 이후에도 산위에 "여호와의 영광"으로 임재하셔서 모세를 불러 언약을 갱신하셨다(34장).

여호와의 영광은 시내산에서 성막으로 옮겨간다(40:34~38). 그로써 하나님의 임재는 이스라엘 백성 가운데 계속 머물 것이다. 법궤가 성전으로 옮긴 후 여호와의 영광은 다시 성전에 임하셨고(왕상 8:11), 바벨론 유수 때에 바벨론으로 옮겨가셨다가(겔 1장), 포로들의 귀환 때에 백성을 직접 이끌고 다시 돌아오셨다(사 40:1이하). 이 모든 여호와의 현현은 시내산이 그 중심에 있었음을 유의해야 할 것이다.

여호와의 현현은 호렙산 가시덤불 불꽃 가운데 나타나셨다(3:2). "가시덤불"의 세네(סְנֶה)는 시내 반도에서 생육하는 가시있는 낙엽교목으로 추측한다. 그러나 정확하게는 어떤 나무인지 알 수 없다.[28] 성경에는 신명기 33:16에 한 번만 더 나온다. 가시덤불에 불이 타는데 나무는 사라지지 않았다(3:2). 불은 종종 하나님의 임재 때에 사용된 도구이다. 아브라함과 언약을 맺을 때에 맹렬히 타는 불로 나타났으며(창 15:17), 시내산에서 하나님의 임재 때에 불이 나타났다(19:18). 그리고 후에 구름과 불이 여호와의 임재를 대변하였다. 본문에서 모세는 호렙산에서 이상한 일이 있음을 발견하였다. 불이 붙고 있는데 가시나무가 사라지지 않는 것이었다(3:2하). 적어도 그 불은 자연적인 것이 아 닌 초자연적 현상이었음이 분명하였다. 모세는 이 이상한 현상을 보기 위해 가까이 다가갔다(3절). 그러나 거기서 모세가 하나님을 만나게 되리라는 예상 을 하지 못하였을 것이다.

여호와께서 모세가 보려고 오는 것을 보셨다(4절상). 2절에서는 "여호와의 사자"라고 했는데, 본 절에서는 "여호와" 자신으로 나타난다. 여호와께서 떨 기나무 가운데서 모세를 불렀다. "모세야, 모세야" 두 번 부른 것은 급한 일 혹 은 중대한 일이 있음을 뜻한다. 이삭을 죽이려고 칼을 든 아브라함에게 그렇 게 부르셨다(창 22:11). 모세가 "내가 여기 있나이다"라고 답하였다(3:4하). 하 나님이 모세를 그렇게 부르신 것은 모세가 하나님의 거룩한 영역을 침범하는 것을 막기 위해 급하게 부르셨다는 주장도 있다.[3] 거룩한 영역을 침범할 경우 죽임을 당할 수 있기 때문이라는 것이다. 그러나 하나님은 자신이 임재한 시 내산에 모세를 직접 불러 올렸고(24:18), 또한 모세와 아론과 나답과 아비후와 이스라엘 장로 칠십 인을 자신이 임재한 산 위로 불러 올리셨다(24:9). 따라서 꼭 영역을 침범하지 못하게 그렇게 급하게 부르셨다는 것은 설득력이 약하다. 오히려 매우 중요한 일을 말씀하시기 위해 두 번 불렀는 것이 더 설득력이 있 다. 어린 사무엘을 그런 이유로 두 번 부르셨고(삼상 3:10), 신약에서 주님이 사울을 그렇게 부르시기도 하였다(행 9:4).

하나님은 모세에게 더 가까이 오지 말라고 하였다(3:5상). 왜냐하면 그곳은 하나님이 계시는 곳이기 때문이다. 사람이 하나님께 너무 가까이 접근해 오 는 것을 금하신 것이다. 그리고 모세가 선 곳은 "거룩한 땅"이라고 말하였다. 바로 하나님이 임재해 계시는 곳이니 그곳이 거룩한 땅이 되는 것이다. 그리 고 하나님이 모세에게 "신발을 벗으라"고 하였다(5절하). 그 땅이 거룩하기 때 문이다. 하나님의 속성 중 거룩성을 반영한 것이다. 발은 신체 중에 가장 쉽

---

2   현재 자벨 무사 기슭에 있는 카데린 수도원 한쪽 구석에 있는 덤불나무를 그 가시나무라고 주장하지만 단정 지을 수는 없다.

3   박철현, 『출애굽기 산책』, 73.

게 더러워질 수 있는 부분이다. 거룩한 장소를 더러운 신으로 더럽힐 수 없다. 고대 신전에 들어갈 때에 사람은 겉옷과 신발을 벗고 들어갔다. 이렇게 명령하신 것은 하나님은 자신의 거룩성과 모세의 세속성을 분명히 구분하시기 원하셨기 때문이다.[4]

400년의 침묵을 깨고 하나님이 드디어 나타나셨다. 그리고 모세를 부르셨고, 이제 자신의 계획을 밝히신다. 하나님은 먼저 자신이 어떤 분임을 알리신다. "네 조상의 하나님이니 아브라함의 하나님, 이삭의 하나님, 야곱의 하나님이니라"(3:6). "조상"의 아브(אָב)는 그냥 '아버지'이지만, 여기에는 좀 더 광범위한 의미인 '조상'으로 번역하는 것이 좋다. 그리고 여기에서는 단수로 사용되었지만, 그러나 집합 명사로 간주되어 복수적인 의미를 지닌다. 하나님은 더 어떤 조상을 가리키는지를 구체적으로 말씀하신다. 바로 아브라함과 이삭과 야곱이다. 이때에 자신을 세 번 반복해서 말하신다. "아브라함의 하나님", "이삭의 하나님", 그리고 "야곱의 하나님"이다.

하나님이 세 조상의 하나님으로 자신을 소개하신 의도는 첫째로, 자신을 그들 조상이 섬겼던 그 하나님이시다. 이스라엘이 이집트에 400년간 거주하면서 하나님을 잊어버렸으며, 오히려 이집트 우상을 섬기기도 하였다(겔 20:8 참조). 그러나 이제 그들이 섬겨야 할 신은 그들 조상들이 섬겼던 그 하나님이심을 상기시키신다. 둘째로, 하나님은 자신이 조상들과 맺은 언약을 상기시키기 위함이다. 하나님은 아브라함에게 땅을 주시겠다고 언약으로 약속하셨다(15:7~21). 그리고 그 약속은 계속 이삭(창 26:3~4)과 야곱(28:13~14)에게로 이어져 내려왔다. 이집트에 살고 있는 현재의 이스라엘 자손들은 아마도 그 약속을 잊었던지 아니면 희미한 상태로 기억하고 있었을 것이다. 이제 하나님은 그 약속을 상기시키시고 그것을 이룰 때가 되었음을 모세에게 알리시는 것이었다.

모세는 비로소 자신이 참 하나님을 만나고 있음을 깨닫게 되었다. 그래서

---

4 아란 콜, 『출애굽기』, 91.

뵈옵기를 두려워하고 얼굴을 가렸다(3:6하). "뵈옵기를"의 동사는 여기에서 나바트(נבט, 보다)의 힢일(사역)형으로 사용되었는데 '자세히 살펴보다'와 같이 강조된 의미가 있다. 독수리가 먹이를 찾기 위해 멀리 보는 모습에서 그 의미가 잘 나타난다(욥 39:29). 지금 모세가 하나님을 자세히 쳐다보고 싶었지만 그러나 얼른 얼굴을 가려버렸다.

얼굴을 가린 것은 두 가지 의미가 있겠다. 첫째, 보기를 너무 두려웠기 때문이다. 둘째, 자신이 하나님을 볼 수 없는 존재임을 인식하였기 때문이었을 것이다. 후에 모세가 얼굴에 광채가 날 때에 수건으로 얼굴을 가린 것과 비교된다. 백성이 모세의 얼굴 보기를 두려워함을 알고 가린 것이다. 이사야 6장에 높이 들린 보좌에 앉으신 하나님을 모시고 있는 스랍들이 날개로 얼굴과 발을 가렸다(사 6:2). 발은 가장 쉽게 더러워질 수 있는 부분이기에 제사장이 성전에서 봉사할 때에 발을 가려야 했다. 얼굴을 가린 것은 자신이 감히 거룩하신 하나님을 볼 수 없기 때문에 가린 것이다. 모세가 얼굴을 가린 것도 하나님을 감히 볼 수 없기 때문이었을 것이다. 그것은 모세가 자신에게 나타나신 하나님이 어떤 분이심을 바로 알았음을 의미한다.

2) 모세에게 사명을 주심(3:7~10)

하나님은 모세에게 자신의 뜻을 밝히신다: "여호와께서 이르시되 내가 애굽에 있는 내 백성의 고통을 분명히 보고 그들이 그들의 감독자로 말미암아 부르짖음을 듣고 그 근심을 알고"(3:7). 이 구절의 내용은 이미 2:23~24에 언급되었다. 그러나 차이가 나는 것은 2장 서술은 객관적인 서술인 반면에 본 구절은 하나님 자신이 주관적으로 관찰하는 것이다. 또 중요한 차이는 그들을 구출하고자 하는 이유를 2장에서는 하나님이 족장들과 맺은 언약을 기억하셨다는 객관적인 진술로 주는 반면, 본 구절에서는 하나님이 "내 백성"의 부르짖음을 들었다는 것을 제시한다. 그들이 자기 백성이기 때문에 그 고통과 부르짖음을 그대로 둘 수 없는 것이다.

주어가 하나님인 한 문장에서 세 개의 동사가 나타난다. "보고", "듣고", "알고" 이다. 이 동사들의 목적격이 "고통을", "감독자로 말미암아 부르짖음을", 그리고 "근심을" 이다. 먼저 "고통"의 히브리어 오니(עֳנִי)는 '가난, 빈곤'에서 오는 고통일 수 있고, 심한 압제로 인한 고통일 수 있다. "보고"에서 라아(רָאָה, '보다') 동사가 두 번 겹쳐서 나오는데 (라오 라이타, רָאֹה רָאִיתִי) 뒤의 것은 본동사이며, 앞의 것은 부정사 절대형으로서 강조의 역할을 한다. 따라서 "정녕 보고" 혹은 "자세히 보고"라고 번역할 수 있다. 하나님은 눈을 부릅뜨고 자기 백성을 세밀히 살피고 있다.

하나님은 또 감독자들의 압제로 인한 백성의 부르짖음을 들었다. "감독자들"로 번역된 노게사오(נֹגְשָׂיו)는 나가스(נָגַשׂ)의 분사형인데, 나가스는 "강제로 시키다, 억압하다"이다. 따라서 분사는 "강압자들"로 번역할 수 있다. "듣다"의 쇠마(שָׁמַע)는 '경청하다, 주의를 기울어 듣다'이다. 감독자들의 무자비한 횡포에 시달리는 백성의 아우성을 귀담아 들으시는 것이다. "근심을 알고"에서 근심으로 번역된 마크오브(מַכְאֹב)는 '고통'으로 번역되는 단어인데, 육체의 연약함으로 인한 고통(욥 33:19 참조)뿐만 아니라 정신적인 고통(시 32:10, 때로는 '슬픔'으로도 번역됨)까지 포함된다. "알고"의 야다(יָדַע)는 경험적으로 아는 의미가 있다. 이사야서의 종의 노래에서 종이 '병을 아셨다'(וִידוּעַ חֹלִי)고 할 때에(사 53:3, 개역개정은 '질고를 아는 자'로 번역) 메시아가 사람의 병을 고쳐주면서 자신이 그 병을 체험하는 것을 의미한다. 출애굽기 본문에서는 하나님이 백성의 고통을 자신의 것으로 체험한다는 의미로 받아들일 수 있다.

하나님께서 백성의 고통을 보고, 듣고, 아셨기 때문에 그들을 그대로 둘 수 없다. 그래서 그들을 구출하기 위해 일을 하시고자 하신다. 이 일을 위해 자신이 하실 여러 단계의 일을 모세에게 말씀하신다. 첫째로, "내려가서"라고 말씀하신다(3:8상). "내려가다"의 야라드(יָרַד)는 위에서 아래로 내려오는 모습이다. 하나님은 높은 곳에 계시는 것으로 인식되기 때문에 내려오는 것으로 표현한다. 바벨탑을 쌓는 그들의 행위를 보시기 위해 하나님이 내려오셨던 모습과 같다(창 11:5). 출애굽기 본문에서 이제 하나님은 더 이상 높은 곳에만 머무르지 아니하고 친히 땅 위에 내려오셔서 자기 백성이 있는 곳으로 행차하신다. 그리고 자기 백성을 친히 이끌고 이집트에서 나오실 것이다. 그 뿐만 아니라 앞으로 자기 백성 중에 거하시는 분이 되실 것이다.

둘째, 그들을 이집트인의 손에서 건져내시겠다고 하신다(3:8상). "건져내다"는 나찰(נָצַל)의 힢일형(사역)인데, 나찰의 힢일은 '구원하다,' 혹은 '구출하다'라는 의미로 간혹 사용되기도 하였지만(시 38:9; 51:14; 79:9 등), 좀 더 강한 모양으로 '(강제적으로) 떼어내다(take away),' 혹은 '낚아채다(snatch away)'의 의미로도 많이 사용되었다.[5] 다윗이 사나운 짐승의 입에서부터 "새끼를 건져내었고" 할 때에 사용된 것을 대표적으로 들 수 있다(삼상 17:35; 역시 같은 표현을 한 암 3:12; 겔 34:10을 참조. 역시 삼하 14:6 등을 보라). 여기에서 강한 힘으로 적의 위험에서부터 혹은 깊은 수렁에서부터 구출해 내는 표현으로 생각할수 있다. 나찰은 야솨(יָשַׁע, '구원하다')와 동의어로 사용된다.

셋째, 그들을 그 땅으로 인도하겠다고 하신다(3:8중). "인도하겠다"는 단어 알라(עָלָה, '올라가다')의 힢일(사역)형으로서 바로 번역하면 "올라가게 하겠다"이다. 야곱 가족이 이집트로 갈 때에는 "내려가다"(야라드)로 말했는데(창 46:3,4), 반대로 이집트에게 가나안으로 갈 때에는 올라가는 것으로 표현한다. 이는 중심지를 가나안으로 보았기 때문이다. 하나님은 "그 땅"을 부연적으로 설명하신다. 그 땅은 "아름답고 광대한 땅(토바 우레하바, טוֹבָה וּרְחָבָה)"이다(3:8중). "아름답다"의 토브(טוֹב)는 '좋다'는 형용사이지만, '선하다'로도 자주 번역된다. 또한 하나님이 천지를 창조하신 후 "보시기에 좋았더라"(창 1:12, 18, 21, 25, 31)에 사용된 단어이다. 신명기에는 그들이 들어갈 가나안을 "좋은 땅"으로 자주 묘사한다(신 1:25,35; 3:23; 4:21f; 6: 6:10-12, 18; 9:6; 11:17). "광대하다"의 라하브(רָחָב)는 '폭이 넓다'의 의미이다. 사실 이집트 땅에 비하면 가나안은 광대하지 아니하다. 그러나 이스라엘이 살았던 고센 땅만을 생각할 때에 가나안은 그들이 살기에 충분히 넓은 땅이다. 또 그 땅을 "젖과 꿀

---

5 BDB, 664.

이 흐르는 땅"이라고 묘사한다(3:8중). 이것은 그 땅이 비옥함에 대한 관용적인 표현이다. 신명기는 가나안을 "젖과 꿀이 흐르는 땅"으로 자주 묘사한다(신 6:3; 11:9; 26:9,15; 27:3; 31:20). "좋은 땅"이란 표현과 함께 이러한 묘사는 마치 낙원을 연상케 한다. 그 백성은 그 좋은 땅에서 풍성하게 먹고 즐길 것이다.

그 땅에 대한 질적인 우수함을 먼저 말씀하신 후 하나님은 지정학적으로 그곳이 어디인지를 정확하게 밝히신다. 곧 여섯 족속(가나안 족속, 헷 족속, 아모리 족속, 브리스 족속, 히위 족속, 여부스 족속)이 거주하고 있는 그 땅이다. 이것은 창세기에서 언급한 열 족속(겐 족속과 그니스 족속과 갓몬 족속과 헷 족속과 브리스 족속과 르바 족속과 아모리 족속과 가나안 족속과 기르가스 족속과 여부스 족속의 땅)과 약간 차이가 난다(창 15:19~21). 그러한 차이는 위치적으로 다름을 의미하는 것이 아니다. 400년 이상의 기간이 흐르는 동안 민족들의 이동과 흥망성쇠의 변화가 있었을 것이다. 출애굽기에서 시작한 이러한 여섯 족속들의 이름은(3:17; 13:5; 23:23; 33:2; 34:11) 민수기와 신명기로 계속 이어지다가, 신명기 7:1부터는 히위 족속이 더해져 일곱 족속(헷 족속과 기르가스 족속과 아모리 족속과 가나안 족속과 브리스 족속과 히위 족속과 여부스 족속)으로 나타난다. 이는 그 사이에 거주 민족의 변동이 있었음을 말해주는 것이다.

그 땅으로 인도하시겠다는 하나님의 말씀은 자신이 족장들과 맺은 언약을 성취하시겠다는 의지를 보이신 것이다. 특히 이 구절은 아브라함과 맺은 언약을 그대로 상기킨다. 하나님은 아브라함과 땅을 주시겠다는 약속의 언약을 맺으면서(창 15:7이하) 그의 후손이 "이방에서 객이 되어 그들을 섬기겠고 그들은 사백 년 동안 네 자손을" 괴롭힐 때에(창 15:13), 그 나라를 징계하고 그들을 이끌어 내겠다고 약속하셨다(창 15:14). 그리고 그들이 "이 땅으로 돌아오리니..."(창 15:16), 곧 "겐 족속과 그니스 족속과 갓몬 족속과 헷 족속과 브리스 족속과 르바 족속과 아모리 족속과 가나안 족속과 기르가스 족속과 여부스 족속의 땅이니라" 하셨다(창 15:19~20). 이제 호렙산에서 하나님은 모세에게 이 약속을 이루시겠다고 말씀하시는 것이다.

하나님은 이 일을 위해 모세를 보내려 하신다. 개역개정은 "이제 가라"는 말로 시작하지만, 원어에는 "가라"는 말은 없다. *아타 힌네*(עַתָּה הִנֵּה)라는 두 단어로 시작하는데, "이제 보라!"라는 말이다. 두 단어 모두 그 자체가 특별한 의미를 지닌 것보다 뒤에 나오는 말들을 부각시키기 위해 또는 그 말들에 관심을 이끌기 위해 사용한 감탄사이다. 하나님은 모세에게 이스라엘 자손의 부르짖음이 자신에게 도달하였다고 말씀하신다. 그리고 이집트인들이 그들을 괴롭히고 학대하는 것을 보았다고 말씀하신다. 물론 모세는 그러한 억압과 고통을 직접 보고 체험한 사람이었다. 여기로 도망하여 세월을 보내야 하는 것도 그 일 때문이었다. 먼저 하나님은 모세에게 자신도 이스라엘 백성에 대한 모든 인식을 같이한다는 것을 밝힌다. 이제 하나님과 모세는 백성에 대한 연민과 애정의 감정을 함께 나눈다. 따라서 하나님이 모세를 보내어야 하는 그 이유를 모세도 충분히 인식하게 되었다.

이제 드디어 하나님은 모세를 파송하신다. 10절에서 하나님은 모세에게 "이제 가라(*아타 레카*, וְעַתָּה לְכָה)"고 명령하신다. 하나님의 명령이므로 모세에게는 선택권이 없다. 하나님은 이 명령을 다시 확인하신다. "내가 너를 바로에게 보내어 너에게 내 백성 이스라엘 자손을 애굽에서 인도하여 내게 하리라"(3:10). 하나님은 종종 자신의 대리자인 선지자를 백성에게 보내셨다. 그때에 선지자는 여호와의 파송을 거절할 수가 없다. 이제 하나님은 모세를 자신의 대리자로 보내시는 것이다. 대리인은 보내는 자와 동일시된다. 앞으로 모세는 하나님과 같은 위치에서 여김받을 것이다(14:31 참조).

그러나 모세의 편에서는 그 명령을 쉽게 받아들이기 힘들었다. 바로는 모세가 두려워하는 존재였다(2:15). 모세를 죽이려했던 그 왕은 죽었지만, 그러나 그 후계자도 모세에게 꼭 같은 두려움의 존재일 것이다. 자기 자신도 위협을 받고 있는데, 이집트인들의 노예로 노역하고 있는 그 민족 모두를 바로의 손에서 빼어내어 구출해 낸다는 것이 어찌 가능한 일이겠는가. 일전에 바로가 이스라엘을 학대한 이유 중의 하나가 그들이 "이 땅에서 나갈까" 염려함 때문이었다(1:10). 그것을 아는 모세가 바로의 손에서 그들을 구해 내어야 한다니, 모세가 주저할 수밖에 없었을 것이다.

3) 모세가 사양하다(3:11~12상)

하나님의 파송 명령 뒤에 모세의 질문과 하나님의 대답이 나온다. 먼저 모세는 자신에 대해 하나님이 어떻게 이해하시는지에 대한 질문을 던진다. "내가 누구이기에 바로에게 가며 이스라엘 자손을 애굽에서 인도하여 내리이까?"(3:10상). 이것은 몰라서 묻는 질문이라기보다 항의성 불평에 가깝다. 하나님이 자신을 제대로 알고 있느냐고 묻는 것이다. 자신에 비해 바로는 하늘 같이 높은 존재이다. 한 때에 왕궁에서 왕자로 자랐지만, 그러나 자신은 근본적으로 이집트인들이 경멸하는 히브리인이다. 바로뿐만 아니라 동족으로부터도 인정을 받지 못하였던 처지였다(2:16). 그리고 지금은 광야를 떠도는 양치기에 불과하다. 따라서 자신이 어찌 감히 바로 앞에 설 수 있느냐는 것이다.

이 첫 번의 질문에 모세는 백성을 인도해 낼 능력이 없는 자임을 드러내고 있다. 모세는 동족을 돌보고자 하는 의욕을 상실한 지 오래되었다. 40년이라는 세월동안 모세는 양치기 목동으로서 평범한 사람으로 살고 있었다. 그런 자신이 어떻게 민족을 구출하는 지도자가 될 수 있겠는가? 옛날에는 젊은 혈기에 동족을 위해 무엇인가 해 보고자 자만했던 시절이 있었다. 그러나 지금은 동족에 대해 어떤 열망도 없는 양치기에 불과하였다.

자신이 어떤 사람인지 알고 있느냐는 질문에 하나님은 이 일의 성공 여부는 모세가 아닌 자신에게 달려있음을 주지시키신다. 하나님이 모세에게 대답하신다. "내가 반드시 너와 함께 있으리라"(3:12상). 하나님의 계획하시는 큰 구원의 계획을 모세 혼자서 감당하도록 놓아두지 않겠다는 것이다. 그 큰일을 이루기 위한 모든 일을 하나님 자신이 하실 것이다. 옛날 모세가 자신이 해 보겠다고 나섰을 때에 하나님은 그 일을 모세에게 맡기지 않으셨다. 그것은 모세가 할 수 있는 일이 아니었기 때문이다. 이제는 때가 되었다. 모세는 자신이 할 수 없는 존재임을 깨달을 때에 이제 하나님이 그 일을 하실 수 있는 것이다. 모세는 연약한 막대기에 불과하지만, 하나님이 그 막대기를 사용하여 일을 이루실 것이다.

4) 출애굽의 참 목적: 하나님을 섬기는 것(3:12하)

하나님은 가기를 주저하는 모세에게 자신이 왜 백성을 반드시 인도해 내어야 하는지를 밝히신다. 이것은 하나님께서 자기 백성을 이집트에서 구출하시고자 하는 이유이며, 또 출애굽의 참 목적이 되기도 한다. 그러한 원대한 목적이 있기 때문에 모세는 더 이상 하나님의 파송을 물리치면 안 된다. 하나님께서 원하시는 출애굽의 목적은 무엇인가? 흔히 가나안 땅을 차지하기 위함으로 알고 있다. 물론 이것도 하나의 목적이었다. 바로 앞의 구절(3:8)에서 하나님은 그들을 여섯 족속이 거주하고 있는 가나안 땅으로 인도하시겠다고 밝히셨다. 그것은 족장 아브라함과 맺은 언약을 이루시기 위함이었다. 그러나 그보다 더 근본적인 목적이 있다. 바로 하나님을 섬기는 것이다.

3:12에서 하나님은 다음과 같이 자신의 의중을 밝히신다: "네가 백성을 애굽에서 인도하여 낸 후에 너희가 이 산에서 하나님을 섬기리니 이것이 내가 너를 보낸 증거니라." 하나님은 모세에게 백성을 이끌고 와서 "이 산에서 섬기라"고 명령하신다. 이것이 출애굽의 궁극적인 목적이다. 이 산, 즉 호렙산은 앞에서 "하나님의 산"으로 불렸다(3:1). 이곳에 하나님께서 직접 임재하셔서 자기 백성을 구원할 계획을 밝히고 계신다. 이곳이 하나님 임재의 장소이기 때문에 더욱 거룩한 곳이다. 그러므로 출애굽하여 이곳에서 하나님을 섬기라고 명하신다.

"섬기다"의 *아바드*(עָבַד)는 일반적으로 '일하다, 봉사하다'로 번역되는데, 이러한 봉사는 사물, 사람, 혹은 하나님에게 향한 것일 수 있다. 땅에 대하여는 '경작하다'로 번역되며(창 2:5), 신하로서 통치자(혹은 왕)에게 섬기는 일에도 사용된다(삿 9:28; 삼상 11:1). 하나님에 대하여는 레위 자손이 성전에서 하나님께 봉사하는 것에 자주 사용되었으며(민 3:7-8, 민 4:23, 민 4:30, 민 4:47, 민 8:11, 민 8:19 이하, 등), 제사를 드리는 것으로(사 19:21, "제물과 예물을 그에게 드리고 경배할 것이요") 그리고 절기축제 즉 예배와 관련해서도 사용되었다

(12:25, 26; 13:5에 '예식'으로 번역됨. 이 구절의 주석을 보라).[6] 70인역은 제사장들의 섬김을 헬라어 *레이투르게오*(λειτουργέω)를 사용하였는데, 이 단어는 신약에서 하나님이나 종교적인 문맥에서 예배와 관련된 의미로 사용되었다 (히 9:21, 히 10:11).

하나님께서 '섬기라'고 명하셨을 때에 어떻게 섬기는 것을 염두에 두셨을까? 궁극적으로는 예배로 섬기라는 것으로 이해할 필요가 있다. 출애굽의 목적은 바로 하나님을 예배로 섬기는 것이며, 그 일차 지점은 시내산이다. 이것의 증명은 모세가 바로에게 가서 요구한 것이 무엇인지를 보면 알 수 있다.

모세가 이집트로 돌아가 바로에게 여러 차례 요구한 것들 중에 한 번도 가나안 땅으로 가겠으니 보내달라고 한 적이 없다. 여호와께 제사 드리러, 혹은 섬기러 가겠다고 하였다. 5:3에 모세와 아론이 바로에게 가서 처음으로 요구한 것이 "…우리가 광야로 사흘길쯤 가서 우리 하나님 여호와께 제사를 드리려 하오니 가도록 허락하소서"였으며, 또 "…여호와의 말씀에 내 백성을 보내라 그들이 나를 섬길 것이니라"(8:1; 참고 9:1)였다. 바로가 대답한 것도 섬김 혹은 제사에 대한 거부였다: "바로가 이르되 너희가 게으르다 게으르다 그러므로 너희가 이르기를 우리가 가서 여호와께 제사를 드리자 하는도다"(5:17; 참조 5:8). 모세가 열 가지 재앙을 내리면서 계속 바로에게 가서 요청한 것도 하나님께 제사드리러, 혹은 섬기러 가겠다는 것이었다.

모세와 바로의 대화를 보면 어떤 때는 제사 드리러 가겠다고 했고, 또 어떤 때는 섬기러 가겠다고 하였다. 두 개가 서로 교차되어 사용된 것이다. 바로의 신하들이 최후로 바로에게 한 말도 "그 사람들을 보내어 그들의 하나님 여호와를 섬기게 하소서"였다(10:7). 모세와 바로가 계속 하나님을 섬기러 가겠다는 말과 제사하러 가겠다는 말을 교차하여 사용한 것은 양자를 동일한 것으로 간주했다는 증거이다. 제사하는 것은 바로 예배를 의미한다. 따라서 3:12 본문에서 "이 산에서 하나님을 섬기리니"라고 한 것은 그곳에서 예배하라는

---

6 BDB, 713.

말로 이해할 수 있다.

예배의 일차 지점은 바로 호렙산, 즉 시내산이다. 그러면 출애굽 이후 시내산에서 과연 무슨 일이 있었는가? 시내산에서 하나님은 이스라엘과 언약을 맺으신다. 그 언약을 맺음이 바로 예배의 원형이라고 할 수 있다(이것은 19장 이하에서 다룰 것이다).

하나님은 출애굽하여 여호와의 산에서 자신을 섬길 것을 말씀하신 후 "이것이 내가 너를 보낸 증거니라"고 하셨다(3:12하). "증거"는 히브리어 오트(אות)로서 "징조, 표징" 등으로 번역된다. 언약을 맺을 때에 하나님은 항상 언약의 증거(표징)을 주셨다. 노아의 언약에서 무지개를 증거로 주셨으며(창 9:12,13), 아브라함의 언약에서는 할례를 표징으로 주셨다(17:11). 또 오트는 하나님이 자기 약속을 믿게 하기 위해 주는 "징조"로도 사용되었다(사 7:11,14). 하나님은 무지개 증거를 주시면서 "무지개가 구름 속에 나타나면 … 내 언약을 기억하리니"(창 9:14~15)라고 하셨다. 증거(표징)은 그것을 기억(회상)하기 위함이다.

그러면 12절에서 "이 산에서" 하나님을 "섬기는 것"이 무엇을 기억하게 하는 표징이 되는가? 그것은 바로 여호와께서 주시는 출애굽의 구원이다. 즉 시내산 예배를 통하여 하나님이 이스라엘을 구원하심을 확인하였다. 시내산 예배(언약)는 출애굽 구원의 핵심적인 요소가 됨을 알 수 있다.

교훈과 적용

① 거의 300년(?)의 기간을 깨고 하나님은 자신을 백성에게 나타내셨다. 족장 시대에 하나님은 자주 자기 사람에게 나타나셨지만, 이집트에 있는 자기 백성에게 오랫동안 드러내지 않으셨다. 하나님의 백성에게 하나님의 임재 혹은 그의 말씀이 없는 기간은 암흑과 같다. 아합 시대에 백성은 가뭄보다 하나님의 말씀이 없는 것을 더 힘들어 했다. 긴 침묵을 깨고 하나님은 호렙산에서 모세에게 나타나셨다. 이제부터 하나님은 모세와 함께 이집트로 가셔서 자기 백성을 이끌고 나올 것이다. 그리고 다시 시내산에서 임재하셔서 자신이

그들의 하나님(왕)으로 군림하시는 언약을 맺으신다.

앞으로 하나님의 임재의 여부는 출애굽 과정에서 가장 뜨거운 이슈가 된다. 시내산에서의 금송아지 반란 후에 하나님이 자신은 백성과 함께 가나안 땅으로 올라가지 않겠다고 했을 때에(33:3) 모세는 자신들도 올라가지 않겠다고 하였다(33:15). 하나님은 모세의 기도를 들으시고 같이 가시겠다고 허락하셨다. 바로 성막에서 하나님은 임재하셔서 항상 그들과 함께하실 것이다.

② 3:6에 "모세가 하나님 뵈옵기를 두려워 하였다"는 구절에서 중요한 단어는 *야레*(두려워하다)와 *나바트*이다. *나바트*(힢일, 사역형)는 단순하게 보는 것보다 그 강조된 의미가 있다. 독수리가 먹이를 찾기 위해 멀리 보는 모습에서 그 의미가 잘 나타난다(욥 39:29). 3:2~4에 *라아*(보다)로서의 보는 것이 자주 나타났다. 하나님이 자신을 보여주기 위해 현현(顯現)하셨다(3:2). 모세도 보려고 가까이 접근하였다. 비록 모세가 피하더라도 하나님은 자신을 보여주기를 원하신다. 하나님은 모세와 직접 대면하여 자신의 뜻을 전하려 하신다. 그러나 6절에서 모세가 하나님을 보게 되었지만, 자세하게 쳐다보지는 못하였다. 모세는 그 기이한 현상과 여호와 하나님을 보게 되는 것을 감격스러워하면서도 두려워하였다. 자세히 보고 싶기도 하고, 두려워서 감히 보지 못하는 모세의 자세라고 할 것이다. 본절에서는 두려워서 자세히 보지 못하였지만 미래에 모세는 과감하게 여호와의 형상을 보여 달라고 요청한다(33:18). 모세가 그만큼 자신감이 붙었고, 또 그와 하나님의 사이가 더 가까워진 것이다. 하나님은 자기의 사람에게 자신을 보이기 원하지만, 사람은 그 하나님 보기를 두려워하며 주저한다. 그러나 신앙이 깊어질수록 그 하나님을 보고 싶은 마음이 더 앞설 것이다. 미래에 완성되는 하나님 나라에서 우리는 두려움 없이 여호와를 볼 것이고, 여호와를 보며 섬기는 것을 큰 기쁨으로 여길 것이다.

③ 모세는 자신이 그 큰 구원의 일을 할 만한 존재가 못됨을 여호와께 아뢰었다(3:11). 그러나 하나님은 그 일의 성공 여부는 모세가 아닌 자신에게 달려있음을 주지시키신다. 하나님이 모세에게 "내가 반드시 너와 함께 있으리라"(3:12상)고 대답하신다. 그의 조상 야곱이 자신이 어찌할 수 없음을 알고 힘을 잃고 벧엘 들에서 잠이 들었을 때에 하나님이 나타나셔서 그와 함께 있어 그가 어디로 가든지 지켜줄 것임을 약속하였던 모습과 같다(창 28:15). 또 야곱이 가족을 이끌고 이집트로 향하는 중 브엘세바에서 하나님께서 나타나셔서 자신이 그와 함께 이집트로 내려가겠고 반드시 그들을 인도하여 다시 올라올 것을 약속한 것과도 같다(창 46:4). 모세에게도 마찬가지로 하나님은 그를 혼자 보내지 않으신다. 자신이 모세와 함께 가서 직접 그들을 구출해내어 나오실 것이다. 사람이 자신이 할 수 없다고 엎드릴 때에 하나님께서는 더 큰 일을 하신다.

④ 흔히 출애굽의 목적을 가나안 땅을 차지하는 것으로만 생각한다. 그러나 그것은 출애굽의 부분적 성취에 그친다. 궁극적인 성취는 여호와를 예배로 섬기는 것이다. 그 섬김은 일차적으로 시내산에서 이루어진다. 시내산에서 하나님이 백성과 맺은 언약이 바로 예배의 모형이다. 언약은 하나님이 대왕으로 군림하시고 그들이 하나님의 백성이 되는 약정의 식이다. 그 예배의 섬김은 그대로 성막으로 옮겨져서 성막에서 언약적인 섬김(예배)이 계속 이루어지고, 그 뒤에 예루살렘 성전으로 옮겨져서 하나님에 대한 섬김은 계속될 것이다. 법궤가 예루살렘으로 옮겨지고(시 68편 참조), 성전이 세워져서 거기서 왕으로서 예배를 받으시고 자기 백성을 통치하심으로써 출애굽은 완성되었다고 할 것이다. 그것은 하나님 나라의 완성된 모습이기도 하다.

2. 여호와 이름의 계시(3:13~22)

13 모세가 하나님께 아뢰되 내가 이스라엘 자손에게 가서 이르기를 너희의 조상의 하나님이 나를 너희에게 보내셨다 하면 그들이 내게 묻기를 그의 이름이 무엇이냐 하리니 내가 무엇이라고 그들에게 말하리이까 14 하나님이 모세에게 이르시되 나는 스스로 있는 자이니라 또 이르시되 너는 이스라엘 자손에게 이같이 이르기를 스스로 있는 자가 나를 너희에게 보내셨다 하라 15 하나님이 또 모세에게 이르시되 너는 이스라엘 자손에게 이같이 이르기를 너희 조상의 하나님 여호와 곧 아브라함의 하나님, 이삭의 하나님, 야곱의 하나님께서 나를 너희에게 보내셨다 하라 이는 나의 영원한 이름이요 대대로 기억할 나의 칭호니라 16 너는 가서 이스라엘의 장로들을 모으고 그들에게 이르기를 여호와 너희 조상의 하나님 곧 아브라함과 이삭과 야곱의 하나님이 내게 나타나 이르시되 내가 너희를 돌보아 너희가 애굽에서 당한 일을 확실히 보았노라 17 내가 말하였거니와 내가 너희를 애굽의 고난 중에서 인도하여 내어 젖과 꿀이 흐르는 땅 곧 가나안 족속, 헷 족속, 아모리 족속, 브리스 족속, 히위 족속, 여부스 족속의 땅으로 올라가게 하리라 하셨다 하면 18 그들이 네 말을 들으리니 너는 그들의 장로들과 함께 애굽 왕에게 이르기를 히브리 사람의 하나님 여호와께서 우리에게 임하셨은즉 우리가

우리 하나님 여호와께 제사를 드리려 하오니 사흘길쯤 광야로 가도록 허락하소서 하라 19 내가 아노니 강한 손으로 치기 전에는 애굽 왕이 너희가 가도록 허락하지 아니하다가 20 내가 내 손을 들어 애굽 중에 여러 가지 이적으로 그 나라를 친 후에야 그가 너희를 보내리라 21 내가 애굽 사람으로 이 백성에게 은혜를 입히게 할지라 너희가 나갈 때에 빈손으로 가지 아니하리니 22 여인들은 모두 그 이웃 사람과 및 자기 집에 거류하는 여인에게 은 패물과 금 패물과 의복을 구하여 너희의 자녀를 꾸미라 너희는 애굽 사람들의 물품을 취하리라

모세는 자신이 누구인가라는 질문에 이어 하나님이 누구신지에 대한 질문을 다시 던진다. 하나님의 이름을 가르쳐달라는 것이다. 하나님은 자신의 이름의 뜻을 먼저 밝히시고, 그리고는 그 이름이 '여호와'이심을 밝히신다. 이 이름 속에 하나님이 앞으로 이스라엘을 구원하실 계획이 담겨 있다.

1) 하나님 이름을 묻다(3:13)

하나님의 파송명령을 들었던 모세는 먼저 자신이 누구인지에 대한 질문을 던졌었다(3:11). 하나님은 모세가 누구인지는 중요하지 않으며, 하나님 자신이 그 일을 하실 것임을 밝히셨다. 그 대답 후 모세는 그러면 하나님은 누구인지를 묻는다: "만약 내 백성이 당신을 보낸 자의 이름이 무엇이냐고 물으면 내가 어떻게 대답하리이까?"(3:13). 모세가 이 질문을 한 이유를 다음과 같이 추측해 볼 수 있다. 첫째, 모세와 이스라엘 백성 모두 여호와의 이름을 잊어버렸기 때문에 질문 한 것으로 생각해 볼 수 있다. 이전에 족장들은 여호와의 이름을 자주 불렀었다(창 13:4; 14:22; 15:2, 8; 16:2; 16:5; 19:14 등등). 그러나 이집트에서 400년 지내는 동안 그들이 오랫동안 여호와를 섬기지 않았고 또 제사도 드리지 않았다(겔 20:8 참조). 이렇게 오랫동안 섬기지 않았기 때문에 그의 이름조차 잃어버렸을 수도 있다.

둘째, 그분을 잘 알기 위해서 그 이름을 알기 원하였을 수 있다. 이름은 그 사

람의 인격을 대변할 뿐만 아니라 그의 이룰 수 있는 능력까지도 대변한다. 아브람(존귀한 아버지)에서 아브라함(많은 무리의 아버지)으로 이름이 바뀌었을 때에 아브라함의 후손이 얼마나 많이 번성할 것인지가 드러난다. 야곱(발 뒤꿈치를 잡음)에서 이스라엘(하나님과 겨루어 이김)로 바뀌었을 때에도 그가 앞으로 얼마나 큰일을 할 수 있는 사람인가가 드러난다. 모세는 단지 그 이름 자체가 궁금해서라기보다는 그가 어떤 능력의 소유자임을 알고자 함이라고 할 수 있다.

2) 자기의 이름과 그 의미를 밝히시다(3:14~15)

하나님은 모세의 질문에 자신의 이름의 의미를 먼저 말씀하신다: "나는 스스로 있는 자니라" (에흐웨 아쉐르 에흐웨, אֶהְיֶה אֲשֶׁר אֶהְיֶה)(3:14). 그리고 그 이름이 '여호와'임을 밝히시고(15절), 또 그 이름에 대한 설명을 덧붙이셨다. 다시 축약해 보면 '여호와'라는 이름은 "나는 스스로 있는 자니라"라는 의미를 가졌다고 볼 수 있다.

개역성경이 표기한 '여호와'라는 하나님의 이름은 일반적으로 "네 개의 문자이름"(nomen tetragrammaton)으로 불린다, 현대 문자로는 YHWH(히, יהוה)로 표기된다.[7] YHWH의 어근에 대한 일반적인 견해는 하야(הָיָה) 동사에서 파생되었다고 본다. 그것에 대한 가장 강력한 성경적 근거는 3:14에서 하나님이 스스로 밝히신 그 이름의 뜻에서 찾을 수 있다. "나는 스스로 있는 자니라"라고 번역한 히브리어 에흐웨 아쉐르 에흐웨를 영어성경은 대체로 "I am that I am" 혹은 "I am who I am"으로 번역하고 있다. 한글 개역성경도 여기에 따라 번역한 것이다. 이러한 번역은 이 문장을 하나님 자신의 존재하심을 나타내는 것으로 이해했기 때문이다. 즉, 하나님은 스스로 계시며, 전에도 계시고 지금도 계시며, 앞으로도 계실 분이라는 뜻을 담고 있다. 다른 말로 하면 "나는 현존하는 하나님이다"(I am He who is)로 번역할 수도 있다. 더햄은 여호와 이

---

7   여호와 이름에 대하여 자세한 설명은 '특주: 여호와 이름의 의미'를 참조할 것

름은 "나는 존재하고 있는 자이다"라는 존재론적인 의미를 가졌다고 본다.[8]

많은 학자들은 이에 동의한다('특주: 여호와의 이름'을 볼 것). 그래서 여호와 이름을 부를 때에 언제나 하나님의 "실제적인 임재"를 상기시킨다고 말한다.

사실 *하야* 동사는 존재를 뜻하는 'being'의 의미를 가지고 있는 것이 사실이다. 그러나 이것을 순수 존재(pure being)라기보다는 '활동하시는 존재'(active being)라고 말할 수도 있다.[9]

히브리어 *에흐웨 아쉐르 에흐웨*에서 앞의 *에흐웨*는 "나는 이다(I am)"이며, *아쉐르*는 관계대명사(that 혹은 what)이고, 관계절 안에 있는 *에흐웨*는 'be 동사의 미완료인데, 미완료는 미래로 번역된다. 따라서 영어로 "I am that I will be' 혹은 "I am what I will be"로 번역된다.[10] 이것을 직역하면 "나는 …… 인데, 내가 앞으로 (무엇)일 그러한 분이시다"는 것이다. 풀어서 설명하면 그가 이제 곧 무슨 일을 함으로써 그가 어떠한 분이라는 것을 나타낼 그러한 분이시다는 의미이다. "그때에는 너희가 나를 '아하, 여호와는 그러한 분이시구나!'라고 알게 될 것이다"는 말이다.[11]

여호와의 이름은 존재론적인 칭호나 현존을 의미하는 정적(靜的) 개념보다 동적(動的), 즉 활동적인 자기의 존재감에 대한 약속이 담겨 있으며,[12] 그가 곧 어떠한 일을 행하실 것이라는 의지가 담겨져 있는 것으로 보아야 한다. 따라서 'be' 동사를 기본으로 하고 있는 하나님의 이름 YHWH는 자신이 무엇인가 이룰 '준비가 되어있음(readiness)'을 나타낸다. 준비가 다 되었기 때문에 이제 곧 그 일을 이루실 것이다. 그때에 사람들은 '그 이름의 의미가 이것이구나'라고 알게 될 것이다. 이러한 의미는 6:1~3에서 잘 들어날 것이다.[13]

---

8 존 더햄, 『출애굽기』, 101.

9 아란 콜, 『출애굽기』, 97.

10 월터 카이저, 『구약성경신학』, 최종진 역 (서울: 생명의 말씀사, 1990), 148. 역시 W. J. 둠브렐, 『언약과 창조』, 최우성 역 (서울: 크리스챤 서적, 1990), 139과 B. S. Childs, *Exodus* (London: SCM, 1974), 76을 참조할 것.

11 이에 대하여 '특주: 여호와의 이름의 의미'를 참조하라.

12 카이저, 『구약성경신학』, 148.

13 이러한 의미를 완전히 파악하기 위해 6:1~3의 주석을 보기 바란다.

3:15하반절에 하나님은 자신의 이름을 "여호와"로 밝히시고는 "이는 나의 영원한 이름이요 대대로 기억할 나의 칭호니라"고 말씀하셨다. 이 이름을 대대로 기억하라고 명령하신 것이다. 왜냐하면 그 이름에 중요한 의미가 있기 때문이다. 대부분의 영어번역 성경은 여호와라는 이름이 나올 때에 LORD로 표기하고, 새번역 성경은 '주'로 번역하였다.

'주'는 이름이 아닌 존칭이다. 만약 그 이름을 '주'로 대치한다면, 어떻게 이 '주'가 그분의 독특성을 대변할 수 있으며, 또 그것이 이스라엘이 대대로 기억해야 할 "이름"이 될 수 있겠는가? 또 하나님은 자주 '여호와'라는 자기 이름을 걸고 무슨 일을 하시고자 하신다(6:1; 시 83:18; 호 12:5; 암 9:6 등을 참조). 따라서 우리는 그 이름을 확실하게 불러야 하며, 또 분명한 의미를 알고 불러야 한다.[14]

3) 자신의 정체성을 밝히시다(3:15~16)

하나님은 모세에게 이스라엘 백성에게 가서 여러 가지 일을 알리라고 하신다. 먼저 자기의 이름과 함께 자신이 어떤 하나님이심을 밝히라고 하신다: "너는 이스라엘 자손에게 이같이 이르기를 너희 조상의 하나님 여호와 곧 아브라함의 하나님, 이삭의 하나님, 야곱의 하나님께서 나를 너희에게 보내셨다 하라"(3:15). 그리고 이스라엘 장로들을 모아서 선포하라고 하신다: "여호와 너희 조상의 하나님 곧 아브라함과 이삭과 야곱의 하나님이 내게 나타나..."(16절상). 이스라엘 백성이 한동안 하나님에 대하여 잊어버리고 살았던 것 같다. 그러나 그들의 조상이 누구였으며, 그 조상들이 어떤 신을 섬겼다는 것을 잊었을 리는 없다. 어떤 신이 이스라엘 사람들에게 난데없이 불쑥 나타난 것이 아니다. 그는 이스라엘이 태생할 때부터 있었고, 섬김을 받던 그런 신이다. 자신은 그들 조상들이 섬겼던 바로 그 동일한 하나님이심을 말씀하심으

---

14 이에 대하여 '특주: 여호와의 이름의 의미'를 참조하라.

로써 자신의 정체성을 이스라엘 백성에게 밝히라고 말씀하신다.

4) 여호와 이름을 걸고 하실 일을 밝히시다(3:16하~22)

그리고 하나님은 모세로 하여금 이스라엘 백성에게 여호와라는 이름의 하나님이 무슨 일을 할 것인지를 알리라고 하셨다. 그들이 당하는 고난을 보고 있으며(16절하), 따라서 그들을 이집트 고난으로부터 나가게 하겠다는 것이다(17절상). 16절의 "돌보아"의 히브리어 *파카드*(פָּקַד)는 직역하면 "방문하다"이지만, 자주 "살펴보다" 혹은 "돌보다"로 번역된다. *파카드* 본 동사 앞에 부정사 절대형이 사용되었다. 부정사 절대형이 본동사 앞에 놓일 때에는 강조의 의미를 가진다. 따라서 번역하면 "내가 정녕 살펴보았다"이다. 현재 이스라엘은 고역으로 인하여 부르짖고 있다(2:23). 그 모든 상황을 하나님께서는 세밀히 보고 계심을 알리라는 것이다.

다음으로는 그들을 젖과 꿀이 흐르는 땅으로 인도하겠다고 계획을 알리라고 하신다. 이집트에서는 그들은 고통을 당하는 종의 신세이다. 여호와께서 이제 그들을 그 고통에서 인도해내어 젖과 꿀이 흐르는 땅으로 올라가게 하겠다고 하신다. 그들의 신분은 이방의 땅에서의 종에서부터 좋은 땅을 가진 자유인으로 급상승이다. 그 땅을 여섯 족속(가나안 족속, 헷 족속, 아모리 족속, 브리스 족속, 히위 족속, 여부스 족속)이 거주하는 곳임을 다시 언급한다(3:17; 참조, 3:8). 이 땅을 다시 언급한 것은 아브라함의 언약을 상기시키기 위함이다(창 15:18~22). 하나님의 말씀에 대한 이스라엘 백성의 반응은 여호와의 말씀을 경청하는 것이다. 18절상반의 "들으리니"의 *쇼마*(שָׁמַע)는 '듣다'라는 뜻이지만, '경청하다' 혹은 '순종하다'의 의미를 내포한다. 백성이 여호와의 말씀을 받아들이는 것이다.

하나님은 다른 그룹, 즉 이집트 왕에게도 자신의 말을 전하라고 하신다. 모세에게 이스라엘 장로들과 함께 가서 여호와의 말씀을 전하라고 하신다. 장로는 백성의 대표자들이다. 이스라엘 전체의 의사로 바로에게 전달하라는 것이다. 그러나 이집트 왕은 그 말 듣기를 거절할 것이다. 그래서 전쟁이 시작될 것이다. 그러나 사람들끼리 서로 싸우는 것이 아니라 히브리 사람의 하나님이 이집트인들과 그들의 신을 대항하여 싸울 것이다. 그러나 그 결과는 이미 정해져 있다. 하나님이 이집트 신과 그 백성을 칠 것이고, 어떤 이집트 신도 그 백성을 보호해 주지 못할 것이다.

모세가 바로 왕에게 전하는 말에는 여러 가지 강조점이 있다. 첫째, "히브리 사람의 하나님"이 자신들에게 임하였다고 말하라고 하신다(3:18중). 하나님은 자신을 스스로 히브리 사람의 하나님으로 규정하기에 주저함이 없으시다. 이집트인들은 많은 신들을 섬기고 있다. 대표적으로 태양신인 아몬-레가 있다. 그 이집트 신과 히브리 신인 하나님이 대조되고 있다. "임하다"의 카라(קָרָה)는 "만나다" 혹은 "대면하다"이다. 히브리인들도 이집트에 살면서 이집트 신들을 섬기는 데에 익숙해 있었다(겔 20:8 참조). 그런데 이제 히브리인들은 자신들의 신이 찾아오셔서 만나주셨다. 이집트 신과 완전히 구별되는 신이다. 이집트인은 스스로 히브리 사람들과 구별되는 특별한 민족으로 자긍한다. 이집트인들은 자기들이 섬기는 신이 우월하다고 자랑할 것이다. 그래서 그들은 히브리인의 하나님을 업신여길 것이다 그러나 앞으로 두고 볼 일이다.

둘째, 히브리 하나님의 이름이 "여호와"임을 밝히라고 하신다(3:18중). 앞에서 보았듯이 여호와의 뜻이 '이제 곧 일을 이루실 것이다'의 의미이다. 이제 그 이름을 걸고 무엇인가 일을 시작할 것이다. 셋째, "우리가 우리 하나님 여호와께 제사를 드리려 하오니 사흘 길쯤 광야로 가도록 허락하소서 하라"(18절하)라고 말하셨다. 사흘 길의 광야는 현재 하나님이 임재하시고 있는 하나님의 산, 즉 호렙을 염두에 두고 하신 말일 것이다. 시내산의 위치에 대하여 여러 논란이 있지만 그러나 아무리 가까운 위치의 것으로 채택하더라도 고센 땅에서 출발하면 사흘 길보다는 훨씬 멀다. 아마도 "사흘 길"이란 불투명한 시간의 길이를 어림잡아 말하기 위해 사용했을 가능성이 많다.[15] 그러나 확실한

---

15 아란 콜, 『출애굽기』, 100.

것은 아라비아 반도(?)와 같은 먼 곳을 염두에 둔 표현은 결코 아닐 것이다.

앞에서 지적했듯이(3:12절 주석 참조), 모세는 한 번도 가나안 땅으로 떠나 겠다는 말을 하지 않는다. 여호와를 섬기러 혹은 제사 드리러 가겠다고 하였다. 이것은 이집트인들을 극도로 자극시키는 말이다. 이집트인들은 자신들의 신이 최고인 줄 알고 있으며, 자기들의 종인 히브리인들도 반드시 이집트 신들을 섬겨야 한다고 생각한다. 그런데 히브리인들이 다른 신을 섬기겠다고 한 것이다.

물론 바로는 그것을 허락하지 않을 것이다. 그는 아직 여호와를 모르기 때문이다. 그러나 하나님이 손을 들어 이적으로 그 나라를 친 후에야 그들이 히브리인들을 보낼 것이다(20절). '(손을) 들어'의 솰라흐(שלח)는 '보내다, 뻗다'이다. 모세가 손(혹은 지팡이)을 내밀어(뻗어) 이집트 땅에 재앙을 불러오고, 또 홍해가 갈라지게 한 모습을 연상할 수 있다. 하나님의 손은 하나님의 능력 혹은 힘을 의인화한 것이다. "이적(을 행하다)"의 팔라(פלא)는 '기이함, 놀람'이다. 이집트인들이 여호와의 손(힘)이 얼마나 무서운지 알게 될 것이다. "치다"의 나카(נכה)는 기본 의미가 '때리다'이지만, 많은 구절에서 '쳐 죽이다, 살해하다'로 번역되고, 전쟁에서 상대방을 '치다'로도 사용된다. 앞으로 하나님은 이집트 신과 그 백성을 향하여 전쟁을 벌이는 것처럼 칠 것이다. 그때서야 그들이 히브리인들을 보내어 줄 것이다(20절하).

히브리인이 떠날 때에 빈손으로 나가지 않을 것이다(21절). 특히 여인들이 이웃들로부터 은 패물, 금 패물, 그리고 의복을 구하여 자녀들을 꾸미라고 하신다(22절). "구하여"의 솨알(שאל)은 상위자가 하위자에게 요구하는 의미로도 쓰인다(욥 38:3). 이스라엘 사람들은 이집트 사람들에게 당당하게 요구할 권리를 가질 것이다. 왜냐하면 첫째로 전쟁에서 승리한 자들이 될 것이기 때문이고, 둘째로 그들이 종으로서 노동을 한 대가를 받을 권한이 있기 때문이다. "(금, 은) 패물"의 케리(כלי)는 '용기, 기구'이다. 은이나 금으로 만든 용기는 가장 값진 것으로서, 부피가 작으면서도 가치가 있는 것이다. 앞으로 그러한 은과 금은 성막을 만드는데 헌물로 사용될 것이다. "꾸미라"로 번역된 숨(שום)

은 '두다, 놓다'이다. 치장한다는 의미보다 그들이 보관하게 하는 의미로 보는 것이 좋다.

　전쟁에서 승리한 자는 상대에게 충분한 보상을 받는다. 승리한 자가 패한 자들로부터 많은 공물을 받아 챙기는 것이 당연하다. 출애굽도 전쟁에서 승리한 군대가 당당하게 본국으로 귀환하는 개선 행진이 될 것이다. 공물들을 가득 싣고 포로들을 끌고 돌아가는 개선 군대의 모습을 연상해 보라. 영광의 출애굽이 될 것이다.

교훈과 적용

① '여호와'의 이름은 자기 백성을 위해 특별한 일(특히 언약과 관계된)을 하실 준비가 되심을 나타낸다. 따라서 하나님의 백성은 이 이름을 불러야 할 이유가 있다. '여호와'라는 이름과 '이스라엘'은 서로 밀접한 연관이 있다. '이스라엘'은 '하나님과 겨루어 이겼다'는 의미로 야곱에게 주어졌다. 그때에 하나님은 "네 이름을 다시는 야곱이라 부를 것이 아니요 이스라엘이라 부를 것이니"라고 하셨다(창 32:28). '야곱'은 '발뒤꿈치를 잡다'라는 의미로 사람과 더불어 다툰다는 의미이다. 그와 대조적으로 '이스라엘'은 '하나님과 겨룬다'는 의미이다. 더 이상 사람과 겨루지 말고 하나님과 다투라는 뜻이다. 더욱이 이스라엘은 하나님과 겨루어 이겼다는 의미이다. 이긴 자는 진 자에게 요구할 권리가 있다. 그 이름을 주신 이유는 어떤 어려움이 있을 때에 하나님께 부르짖으면 진 자이신 하나님은 즉각 그 부르짖음을 들어주시겠다는 것이었다.

　이스라엘이라는 이름을 주신 하나님은 이제 자기 이름으로 그들에게 다가간다. '여호와'는 그 이스라엘이 부르짖을 때에 그들을 위해 일할 준비가 되었다는 의미이다. 이집트인의 학대에서 부르짖는 이스라엘을 위해 이제 무엇인가 하겠다는 말씀이시다. 홍해 앞에서도 이스라엘이라는 이름을 가진 그들이 여호와께 부르짖을 때에 여호와께서는 그들을 위해 이집트 군대와 싸움을 하실 것이다. '이스라엘'과 '여호와' 그 두 이름은 양 손의 각 손바닥과 같다. 양쪽이 마주칠 때에 스파크가 일어날 것이다. 그때에 어떤 큰 군대도 두려울 것이 없을 것이다.

② 하나님은 모세에게 자기 이름을 '여호와'라고 밝히시면서 "이는 나의 영원한 이름이요 대대로 기억할 나의 칭호니라"고 하셨다. 그 이름을 영원히 기억할 것을 명령하신 것이다.

그런데 대부분의 번역 성경은 '여호와' 이름 대신 'LORD' 혹은 '주'라고 번역한다. '주'는 이름이 아닌 존칭이다. 만약 그 이름을 '주'로 대치한다면, 어떻게 이 '주'가 그분의 독특성을 대변할 수 있으며, 또 그것이 이스라엘이 대대로 기억해야할 "이름"이 될 수 있겠는가? 또 하나님은 자주 '여호와'라는 자기 이름을 걸고 무슨 일을 하고자 하신다(6:1; 시 83:18; 호 12:5; 암 9:6 등을 참조하라). 따라서 우리는 그 이름을 확실하게 불러야 하며, 또 분명한 의미를 알고 불러야 한다.[16]

③ 하나님은 히브리인이 떠날 때에 빈손으로 나가지 않을 것이라고 말씀하셨다(3:21). 여인들이 이웃들로부터 은 패물, 금 패물, 그리고 의복을 구하여 자녀들을 꾸미라고 하신다(22절). 이스라엘 사람들은 이집트 사람들에게 당당하게 요구할 권리를 가진다. 왜냐하면 첫째로 전쟁에서 승리한 자들이 될 것이기 때문이고, 둘째로 그들이 종으로서 노동을 한 대가를 받을 권한이 있기 때문이다.

이집트에서 벌어진 일(10가지 재앙)은 여호와 하나님이 이집트 신과 그 군대(왕과 백성)와 싸우는 전쟁이었다. 그 전쟁의 승리자는 물론 여호와이시다. 그러나 하나님은 이스라엘을 자기의 군대라고 말씀하신다. 출애굽은 승리의 왕 여호와가 그 군대를 거느리고 당당하게 출발하는 영광의 엑소더스였다(7:4; 12:41). 따라서 왕의 승리는 군대가 함께 누리는 것이다. 승리한 군대는 패배한 자들로부터 공물(선물)을 받아서 나온다. 이스라엘도 이집트 사람들로부터 은 패물, 금 패물, 그리고 의복 등을 받아서 나왔다. 승리자로서 당당한 권리였다. 그들의 출발은 이렇게 흥겨운 것이었다.

3. 모세를 파송하다(4:1~17)

1 모세가 대답하여 이르되 그러나 그들이 나를 믿지 아니하며 내 말을 듣지 아니하고 이르기를 여호와께서 네게 나타나지 아니하셨다 하리이다 2 여호와께서 그에게 이르시되 네 손에 있는 것이 무엇이냐 그가 이르되 지팡이니이다 3 여호와께서 이르시되 그것을 땅에 던지라 하시매 곧 땅에 던지니 그것이 뱀이 된지라 모세가 뱀 앞에서 피하매 4 여호와께서 모세에게 이르시되 네 손을 내밀어 그

---

16 '특주: 여호와의 이름의 의미'를 참조하라.

꼬리를 잡으라 그가 손을 내밀어 그것을 잡으니 그의 손에서 지팡이가 된지라
5 이는 그들에게 그들의 조상의 하나님 곧 아브라함의 하나님, 이삭의 하나님,
야곱의 하나님 여호와가 네게 나타난 줄을 믿게 하려 함이라 하시고 6 여호와께
서 또 그에게 이르시되 네 손을 품에 넣으라 하시매 그가 손을 품에 넣었다가 내
어보니 그의 손에 나병이 생겨 눈 같이 된지라 7 이르시되 네 손을 다시 품에 넣
으라 하시매 그가 다시 손을 품에 넣었다가 내어보니 그의 손이 본래의 살로 되
돌아왔더라 8 여호와께서 이르시되 만일 그들이 너를 믿지 아니하며 그 처음 표
적의 표징을 받지 아니하여도 나중 표적의 표징은 믿으리라 9 그들이 이 두 이
적을 믿지 아니하며 네 말을 듣지 아니하거든 너는 나일강 물을 조금 떠다가 땅
에 부으라 네가 떠온 나일강 물이 땅에서 피가 되리라 10 모세가 여호와께 아뢰
되 오 주여 나는 본래 말을 잘 하지 못하는 자니이다 주께서 주의 종에게 명령하
신 후에도 역시 그러하니 나는 입이 뻣뻣하고 혀가 둔한 자니이다 11 여호와께
서 그에게 이르시되 누가 사람의 입을 지었느냐 누가 말 못 하는 자나 못 듣는
자나 눈 밝은 자나 맹인이 되게 하였느냐 나 여호와가 아니냐 12 이제 가라 내가
네 입과 함께 있어서 할 말을 가르치리라 13 모세가 이르되 오 주여 보낼 만한 자
를 보내소서 14 여호와께서 모세를 향하여 노하여 이르시되 레위 사람 네 형 아
론이 있지 아니하냐 그가 말 잘 하는 것을 내가 아노라 그가 너를 만나러 나오
나니 그가 너를 볼 때에 그의 마음에 기쁨이 있을 것이라 15 너는 그에게 말하고
그의 입에 할 말을 주라 내가 네 입과 그의 입에 함께 있어서 너희들이 행할 일
을 가르치리라 16 그가 너를 대신하여 백성에게 말할 것이니 그는 네 입을 대신
할 것이요 너는 그에게 하나님 같이 되리라 17 너는 이 지팡이를 손에 잡고 이것
으로 이적을 행할지니라

하나님은 모세를 파송하겠다고 명령하시지만 모세는 끊임없이 변명한다. 하
나님은 그를 설득하기 위해 표적들을 주시고, 또 형 아론을 붙여주신다. 더 이
상 변명할 수 없게 되었을 때에 모세는 마지못해 수용한다.

1) 모세에게 표징을 주심(4:1~9)

모세는 아직도 하나님의 보내심에 수긍하지 못한다. 만약 자기 백성이 자기의 말을 믿지 않고, 듣지도 않고, 또 하나님이 자기에게 나타나지도 않았다고 하면 어떻게 할 것이냐고 겁을 낸다(4:1). "믿지 아니하며"에서 "믿다"의 아만(אמן)은 '믿다, 신뢰하다, 확실히 지지하다'이다. 이 아만 동사는 본 문맥에서만 5번이나 사용되었다. 모세와 백성, 그리고 하나님 사이에 서로의 신뢰가 그만큼 중요함을 의미한다. 이러한 모세의 의구심에 하나님은 표적들을 주심으로써 응답하신다. "표징"의 오트(אות)는 믿게하기 위해 주는 증거이다(사 7:11,14 참조). 이 표징들은 모세를 안심시키게 할 뿐만 아니라 백성에게 그들 조상들(아브라함, 이삭, 야곱)의 하나님이 모세에게 나타나셨음을 믿게 하기 위해서이다(4:8).

하나님께서 모세와 그 백성에게 주는 표징들은 다음과 같다. 첫 번째 표적은 지팡이로 뱀을 만드는 것이었다. 여호와께서 모세에게 "네 손에 있는 것이 무엇이냐?"고 물으셨다. 그는 목자였기 때문에 양치는 지팡이를 가지고 있었다. 원래 이것은 모세의 것이었다. 그러나 이후엔 "하나님의 지팡이"로 불린다(4:20). 그리고 그 지팡이는 양떼를 모는 도구에서부터 이제는 하나님의 백성을 인도하는 지팡이로 사용될 것이다. 구약에서 하나님이 자주 목자로 불리는 경우와 비교된다.

"하나님은 그 지팡이를 땅에 던지라"고 명령하신다(4:3). 그러자 뱀이 되었다. 그 지팡이는 단순한 양떼를 위한 막대기에서 이제는 하나님의 힘이 발휘되는 능력의 지팡이로 변신하는 순간이기도 하다. 왜 하필 뱀이었을까? "뱀"의 나하쉬(נחש)는 독이 있는 뱀으로서 위험한 짐승으로 취급된다. 이렇게 위험한 것이기 때문에 이집트에서는 아주 특별하게 사용된다. 바로 왕을 수호해 주는 신으로 모시는 것이다. 모세가 뱀 앞에서 피하였다(3절하). "피하다"의 누스(נוס)는 '도망하다'이다. 당황하여 급히 피하는 모습이다. 뱀 자체가 독이 있어 위험한 존재이니 일단 무서워 피하는 것일 수도 있다. 그러나 모세가 뱀을 대할 때에 남다른 감회를 가졌을 것이다. 왕궁에서 자란 모세도 뱀이 어떤 존재인지 알았기 때문이다. 뱀을 보는 것은 마치 바로 왕을 대면하는 것과 같았을 것이다. 뱀이 바로를 연상시키기 때문이다. 자신이 바로를 피해 도망하여 숨어 살았던 바로에 대한 두려운 기억이 무의식 속에서 살아있었을 것이다.

하나님은 모세에게 손을 내밀어 그 꼬리를 잡으라 하였다(4절). 모세는 바로와 그의 수호신에 대한 두려움을 극복해야 한다. 그리고 모세는 하나님의 능력이 함께하는 이 지팡이와 익숙해져야 한다. 모세가 뱀의 꼬리를 잡으니 도로 지팡이가 되었다. 이 표징은 바로 왕의 수호신을 하나님이 마음대로 컨트롤할 수 있음을 보여주는 것이었다.

두 번째 표징은 나병이 생기는 것이었다. 하나님은 모세의 "손을 품에 넣으라"고 명령하셨다(4:6). 모세가 손을 품에 넣었다가 내어보니 그의 손에 나병이 생겼다. 피부가 "눈같이" 된 것은 나병이 심하게 악화되었다는 증거이다(민 12:10; 왕하 5:17). "나병"의 차라(צָרַע)는 피부병으로서 접촉으로 전염이 잘 되는 질병이며, 또 하나님의 심판을 상징하는 악한 병으로 인식되었다. 웃시야 왕이 성전 안에서 분향하다가 나병에 걸렸다. 이때 성경은 "하나님이 치시므로"라고 말하고 있다(대하 26:20). 이 나병에 걸리면 이스라엘 공동체에서 떠나 살아야 한다. 물론 치료받을 기회도 없는 것이다. 이스라엘에서는 가장 꺼려하는 병이다. 하나님은 손을 "다시 품에 넣으라"고 하셨다. 그가 다시 손을 품에 넣었다 내어보니 그의 손이 본래의 살로 되돌아왔다. 이 표징도 그들이 믿게 하기 위함이지만, 그러나 여기에서 강조되는 점은 그런 저주받은 병도 하나님이 주신다는 것과, 또 치료하시는 분도 하나님이심을 나타내어 준다. 거룩한 공동체에서 쫓겨났던 비참한 신분을 다시 회복시켜주신다는 의미도 담겨있다. 나중에 미리암에게 이 병이 들게 하고, 또 치료해 주신 것으로써 그것이 확인될 것이다.

이스라엘 백성이 첫 번째 표적으로 믿지 않았다면 두 번째 표적은 믿을 것이다(8절). 그러나 하나님은 모세를 안심시키기 위해 세 번째 표징까지 더해 주신다. 나일강 물을 떠서 땅에 부으면, 그 물이 피가 될 것이라고 하셨다(4:9).

이것도 그들을 믿게 하기 위한 표적이지만, 또한 특별한 의미가 부여되어 있다. 나일강 물은 이집트인들에게 생명과 같은 것이다. 그래서 그들은 그 강은 하피라는 신으로 섬긴다. 그 물이 피로 변했다는 것은 그 신이 죽었음을 의미한다. 이것은 하나님이 이집트의 모든 신들보다 더 크심을 보여주는 것이다. 이스라엘 백성은 이 세 번째 표적을 보고는 믿을 것이다.

이상의 표적들은 초자연적인 것이다. 이것을 통하여 이스라엘 백성은 모세를 신뢰할 것이고, 또 그를 보내신 여호와 하나님을 신뢰할 것이다.

2) 아론을 붙여줌(4:10~17)

많은 이적을 체험하고도 모세는 소명을 받아들이기 주저한다. 이번에는 자신은 혀가 둔하여 말을 잘 못하기 때문에 임무를 수행할 수 없다고 사양한다(4:10). 입이 "뻣뻣하다"와 혀가 "둔하다"는 말 둘 다 히브리어 *카베드*(כָּבֵד)라는 단어를 사용하였다. *카베드*는 '무겁다'라는 뜻이다. 아마도 모세는 혀가 부드럽게 움직이지 않는 말의 장애를 가진 것 같다. 그의 말이 우둔하거나 더듬거림이 있었던 것 같다. 그것은 평소에 자신감을 잃게 하는 콤플렉스였을 것이다. 그럼에도 불구하고 이것도 모세의 계속된 변명일 수 있다. 입을 만드신 분이 하나님이고 그에게 말을 넣어주는 것도 하나님이시다. 자신이 정말 말이 우둔한 자였으면 하나님에게 말을 잘 할 수 있는 능력을 구했어야 마땅하였다. 그러나 자신의 조그만 약점을 핑계 삼아 하나님의 부르심을 피하려고 하고 있다.

후대에 하나님이 예레미야 선지자를 부르실 때에 선지자도 "나는 아이라 말할 줄을 알지 못하나이다"라고 사양하였다(렘 1:6). 그러나 하나님은 "내가 내 말을 네 입에 두었노라"고 하셨다(렘 1:9). 그 이후 예레미야에게 언어의 장애가 그의 사역을 가로막는 일은 없다. 오히려 그가 뱉는 말은 바로 하나님의 말씀이 된다. 그래서 "너를 여러 나라와 여러 왕국 위에 세워 네가 그것들을 뽑고 파괴하며 파멸하고 넘어뜨리며 건설하고 심게 하였느니라"고 하신다(렘

1:10). 예레미야가 어떻게 왕국을 뽑기도 하고 심기도 하는가? 그의 입에 있는
하나님의 말씀이 그 일을 하시는 것이다.

모세도 마찬가지이다. 하나님은 모세를 혼자 보내시지 않으신다. 자신이 그
와 함께 있겠다고 말씀하신다. 모세는 하나님이 쓰시는 막대기에 불과하다.
하나님이 모세와 함께 계셔서 모든 일을 이루실 것이다. 하나님은 도피하려는
모세를 꾸짖으신다. "누가 사람의 입을 지었느냐?"(4:11) 문자적으로 번역하
면 '누가 사람에게 입을 두었느냐?'이다. 하나님께서는 모세에게 얼마든지 말
을 잘 하는 입을 주실 수 있음을 말하는 것이다.

하나님께서는 사람들에게 자신이 원하시는 뜻대로 행하신다는 것을 삼중
으로 설명하신다(11절하). 첫째로, 하나님께서 원하시는 대로 어떤 사람에게
는 말을 잘하는 입을 주셨고, 어떤 사람에게는 잘 못하는 입을 주셨으며; 둘
째로, 원하시는 대로 듣게도 하시고 못 듣게도 하시며; 셋째로, 원하시는 대
로 보게도 하시고 못 보게도 하신다. 그 모든 것은 하나님의 기쁘신 뜻대로이
다. 그러므로 모세는 그 일에 걱정할 필요가 없다. 하나님은 모세에게 다시 명
령하신다: "이제 가라 내가 네 입과 함께 있어서 할 말을 가르치리라"(4:12).
모세는 가서 바로에게 서기만 하면 된다. 하나님이 하실 말을 그의 입에 넣
어 줄 것이다.

그러나 모세는 줄기차게 발뺌한다. "오 주여 보낼 만한 자를 보내소서"(13
절하). 계속 자신은 그 큰일을 감당할 수 없는 미약한 존재임을 인식하는 것이
다. 이집트에 있을 때의 자신감에 넘쳤던 모습과 너무 대조된다. 하나님은 자
신을 완전히 내려놓을 때에 그를 들어 사용하시는데, 모세는 그것이 지나쳐
하나님의 부르심을 거절하는 차원이다. 그래서 하나님께서 모세를 향하여 노
하셨다(14절). "노하다"의 히브리어 하라(חָרָה)와 같은 말의 아람어는 '불태우
다'이며,[17] 하라는 여기에서 발전한 것으로 보인다. 분노가 불처럼 타오름의
표현이다. 하나님이 정말 화가 나신 것이다.

---

17 BDB, 354.

하나님은 모세에게 "레위 사람 네 형 아론이 있지 아니하냐?"고 반문한다 (14절중). 아론이 여기에서 처음 등장한다. "레위" 지파의 사람인 것을 특별하게 언급하는 것은 앞으로 있을 레위 지파의 중요성을 염두에 두었기 때문일 것이다. 문장은 의문문으로서 "있지 아니하냐?"로 시작한다. 이것은 모세가 아론을 이미 알고 있었음을 전제로 한다. 모세는 어머니의 품에서 젖을 먹고 자랐다. 비록 기록에는 없지만 그때에 아론이 소년으로서 아기 모세 곁에 있었을 것이다. 젖을 떼고 모세가 바로 궁전으로 옮겨갈 때에 그는 그 형을 인식하였을 것으로 생각된다. 하나님은 "그가 말 잘 하는 것을 내가 아노라"고 말씀하신다. 아마도 소년 아론은 동생 앞에서 말을 많이 하였던 것같다. 하나님이 모세에게 말을 잘하는 형을 붙여주신다. 더 이상 발뺌을 못하게 하신 것이다. 뿐만 아니라 모세를 안심시키는 효과도 있었을 것이다. 모세는 이스라엘 사람들에게 생소하다. 아론은 이스라엘 사람들 속에 살았기 때문에 모세와 백성 사이의 가교 역할을 잘 해 줄 것이다.

모세가 준비하여 이집트로 향하고 있을 때에 아론은 이미 모세를 만나기 위해 오고 있을 것이다. 하나님이 아론에게 모세에 대한 정보를 주셨을 것이다. 아론은 모세를 볼 때에 "마음에 기쁨이 있을" 것이다. "기쁨이 있다"의 솨마흐(שמח)는 '기뻐하다, 즐거워하다'이다. 아마도 아론은 모세를 잘 알고 있었을 것이다. 어릴 때에 어머니 품에 안긴 동생을 보았을 것이고, 궁궐에 있을 때에도 멀리서 그에 대한 소식을 듣고 있었을 것이다. 그가 사고를 치고 도망간 것도 알고 있었을 것임에 틀림없다. 40년 동안 생사도 모른 체 소식도 없었던 그 동생이 살아서 돌아오고 있다는 소식을 접했을 때에 무척 기뻤을 것이다. 아론은 동생에게 이집트 상황을 이야기해 주고 싶어 마음이 흥분되어 있었을 것이다. 먼저 모세를 죽이려고 찾던 바로는 죽었다는 좋은 소식을 전해주고 싶었을 것이다. 그리고 모세가 없는 사이 이집트 사람들이 얼마나 히브리인들을 악하게 대하였으며, 자기 백성이 어떤 고역을 당하고 있는지도 말해주고 싶었을 것이다. 그들 형제가 만나는 순간 피는 물보다 진함을 서로 절실히 느낄 것이다.

하나님은 모세에게 자신이 하고자 하는 말을 그에게 주라고 하신다(15절
상). 사실 모세가 하고자 하는 말도 하나님이 주실 것이다(15절하). "내가 가
르치리라"고 번역된 호레티(הוֹרֵיתִי)의 원형 야라(יָרָה, 던지다, 가르치다)는 토라
(תּוֹרָה, 율법)와 같은 어근이다.[18] 양자 모두 하나님이 주시는 지시이며, 사람이
반드시 행해야 하는 것이다. 모세가 스스로 자신은 혀가 무겁고 말을 잘 못하
는 자라고 하였다. 그런데 형에게 말하는 데에는 전혀 지장이 없을 것으로 짐
작된다. 형에게는 아무 부담이 없었기 때문일 것이다. 모세와 아론 두 형제는
하나가 되어 그 일을 수행할 것이다. 한 사람보다 둘은 더 힘 있고 강할 것이
다. 그뿐만 아니라 아론은 이스라엘 백성을 설득하는 일에도 유용하게 사용
될 것이다(16절상).

그러나 아론이 모세와 동등한 위치에서 그 일을 감당할 자가 아님을 하나
님은 명백히 밝히신다. "너는 그에게 하나님 같이 되리라"고 말씀하신다(16절
하). 하나님은 사람이 감히 쳐다볼 수 없는 존재이다. 아론이 모세의 위치를
감히 넘나보지 못하도록 못을 박는 것이다. 그는 단지 모세의 말을 대신 전하
는 대변자일 뿐이다(16절중).

이제 사명을 부여하는 모든 일이 끝났다. 모세는 더 이상 변명할 여지가 없
다. 하나님은 모세에게 그 지팡이를 손에 잡고 가라고 말씀하신다(17절). 하나
님이 주신 지팡이는 다용도로 쓰일 것이다. 그 지팡이는 이스라엘 백성을 인
도할 목자의 지팡이가 될 것이며, 바로와 이집트인들을 향하여 심판하는 능
력의 지팡이가 될 것이다. 그 지팡이로 하나님은 이적을 행하라고 명령하신
다. 지팡이를 쥐어줌으로써 하나님은 모세에게 자신의 권위와 능력을 부여
하고 있다.

하나님이 입에 부어주실 말씀이 있고, 하나님의 능력이 발휘될 지팡이를 가
진 모세는 이제 큰 나라 이집트를 향하여 간다. 그는 능히 바로를 굴복시키고
하나님의 백성 이스라엘을 해방시킬 것이다.

---

18 아란 콜, 『출애굽기』, 107.

교훈과 적용

① 모세가 여호와를 만날 때에 지팡이를 들고 있었다. 그가 양치기였던 증거였다. 하나님
은 그를 백성을 인도해 내는 지도자로 세우셨다. 다윗을 양을 치는 데서 이끄시어 백성을
기르게 하신 것과 비교된다(시 78:70~72). 여기에서 "기르게"의 *라아*는 '(양을) 치다'는 의
미이다. 다윗이 백성을 다스리는 것을 목자가 양을 치는 것으로 표현한 것이다. 그런데 바
로 그 앞장인 시편 77:20은 모세를 목자로 비유한다: "주의 백성을 양 떼 같이 모세와 아
론의 손으로 인도하셨나이다." 모세는 다윗의 모형이 된다. 그리고 그들은 또 후에 오실 목
자이신 메시아의 모형이 되기도 한다: "내가 한 목자를 그들 위에 세워 먹이게 하리니 그
는 내 종 다윗이라 그가 그들을 먹이고 그들의 목자가 될지라"(겔 34:23).

② 사람들은 의심이 많다. 모세도 자신이 어떻게 백성을 인도해 내는 자가 될 수 있을까 의
심한다. 이스라엘 사람들도 역시 그 모세가 과연 지도자의 자격이 있을지 의심이 많다. 하
나님은 그런 인간의 본성을 아시고 표적을 주신다. 그것도 세 가지(뱀, 나병, 피)나 겸해서
주신다. 하나님은 자주 표적을 주셨다. 언약을 맺을 때마다 표적을 주셨고, 또 미래에 있을
중요한 예언을 하실 때에 표적을 주셨다(동정녀 예언의 표적, 사 7:14). 표적은 믿게 하기
위해 주시는 사인이다. 예수님 당시에도 사람들이 표적을 구했다(마 12:38; 16:1; 16:4; 막
8:11; 눅 11:16 등). 예수님은 요나의 표적, 즉 무덤에 들어가서 삼일 만에 나오는 부활의 표
적을 그들에게 주셨다(마 16:4; 눅 11:29). 기독교는 표적의 종교이다. 가장 큰 표적은 동
정녀 탄생과 부활 사건이다. 그러나 당시 유대인들은 이 표적들을 보고도 믿지 않았다. 오
늘날도 사람들이 이적을 보고 싶어 하나 그런 이적이 일어나도 믿지 않을 것이다. 그러한
표적을 보지 않고 믿는 자가 더 복되다(요 20:27 이하).

4. 모세가 이집트로 향하다(4:18~31)

18 모세가 그의 장인 이드로에게로 돌아가서 그에게 이르되 내가 애굽에 있는 내
형제들에게로 돌아가서 그들이 아직 살아 있는지 알아보려 하오니 나로 가게 하
소서 이드로가 모세에게 평안히 가라 하니라 19 여호와께서 미디안에서 모세에
게 이르시되 애굽으로 돌아가라 네 목숨을 노리던 자가 다 죽었느니라 20 모세

가 그의 아내와 아들들을 나귀에 태우고 애굽으로 돌아가는데 모세가 하나님의
지팡이를 손에 잡았더라 21 여호와께서 모세에게 이르시되 네가 애굽으로 돌아
가거든 내가 네 손에 준 이적을 바로 앞에서 다 행하라 그러나 내가 그의 마음을
완악하게 한즉 그가 백성을 보내 주지 아니하리니 22 너는 바로에게 이르기를 여
호와의 말씀에 이스라엘은 내 아들 내 장자라 23 내가 네게 이르기를 내 아들을
보내 주어 나를 섬기게 하라 하여도 네가 보내 주기를 거절하니 내가 네 아들 네
장자를 죽이리라 하셨다 하라 하시니라 24 모세가 길을 가다가 숙소에 있을 때
에 여호와께서 그를 만나사 그를 죽이려 하신지라 25 십보라가 돌칼을 가져다가
그의 아들의 포피를 베어 그의 발에 갖다 대며 이르되 당신은 참으로 내게 피 남
편이로다 하니 26 여호와께서 그를 놓아 주시니라 그 때에 십보라가 피 남편이라
함은 할례 때문이었더라 27 여호와께서 아론에게 이르시되 광야에 가서 모세를
맞으라 하시매 그가 가서 하나님의 산에서 모세를 만나 그에게 입맞추니 28 모세
가 여호와께서 자기에게 분부하여 보내신 모든 말씀과 여호와께서 자기에게 명
령하신 모든 이적을 아론에게 알리니라 29 모세와 아론이 가서 이스라엘 자손의
모든 장로를 모으고 30 아론이 여호와께서 모세에게 이르신 모든 말씀을 전하고
그 백성 앞에서 이적을 행하니 31 백성이 믿으며 여호와께서 이스라엘 자손을 찾
으시고 그들의 고난을 살피셨다 함을 듣고 머리 숙여 경배하였더라

모세는 사명을 받고 이집트로 향한다. 먼저 장인에게 허락을 받고 가족을 데
리고 길을 떠났다. 가는 도중 하나님이 모세를 죽이려는 사건이 벌어지고, 십
보라가 아들들에게 할례를 행함으로서 위기를 넘긴다.

1) 모세가 미디안을 떠나다(4:18~23)

모세가 하나님의 산(호렙)에서부터 그의 장인 이드로에게 돌아왔다. 그리
고 자신이 이집트로 갈 것을 말하고 허락을 구한다. 돌아가야 할 이유를 "형
제들이 아직 살아 있는지 알아보려 한다"고 둘러댄다. 히브리어 아흐(אח)는

일반적으로 친형제를 말하지만, 여기에서는 넓은 의미로 자기 동족을 의미하는 것으로 볼 수 있다(2:11; 행 7:23 참조). 이집트를 떠난 지 40년이란 세월이 흘렀기 때문에 동족의 생사여부가 불투명할 수 있다. 더욱이 극심한 노역에서 많은 사람이 목숨을 잃을 수도 있었을 것이다. 그렇다 할지라도 이 이유는 매우 약하며, 그가 돌아가야 할 뚜렷한 명분이 될 수 없었다.

모세는 하나님의 명령을 받아 이스라엘 백성을 이집트에서 이끌어내기 위함이라는 진짜 이유를 밝히지 않았다. 특히 자기에게 나타나셨던 아브라함과 이삭과 야곱의 하나님 여호와에 대해 침묵하였다. 이드로는 미디안의 제사장이었기(3:1) 때문에, 만약 여호와 하나님을 밝히고, 그의 명령을 말한다면 복잡한 상황으로 빠져들어 갈 수 있었음을 느꼈을 수도 있다. 물론 이드로도 아브라함의 후예일 것이다(창 25:2~4 참조). 그러나 아브라함의 여호와 신앙을 얼마나 정확하게 전수받은 제사장이었는지는 의문이다. 사실 모세의 아들이 할례를 받지 않은 것을 보면(4:18), 이드로가 철저하게 아브라함의 후예로 살았다고 할 수 없다. 물론 아들에게 할례를 행하지 않은 모세도 히브리인으로서 삶을 살고 있다고 할 수 없다. 오히려 장인의 양떼를 치며 미디안의 생활습관에 적응하여 살고 있었다.

그런데 이드로는 모세에게 "평안히 가라"고 허락한다(4:18하). 가족을 모두 데리고 떠나야 하는데도 쉽게 허락한 것을 보면 그가 모세에게서부터 특별한 무엇을 느꼈기 때문일 수 있다. 제사장이었던 이드로는 호렙산에 대한 어떤 신비한 것을 이미 알고 있었을 수도 있다. 그리고 호렙산에서 돌아온 모세에게서 어떤 심상치 않은 분위기를 느꼈을 수도 있다.

4:19에 하나님은 다시 모세에게 "이집트로 돌아가라"고 말씀하신다. "돌아가라"는 히브리어 슈브(שוב)는 옛날 그가 떠나왔던 그곳을 전제로 한다. 그곳 이집트는 그가 생명의 위협을 받았던 곳이다. 모세의 이런 처지를 아시고 하나님은 다음의 말로 그를 안심시키신다: "네 목숨을 노리던 자가 다 죽었느니라"(19절하).

모세는 아내와 아들들을 나귀에 태우고 이집트를 향하여 출발하였다(4:20

상). 온 가족이 미지의 세계로 떠나가는 것이다. 여기에 "아들들(바나오, בָּנָיו)"
은 복수로 사용되었다. 앞에서는 게르솜만 낳은 것이 기록되었다(2:22). 그러
나 그 뒤에 엘리에셀도 낳았던 것이 분명하다(18:4 참조). 십보라와 두 아들은
이집트를 전혀 경험하지 못하였지만 가장인 모세를 따라 나서고 있다. 성경은
떠나는 모세가 "하나님의 지팡이를 손에 잡았더라"고 말한다(20절하). 이 지팡
이를 '모세의 지팡이'가 아니라 '하나님의 지팡이'라고 말하는 것에 유의할 필
요가 있다. 물론 그 지팡이는 양떼를 몰던 목자의 지팡이었다. 그러나 이제 더
이상 모세의 지팡이가 아니라 하나님의 지팡이가 되었다. 지팡이를 들었다는
것에 대한 의미를 여러 가지로 생각할 수 있다. 첫째, 모세가 하나님의 명을 받
들어서 대리인으로 일을 감당하기 위하여 떠난다는 의미로 볼 수 있으며,[19] 둘
째, 그에게 하나님의 능력을 손에 쥐었음을 의미하며, 셋째, 이 지팡이는 모세
를 두려움에서 해방시켜 줄 든든한 버팀목일 수도 있다.

　자신의 지팡이를 들려주신 하나님은 그 지팡이를 든 모세에게 대리인으로
서 이집트에서 해야 할 일을 지시하신다. 먼저 "내가 네 손에 준 이적을 바로
앞에서 행하라"고 하신다(21절중). "손에 준 이적"이라는 것은 하나님이 그의
손에 들려준 지팡이를 이용하여 이적을 행하라는 말이다. 이적을 행함은 하
나님의 능력을 과시하는 것이다. 누가 더 힘이 있는지를 그에게 확실히 보여
주라는 것이다. 그러나 하나님은 바로의 반응이 어떠할 것인지를 미리 말씀해
주신다. "그가 백성을 보내어 주지 아니할 것"이다(21절하). 바로의 그러한 태
도는 두 가지 이유 때문이다. 첫째, 힘이 약한 자가 강한 자의 요구를 들어주
는 것이 당연하다. 그러나 바로는 자신이 강하다고 생각할 것이니 들어줄 이
유가 없다. 둘째, 하나님이 그의 마음을 완악하게 할 것이기 때문이다. "완악
하게 하다"의 아하제크(אֲחַזֵּק)는 하자크(חָזַק)의 피엘형으로서 강조의 의미를
가진다. 그래서 "내가 강퍅케 하겠다"로 번역할 수 있다. 이러한 표현은 나중
에 9:12과 10:1에도 나타난다. 왜 이스라엘을 보내지 않도록 그의 마음을 강

19　존 칼빈, 『출애굽기 주석』, 성서교재간행사 역 (서울: 성서교재간행사, 1982), 96.

하게 만드시는가? 그에게 더 큰 책임을 묻기 위해서이다.

하나님이 그의 마음을 강퍅케 하셨는데 바로에게만 일방적인 책임을 물을 수 있는지에 대한 의문이 들 수 있다. 그러나 출애굽기 기록에 보면 바로의 마음에 대하여 세 가지 다른 견해로 표현한다. 주로 하나님이 바로의 마음을 강퍅케 하신 것처럼 말하지만, 때로는 바로가 스스로 마음을 강퍅하게 하고 있는 것으로도 말하고(8:15, 19, 32; 9:34, 35), 때로는 제3자의 입장에서 바로의 마음이 완악한 것으로 표현하기도 한다(7:13, 14, 22; 9:7).[20] 따라서 하나님에게만 도덕적인 책임을 물을 수는 없다. 하나님이 바로를 억지로 완악하게 만드신다기보다, 그의 완악한 마음을 그대로 놓아두어 스스로 회개할 기회를 허락하지 않겠다는 뜻이다.[21] 따라서 바로는 자신의 그 마음에 대한 책임을 면할 수 없다.

하나님은 모세가 바로에게 전해야 할 구체적인 말을 주신다: "여호와의 말씀에 이스라엘은 내 아들 내 장자라. 내 아들을 보내 주어 나를 섬기게 하라"(4:22~23). 일반적으로 이스라엘과 하나님 사이의 관계를 '하나님과 그 백성'으로 표현한다. 그러나 여기에서는 하나님이 그들을 자기의 '아들'로 표현하신다. 아들은 백성보다 더 가까운 관계이다. 아들 중에서도 "장자"의 지위를 부여하신다. 장자는 가문을 이어갈 권한과 또 기업을 물려 받을 권리도 가진다. 그래서 형제 사이에 장자권은 매우 소중하다. 이삭의 아들 에서와 야곱 사이에 장자권을 두고 다투는 모습에서 그것을 확인할 수 있다. 이 표현은 이스라엘이 자신에게 얼마나 소중한 존재인지를 나타낼 뿐만 아니라, 앞으로 그들이 받을 복에 대하여도 암시한 것이기도 하다.

그런데 23절에 '아들'과 '장자'의 단어들이 다시 등장한다. 이번에는 '바로의 아들', '바로의 장자'를 '여호와의 아들', '여호와의 장자'와 대비시킨다. 하나님이 그들의 아들, 장자를 죽이겠다고 하시는 것이다. 바로의 죄목은 무엇인

20 아란 콜, 『출애굽기』, 108.

21 Douglas K. Stuart, *Exodus* (Nashville: Broadman & Holman Publishers, 2006), 149.

가? 그것은 하나님의 아들, 장자가 여호와를 섬기도록 보내주지 않은 것이다. 여기에 처음 도입되는 '장자'의 주제는 앞으로 출애굽 사건에서 주요한 역할을 하게 된다. 하나님이 모세에게 들려주신 말씀은 앞으로 어떠한 무서운 일들이 벌어질 것임을 미리 예고하신 것이다. 모세는 이 일을 수행하기 위해 이집트로 향하고 있다.

2) 할례를 행하다(4:24~26)

모세가 길을 가는 도중 숙소에 있을 때였다(4:24상). "숙소"의 말론(מָלוֹן)은 일반적으로 여인숙과 같은 숙박 처소로 사용되지만(창 42:27; 43:21), 때로는 야영지에도 사용된다(수 4:3, 8; 사 10:29). 사막의 먼 길을 여행하는 사람에게는 이러한 야영장비가 필수적이었다. 주로 물이 있는 곳에 임시 야영지를 만든다. 그러나 본문에서는 정확하게 어떤 숙소인지를 가늠하기 힘들다.

그런데 그 곳에서 하나님은 "그를 만나사" "그를 죽이려 찾으셨다"고 말한다(4:24하). 여기에서 여러 가지 의문점이 생긴다. 첫째, 그를 만나셨는데 또 죽이려 찾으셨다는 표현이 가능한가이며, 둘째, 여기에서 "'그'는 누구인가?"이며, 셋째는 만약 그가 모세 혹은 그 가족중 하나라면 하나님께서 자신의 지팡이를 손에 쥐어주어 이집트로 보내신 그를 왜 죽이려 하셨는가 등이다. 첫번째 의문에서 "만나다"의 *파가쉬*(פָּגַשׁ)는 "대면하다"이다. 이미 하나님이 그를 마주하고 있는 모습이다. 그런데도 그를 찾으셨다는 것은 그를 죽이려는 적극적인 행동을 취하였다는 것으로 이해할 수 있다.

둘째 의문에서 "그"가 누구인지에 대하여는 판단하기 쉽지 않다. 개역개정에는 "모세가 길을 가다가 그를 만나사…"로 번역되었는데, 이렇게 하면 뒤의 "그"도 모세인 것으로 쉽게 추정할 수 있다. 그러나 24절 원문에는 "모세"가 나타나지 않으며 그냥 "그가 길을 가다가.."로 쓰였다. 따라서 '그'는 세 사람(모세, 큰 아들 게르솜, 그리고 둘째 아들 엘리에셀) 중 하나일 것이다.

혹자는 그를 게르솜으로 본다.[22] 그가 아직 할례를 받지 않았으므로 하나님의 진노가 그 당사자에 발하는 것이 당연하다는 것이다. 게다가 본문 어디에서도 모세가 하나님의 뜻을 거역했다는 표현이 나오지 않을 뿐만 아니라 하나님이 그를 자신의 사역자로 임명하셔서 그것을 수행하러 가는데 그를 죽이려할 이유가 없다고 보기 때문이다.[23]

그러나 위의 이유로 그 아들을 죽이려 했다는 논리는 정당한 것으로 보이지 않는다. 왜냐하면 할례의 책임은 아이에게 있는 것이 아니라 부모에게 있기 때문이다. 25절에 십보라가 아들에게 할례를 행한 후 모세를 향해 "당신은 참으로 내게 피 남편이로다"라고 말한 것을 보아 할례의 책임이 모세에게 있음이 확실히 드러난다. 또한 문맥상에서 볼 때에도 "그"는 모세가 당연한 것 같다. 20절부터 길을 떠나는 일과 또 하나님과의 대화하는 상대는 모두 모세였다. 따라서 24절에 하나님이 죽이려는 "그"도 모세인 것이 너무 자연스럽다. "그"가 모세가 아닌 다른 사람이라면, 그가 갑자기 등장해야 하는 확실한 상황전개가 있어야 한다. 이름이 아닌 인칭 대명사를 사용하셨다는 것은 문맥상 그가 누군지 쉽게 알 수 있다는 뜻이다. 이러한 평범한 문맥의 흐름에서 모세의 아들이 갑자기 전면에 부상하는 것으로 보는 것은 부자연스럽다.[24] 따라서 여기에는 모세가 가장 자연스럽다.[25]

세 번째 의문에서 하나님이 모세를 왜 죽이려 했을까? 자신의 명령을 받아 이집트를 향하여 가고 있는데, 하나님께서 그를 죽이려 하셨다는 것은 상당히 충격적이다.[26] 하나님이 죽이려 하실 만큼 모세가 어떤 엄청난 죄를 범했다는 것인가? 길을 가는 도중에도 모세가 그런 악한 일을 한 것이 나타나지 않는다. 그렇다면 이는 이집트로 가기 전에 모세가 반드시 해결해야 하는 중요한 일이

---

22 John D. Currid, *Exodus* (Auburn, MA : Evangelical Press, 2000), 115.

23 Brevard S. Childs, *Exodus*, 96.

24 존 더햄, 『출애굽기』, 132.

25 아란 콜, 『출애굽기』, 111.

26 Brevard S. Childs, *Exodus*, 103.

있었다는 것을 의미한다. 바로 할례였다. 할례는 언약의 표이며, 하나님 백성
이 된 증거이다. 하나님은 지금 자기 백성을 구하러 가고 있다. 그런데 그 지
도자의 가족이 할례를 받지 않아 자기 백성의 자격이 없는데 어찌 그가 그 구
원의 일을 감당할 수 있겠는가. 따라서 이 문제 해결을 위해 하나님께서 모세
에게 심각하게 접근하고 있는 것이다.

　이 문제를 해결하기 위해 십보라가 나섰다. 십보라가 돌칼을 가져다가 그
녀의 아들의 포피를 베었다(25절). 왜 아들의 할례를 모세가 아닌 십보라가 행
하였을까? 혹자는 모세 자신이 할례를 받지 않았기 때문에 십보라가 아들의
할례를 통해서 모세의 할례를 대체하고 있다고 생각한다.[27] 모세가 태어나서
30일 동안 숨겨서 키워야만 했기에 만일 할례 행위를 하다가 아이가 크게 울
어 들킬 수 있으니 모세의 부모는 모세의 안전을 위해 할례를 생략했을 수 있
다. 혹자는 그가 할례를 받았지만 그 것은 이집트에서 행해지는 불완전한 형
태의 할례였을 것이라고 주장하기도 한다.[28] 그러나 그러한 주장들은 설득력
이 적다.

　여호수아 5:5에는 이집트에서 나온 백성은 다 할례를 받았었다고 기록한다.
이집트에 머물고 있던 히브리인들은 할례의 전통을 계속 유지하고 있었던 것
이 분명하다. 그런데 레위인의 가정에서 태어난 모세가 할례를 받지 않았거
나, 이집트 방식에 따른 할례를 받았다는 것은 크게 설득력이 없다. 만약 모
세가 할례 받지 않은 것이 문제였으면 왜 십보라는 모세가 아닌 아들에게 할
례를 행하였겠는가.

　물론 할례의 책임은 아버지에게 있다. 그런데 모세는 그 일을 행할 수 있는
상황이 아니었다. 4:26에 할례 이후에 "여호와께서 그를 놓아주시니라"는 구
절을 보아서 모세가 생명을 위협받을 정도의 극심한 상황에 처한 것을 생각
할 수 있다. 이런 위급한 상황을 해결하기 위하여 십보라가 순발력 있게 행동

27　존 더햄, 『출애굽기』, 133.

28　Douglas K. Stuart, *Exodus*, 152ff.

하였다. 돌칼을 가져 아들에게 할례를 행하였다. 이 아들이 게르솜인지 엘리에셀인지는 의견이 갈린다.[29] 4장의 본문에서 엘리에셀의 이름은 나타나지 않는다. 따라서 게르솜으로 보는 것이 타당하지만, 그러나 두 아들 중 누구인지보다 왜 하나님이 그것 때문에 모세를 죽이려 했는지 이유를 밝히는 것이 더 중요하다고 본다.

4:22에 하나님은 이스라엘을 "내 아들 내 장자"라고 했고, 23절에서는 만약 바로가 자기 아들을 보내어 자기를 섬기게 놓아주지 않으면 그의 장자를 죽이겠다고 하였다. 이런 맥락에서 하나님이 왜 모세를 죽이려했는지를 이해할 필요가 있다. 창세기 17장에서 하나님은 언약을 맺으면서 할례를 행함으로 언약의 백성에 속하게 하셨다. 그리고 할례를 받지 않는 남자는 "백성 중에서 끊어지리니 그가 내 언약을 배반하였음이니라"라고 하셨다(창 17:14). 하나님은 지금 자기 백성(자기 아들들)을 구출하러 가신다. 그런데 모세의 가족 중에서 이 백성에 들어오지 못하는 자가 있었다. 할례를 행할 책임은 부모에게 있다. 만약 모세가 철저하게 히브리인의 정체성을 가지고 살았으면 아들에게 분명히 할례를 행하였을 것이다. 아마도 모세는 이드로의 집에서 미디안의 방식으로 살았을 것이다. 하나님은 이집트에 도달하기 전에 모세에게 언약을 배반한 책임을 묻는 동시에 모세가 히브리인으로서의 정체성을 확립하도록 일침을 가한 것으로 볼 수 있다.

십보라는 아들의 표피를 베어 "그의 발에 갖다 대며 …"(4:25중)라고 하였는데, 이 문장에도 해석의 어려움이 있다. 먼저 "그의 발에"의 '그'는 누구인지 논란이 있다. 그렇지만 그를 모세로 보는 것이 타당하다. 왜냐하면 "당신은… 피남편이로다"라고 말한 것에서 보듯이 지금 십보라가 모세를 상대로 행동하고 있기 때문이다. 즉, 십보라의 행동은 할례를 행하지 않음으로서 생긴 모든 문제가 모세에게 있음을 드러내고자 하는 것이었다.

---

29 칼빈은 둘째 아들로 추론한다. 왜냐하면 첫째 아들에게 모세가 할례를 한 결과 이드로와 십보라에 의해 강한 저항을 받았기 때문에 둘째 아들에게 할례하는 것을 포기했을 것이라고 추론한다. 존 칼빈, 『출애굽기 주석』, 102. 그러나 이것은 순수한 추론일 뿐이다.

아들의 포피를 "(그의) 발에 대며"는 무슨 의미일까? 표준새번역은 여기의 발(레겔, רֶגֶל)에 난외주를 달면서 "'발'은 성기에 대한 완곡한 표현"이라고 주석한다. 더 햄도 성경의 여러 용례를 들면서(사 6:2; 7:20; 겔 16:25; 신 28:57) 여기의 *레겔*을 생식기의 관용적인 표현으로 본다.[30] 리브가가 아들에 행해진 할례로 모세의 할례를 대체하기 위하여 이런 행위를 하였다고 보는 것이다. 이러한 주장은 모세가 무할례자였다는 것을 전제로 한 것이다. 그러나 앞에서 보았듯이 모세가 할례를 받지 않았다는 증거가 없다. *레겔*의 단순한 의미는 '발' 혹은 '다리'이다. 간혹 그러한 우회적인 표현이 있을지라도 여기에서 *레겔*을 생식기로 보는 것은 무리인 것 같다.

혹자는 십보라의 행위를 불경건한 충동적 행동으로 본다. 모세의 목숨을 살리기 위해 어쩔 수 없이 할례를 행했지만, 십보라는 아직 불만이 남아있어 모세의 발 앞에 포피를 던지며 분노를 표출했다는 것이다.[31] 혹자는 십보라의 행위는 "할례가 완전히 행해졌다는 것"을 선언하는 의미로 보기도 한다.[32] 이러한 다양한 주장에서 하나의 결론을 내기는 쉽지 않다. 그러나 확실한 것은 십보라가 하나님이 원하셨던 일을 수행했고, 하나님이 그의 행위를 받아들여 모세를 놓아주셨다는 사실이다(4:26상).

십보라가 "당신은 참으로 내게 피 남편이로다"(25절하)고 말한 것에도 해석의 어려움이 있다. 그 뒤의 구절에서 우리는 약간의 힌트를 얻을 수 있는데, "그때에 십보라가 피 남편이라 함은 할례 때문이었더라"(26절하)라는 말이다. 확실한 것은 이 할례로 모세가 구원을 받았고, 또 할례와 피가 연관되어 있다는 것이다. 다시 사건의 진행과정을 추적해 보자. 하나님이 모세를 죽이려 하셨다. 죽는다는 것은 피를 흘리는 것을 의미한다. 그런데 할례를 행함으로써 하나님은 모세를 살려주셨다. 할례를 행할 때에 피가 흐른다. 그 피가 묻은 표피를 모세의 발에 갖다 놓았다. 그것은 죽음을 의미하는 피가 흘려졌다는 것

30 존 더햄, 『출애굽기』, 125.

31 존 칼빈, 『출애굽기 주석』, 103.

32 Brevard S. Childs, *Exodus*, 103.

을 증명하는 것이 된다. 그로써 모세가 흘려야 할 피를 속량 받았다고 할 수 있다. 후에 있을 유월절 어린양의 피가 이스라엘 백성을 죽음에서부터 해방시켜준 것과 같은 맥락으로 이해할 수 있다.

할례를 행함으로써 모세는 하나님의 저주로부터 자유로워졌다. 이제 모세는 홀가분하게 이집트로 향할 수 있게 되었다. 이후로 모세의 가족들은 나타나지 않는다. 나중 출애굽한 이후 시내산으로 가는 도중에 이드로가 모세의 가족을 데리고 왔다(18:2~6). 아마 할례 사건 이후 십보라와 두 아들은 미디안으로 돌아가서 이드로의 보살핌을 받고 있었던 것 같다. 모세는 더 자유로운 몸으로 이집트에서 하나님이 보내신 대사로서 그 임무를 수행해 나갈 것이다.

3) 형 아론을 만나다(4:27~31)

모세가 이집트를 향하여 가는 중, 하나님이 아론에게 나타나셔서 "광야에 가서 모세를 맞으라"고 명하셨다. 모세의 유아기 이야기에서 아론은 나타나지 않았다. 그러나 모세가 어머니의 젖을 먹고 자라는 동안 아론은 그 곁에 있었을 것이고, 모세가 왕궁으로 들어갈 때쯤에는 형을 분명히 알고 있었을 것이다(4:14 참조). 일전에 모세가 이집트로 가는 것을 사양했을 때에 말 잘하는 형 아론을 그의 대변인으로 붙여줄 것을 약속하셨다. 모세가 앞으로 일을 하는 데 아론이 큰 도움이 될 것이다. 먼저 히브리인들의 사회에 들어가는 데는 형 아론이 중재 역할을 잘 할 것이다.

아론은 모세가 궁전에서 도망한 사실을 알았을 것이다. 40년 동안 소식을 알지 못했던 동생을 만난다는 것이 가슴 벅찬 일이었을 것이다. 아론이 광야로 나가서 모세를 만나고 그에게 입 맞추었다. 세월이 많이 지났지만 서로를 쉽게 알아보았을 것이다. 그런데 만난 장소가 "하나님의 산"이었다. 하나님의 산으로 불리는 것은 호렙산이었다(3:1). 호렙산은 하나님이 모세에게 나타나셨던 장소이다. 특히 이곳을 서로 만나는 장소로 만든 것은 매우 의미가 깊다. 호렙산은 하나님 임재의 장소이며, 모세에게 출애굽을 지시하셨던 곳이다. 그리고 무엇보다도 출애굽한 이스라엘이 하나님을 섬겨야 할 장소이기도 하다(3:12). 바로 그곳에서 앞으로 출애굽의 주역이 될 두 사람이 만난 것이다. 그곳은 하나님 임재의 장소이니, 그곳에서 하나님, 모세, 그리고 아론 셋이 함께 만난 것이 된다.

호렙산(시내산)의 정확한 위치는 논란이 많다.[33] 그러나 적어도 이집트에서는 매우 먼 거리이며, 오히려 모세가 출발한 지점에서 훨씬 가까운 곳이었다. 따라서 하나님께서는 모세에게 아론을 붙여주겠다고 약속한 바로 그 즈음에 아론에게도 나타나셔서 모세를 만나러 출발하도록 시켰을 것이다. 모세는 아론을 만나 그곳에서 하나님이 어떻게 나타나셨고, 자기에게 어떤 사명을 주었으며, 또 어떤 표적을 주셨는지를 말하였다(4:28).

그들은 하나님이 주신 사명을 이루기 위해 이집트를 향하여 출발하였다. 아론의 조력으로 모세는 이스라엘 자손들에게 쉽게 접근할 수 있었다. 그들이 가서 이스라엘 자손의 모든 장로를 모았다(29절). 그리고 아론이 여호와께서 모세에게 이르신 모든 말씀을 전하였다(30절상). 아론이 모세의 대변인 역할을 벌써부터 잘 하고 있다. 물론 백성은 도망자였던 이집트 왕자보다 레위인인 아론을 더 신뢰했을 것이다. 모세와 아론은 백성 앞에서 이적을 행하였다(30절하). 지팡이를 던져 뱀이 되게 하는 이적, 또 손을 품에 넣으니 나병이 생긴 것들이었을 것이다. 백성은 이 표적들을 보고 쉽게 믿었다. 그리고 여호와께서 이스라엘 자손들을 찾으셨고, 그들의 고난을 살피셨다는 말을 전했다(31절상). "찾다"의 *파카드*(פָּקַד)는 '방문하다(visit)'의 의가 있는데, 때로는 돌보기(은혜를 베풀기) 위해 방문할 때도 있으며(사 21:1; 룻 1:6 등), 때로는 벌을 내리기 위해 찾는 경우에도 사용되었다(렘 49:8; 50:31 등).[34] 여기서는 전자의 의미로 사용되었다. "살피셨다"의 *라아*(רָאָה)는 단순히 '보다'라는 의미도 있지만 때로는 세밀히 '조사하다'는 뜻으로도 쓰인다(창 7:1; 민 23:21 등을 참조할

---

33 이 구절은 호렙산 위치에 대하여 혼란스럽게 만든다. 이 논쟁에 대하여 3:1의 주석을 보라.
34 BDB, 823.

것). 이 말을 들은 그들이 "머리숙여 경배하였다"(4:31하). "경배하였다"의 *솨 하*(חחש)은 주로 힐파엘(사역재귀형)로 사용되는데, 원래 '엎드려 절하다'의 의미이지만, '경배하다, 예배하다'의 의미로도 사용되었다(느 8:6).[35]

전에 모세는 이스라엘 백성이 모세의 말을 믿지 않을 것에 대하여 많은 우려를 하였다(4:1). 그러나 그러한 우려는 기우에 그쳤다. 조력자 아론의 도움으로 백성을 쉽게 만났고, 그들이 설득되었다. 첫 번째 관문이 무사히 통과 되었다. 다음으로는 바로 왕을 대면해야 하는 차례가 되었다.

교훈과 적용

① 할례는 여러 의미가 있다. 첫째로 언약의 증거 혹은 표징이다(창 17:11). 노아의 언약에서는 먼 하늘에 언약의 증거(무지개)를 두셨지만, 아브라함의 언약에서는 아주 가까운 곳, 즉 신체의 한 부분에 그 증거를 두셨다. 그 증거를 가진 자는 언약의 백성 즉, 하나님의 백성이 되는 것이다. 둘째로, 옛 수치를 떼어버린다는 의미를 가진다. 여호수아가 가나안에 첫 발을 디딘 후 백성에게 할례를 행하면서 그곳 이름을 길갈('굴러가다')이라고 불렀다. 왜냐하면 하나님께서 "오늘 애굽의 수치를 너희에게서 떠나가게 하였다"(수 5:9)라고 선언하였기 때문이다. 셋째, 속량의 의미가 있다. 이것은 십보라가 할례를 행한 아들의 포피를 "(그의) 발에 대며" "당신은 참으로 내게 피 남편이로다"(4:25하)라고 말한 것에서 찾을 수 있다. 본문은 다시 이렇게 말한다: "그때에 십보라가 피 남편이라 함은 할례 때문이었더라"(26절하). 본문들에서 밝히는 것은 할례와 피가 연관되어 있다는 것과, 하나님이 모세를 죽이려 하셨는데 할례를 행함으로써 살려주셨다는 것이다. 할례를 행할 때에 피가 흐른다. 피는 곧 생명을 의미한다(레 17:14). 십보라가 죽어야 할 모세의 발에 피가 묻은 표피를 갖다 놓았다. 그것은 죽음을 의미하는 피가 흘려졌다는 것을 증명하는 것이 된다. 그로써 모세가 흘려야 할 피를 속량 받았다고 할 수 있다. 마치 유월절 어린양의 피가 이스라엘 백성을 죽음에서부터 해방시켜준 것과 같은 맥락으로 이해할 수 있다.

---

35 BDB, 1005.

② 하나님은 무할례 자인 아들 본인이 아닌 아들에게 할례를 행하지 않은 모세에게 그 책임을 물으셨다. 그리고 어머니 십보라가 아들에게 할례를 행함으로써 부모로서의 책임을 완수하였다. 할례를 행함으로 아이는 언약의 백성이 된다. 부모가 그 아이를 언약의 백성에 참여시킬 책임을 수행해야 한다. 구약의 할례는 신약에서 유아세례와 연결된다. 신약의 유아세례도 그 부모가 모든 책임을 지고 행하여야 함을 알게 된다.

③ 모세와 아론이 이스라엘 자손들에게 가서 여호와께서 그들을 "찾으시고," "살피셨다"는 말을 전했을 때에 그들이 여호와께 경배하였다. 그들은 오랫동안 여호와를 잊고 살았으며, 여호와께서도 침묵하셨다. 이제 여호와께서 그들을 찾아오셨다. 그리고 그들이 고난당하시는 모습을 살펴보셨다. 여호와는 그들의 고난을 그대로 두고 보지 아니하고 행동으로 들어가셨다. 그들에게 지도자 모세를 보내어 주셨다. 마치 적들에게 그대로 노출되어 있는 양떼를 위해 참 목자(메시아)를 보내어 주신 것과 같다. 여호와는 자기 양떼를 안전하게 지킬 것이고 또 좋은 것으로 먹이실 것이다.

특주 : 여호와 이름의 의미[36]

하나님은 많은 이름을 가지고 있다. 이름이 많다는 것은 단지 불리기 위함이 아니라 자신이 어떠한 분이신지를 나타내어 주기위해 사용되었다는 증거이다. 유대인들에게는 이름이 의미를 가진다. 그 이름이 그 사람의 인격과 성격을 대변하기도 한다. 특히 구약에서의 이름은 인격의 본질이자 내적존재(內的存在)의 표현이다. 에서는 자기 아우에 대하여 이렇게 말한다: "그의 이름을 야곱이라 함이 합당치 아니하니이까? 그가 나를 속임이 이것이 두 번째니이다"(창 27:36). 아비가일은 그의 남편을 위해 이렇게 변명한다: "그 이름이 그에게 적당하니 그 이름이 나발이라. 그는 미련한 자니이다"(삼상 25:25). 이상에서 이름은 그 소유자의 본질적인 특성을 나타내고 있다.[37] 구약은 이름이 변하면 그의 인격도 바뀌는 것으로 인식한다. 대표적으로 아브람(존귀한 아버지)이 아브라함(무리의 아버지)으로(창 17:5), 사래가 사라로(창 17:15), 또 야곱에서 이스라엘로 이름이 바뀐 경우(창 32:28)들을 들 수 있다.

하나님에게 이름이 붙여질 때에, 그 이름은 일차적으로 하나님 자신의 본성과 성격을 드러낸다. 따라서 하나님을 잘 이해하기 위해서 그 이름의 의미를 밝힐 필요가 있다. 하나님의 이름은 다양하게 나타난다. 가장 보편적인 이름으로 엘로힘(אֱלֹהִים), 엘(אֵל), 엘 올람(אֵל עוֹלָם, 영생하시는 하나님, 창 21:33), 엘 엘리온(אֵל־עֶלְיוֹן, 지극히 높으신 하나님, 창 14:18-20,22) 등이 있다. 그 이름 중에서도 여호와(יהוה)라는 이름이 대표적이며, 또 가장 많이 나타난다(6,823회).

"여호와"의 이름은 사람이 만들어 낸 것이 아니라, 하나님 자신이 직접 자신의 이름을 밝히시고 그것을 기억하기를 원하셨던 이름이다(출 3:15). 그러면 여호와란 이름은 어떤 의미를 가지고 있을까? 이 이름의 의미를 잘 파악하면 우리는 그만큼 하나님은 어떠한 분이신지를 더 잘 알 수 있게 된다.

1. 번역성경에서 여호와 이름에 대한 문제

'여호와'라고 불리는 하나님의 이름은 일반적으로 "네개의 문자 이름"(nomen

---

36 이것은 다음의 논문집에 게재된 것을 수정하여 여기에 실었음을 밝힌다. 한정건, "여호와 이름의 의미"『개혁신학과교회』제14호 (천안: 고려신학대학원, 2003), 7-34.

37 민영진 편저,『성서백과 대사전』제10권 (서울: 성서교재간행사, 1994), 48.

tetragrammaton)으로 불리고, 현대 문자로는 YHWH(히, יהוה)로 표기된다.[38] 그 정확한 발음을 신약 이전에 이미 잊어버렸기 때문이다. 바벨론 포로 이후(제2성전 시대) 이미 그 이름은 너무 거룩하여 부르기를 꺼려하였다. 사적으로는 간혹 불렸겠지만, 공적으로는 부르기가 금지되었다.[39] 그 이름이 너무 거룩하였기 때문이며, 행여나 이름을 함부로 부르다가 "망령되이 일컫지 말라"(출 20:7; 신 5:11)는 계명을 범할 수가 있음을 우려한 때문이었다. 그래서 유대인들은 이 네 개의 문자가 나오면 원래 그 이름 대신 아도나이(אֲדֹנָי)로 대체하여 발음하였다. 그 이름은 오랫동안 불리지 않았기 때문에 그 정확한 발음을 잃어버렸다.

주후 5세기이후 맛소라 학파들이 본문에 모음을 찍어 넣을 때에 YHWH가 나오는 곳에는 아도나이의 모음을 붙여 '여호와(예호와, יְהֹוָה)'로 표기하고,[40] 읽기는 아도나이로 읽었다. 만약 YHWH가 아도나이와 함께 나올 때에는 아도나이 아도나이로 반복하여 읽을 수 없으므로 이때에 YHWH에 엘로힘의 모음을 붙였고(예호위, יֱהֹוִה), 읽을 때에는 합하여 아도나이 엘로힘으로 읽었다. 구약성경에 YHWH 이름이 6,823회 나오는 중 맛소라는 6518곳에 아도나이의 모음을 네 개의 글자에 찍었고, 305곳에는 엘로힘 모음을 빌려와 찍었다.[41] 대표적인 고대 역본인 헬라어 70인역(LXX)은 그 '네계의 문자'를 쿠리오스(κύριος, 주)라고 번역하였고, 거기에 따라 신약 성경에도 구약을 인용할 때에 쿠리오스로 사용하였다. 라틴어는 Dominus(주)로 , 루터의 독일어역도 der Herr(주)로 번역,

---

38 "여호와" 이름에 대한 연구를 위해 다음 참고자료들을 참조하기 바란다: F. M. Cross, *Canaanite Myth and Hebrew Epic* (Cambridge: University Press, 1973); G. R. Driver, "The Original Form of the Name 'Yahweh': Evidence and Conclusion," *ZAW* 46(1928): 7-25; J. P. Hyatt, "The Origin of Mosaic Yahwism," *The Teacher's Yoke, Festschrift H. Trantham* (Waco: Word, 1946), 85-93; S. Mowinckel, "The Name of the God of Moses," HUCA 32(1961): 121-33; G. H. Parke-Taylor, *Yaweh: The Divine Name in the Bible* (Waterloo, 1975) 등등.

39 D. N. Freedman, "hwhy YHWH", *TDOT*, vol V, 500.

40 아도나이는 모음 '아'로 시작하는데 '여호와(예호와)'는 '아'가 아님을 이상하게 여길 수 있다. 아도나이 이 첫 문자에 모음은 유성쉐와가 와야 하는데, 알렙(א)은 후음문자이기 때문에 하텔 파다흐(복합쉐와)가 되어 '아' 발음을 하게 된 것이다. 따라서 YHWH(hwhy)에 아도니아 모음을 붙일 때에 첫 문자 요드에 유성쉐와가 붙게되어 발음이 '예호와'가 되는 것이다.

41 이런 모음을 붙인 이유는 그 글자를 '아도나이' 혹은 '엘로힘'으로 읽기 위해서였다.

KJV도 the LORD(주)로 번역하였다. 현대의 많은 영어성경들이 The Lord로 번역한다. 반면에 '여호와' 혹은 '야훼'로 번역하는 성경들도 있다. The American Standard Version(ASV)은 네 개의 문자를 여호와(Jehova)로 번역하고, '야훼'로 번역하는 성경들은 다음과 같다: Jerusalem Bible, Emphasized Bible, Translation of OT Scriptures (by H. Spurrel), Holy Bible containing OT and NT (by American Baptist Pub), A Rendering of the Book of Psalms (by J DeWiitt), Young's Literal Trans. of H.B. (by R. Young).

한글 성경들에서는 개역성경이 그 이름을 '여호와'로 표기하였고, 공동번역이 '야훼'로 바꾸어 부르다가, 표준새번역 성경은 네 개의 문자를 "주" 혹은 "하나님"으로 번역하였다.[42] 표준새번역 성경의 번역을 주관한 민영진 박사는 '주'로 표기한 이유를 다음과 같이 설명한다:[43]

① 유대교 회당에서는 오래 전부터 이제까지 하나님의 거룩하신 이름 네 글자를 절대로 직접 발음하여 읽지 아니하였다.

② 고대에서부터 오늘에 이르기까지 역본들(70인 역, 라틴어 불가타, 루터의 독일어, KJV)이 거의 주(主)로 번역하였다.[44]

③ 여호와라는 이름은 중세기에 인위적으로 만든 이름이다. 하나님의 이름은 오랫동안 잊어버렸으며, 많은 학자들은 원래 이름이 야훼일 것으로 본다.

④ 신약에서 κυριος로 사용했다.[45]

---

42 표준새번역 성경은 네 개의 문자를 아도나이 모음을 붙인 곳 6518 곳에 "주"라고 번역하였고, 엘로힘 모음이 붙여진 곳 305곳에 하나님으로 번역하였다.

43 민영진, "여호와를 주로 번역함", 『神學論壇』 제 20집 (연세대학과 신과대학, 1992. 8), 34-37.

44 영어(혹은 독일어) 번역 성경에서는 일반적으로 YHWH를 번역할 때에 'the LORD'(독일어, der HERR)로 전체를 대문자로 표기함으로써 일반적인 '주'(Lord)와 구분하였다. 그러나 한글에서는 모두 '주'로 표기함으로써 그 어떤 구분을 줄 수 있는 방법이 없다.

표준새번역이 여호와의 이름을 성경에 쓰기를 거부하였지만, 여섯 곳은 여호와란 이름을 그대로 기록하고 있다(창 22:14; 출 3:15; 6:2; 17:15; 삿 6:24; 겔 48:35). 그것은 여호와라는 이름이 없이는 말이 성립되지 않기 때문이다. 예를 들어 3:15을 "여호와, 너희 조상의 하나님, 곧 아브라함의 하나님, 이삭의 하나님, 야곱의 하나님이 나를 너희에게 보내셨다 하여라. 이것이 영원한 나의 이름이며, 이것이 바로 너희가 대대로 기억할 나의 이름이다"로 번역한다. 만약 여기에 "주"로 대치한다면, 어떻게 "주"가 이스라엘이 대대로 기억해야할 "이름"이 될 수 있겠는가? 이런 어려움 때문에 표준새번역도 예외적으로 "여호와"라는 이름을 사용하고 있는 것이다.

번역성경들이 YHWH 이름을 사용하지 않음으로써 그 이름의 의미를 무효화시키는 것은 하나님의 말씀을 취급하는 바른 태도라 할 수가 없다. '여호와' 이름 대신 '주'로 대체한다면 많은 경우에서 그 말씀의 의미가 퇴색될 뿐만 아니라 도저히 말이 성립되지 않는 경우가 발생한다. '주'는 이름이 아니라 존칭이기 때문이다. 왜 그런지 개역성경과 표준새번역을 비교하면서 살펴보겠다. 예를 들어 6:3에서는 하나님의 이름이 엘 솨다이(전능의 하나님)와 여호와 두 개가 서로 비교되어 사용되고 있다. 이 경우에도 만약 여호와를 주로 바꾸어 버리면 두 이름을 대조시킨 의미가 없어져버린다.[46] 신명기 5:11에 개역성경이 "너는 너의 하나님 여호와의 이름을 망령되이 일컫지 말라"에서 '여호와'를 '주'로 대체하면 이름도 없는데 어떻게 망령되이 부를 수 있는가? 33:19에서 개역성경은 "여호와께서 가라사대 내가…. 여호와의 이름을 네 앞에 반포하리라"인데, 표준새번역처럼 "… 나의 거룩한 이름을 선포할 것이다. 나는 주다"라고 번역한다면, 어떻게 선포하는 자신의 거룩한 이름이 '주'가 될 수 있는가? '주'는 존칭이지 명칭이 아니다. 34:5에는 개역성경은 "여호와께서 구름 가운데 강림하

---

45 예, 마 1:20, "주의 사자가 현몽하여 가로되…"

46 6:3, "내가 아브라함과 이삭과 야곱에게 전능의 하나님으로 나타났으나 나의 이름을 여호와로는 그들에게 알리지 아니하였고"(개역성경); "나는 아브라함과 이삭과 야곱에게 '전능한 하나님'으로는 나타났으나, 그들에게 나의 이름을 '여호와로는 알리지 않았다"(표준새번역).

사 그와 함께 거기 서서 여호와의 이름을 반포하실쌔"라고 번역하는 반면, 표
준새번역이 "때에 주께서 구름에 싸여 내려오셔서, 그와 함께 거기에 서서, 거
룩한 이름 '주'를 선포하셨다"로 번역한다. 여기에서도 '주'가 어떻게 거룩한 이
름이 될 수 있는가?

시편 83:18에서도 "여호와라 이름하신 주만 온 세계의 지존자로 알게하소서"
한 반면, 표준새번역은 "하나님의 이름은 '주'이시며"라고 번역하는데, 어떻게
하나님의 이름이 '주'가 될 수 있는가? 호세아서 12:5에 개역성경은 "저는 만군
의 하나님 여호와시라 여호와는 그의 기념 칭호니라"라고 번역하는 대신 표준
새번역은 "주는 만군의 하나님이다. 주는 우리가 기억해야 할 그분의 이름이다"
라고 번역한다.[47] 본문은 옛 야곱에게 하신 약속을 기억하고, 또 자기의 이름 여
호와를 기억하심으로서 하나님이 패역한 그들에게 돌아와서 다시 인애를 베푸
실 것임을 말하는 구절이다. 그런데 이것을 '주'라고 바꾸어 버리면 자기 이름을
걸고 하신다는 의미가 무색해진다. 아모서 9:6에 개역성경은 "그 전을 하늘에
세우시며... 하는 자니 그 이름은 여호와시니라"고 번역하는데, 표준새번역은
"하늘에 높은 궁전을 지으시고... 쏟으신다. 그분의 이름은 주이시다"로 번역한
다. '주'는 이름이 될 수 없을 뿐 아니라, 또한 '주'가 그 모든 일을 하시는 분의 능
력에 합당한 이름이 될 수가 없다.

구약성경에는 자주 여호와의 이름의 독특함이 강조된다. 이사야서의 일부
에서만 그 예를 보면 다음과 같다: 이사야 24:24, "나 여호와가 말하노라 나는
만물을 지은 여호와라 나와 함께 한 자없이 홀로 하늘을 폈으며 땅을 베풀었
고..."; 45:1, "나 여호와는 나의 기름받은 고레스의 오른손을 잡고..."; 45:5, "나
는 여호와라 나 외에 다른 이가 없나니 나 밖에 신이 없느니라"; 사 45:18, "여호
와는 하늘을 창조하신 하나님이시여 땅도 조성하시고.... 나는 여호와라 나 외
에 다른 이가 없느니라"; 48:1-2, "... 그 이름이 만군의 여호와이신 이스라엘의
하나님을 의지하면서... 여호와의 이름으로 맹세하며..."; 등등. 위의 구절들에

---

47 וַיהוָה אֱלֹהֵי הַצְּבָאוֹת יְהוָה זִכְרוֹ (히, 호 12:6). 이를 직역하면 '만군의 하나님 여호와, 여호와는 그의 기념이니라(기
억이니라)'가 된다.

서는 하나님이 자신의 독특함을 강조하기 위해 자신이 "여호와" 이심을 밝히신다. '여호와'라는 하나님의 명칭은 이스라엘이 섬기는 그 유일신에게만 사용했으며, '주'는 일반적으로 사용될 수 있는 보편적인 단어이다. 따라서 '주'라는 말은 하나님의 독특한 이름으로 사용하기에는 부족하다.

여호와 이름을 주로 바꾸어 성경을 번역하는 문제는 또 다른 어려움을 낳는다. 여호와 이름이 들어간 합성어의 경우이다. 결국 표준새번역은 이러한 경우에 여호와 이름을 그대로 사용하고 있다(여호와 이레, 여호와 닛시 등). 또한 아도나이와 네 문자의 이름이 함께 사용된 경우에는 어떻게 하느냐의 문제도 있다. 영어는 아도나이 YHWH를 "the Lord GOD"(RSV, 창 15:2,8; 수 7:7; 삿 6:22 등)으로, YHWH 아도나이는 "GOD, the Lord"(시 68:20; 합 3:19 등)로 번역했다.[73]

KJV(1611)와 NEB(1970) 등의 성경은 대부분 YHWH를 LORD라고 번역하면서도 출애굽기 6:3 등 몇 곳에서는 JEHOVAH로 쓰고 있다. 그리고 이들 번역들은 여호와 이름이 들어간 복합 고유명사에서도 여호와를 살려, "Jehovah Jireh"(창 22:14), "Jehovah-Nissi"(출 17:15) 등으로 번역한다. 또 그러한 성경들은 YHWH의 경우에는 대문자(LORD)로 표기해 *아도나이*의 'Lord'와 구분하였다. 그러나 한글에서는 그렇게 구분할 방법이 없다.

이상에서 볼 때에 여호와 이름을 사용하지 않을 때에 어려움이 너무 많음이 드러난다. 어차피 일부에서 여호와 이름을 사용하지 않으면 안되는 것이라면 그 이름을 전체적으로 사용하지 않을 이유가 없게 된다. '주'라는 용어는 타 종교에도 사용할 수 있으며, 종교가 아닌 문학 작품에서도 사용될 수 있다. 그러나 '여호와'는 분명 타 종교에서 사용할 수 없는, 이스라엘 종교에서만 특별하게 사용되는 신의 명칭이다. 따라서 여호와 이름 대신 보편적인 호칭을 사용하는 것은 그 독특성을 없애버리는 것이며, 또 이스라엘 종교를 일반종교화 시키는 결과를 만드는 것이 된다.

---

48 Good News Bilble은 '*아도나이* YHWH'나 'YHWH *아도나이*'를 모두 'Sovereign LORD'로 번역한다.

우리는 다른 종교에서 찾아볼 수 없는 이스라엘 종교의 독특함을 그의 이름
에서 다시 찾아야 한다. 그 이름의 진정한 의미를 바로 밝혀내고, 그 이름을 부
름으로써 우리가 믿는 여호와 종교의 참 의미를 회복할 수 있다.

2. YHWH 이름의 발음

앞에서 지적하였듯이 유대인들이 네 문자의 이름을 오랫동안 불러오지 않았
기 때문에 그 발음을 잃어버렸고, 후에 맛소라 학파들이 히브리어 성경에 모
음을 붙일 때에 그 글자를 읽기 위해 *아도나이*의 모음 혹은 *엘로힘*의 모음을
네 개의 문자에 붙였다. 따라서 '예호와'와 예호위는 진짜 그 이름의 발음이라
할 수 없다. 그러면 그 발음의 원형을 복원할 수 없는가? 그것을 위해 성경 안
에서와 밖에서의 다양한 참고자료를 살펴보아야 한다. 원래 발음의 근거로 첫
번째 자료는 여호와 이름의 단축형에서 찾을 수 있다. 여호와 이름의 단축형이
출애굽기 15:2과 17:16에 *yāh*(יָהּ) 형태로 나타난다. 이것은 또한 할렐루야 시
에서도 나타난다(시 68:4,18[히, 5,19절]). 구약성경에 이 형태가 50번 나타난
다.[49] 그 외에도 사람의 이름에서도 이 단축형의 이름이 자주 등장한다. 여호나
단(יְהוֹנָתָן, 여호와께서 주셨다, 삼상 14:6,8)과 여호사밧(יְהוֹשָׁפָט, 여호와가 심판
하신다, 왕상 22:42) 등이다.[50]

이 단축형은 고어로서 최초의 형태라는 견해와, 또한 그 이름이 너무 거룩
하여 전체를 부르지 못하고 약식으로 단축하여 불렀다는 견해로 나뉜다.[51] 이
러한 단축형은 우갈릿어에서 y로, 아랍어에서 yā로도 나타난다. 또한 아람어

---

49 J. B. Payne, "Yahweh," in R. L. Harris & Others, ed. *Theological Wordbook of the OT* (Chicago: Moody Press, 1980), 210.

50 - יהוֹ는 원래 - יְהוֹ 로서 뒤에 접미요소들이 붙을 때에 엑센트 때문에 - יהוֹ로 바뀐 것이다.

51 Freedman, 502, 504-06. 역시 이 문제에 대한 자세한 토론은 발터 아이히로트, 『구약성서신학』, 박문재 옮김 (서울: 크리스챤 다이제스트, 1994), 196 이하를 보라.

로 쓰여진 이집트 파피루스에서도 yh와 yhw로 나타난다.[52] 이집트의 엘피판틴 문서(페르시아 시대)에는 합성어에서 접미어로 -yāhū 혹은 -yāh로 나타나기도 한다.[53]

앗수르의 자료에서 아하스의 이름이 ia-ú-ḫa-zi로 쓰였는데, 이것을 히브리어로 옮기면 yahū-ḫaz로 음역되며, 아사랴의 이름이 az-ri-ia-a-ú로 쓰였는데, 히브리어는 azri-yahú가 된다. 히스기야의 이름도 나타나는데, 그것을 히브리어로는 ḫāzaqi-yahū가 된다.[54] 이 이름들이 모두 여호와 이름의 약칭이 들어있는 형태로 여겨진다. 유대인 디아스포라 지역인 주전 5세기의 닙불(Nippur)에서 발견된 기록에 여호와 이름과 관련되었다고 생각되는 여러 이름들이 나타난다. ia-a-ḫ-u-natan은 히브리어로 음역하면 yahū-natan가 되고, 또 이름의 끝 글자에 -ia-a-wa가 나타나는데, 히브리어는 -yaw에 해당한다.[55] 이 단축형에서 우리가 관심을 끄는 것은 그 이름의 첫 글자가 야(yāh, יָ)로 시작한다는 것이다.

성경 외의 고대 문서들에도 그 이름에 대한 많은 참고자료들이 있다. 고대 헬라어 문서에 하나님의 이름이 iaoue 혹은 iabe가 자주 등장하고, 또한 iaō로도 나타난다. 또 교부들의 글에도 iaō, iaōou, iau, ieou, ieaō, iaou 등의 발음으로 나타난다. 라틴어에서는 yaho가 발견된다.[56] 이것들은 당시 그 이름을 약자형인 YHW로 사용한 것이다. 이상의 증거들에서 히브리어로 복원해 본다면 야호(יְהוֹ) 혹은 야후(יָהוּ)가 된다.

YHWH의 어근에 대한 일반적인 견해는 하야(הָיָה) 동사에서 파생되었다고 본다. 그것에 대한 가장 강력한 성경적 근거는 출애굽기 3:14에서 찾을 수 있다.[57] 그렇다면 네 개의 문자 YHWH는 하야 동사의 미완료형 삼인칭 남성 단수형이

52 Freedman, 502.
53 그 외의 여러 경우들과 더 자세한 토론을 위해서 아이히로트, 『구약성서신학』, 197을 참조할 것.
54 Freedman, 508.
55 Freedman, 509.
56 Freedman, 509.
57 U. Cassuto, *Exodus*, 37-38; Freedman, 513. 페인은 꼭 하야 동사에서 발생했다고 볼 수 없다고 한다.

되어야 한다. 미완료 삼인칭 남성 단수형에서 접두 요소 야(;)로 시작할 수 있는 것은 힢일(사역형)밖에 없다.[58] 하야 동사의 미완료 힢일형 삼인칭 남성 단수는 *야훼*(יַהְוֶה)이다. 따라서 네 개의 문자의 발음은 야훼가 된다. 오늘날 대부분의 학자들은 야훼가 가능성이 가장 큰 발음이라고 생각한다. Jerusalem Bible과 한글 공동번역 등이 그 이름을 야훼로 번역하고 있다.

우리는 하나님의 그 이름을 가능한 정확하게 재생하여 부를 수 있으면 좋겠다. 따라서 가능성이 가장 높은 야훼로 부르는 것이 좋을 것이다. 그러나 야훼도 정확하다는 확증이 없는 이상, 반드시 야훼를 법제화할 수는 없으며, 단지 제안으로 그칠 수밖에 없다. 또 한편으로 일단 맛소라 성경이 여호와로 표기한 것을 근거로 수세기 동안 많은 사람이 여호와로 불러왔기 때문에 계속 여호와로 부르는 것도 그리 나쁘지 않을 것이다. 이름의 정확한 발음은 사실 그 나라 사람이 아니고는 발음하기 불가능하다. 예를 들면 우리나라의 '최'씨를 영어는 '쵸이'(Choi)라고 발음한다. 그렇다고 꼭 '최'라고 발음하기를 강요할 필요는 없다. 예수는 헬라어로 '예수스'('Ιησους)'이다. 그러나 우리는 '예수'라고 발음하며, 영어는 '지저스'(Jesus)라고 발음한다. 그렇다고 해서 우리는 영어를 하는 사람에게 발음을 바로 고치라고 강요하지 않는다.

이름을 부를 때에 얼마나 정확하게 발음하는지가 제일 중요한 것 같지는 않다. 물론 더 정확하게 발음하는 것이 최선의 것이지만, 오랫동안 습관적으로 불러오던 것을 바꾸도록 강요할 필요는 없는 경우가 많다. 여호와 이름과 관련한 중요한 문제는 첫째는, 그 이름을 부르느냐 부르지 않고 존칭('주')으로 대체하느냐 하는 것이며, 둘째로, 그 의미를 바로 알고 사용하고 있느냐이다. 그리고 원래 이름을 얼마나 가깝게 복원하느냐의 문제는 부가적으로 고려해 볼 필요가 있을 것이다.

결론적으로, 원 발음의 가장 가능성이 높은 '야훼'라는 이름을 사용하는 것이 가장 좋으나, 차선의 선택으로 '여호와'라도 그 이름을 불러야 한다. 더 중요한

---

58 Freedman, 513.

것은 그 이름의 의미를 확실하게 이해하며 불러야 한다.

3. 여호와 이름의 의미

여호와 이름의 의미를 파악하기 위한 가장 중요한 참고 구절은 출애굽기 3:14
과 6:3절이다. 우리는 이 두 구절을 통하여 여호와 이름의 진정한 의미가 무엇
인지를 살펴보고자 한다.

1) 출애굽기 3:14

하나님이 모세를 이집트로 보내려 할 때에 모세가 하나님에게 "만약 내 백성이
당신을 보낸 자의 이름이 무엇이냐고 물으면 내가 어떻게 대답하리이까?"(13
절)라고 물었다. 하나님은 그 질문에 대하여 이중으로 대답하신다. 첫째, "나는
스스로 있는 자니라(에흐웨 아쉐르 에흐웨, אֶהְיֶה אֲשֶׁר אֶהְיֶה)"(14절)라고 하셨
고, 둘째로, "... 나를 너희에게 보내신 이는 너희 하나님 여호와라 하라. 이는
나의 영원한 이름이요..."(15절)고 말씀하셨다. 이 두 구절에서 전자는 이름의
의미를 밝히신 것이었고, 후자에서 그 이름 자체를 바로 주신 것이었다.[59] 이
구절들을 합하여 보면, 그의 이름은 "여호와"이며, 그 뜻은 "나는 스스로 있는
자니라"이다.[60] 히브리어 에흐웨 아쉐르 에흐웨를 한글 개역성경은 "나는 스스
로 있는 자니라"라고 번역하였고, 영어성경은 대체로 "I am that I am" 혹은 "I
am who I am"으로 번역한다. 이 번역에 의하면 이 문구는 하나님 자신의 존
재하심을 나타내는 듯하다. 즉, 하나님은 스스로 계시며, 전에도 계시고 지금
도 계시며, 앞으로도 계실 분이라는 뜻을 담고 있다. 다른 말로 하면 "나는 현

---

59 Cassuto, *Exodus*, 37.
60 아란 콜, 『출애굽기』, 97.

존하는 하나님이다"(I am He who is)로 번역할 수도 있다. 이것은 가장 보편적인 견해라고 할 수 있다.

존재론인 의미로 해석하는 카슈토는 출애굽기 3:12에서 하나님이 이미 밝힌 "내가 정녕 너와 함께 있으리라(키-에흐웨 임마크, כִּי־אֶהְיֶה עִמָּךְ)"는 말과 결부시켜, 그의 현존하심의 의미를 확인한다. 하나님은 자기 백성을 돕고 구원하시기 위해 그들과 항상 함께 있을 것을 말하며, 또 앞으로도 그들의 자손과도 함께하실 것을 말씀하시는 것이라고 말한다. 이것을 증명하기 위해 그는 자신의 이름이 '여호와'임을 밝히신 것이라고 한다.[61]

기스펜은 15절과 연관지어 하나님은 족장들과도 함께하셨던 것처럼, 이제 이스라엘과도 함께 하실 것이라는, 현존하는 자신의 존재를 이스라엘에게 알리신 것으로 이 구절을 풀이한다.[62] 아이히로트는 '여호와'는 "존재의 사상"을 표현하기 위해 꼭 들어맞는 이름으로써, "나는 스스로 존재한다"는 말에서 그는 항상 존재하였고, 앞으로도 존재하여 그들을 도울 준비가 되었음을 알리는 것으로 해석한다. 그래서 여호와 이름을 부를 때에는 하나님의 "실제적인 임재"를 언제나 상기시킨다고 말한다.[63]

대부분의 영어번역 성경과 또 학자들이 그 이름의 의미를 존재론적으로 이해한다. 그러나 사실 하야 동사는 존재(being)의 의미보다 '행동적'인 의미가 더 강하다.[64] BDB는 성경의 사용 용도에서 하야 동사의 의미를 줄 때에 '일어나다, 발생하다'(fall out, happen)의 용도가 가장 많이 사용되었으며, '오다, 이르다'(come, come to pass)의 경우를 두 번째로, '...이 되다'(become)의 경우를 그 다음으로, 그 뒤에 존재적인 의미(being)으로 준다.[65] 성경에는 하야 동사가 순수 존재의 의미로 사용된 경우는 소수이며, 대부분의 경우가 행동적인 의미

61 Cassuto, *Exodus*, 38.
62 W. H. Gispen, *Bible Student's Commentry: Exodus*, (Grand Rapids: Zondervan, 1982), 55.
63 아이히로트, 『구약성서신학』, 198ff. 그러나 그는 수종적인 존재가 아니라, 능동적인 존재에 무게를 둔다.
64 아란 콜, 『출애굽기』, 97.
65 BDB, 224~227.

로 사용되었다는 것이다. 우리는 과연 여호와 이름을 말하는 문구를 순수 존재의 의미로 보아야 할 것인지, 아니면 행동하시는 존재의 의미로 파악하는 것이 옳은지를 밝히기 위해서는 출애굽기 6:3을 함께 풀어야 한다.

2) 출애굽기 6:3

모세와 아론이 바로에게 가서 "이스라엘 하나님 여호와의 말씀에 내 백성을 보내라"고 했을 때에 바로는 모세의 그 거만한 소리를 듣고 오히려 이스라엘 백성을 더 학대하였다. 학대가 더 심해지자, 백성이 모세를 만나 "너희가 우리로 바로의 눈과 그 신하의 눈에 미운 물건이 되게 하고 그들의 손에 칼을 주어 우리를 죽이게 하는도다"(5:21)고 원망하였다. 그러자 모세는 하나님께 다음과 같이 항의하였다: 첫째로, "하나님이 왜 나를 보내어 이 백성으로 더 큰 학대를 당케 하십니까?"(5:22); 둘째로, "왜 약속한 대로 주의 백성을 구원치 아니하십니까?"(23절).

출애굽기 6장에서 하나님은 모세에게 "이제 내가 바로에게 하는 일을 네가 보게 될 것이다"(6:1)고 대답하신다. 그리고 "나는 여호와로라"(2절)고 자신을 밝히신 후, "내가 아브라함과 이삭과 야곱에게 '전능의 하나님(엘샷다이, אֵל שַׁדָּי)'으로 나타났으나 나의 이름을 '여호와'로는 그들에게 알리지 아니하였고"라고 하셨다(3절). 3절에서 '과연 조상들이 여호와라는 이름을 몰랐는가?'라는 의문이 제기된다. 창세기를 보면 여호와 이름이 자주 사용되었다. 창세기 12:1과 출애굽기 3:12 사이에 여호와가 160회에 걸쳐 나타난다. 그 중에 40회 이상이 족장들의 입에서, 또는 그들의 대화에서 발견된다.[66] 아브라함은 친히 여호와가 부른 것으로 나타난다(창 12:8; 15:2, 8 등등). 또 하나님도 여호와라는 이름을 사용하셨다(창 15:7; 18:14 등등).

자유주의 신학자들은 출애굽기 6장의 구절에서 문서설을 뒷받침하는 중요한

---

66   W. J. 둄브렐, 『언약과 창조』, 최우성 역 (서울: 크리스챤 서적, 1990), 138.

단서를 잡는다. 창세기의 저자들이 서로 다르다는 것이다. 창세기 출애굽기에 여호와 이름이 나오는 구절들을 J문서로, 그리고 여호와의 이름을 몰랐던 구절들은 E 문서, 혹은 P 문서 그룹에 속하는 것으로 분류하며, 이 그룹의 사람들은 여호와의 이름을 이전에는 몰랐다고 단정한다.[67] 물론 6장 본문도 E 문서에 속하는 것으로 본다. 그러나 우리는 근본적으로 문서설을 받아들이지 않는다.[68] 그러면 족장들이 그 이름을 알았다고 해야 한다. 그렇다면 자기 이름을 "여호와로는 그들에게 알리지 아니했다"는 말을 어떻게 이해해야 할 것인가? 우리는 6:3에는 과연 무엇을 의미하는지를 세밀히 살펴볼 필요가 있다.

3) 두 본문(3장과 6장) 해석에서 고려해 보아야 할 점들

(1) 본문에서 두 이름이 대조되고 있다.

앞에서 고찰하였듯이, 이름은 인격, 특성, 속성과 인격의 본질을 담고 있다. 특히 6:3은 두 이름이 대조를 이루고 있다. 따라서 이 이름들이 불리기 위한 것이 아니라, 그의 인격적 특성을 나타내기 위해 사용된 것임이 분명하다.

① 엘 샤다이(전능의 하나님)는 성경 다른 곳에서보다 창세기 족장들의 기사에서 많이 사용되었고, 욥기에서 약 31회 가량 사용되었다.[69] 샤다이는 일반적으로 앗수르-바벨론 단어 šadû에서(산)와 šaddai(산의 신)에서 나왔다고 보기도 하고,[70] 우가릿어의 tdy(산들) 혹은 šd(가슴)에서 유래되었다고 주장하기도

67　M. Noth, *Exodus* (The OT Library), trans. by J. S. Bowden (Philadelphia: Westminster, 1962), 59f 참조. Noth는 출 3:14-15은 E 문서에 속하며, 6:2-3절은 P 문서에 속한 것으로 분류한다. 왜냐하면 6:3에 하나님을 엘 샤다이로 알고 있는데, 창세기에 엘 샤다이가 나오는 중요 구절들이 P 문서에 속한 것이기 때문이라고 한다.

68　Gispen, *Exodus*, 71-72 참조.

69　카이저는 욥기서에 많이 나타나는 것은 욥의 사건을 족장 시대에 둘 수 있기 때문임을 강조한다. 카이저, 『구약성경신학』, 134.

70　J. P. Hyatt, *Exodus* (The New Century Bible Commentary) (Grand Rapids: Eerdmans, 1980), 94.

한다.[71] 게하르더스 보스는 샷다이와 히브리어 동사 솨닫(שדד, 지배하다, 파괴하다)과의 관계를 찾으려 하였다.[72] 그에 의하면 이 이름은 하나님의 초자연적인 활동을 나타낸다. 그 이름은 능력으로 자연을 지배하시는 하나님이심을 보여준다는 것이다. 기스펜은 샷다이의 어근적 의미를 "to be strong"으로 보며, 그를 "전능(Almighty)의 하나님"으로 번역한다.[73]

엘 샷다이는 창세기에서 족장들과 관계되어 여섯 번 사용되었는데,[74] 이때에 하나님은 초자연적인 능력을 가지신 분으로서 족장들에게 엄청난 일을 해줄 수 있는 분으로 강조되었다. 자연을 지배하시는 그러한 능력으로 그는 족장들에게 자신의 계획을 수립하고, 또 실천하신 분이었다. 그러기 때문에 엘 샷다이는 "자연을 지배하시는 하나님의 능력"을 가리키는 이름으로 그들에게 알려졌다.[75] 족장들은 말씀을 통하여 엘 샷다이로서의 하나님의 계획을 들었으며, 그의 축복을 경험하였다. 이러한 축복은 족장들의 이웃에게 넘쳐흐르기까지 하였다.[76]

이러한 엘 샷다이 이름은 족장들에게 현실성이 있는 적절한 이름이었을 것이다. 하나님께서 자신을 아브라함과(창 17:1) 야곱에게(35:11) 직접 엘 샷다이로 밝히셨다. 족장들도 엘 샷다이 이름을 의미있게 사용하였다. 이삭이 야곱을 축복하면서 엘 샷다이의 하나님의 도우심을 간구하였으며(창 28:3), 하나님이 야곱을 이스라엘로 축복하시면서 자신을 엘 샷다이 하나님으로 선언하셨다(창 35:11). 야곱이 자신의 아들들을 보호하실 분으로 엘 샷다이를 언급한다(창 43:14). 야곱이 그 아들들에게 유언할 때에 자신을 보호하신 하나님을 엘 샷다이로 말하기도 한다(창 48:3). 야곱이 므낫세와 에브라임에게 엘 샷다이 하나님의 이름으로 축복한다(창 48:14-22). 이상의 예들에서 볼 때에 족장들에게는 엘

---

71 월터 카이저, 『구약성경신학』, 135; 아란 콜, 『출애굽기』, 119 참조.

72 G. Vos, *Biblical Theology* (Grand Rapids: Eerdmanns, 1948), 95-96. 사 13:6; 요엘 1:15을 근거함.

73 Gispen, *Exodus*, 72.

74 창 17:1; 28:3; 35:11; 43:14; 48:3; 49:25.

75 카이저, 『구약성경신학』, 135.

76 라반이 야곱으로 인하여 축복을 받음(창 30:7,30), 바로가 요셉을 인하여 축복을 받음(창 39:5).

샷다이가 자신들을 도우시는 하나님으로서 친밀하였음을 알 수 있다.[77]

족장들의 기록과 욥기 외에도 엘 샷다이는 오경의 다른 곳에서 3회,[78] 선지서에서 4회,[79] 그리고 시편 68:15(히); 91:1; 룻기 1:20-21에 나타난다. 이 기록들에서도 족장 시대의 그 용도에 일반적으로 부응한다. 결론적으로 엘 샷다이는 하나님은 두려움의 대상이시요 초자연적인 능력을 가지신 분으로, 그리고 그러한 그의 능력을 앞세우고 자기 백성을 인도하시는 하나님으로 묘사된다.

② 여호와의 이름이 창세기에서 엘 샷다이보다 더 많이 나타난다. 그러나 여호와의 이름이 창세기에서는 출애굽기 이후의 책들보다 훨씬 적게 사용된 것도 사실이다. 창세기에 여호와란 이름이 146번, 엘로힘이란 이름이 164번 나타나는 반면, 출애굽기와 여호수아에는 엘로힘이 125번, 여호와가 1,800번 나타난다. 출애굽기 이후에 여호와의 이름이 월등하게 많이 사용된 것을 알 수 있다. 이러한 현상을 볼 때에 족장들에게 여호와 이름의 의미는 모세 이후의 사람들에게 보다 약하였다고 할 수 있다.

여호와의 약자인 야(yah)나 요(yo)가 모세 이전에는 개인적인 이름을 구성하는 요소로 나타나는 일이 없다는 사실도 족장 시대에는 이 이름이 친숙하지 않았다는 증거가 될 수 있다.[80] 모세 이후는 이러한 형태의 이름이 흔하게 사용된 점을 보아, 본문 이후에 여호와의 이름이 즐겨 불리게 되었음을 알 수 있다. 특히 모세는 눈의 아들 호세아(הושׁע)를 여호와의 이름이 들어간 여호수아(יהושׁע)로 바꾸도록 하였다(민 13:16). 이상은 모세 이전에도 여호와의 이름을 알고 불렀지만, 그 풍부한 의미를 몰랐으며, 그렇기 때문에 그것이 그들이 즐겨 불렸던 이름이 되지 못하였던 것 같다.[81] 그러나 모세 시대에 경험을 통하여 그들이 여호와 이름의 의미를 확실히 알았으며(경험적으로), 그래서 이제는 그 이름을 즐

---

77   Gispen, *Exodus*, 72 참조.

78   출 6:3; 민 24:4, 6.

79   사 13:6; 욜 1:15; 겔 1:24; 10:5.

80   아란 콜, 『출애굽기』, 119. 콜은 모세의 어머니 요게벳(출 6:20)에서 혹시 그 가능성이 있음을 인정한다.

81   Gispen, *Exodus*, 72.

겨 부르게 된 것으로 볼 수 있다.

(2) 이름이 브라는 전치사와 함께 사용되었다.

카슈토는 출애굽기 6:3의 구절에서 만약 문서설을 주장하는 사람들의 이론이
맞으려면 "나의 이름, 즉 여호와가 그들에게 알려지지 않았다"라는 말이 되어
야 한다고 주장한다. 즉 주어가 여호와의 이름이 되어야 한다는 것이다.[82] 그러
나 본문은 "내"가 주어이며, 이름은 서술부에 위치해 있다. 엘 솨다이 앞에 전
치사 브(בְּ, by)가 있다. 이 전치사는 "...으로서"(as)로 해석될 수 있으며, 이것
은 그의 신분을 담고 있다. 다시 본문을 번역하면 "내가 나의 이름을 그들에게
전능의 하나님으로서(브엘 솨다이, בְּאֵל שַׁדַּי, as El Shadai) 나타났으며, 내가
나 자신을 여호와라는 이름으로는 그들에게 알게 하지 아니했다"이다. 즉, 본
문이 의도하는 바는 하나님의 이름 자체를 나타낸 것이 핵심이 아니라, 하나님
이 자신을 어떠한 분(인격의 소유자)으로 나타내셨느냐에 있다. 이름은 그 분
의 인격과 특성을 나타낸다. 하나님은 그 이름을 통하여 자신의 인격, 그리고
자신이 어떠한 분이심을 나타내셨다는 것이다. 따라서 본문이 말해주고자 하
는 것은 이름 자체를 그들이 알았다거나 몰랐다는 문제가 아니라, 이름을 통하
여 그분을 어떻게 알았느냐는 것이 핵심 사안이다. 즉 "엘 솨다이의 신분으로
하나님은 자신을 아브라함과 이삭과 야곱에게 보여주었다. 그러나 나를 여호
와라는 신분으로 그들에게 알리지 않았다"는 의미이다.[83]

(3) 동사 야다의 용도를 바로 알아야 한다.

출애굽기 6:3은 두개의 단순재귀동사형(닢알)인 애라(וָאֵרָא)와 노다티(נוֹדַעְתִּי)
가 서로 대조를 이루고 있다. "내가 알리지 아니했다"로 번역되는 노다티의 원
형 야다(יָדַע, 알다)는 지식적으로 아는 것보다 경험적으로 아는 것을 말한다.

82 Cassuto, *Exodus*, 78.
83 카이저, 『구약성경신학』, 147.

따라서 조상들은 여호와라는 이름을 지식적으로는 알았지만, 아직 그 이름을 경험적으로는 알지 못하였다는 것이다. 그런데 이제는 하나님께서 여호와라는 이름에 걸맞은 일을 하실 것이고, 이스라엘은 그러한 경험을 할 것이다. 따라서 "알게 하겠다"란 말은 그들에게 '경험하게 하여 그 이름이 어떠한 것인지를 확실히 깨닫게 하겠다'는 의미이다. 에스겔 20:4과 22:2에는 같은 단어가 그들이 그 죄에 대한 값을 톡톡히 치루게 하여 경험을 통하여 알게 하겠다는 의도로 사용된 것을 참조할 수 있다.

이제 하나님이 자기 이름을 걸고 무엇인가 하고자 한다. 그 일을 그들이 경험하고 난 후, 비로소 여호와라는 이름이 무슨 의미인지 알게 될 것이다.

(4) 이름을 묻는 장면에서 마(무엇)가 사용되었다.

출애굽기 3:14에 모세가 하나님의 이름이 무엇이냐고 묻는 장면에서 미(מִי, 누구)가 사용되지 않았고, 마(מָה, 무엇)라는 의문사가 사용되었음에 유의할 필요가 있다. 미는 사람의 명칭(칭호)을 요구하는 반면, 마가 이름과 결부되었을 때에 그 이름 안에 있는 인격적인 특징, 그리고 힘과 능력을 찾아내려는 의도를 담고 있다.[84] 따라서 모세가 '당신의 이름이 무엇입니까?'라고 물은 의도는 그가 무엇을 하시는 분(활동적인 의미)인 것을 알고자 함이었다.[85] 이제 곧 모세와 이스라엘은 이전에는 경험하지 못했던 그의 임재를 경험함으로써 그를 알게 될 것이다.

4) 이름을 걸고 하나님께서 하신 일

그러면 여호와라는 이름에 걸맞게 하시겠다는 일은 무엇인가? 그리고 이스라엘 백성이 어떻게 여호와라는 이름을 경험적으로 알게 되는 것인가? 하나님께

---

84 카이저, 『구약성경신학』, 148.
85 카이저, 『구약성경신학』, 148.

서 하실 일은 두 가지로 대변된다. 첫째로, "너희들을 애굽 사람의 무거운 짐 밑에서 빼어내어 구속하겠다"는 것이며(출 6:7); 둘째로, "약속의 땅을 주어 너희들의 기업이 되게 하겠다"(8절)는 것이다. 이것은 하나님이 이미 창세기 15장에 아브라함과 맺은 언약에서 약속하신 것이며, 이제 그것을 이루시겠다는 것이다. 그래서 우리는 "여호와"라는 이름을 언약과 관계된 것으로 인식하게 된다. 그리고 출애굽기 6:8에, 결론적으로 "나는 여호와로라"고 다시 자신의 이름을 확인한다.[86]

성경은 이 일들이 어떻게 이루어지는 지를 계속하여 기록한다. 첫째 그가 하실 행동은 자기 백성을 이집트에서 구출하시는 일이다. 하나님께서 애굽 사람들에게 열 가지 재앙을 내리신 일, 그 중에 특히 마지막 재앙과 유월절에 행하신 일은 여호와의 이름에 걸맞는 일이었다. 그 결과 이집트 사람들은 자발적으로 이스라엘 사람들이 떠나기를 간청했다. 이스라엘 사람들이 이집트에서 출발하던 아침, 이집트 사람은 통곡하였고, 이스라엘 사람은 당당하게 찬양하며 떠났다. 그때 이스라엘뿐만 아니라 이집트 사람들조차도 '여호와'라는 이름이 어떠하다는 것을 경험하였다.

출애굽의 절정은 홍해 사건이다. 홍해 앞에서 모세는 이스라엘 백성에게 "너희는 두려워 말고 가만히 서서 여호와께서 오늘날 너희를 위하여 행하시는 구원을 보라"고 외쳤다(14:13).[87] 하나님께서는 그 홍해를 가르셔서 자기 백성을 지나게 하셨고, 애굽 사람들이 들어왔을 때에 물이 그들을 삼키도록 했다. 하나님이 물을 그들 위에 덮칠 때에, 그들은 이렇게 외쳤다: "여호와가 그들을 위하여 싸워 애굽 사람들을 치는 도다"(14:25). 이집트 사람들은 '물이 우리를 덮친다 도망하자'라고 말하지 아니하고 '여호와가 우리를 치는 도다'고 외쳤다. 여호와 하나님이 자기 백성을 위해 애굽 사람과 싸우셨다. "여호와께서 이같이 이스라엘을 애굽 사람의 손에서 구원하시매..."(30절), 이스라엘은 바닷가에 흩어져

---

86 출 3:5이하에도 자신의 이름을 "여호와'라고 밝히시고, 17절에 "애굽에 고난에서 인도하여 내실 것과", "젖과 꿀이 흐르는 가나안 땅으로 인도하여 들이겠다"는 약속을 역시 주고 있다.

87 14:13의 주석을 보라.

있는 애굽 사람들의 시체를 보았다. 구원의 상황이 끝났다.

이 여호와의 구원을 눈으로 본 이스라엘은 15장에서 여호와를 찬송한다: "여호와는 용사시니, 여호와는 그의 이름이 시로다"(15:3상). '용사'에 해당하는 히브리어는 *이쉬 미르하마*(אִישׁ מִלְחָמָה)인데 직역하면 '전쟁의 분이시니'이다. 여호와는 전쟁을 통하여 대적을 물리치고, 자기 백성을 보호하셨다. 그리고 그들은 바로 "여호와는 그의 이름이시로다"(15:3하)고 고백한다. 그들은 이제 '여호와'란 이름을 의미 있게 부르고 있다. 이스라엘은 이제야 여호와라는 이름이 어떠한 것인지를 체험적으로 알게 되었다. 족장들은 이러한 체험을 하지 못하였기에 그 이름의 의미를 충분히 알 수 없었던 것이다.

5) 여호와 이름의 정의

이제 다시 '여호와'라는 이름의 의미를 위해 6장으로 돌아가서 살펴보자. 하나님께서는 "나는 여호와로라"하시고는(6:2), "이제 내가 바로에게 하는 일을 네가 보리라"(1절)고 말씀하셨다. 이것은 하나님이 자기 백성을 위해 무엇인가 하실 준비가 되셨음을 알리는 것이다. 전에는 족장들에게 "전능의 하나님", 즉 엘 솨다이로 나타났었지만, 이제는 다른 이름, 즉 '여호와'라는 이름을 그들이 경험할 것임을 말한다. 이제 곧 구원의 약속을 하나님이 이루실 것이며, 그 일이 이루어 질 때에 이스라엘 사람들은 '여호와'의 이름이 어떻다는 것을 알게 될 것이다.

따라서 여호와는 '하나님께서 …을 하실 준비가 되셨음'을 알리는 이름이다. 두 가지 구속의 일을 하실 준비가 되셨다. 출애굽의 구속과, 가나안 땅을 주는 구속이다. 6:1-3에서 이제 그는 이 일들을 시작할 준비가 되셨음을 알리시면서 자기 이름을 밝히시는 것이다.

다시 3:14에 가서, 여호와라는 이름의 뜻을 풀이한 문장(*에흐웨 아쉐르 에흐웨*)을 "나는 스스로 있는 자니라"(I am that I am)로 번역하는 것은 좋지 못하다. 존재를 의미하는 상태적(stately)인 해석보다는 역동적인 해석(a dynamic interpretation)을 해야 한다. 하나님께서는 자신이 행동할 그러한 하나님, 즉 행동하심으로써 자신이 어떠한 분이시다는 것을 밝히실 분이시다.

출애굽기 6:1-3은 또한 이러한 행동이 임박했음을 보여준다. 1절에 "너는 이제 곧 보리라"고 말씀하셨고, 2절에는 "나는 여호와라"고 자신의 이름을 밝혔으며, 3절에서는 "이제 너는 경험적으로 내가 '여호와'임을 알게 될 것이다"고 말씀하셨다. 이것은 임박한 미래에 하나님께서 어떤 일을 하실 것을 말하고 있으며, 하나님의 행동이 준비되었음을 알리는 것이다. 그래서 *에흐웨 아쉐르 에흐웨*는 "I am that(what) I will be"로 번역하는 것이 좋다. 히브리어 구절에서 앞의 *에흐웨*는 'be'로서 '나는 무엇...이다'이고, *아쉐르*는 관계대명사이며, 관계절 안에 있는 *에흐웨*는 'be' 동사의 미완료인데, 미완료는 미래로 번역된다. 따라서 영어로 "I am that I will be" 혹은 "I am what I will be"로 번역된다.[88] 이것을 다시 풀이하면 "나는 ...어떠한 분인데, 내가 앞으로 있을(혹은 될) 그러한 분이시다"는 것이다. 그가 이제 곧 무슨 일을 함으로서 그가 어떠한 분이라는 것을 나타낼 것이다. '그때에는 너희가 나를 "아하, 여호와는 그러한 분이시구나!"라고 알게 될 것이다'는 말이다.

여호와의 이름은 존재를 의미하는 정적(靜的) 개념보다 동적(動的)이며 활동적인 의미를 담고있다.[89] 그리고 '여호와'라는 말 속에는 미래, 곧 임박한 미래가 또한 내포되어 있다. 그가 곧 어떠한 일을 행하실 것이라는 의지가 담겨져 있는 것이다. 그러므로 여호와는 어떤 일을 위해 '준비되었음(readiness)'을 알리는 이름이다. 어떤 일인가? 구원의 약속을 이루실 일이다. 유월절과 홍해의 구원을 경험한 이스라엘은 그제야 "여호와는 그의 이름이시로다"라고 고백할 것이다.

---

88 카이저, 『구약성경신학』, 148. 역시 둠브렐, 『언약과 창조』, 139과 B. S. Childs, *Exodus*, 76을 참조할 것.
89 카이저, 『구약성경신학』, 148.

제3장

이집트에서의
이스라엘 구출

5:1-13:16

본문 개요

모세는 바로에게 '자기 백성 이스라엘이 자신을 섬기도록 보내라'는 여호와 하나님의 메시지를 전한다. 바로는 거절할 뿐만 아니라 오히려 이스라엘을 더 학대한다. 모세가 하나님에게 항의하자 하나님은 자신의 이름이 여호와이심을 밝히시고, 그 이름으로 이스라엘을 구원할 계획을 발표하신다. 그리고 바로 앞에서 이적을 행하게 하시고, 또 열 가지 재앙을 내리신다. 마지막 재앙에서 이집트 장자들이 죽은 후에 바로는 이스라엘을 떠나게 한다.

하나님이 이집트에 내리신 재앙과 출애굽은 여호와께서 이집트 신과 그 군대(이집트 백성)와 벌이는 전쟁으로 이해할 필요가 있다. 근동 지방에서는 국가 간의 전쟁을 흔히 신이 전쟁하는 것으로 간주한다. 지상의 전쟁이란 천상의 신들의 전쟁을 반영한 것으로 본 것이다. 전쟁의 승패는 그들이 섬기는 신의 승패에 달려있는 것이었다. 이러한 전쟁을 "성전" 혹은 "거룩한 전쟁"으로 불린다.

모세가 행한 뱀의 이적은 왕의 수호신을 심판하심이며, 강을 물로 변하게 함은 강의 신 하피를 징계함이며, 여러 가지 재앙들도 이집트가 섬기는 신들을 징벌하는 것이었다(12:12). 그리고 출애굽하는 이스라엘을 하나님은 "내군대"라고 부르셨다(7:4; 12:41). 출애굽에 이르는 그 모든 과정을 전쟁으로 본 것이다. 이집트와의 전쟁은 홍해에서 극치를 이룬다.

내용 분해

1. 바로를 대면하다(5:1~21)

    1) 바로에게 여호와의 뜻을 전하다(5:1~5)

    2) 바로가 이스라엘을 더 학대하다(5:6~19)

    3) 모세가 여호와께 항의하다(5:20~23)

    4) 하나님의 구원 계획(6:1~8)

⑴ 자신이 '여호와'이심을 밝히시다(6:1~2)

⑵ '전능의 하나님'과 대조된 '여호와의 이름'의 참 의미(6:3~5)

⑶ '여호와' 이름을 걸고 하실 일(6:6~8)

5) 하나님의 계획을 들은 이스라엘의 반응(6:9~13)

6) 모세와 아론의 족보(6:14~27)

2. 열 가지 재앙(6:28~11:10)

1) 모세를 바로에게 다시 보냄(6:28~7:7)

2) 바로와 벌인 능력 대결(7:8~14)

3) 첫 번째 재앙: 강물이 피로 변함(7:15~25)

4) 두 번째 재앙: 개구리의 소동(8:1~15)

5) 세 번째 재앙: 티끌이 이가 됨(8:16~19)

6) 네 번째 재앙: 파리 떼를 보냄(8:20~32)

7) 다섯 번째 재앙: 돌림병(9:1~7)

8) 여섯 번째 재앙: 악성종기(9:8~12)

9) 일곱 번째 재앙: 우박(9:13~35)

10) 여덟 번째 재앙: 메뚜기 떼(10:1~20)

11) 아홉 번째 재앙: 삼일 동안의 흑암(10:21~29)

12) 열 번째 재앙: 장자를 죽임(11:1~10)

3. 유월절과 무교절(12:1~13:16)

1) 유월절을 위한 준비(12:1~13)

2) 무교절을 위한 준비(12:14~30)

3) 승리자의 정당한 요구(12:31~41)

4) 유월절에 관한 규례제정(12:42~13:5)

5) 무교절에 관한 규례제정(13:6~7)

6) 유월절에 대한 자녀교육(13:8~10)

7) 초태생에 대한 대속의 규례(13:11~16)

1. 바로를 대면하다(5:1~21)

모세와 아론이 바로를 찾아간다. 그리고 바로에게 여호와의 명령을 전한다. 그러나 바로는 "여호와가 누구이기에 이스라엘을 보내겠느냐?"며 거절한다. 그리고 이스라엘을 더 학대한다. 장로들이 모세와 아론에게 "왜 그들의 손에 칼을 쥐어주어 우리를 죽이게 하느냐?"고 항의한다.

1) 바로에게 여호와의 뜻을 전하다(5:1~5)

1 그 후에 모세와 아론이 바로에게 가서 이르되 이스라엘의 하나님 여호와께서 이렇게 말씀하시기를 내 백성을 보내라 그러면 그들이 광야에서 내 앞에 절기를 지킬 것이니라 하셨나이다 2 바로가 이르되 여호와가 누구이기에 내가 그의 목소리를 듣고 이스라엘을 보내겠느냐 나는 여호와를 알지 못하니 이스라엘을 보내지 아니하리라 3 그들이 이르되 히브리인의 하나님이 우리에게 나타나셨은즉 우리가 광야로 사흘길쯤 가서 우리 하나님 여호와께 제사를 드리려 하오니 가도록 허락하소서 여호와께서 전염병이나 칼로 우리를 치실까 두려워하나이다 4 애굽 왕이 그들에게 이르되 모세와 아론아 너희가 어찌하여 백성의 노역을 쉬게 하려느냐 가서 너희의 노역이나 하라 5 바로가 또 이르되 이제 이 땅의 백성이 많아졌거늘 너희가 그들로 노역을 쉬게 하는도다 하고

"그 후에" 모세와 아론이 바로에게 갔다(5:1상). "그 후"는 모세와 아론이 이스라엘 자손을 만난 사건 뒤를 말한다. 모세는 자기 백성에게 구원의 소식을 먼저 알리고 이제 그 구원을 실행하기 위해 나선 것이다. 모세가 바로에게 찾아갔다는 것은 매우 당돌한 행동이었다. 지금의 바로는 40년 전 모세를

죽이려고 찾았던 그 바로가 아니지만(4:19 참조), 만약 그 왕의 아들이라면 모세를 모를 리가 없다. 현재의 바로는 모세와 후계자 경쟁을 했을 수도 있었을 것이다. 모세가 위축될 법도 한데, 오히려 모세는 아론과 함께 당당하게 그에게 나아갔다.

모세는 바로에게 자신이 보낸 신이 누구이며, 또 무엇을 위해 보내었는지를 전했다. 모세는 그 신을 "이스라엘의 하나님 여호와"라고 말한다(1절중). 모세가 말한 단순한 하나님이 아니다. 구체적으로 이스라엘이 섬기는 그 하나님, 그리고 그들을 돌보시는 그 하나님이고, 이름은 여호와시다. 하나님이 호렙산에서 모세에게 나타나셨을 때에 자신을 "네 조상의 하나님이니 아브라함의 하나님, 이삭의 하나님, 야곱의 하나님"이라고 하셨다. 고대에 각 도시 국가는 각자의 신들을 섬겼다. 자기의 신이 자신들을 보호해 주며 복을 줄 것으로 믿고 의지하였다. 전쟁에서 승리하는 것도 자기가 섬기는 신이 주는 선물로 여겼다. 이제 모세는 이집트가 섬기는 신이 아닌 바로 이스라엘이 섬기는 그 신의 이름을 가지고 바로를 찾아온 것이었다.

모세는 그 '이스라엘의 하나님'을 "여호와"라고 명명한다. '하나님'의 엘(אֵל) 혹은 엘로힘(אֱלֹהִים, 엘의 복수형)은 하나님이란 명사로서 그의 이름은 아니다. 그러나 "여호와(יהוה)"는 하나님의 독특한 이름이다. 이집트는 그들이 섬기는 신들이 있고, 바로는 최고의 제사장이다. 그런 바로에게 여호와의 명령을 전한다는 것은 선전포고를 하는 것과 같다.

모세가 바로에게 전한 여호와의 명령을 세 가지로 요약할 수 있다. 첫째는 이스라엘을 "내 백성"이라고 부르셨다. 현재 이스라엘은 바로의 노예였으며, 바로는 자기 소유라고 여긴다. 그래서 이스라엘을 마음대로 부리며, 원하면 죽이기도 한다. 그런데 여호와가 그들은 자기 백성이라고 선포하신다.

둘째는 이스라엘을 "내어 보내라"고 요구하신다. 바로가 노예로 부리는 그들을 내어 보낸다는 것은 그들을 완전히 포기하라는 것이다. 이 요구는 바로에게 엄청난 도전이다.

셋째는 "그들이 광야에서 내 앞에 절기를 지키게"하라는 것이다(5:1하). "절기를 지키다"의 *하가그*(ㄱㄱㄱ)는 "순례 축제를 지킨다"이다.[1] 하나님이 세 절기에 성전에 올라가 축제를 행하라는 명령에 사용하였던 단어이다(23:14; 레 23:39; 23:41 등). 이 단어는 성지가 어디에 있음을 내포하고 있으며, 그들은 이 성지로 가서 축제 행사를 해야 한다는 것이다. 여기에서 하나님이 원하시는 성지는 어디인가? 본문에는 "광야"라고 했지만, 광야에 있는 호렙산을 염두에 둔 것이 분명하다. 하나님은 자기 백성을 이집트 사람들과 그 신들이 있는 이 땅이 아니라 하나님이 임재해 계시는 그 하나님의 산에 데리고 가서 거기서 그들의 섬김을 받으시기를 원하시는 것이다(3:12 참조).

바로는 자신이 섬기는 신을 최고로 여긴다. 그러니 자기가 부리고 있는 노예가 다른 신을 섬기도록 허락할 리가 없다. 여호와의 요구는 자신과 자기가 섬기는 신에 대한 모욕이다. 바로는 이런 황당한 소리에 도대체 "여호와가 누구이기에 내가 그의 목소리를" 들어야 하냐고 반문한다. 그리고 "나는 여호와를 알지 못하니 이스라엘을 보내지 아니하리라"고 대답한다(5:2). 바로가 이스라엘을 경멸할 정도로 낮추어 보고 있기 때문에 그들의 신이라는 여호와도 하찮게 보는 것이다. 감히 이스라엘의 하나님이 자기에게 도전하는 것을 용납하지 못하겠다는 태도이다. 이런 그의 교만한 태도는 여호와 이름의 맛을 아직 보지 못하였기 때문에 하는 것이다. 앞으로 그는 그 이름의 능력을 체험하고 나서야 그분을 존경할 것이다.

앞 절에서 모세와 아론은 여호와의 명령을 전했고, 이제 자신들의 입장을 설명한다. 그들은 먼저 "히브리인의 하나님이 우리에게 나타나셨"음을 밝힌다(3절상). 그리고 그 하나님의 명령이 얼마나 엄중한지를 설명한다. "우리가 광야로 사흘 길쯤 가서"(3절중)라는 말은 하나님께서 호렙산에게 일러준 말을 상기시킨다(3:18). 3:18절에서 살폈듯이 "사흘 길"이란 불투명한 시간의 길이를 어림잡아 말하는데 사용했을 가능성이 많다.[2] 여하튼 그들은 성지(聖地)

---

1 아란 콜, 『출애굽기』, 113.

2 아란 콜, 『출애굽기』, 100.

로 순례가서 축제를 보내겠다는 의지를 다시 확인한다.

모세와 아론은 만약 그 명령에 불순종하면 자신들에게 큰 재앙이 내려질 것임을 말한다: "여호와께서 전염병이나 칼로 우리를 치실까 두려워하나이다"(3절하). "전염병"의 *대벨*(דֶּבֶר)은 페스트와 같은 역병을 뜻한다. "칼"은 전쟁에서 사용하는 '검(sword)'이다. "치다"의 *파가*(פָּגַע)는 '당도하다, 만나다'이다. 고대에 전염병이나 전쟁의 칼이 닥치는 것은 신이 내리는 재앙으로 인식하였다. 성경에는 언약을 어긴 자에 대한 언약적 저주로 이것들이 자주 나타난다. 이스라엘도 바로의 백성이다. 그들이 그러한 재난을 당한다면 바로에게도 좋을 리가 없다. 모세와 아론은 한가락 희망을 가지고 바로의 인간성에 호소한다.

그러나 바로는 한 마디로 거절한다. 그들의 요구는 바로에게 백성의 노역을 쉬게 하려는 사치스러운 투정으로 간주된다. 따라서 바로는 모세와 아론에게 "가서 너희의 노역이나 하라"고 핀잔을 준다(4절). "쉬게 하다"의 *파라*(פָּרַע)는 '내버려두다, 팽개치다'이다. 본 절에서 앞의 "노역"은 *마아세*(מַעֲשֶׂה)로서 '일, 노동'이고, 뒤의 "노역"은 *세발라*(סִבְלָה)인데 '무거운 짐'이다. 바로의 최대 관심은 이스라엘의 노동력을 착취하는 것이다. 모세와 아론의 요구는 바로에게 노동을 팽개치고 쉬어보겠다는 의도로밖에 보이지 않는다.

바로가 "이제 이 땅의 백성이 많아졌거늘"이라고 한 말의 의미에 대하여 논쟁이 있다. "이 땅의 백성(암 하하래츠, עַם הָאָרֶץ)"은 보통 어떤 특정 지역 안에서 거주하는 자유민에게 사용되기 때문이다. 혹자는 이집트 백성을 가리킨 말로 해석하기도 한다.[3] 그러나 본 절은 이집트인들이 그렇게 번성하였음을 말해주는 문맥이 아니다. 혹자는 이 말이 귀족과 반대되는 평민 혹은 천민을 가리키는 경멸적인 표현으로 볼 수 있다고 한다(바벨론 포로에서 돌아온 이스라엘 백성과 대조되는 비 이스라엘에 대해 그렇게 표현하는 에스라 4:4을 참조할 것).[4] 이것이 평민을 가리킨다고 하더라도 이스라엘에게는 과하게 우대해주는 말

---

3 존 더햄, 『출애굽기』, 143.
4 아란 콜, 『출애굽기』, 114.

임에 틀림없다.

　이 부분에서 바로가 갑자기 이스라엘 사람들을 우대해주는 듯한 뉘앙스의 말을 하였다고 볼 수 있다. 자신은 그들을 자기의 사람으로 대접해 주는데 모세와 아론이 무리한 요구를 하고 있다는 것이다. 그러므로 이제 이렇게 좋게 대접해 줄 필요가 없게 되었음을 인식하게 된다는 의도를 나타내 보이는 것이다. 바로는 그들의 수가 많아졌음에 대한 우려를 나타낸다(5:5중). 그들이 학대받는 중에서도 오히려 번성하였었다(1:12, 20 참조). 그때의 바로 왕은 그들이 번성하는 것을 크게 우려했다. 그들이 힘이 세어 대적과 연합하거나 자기들과 싸우고 또 이집트에서 나갈 것을 우려했다. 이제 그 우려가 현실로 다가온 것처럼 느꼈을 수 있다. 그 때의 바로도 이스라엘의 숫자가 증가할수록 더 학대하고 고역을 시켰다(1:11). 지금 바로도 모세와 아론에게 "너희가 그들로 노역을 쉬게 하는도다"라고 꾸짖는다(5:5하). 모세와 아론의 무리한 요구 때문에 이스라엘이 더 곤궁에 처해질 것으로 예상된다.

2) 바로가 이스라엘을 더 학대하다(5:6~19)

　6 바로가 그 날에 백성의 감독들과 기록원들에게 명령하여 이르되 7 너희는 백성에게 다시는 벽돌에 쓸 짚을 전과 같이 주지 말고 그들이 가서 스스로 짚을 줍게 하라 8 또 그들이 전에 만든 벽돌 수효대로 그들에게 만들게 하고 감하지 말라 그들이 게으르므로 소리 질러 이르기를 우리가 가서 우리 하나님께 제사를 드리자 하나니 9 그 사람들의 노동을 무겁게 함으로 수고롭게 하여 그들로 거짓말을 듣지 않게 하라 10 백성의 감독들과 기록원들이 나가서 백성에게 말하여 이르되 바로가 이렇게 말하기를 내가 너희에게 짚을 주지 아니하리니 11 너희는 짚을 찾을 곳으로 가서 주우라 그러나 너희 일은 조금도 감하지 아니하리라 하셨느니라 12 백성이 애굽 온 땅에 흩어져 곡초 그루터기를 거두어다가 짚을 대신하니 13 감독들이 그들을 독촉하여 이르되 너희는 짚이 있을 때와 같이 그 날의 일을 그 날에 마치라 하며 14 바로의 감독들이 자기들이 세운 바 이스라엘 자손의 기

록원들을 때리며 이르되 너희가 어찌하여 어제와 오늘에 만드는 벽돌의 수효를 전과 같이 채우지 아니하였느냐 하니라 15 이스라엘 자손의 기록원들이 가서 바로에게 호소하여 이르되 왕은 어찌하여 당신의 종들에게 이같이 하시나이까 16 당신의 종들에게 짚을 주지 아니하고 그들이 우리에게 벽돌을 만들라 하나이다 당신의 종들이 매를 맞사오니 이는 당신의 백성의 죄니이다 17 바로가 이르되 너희가 게으르다 게으르다 그러므로 너희가 이르기를 우리가 가서 여호와께 제사를 드리자 하는도다 18 이제 가서 일하라 짚은 너희에게 주지 않을지라도 벽돌은 너희가 수량대로 바칠지니라 19 기록하는 일을 맡은 이스라엘 자손들이 너희가 매일 만드는 벽돌을 조금도 감하지 못하리라 함을 듣고 화가 몸에 미친 줄 알고

바로는 모세와 아론의 요구를 거절할 뿐만 아니라, 오히려 그러한 요구에 대한 대가를 치르게 하겠다고 반응한다. 바로는 즉시 이스라엘의 감독들과 기록원들에게 명령을 내린다(6절). "감독들"의 노게심(נֹגְשִׂים)은 동사 나가스(נָגַשׂ, '강제로 일을 시키다' 혹은 '억압하다')의 분사형 명사로서 공사 감독자들을 가리킨다. "기록원들"로 번역된 쇼페림(שֹׁטְרִים)은 '관원(공직자)'을 가리키기도 하고 또 기록하는 서기관으로도 사용된다. 여기에서는 노동자들의 신상과 출결 사항, 그리고 할당된 양의 성취 여부 등을 기록하는 관원으로 보는 것이 좋다. 이 감독들과 관원들은 이스라엘에게 직접 노역을 시키는 실무자들로서 이스라엘을 학대하는 당사자들이며, 그들은 이스라엘에게 공포의 대상들이었을 것이다.

바로는 감독들에게 "너희는 백성에게 다시는 벽돌에 쓸 짚을 전과 같이 주지 말고 그들이 가서 스스로 짚을 줍게 하라"고 명령한다(5:7). 이집트 하류지대는 주로 늪지대이며, 돌이 귀하다. 따라서 건축할 때 흙벽돌을 많이 사용한다. 흙벽돌은 두 종류가 있다. 하나는 짚이 들어가지 않는 순수한 흙을 틀로 찍어내어 만드는 것으로서, 그 벽돌은 늪지대 바닥을 돋우는 데 사용한다. 또 다른 종류는 짚이 들어가는 벽돌로 성벽을 쌓을 때와 건축물 구조에 사용한다. 국고성과 같은 성을 건축하기 위해서 많은 벽돌이 필요하다. 여태까지는

짚을 공급하는 사람과 벽돌을 찍어내는 사람이 따로 일을 했었다. 이제는 같은 사람이 짚도 스스로 구하고 벽돌도 정해진 수 그대로 만들어 내어야 한다 (8절상). 그만큼 노역이 많아진 것이다. 그리고 그 실적을 달성하지 못한 사람에 대한 학대는 더 심해졌다.

바로가 그와 같이 더 많은 노역을 부과하는 이유를 덧붙인다: "그들이 게으르므로 소리 질러 이르기를 우리가 가서 우리 하나님께 제사를 드리자 하나니"(8절하). "게으르다"의 라파(רָפָה)는 '가라앉다' 혹은 '느슨하다'이다. 바로는 그들의 일거리가 적어 느슨하기 때문에 '제사 드리러 가겠노라'는 소리가 나온다고 생각한 것이다. 이스라엘 사람들은 전에도 힘에 겨웠지만 이제는 감당하기 힘들 정도가 되었다. "소리질러"의 차아크(צָעַק)는 '외치다'이며, 본문에는 남성복수형이 사용되었다. 바로에게 그들의 소리가 마치 집단 시위 소리로 들린 모양이다. 그것을 반란의 조짐으로도 볼 수 있을 것이다. 그래서 그들의 기세를 강압적으로 꺾어 놓아야 하겠다고 생각하였을 것이다.

바로는 감독자들에게 그들의 "노동을 무겁게 함으로 수고롭게 하여 그들로 거짓말을 듣지 않게 하라"고 명령을 내렸다(9절). "거짓(말)"의 쉐케르(שֶׁקֶר)는 "속임"의 뜻이다. 이스라엘이 자신을 거짓말로 속여 제사를 핑계로 도망하려는 것으로 생각했다. 그런 허황된 말이 다시는 나오지 못하게 그들의 노역을 더 무겁게 하라고 한다.

감독과 기록관원들이 이스라엘 백성에게 나가서 바로의 지시를 전했다(10절). 짚을 더 이상 주지 않겠으니 "너희는 짚을 찾을 곳으로 가서 주우라"고 요구한다. 그리고 할당량에는 조금의 감소도 없을 것임을 천명한다(11절). "줍다"의 라카흐(לָקַח)는 '(이삭을) 줍다'에 사용하는 단어이다. 재배한 벼를 수확한 후 나오는 볏단을 그대로 이 공사장으로 옮겨와서 사용한 것이 아님을 보여준다. 이삭을 줍듯이 하나씩 모아야 하니 시간이 많이 걸릴 것이다. 따라서 그들의 노동시간이 훨씬 연장된 것이었다.

"백성이 애굽 온 땅에 흩어져 곡초 그루터기를 거두어다가 짚을 대신" 하였다(12절). 여기에서의 "애굽 온 땅"은 고센 땅 전역을 일컫는 것이던지, 아

5:6~19   157

니면 더 넓게 델타의 광활한 지역을 포함하는 것일 것이다. 이는 그만큼 짚을 구하기 힘들었기 때문에 더 멀리, 그리고 더 넓게 헤매고 다녔음을 가리킨다. "짚"의 *태벤*(תֶּבֶן)은 볏짚과 같은 정상적인 짚으로서 짐승들의 사료로 쓰였고 또 벽돌을 만드는 데 강화용으로도 사용되었다. "곡초 그루터기"의 *카쉬*(קַשׁ)는 성경에서 바람에 쉽게 날려가는 풀 자락 혹은 불이 잘 타는 '초개'로 자주 번역되는데(15:7; 욥 13:25; 사 40:24; 41:2; 47:14 등), 짚보다 훨씬 조잡한 풀들이다. 정상적인 짚을 공급받을 수 없으니 그러한 조잡한 풀들을 거두어서 대신한 것이다.

감독들은 노역자들에게 계속 독촉하였다. 이전과 같은 할당량을 날마다 다 채우라는 것이다(5:13). 노역자들이 짚을 구해 와서 할당된 벽돌을 채우기는 불가능했다. 이에 이집트 감독들은 이스라엘 기록원들에게 왜 "벽돌의 수효를 전과 같이 채우지 아니하였느냐"며 때렸다(14절상). 여기에 사용된 "기록원"의 쇼페르(שׁוֹטֵר)는 이집트 관원의 쇼페르와(6절) 같은 단어이다. 따라서 여기서는 '반장'으로 번역하는 것이 좋겠다.

이에 이스라엘 반장들이 바로에게 직접 가서 호소했다: "왕은 어찌하여 당신의 종들에게 이같이 하시나이까"(15절). 도저히 불가능한 일을 시키는 것에 대한 부당함을 호소하는 것이다. "호소하다"의 단어 *차아크*는 '부르짖다'라는 뜻이며, 일전에 이스라엘이 그 심한 노역으로 여호와께 탄식하며 부르짖었을 때에 사용한 것이다(2:23). 물론 모세와 아론의 요구 사항을 듣고 바로가 "게으르므로 소리질러"라고 말할 때에도 사용되었다. 그러한 이스라엘의 부르짖음에 하나님은 응답하셨지만 바로는 응하지 않았다. 하나님은 그들이 자기 백성이므로 그 호소를 들었지만, 바로는 자기 백성으로 여기지 않았기에 들으려 하지 않은 것이다.

이스라엘 반장들이 단순히 호소뿐만 항의도 한다: "당신의 종들이 매를 맞사오니 이는 당신 백성의 죄이니다"(5:16하). 여기에서 "당신의 종들"과 "당신의 백성"을 대조한다. 전자는 이스라엘이고 후자는 이집트인들이다. 백성은 자유인인 반면에 종은 얽매인 사람들이다. 신분상 차이가 난다. 그러나 모두 바로의 소유임에는 틀림없다. 그 종들이 매를 맞는 것은 그 백성의 죄라고 지적한다. "죄"라고 지적한 하타(אטח)는 '죄'로도 번역되지만 여기서는 '잘못 행하다'로 번역하는 것이 좋다. 이룰 수 없는 일을 시키면서 그 이루지 못한 것을 핑계로 매질을 하는 것은 크게 잘못된 것이라고 지적하는 것이다.

바로는 오히려 "너희가 게으르다 게으르다"라며 그들을 책망한다(17절상). 앞에서 바로가 그들이 "게으르다(라파)"고 말했지만(5:8), 여기서는 그 단어를 두 번 사용하여 더 강조한다. "우리가 가서 여호와께 제사를" 드리겠다고 한 것은(5:17하) 일이 느슨하여 그 결과 그들이 게으름을 피우는 소리라는 것이다. 그래서 바로는 다시 그들이 어떻게 해야 하는지를 분명하게 말한다: "이제 가서 일하라 짚은 너희에게 주지 않을지라도 벽돌은 너희가 수량대로 바칠지니라"(18절). 그 일을 시킨 것은 이집트 감독들이 임의로 한 것이 아니라 바로의 명령인 것이 확인되었으며, 또 여호와께 제사드리러 가겠다는 요청이 그 부당한 일의 화근이 되었음이 분명히 드러났다. 이스라엘 백성은 그 모든 원인이 모세와 아론에게 있음을 확실하게 알았다.

3) 모세가 여호와께 항의하다(5:20~23)

> 20 그들이 바로를 떠나 나올 때에 모세와 아론이 길에 서 있는 것을 보고 21 그들에게 이르되 너희가 우리를 바로의 눈과 그의 신하의 눈에 미운 것이 되게 하고 그들의 손에 칼을 주어 우리를 죽이게 하는도다 여호와는 너희를 살피시고 판단하시기를 원하노라 22 모세가 여호와께 돌아와서 아뢰되 주여 어찌하여 이 백성이 학대를 당하게 하셨나이까 어찌하여 나를 보내셨나이까 23 내가 바로에게 들어가서 주의 이름으로 말한 후로부터 그가 이 백성을 더 학대하며 주께서도 주의 백성을 구원하지 아니하시나이다

이스라엘 반장들이 바로를 떠나 나올 때에 모세와 아론을 길에서 만났다(5:20). 그리고 그들에게 항의하였다: "너희가 우리를 바로의 눈과 그의 신하

의 눈에 미운 것이 되게 하고 그들의 손에 칼을 주어 우리를 죽이게 하는 도다. 여호와는 너희를 살피시고 판단하시기를 원하노라"(21절). "미운 것이 되게 하고"의 바아쉬(בָּאַשׁ)는 '악취를 풍기다'이다. 바로와 그 신하의 눈에 악취를 풍긴다는 표현이 어색하다. 따라서 의역을 하면 '그들의 눈에 혐오스러운 존재가 되게 하였다'가 적당한 표현이 될 것이다. 이 말은 이집트인들이 이스라엘 사람을 얼마나 경멸하고 있는지를 잘 나타내어 준다.

또 그들은 저들의 손에 칼을 쥐어주어 자기들을 죽이게 만들었다고 항의하였다. 사실 벽돌 만드는 일의 할당량을 채울 수 없는 것이 명백한 사실이므로 매를 맞을 것이며, 그렇게 매질이 쌓이다 보면 결국 목숨을 잃게 될 것이다. 그래서 이 모든 상황은 그들에게 칼을 쥐어준 것과 마찬가지가 되는 것이다. 그들은 여호와께서 살피시고 판단해 달라고 요청한다. "살피다"의 라아(רָאָה)는 '조사하다'로 번역할 수 있다. "판단하다"의 쇠파트(שָׁפַט)는 '재판하다'이다. 하나님이 판사로서 누가 옳고 그른지를 철저히 조사하여 징벌을 해 달라는 요청이다.

자기 백성으로부터 이런 거센 항의를 들은 모세와 아론은 크게 낙담했을 것이다. 이제 그들이 찾아가서 하소연할 곳은 여호와뿐이다. 모세는 하나님께 거세게 항의하였다. 첫째로, '하나님이 왜 나를 보내어 이 백성으로 더 큰 학대를 당케 하십니까?'고 항의하였다(5:22). 미디안에서 조용히 살고 있는 자신을 하나님이 억지로 여기로 보내었는데, 그 결과가 백성이 더 학대를 당하는 것이 되었다는 항의이다. "더 학대하며"의 히브리어 라아(רָעַע)는 '악하다' 혹은 '나쁘다'이다. 백성의 처지가 더 나빠졌다는 것이다.

둘째로, '왜 주의 백성을 구원치 아니하십니까?'였다(23절). "구원하다"의 나찰(נָצַל)은 '구출해 내다'이다. 모세의 기대는 하나님께서 강한 손으로 백성을 바로의 학대에서 구출해 내는 것이었는데, 오히려 바로의 손이 더 강하여 백성을 억누르고 있다는 불평이다. 이제 하나님께서 모세와 이스라엘에게 내어 놓을 답이 궁금해진다.

4) 하나님의 구원계획(6:1~8)

1 여호와께서 모세에게 이르시되 이제 내가 바로에게 하는 일을 네가 보리라 강한 손으로 말미암아 바로가 그들을 보내리라 강한 손으로 말미암아 바로가 그들을 그의 땅에서 쫓아내리라 2 하나님이 모세에게 말씀하여 이르시되 나는 여호와이니라 3 내가 아브라함과 이삭과 야곱에게 전능의 하나님으로 나타났으나 나의 이름을 여호와로는 그들에게 알리지 아니하였고 4 가나안 땅 곧 그들이 거류하는 땅을 그들에게 주기로 그들과 언약하였더니 5 이제 애굽 사람이 종으로 삼은 이스라엘 자손의 신음 소리를 내가 듣고 나의 언약을 기억하노라 6 그러므로 이스라엘 자손에게 말하기를 나는 여호와라 내가 애굽 사람의 무거운 짐 밑에서 너희를 빼내며 그들의 노역에서 너희를 건지며 편 팔과 여러 큰 심판들로써 너희를 속량하여 7 너희를 내 백성으로 삼고 나는 너희의 하나님이 되리니 나는 애굽 사람의 무거운 짐 밑에서 너희를 빼낸 너희의 하나님 여호와인 줄 너희가 알지라 8 내가 아브라함과 이삭과 야곱에게 주기로 맹세한 땅으로 너희를 인도하고 그 땅을 너희에게 주어 기업을 삼게 하리라 나는 여호와라 하셨다 하라

(1) 자신이 '여호와'이심을 밝히시다(6:1~2)

모세의 항의성 질문에 하나님께서 대답하셨다: "이제 내가 바로에게 하는 일을 네가 보게 될 것이다"(6:1). 하나님은 힘이 없어 잠잠히 계시는 것이 아니다. 침묵의 시간에서도 자신이 하실 일을 준비하고 계셨다. 이제 준비가 다 되었다. 그리고 하나님이 하실 그 일을 곧 "보게 될 것이다." "보다"의 라아(רָאָה) 동사는 하나님이 이집트에서 고생하던 자기 백성의 고통을 "보고"에 반복적으로 사용된 단어이다(3:7, 9). 그때는 하나님이 보았지만, 이제는 하나님이 하시는 일을 모세가 볼 것이다.

그리고 하나님은 "나는 여호와로라"(2절)고 자신을 밝히신다. 여호와는 하나님의 고유한 이름이다. 히브리인의 이름은 그의 특성을 잘 담고 있다. 그리고 이름은 자신을 대변한다. 하나님은 "여호와"라는 자신의 이름을 걸고 이제

그 일을 할 것임을 천명하신다. 호렙산에서 모세가 하나님을 대면했을 때에 하나님의 "이름이 무엇이냐"고 물었었다(3:13). 그때에 하나님은 이름에 앞서 그 이름의 뜻을 "나는 스스로 있는 자이니라"라고 먼저 밝히시면서(3:14), 자신의 이름을 "여호와"라고 말씀하다(3:15). "나는 스스로 있는 자니라"의 히브리어는 *에흐웨 아쉐르 에흐웨*(히, אֶהְיֶה אֲשֶׁר אֶהְיֶה)는 두 개의 'be'동사(*하야*, הָיָה)와 관계대 명사로 구성되었다. 앞의 *하야* 동사는 '...이다'이며, 관계절 안에 있는 뒤의 하야 동사는 미완료형으로서 '나는 ... 일(될)'로 해석하는 것이 좋다.[5] 그래서 직역하면 "나는 ... 일 그런 분이다(I am what I will be)"이다. 여호와라는 이름의 "네 개의 문자 이름"(nomen tetragrammaton; 히, יהוה)은 위의 문장의 주된 역할을 한 *하야* 동사에서 파생되었다고 본다.

6:2에 자신의 이름을 여호와라고 천명하면서 어떤 일을 하러 나섰기 때문이 이 이름의 의미가 무엇인지 바로 아는 것이 매우 중요하다. 그 이름이 무엇이기에 그 이름을 걸고 그 (어떤) 일을 하시겠다고 하는 것일까? 그 이름의 의미를 알기 위해서 다음 절을 심도 있게 고찰해 보아야 한다.

(2) '전능의 하나님'과 대조된 '여호와의 이름'의 참 의미(6:3~5)[6]

하나님은 "내가 아브라함과 이삭과 야곱에게 전능의 하나님으로 나타났으나 나의 이름을 여호와로는 그들에게 알리지 아니하였고"라고 하셨다(6:3). 이 구절에서 크게 문제되는 것처럼 보이는 것이 있다. "나의 이름을 여호와로는" 족장들에게 알리지 아니했다고 했는데, 과연 조상들이 여호와라는 이름을 몰랐는가 하는 문제이다. 그러나 창세기에서 여호와 이름이 자주 사용되었다. 창 12:1과 출 3:12 사이에 여호와란 이름이 160회에 걸쳐 나타난다. 그 중에 40회 이상이 족장들의 입에서, 또는 그들의 대화 중에서 발견된다.[7] 아브라함은 친히 여호와 이름을 부른 것으로 나타난다(창 12:8; 15:2, 8 등등). 또

---

5 3:13~14 주석과 특주: "여호와 이름의 의미"을 참조하라.

6 이 단원의 주석은 특주: "여호와 이름의 의미"를 참조하라.

7 W. J. 둠브렐, 『언약과 창조』, 138.

하나님도 족장들에게 말할 때에 여호와라는 이름을 사용하고 있다(창 15:7; 18:14 등등).

자유주의 신학자들은 이 구절이 문서설을 뒷받침하는 중요한 단서로 생각한다. 오경은 네 개 문서들로 구성되었는데, 출애굽기 6장은 E 문서, 혹은 P 문서 그룹에 속한다는 것이다.[8] 그러나 우리는 근본적으로 문서설을 받아들이지 않는다. 그렇다면 자기 이름을 "여호와로는 그들(족장들)에게 알리지 아니했다"는 말을 어떻게 이해해야 할 것인가? 우리는 6:3이 진정 무엇을 의미하는지를 파악하기 위해 다음과 같은 여러 요소들을 세밀히 살펴볼 필요가 있다.

① 본문에서 두 이름이 대조되고 있음을 간과해서는 안된다. 앞에서 고찰하였듯이, 이름은 인격, 특성, 속성과 인격의 본질을 담고 있다. 특히 본문에서 두 이름이 대조를 이루고 있음은 이 이름들이 불리기 위한 것이 아니라, 그의 인격적 특성을 나타내기 위해 사용된 것임이 분명하다. 첫 번째로 나오는 이름은 "전능의 하나님(엘 솻다이, אֵל שַׁדַּי)"이다. 엘 솻다이는 창세기에서 족장들과 관계되어 여섯 번 사용되었는데(창 17:1; 28:3; 35:11; 43:14; 48:3; 49:25), 이때에 하나님은 초자연적인 능력을 가지신 분으로서 족장들에게 엄청난 일을 해 줄 수 있는 분으로 강조되었다. 엘 솻다이는 족장들에게 "자연을 지배하시는 하나님의 능력"을 가리키는 이름으로 그들에게 알려졌다.[9] 그는 다른 사람들에게는 초자연적인 능력을 가지신 두려움의 대상이었지만, 족장들에게는 그의 능력을 앞세워 자신들을 도우시는 친밀하신 하나님으로서 나타내셨다.[10]

6:3에는 엘 솻다이와 대조하여 '여호와'의 이름이 등장한다. 물론 여호와의 이름이 창세기에서 146번 나타나며, 엘 솻다이보다 더 많이 사용되었다. 그러나 출애굽기와 여호수아에는 여호와가 1,800번 나타난다. 모세 이전에도 여

---

8 특주: "여호와 이름의 의미"을 참조하라.

9 카이저, 『구약성경신학』, 135.

10 Gispen, *Exodus*, 72 참조.

호와의 이름을 알고 불렀지만, 그 풍부한 의미를 몰랐으며, 그렇기 때문에 그
것이 그들이 즐겨 불렸던 이름이 되지 못하였던 것 같다. 그러나 모세 시대에
경험을 통하여 그들이 여호와 이름의 의미를 확실히 알았으며, 그래서 이제는
그 이름을 즐겨 부르게 된 것으로 볼 수 있다.[11] 이렇게 두 이름을 대조하고 있
다는 것은 그 이름이 가지는 의미 혹은 특징을 강조할 목적임을 알아야 한다.

② 이름이 브라는 전치사와 함께 사용되었다. 카슈토는 6:3에서 만약 문서
설을 주장하는 사람들의 이론이 맞으려면 "나의 이름, 즉 여호와가 그들에게
알려지지 않았다"라는 말이 되어야 한다고 주장한다. 즉 주어가 여호와의 이
름이 되어야 한다는 것이다.[12] 그러나 본문은 "내"가 주어이고 이름은 서술부
에 위치해 있으며, 엘 샷다이 앞에 전치사 브(בְּ, by)가 있다. 이 전치사는 "...으
로써"(as)로 해석될 수 있으며, 이것은 그의 신분을 담고 있다. 다시 본 절을 번
역하면 "내가 나의 이름을 그들에게 전능의 하나님으로(בְּאֵל שַׁדַּי, as El Shadai)
나타났으며, 내가 나 자신을 여호와라는 이름으로는 그들에게 알게 하지 아
니했다"이다. 즉, 본문의 관심은 하나님의 이름 그 자체 보다는 하나님은 자
신을 어떠한 분으로 나타내셨는가에 두고 있다. 이름은 그 분의 인격을 나타
낸다. 따라서 이름 자체를 그들이 알았다거나 몰랐다는 문제가 아니라, 이름
을 통하여 그분을 어떻게 알았느냐는 것이 핵심 된 사안이다. 본문을 의미를
맞추어 번역하면, '엘 쇠다이의 신분으로 하나님은 자신을 아브라함과 이삭과
야곱에게 보여주었다. 그러나 나를 여호와라는 신분으로 그들에게 알리지 않
았다"라고 할 수 있다.[13]

③ 동사 야다의 용도를 바로 알아야 한다. 출애굽기 6:3은 두개의 단순재귀
동사형(닢알)인 애라(וָאֵרָא)와 노다티(נוֹדַעְתִּי)가 서로 대조를 이루고 있다. "내가
(여호와로는) 알리지 아니했다"로 번역되는 노다티의 원형 야다(יָדַע, 알다)는 지
식적으로 아는 것보다 경험적으로 아는 것을 말한다. 따라서 조상들은 전능의

---

11 Gispen, *Exodus*, 72.

12 Cassuto, *Exodus*, 78.

13 카이저, 『구약성경신학』, 147.

여호와라는 이름을 지식적으로는 알았지만, 아직 그 이름을 경험적으로는 알지 못하였다는 의미이다. 그런데 이제는 하나님께서 여호와라는 이름에 걸맞은 일을 하실 것이고, 이스라엘은 그것을 경험함으로서 알 것이다.

이제 하나님은 여호와라는 자기 이름을 걸고 무엇인가 하고자 하신다. 그 이름에는 이제 무엇인가 하고자 하는 의미가 담겨있어야 한다. 그 일을 그들이 경험하고 난 후, 비로소 여호와라는 이름이 무슨 의미인지 알게 될 것이다. 따라서 3:14에서 말한 여호와 이름의 뜻인 *에흐웨 아쉐르 에흐웨*은 "나는 스스로 있는 자이니라"라고 번역하는 것은 좋지 않다. 그것은 그 이름을 정적(靜的)인 혹은 존재론적인 의미로 이해한 것이다. *에흐웨 아쉐르 에흐웨*는 '나는 곧 그러한 일을 (곧) 행할 그런 분이다'(I am what I will be)로 번역하는 것이 좋다. 다시 말하면 이제 곧 무슨 일을 함으로서 그가 어떠한 분이라는 것을 나타낼 그러한 분이다는 것이다. '여호와'는 하나님이 약속한 그 일을 성취하실 준비가 되셨음을 알리는 이름이다. 6:2~3은 '그때에는 너희가 나를 "아하, 여호와는 그러한 분이시구나!"라고 알게 될 것이다'는 의미이다.

그리고 "여호와"는 언약과 관계된 이름이다. 자기가 족장과 전에 맺었던 언약을 이제 곧 성취하실 것이다. 하나님은 족장들에게 그가 거류하는 그 땅을 주겠다고 언약으로 약속하셨다(6:4; 창 15:7~21). 그리고 이제 이집트 사람들의 종이 된 이스라엘 자손의 신음소리를 듣고 "내가 나의 언약을 기억하노라"고 하셨다(6:5). 하나님은 자기가 약속한 그 언약의 약속을 성취하시는 일을 하고자 하신다. 이제 준비가 다 되었다. 곧 그 일을 할 것이고, 그때에 이스라엘은 '아 여호와의 이름은 이것이구나'며 그 이름을 경험적으로 알게 된다. 따라서 '여호와' 이름은 언약과 관계된 것임이 확인된다.

(3) '여호와' 이름을 걸고 하실 일(6:6~8)

그러면 여호와라는 이름에 걸맞게 하시겠다는 일은 무엇인가? 그리고 이스라엘 백성이 어떻게 여호와라는 이름을 경험적으로 알게 되는 것인가? 하나님께서 하실 일은 두 가지로 대변된다. 첫째로, 이스라엘을 이집트 사람의 무거운 짐 밑에서 구출하여 자기 백성으로 삼겠다는 것이다(6:6~7). 6절에는 이와 연관된 세 동사가 사용되었다. 먼저 "(애굽 사람의 무거운 짐 밑에서 너희를) 빼내며"에서 "빼어내다"의 야차(יָצָא, 나가다)이다. 여기서는 힢일형(사역형)으로 사용되어 '나가게 하다'로 번역된다. 다음으로는 "(그들의 노역에서 너희를) 건지며"이다. "건지다"의 나찰(נָצַל)는 '구출하다'는 뜻인데 여기서도 힢일형으로 사용되어 강한 의지로의 구출, 즉 '잡아채어가다'의 의미이다. 마지막으로 "(너희를) 속량하여"에서 "속량하다"는 가알(גָּאַל)은 '값을 지불하다' 혹은 '기업을 무르다'로 번역된다.

이렇게 구출한 그들을 하나님께서 "자기 백성으로 삼겠다"고 하신다(6:7상). "삼다"의 라카흐(לָקַח)는 '취하다'인데 특히 '아내로 취하다'와 같이 자기 소유로 확실히 챙기는 것이다. 그뿐만 아니라 "나는 너희의 하나님이 되리라"고 하신다(7절하). 400년 동안 하나님은 그들에게 나타나지 않으셨다. 그러나 이제는 그들에게 나타나실 뿐만 아니라 그들의 하나님이 되어 그들을 보호하겠다고 약속하신다. 이렇게 행하심을 보고 "(내가) 너희의 하나님 여호와인줄 너희가 알지라"고 하신다(7절하). 여기서 "알다" 역시 야다이다. 경험을 통하여 여호와 그 이름을 알게 된다는 것이다.

둘째로, 아브라함과 이삭과 야곱에게 주기로 맹세한 땅을 기업으로 주겠다고 하신다(8절). 먼저 하나님은 아브라함에게 땅을 주겠다는 약속을 여러 번 하셨다(창 12:7; 13:14,15,17; 15:7,18; 17:2). 특히 창세기 15장과 17장에서는 언약의 약속으로 주셨다. 그리고 이삭에게도 그것을 약속하셨고, 야곱에게도 약속하셨다. 이제 하나님이 그 약속을 이루시겠다고 하신다. 이 약속에는 두 절로 이루어졌다. 먼저 이스라엘을 그 땅으로 인도하겠다고 하셨다(6:8상). "인도하다"는 보(בּוֹא)의 힢일형(사역형)으로서, '들어가게 하다'이다. 이것은 하나님이 아브라함과 언약을 맺으실 때에 이미 약속하신 사항이었다(창 15:13~16). 다음은 그 땅을 그들에게 기업으로 주겠다고 하셨다(6:8하). "기업"의 모라쇠(מוֹרָשָׁה)는 동사 야라쉬(יָרַשׁ)에서 파생한 명사로서 일반적으로는 '소유물'이지만, '상속재산(=기업)'으로 자주 사용되었다. 창세기 15:7에는 하나님이 아브라함을 "이 땅을 네게 주어 소유를 삼게 하려고"라고 할 때에 사용된 동사 *야라쉬*는 '땅을 상속하다,' 더 나아가서 "기업으로 삼게 하려고"로 번역할 수 있다(개역성경은 "업을 삼게 하려고"로 번역됨). 또다시 하나님은 "나는 여호와라"고 자신의 이름을 밝히시면서 이 사실을 이스라엘 자손에게 알리라고 하신다. 하나님은 '여호와'라는 자신의 이름을 가지고 일을 할 것이며, 그때에 그들도 여호와의 이름을 체험적으로 알게 될 것이다. 이 말씀은 모세에게 큰 위로가 되었을 것이다. 하나님과의 대화는 모세의 항의에서부터 시작하였다. 이제 모세는 해답을 얻고 안심하는 마음을 가졌지만 백성을 어떻게 설득할 것인지가 문제이다.

5) 하나님의 계획을 들은 이스라엘의 반응(6:9~13)

9 모세가 이와 같이 이스라엘 자손에게 전하나 그들이 마음의 상함과 가혹한 노역으로 말미암아 모세의 말을 듣지 아니하였더라 10 여호와께서 모세에게 말씀하여 이르시되 11 들어가서 애굽 왕 바로에게 말하여 이스라엘 자손을 그 땅에서 내보내게 하라 12 모세가 여호와 앞에 아뢰어 이르되 이스라엘 자손도 내 말을 듣지 아니하였거든 바로가 어찌 들으리이까 나는 입이 둔한 자니이다 13 여호와께서 모세와 아론에게 말씀하사 그들로 이스라엘 자손과 애굽 왕 바로에게 명령을 전하고 이스라엘 자손을 애굽 땅에서 인도하여 내게 하시니라

모세는 하나님의 구원계획을 듣고 이스라엘 자손들에게 전하나 그들은 그 말을 듣지 않았다(6:9). 왜냐하면 그들의 마음이 상했고, 또 노역이 너무 가혹했기 때문이었다. "마음이 상하다"의 *미코채르 루아흐*(מִקֹּצֶר רוּחַ)에서 루아흐는 '영'으로로 사용되는 단어이다(성령, 즉 하나님의 영에도 사용됨). '영'은 인간에게서 육체와 대조되는 개념으로서 정신(영적)의 세계를 나타낸다. *미코채르*의 동사형 *카차르*(קָצַר)는 '짧다'의 의미로서 '부족하다, 참을 수 없다'로 번역할 수 있다. 그들에게 가해진 노동의 일이 너무 가혹하여, 모세의 말을 받아들

이기에는 그들의 마음(영)이 너무 짧았다. 처음에 모세와 아론이 이스라엘 백성에게 가서 하나님의 말씀을 전했을 때에 그들이 믿었고, 또 머리 숙여 경배하였었다(4:31). 그런데 고난이 닥치자 쉽게 완악한 마음으로 돌아서버렸다.

자기 백성을 설득하는 데 실패하여 상심한 모세에게 여호와께서는 다시 바로에게 가서 '이스라엘 자손을 그 땅에서 내보내라'는 말을 전하라고 하셨다(6:10~11). 그러나 모세가 여호와께 "이스라엘 자손도 내 말을 듣지 아니하였거든 바로가 어찌 들으리이까?"라고 불평하였다(12절). 자기 백성을 설득하는 데 실패한 자로서 이것은 충분히 할 수 있는 변명이었다. 모세는 자신감을 잃었다. 그래서 "나는 입이 둔한 자니이다"(12절하)라고 토로한다. 여기에 "둔하다"의 아렐(עֲרַל)은 '할례받지 않은'이다. 입술에 표피가 덮여있다는 표현이다. 전에는 '입이 무겁다' 또 '혀가 무겁다'라고 표현하였었다(4:10). 6:12의 본문은 그보다 더 심하게 자신의 말 못함을 표현한 것이다. 모세의 이런 변명은 자신이 하는 말로 인해 느끼는 상실감 때문이었다.

그러나 그들은 여호와의 말씀을 전하기만 하면 된다. 다시 하나님은 모세와 아론에게 이스라엘 자손과 이집트 왕 바로에게 자신의 명령을 전하라고 하시고, "이스라엘 자손을 애굽 땅에서 인도하여" 내라고 하셨다(6:13). 여기에서 주목할 것은 하나님이 이 명령을 이집트 왕뿐만 아니라 이스라엘 자손에게도 전하라는 것이다. 지금 하나님을 신뢰하지 못하는 것은 이스라엘도 마찬가지이다. 하나님은 앞으로 바로에게 자신의 능력의 일을 보여줄 뿐만 아니라 역시 이스라엘에게도 보여주실 것이다.

6) 모세와 아론의 족보(6:14~27)

14 그들의 조상을 따라 집의 어른은 이러하니라 이스라엘의 장자 르우벤의 아들은 하녹과 발루와 헤스론과 갈미니 이들은 르우벤의 족장이요 15 시므온의 아들들은 여무엘과 야민과 오핫과 야긴과 소할과 가나안 여인의 아들 사울이니 이들은 시므온의 가족이요 16 레위의 아들들의 이름은 그들의 족보대로 이러하니

게르손과 고핫과 므라리요 레위의 나이는 백삼십칠 세였으며 17 게르손의 아들들은 그들의 가족대로 립니와 시므이요 18 고핫의 아들들은 아므람과 이스할과 헤브론과 웃시엘이요 고핫의 나이는 백삼십삼 세였으며 19 므라리의 아들들은 마흘리와 무시니 이들은 그들의 족보대로 레위의 족장이요 20 아므람은 그들의 아버지의 누이 요게벳을 아내로 맞이하였고 그는 아론과 모세를 낳았으며 아므람의 나이는 백삼십칠 세였으며 21 이스할의 아들들은 고라와 네벡과 시그리요 22 웃시엘의 아들들은 미사엘과 엘사반과 시드리요 23 아론은 암미나답의 딸 나손의 누이 엘리세바를 아내로 맞이하였고 그는 나답과 아비후와 엘르아살과 이다말을 낳았으며 24 고라의 아들들은 앗실과 엘가나와 아비아삽이니 이들은 고라 사람의 족장이요 25 아론의 아들 엘르아살은 부디엘의 딸 중에서 아내를 맞이하였고 그는 비느하스를 낳았으니 이들은 레위 사람의 조상을 따라 가족의 어른들이라 26 이스라엘 자손을 그들의 군대대로 애굽 땅에서 인도하라 하신 여호와의 명령을 받은 자는 이 아론과 모세요 27 애굽 왕 바로에게 이스라엘 자손을 애굽에서 내보내라 말한 사람도 이 모세와 아론이었더라 여호와께서 모세와 아론에게 명령하시다

이야기가 진행되는 도중에 갑자기 족보가 등장한다. 이 족보를 빼면 6:13에서 28절은 자연스럽게 이야기가 이어진다. 무엇 때문에 여기에 족보가 삽입되었을까? 이곳 족보에는 몇 가지 특이한 점들이 있다. 첫째, 이스라엘 전체의 가계를 다루지 않고, 르우벤, 시므온, 레위 세 족장들의 계보만 약식으로 다룬다. 먼저 르우벤과 시므온의 아들을 소개한다. 그들에게 사용된 "족장"이라는 단어(14절) 미쉬파하(מִשְׁפָּחָה)는 일반적인 의미로 '가족'이나, '가장(家長)'이라고도 볼 수 있다. 둘째, 앞의 두 형제(르우벤, 시므온)는 그들의 아들들만(2세대) 나열한 반면, 레위의 계보는 좀 더 자세히 다루고 있다. 레위의 계보에서는 최대 5대까지 기록한다(16절 이하).

셋째, 레위의 계보에서도 가장 세밀히 다루어지는 것은 아론이다(23절 이하). 따라서 본 계보의 목적은 넓게는 레위의 가문, 그리고 더 좁게는 아론의

계보를 설명하기 위함이라고 볼 수 있다. 레위의 계보 중 고라가 속한 계보는 4대까지 언급하고 있다(24절). 그것은 앞으로 고라 자신(민 16장)뿐만 아니라 그 후손 또한 중요한 인물로 등장할 것을 예시한 것이다. 앞으로 그 후손들이 성전에서 중요하게 봉사할 뿐만 아니라, 시편에서도 깊은 신앙의 노래를 지은 것으로 유명하다.

그중에서 아론이 속한 계보는 5세대까지 기록하고 있다. 그리고 아론과 모세의 아버지부터 시작하는데, 여기에서 "아므람은 그들의 아버지의 누이 요게벳을 아내로 맞이하였고"라고 하였다(20절). 뒤에 나타날 모세의 율법에서는 아버지의 누이를 범하지 말라고 한다(레 18:12~14). 그러나 아브라함은 그의 이복동생과 결혼한 예가 있다. 또 이삭과 야곱도 가까운 친척과 결혼하였다. 그 경우들은 순수혈통을 유지하기 위함이었다. 아므람이 고모와 결혼하여 아이를 낳았다는 것을 기록하는 이유도 그들의 자녀들이 순수한 레위 가문의 혈통인 것을 강조하기 위함이라고 생각된다. 모세와 아론의 어머니 요게벳(יוֹכֶבֶד)은 여호와의 축약형인 요(יוֹ)와 '영화롭다'라는 카베드(כָּבֵד)의 합성어로 이루어져있으며, 전체의 뜻은 '여호와는 영광이시다'라는 의미이다.[14] 이 가족사 기록은 순수한 혈통을 강조할 뿐만 아니라 여호와에 대한 신앙심이 깊은 가문임을 드러내고 있다.

비평학자들은 이 작은 계보를 P문서로 보고, 아론이 이스라엘 종교의 중요한 기초를 놓은 역할을 강조하기 위해 여기 삽입되었다고 본다.[15] 특히 그들은 여기서는 아론과 모세의 이름이 다른 곳에서와 달리 순서가 바뀌었음을 강조한다(6:20).[16] 그러나 우리는 이것이 후대에 기록된 P문서라는 것과, 이곳에 제사장의 기초를 놓기 위해 삽입된 것이라는 주장을 받아들일 수 없다. 단지 여기에서는 모세와 아론이 본격으로 바로와 대결을 펼치기 전에 그들이 누구인지를 설명하기 위해 삽입되었다고 본다. 이름이 바뀐 것은 족보에 대한 이

---

14 Hyatt, *Exodus*, 95. 아란 콜, 『출애굽기』, 123.

15 Hyatt, *Exodus*, 95.

16 존 더햄, 『출애굽기』, 170.

야기이기 때문에 형을 먼저 언급한 것으로 보면 된다.

어떤 사람을 소개하는 히브리적인 방법은 족보를 말하는 것으로 시작하는 것이 흔한 방식이다.[17] 앞에서 모세에 대하여는 많이 이야기를 했기 때문에 저자는 그를 자세히 설명할 필요는 없었을 것이다. 그러나 아론은 갑자기 등장하여 앞으로 중요한 역할을 해야 한다. 특히 이스라엘 종교에서 가장 중요한 제사장의 위치를 차지할 것이다. 그러므로 저자는 아론을 특별하게 소개할 필요성이 있었을 것이다. 따라서 여기에서는 아론 위주로 족보가 진행되고 있음을 볼 수 있다.

이 족보의 결론에서 하나님은 이스라엘 자손을 "군대"(차바, צָבָא)라고 표현한다. 차바는 '전쟁을 수행하는 무리,' 즉 '군대'이다. 이스라엘에서 인구 조사를 하는 것은 전쟁에 나갈 수 있는 사람을 파악하기 위해서이다. 그러나 본 계보는 그런 인구 조사 형태가 아니다. 여기에서는 앞으로 하나님께서 이집트와 바로를 향하여 싸울 것이기 때문에 자기를 따르는 백성을 군대라고 표현한 것이다. 본문에서 이스라엘을 전쟁하는 무리로 취급하고 있지만, 전쟁은 하나님이 치를 것이다. 이스라엘은 수동적으로 따르기만 하면 된다.

교훈과 적용

① 모세는 담대하게 바로에게 나아갔다. 그는 여호와의 이름과 또 지팡이를 가졌기 때문에 왕의 위엄에 위축될 필요가 없었다. 그리고 바로에게 "여호와께서 말씀하시기를 내 백성을 보내라"는 여호와의 명령을 전했다. 바로는 "여호와가 누구이기에 이스라엘을 보내겠느냐"고 비아냥거렸다. 아직 '여호와'의 맛을 보지 못했기 때문에 하는 큰소리이다. 이집트와 같은 대국(大國)의 신이 종이 섬기는 신보다 우월하다고 뻐기는 것이었다. 하나님은 그러한 바로와 그 신들을 철저히 징계하신다. 나중에 여호와 하나님의 능력을 경험한 바로는 "바로가 모세와 아론을 급히 불러 이르되 내가 너희의 하나님 여호와와 너희에게 죄를 지었으니"라고 고백할 수밖에 없게 된다(10:16). 그리고 자기와 온 이집트 사람들의 장

---

17   아란 콜, 『출애굽기』, 122.

자가 다 죽고 난 후에 어서 나가달라고 매달린다. 그것도 모자라 그들이 홍해에서 모두 몰살할 때에 그때서야 '여호와' 이름을 가지신 그가 어떤 분이신지를 확실히 체험하게 된다.

② 많은 경우에 하나님의 약속이 더디게 이루어지는 것 같다. 하나님이 모세를 바로에게 보내어 출애굽 명령을 전달했으나, 그 일이 이루어지는 대신 이스라엘은 더 심한 노역과 학대를 당하였다. 백성의 원망이 모세에게 쏟아졌으며, 모세도 하나님에게 항의하였다. 그러나 하나님께서 자신의 약속을 잊어버리신 것이 아니다. 가장 적당한 때를 위해 참고 기다리신다. 백성의 고난이 절정에 다다라서 하나님의 구원을 더 간절히 사모하기에 이르기까지, 그리고 바로가 완악하여 하나님의 더 큰 징계를 받을 수 있을 때까지 하나님은 참고 기다리시는 것이다. 침묵의 시간에도 하나님은 자신의 계획을 이루실 준비를 하고 계신다. 그러나 영원히 기다리시지는 않으신다. 때가 되면 하나님은 분명히 자기 백성을 위한 일을 하실 것이다.

③ 하나님은 '여호와' 이름을 걸고 이제 무엇인가 하려고 하신다. 족장들에게는 여호와의 이름을 알게 하지 아니하셨다. 이것은 그 이름에 걸맞은 일을 그들이 경험해 보지 못하였다는 의미이다. 그런데 이제는 곧 백성이 그것을 경험할 것이다. 따라서 '여호와' 이름은 하나님께서 자기 백성에게 하실 일이 준비되었다는 의미이다. 그 일은 자기가 이미 언약으로 약속한 것들을 이루시는 것이다. 자기 백성을 이집트 종살이에서 구출해 내고, 가나안 땅을 차지하게 주시겠다는 약속이다. 이제 곧 하나님은 자기의 이름 '여호와'를 내세워 그 언약의 약속을 성취하시려 하신다. 따라서 '여호와'란 이름은 백성을 위해 무엇인가 일을 하실 준비가 되었음을 의미한다. 오늘날 성도들도 하나님께서 하신 약속을 근거로 '여호와' 이름을 부를 때에 그가 곧 그 일을 이루어주실 그런 분이심을 알고 불러야 하겠다.

2. 열 가지 재앙(6:28~11:10)

하나님은 이집트에서 이스라엘 백성을 이끌어내시기 위해 바로에게 능력을 보여줄 뿐만 아니라, 이집트에 재앙들을 내린다. 이 열 가지 재앙에는 특징들이 있다.

① 처음 두 가지는 이집트 요술사도 흉내 낼 수 있는 보편적인 표적이었다. 그러나 세 번째부터는 요술사들이 따라 하기를 포기한 특별한 이적이었다.

② 1-3번째의 재앙은 이집트 전역에 구별 없이 일어났다. 그러나 네 번째부터의 재앙은 이스라엘 지역은 빼고 바로와 그 신하, 그리고 그 백성에게 한정하여 임하였다. 가축에게 임한 전염병은 이집트 가축들만 해를 당하였고(9:3~4), 악성종기도 이집트 사람에게만 발하였으며(9:9-12). 우박의 경우도 이스라엘 자손이 사는 고센 땅에는 내리지 않았으며(9:26), 삼일간 어두움도 이스라엘 지역에는 광명이 있었다(10:23). 물론 마지막 재앙에도 이집트 전국에 곡성이 있었으나, 이스라엘 자손은 어떤 해도 입지 않았다

③ 재앙의 절박감이 점진적으로 증가되었다. 특히 아홉 번째 어둠은 심판을 상징하면서 열 번째 대 심판을 예고하는 성격으로 주어졌다.

④ 재앙은 여호와께서 이집트 신들과 그 신의 백성을 향한 전쟁이었다. 근동 지방에서는 흔히 신이 전쟁하는 것으로 간주하였다. 지상의 전쟁은 천상의 신들의 전쟁을 반영한 것이다. 전쟁의 승패는 그들이 섬기는 신의 승패에 달려있는 것으로 간주하였다. 이러한 전쟁은 '성전(聖戰)' 혹은 "거룩한 전쟁"으로 불린다. 하나님이 이집트를 징계하신 것은 이집트의 신과 그 신들을 대변하는 바로(바로의 백성을 포함)와 전쟁을 벌인 것이다. 첫 번째 재앙에서 지팡이로 강을 친 것은 이집트인들이 섬기는 강의 신 하피를 징계한 것이고, 흑암의 재앙은 그들이 섬기는 태양신을 징계한 것이요, 마지막 재앙도 생명을 준다는 그들의 신을 징계한 것이다. 이 재앙에서 하나님은 "내가 그 밤에 애굽 땅에 두루 다니며 사람과 짐승을 무론하고 애굽 나라 가운데 처음 난 것을 다 치고 애굽의 모든 신에게 벌을 내리리라 나는 여호와로라"라고 선포하신다(12:12). 지상의 전쟁은 천상 전쟁의 복제판이다. 이집트 신을 징벌하는 것이 이집트 사람들이 피해를 입는 것으로 나타난다. 그들이 섬기는 신과 그 백성의 연대성을 뚜렷이 보여준다.[18]

---

18   손석태, "여호와, 이스라엘의 전사"『개신논집』(서울: 개신대학원 대학교, 2005), 15.

⑤ 하나님은 성전(聖戰)을 벌인 때에 자연재해를 이용하신다. 하나님이 이집트 신과 그 군대와 싸우실 때에 주로 비나 우박이나 번개나 폭풍을 동원하여 싸우신다. 이스라엘은 직접 그 대적과 싸울 필요가 없다. 개구리, 메뚜기, 우박 등으로 그의 대적을 물리치면 이스라엘은 다만 패주하는 적들을 뒤쫓아가서 물건을 탈취하고 승리의 기쁨을 누리기만 하면 된다.

1) 모세를 바로에게 다시 보냄(6:28~7:7)

28 여호와께서 애굽 땅에서 모세에게 말씀하시던 날에 29 여호와께서 모세에게 말씀하여 이르시되 나는 여호와라 내가 네게 이르는 바를 너는 애굽 왕 바로에게 다 말하라 30 모세가 여호와 앞에서 아뢰되 나는 입이 둔한 자이오니 바로가 어찌 나의 말을 들으리이까 7:1 여호와께서 모세에게 이르시되 볼지어다 내가 너를 바로에게 신 같이 되게 하였은즉 네 형 아론은 네 대언자가 되리니 2 내가 네게 명령한 바를 너는 네 형 아론에게 말하고 그는 바로에게 말하여 그에게 이스라엘 자손을 그 땅에서 내보내게 할지니라 3 내가 바로의 마음을 완악하게 하고 내 표징과 내 이적을 애굽 땅에서 많이 행할 것이나 4 바로가 너희의 말을 듣지 아니할 터인즉 내가 내 손을 애굽에 뻗쳐 여러 큰 심판을 내리고 내 군대, 내 백성 이스라엘 자손을 그 땅에서 인도하여 낼지라 5 내가 내 손을 애굽 위에 펴서 이스라엘 자손을 그 땅에서 인도하여 낼 때에야 애굽 사람이 나를 여호와인 줄 알리라 하시매 6 모세와 아론이 여호와께서 자기들에게 명령하신 대로 행하였더라 7 그들이 바로에게 말할 때에 모세는 팔십 세였고 아론은 팔십삼 세였더라

여호와께서 모세에게 다시 바로에게 가서 여호와의 말씀을 전하라고 하신다(6:29). 그러나 모세는 다시 바로에게 가기를 꺼려한다. 앞서 하나님의 말씀을 전한 결과 자기 백성이 더 큰 고난을 당하는 어려움을 경험했기 때문이다. 모세는 또다시 자신의 약점을 내세워 핑계를 대었다: "나는 입이 둔한 자이오니 바로가 어찌 나의 말을 들으리이까?"(30절). "둔하다"의 아렐(עָרֵל)의 뜻

은 '표피가 덮힌(할례받지 못한)'이다. 이 변명은 이미 앞에서 사용한 것이었다 (6:12). 그러나 하나님은 그 문제에 대하여 이미 해결책으로 그의 형 아론을 대언자로 세우셨다.

그런데 여기에서 하나님은 이 문제에 대한 더 확신을 주신다. 바로 모세는 바로에게 신(神)과 같은 존재가 되며 아론이 그의 대언자가 될 것이라고 하신 다(7:1). 여기의 "신"은 엘로힘(אֱלֹהִים)으로서 하나님께 가장 흔하게 사용된 명 칭이다. 그러나 이 단어는 보통명사로서의 '신'에도 사용된다. 또 여기에 사용 된 동사는 나탄(נָתַן, 세우다, 두다)인데, 이 문장은 다시 번역하면 '내가 너를 바 로에게 하나님으로 세우겠다'이다. 물론 모세가 하나님이 될 수가 없다. 그러 나 바로의 눈에 모세가 하나님처럼 보이게 만들겠다는 것이다. 모세가 왜 바 로를 대면하기 겁을 내는지 하나님은 아신다. 처음 만남에서 바로는 모세를 한갓 노예 중 하나로 취급하였다. 그러나 모세가 위협을 느낄 필요가 없다. 오 히려 앞으로 바로는 모세를 하나님처럼 우러러보게 될 것이다. 모세가 하나 님이면 아론은 그 대언자이다(1절하). "대언자"로 번역된 나비(נָבִיא)는 예언자 (선지자)이다. 선지자는 여호와의 말씀을 대신 전하는 자이기 때문에 물론 대 언자로도 번역할 수 있다. 그 관계를 하나님은 모세와 아론에게 적용시킨다. 모세를 하나님과 같은 위치에 올리고, 아론을 그 대신 말을 전하는 선지자의 위치에 놓는 것이다.

다시 하나님이 모세의 변명에 대한 처방을 분명하게 내리신다. 하나님이 모 세에게 명령을 내리면 모세는 형 아론에게 그것을 전하고, 아론은 그것을 바 로에게 말하는 관계를 설정하셨다(2절상). 하나님이 그들을 통하여 바로에게 하실 일은 이스라엘 자손을 그 땅에서 내보내게 만드는 것이었다(2절하). 그 러나 바로는 그 일을 쉽게 허락하지 않을 것이다. 쉽게 이루어지는 것은 하 나님도 바라는 바가 아니다. 바로가 빨리 허락해 버리면 하나님이 어떤 분이 신 것을 더 확실히 보여줄 수 없다. 그래서 하나님은 오히려 바로의 마음을 완악하게 하여 더 많은 표징과 이적을 행하여 그들을 더 크게 징계하고자 하 셨다(3절).

여기에서 "(마음을) 완악하게 하고"의 *카솨*(קָשָׁה)는 '완고하다'의 의미로, 부리는 소에게 너무 무거운 멍에를 지워 소가 저항하는 모습을 표현하기도 하였다(왕상 12:4; 대하 10:4).[19] 또 '목이 곧다(stiffened their neck)'로 사용되기도 하였다(신 10:16; 왕하 17:14; 렘 7:26 등). 바로가 이스라엘에게 무거운 노역을 가할 때에 이 단어가 사용되기도 하였다(1:14). 7:3에서는 *카솨* 동사가 힢일(사역형)으로 사용되었다. 상황을 다시 설명하면 하나님이 바로에게 무거운 멍에를 가하여 바로가 오히려 완고하게 저항하도록 만들겠다는 것이다. 때로는 지나치게 짓누르면 사람은 크게 반발할 수 있다. 하나님은 더 많은 표징과 이적을 이집트 땅에 행하여(3절하) 그들이 더 반발하게 만들겠다는 것이다.

"표징"의 오트(אוֹת)는 징조로서, 하나님이 이사야를 통하여 아하스에게 "징조를 구하라"고 요청할 때에 사용되었으며(사 7:11), 처녀가 아이를 낳는 징조(사 7:14)와 해가 10도 뒤로 물러나는 징조를 주실 때에도 사용되었다(사 38:7~8). "이적"의 *모페트*(מוֹפֵת)는 '놀라운 일, 기사'로 번역된다. 이 오트와 모페트가 이사야 8:18에 함께 사용된 경우가 있는데, 사람으로서 도저히 상상할 수 없는 놀라운 일을 가리킨다. 하나님은 이러한 놀라운 일을 더하면 더할수록 바로는 항복하는 것이 아니라 마음을 완악하게 하여 더 반항할 것이고, 그래서 하나님은 이집트를 더 크게 심판할 것이다. 결국 하나님은 그들에게 항복을 받아내고 이스라엘 자손을 구출해 낼 것이다(7:4).

이때에 하나님은 이스라엘을 "내 군대, 내 백성"이라고 말한다. 하나님이 이스라엘을 "내 백성(암미, עַמִּי)"이라고 부르는 것은 매우 흔한 일이다. 그런데 "내 군대"라고 부르는 것은 특수한 경우이다. "군대"의 *차바*(צָבָא)는 전쟁과 관련된 용어이다. 이것은 하나님이 재앙을 내리시며 바로와 이집트를 응징한 것은 그들을 향한 전쟁임을 드러내시는 것이다. 결국 그 전쟁의 승리는 하나님이고, 하나님은 승리자로서 자기의 군대를 거느리고 출애굽할 것이다.

7:5에는 하나님이 전쟁을 치르시는 모습을 그려준다. "내 손을 애굽 위에 펴

---

19 BDB, 904.

서"라는 표현에서 "펴다"의 *나타*(נָטָה)는 "내뻗다"의 의미로서 출애굽 기사에서 자주 등장하는 단어인데, 그 용례는 다음과 같다. 첫 번째 재앙에서 하나님은 모세에게 지팡이를 잡은 그의 팔을 하수 위에 "펴라"고 말씀하신다. 그 결과 하수는 피로 변하였다(7:19). 이집트 땅 위에 지팡이를 펴라고 하시니, 동풍이 불어 메뚜기 떼가 몰려와서 이집트 땅을 덮었다(10:13). 하늘을 향하여 지팡이를 펴니 우박이 내렸으며(9:23), 하늘을 향하여 모세가 손을 펴니 흑암이 이집트 온 땅위를 덮었다(10:21, 22). 또 지팡이를 든 손을 바다 위로 펴니 홍해가 갈라졌으며(14:16, 21), 다시 손을 바다위로 펴니 멈추어 섰던 물이 이집트 군대위로 덮쳤다(14:26, 27). 하나님은 자신의 손을 펴서(실제로는 모세의 손과 지팡이를 이용하셨지만) 이집트 사람들을 치실 것이다. 그리하여 자기의 백성, 즉 군대를 그 땅에서 인도하여 낼 것이다.

하나님이 이렇게 백성을 인도해 내는 마지막에 가서야 이집트 사람이 "나를 여호와인 줄 알리라"고 선언하신다. "알다"는 단어의 야다(יָדַע)는 경험적으로 아는 것이다. 이스라엘 백성만 그 이름의 뜻을 아는 것이 아니라, 이방인 바로와 이집트 사람들도 확실하게 알게 될 것이다. 모세와 아론이 처음에 바로에게 가서 여호와 하나님의 명령을 전했을 때에 바로는 "여호와가 누구이기에 내가 그의 목소리를 듣고 이스라엘을 보내겠느냐"고 하였고, 또 "나는 여호와를 알지 못하니 이스라엘을 보내지 아니하리라"고 큰소리쳤다(5:2). 그러나 그들이 곧 경험한 후에야 '여호와' 그 이름을 확실히 알게 될 것이다.

모세와 아론이 여호와께서 명령하신 대로 하였다(7:6). 이때에 모세의 나이는 팔십 세였고 아론은 팔십삼 세였다. 아론이 모세보다 세 살 더 많다. 모세는 이집트 왕자로 40년, 광야에서 양치는 목자로 40년, 그리고 이스라엘을 인도하여 가나안 문턱까지 가는 데에 40년을 보내었다.

2) 바로와 벌인 능력 대결(7:8~14)

8 여호와께서 모세와 아론에게 말씀하여 이르시되 9 바로가 너희에게 이르기를

너희는 이적을 보이라 하거든 너는 아론에게 말하기를 너의 지팡이를 들어서 바로 앞에 던지라 하라 그것이 뱀이 되리라 10 모세와 아론이 바로에게 가서 여호와께서 명령하신 대로 행하여 아론이 바로와 그의 신하 앞에 지팡이를 던지니 뱀이 된지라 11 바로도 현인들과 마술사들을 부르매 그 애굽 요술사들도 그들의 요술로 그와 같이 행하되 12 각 사람이 지팡이를 던지매 뱀이 되었으나 아론의 지팡이가 그들의 지팡이를 삼키니라 13 그러나 바로의 마음이 완악하여 그들의 말을 듣지 아니하니 여호와의 말씀과 같더라 14 여호와께서 모세에게 이르시되 바로의 마음이 완강하여 백성 보내기를 거절하는도다

여호와께서 바로가 그들에게 이적을 보이라 요구하면 지팡이를 바로 앞에 던지라고 말씀하셨다(7:9). 그러면 뱀이 될 것이라고 하셨다. "이적"의 히브리어 모페트(מוֹפֵת)는 사람이 행할 수 없는 기이한 일을 말한다. 모세와 아론이 바로의 궁정에 들어갔다. 거기에 바로와 그 신하들이 있었다. 모세와 아론이 바로와 그의 신하 앞에 지팡이를 던지니 뱀이 되었다. 여기의 "뱀"으로 번역된 히브리어 탄닌(תַּנִּין)을 '뱀'이라고 번역된 경우는 출애굽기 7장 외에 꼭 두 번 더 나타난다(신 32:33; 시 91:13). 탄닌은 오히려 바다 괴물(창 1:21), 혹은 용(욥 7:12; 시 148:7; 사 51:9; 렘 51:34)을 가리키기는 데에 더 많이 사용되었다. 뱀은 일반적으로 나하쉬(נָחָשׁ)라는 단어인데, 여기서 탄닌으로 사용된 것은 '큰 뱀', 혹은 매우 위협적인 뱀(독사)을 가리키기 위한 의도이다(사 27:1; 신 32:33; 시 91:13 참조).

왜 하필 바로 앞에서 시행하는 첫 번째 이적이 뱀일까? 이집트에서 뱀은 아펩(Apep)이라는 신으로 섬김을 받는다. 아펩은 서쪽에서 태양신 라를 집어삼키려 하나 신들이 그와 싸워 격퇴시킨다. 일식이 생기는 것은 아펩이 승리하여 라를 삼킨 것이라고 생각한다. 이렇게 무섭고 악한 신이지만 왕은 이 뱀을 자기의 수호신으로 삼는다. 바로의 초상화나 조각을 보면 왕관 혹은 장식품에 거의 뱀이 그려져 있는 것을 볼 수 있다. 뱀 조각이 사람들이 무서워 감히 바로를 쳐다볼 수 없게 만드는 것이다. 모세가 만난 장소는 바로의 궁전

이었으며, 그 궁전에는 실제로 뱀을 수호신으로 모시고 있었을 것이다. 따라서 하나님은 바로에게 그의 수호신을 호출하여 대결할 의도로 뱀을 택한 것으로 볼 수 있다.

지팡이가 뱀이 되는 것을 본 바로가 현인들과 마술사들을 불렀다(7:11). 이집트의 마술사들도 지팡이를 던지매 뱀이 되었다(7:12). "현인"의 *하캄*(חָכָם)은 '지식인' 혹은 '현자'이다. "마술사"의 *카솨프*(כָּשַׁף)는 '마술을 행하는 자' 혹은 '주문을 외우는 자'이다. 따라서 '마법사'로 번역할 수 있다. 고대 이집트에서는 마술이 매우 성행하였다.[20] 왕궁에서 전문적으로 마술을 행하는 자이므로 그들은 제사장급의 관직에 있는 자들이었을 것이다. 그들도 각자 자기의 지팡이를 던지니 뱀이 되었다.

혹자는 왕궁의 마술사를 왕궁의 수호신인 뱀을 관리하는 자들로서, 지팡이를 이용하여 보관된 뱀을 불러와서 재주를 부리게 한 것으로 보기도 한다. 오늘날 마술사들과 같이 교묘하게 눈을 속이는 것이다. 여하튼 그들의 지팡이가 뱀으로 변했든지, 아니면 지팡이에 의해 지배당하는 뱀이 등장했든지 간에 양자는 서로 매섭게 맞붙었을 것이다. 이 싸움에서 아론 지팡이의 뱀이 바로의 뱀을 삼켰다(12절). 하나님이 바로의 수호신을 불러내어 이긴 것이다.

바로는 이 상황을 보고도 마음을 완악하게 하여 모세의 말을 듣지 않았다 (13절). 하나님이 예고한바 대로였다. 그런데 "완악하다"는 앞에서 *카솨*(קָשָׁה, 완고하다)를 사용했는데(7:3), 본 절(7:13)에서는 *하자크*(חָזַק, 강팍하다)를 사용하였다. *카솨*는 무거운 멍에에 대한 저항하는 모습이라면, *하자크*는 '스스로 마음을 강하게 하다'라는 의미를 가진다. 바로는 이러한 강팍한 마음으로 이스라엘을 내어보내지 않았다.

20　아란 콜, 『출애굽기』, 126.

3) 첫 번째 재앙: 강물이 피로 변함(7:15~25)

15 아침에 너는 바로에게로 가라 보라 그가 물 있는 곳으로 나오리니 너는 나일
강 가에 서서 그를 맞으며 그 뱀 되었던 지팡이를 손에 잡고 16 그에게 이르기를
히브리 사람의 하나님 여호와께서 나를 왕에게 보내어 이르시되 내 백성을 보
내라 그러면 그들이 광야에서 나를 섬길 것이니라 하였으나 이제까지 네가 듣
지 아니하도다 17 여호와가 이같이 이르노니 네가 이로 말미암아 나를 여호와
인 줄 알리라 볼지어다 내가 내 손의 지팡이로 나일강을 치면 그것이 피로 변하
고 18 나일강의 고기가 죽고 그 물에서는 악취가 나리니 애굽 사람들이 그 강 물
마시기를 싫어하리라 하라 19 여호와께서 또 모세에게 이르시되 아론에게 명령
하기를 네 지팡이를 잡고 네 팔을 애굽의 물들과 강들과 운하와 못과 모든 호수
위에 내밀라 하라 그것들이 피가 되리니 애굽 온 땅과 나무 그릇과 돌 그릇 안에
모두 피가 있으리라 20 모세와 아론이 여호와께서 명령하신 대로 행하여 바로와
그의 신하의 목전에서 지팡이를 들어 나일강을 치니 그 물이 다 피로 변하고 21
나일강의 고기가 죽고 그 물에서는 악취가 나니 애굽 사람들이 나일강 물을 마
시지 못하며 애굽 온 땅에는 피가 있으나 22 애굽 요술사들도 자기들의 요술로
그와 같이 행하므로 바로의 마음이 완악하여 그들의 말을 듣지 아니하니 여호
와의 말씀과 같더라 23 바로가 돌이켜 궁으로 들어가고 그 일에 관심을 가지지
도 아니하였고 24 애굽 사람들은 나일강 물을 마실 수 없으므로 나일강 가를 두
루 파서 마실 물을 구하였더라 25 여호와께서 나일강을 치신 후 이레가 지나니라

하나님은 모세에게 아침에 강가로 가서 바로를 만나라고 하셨다(7:15상).
"그 강"의 하예오르(הַיְאֹר)는 나일강을 가리킨다. 바로가 왜 아침에 강가로 나
올까? 이집트는 지중해 연안을 제외하고 대부분 지역이 연중 50mm 정도의
비밖에 오지 않는다.[21] 그리고 대부분의 지역이 준사막이다. 따라서 이집트 사

---

21   이집트 강우량의 지역별로 보면, 알렉산드리아는 연중 200~250mm, 카이로 지역(당시 이집트 수도 멤피스
     근방)은 연중 40~60mm, 남부 지역은 연중 30mm 미만으로 온다.

람들은 나일강 주변에 몰려 살면서 강물을 식수로 사용하고 또 강물을 이용하여 농사를 짓는다. 그들에게는 나일강이 유일한 생명줄이다. 만약 강물이 너무 많아 범람하거나 너무 적어 수위가 내려가는 것은 그들에게 큰 재난이 된다. 그래서 이것을 막고자 강의 신 하피를 섬긴다.[22]

바로가 아침에 강가에 있는 것은 최고의 제사장인 그가 하피 신전에 제사를 드리기 위함이었을 것이다. 하나님은 바로를 바로 그 강가에서 만나라고 하신다. 그런데 하나님은 "그 뱀 되었던 지팡이를 손에 잡고" 바로를 만나라고 하였다(15절하). 이 지팡이는 바로의 수호신을 쳐서 이긴 능력의 지팡이다. 왕궁에서 바로의 수호신과 싸운 하나님이 이제는 온 이집트인들이 섬기는 하피 신과 공개적인 장소에서 대결을 벌일 것을 예고하시는 것이다.

그곳에서 하나님은 바로에게 "히브리 사람의 하나님 여호와께서 나를 왕에게" 보내었음을 밝히고(16절상), 그리고 하나님이 자기 백성을 내보내어 광야에서 자기를 섬기게 하라는 요구를 바로가 듣지 않았음을 상기시켜 말하라고 하셨다(16절하). 그리고 다시 경고하신다. 이제 곧 하게 될 이 일로 말미암아 "나를 여호와인 줄 알리라"고 하신다(17절상). "알리라"의 야다(יָדַע)는 경험적으로 아는 것을 의미한다. '여호와' 이름은 '곧 어떤 일을 할 것이라'는 의미이다. 이제 그 일을 하면 이집트 사람들이 여호와의 이름을 체험적으로 알게 될 것이다.

하나님은 자신이 계획하는 일을 밝힌다. 먼저 "볼지어다"(힌네, הִנֵּה)는 말로 주위를 환기시킨다. 어떤 일이 일어날지 보라는 것이다. 그리고 모세의 손에 있는 지팡이로 나일 것을 치라고 하신다. "치다"의 나카(נָכָה)는 종종 치명적인 타격으로 상대방을 치는 것을 의미한다. 또 많은 경우에 나카는 '쳐 죽이다'는 의미로도 쓰인다(21:12; 수 10:26 등). 지팡이로 나일강을 치는 것은 강의 신 하피를 징계한다는 의미이며, 더 나아가 그 신을 죽이는 것이다.

그러면 강물이 바로 피로 변할 것이다(7:17하). 강물이 피로 변한다는 것은

하피 신이 죽었음을 의미한다. 그 결과 나일강에 살던 고기가 죽고 그 물에서는 악취가 날 것이다(7:18). 그들이 강을 섬기는 이유는 그 강이 생명을 주기 때문이었다. 그런데 강이 죽을 뿐만 아니라 그 강에서 살고 있는 고기가 죽고 그로 인하여 악취가 난다. 생명을 주는 강이 아니라 죽음을 주는 것으로 변했으며, 숭배의 대상에서부터 오히려 사람들이 그 물 마시기를 싫어하는 것으로(18절하) 추락하였다. "싫어하다"의 *라아*(לָאָה)는 감정이 상하여 '싫증나다'이다. 서로의 밀월관계가 끊어져 쳐다보는 것이 오히려 짜증스러운 존재가 되었음을 의미한다.

여호와께서 다시 모세와 아론에게 명령하였다: "네 지팡이를 잡고 네 팔을 애굽의 물들과 강들과 운하와 못과 모든 호수 위에 내밀라"(7:19). 이제는 나일강뿐만 아니라 이집트 전역을 향하여 지팡이를 뻗었다. "강"의 *나하르*(נָהָר)는 나일강 원 줄기를 말하고, "운하"로 번역된 *예오르*(יְאֹר)는 강의 지류 혹은 시내를 말한다. 나일강은 하류(델타 지역) 이외에는 강의 지류가 없다. 그래서 여기에서는 사람이 만든 운하로 보는 것이 맞다. 이집트 사람들은 농사를 짓기 위해 나일강에서부터 물을 끌어내는 운하를 만들어 사용하였다. "못"으로 번역된 *아감*(אֲגַם)은 '웅덩이' 혹은 '늪지대'를 말하고, "호수"로 번역된 *미크웨*(מִקְוֶה)는 '고인 물'을 말한다. 둘 다 오아시스를 연상케 한다. 이집트는 대부분 사막 지대이며, 사막의 중간 중간에 크고 작은 오아시스들이 있다. 이런 모든 물까지 다 피로 변한 것이다(19절중). 이런 현상은 이집트 전역에 걸쳐 이루어졌다고 할 수 있다.

그뿐 아니라 나무그릇과 돌그릇에 담긴 물도 모두 피로 변했다(19절하). "나무그릇"으로 번역된 *바에침*(בָעֵצִים)은 '나무들 안에'이고 "돌그릇"으로 번역된 *바아바님*(בָאֲבָנִים)은 '돌들 안에'이다. '나무 안에 있는 물이'니 나무그릇의 물로, 그리고 돌그릇 안의 물로 번역이 가능하다. 그릇에 담긴 물은 이미 강이나 저수지에서 분리된 것이다. 이 모든 것을 보면 한 곳에서 피로 변하여 점진적으로 퍼져나간 것이 아니라, 순식간에 모든 물에서 그 현상이 다 일어났다고 보아야 한다. 나무그릇은 서민들이 사용하는 것이며, 돌그릇은 귀족들이 사용하는 용기일 것이다. 따라서 이 재앙은 신분의 구분 없이 모든 사람에게 내려졌다.

모세와 아론은 여호와의 명령대로 시행하였고(20절), 하나님이 말씀하신대로 그대로 이루어졌다. 이집트 온 땅에 피가 있었으며, 물에서 악취가 나므로 이집트 사람들은 물을 마실 수가 없었다(21절). 그런데 이러한 일을 이집트 요술사들도 요술로 행하였다(7:22상). "요술사"의 하르톰(חַרְטֹם)은 '마술사' 혹은 '점술가'이다. 지팡이로 뱀을 만든 '마술사'인(7:11) 카솨프(כָּשַׁף, '주문을 외우는 자')와 다른 단어이다. "요술"의 라트(לָט)는 '마술'로 번역할 수 있다. 오늘날의 마술은 거의 눈속임이다. 아마도 이집트 마술사의 행위도 눈속임일 가능성이 많다. 그리고 마술사가 적은 물을 이용하여 수작을 부리는 것과 하나님이 하신 일은 차원이 다르다. 하나님께서는 전역 어디에서나 있는 물을 모두 변화시킨 것이다. 이렇게 차원이 달랐지만 바로는 자기들의 요술로도 같은 일을 행하므로 마음이 완악하여 여호와 말을 듣지 않았다.

바로는 궁으로 돌아갔고, 그 일에 관심을 가지지 아니하였다(7:23). "관심"은 레브(לֵב)로서, 이 부분을 다시 번역하면 '그의 마음을 그 일에 두지 않았다'라고 할 수 있다. 온 백성은 마실 물이 없어 땅을 파서 물을 찾고 있는데(24절), 이 사건에 관계된 주 책임자인 바로는 궁에 들어가 자취를 감추었다. 백성의 안위를 살펴야 할 국가의 최고 책임자로서의 자세가 아니다. 이집트 사람들은 마실 물을 찾아 나일강가를 두루 팠다. 그러나 새로 얻는 물도 당연히 피로 물들었을 것이다. 이집트 백성이 이 상황을 얼마나 견딜 수 있을지 의문이다. 여호와께서 나일강을 치신 후 이레가 지났다(25절). 아마도 백성이 참기 어려운 한계점에 도달했을 때가 되었을 것이다.

4) 두 번째 재앙: 개구리의 소동(8:1~15)

1 여호와께서 모세에게 이르시되 너는 바로에게 가서 그에게 이르기를 여호와의 말씀에 내 백성을 보내라 그들이 나를 섬길 것이니라 2 네가 만일 보내기를

거절하면 내가 개구리로 너의 온 땅을 치리라 3 개구리가 나일 강에서 무수히 생기고 올라와서 네 궁과 네 침실과 네 침상 위와 네 신하의 집과 네 백성과 네 화덕과 네 떡 반죽 그릇에 들어갈 것이며 4 개구리가 너와 네 백성과 네 모든 신하에게 기어오르리라 하셨다 하라 5 여호와께서 모세에게 이르시되 아론에게 명령하기를 네 지팡이를 잡고 네 팔을 강들과 운하들과 못 위에 펴서 개구리들이 애굽 땅에 올라오게 하라 할지니라 6 아론이 애굽 물들 위에 그의 손을 내밀매 개구리가 올라와서 애굽 땅에 덮이니 7 요술사들도 자기 요술대로 그와 같이 행하여 개구리가 애굽 땅에 올라오게 하였더라 8 바로가 모세와 아론을 불러 이르되 여호와께 구하여 나와 내 백성에게서 개구리를 떠나게 하라 내가 이 백성을 보내리니 그들이 여호와께 제사를 드릴 것이니라 9 모세가 바로에게 이르되 내가 왕과 왕의 신하와 왕의 백성을 위하여 이 개구리를 왕과 왕궁에서 끊어 나일 강에만 있도록 언제 간구하는 것이 좋을는지 내게 분부하소서 10 그가 이르되 내일이니라 모세가 이르되 왕의 말씀대로 하여 왕에게 우리 하나님 여호와와 같은 이가 없는 줄을 알게 하리니 11 개구리가 왕과 왕궁과 왕의 신하와 왕의 백성을 떠나서 나일 강에만 있으리이다 하고 12 모세와 아론이 바로를 떠나 나가서 바로에게 내리신 개구리에 대하여 모세가 여호와께 간구하매 13 여호와께서 모세의 말대로 하시니 개구리가 집과 마당과 밭에서부터 나와서 죽은지라 14 사람들이 모아 무더기로 쌓으니 땅에서 악취가 나더라 15 그러나 바로가 숨을 쉴 수 있게 됨을 보았을 때에 그의 마음을 완강하게 하여 그들의 말을 듣지 아니하였으니 여호와께서 말씀하신 것과 같더라

하나님은 모세와 아론을 다시 바로에게 보내었다. 그리고 다시 선포하였다. "여호와의 말씀에 내 백성을 보내라 그들이 나를 섬길 것이니라"(8:1). 만일 다시 거절하면 이번에는 개구리로[23] 온 땅을 치겠다고 경고하였다(2절). 개구리는 강에서 산다. 강물이 피로 변하고 물고기들이 죽어 악취가 나니 강에서부

---

[23] 개구리가 나일강을 풍부하게 하여 애굽 땅을 기름지게 한다고 여겨서 신성시했다. 인간의 몸에 개구리의 머리를 가진 여신 '헤트'(Hekhet)를 풍요와 다산의 신으로 섬긴다.

터 나올 것이다. 그런데 그 숫자와 그 행동이 문제이다. 개구리가 나일강에서 무수히 생기겠다고 하신다(3절상). "무수히"의 쇠라츠(שָׁרַץ)는 '우글거리다, 가 득차다'이다(창 1:20,21; 겔 47:9 참조). 이집트 전역에 개구리들이 가득차서 우 글거리는 모습을 연상할 수 있다. 현재 강물이 썩고 악취가 나는데 이처럼 갑 자기 많은 개구리가 생겼다는 것은 단순한 자연현상으로만 볼 것이 아니다.

그런데 이 개구리의 행동이 더 심각하다. 개구리들이 백성뿐만 아니라 모든 신하들, 그리고 심지어 바로에게까지 기어오를 것이다(8:4). 직위 고하와 상관 없이 온 나라의 모든 사람에게 성가시게 굴 것이다. 왕궁에도 들어와서 바로 의 침실과 침대 위에도 올라오며, 신하의 집과 백성의 집에 들어갈 것이고, 화 덕과 심지어 떡 반죽 그릇에 들어갈 것이다(3절). "화덕"의 탄누르(תַּנּוּר)는 용 광로와 같은 큰 화로가 아니라 빵을 구을 때에 쓰는 가정용 작은 화로를 가리 킨다. "떡 반죽 그릇"으로 번역된 미쉬애래트(מִשְׁאֶרֶת)는 가정용 '그릇'이다. 일 반 가정뿐만 아니라 왕궁에서까지 음식을 만들 수 없을 정도로 개구리들이 성 가시게 날뛴다. 그뿐만 아니라 개구리들은 울음소리가 요란하다. 침실과 침 대에까지 그것들이 날뛰며 울어대니 그들은 밤에 도저히 잠을 이룰 수 없을 것이다. 이집트에서는 개구리를 헥트라는 여신, 곧 다산과 부활의 신으로 섬 긴다. 이 여신상의 머리는 개구리 모양을 하고 있다. 그런데 이 숭배의 대상인 개구리들이 자기를 섬기는 이집트인들을 공격하고 있으며, 이제 그것들은 구 역질나는 기피의 대상이 되었다. 하나님은 계속해 이집트 신들을 하나씩 심판 하면서 바로와 그 백성을 징벌하고 있다.

바로가 위에서 주신 하나님의 경고를 무시하자 여호와께서 모세와 아론에 게 "네 지팡이를 잡고 네 팔을 강들과 운하들과 못 위에 펴서 개구리들이 애 굽 땅에 올라오게 하라"고 명령하신다(8:5). 예고한 대로 재앙이 그대로 이루 어질 것이다. 아론이 이집트 물들 위에 손을 내밀었다. 그러자 개구리가 올라 와서 온 땅에 덮였다(6절). 이집트 전역에 개구리들이 가득하였다. 그런데 요 술사들도 요술을 부려 그와 같이 행하였다(7절). 요술사의 하르톰(חַרְטֹם)은 첫 번째 재앙(물이 피로 변함)에서 같은 마술을 부린 사람이다(7:22). 역시 그들은 진짜 이적으로 행하였다기보다는 속임으로 요술을 부렸을 것이다. 그러나 엄청나게 활동하고 있는 개구리의 횡포를 막지 못하였다.

개구리의 극성에 더 이상 참을 수 없어 바로는 모세와 아론을 불렀다. 그리고 "여호와께 구하여 나와 내 백성에게서 개구리를 떠나게 하라"고 요청하였다(8:8상). "구하다" 아타르(עתר)는 '기도하다, 탄원하다'이다. 바로는 이스라엘의 하나님 여호와의 능력을 최초로 인정한다. 바로는 자기들을 위해 그에게 탄원해 달라고 간청하였다. 이스라엘을 여호와께 제사 드리러 보내겠다고 허락하였다(8절하). 이제 조금씩 여호와를 알기 시작했다.

모세는 바로에게 언제 개구리들이 강에만 있도록 간구하는 것이 좋을지 묻는다(9절). 만약 이 그런 약속없이 개구리들의 소동이 멈추면 자연적으로 생긴 일로 몰아붙일 가능성이 있기 때문이다. 확실히 여호와께서 하신 일이라는 것을 바로와 그 신하들이 부정할 수 없도록 그들이 날짜를 임의로 정하라고 요청하였다. 모세는 하나님께서 하시는 일에 대하여 자신감이 가득 차있다. 바로는 "내일"이라는 날짜를 지정해 준다(10절상). 모세는 바로 그날에 개구리들이 강에만 있을 것이라고 확신을 주면서, 이로 인하여 그들이 "우리 하나님 여호와와 같은 이가 없는 줄을 알게"하리라고 말한다(10절하). 이집트인들이 섬기는 어떤 신도 여호와에게 견줄 수 없다는 것이다. 이 일로 바로는 여호와를 인정할 수밖에 없다.

궁에서 나온 모세와 아론은 개구리에 대하여 여호와께 간구하였다(12절). "간구하다"로 번역된 차아크(צעק)는 '부르짖다' 혹은 '큰소리로 외치다'이다. 바로는 기도해 달라(아타르)라고 요청했는데, 모세는 여호와께 큰소리로 외치고 있다. 이것은 다른 사람들이 듣도록 공개적으로 탄원하는 것이다. 여호와께서 자기의 탄원을 들어주신다는 것을 다른 사람들이 보도록 한 것이다.

모세의 공개적인 탄원이 있자, 개구리들이 집과 마당, 그리고 밭에서 나와서 죽었다(13절). "마당"의 하체르(חצר)는 울타리로 쳐진 안뜰이며, 밭의 사대(שדה)는 울타리 밖의 들판이다. 집, 마당, 그리고 밭은 사람들이 생활하는 모든 영역이다. 그 생활영역에서 모든 개구리들이 나왔고, 그리고 떼로 죽었다.

엄청난 수의 개구리 죽음이었을 것이다. 사람들이 그것들을 모아 무더기로 쌓았다(14절상). "무더기"의 오메르(חֹמֶר)는 '점토, 진흙'으로서, 이 문장을 '진흙 더미같이 쌓아올리다'로 번역할 수 있을 것이다. 이렇게 쌓아올린 죽은 개구리 더미가 부패하여 악취가 났다(14절하).

악한 상황이 해소되고 바로가 숨을 쉴 수 있게 되었다(15절상). "숨을 쉴 수 있게 되다"의 레와하(רְוָחָה)는 '안도의 한숨을 쉬다'로 번역할 수 있다. 그러자 바로의 마음이 다시 완강해졌다. "완강하다"의 카바드(כָּבֵד)는 '무겁다'인데 여기서는 사역형(힢일)으로 사용되었다. 그래서 다시 번역하면 '그는 자신의 마음을 무겁게 하였다'이다. 바로는 자기가 한 약속을 지키지 않았다. 이것은 일찍 여호와께서 모세에게 하신 말씀과 같았다(7:3).

5) 세 번째 재앙: 티끌이 이가 됨(8:16~19)

> 16 여호와께서 모세에게 이르시되 아론에게 명령하기를 네 지팡이를 들어 땅의 티끌을 치라 하라 그것이 애굽 온 땅에서 이가 되리라 17 그들이 그대로 행할새 아론이 지팡이를 잡고 손을 들어 땅의 티끌을 치매 애굽 온 땅의 티끌이 다 이가 되어 사람과 가축에게 오르니 18 요술사들도 자기 요술로 그같이 행하여 이를 생기게 하려 하였으나 못 하였고 이가 사람과 가축에게 생긴지라 19 요술사가 바로에게 말하되 이는 하나님의 권능이니이다 하였으나 바로의 마음이 완악하게 되어 그들의 말을 듣지 아니하였으니 여호와의 말씀과 같더라

여호와께서 다시 모세와 아론에게 "네 지팡이를 들어 땅의 티끌을 치라"고 명령하신다. 그러면 이 티끌이 이가 될 것이라고 말씀하신다(8:16). "티끌"의 아파르(עָפָר)는 '마른 흙, 먼지, 티끌'이다. 하나님이 사람을 창조하실 때에 땅의 티끌(아파르)로 사람을 만들었으며(창 2:7), 또 사람이 죽어 티끌(아파르)로 돌아가라고 명령하셨다. "치다"의 나카(נָכָה)는 쳐서 죽이는 모습에 자주 사용된다. 이집트는 건조하기 때문에 땅이 메마르며 먼지가 많이 일어난다. 모세

가 지팡이로 마른 땅을 세게 쳤을 것이고, 그러면 땅에서 먼지들이 일어나고, 그 먼지가 이가 되었을 것이다. 그런데 땅을 친 그곳에서만 이가 생긴 것이 아니라 이집트 온 땅의 티끌이 모두 이가 되었고(8:17), 사람과 가축에게 붙었다.

"이"의 히브리어 껜(כֵּן)을 흠정역(KJV)은 lice(이)라고 번역하였지만, 현대 영어성경은 'gnat'로 번역하였는데, 이것은 하루살이 같은 작은 벌레를 가리킨다. 혹자는 '모기'로 간주한다.[24] 한글성경에서는 시편 105:31에는 껜을 '이'로 번역했고, 이사야 51:6에는 '하루살이'로 번역했다. 여기에서는 사람과 가축에게 주로 올라붙은 것을 보아 '이'로 번역하는 것이 좋겠다. 이가 사람과 가축에게 무더기로 올라붙으니 사람들이 견디기 힘들었을 것이다.

요술사들도 자기 요술로 이를 생기게 하려 하였으나 실패하였다(18절). 더이상 속임술로 이런 일을 만들어내지 못하였다. 이제 요술사들이 이것은 하나님의 권능으로밖에 볼 수 없음을 바로에게 고백하였다(19절). "권능"의 애체바(אֶצְבַּע)는 일반적으로 '손가락, 발가락'이란 뜻이다. '하나님의 손가락'으로 사용될 때에는 '하나님의 능력(힘)'으로 번역될 수 있다(시 8:3; 눅 11:20 참조). '하나님의 능력'을 말할 때 '하나님의 팔'이 사용될 때도 있다(욥 40:9; 사 53:2). 요술사의 고백에도 불구하고 바로는 마음이 완악하여 모세와 아론의 말을 듣지 않았다. 이것은 여호와께서 미리 말씀하셨던 바이다.

6) 네 번째 재앙: 파리 떼를 보냄(8:20~32)

20 여호와께서 모세에게 이르시되 아침에 일찍이 일어나 바로 앞에 서라 그가 물 있는 곳으로 나오리니 그에게 이르기를 여호와께서 이와 같이 말씀하시기를 내 백성을 보내라 그러면 그들이 나를 섬길 것이니라 21 네가 만일 내 백성을 보내지 아니하면 내가 너와 네 신하와 네 백성과 네 집들에 파리 떼를 보내리니 애굽 사람의 집집에 파리 떼가 가득할 것이며 그들이 사는 땅에도 그러하리라 22 그

---

24 아란 콜, 『출애굽기』, 131.

날에 나는 내 백성이 거주하는 고센 땅을 구별하여 그 곳에는 파리가 없게 하리니 이로 말미암아 이 땅에서 내가 여호와인 줄을 네가 알게 될 것이라 23 내가 내 백성과 네 백성 사이를 구별하리니 내일 이 표징이 있으리라 하셨다 하라 하시고 24 여호와께서 그와 같이 하시니 무수한 파리가 바로의 궁과 그의 신하의 집과 애굽 온 땅에 이르니 파리로 말미암아 그 땅이 황폐하였더라 25 바로가 모세와 아론을 불러 이르되 너희는 가서 이 땅에서 너희 하나님께 제사를 드리라 26 모세가 이르되 그리함은 부당하니이다 우리가 우리 하나님 여호와께 제사를 드리는 것은 애굽 사람이 싫어하는 바인즉 우리가 만일 애굽 사람의 목전에서 제사를 드리면 그들이 그것을 미워하여 우리를 돌로 치지 아니하리이까 27 우리가 사흘길쯤 광야로 들어가서 우리 하나님 여호와께 제사를 드리되 우리에게 명령하시는 대로 하려 하나이다 28 바로가 이르되 내가 너희를 보내리니 너희가 너희의 하나님 여호와께 광야에서 제사를 드릴 것이나 너무 멀리 가지는 말라 그런즉 너희는 나를 위하여 간구하라 29 모세가 이르되 내가 왕을 떠나가서 여호와께 간구하리니 내일이면 파리 떼가 바로와 바로의 신하와 바로의 백성을 떠나려니와 바로는 이 백성을 보내어 여호와께 제사를 드리는 일에 다시 거짓을 행하지 마소서 하고 30 모세가 바로를 떠나 나와서 여호와께 간구하니 31 여호와께서 모세의 말대로 하시니 그 파리 떼가 바로와 그의 신하와 그의 백성에게서 떠나니 하나도 남지 아니하였더라 32 그러나 바로가 이 때에도 그의 마음을 완강하게 하여 그 백성을 보내지 아니하였더라

다시 여호와께서 모세에게 아침 일찍 물 있는 곳에 나오는 바로를 만나라고 하신다. 아마 바로는 예전처럼 나일강 하피 신을 섬기기 위해 계속 아침마다 강가로 나왔을 것이다. 그리고 여호와께서 "내 백성을 보내라 그러면 그들이 나를 섬길 것이니라"고 전하라 하셨다(8:20). 바로가 모세로부터 지겹도록 들은 말이다. 그리고 이 말을 들을 때마다 또 무슨 나쁜 일이 생길지 짜증스러웠을 것이다. 하나님은 이번에 "내가 너와 네 신하와 네 백성과 네 집들에 파리 떼를" 보내겠다고 하셨다(21절). 파리 떼가 이집트 사람의 집집이 가득할 것이

고, 집뿐만 아니라 온 땅에도 가득할 것이라고 하였다.

"파리 떼"라고 번역한 아로브(עָרֹב)은 그냥 '무리, 떼'이다. 영어성경 KJV과 NIV는 '파리(flies)'로 NASB는 '곤충의 무리(swarms of insects)'로 번역한다. 한 종류의 곤충뿐만 아니라 여러 곤충들이 뒤섞인 떼거리일 가능성도 있다.[25] 헬라어 70인역본은 이것을 퀴노무이아(κυνομια)로 번역하는데, 이것은 '쇠파리'를 가리킨다. 왕파리 중 하나로 사람이 물리면 고통을 느끼는 벌레이다. 따라서 본문에서는 파리 떼로 번역하는 것도 가능할 것 같다. 앞 재앙들에서 강에서 살았던 많은 물고기들이 죽었고, 또 개구들이 죽어 큰 무더기로 쌓였으며, 악취가 났다(8:14). 따라서 그 썩은 동물들의 시체에서부터 구더기와 쇠파리 떼가 생겼다고 보는 것은 매우 합리적이다.

이 네 번째 재앙부터는 유대인 지역과 이집트 지역이 구별되었다. "구별하다"의 팔라(פָלָה)는 단순한 구분보다는 '차별하다'라는 의미로 번역하는 것이 좋다. 유대인들이 사는 고센 땅에는 발생하지 않고, 이집트 사람들이 사는 곳에만 재앙이 내렸다. "고센 땅"은 출애굽기에서 처음 등장한다. 이집트 하류 델타 지대의 한 구역으로서 물이 풍부하고 비옥한 곳이다.[26]

하나님이 자기 백성과 이방인들을 차별하여 취급함으로써 이 일을 일으키시는 자가 이스라엘의 하나님 여호와이심을 그들에게 확실히 알게 하셨다(22절). 이 차별은 바로와 그 백성에게 "표징(오트, אוֹת, 징조)"이 되었다(23절). 다음날 모세가 예고한 대로 파리 떼가 무수히 나타나서 바로의 궁과 그의 신하의 집과 이집트 온 땅을 덮었고, "파리로 말미암아 그 땅이 황폐하였다"(25절). "황폐하다"의 솨하트(שׁחַת)는 '멸망하다, 파멸하다'이다. 전쟁이 휩쓸고 간 후 마을이 완전히 파괴되어 폐허가 된 모습이다. 그만큼 쇠파리의 공격이 무서웠다는 의미이다.

바로는 다급하게 항복하였다. 모세와 아론을 불러 "가서 이 땅에서 너희 하

---

25 이 재앙과 관련된 이집트 신은 '케프라'로 볼 수 있다. 풍뎅이의 모습을 하고 있고 하루 일정을 관리하는 신으로 숭배되었다.

26 한정건, 『창세기』, 629~30 참조할 것.

나님께 제사를 드리라"고 허락하였다(25절). 그러나 조건은 "이 땅에서"였다. 그들을 내어보내지 않겠다는 것이다. 그러나 모세는 그 일이 부당하다고 말한다(26절상). "부당하다"의 로 나쿤(לֹא נָכוֹן)은 '견고하지 않다'이다. 동사 쿤(כוּן)은 '확고하다'인데 '곧음'을 의미한다. 그래서 로 나쿤은 '(그렇게 하는 것이) 올바르지 않다'는 의미이다. 모세는 거절의 이유를 이집트인들에게 돌린다. 이스라엘이 자기들의 하나님 여호와께 제사를 드리는 것을 이집트 사람들이 싫어하기 때문이라는 것이다.

그 땅의 주인은 이집트 사람들이며, 그들은 자기들의 신을 섬기고 있다. 이집트 사람들은 종교심이 많다. 그리고 그 땅은 자기들의 신이 자기들에게 내린 신성한 선물로 생각한다. 이런 땅에서 다른 민족이, 그것도 그들이 혐오하는 이스라엘이 자기들의 신에게 제사를 드리는 것은 신성모독으로 간주될 것이다. 모세는 "우리가 우리 하나님 여호와께 제사를 드리는 것은 애굽 사람이 싫어하는 바인즉"이라고 말한다(26절중). "싫어하는 바"의 토에바(תּוֹעֲבָה)는 '혐오하는 것, 가증스러운 것'이란 의미이다. 자기들의 눈앞에서 이방인이 행하는 혐오스러운 행위를 이집트인들이 가만히 두고 볼 리가 없다. 모세는 이집트 사람들이 자기들을 돌로 칠 것이라고 말한다(26절하). 군중들이 돌로 친다는 것은 신성모독 죄에 대한 분노의 표출이다.

모세는 이러한 핑계로 "우리가 사흘 길쯤 광야로 들어가서 우리 하나님 여호와께 제사를 드리되 우리에게 명령하시는 대로 하려 하나이다"고 요청한다(27장). "사흘 길"은 이미 언급되었었다(3:18; 5:3). 현재 시내산으로 알려진 곳까지 사흘 만에 가기에는 너무 멀다. 그리고 하나님의 목적은 완전한 출애굽이다. 바로가 허락하지 않을 것임을 알지만, 일단 바로를 떠보기 위해 하는 말이다. 다급한 바로는 일단 허락한다. 그리고 광야에 나가서 여호와께 제사를 드리되 너무 멀리 가지는 말라고 당부한다. 그리고 자기를 위하여 간구해달라고 부탁한다(8:28). "간구하다"의 아타르(עָתַר)은 '기도하다, 탄원하다'이다. 바로가 모세에게 그들의 여호와께 자기를 위하여 탄원해 달라고 한 것은 다급해진 그의 모습을 반영한 것이다.

모세는 "내일이면 파리 떼가 바로와 바로의 신하와 바로의 백성을" 떠나갈
것이라고 말했다(29절상). 날짜를 정하여서 그것이 하나님께서 하시는 일임
이 증명될 것임을 확실히 한 것이다. 그리고 "이 백성을 보내어 여호와께 제
사를 드리는 일에 다시 거짓을 행하지 마소서"라고 확인하였다(29절하). "거
짓을 행하다"의 *하탈*(הָתֵל)은 '속이다, 조롱하다'이다. 이 말은 바로를 믿을 수
없는 사람이라고 인식하고 있음을 나타낸다. 모세가 바로에게서 나와서 여호
와께 간구하였다(30절). 여호와께서 모세의 기도를 들어주셨다. 파리 떼가 바
로와 그의 신하와 그의 백성에게서 떠나고 하나도 남지 아니하였다(31절). 그
많던 떼거리가 한꺼번에 완전히 없어진 것은 자연적인 현상으로 설명할 수
없다. 다급한 문제가 해결되자 바로는 다시 마음을 완강하게 하여 이스라엘
을 보내지 아니했다. "완강하다"의 *카바드*(כָּבֵד)는 '무겁다'이며, 사역형(힢일)
이다. 다시 번역하면 '그는 자신의 마음을 무겁게 하였다'이다. 다시 상황이 원
래 양상으로 돌아갔다.

7) 다섯 번째 재앙: 전염병(9:1~7)

1 여호와께서 모세에게 이르시되 바로에게 들어가서 그에게 이르라 히브리 사
람의 하나님 여호와께서 말씀하시기를 내 백성을 보내라 그들이 나를 섬길 것이
니라 2 네가 만일 보내기를 거절하고 억지로 잡아두면 3 여호와의 손이 들에 있
는 네 가축 곧 말과 나귀와 낙타와 소와 양에게 더하리니 심한 돌림병이 있을 것
이며 4 여호와가 이스라엘의 가축과 애굽의 가축을 구별하리니 이스라엘 자손
에게 속한 것은 하나도 죽지 아니하리라 하셨다 하라 하시고 5 여호와께서 기한
을 정하여 이르시되 여호와가 내일 이 땅에서 이 일을 행하리라 하시더니 6 이튿
날에 여호와께서 이 일을 행하시니 애굽의 모든 가축은 죽었으나 이스라엘 자
손의 가축은 하나도 죽지 아니한지라 7 바로가 사람을 보내어 본즉 이스라엘의
가축은 하나도 죽지 아니하였더라 그러나 바로의 마음이 완강하여 백성을 보내
지 아니하니라

여호와 하나님께서 다시 모세를 바로에게 보내셔서 자신의 말씀을 전하라고 하셨다: "히브리 사람의 하나님 여호와께서 말씀하시기를 내 백성을 보내라 그들이 나를 섬길 것이니라"(9:1). 모세는 자기가 보낸 분은 "히브리 사람의 하나님 여호와"이심을 다시 분명히 밝힌다(7:16 참조). "내 백성을 보내라"는 것과 "나를 섬길 것이니라"는 말씀은 반복된다. "섬기다"의 아바드(עָבַד)는 기본적인 의미가 '봉사하다'인데, 출애굽기에는 '제사 드리다'와 서로 교차하여 사용된다. 때로는 '섬기게 하라(아바드)'고 하였다가(8:1; 8:20; 9:1), 때로는 '희생제사를 드리게 하라(자바흐, זָבַח)'고 말한다(5:3; 8:8, 27 등). 따라서 출애굽기 문맥에서 '섬기다(아바드)'라는 말은 예배로 섬기는 것으로 간주된다.

모세는 다시 경고한다. 만일 자기 백성을 내어 보내기를 거절하고 억지로 잡아두면(2절), 여호와의 손이 이집트의 가축들에게 돌림병이 돌게 할 것이다(3절). "여호와의 손"은 여호와의 능력을 가리킨다. "억지로 잡아두면"의 히브리어는 오드 하자크(עוֹד חָזַק)인데 오드는 '여전히'라는 의미이며, 하자크는 '강한, 혹독한'이다. 다시 번역하면 '계속 강제로 가두어두면'이라는 의미이다. "가축"의 미크내(מִקְנֶה)는 '가축'도 되지만 '소유물'이라고 하는 것이 더 옳다. 미크내는 동사 카나(קָנָה)에서 왔는데, 카나는 '소유하다'를 의미한다. 이것은 일반적인 짐승(혹은 가축)을 가리키는 것이 아니라 이스라엘을 박해하는 사람들의 소유물을 치고자 하는 것이다. 말, 나귀, 낙타, 소, 그리고 양은 이것들은 이집트 사람들이 소유한 대표적인 가축목록이다. 그러나 하나님이 내리시는 재앙에는 모든 가축이 다 포함될 것이다.

"돌림병"으로 번역된 대배르(דֶּבֶר)는 '전염병(역병)'을 의미한다. 이 전염병에는 두 가지 의미가 있다. 첫째는 가축의 질병과 관련된 이집트 신들을 징계하는 것이다. 이집트 사람들은 하도르(Hathor) 신을 전염병과 같은 재앙을 물리치는 신으로 섬긴다. 하도르는 호루스의 아내이고 암소의 모습을 하고 있다. 그리고 아피스 황소신은 태양신 레의 현현으로서 가축들에게 다산의 축복을 주는 것으로 알고 섬긴다. 그러나 하나님은 역병을 일으켜 이들 신들을 비참하게 만들 것이다.

둘째는 이 전염병은 후에 하나님께서 언약을 어기는 자에게 주는 언약의 저주들(기근, 전쟁, 전염병, 포로) 중 하나로 자주 언급된다(레 26:25; 렘 14:12; 24:10; 겔 6:11 등). 이것은 다윗이 인구조사한 죄를 범하였을 때에 내리신 징계이기도 하다(삼 24:13; 대상 21:12 등). 이 징계는 하나님이 자주 사용하시는 도구임을 알 수 있다. 하나님이 자기 백성을 억압하는 바로와 그 백성을 이렇게 징계하시는 것이다.

그런데 이 재앙은 이집트의 가축에게만 내려질 것이고, 이스라엘에게 속한 가축에는 전혀 해가 없을 것이다(9:4). 이것으로 하나님은 '히브리인의 여호와'이심을 드러내신다. 여호와는 바로에게 "내일"이라는 기한을 정하여 이 일을 행하시겠다고 하신다(5절). 미리 예고하시고 이 일이 일어나니 바로는 그것이 우연히 일어난 것이라고 변명할 수 없을 것이다. 예고하신 대로 다음 날 여호와께서 이 일을 행하셨다(6절상). 이집트의 모든 가축은 죽었으나 이스라엘 자손의 가축은 하나도 죽지 아니하였다(6절하). 바로가 자기 사람을 보내어 정말 이스라엘 가축은 해가 없는지 알아보았다. 이스라엘 가축은 하나도 죽지 아니한 것을 확인하였다(7절상). 이 재앙으로부터 죽음의 그림자가 이집트에 드리워지기 시작한다. 그러나 바로는 마음이 "완강하여(카바드, כָּבֵד, 무겁게 하다)" 백성을 보내지 아니하였다(7절하).

8) 여섯 번째 재앙: 악성종기(9:8~12)

8 여호와께서 모세와 아론에게 이르시되 너희는 화덕의 재 두 움큼을 가지고 모세가 바로의 목전에서 하늘을 향하여 날리라 9 그 재가 애굽 온 땅의 티끌이 되어 애굽 온 땅의 사람과 짐승에게 붙어서 악성 종기가 생기리라 10 그들이 화덕의 재를 가지고 바로 앞에 서서 모세가 하늘을 향하여 날리니 사람과 짐승에게 붙어 악성 종기가 생기고 11 요술사들도 악성 종기로 말미암아 모세 앞에 서지 못하니 악성 종기가 요술사들로부터 애굽 모든 사람에게 생겼음이라 12 그러나 여호와께서 바로의 마음을 완악하게 하셨으므로 그들의 말을 듣지 아니하였으

니 여호와께서 모세에게 말씀하심과 같더라

다시 여호와께서 모세와 아론에게 말씀하셨다: "너희는 화덕의 재 두 움
큼을 가지고 바로의 목전에서 하늘을 향하여 날리라"(9:8). "화덕"의 키브샨
(כִּבְשָׁן)은 '용광로'이다. 가정에서 빵을 굽는 작은 가마보다, 금속을 제련할 때
에 사용하는 규모가 크고 또 불이 맹렬하게 타는 풀무라고 할 수 있다. 소돔과
고모라가 불이 탈 때에 화염이 올라오는 모습을 그릴 때에도 이 단어가 사용
되었다(창 19:28). "재"로 번역된 피아흐(פִּיחַ)는 '그을음, 검댕'이다. 큰 용광로
에는 검댕이 더 많이 붙어있을 것이다. 이것을 두 움큼 가지고 바로 앞에 가서
하늘을 향하여 날리라고 하신다. "날리다"의 자라크(זָרַק)는 '흩뿌리다'이다. 흩
뿌리면 검댕 가루가 바람에 날려갈 것이다.

그 검댕이 이집트 온 땅의 티끌이 되고, 그것이 사람과 짐승에 붙어서 악성
종기가 생길 것이다(9:9). "티끌"의 아바크(אָבָק)는 '먼지'이다. 검댕이 티끌로
변한다는 것이 아니라 이것은 바람에 쉽게 날리는 것이 된다는 뜻이다(사 5:24
참조). 물론 온 땅으로 날려가려면 모세와 아론이 뿌린 것으로는 어림도 없을
것이다. 일단 시작은 작게 모세가 날려 보내었지만, 그 검댕은 점점 불어나서
전국으로 퍼져나갈 것이다. 그리고 검댕이 닿는 사람과 짐승들에는 악성종기
가 생길 것이다. "악성종기"의 아바부오트(אֲבַעְבֻּעֹת)는 성경 전체를 통틀어 여
기에서만 사용되었는데, '물집' 혹은 '종기'로 볼 수 있다. 피부에 물집이 생기
고 또 염증이 일어나는 것이며, 또 짐승과 사람에게 모두 같은 질병이 일어나
는 것을 보아 악성 탄저병일 수도 있다.

하나님이 말씀하셨던 대로 모세와 아론이 바로에게 가서 용광로 검댕을 공
중에 뿌렸고 먼지처럼 날아 이집트 온 땅으로 흩어졌으며, 사람과 짐승에게
붙어서 악성종기를 일으켰다(10절). 이집트 모든 사람에게 질병이 생겼으며,
요술사들에게도 이 종기 때문에 바로 앞에 서지 못하였다(11절). 이 질병의 재
앙 앞에 요술사는 속수무책일 뿐만 아니라 그들이 섬기는 의술의 신도 무능하
기 마찬가지였다. 이집트인들은 임호텝을 의술의 신으로 섬기는데, 그 유능

한 임호텝 신도 악성 탄저병을 막아주지 못했다. 또 암사자의 머리를 하고 있는 세크메트 여신은 인류에게 질병과 재앙을 가져다주는 무서운 신인 반면, 자기를 섬기는 자들에게는 치료법을 알려주는 의술의 신이다. 하나님은 이러한 신들을 징계하고 계신다.

그러나 여호와께서 바로의 마음을 완악하게 하셨으므로 바로가 모세의 말을 듣지 아니하였다(12절).

9) 일곱 번째 재앙: 우박(9:13~35)

13 여호와께서 모세에게 이르시되 아침에 일찍이 일어나 바로 앞에 서서 그에게 이르기를 히브리 사람의 하나님 여호와의 말씀에 내 백성을 보내라 그들이 나를 섬길 것이니라 14 내가 이번에는 모든 재앙을 너와 네 신하와 네 백성에게 내려 온 천하에 나와 같은 자가 없음을 네가 알게 하리라 15 내가 손을 펴서 돌림병으로 너와 네 백성을 쳤더라면 네가 세상에서 끊어졌을 것이나 16 내가 너를 세웠음은 나의 능력을 네게 보이고 내 이름이 온 천하에 전파되게 하려 하였음이니라 17 네가 여전히 내 백성 앞에 교만하여 그들을 보내지 아니하느냐 18 내일 이맘때면 내가 무거운 우박을 내리리니 애굽 나라가 세워진 그 날로부터 지금까지 그와 같은 일이 없었더라 19 이제 사람을 보내어 네 가축과 네 들에 있는 것을 다 모으라 사람이나 짐승이나 무릇 들에 있어서 집에 돌아오지 않는 것들에게는 우박이 그 위에 내리리니 그것들이 죽으리라 하셨다 하라 하시니라 20 바로의 신하 중에 여호와의 말씀을 두려워하는 자들은 그 종들과 가축을 집으로 피하여 들였으나 21 여호와의 말씀을 마음에 두지 아니하는 사람은 그의 종들과 가축을 들에 그대로 두었더라 22 여호와께서 모세에게 이르시되 너는 하늘을 향하여 손을 들어 애굽 전국에 우박이 애굽 땅의 사람과 짐승과 밭의 모든 채소에 내리게 하라 23 모세가 하늘을 향하여 지팡이를 들매 여호와께서 우렛소리와 우박을 보내시고 불을 내려 땅에 달리게 하시니라 여호와께서 우박을 애굽 땅에 내리시매 24 우박이 내림과 불덩이가 우박에 섞여 내림이 심히 맹렬하니 나라가 생긴

그 때로부터 애굽 온 땅에는 그와 같은 일이 없었더라 25 우박이 애굽 온 땅에서 사람과 짐승을 막론하고 밭에 있는 모든 것을 쳤으며 우박이 또 밭의 모든 채소를 치고 들의 모든 나무를 꺾었으되 26 이스라엘 자손들이 있는 그 곳 고센 땅에는 우박이 없었더라 27 바로가 사람을 보내어 모세와 아론을 불러 그들에게 이르되 이번은 내가 범죄하였노라 여호와는 의로우시고 나와 나의 백성은 악하도다 28 여호와께 구하여 이 우렛소리와 우박을 그만 그치게 하라 내가 너희를 보내리니 너희가 다시는 머물지 아니하리라 29 모세가 그에게 이르되 내가 성에서 나가서 곧 내 손을 여호와를 향하여 펴리니 그리하면 우렛소리가 그치고 우박이 다시 있지 아니할지라 세상이 여호와께 속한 줄을 왕이 알리이다 30 그러나 왕과 왕의 신하들이 여호와 하나님을 아직도 두려워하지 아니할 줄을 내가 아나이다 31 그 때에 보리는 이삭이 나왔고 삼은 꽃이 피었으므로 삼과 보리가 상하였으나 32 그러나 밀과 쌀보리는 자라지 아니한 고로 상하지 아니하였더라 33 모세가 바로를 떠나 성에서 나가 여호와를 향하여 손을 펴매 우렛소리와 우박이 그치고 비가 땅에 내리지 아니하니라 34 바로가 비와 우박과 우렛소리가 그친 것을 보고 다시 범죄하여 마음을 완악하게 하니 그와 그의 신하가 꼭 같더라 35 바로의 마음이 완악하여 이스라엘 자손을 내보내지 아니하였으니 여호와께서 모세에게 말씀하심과 같더라

첫 네 재앙은 나일강과 관련하여 연속적으로 발전하였다. 물이 피로변하여 썩음으로서 개구리가 튀어나오고, 개구리가 죽으니 악취가 나서 이와 파리가 발생하였다. 다음 두 재앙은 전염병으로서 사람과 가축을 괴롭혔다. 이제는 외부에서부터 내리는 재앙으로 바뀌면서, 그 피해의 정도가 점점 더 심해져 간다.

여호와께서 모세에게 말씀하셨다: "아침에 일찍이 일어나 바로 앞에 서서 그에게 이르기를 히브리 사람의 하나님 여호와의 말씀에 내 백성을 보내라 그들이 나를 섬길 것이니라"(9:13). 앞에서 요구한 내용을 그대로 반복하라는 것이다. 또다시 이른 아침부터의 대결이 시작된다. 이번에는 하나님이 더 엄하

게 경고하신다. "내가 이번에는 모든 재앙을 너와 네 신하와 네 백성에게 내려..."(14절상). "모든 재앙"의 콜 막게포타이(כָּל־מַגֵּפֹתַי)의 막게파(מַגֵּפָה)는 '재난' 혹은 '재앙'이다. 지금부터 바로와 그의 신하, 그리고 그의 백성에게 하나님이 내리실 모든 재앙의 목적은 여호와가 어떠하신 분이심을 알게 하기 위함이다(14절하). 세상에 수많은 신들이 있지만, 그러나 여호와 하나님과 같은 분이 없음을 분명히 알게 하겠다는 것이다. 여기에서 "알다"의 야다(יָדַע)는 경험적으로 아는 것이다. 그러므로 앞으로 닥칠 재앙들은 앞의 것들보다 더 극심한 것들이 될 것이다.

그런데 하나님께서 앞의 재앙을 그렇게 심하게 하지 않은 이유를 말씀하신다. 만약 돌림병으로 더 심하게 그들을 쳤으면 바로도 이 세상에서 끊어져 없어질 것이기 때문이다(15절). "돌림병" 대베르(דֶּבֶר)는 '전염병(역병)'을 의미한다. 이것은 앞서 내렸던 다섯 번째의 재앙이었다(9:3). "끊어져 없어지다"의 카하드(כָּחַד)는 '말살하다'이다. 페스트와 같은 전염병이 크게 휩쓸고 지나가면 도시에는 남는 사람이 없이 완전히 멸절되어버린다. 마치 전쟁이 휩쓸고 간 뒤 온 나라가 전멸된 것과 같다. 여기에 왕이라고 해서 예외가 될 수 없을 것이다. 그러나 하나님이 그렇게 하지 않으셨다고 말한다.

하나님이 "내가 너를 세웠음은..."이라고 말하는데(16절상), "세우다"의 아마드(עָמַד)는 '머무르다, 지탱하다'이다. 바로가 계속 왕좌에 머무른 것은 하나님께서 어떤 의도가 있어서 그렇게 하신 것임을 의미한다. 그 이유는 첫째, 자기의 능력을 보여주기 위함이었다(16절중). "능력"의 코아흐(כֹּחַ)는 '(강력한) 힘'이다. 하나님의 힘이 얼마나 크신지를 바로에게 보여주기 위해 그를 왕좌에 그대로 머물게 하신 것이다. 둘째 이유는, 자기의 이름(여호와)을 온 천하에 전파되게 하기 위함이었다(16절하). 바로도 여호와 이름의 진짜 의미를 아직 모르고 있다. 이제 하나님은 그 이름을 바로뿐만 아니라 온 천하에 알리시기를 원한다. "전파하다" 샤파르(סָפַר)는 '세다' 혹은 '(글을) 쓰다'이다. '서기관'이라는 쇼페르(סֹפֵר)가 이 단어에서 왔다. 글로써 세상 사람들에게 알린다는 의미로 생각할 수 있다. "온 천하"의 콜-하아래츠(כָּל־הָאָרֶץ)는 명실공히 '온 세상'

이다. 요즈음의 신문 혹은 방송을 통해 그 사실이 온 세상에 전파됨과 같다고 하겠다. 사실 하나님이 이집트에서 어떻게 행하셨는지 그 기사는 오늘날 우리들에게까지 널리 알려진 바가 된 것이다.

하나님은 다시 바로를 책망하신다: "네가 여전히 내 백성 앞에 교만하여 그들을 보내지 아니하느냐?"(17절). "교만하다"의 살랄(סלל)은 원래 '쌓아올리다'의 의미였으나, 발전하여 '높이다, 찬양하다'의 뜻으로도 사용되었다. 그러한 여러 재앙들을 당하고도 바로는 여전히 히브리 백성에게 스스로 자신을 높이고 있다. 그래서 그들을 내어보내지 않고 있다. 하나님은 바로에게 경고하라고 하신다: "내일 이맘때면 내가 무거운 우박을 내리리니..."(18절상). 큰 우박이기 때문에 "무거운 우박(바라드 카베드, בָּרָד כָּבֵד)"으로 표기하였을 것이다. 큰 우박은 짐승들과 농작물에 큰 피해를 줄 것이다. 우박이 내리려면 구름이 많이 끼고 대기도 매우 불안전해야 한다. 그리고 대기권에서는 얼음이 얼 만큼 차가워야 한다. 이집트는 열대에 가까운 지대이고 비가 거의 없는 건조한 준사막 지대이기 때문에 우박이 내리는 것은 극히 드문 일이다.[27] 특히 큰 얼음덩이의 우박이 내린다는 것은 있을 수 없다. 성경에 "애굽 나라가 세워진 그 날로부터 지금까지 그와 같은 일이 없었더라"(18절하)고 하는 말이 그것을 증명해 준다.

하나님은 "내일 이맘때"라는 말미를 주신다(18절상). 우박을 대비할 시간적 여유를 주신다. 그들이 얼마나 하나님의 말씀을 신중히 듣고 대비를 하는지, 아니면 그 말을 무시하는지에 대한 그들의 태도를 시험하시겠다는 의도이다. 그리고 하나님은 친히 그 일을 대비하도록 경고의 말씀도 주신다: "이제 사람을 보내어 네 가축과 네 들에 있는 것을 다 모으라"(19절상). "모으다"의 우즈(עוז)는 '피난시키다'이다. 이집트에는 여름의 기온이 너무 높기 때문에 낮에는 사람과 가축이 들에 있지 않고 집안 혹은 막사 안 그늘에서 쉰다. 그러나 1~4월 동안에는 가축들이 대부분 밖에 있다. 그때는 오늘날 유월절(부활절) 가까

---

27 Hyatt, *Exodus*, 119.

운 때이므로 2~3월경이었을 것이다. 그래서 사람도 밖에서 활동하고 있었을 것이고, 짐승들도 모두 밖에 나가 있었을 것이다.

하나님은 여러모로 그들을 시험하신다. 바로가 하나님의 말씀을 중하게 여겨 급히 전령들을 전국에 보낼 것인지, 또 전령이 전하는 말을 이집트 사람들이 신중하게 받아들일 것인지를 보겠다는 것이다. 하늘 위에서 떨어지는 큰 덩어리 우박은 그 파괴력이 굉장하다. 사람이나 짐승이 맞으면 치명타를 입을 수밖에 없다. 이 경고에도 무시하고 사람이나 짐승이 들에 남아 있으면 우박에 맞아 죽을 것이다. 이집트 사람들은 구름 한 점 없는 맑은 하늘에서 갑자기 우박이 내린다는 것을 받아들이지 않을 것이다. 하지만 그러면 그들은 죽음을 면치 못할 것이다. 사람들은 두 갈래로 갈라졌다. 바로의 신하 중 어떤 사람은 여호와의 말씀을 두려워하여 자기 종들과 가축을 집안으로 피하게 하였다(20절). 그러나 여호와의 말씀을 무시한 사람은 종들과 가축을 그대로 들에 두었다(21절).

여호와께서 모세에게 하늘을 향하여 손을 들어 우박이 이집트 전국에 사람과 짐승과 밭의 모든 채소에 내리게 하라고 명령하셨다(22절). 모세가 지팡이를 하늘을 향하여 들었다(23절상). "들다"의 *나타*(נטה)는 '내뻗다'이다. 아마도 모세가 하늘을 향하여 지팡이를 힘껏 내뻗었을 것이다. 이것은 하나님의 능력을 의지하여 하늘을 향하여 명령하는 것이다. 그러자 여호와께서 우렛소리와 함께 우박을 보내시었는데, 불도 떨어져 땅에서 달리게 하셨다(23절중). "우렛소리"로 번역된 히브리어 *콜*(קול)은 '소리'이다. 특히 사람이 하나님께 부르짖는 소리에 자주 사용되었다. 우박과 함께 내려진 소리면 천둥소리로 보아야 한다. 우박이 내릴 때에 자주 번개와 천둥이 같이 일어난다.

"불"의 *에쉬*(אש)는 보통으로 사용되는 '불'이다. 여기에 우박과 함께 떨어진 것이라면 번갯불로 생각할 수도 있을 것이다. 그렇다면 우박이 뇌성과 번개를 동반한 것이 되므로 그 위엄이 대단했을 것이다. 그런데 24절에는 "불덩이가 우박에 섞여" 내렸다고 묘사한다. 따라서 이 불은 잠시 번쩍이고 사라지는 번개와는 달리 하나님이 내리시는 심판의 불로 보아야 한다. 본문은 "불덩이가 우박에 섞여 내림이 심히 맹렬하니"라고 말한다. 마치 소돔과 고모라를 태울 때에 내렸던 불을 연상시킨다. 우박은 물의 부류에 속한다. 불과는 상반되는 것이다. 그것이 각자 내린다고 해도 무서울 것인데, 서로 상반되는 두 가지가 뇌성과 함께 섞여 내렸으니 그 위력은 감히 짐작할 수 없을 정도로 컸을 것이다. 그래서 본문은 "나라가 생긴 그 때로부터 애굽 온 땅에는 그와 같은 일이 없었더라"고 말한다(24절하). 이러한 현상은 이집트라는 땅에서 보면 전무후무한 일이었다.

우박이 이집트 온 땅에서 사람과 짐승뿐만 아니라, 밭에 있는 모든 것, 채소를 치고 들의 모든 나무를 꺾었다(25절). "채소"로 번역된 애새브(עֵשֶׂב)는 '풀'이다. 사람이 가꾸어서 먹는 채소에 한정되는 것이 아니라 모든 풀이 다 포함된다. 그리고 그 위력은 나무들을 꺾기에도 충분하였다. 이집트 사람들의 거주지에서는 그런 무서운 일이 벌어지고 있는데도, 이스라엘 자손들이 있는 고센 땅에는 우박이 없었다(26절). 이 사실은 재앙에 관한 모든 일은 히브리 백성의 하나님이 하고 계심을 확실히 드러낸 것이다.

바로가 사람을 보내어 모세와 아론을 불러들였다. 그리고 그들에게 "이번은 내가 범죄하였노라"고 고백한다(27절중). "범죄하다"인 하타(חָטָא)의 원래 의미는 '표적에 빗나가다'이지만, 하나님 앞에 죄를 짓는 것에 주로 사용된다. 그가 하나님 앞에 겸손하게 다가가지 못하고 교만하여 빗나간 행동을 한 것이 범죄가 됨을 인정한 것이다. 그리고 "여호와는 의로우시고 나와 나의 백성은 악하도다"라고까지 고백한다(27절하). "의롭다"의 찻디크(צַדִּיק)는 재판에서 올바름이 판정되는 것을 가리킨다. 재판에서 한쪽(하나님)은 의로움이 드러났고, 다른 쪽(바로와 그 백성)은 악한 것이 들어났다. 이제 바로가 하나님 앞에서 완전히 꺾어진 모습을 보인다.

그리고 바로는 모세에게 하나님께 구하여 "우렛소리와 우박을 그만 그치게 하라"고 간청한다(28절상). "구하다"의 아타르(עָתַר)는 '기도하다'이다. 그리고 바로는 히브리인들을 보내겠다고 한다. "너희가 다시는 머물지 아니하리라"고까지 확인한다(28절하). 모세가 바로에게 자신이 성에서 나가 손을 여호와를 향하여 펴겠다고 하였다(29절상). 문자적으로 번역하면 '여호와를 향하여 손바닥을 펴겠다'이다. 손바닥을 펴고 두 팔을 벌려 하늘을 향하여 기도하는 모습을 연상케 한다. 그리하면 우렛소리가 그치고 우박이 다시 있지 않을 것이라고 하였다(29절중).

이런 일들이 이루어지면 "세상이 여호와께 속한 줄을 왕이 알리이다"라고 모세가 말한다(29절하). "세상"의 *하아래츠*(הָאָרֶץ)는 창세기 1:1에 "하나님이 천지(天地)를 창조하시니라"라고 말씀하실 때에 땅에 대한 부분에 사용되었으며, 1:2에 "땅이 혼돈하고 공허하며..."라고 할 때에 사용된 그 단어이다. 즉 하늘과 대조되는 지구를 가리킨 것이다. 그리고 1:3이하는 이 땅에 대한 창조이야기를 계속 이어갔다. 여호와는 이렇게 땅에 관련한 모든 것을 창조하신 분이시니 이 땅(지구)의 모든 것이 하나님께 속한 것은 당연하며, 또 땅과 관련하여 어떤 일도 일으킬 수 있는 분이다. 그러나 모세는 왕이 또 마음을 완악케 하여 약속을 거스를 줄을 안다. 그래서 왕 앞에서 "왕과 왕의 신하들이 여호와 하나님을 아직도 두려워하지 아니할 줄을 내가 아나이다"라고 그 사실을 환기시킨다(30절). 이정도로는 그들이 아직 하나님께 완전히 굴복하지 않을 것임을 미리 예고한 것이다.

9:31이하는 우박으로 인하여 밭의 농산물이 피해를 입은 상황을 설명한다. 우박에 상한 작물은 보리와 삼이 대표적이었다. 보리는 이삭이 나왔기 때문에 피해가 심하였고, 삼은 꽃이 피어있었으므로 역시 큰 피해를 입었다. "삼"으로 번역된 *피쉬타*(פִּשְׁתָּה)는 '아마' 혹은 '아마로 만든 심지'를 뜻한다. 오늘날의 삼과는 다른 종류의 식물이다. 대부분 영어성경은 'flax'로 번역하는데 이것은 '아마'이다. 아마의 줄기는 삼과 같이 천을 짜는 재료이다. 반면에 아직 자라지 아니한 밀과 쌀보리는 많이 상하지 아니하였다(32절). "쌀보리"의 쿳 *새매트*(כֻּסֶּמֶת)는 '밀의 한 종류'로서 에스겔 4:9은 '귀리'라고 번역한다. 대부분 영어성경은 'spelt'라고 번역하는데, 가축사료용 밀로 간주된다. 여하튼, 밀과 같이 늦게 성장하는 농작물은 그 피해가 크지 않았다.

모세가 성에서 나가 여호와를 향하여 손을 폈다. 하늘을 우러러 기도한 모습이다. 그러자 뇌성과 우박이 그치고 비도 더 이상 내리지 아니했다(33절). 재앙이 그치자 바로와 그 신하들이 한가지로 다시 범죄하여('범죄'에 대하여는 9:27 주석을 볼 것) 마음을 완악하게 하였다(34절). 그리고 이스라엘 자손을 내보내지 아니하였다. 이것은 이미 여호와께서 예고하셨던 바대로였다(35절).

10) 여덟 번째 재앙: 메뚜기 떼(10:1~20)

1 여호와께서 모세에게 이르시되 바로에게로 들어가라 내가 그의 마음과 그의 신하들의 마음을 완강하게 함은 나의 표징을 그들 중에 보이기 위함이며 2 네게 내가 애굽에서 행한 일들 곧 내가 그들 가운데에서 행한 표징을 네 아들과 네 자손의 귀에 전하기 위함이라 너희는 내가 여호와인 줄을 알리라 3 모세와 아론이 바로에게 들어가서 그에게 이르되 히브리 사람의 하나님 여호와께서 말씀하시기를 네가 어느 때까지 내 앞에 겸비하지 아니하겠느냐 내 백성을 보내라 그들이 나를 섬길 것이라 4 네가 만일 내 백성 보내기를 거절하면 내일 내가 메뚜기를 네 경내에 들어가게 하리니 5 메뚜기가 지면을 덮어서 사람이 땅을 볼 수 없을 것이라 메뚜기가 네게 남은 그것 곧 우박을 면하고 남은 것을 먹으며 너희를 위하여 들에서 자라나는 모든 나무를 먹을 것이며 6 또 네 집들과 네 모든 신하의 집들과 모든 애굽 사람의 집들에 가득하리니 이는 네 아버지와 네 조상이 이 땅에 있었던 그 날로부터 오늘까지 보지 못하였던 것이리라 하셨다 하고 돌이켜 바로에게서 나오니 7 바로의 신하들이 그에게 말하되 어느 때까지 이 사람이 우리의 함정이 되리이까 그 사람들을 보내어 그들의 하나님 여호와를 섬기게 하소서 왕은 아직도 애굽이 망한 줄을 알지 못하시나이까 하고 8 모세와 아론을 바로에게로 다시 데려오니 바로가 그들에게 이르되 가서 너희의 하나님 여호와를 섬기라 갈 자는 누구 누구냐 9 모세가 이르되 우리가 여호와 앞에 절기를 지킬 것인즉 우리가 남녀 노소와 양과 소를 데리고 가겠나이다 10 바로가 그들에게 이르되 내가 너희와 너희의 어린아이들을 보내면 여호와가 너희와 함께 함과 같으니라 보라 그것이 너희에게는 나쁜 것이니라 11 그렇게 하지 말고 너희 장정

만 가서 여호와를 섬기라 이것이 너희가 구하는 바니라 이에 그들이 바로 앞에서 쫓겨나니라 12 여호와께서 모세에게 이르시되 애굽 땅 위에 네 손을 내밀어 메뚜기를 애굽 땅에 올라오게 하여 우박에 상하지 아니한 밭의 모든 채소를 먹게 하라 13 모세가 애굽 땅 위에 그 지팡이를 들매 여호와께서 동풍을 일으켜 온 낮과 온 밤에 불게 하시니 아침이 되매 동풍이 메뚜기를 불어 들인지라 14 메뚜기가 애굽 온 땅에 이르러 그 사방에 내리매 그 피해가 심하니 이런 메뚜기는 전에도 없었고 후에도 없을 것이라 15 메뚜기가 온 땅을 덮어 땅이 어둡게 되었으며 메뚜기가 우박에 상하지 아니한 밭의 채소와 나무 열매를 다 먹었으므로 애굽 온 땅에서 나무나 밭의 채소나 푸른 것은 남지 아니하였더라 16 바로가 모세와 아론을 급히 불러 이르되 내가 너희의 하나님 여호와와 너희에게 죄를 지었으니 17 바라건대 이번만 나의 죄를 용서하고 너희의 하나님 여호와께 구하여 이 죽음만은 내게서 떠나게 하라 18 그가 바로에게서 나가서 여호와께 구하매 19 여호와께서 돌이켜 강렬한 서풍을 불게 하사 메뚜기를 홍해에 몰아넣으시니 애굽 온 땅에 메뚜기가 하나도 남지 아니하니라 20 그러나 여호와께서 바로의 마음을 완악하게 하셨으므로 이스라엘 자손을 보내지 아니하였더라

다시 여호와께서 모세에게 바로에게로 들어가라고 명령하셨다. 하나님이 바로와 그 신하들의 마음을 완강하게 만든 것은 자신의 표징을 그들에게 더 보여주기 위함이라고 밝히셨다(10:1). "표징"의 오트(אות)는 '징조'로 자주 번역되며, 이 징조는 그것을 받는 사람이 믿게 하는 초자연적 현상을 가리킨다. 그런데 이 표징은 바로와 이집트 사람들에게만 주는 것이 아니었다. 이 이집트 안에서 행한 하나님의 표징들은 "네 아들과 네 자손의 귀에 전하기 위함이라"고 하신다. 즉 그 당시의 이스라엘 사람들에게도 주어지는 표징일 뿐만 아니라, 대대로 그들의 후손에게도 주어진 것이었다. 뒤에 역시 후손들이 이 이집트에서 하나님이 내린 재앙을 두고 두고 기억하며 하나님의 능력을 찬양한다(시 105편 참조). 이러한 징조의 결과 이스라엘 역시 그가 여호와인 줄을 체험적으로 알(야다, ידע) 것이다(10:2하).

하나님의 명령에 따라 모세와 아론이 다시 바로에게로 들어갔다. 그리고 여호와의 말씀을 전했다. 여기에서 모세는 그분이 "히브리 사람의 하나님 여호와" 이심을 다시 밝힌다(4절상). 그리고 바로를 책망하였다: "네가 어느 때까지 내 앞에 겸비하지 아니하겠느냐?"(4절중). "겸비하다"의 *아나*(עָנָה)는 '(자신을) 천하게 하다'이며, 이 문장을 다시 번역하면 '너는 언제까지 자신을 천하게 하지 않겠느냐?'이다. 이집트 사람들은 히브리 사람들을 멸시하며 자신들은 고귀한 사람으로 생각하였다. 그 중에서도 바로는 가장 고귀한 사람으로 간주하며 히브리 사람들을 멸시하였다. 하나님이 많은 재앙들을 표적으로 주셨지만 아직도 바로는 자신의 체면을 지키기에 급급하였다.

모세는 바로에게 다시 요구하였다: "내 백성을 보내라 그들이 나를 섬길 것이라"(3절하). 앞에서 계속 요구하였던 그대로이다. 많은 재앙을 겪었지만 아직 같은 요구를 계속하고 있는 것은 바로가 그만큼 완악하다는 증거이다. 모세는 다시 재앙을 경고하였다. 만약 바로가 하나님의 백성을 보내지 아니하면, 내일 "내가 메뚜기를 네 경내에 들어가게 하리니"(4절)라고 선포하였다. "메뚜기"의 *아르배*(אַרְבֶּה)는 동사 *라바*(רָבָה)에서 온 단어인데, 라바는 '많다'이다. 따라서 *아르배*는 근본적으로 '무수한 것, 떼거리'란 의미를 담고 있다. 메뚜기는 사막의 경계 지역에서 무섭게 활동하는 곤충이다. 특히 사막의 메뚜기는 번식력이 강하여 그 수가 갑자기 불어난다. 준사막 지역에서 이러한 일이 발생하기 쉬운 이유는 메뚜기가 낳은 알이 건조할 때에는 부화하지 못하고 몇 년 동안 남아 있다가 비가 오면 엄청난 수가 한꺼번에 부화하기 때문이다. 이집트에도 이러한 현상이 간혹 나타나기도 하지만, 팔레스틴 지역보다는 훨씬 드물게 나타난다.[28] 메뚜기가 한번 떼를 지어 날아와서 앉는 곳에는 푸른 것이 전혀 남지 않을 정도로 풀이 초토화된다(삿 6:5; 렘 46:23 등). 메뚜기는 그 위력이 세기 때문에 하나님께서 징계 도구로 자주 사용하신다(욜 1:4; 2:5; 계 9:7이하). 지금 이집트에서도 하나님께서 징계 도구로 메뚜기 떼를 사용하려고 하신다.

---

28 Hyatt, *Exodus*, 122.

모세는 앞으로 몰려올 메뚜기는 그 떼가 너무 많아 지면을 덮어서 사람이 땅을 볼 수 없을 정도가 될 것이라고 하였다(10:5상). 지면을 완전히 덮은 메뚜기는 우박에서 살아남은 푸른 것과 모든 나무를 먹을 것이다(5절하). 일반적으로 메뚜기는 들에 머문다. 그런데 이번의 경우에는 바로와 그 신하들, 그리고 모든 이집트 사람들의 집에도 가득할 것이다(6절).이러한 현상은 그들의 조상 때부터 시작하여 지금까지 볼 수 없었던 것이 될 것이다.

하나님의 말씀을 일방적으로 선포한 모세는 궁에서 나왔다. 이번에는 바로의 신하들이 겁을 먹었다. 그들이 바로에게 "어느 때까지 이 사람이 우리의 함정이 되리이까?"라고 불평하였다(7절상). "함정"으로 번역된 모케쉬(מוֹקֵשׁ)는 '덫, 올가미'이다. 여기에서는 '올가미'로 번역하는 것이 좋다. 전에 이스라엘을 채찍으로 부리던 그들이었다. 그런데 모세가 나타난 이후 이스라엘은 오히려 그들을 덮어씌운 올가미가 되어 자기들의 생명을 위협하고 있음을 인식한 것이다.

신하들은 "그 사람들을 보내어 그들의 하나님 여호와를 섬기게 하소서"라고 간청하였다(7절중). 이것은 모세와 아론이 요구한 것을 그대로 들어주라는 것이다. 사실 신하들과 이집트 사람들에게는 히브리인들이 없더라도 큰 문제가 되지 않았다. 그러나 바로는 많은 요새를 건축해야 하고, 또 신전들을 세워야 하기에 양질의 큰 노동력이 필요하다. 그래서 그들을 떠나보낼 수가 없다. 유능한 노동력을 거의 값없이 착취할 수 있는데 그냥 보내어 버리기 너무 아깝다. 물론 신하들도 그것을 잘 알고 있다. 그러나 겁을 집어먹은 신하들은 주저하고 있는 바로에게 독촉하였다: "왕은 아직도 애굽이 망한 줄을 알지 못하시나이까?"(7절하). "망하다"의 아바드(אָבַד)는 '멸망하다, 죽음을 면치 못하다'이다. "아직도... 알지 못하십니까"에서 "알다"의 야다(יָדַע)가 사용되었는데, 그들이 이미 경험을 통하여 알았다는 것이다. 신하들이 목숨까지 위태로움을 느끼는 절박함으로 바로를 압박하는 것이다. 그리고 바로가 어리석은 선택만 계속하고 있다는 불만까지 쌓였다.

바로는 모세와 아론을 다시 불러들였다(8절상). 바로가 그들에게 협상을 시도하였다. "너희의 하나님 여호와를 섬기러 갈 자는 누구 누구냐"(8절하). 이것은 이스라엘 전체를 보낼 의도가 없음을 보여주는 질문이다. 그들의 신에게 제사 드리기 위해 필요한 최소한의 인원만 그 명단을 미리 제출하라는 것이다. 모세는 바로가 내미는 협상안을 거절하고, 자신의 안을 제시하였다: "우리가 여호와 앞에 절기를 지킬 것인즉 우리가 남녀노소와 양과 소를 데리고 가겠나이다"(9절). "절기"의 하그(חג)는 '순례 절기' 혹은 '(종교)축제'를 말한다. 후에 하나님은 이스라엘에게 세 번의 절기를 지키라고 명령하셨는데, 모든 이스라엘이 절기를 지키기 위해 하나님의 성소에 모이라고 하셨다(신 16:16; 대하 8:13 등). 이 '절기'는 단순히 제사를 드리는 행위와 다르다. 제사를 드리는 것은 제사장급의 집행자들과 소수의 참관 인원이 있으면 된다. 그러나 절기에는 백성 모두(대다수)가 성지를 향해 순례하고, 그 기간 축제를 벌인다.

  모세는 이 절기를 지키러 남녀노소, 그리고 양과 소 등의 가축도 데리고 가겠다고 하였다. 이스라엘 사람 모두가 가겠다는 것이다. 가축까지 데리고 가는 것은 그것으로 제사를 드리겠다는 명분이 되지만 사실은 모든 재산을 꾸려서 도주하겠다는 것과 같은 것이다. 바로가 모세의 의도를 눈치채지 못할 리가 없다. 바로는 모세와 아론에게 어린아이들까지 보낼 수 없다고 단호하게 말한다. 만약에 그렇게 한다면 여호와가 그들과 함께 함을 인정하는 것이 되므로 더욱 그럴 수는 없다(10:10상). 바로는 아직 여호와가 히브리인들의 신인 것을 인정하지 않는다. 아이와 부녀, 그리고 노인들도 함께 가는 것은 "너희에게는 나쁜 것이니라"고 핑계를 댄다(10절하). 노약자들이 광야로 나가는 먼 여행에 방해가 될 것임은 상식적이다. 그러니 "너희 장정만 가서 여호와를 섬기라"고 허락한다(11절상). "장정"의 개배르(גֶּבֶר)의 어근인 가바르(גָּבַר)는 '강하다(strong, mighty)'이며, 개배르는 '사람'이라고 번역되지만, 사람을 뜻하는 일반적인 단어와는 달리 힘이 절정에 달한 젊은 남자, 혹은 영웅과 같은 유능한 사람에게 쓰이는 단어이다.[29] 물론 고대 근동지방에서 종교 행사에는 성인 남

---

29 BDB, 149~50.

자들만 참여하였다. 바로의 말은 그러한 제의식의 예법에 근거한 것이지만, 사실은 부녀들을 담보로 잡아두려는 의도였다. 부녀와 자식을 남겨두면 장정들이 돌아오지 않을 수 없게 된다. 모세와 바로는 서로 힘겨루기를 하고 있다. 모세는 그 제안을 거절하였다. 그들은 바로 앞에서 쫓겨났다(11절하).

여호와께서 모세에게 "애굽 땅 위에 네 손을 내밀라"고 명령하신다(12절상). 문자적으로 번역하면 '이집트 땅 위에서 네 손을 뻗으라'는 말이다. 그래서 메뚜기 떼가 이집트 땅에 올라오게 하라고 하셨다. 그 메뚜기 떼는 우박에 상하지 아니한 밭의 모든 채소를 먹어치울 것이다(12절하). "밭"으로 번역된 히브리어 애래츠(אֶרֶץ)는 '땅'이며, "채소"의 애새브(עֵשֶׂב)는 '푸른 풀'이다. 다시 번역하면 '땅의 모든 (푸른) 풀'이다. 메뚜기가 지나간 땅에는 푸른 것이 전혀 없이 황토 흙이 그대로 들어날 것이다.

모세가 이집트 땅위에서 지팡이를 들었다(13절상). "들다"의 나타(נָטָה)는 '내뻗다'이다. 지팡이를 내뻗는 것은 무엇을 가리켜 지시하는 것이다. 뒤에 홍해를 향하여 지팡이를 내뻗는 모습과 같다. 이 지팡이의 명령에 자연은 순종한다. 여호와께서 동풍을 일으켜 하루 종일 그리고 밤새도록 불게 하셨다. 다음 날 아침이 되자 메뚜기 떼가 들이닥쳤다(13절하). 메뚜기 떼가 아시아 쪽에서 바람을 타고 몰려온 것이다.

메뚜기가 이집트 온 땅에 내려앉았고, 그 피해가 극심하였다. 본문은 "이런 메뚜기는 전에도 없었고 후에도 없을 것이라"고 하였다(14절). 그 떼가 얼마나 빽빽한지 그것들이 날아 움직일 때에 이집트 온 땅이 어둡게 될 정도였다(15절상). 그리고 우박 피해에서 살아남은 모든 푸른 풀과 나무의 열매를 다 먹어 치워(15절하), 이집트 전 지역이 초토화되었다. 요엘서에 하나님이 메뚜기 떼들을 이스라엘 땅에 보내어 징계하신 것과 비교된다: "팥중이가 남긴 것을 메뚜기가 먹고 메뚜기가 남긴 것을 느치가 먹고 느치가 남긴 것을 황충이 먹었도다"(욜 1:4). 요엘서의 팥중, 느치, 그리고 황충은 모두 메뚜기의 다른 이름이다. 하나님이 자기 백성을 징계하기 위해 메뚜기를 여러 번 보내신다(2:25).

상황의 심각성을 다시 깨달은 바로는 모세와 아론을 급히 불러들였다. 그리

고 "내가 너희의 하나님 여호와와 너희에게 죄를 지었으니"라고 고백하였다
(16절). 바로가 여호와께 뿐만 아니라 "너희"에게까지 죄를 지었다고 고백한
것은 매우 이례적이다. 그들의 말을 듣지 않고 무시한 것에 대한 잘못을 고백
한 것이다. 다급한 바로가 자신을 최대한 낮추고 있다. "바라건대 이번만 나
의 죄를 용서하고"를(17절상) 다시 직역하면 '이제 제발 나의 죄를 용서하라'이
다. 왕과 종의 관계에서 역전되어 스스로 종의 위치에서 주인의 은혜를 간구
하는 꼴이 되었다. 그리고 오직 이 죽음만은 면하게 나를 위해 여호와께 기도
해달라고 간청한다(17절하). 메뚜기 떼의 공격에 죽음의 위협을 느낀 것이다.
앞서 신하들의 간청을 듣지 않은 대가를 톡톡히 치르고 있다.

모세가 바로에게서 나가서 여호와께 기도하니, 여호와께서 마음을 돌리셨
다(18절). 그리고 강렬한 서풍을 불게 하여 메뚜기를 홍해에 몰아넣으셨다(19
절상). 앞에서는 강력한 동풍으로 메뚜기 떼를 몰고 왔는데, 갑자기 강력한 서
풍이 불었다. 이러한 갑작스런 기후의 변화는 자연현상에서 일어나기 힘들다.
"홍해"로 번역된 얌 수프(יַם סוּף)는 '갈대바다'이다. 수프는 습지에서 자라는
갈대로서, 파피루스를 만드는 재료이기도 하다. 이 갈대는 나일강가 혹은 민
물 호숫가에서 자란다. 물론 민물과 바닷물이 섞이는 지역에서도 생존가능하
다. 따라서 이 얌 수프는 오늘날 바다의 홍해라기보다는 홍해와 지중에 사이
에 있는 Great bitter lake일 가능성이 있다.[30] 그리하여 이집트 땅에는 메뚜기
가 하나도 남지 아니하였다(19절하).

그러나 재앙이 끝난 후 바로는 다시 자신의 마음을 무겁게 하였고, 이스라
엘 자손을 보내지 아니하였다. 성경은 "여호와께서 바로의 마음을 다시 완악
하게 하셨으므로"라고 말한다(20절). 하나님께서 더 확실하게 자신의 능력을
보여줄 것이 아직 남아있기 때문이다.

---

30 이 문제는 나중 출애굽 때에 자세히 다루도록 하겠다.

11) 아홉 번째 재앙: 삼일 동안의 흑암(10:21~29)

21 여호와께서 모세에게 이르시되 하늘을 향하여 네 손을 내밀어 애굽 땅 위에 흑암이 있게 하라 곧 더듬을 만한 흑암이리라 22 모세가 하늘을 향하여 손을 내밀매 캄캄한 흑암이 삼 일 동안 애굽 온 땅에 있어서 23 그 동안은 사람들이 서로 볼 수 없으며 자기 처소에서 일어나는 자가 없으되 온 이스라엘 자손들이 거주하는 곳에는 빛이 있었더라 24 바로가 모세를 불러서 이르되 너희는 가서 여호와를 섬기되 너희의 양과 소는 머물러 두고 너희 어린 것들은 너희와 함께 갈지니라 25 모세가 이르되 왕이라도 우리 하나님 여호와께 드릴 제사와 번제물을 우리에게 주어야 하겠고 26 우리의 가축도 우리와 함께 가고 한 마리도 남길 수 없으니 이는 우리가 그 중에서 가져다가 우리 하나님 여호와를 섬길 것임이며 또 우리가 거기에 이르기까지는 어떤 것으로 여호와를 섬길는지 알지 못함이니이다 하나 27 여호와께서 바로의 마음을 완악하게 하셨으므로 그들 보내기를 기뻐하지 아니하고 28 바로가 모세에게 이르되 너는 나를 떠나가고 스스로 삼가 다시 내 얼굴을 보지 말라 네가 내 얼굴을 보는 날에는 죽으리라 29 모세가 이르되 당신이 말씀하신 대로 내가 다시는 당신의 얼굴을 보지 아니하리이다

다시 여호와께서 모세에게 말씀하셨다: "하늘을 향하여 네 손을 내밀어 애굽 땅 위에 흑암이 있게 하라"(10:21). 이번에는 이집트가 흑암에 뒤덮일 것임을 예고한다. 찾고자 할 때에 더듬어야 할 만큼 전혀 보이지 않는 흑암이 될 것이다. 하나님께서 이집트 신과 전쟁을 벌이고 있다. 이집트 전역에 흑암으로 가득 찼다는 것은 이집트의 태양신을 징계하신 것이다. 하이집트(멤피스를 수도로 함)는 '레'라는 태양신을 섬기고 있었다. 그리고 소를 신으로 섬기는 아피스는 태양신 '레'의 현현이라고 하여 섬겼다(아피스 동상에는 뿔 가운데 태양 원반이 조각되어 있다). 상이집트에는 '아텐'을 태양신으로 섬긴다. 18왕조에 이르면 상이집트(더베를 수도로 함)의 최고 신 '아몬'과 하이집트의 최고 신 '레'가 합하여 '아몬-레'가 되어 이집트 최고의 태양신으로서 빛과 생명을 주는 신으로 섬

겼다. 또 누트라 여신은 그 이름이 '밤'이라는 말에서 나왔으며, 남편 게브(대지의 신) 위에 엎드려져 있는 모습으로 표현된다. 태양이 저녁에 없어지는 것은 이 밤의 신 누트에게 잡아먹히기 때문으로 생각하는데, 태양은 누트의 입에서 삼켜져서 밤새 몸속을 지나 아침에는 무릎 사이에서 다시 솟아난다고 생각한다. 하나님은 태양과 관련한 이집트 신들을 징계하고, 그들이 백성에게 주는 빛 대신 어둠이 덮이게 할 것이다. 통쾌한 여호와 하나님의 승리가 될 것이다.

모세가 하늘을 향하여 손을 내뻗었다(22절상). 앞의 재앙에서는 지팡이를 땅위에서 내뻗었는데, 이번에는 하늘을 향하여 손을 뻗었다. 태양, 즉 이집트의 신 '아몬-레'를 향하여 명령하는 것이다. 그러자 천지가 캄캄한 흑암으로 가득 찼다. "캄캄한 흑암"의 히브리어 표현은 호쉐크-아페라(חֹשֶׁךְ־אֲפֵלָה)인데, 호쉐크도 '흑암'이고 아페라도 '흑암'이다. 같은 의미의 두 단어를 같이 쓴 이유는 흑암을 강조하기 위해서이다. 한글로 '깊은 흑암'으로 표현할 수 있다. 이러한 흑암이 이집트 땅에 삼일 동안 지속하였다(22절하).

하나님이 그들의 태양신을 징계하자, 이집트 사람들은 큰 혼란에 빠졌다. 10:21에 "더듬을 만한 (흑암)"에서 "더듬다"의 마솨쉬(מָשַׁשׁ)는 '(손으로) 더듬어 찾다'인데, 이삭이 축복받으러 온 야곱의 손을 더듬을 때에 사용되었다. 출애굽기 본문에서는 사역형(힢일)로 사용되었는데, 번역하면 '(손으로) 더듬게 하다'이다. 그리고 사람들이 서로를 볼 수도 없었다(23절상). 이것을 문자대로 번역하면 '사람이 자기 형제를 볼 수 없었다'이다. 그들의 이러한 행동은 아무 것도 볼 수 없는 장님을 경험하는 것과 같다. 그래서 그들은 "자기 처소에서 일어나는 자가 없었다"(23절중). "처소"로 번역된 타하트(תַּחַת)는 '아래' 혹은 '낮은 곳'이다. 다시 번역하면 '사람들은 자기가 앉은 자리에서 일어나지 않았다'이다. 일어나더라도 아무 일도 할 수 없었기 때문에 아예 일어날 생각을 않는 것이다. 이집트 사람들이 사는 지역은 완전히 어두움으로 덮였지만, 이스라엘 사람들이 거주하는 곳에는 빛이 있었다. 이것도 자연을 움직이는 힘이 이스라엘의 하나님 여호와이심을 확실히 보여주는 것이다.

바로는 다시 다급해져서 모세를 불렀다. 그리고 전보다 하나 더 양보한 안을 제시한다. 아이를 포함한 사람들은 모두 가되 짐승은 놓아두라는 것이었다 (24절). 이것은 한층 더 양보한 제안이며, 또 사람은 잃더라도 짐승이라도 건지겠다는 속셈이다. 앞에서 여러 재앙들을 통과하면서 대부분의 가축이 손실되었기에 이것만큼은 그냥 보낼 수가 없었다. 하지만 모세는 여호와께 제사를 드려야하니 짐승들을 데리고 나가야 한다고 말했다. 오히려 왕의 것도 주어야 한다고 말했다(25절). 그리고 자기들 가축은 모두 데리고 가고 한 마리도 남길 수 없다고 하였다. 그 이유는 거기에 가서 어떤 것을 여호와께 드릴지 골라야 하기 때문이다(26절). 이것은 강한 자의 배짱이다. 이긴 자는 조금의 양보라도 할 필요가 없다. 그리고 또 이것은 모든 재산을 가지고 완전히 출애굽 하겠다는 의도를 보이는 것이다. 다시 돌아오지 않겠다는 의미이다. 만약 돌아올 것 같으면 힘들게 가축을 다 데리고 갈 필요가 없는 것이다.

바로는 다시 마음을 완악하게 하여 그들을 보내기를 기뻐하지 아니했다(27절). "완악하게"의 *하자크*(חָזַק)는 '강하다'이다. 잠시 약해졌던 그의 마음을 하나님께서 다시 강하게 만들어 거절하도록 한 것이다. "기뻐하다"의 *아바*(אָבָה)는 '원하다'라는 의미로서 모세의 말대로 모든 것을 내보내기를 원하지 않았다. 바로는 모세를 다시 쫓아내었다(28절). "삼가"의 *쇼마르*(שָׁמַר)는 '지키다' 혹은 '주의하다'이다. '너 자신을 지키라'는 것은 몸을 조심하라는 것이다. 다시 자기의 얼굴을 보는 날에게 죽을 줄 알라는 경고이다. 모세도 당당하였다. 자기도 다시는 바로의 얼굴을 보지 않겠다고 대꾸하였다(29절). 각자 더 극단적인 길로 돌아섰다.

12) 열 번째 재앙: 장자를 죽임(11:1~10)

1 여호와께서 모세에게 이르시기를 내가 이제 한 가지 재앙을 바로와 애굽에 내린 후에야 그가 너희를 여기서 내보내리라 그가 너희를 내보낼 때에는 여기서 반드시 다 쫓아내리니 2 백성에게 말하여 사람들에게 각기 이웃들에게 은금 패물을 구하게 하라 하시더니 3 여호와께서 그 백성으로 애굽 사람의 은혜를 받게

하셨고 또 그 사람 모세는 애굽 땅에 있는 바로의 신하와 백성의 눈에 아주 위대
하게 보였더라 4 모세가 바로에게 이르되 여호와께서 이와 같이 말씀하시기를
밤중에 내가 애굽 가운데로 들어가리니 5 애굽 땅에 있는 모든 처음 난 것은 왕
위에 앉아 있는 바로의 장자로부터 맷돌 뒤에 있는 몸종의 장자와 모든 가축의
처음 난 것까지 죽으리니 6 애굽 온 땅에 전무후무한 큰 부르짖음이 있으리라 7
그러나 이스라엘 자손에게는 사람에게나 짐승에게나 개 한 마리도 그 혀를 움
직이지 아니하리니 여호와께서 애굽 사람과 이스라엘 사이를 구별하는 줄을 너
희가 알리라 하셨나니 8 왕의 이 모든 신하가 내게 내려와 내게 절하며 이르기를
너와 너를 따르는 온 백성은 나가라 한 후에야 내가 나가리라 하고 심히 노하여
바로에게서 나오니라 9 여호와께서 모세에게 이르시기를 바로가 너희의 말을 듣
지 아니하리라 그러므로 내가 애굽 땅에서 나의 기적을 더하리라 하셨고 10 모
세와 아론이 이 모든 기적을 바로 앞에서 행하였으나 여호와께서 바로의 마음을
완악하게 하셨으므로 그가 이스라엘 자손을 그 나라에서 보내지 아니하였더라

여호와께서 다시 모세에게 말씀하셨다: "내가 이제 한 가지 재앙을 바로와
애굽에 내린 후에야 그가 너희를 여기서 내보내리라"(11:1상). '이제 이 한 가
지'가 마지막 재앙이 될 것이다. "재앙"의 네가(נֶגַע)는 동사 나가(נָגַע)에서 왔는
데, 나가는 '치다(때리다)'이다. 따라서 네가는 하나님이 치시는 징계를 의미한
다. 네가가 나병의 경우에도 사용되었는데, 이것은 나병이 하나님이 치시는
대표적인 징계의 것임을 나타낸다(신 24:8). 이 마지막 재앙이 내리면 바로는
이스라엘을 쫓아낼 것이다(11:1하). "쫓아내다"의 나가쉬(גָּרַשׁ)는 '내던지다'라
는 의미로서 그냥 '쫓아내다'는 말보다 더 강한 표현이다. 가진 것이 너무 징그
러워 손에서 얼른 던져버리는 모습을 연상케 한다.

그러나 하나님은 백성이 그냥 나갈 것이 아님을 예고하신다. 이스라엘 사람
들이 그 이웃에게 은금 패물을 구하라고 하셨다(2절). "구하다"의 솨알(שָׁאַל)은
'요구하다'이다. 구걸하는 것이 아니라 당당하게 요구한다. "패물"의 케리(כְּלִי)
는 '그릇' 혹은 '기구'이다. '은 그릇과 금 그릇'을 요구하라는 것이다. 열 가지

재앙들은 여호와와 그 군대가 이집트 신과 그 백성을 향한 전쟁이었다. 전쟁에서 이긴 자는 진 자에게 공물(선물)을 받고 당당히 출발한다.

"은혜를 받다"의 헨(חֵן)의 동사 하난(חָנַן)은 '~의 총애를 받다'이며, 이것의 명사 헨은 '호의, 은총, 은혜'이다. 이 단어는 하나님이 자기 백성에게 베푸시는 언약적인 사랑에 자주 사용된다. 이스라엘이 떠날 때에 이집트 사람들에게 강압적으로 물건들을 빼앗는 것이 아니라, 이집트인들의 사랑에 기인한 호의로 귀한 물건들을 이스라엘 사람들에게 선물로 주는 모습이다. 또한 모세는 바로의 신하와 이집트 백성의 눈에 아주 위대하게 보이겠다고 말씀하셨다(3절하). "위대하게"의 가돌(גָּדוֹל)은 '크다'이다. 이전에는 신하들과 그 백성 눈에 바로가 크게 보였었다. 그런데 재앙이 거듭할수록 바로는 작아지고 모세가 크게 보이는 것이다. 가돌 바로 뒤에 그것을 꾸며주는 메오드(מְאֹד, 매우)가 부사로 수식해 주는데, 모세가 '심히 크게' 보이겠다는 것이다. 모세 자신은 '온유하고' '겸손'하였다(민 12:3). 그러나 다른 사람이, 그것도 원수로 간주되는 상대방이 그를 위대한 인물로 우러러 보게 될 것이다. 하나님 덕분에 모세가 높아진다. 모세가 다시 바로에게 하나님의 말씀을 전한다. 하나님이 밤중에 이집트 가운데로 들어갈 것이며(4절), 이집트 땅에 있는 왕이든 몸종이든 모든 처음 난 아들과 또 모든 가축의 처음 난 것까지 죽을 것이라고 선포하였다. "밤중에"의 카하초트 할라이라(כַּחֲצֹת הַלַּיְלָה)는 문자적으로 '밤 한가운데'인데, '한밤중에'라고 번역하는 것이 좋다. '한밤중에'라는 말은 무슨 불길함을 알리는 단어이다. "이집트 가운데로 들어가리니"에서 "가운데로"의 타웨크(תָּוֶךְ)는 '중앙, 한가운데'이다. "들어가다"의 야차(יָצָא)는 '나가다, 앞으로 가다'이다. 전쟁 중에 큰 장수가 적군의 한 가운데로 돌진해 들어가는 모습을 연상시킨다.

하나님이 이집트 땅을 가로질러 전진하면서 모든 처음 난 것은 다 죽이는데, 왕위에 앉아있는 바로의 장자부터 죽이겠다고 하셨다(5절상). "왕위"의 킷세(כִּסֵּא)는 '보좌'이다. 왕이 보좌에 앉아 있고, 그 앞에 신하들이 부복하여 도열하고 있는 장면은 어전회의를 연상케 한다. 그때 왕은 그의 위엄을 가장 크게 드러내는 순간이다. 그러나 그러한 바로의 위엄도 하나님의 전진 앞에서 자기 아들을 지킬 수 없었다. "맷돌 뒤에 있는 몸종의 장자"(5절중)에서 "몸종"
의 쉬프하(שִׁפְחָה)는 '여종'이다. "(맷돌) 뒤에 있는"의 아하르(אַחַר)는 '뒤, 배후'
혹은 '~의 뒤따라'의 의미이다. 직역하면 '맷돌 뒤를 따라 간다'인데, 맷돌을
돌리고 있는 여종의 모습을 묘사한 것이다. 가장 낮은 사람으로 이 여인을 내
세운 것이다. "까지"의 아드(עַד)는 범위 혹은 한계를 정하는 전치사이다. 이 문
장은 최고의 존엄부터 가장 천한 자까지를 표현한 것인데, 명실 공히 모든 사
람을 다 내포한다는 의미이다. 그들의 장자뿐만 아니라 모든 가축의 처음 난
것까지 죽을 것이다(5절하).

이집트 온 땅에 전무후무한 큰 부르짖음이 있을 것이다(6절). "부르짖음"의
차아카(צְעָקָה)는 고통에서 부르짖을 때에 자주 사용되었다. 히브리 사람들이
심한 노역의 고통에서부터 부르짖은 소리를 하나님께서 들으셨다는 구절에
서 사용된 단어이다(2:23; 3:7). 이번에는 히브리인들 반대편인 이집트 사람들
이 자식을 잃는 고통 때문에 크게 부르짖을 것이다. 이런 부르짖음은 그 이전
에도 이집트 땅에서 없었고, 또 앞으로도 없을 것이다. 이것은 히브리 사람들
의 부르짖음보다 더 클 것이다.

이집트 온 땅에서 이러한 극심한 일이 벌어질 것이나, 이스라엘 자손에게는
사람에게나 짐승에게 아무 일도 일어나지 않을 것이다. 본문은 그것을 "개 한
마리도 그 혀를 움직이지 아니하리니"라고 표현한다(11:7). "혀를 움직이지 아
니하다"에서 "움직이다"의 하라츠(חָרַץ)는 '뾰족하게 하다'라는 의미이다. 이것
은 개가 목구멍 깊이에서 나오는 으르렁대는 소리를 낼 때의 모습을 묘사한
것으로 보인다.[31] 개조차도 아무런 일도 없이 평온하다는 말을 하는 것이다.
이로써 이집트와 이스라엘 사이의 상황이 확실하게 구별되는 줄을 이집트 사
람들이 알게 될 것이다.

모세는 바로와 신하들에게 마지막 말을 선포한다. 바로의 모든 신하가 자기
에게 내려와 절하며 이스라엘 온 백성이 나가라 한 후에야 나가겠다는 것이다

---

31 아란 콜, 『출애굽기』, 147.

(8절상). 너무나 당당하다. 이제는 바로가 그 땅에서 나가라고 해도 그냥 나가지 않겠다는 것이다. "내려와"의 야라드(יָרַד)는 높은 곳에서 낮은 곳으로 내려오는 것을 말한다. "절하다"의 쇠하(שָׁחָה)의 힙파엘(재귀형)은 '엎드려 절하다(bow down)' 혹은 '경배하다(worship)'이다.[32] 이 단어의 재귀형은 하나님에게 경배하는 것으로 많이 사용되었다. 이렇게 자신들을 최대한 낮춘 상태에서 이스라엘에게 나가달라고 요청하면 그제야 나가겠다는 것이다. 만약 그들이 나가지 않으면 이집트에는 더 큰 재앙이 닥칠 것이다. 그러니 엎드려 빌어야 나가줄 것이다. 이제 더 이상 출애굽은 이스라엘의 요청에 의해서 이루어지는 것이 아니다. 이집트인들이 빌며 나가달라며 이루어질 것이다. 출애굽이 얼마나 당당하게 이루어질 것인지를 보여준다. 그러면서 모세는 심히 노하여 바로에게서 나왔다(8절하). "심히 노하다"의 호리-아프(חֳרִי־אָף)에서 호리는 '맹렬한 진노'이며(애 2:3), 아프는 원래는 '코'를 의미하나 '화'로도 쓰였다. 바로가 아닌 모세가 이렇게 화를 내는 것은 상하가 바뀐 모습이다. 바로 앞에 모세의 위세와 당당함을 보여준다.

여호와께서 모세에게 말씀하셨다. 이번에도 바로는 모세의 말을 순순히 듣지 않을 것이다. 그래서 이집트 땅에서 마지막 기적을 더하겠다고 하신다(11:9). "기적"의 모페트(מוֹפֵת)는 '기사(奇事)'로 번역할 수 있는데, 하나님께서 행하시는 놀라운 일을 가리킨다(7:9 참조). "더하다"의 라바(רָבָה)는 '많다, 크다'이다. 앞에서 행한 여러 기사에 더하여 이제 또 다른 큰일을 행하시겠다는 말이다. 앞에서 계속하여 이러한 기적을 모세와 아론이 바로 앞에서 행하였으나 "여호와께서 바로의 마음을 완악하게 하셨으므로 그가 이스라엘 자손을 그 나라에서 보내지 아니하였더라"고 본문이 말한다(11:10). 여기에서 "(마음을) 완악하게"는 하자크(חָזַק)가 사용되었는데 '(마음을) 강하게 하다'이다.

하나님이 내리신 재앙들과 관련하여 바로의 마음을 표현할 때에 세 단어가 사용되었다. 첫째는 하자크가 12번 사용되었는데, '(마음을) 강하게 하다'이다

---

32 BDB, 1005.

(7:13, 22; 8:15, 19; 9:12, 35; 10:20, 27; 11:10; 14:4, 8, 17). 둘째는 *카솨*(קָשָׁה)로 '완고하다'라는 의미이며, 두 번 사용되었다. 이것은 무거운 멍에에 저항하는 모습이다(7:3; 13:15). 셋째는 *카바드*(כָּבֵד)로 '(마음을) 무겁게하다'이며 6번 사용되었다(7:14; 8:15, 32; 9:7, 34; 10:1).

위의 세 단어들은 각각 특징이 있지만 그 의미는 비슷하다. 따라서 개역개정은 모두 '완악하다'로 번역하였다. 그런데 그보다도 더 중요한 것은 '완악하게 한 주체가 누구인가?'라는 것이다. 하나님께서 주체가 되어 바로의 마음을 완악하게 한 경우가 10번이며, 바로가 주체가 된 경우(바로의 마음이 주어로 나타난 경우도 포함)는 9번이다.[33] 과연 바로가 스스로 마음을 완악하게 한 것인지, 하나님께서 그 마음을 완악하게 한 것인지에 대한 논쟁이 있을 수 있다. 만약 하나님이 그 주체라면 바로가 책임을 지고 징계 받는 것은 너무 가혹하다고 주장할 수도 있다.

비록 하나님이 바로의 마음을 완악하게 하시겠다는 계획을 이미 밝혔다고 하지만(4:21), 그러나 그 시작은 바로가 하고 있었다. 바로가 마음을 완악하게 함이 본격적으로 나타나기 시작하는 7:13부터 다섯 번째 재앙까지는 바로가 능동적으로 그것을 행하였다. 하나님께서 그의 마음을 완악하게 하시는 것은 여섯 번째의 재앙부터이다. 따라서 바로는 자신의 행위가 책임을 면할 수 없다. 그러나 양자가 완전히 분리되어 생각할 필요가 없다. 하나님이 허락하시니 바로가 스스로 완악하게 된 것이며, 하나님이 그렇게 만들었어도 바로는 스스로 마음을 그렇게 먹은 것이므로 그 책임을 피할 수 없다. 결론적으로 바로 스스로 한 것이지만 결국 하나님의 뜻대로 된 것이다. 하나님께서 그렇게 하신 것은 그를 더 크게 징계하기 위함이었다.

---

33 박철현, 『출애굽기 산책』, 117~18 참조.

교훈과 적용

① 하나님은 이집트와 본격적으로 전쟁을 돌입하신다. 자기 백성을 구출해내기 위해서이다. 하나님은 '내 백성을 보내라'는 명령을 어긴 바로와 그 백성을 대항하여 재앙들을 내리셨지만, 그들이 섬기는 이집트 신들과 벌이는 전쟁이었다. 바로 앞에서 처음으로 행한 뱀 사건은 왕의 수호신인 '아펩(Apep)'이라는 뱀을 호출하여 대결을 신청한 것이었다. 그들에게 내리신 10가지 재앙들도 여호와께서 "애굽의 모든 신을 내가 심판하리라"는 선언을 이루신 것이었다(12:12). 첫 번째 재앙은 '하피(Hapi)'라는 강의 신을 징계한 것이었다. 개구리는 이집트인들이 섬기는 '헥트'라는 신이었고, 파리 떼는 풍뎅이 모습을 한 '케프라'와 관계가 있을 수 있다. 그들이 섬기던 신들이 오히려 구역질 나는 기피의 대상이 되게 하였다. 다섯째 재앙인 전염병의 유행은 역병을 물리친다는 '하도르(Hathor)' 신을 무력화 하는 것이었고, 아홉 번째 재앙인 흑암은 최고 신 '라(레)'와 '아텐' 신을 징계하신 것으로 볼 수 있다. 열 번째 장자를 죽이는 재앙은 생명의 신인 '아몬'과 '이시스(Isis)'를 징계하신 것으로 간주된다. 이집트 인들이 섬기는 신들을 먼저 초토화한 후에 하나님은 그 신들의 백성까지 치신다. 그리고 자기 백성을 구출하신다.

신약에서 예수님이 마귀들을 쫓아내실 때에 하신 말씀도 그와 같은 원리임을 알 수 있다. 예수님께서 "강한 자가 무장을 하고 자기 집을 지킬 때에는 그 소유가 안전하되 더 강한 자가 와서 그를 굴복시킬 때에는 그가 믿던 무장을 빼앗고 그의 재물을 나누느니라"라고 말씀하셨다(눅 11:21~22). 앞의 "강한 자"는 마귀를 가리키고, 뒤의 "더 강한 자"는 예수님 자신을 가리킨다. 예수님은 마귀를 먼저 쳐부수고 그에게 사로잡힌 자기 백성을 구출해 내시는 것이다.

② 재앙들이 거듭할수록 바로와 그 신하들은 작게 보이고 모세는 더 크게 보였다. 그리고 마지막에는 모세가 바로에게 화를 내었다. 모세는 '바로와 그의 모든 신하가 자기에게 내려와 절하며 이스라엘 온 백성이 나가라 한 후에야 나가겠다'고 으름장을 놓았다(8절상). 너무나 당당하다. 이제 출애굽은 더 이상 이스라엘이 요구해서 이루어지는 것이 아니다. 왕과 신하들이 빌며 나가달라는 간청으로 이루어진다. 그뿐만 아니라 이스라엘 사람들은 이집트 사람들로부터 패물들을 받아 챙겨서 출발한다(3:22; 11:2; 12:35). 억지로 빼앗는 것이 아니라 그들이 자발적으로 주는 선물이다. 전쟁에 승리한 군대가 당당하게 진 자들로부터 선물을 챙기는 것이다. 이스라엘은 탄식하는 이집트 사람들을 뒤에 두고 하나님을 앞세우고 출발하였다. 영광의 엑소더스였다.

신약에도 영광의 엑소더스가 묘사된다. 예수님이 전쟁에서 승리한 왕으로서 대적으로부터 선물을 챙기고 포로들을 끌고 자기의 보좌가 마련된 하늘나라로 올라가시는 것이다 (엡 4:8). 그리고 그는 자기 백성에게 그 노획한 선물들을 나누어주신다. 예수님과 신약의 성도가 함께 누리는 영광의 엑소더스인 것이다.

3. 유월절과 무교절(12:1~13:16)

출애굽에서 가장 중요한 부분이 10번째 재앙과 유월절에 관한 기사이다. 이스라엘의 삼대 절기 중 유월절은 이집트 땅에서 주어졌다. 유월절의 중요성은 이것을 기념하라고 여러 번에 걸쳐 하신 하나님의 명령(12:14, 17, 24, 42)과 또 후손에게 가르치라(12:26~27; 13:8~10, 14~16)는 거듭된 부탁에서 알 수 있다.[34] 뿐만 아니라 유월절은 구원사적인 중요한 의미를 지니고 있으며, 특히 신약에서 예수님의 구원 사건과도 연관이 있다.

1) 유월절을 위한 준비(12:1~13)

1 여호와께서 애굽 땅에서 모세와 아론에게 일러 말씀하시되 2 이 달을 너희에게 달의 시작 곧 해의 첫 달이 되게 하고 3 너희는 이스라엘 온 회중에게 말하여 이르라 이 달 열흘에 너희 각자가 어린양을 취할지니 각 가족대로 그 식구를 위하여 어린양을 취하되 4 그 어린양에 대하여 식구가 너무 적으면 그 집의 이웃과 함께 사람 수를 따라서 하나를 취하며 각 사람이 먹을 수 있는 분량에 따라서 너희 어린양을 계산할 것이며 5 너희 어린양은 흠 없고 일 년 된 수컷으로 하되 양이나 염소 중에서 취하고 6 이 달 열나흗날까지 간직하였다가 해 질 때에 이스라엘 회중이 그 양을 잡고 7 그 피를 양을 먹을 집 좌우 문설주와 인방에 바르고 8 그 밤에 그 고기를 불에 구워 무교병과 쓴 나물과 아울러 먹되 9 날것으로나 물에 삶아서 먹지 말고 머리와 다리와 내장을 다 불에 구워 먹고 10 아침까지 남겨

---

34   박철현, 『출애굽기 산책』, 354.

두지 말며 아침까지 남은 것은 곧 불사르라 11 너희는 그것을 이렇게 먹을지니 허리에 띠를 띠고 발에 신을 신고 손에 지팡이를 잡고 급히 먹으라 이것이 여호와의 유월절이니라 12 내가 그 밤에 애굽 땅에 두루 다니며 사람이나 짐승을 막론하고 애굽 땅에 있는 모든 처음 난 것을 다 치고 애굽의 모든 신을 내가 심판하리라 나는 여호와라 13 내가 애굽 땅을 칠 때에 그 피가 너희가 사는 집에 있어서 너희를 위하여 표적이 될지라 내가 피를 볼 때에 너희를 넘어가리니 재앙이 너희에게 내려 멸하지 아니하리라

이집트에 내리는 가장 심각한 재앙이 시작되기 전 하나님은 모세와 아론에게 말씀하셨다. 먼저 이 달을 한해의 시작 곧 첫 달이 되게 하라고 하셨다 (12:1). 여기에서 종교력을 제정하신다. "이 달(하호데쉬 핫제, הַחֹדֶשׁ הַזֶּה)"은 민간 월력으로 아빕월이다. 이달을 "시작"으로 삼으라고 하셨는데, 로쉬(רֹאשׁ)의 뜻은 '머리, 꼭대기, 처음'이다. 여기서는 으뜸을 내포한 '처음'으로 보아야 하겠다. 한해의 첫 달로 삼으라는 것이다. 그달은 원래 아빕(אָבִיב)월로 불렸는데, 후에는 니산(נִיסָן, 출발하다)으로 불렸다(느 2:1; 에 3:7). 서양력으로 3월 중~4월중에 해당한다. 이집트와 근동 지방에서 월력을 사용하였고, 또 니산을 첫 달로 취급하는데, 공교롭게도 유월절을 맞추어 첫 달로 하라는 하나님의 명령과 일치한다.

하나님은 이스라엘에게 그 달 열흘에 각자가 가족 수대로 식구를 위해 어린양을 잡으라고 명령하셨다(12:3). "그 달 열흘"은 한 달을 삼등분(초순, 중순, 하순)하여 중순에 들어가는 날에 해당한다(후에 제정된 대속죄일도 그 달 열흘에 맞추어진다). 즉 월삭에서 시작하여 10일째이다. 그날에 어린양을 골라 깨끗이 준비하고 그달 보름달이 되는 14일 해질 때에 양을 잡고 유월절 행사에 들어간다. 양을 잡을 때에 가족 단위로 잡는다. "가족"이라고 번역된 베이트-아보트(בֵּית-אָבֹת)는 '아버지의 집'이다. 가부장(家父長) 제도에서 아버지는 절대 권위와 존경을 받는다. 아버지가 살아계신다면 분가해 있던 자식들이 아버지 집에 모인다. 유월절의 행사를 가족 단위로 이루어지게 한 것이다. 물론 당시에

는 성전 혹은 성막도 없었기 때문에 가정에서 행사를 가졌을 것이라는 의견
도 있겠지만, 그러나 본문에서 가족이 함께 이 행사를 하라고 하는 것은 분명
하나님의 명령이었다. 히브리인들에게 가정은 신앙의 가장 핵심 단위였으며,
아버지가 제사장에 해당하는 역할을 했다.

하나님은 어린양을 잡으라고 하셨다. "어린양"의 새(שֶׂה)는 양에만 한정되
지 않고 염소도 포함될 수 있다. 그러나 성경에서 새는 일반적으로 양을 가리
켰다. 또 새는 어린 것에 한정지을 수 없다고 하지만, 그러나 '어린양'으로 보
는 것이 일반적인 견해이다. '어린양'은 정결의 상징으로 여겨져서 거룩한 종
교 축제에서 음식으로 먹거나, 또 하나님께 희생제물로 바치기에 적당하다.
온 식구가 아버지 집에 모여 함께 이 양을 먹는데, 모두 충분히 먹을 수 있어
야 하고, 또 남아서도 안된다. 만약 식구가 많으면 한 마리 이상 잡아야 하고,
또 식구가 적으면 이웃과 합쳐서 양을 잡게 하였다(12:4). 각자 적당히 먹을 수
있는 분량에 따라 어린양을 계산하라고 하셨다.

5절은 음식으로 먹을 어린양의 기준을 말한다. "어린양은 흠 없고 일 년 된
수컷으로 하되"라고 하였다(5절상). '어린'의 기준이 '일 년'으로 정해졌다. 일
년이면 충분히 자랐지만 아직 아이를 가질 수 있는 연령이 아니다(2년이 지나
야 새끼를 가질 수 있음). 그리고 암컷이 아닌 '숫양'으로 정해졌다. 미래에 있
을 제사 제도에서도 항상 수컷이 선호되었다. 그리고 흠이 없이 깨끗한 것이
어야 한다. 장애가 있는 짐승은 절대불가였다. 또 염소도 가능하였다(5절하).

그달(아빕월) 10일에 양을 선택하여 4일간 그 양을 지킨다. "지키다"의 동사
쇠마르(שׁמר)는 주된 의미가 '지키다'이지만, '돌보다'로도 번역된다. 가장 좋은
것을 미리 정하여 잘 돌본다는 의미이다. 제14일에 가족이 아버지 집에 모이
고, 해 질 때에 그 양을 잡는다(6절). "잡다"의 *쇠하트*(שׁחט)는 '도살하다'이다.
이스라엘의 하루는 해질 때부터 시작하여 다음 해질 때까지이다. 14일 해질
때부터 15일 해질 때까지는 한 달(음력)의 절반으로 완전한 보름달이 될 때이
다. 극동 지방에서 보름에 축제가 있는 것과 비슷하다(한가위, 정월대보름 등).
그리고 피를 그들이 모인 집 문설주 좌우와 인방에 바른다(7절). "문설주"의 메

주자(מְזוּזָה)는 문기둥이다. "인방"의 마스코프(מַשְׁקוֹף)는 문의 기둥과 기둥 사이에 건너지르는 가로재를 말한다. 이것은 방문객에게 그 집 안에 죽음이 있음을 알리는 표시이다. 유월절의 피는 후에 제정될 제사제도에서의 피의 원리와 동일하다고 보아야 한다. 즉, 대신 죽는다는 대속의 의미로 사용된 것이라는 의미이다. 문설주와 인방에 발린 피는 대속에 대한 표적의 역할을 할 것이다.

고기는 그날 밤에 불에 구워 무교병과 쓴 나물과 함께 먹었다(8절). 바로 유월절 음식이었다. "무교병" 마차(מַצָּה)는 발효되지 않은 빵이다. 손님이 갑자기 찾아왔을 때에 급히 준비하여 내어놓는 음식이다(창 19:3; 삿 6:19~21; 삼상 28:24). 유월절에서도 무교병을 먹는 이유는 출애굽이 갑자기 이루어진 사건임을 기념하기 위함이다(12:39 참조). 발효할 시간이 없이 급하게 준비하였음을 의미한다. 또한 이것은 출애굽이 사람의 계획에 의해 이루어진 것이 아닌 하나님께서 갑자기 주신 선물임을 상기시키기도 한다. "쓴 나물(메로르, מָרֹר, 쓴 것, 쓴 나물)"은 어떤 종류의 나물인지 확실치 않다. 유목민들이 향신료로 사용하는 쓴 풀로 제안하기도 하고, 쓴 상추로 보기도 한다. 후대에 기록된(주후 3세기) 미쉬나에서는 쓴나물에 해당하는 다섯 가지 식물의 목록을 기록한다: 쓴 상추, 치커리(chicory), 겨자(pepperwort), 뱀풀(snakeroot), 민들레(dandelion) 등.[35] 쓴나물을 먹은 이유는 이집트에서의 고난을 기념하기 위함이다.

특히 고기는 날것으로나 물에 삶아서 먹어서는 안되며, 머리와 다리와 내장도 불에 구워 먹도록 하였다(9절). 나중에 성막(성전)에서 제물로 바쳐진 짐승의 고기는 성전 뜰 가마솥에서 삶아서 먹는다. 그러나 유월절 음식은 구워서만 먹도록 하였다. 꼭 구워 먹어야 하는 이유를 찾기는 힘들다. 모든 음식은 아침까지 남겨두지 말고 다 먹어야 하며, 만약 남은 것이 있으면 아침이 되기 전에 불사르라고 하였다(10절). 고기는 대속의 의미를 지닌 거룩한 것으로 취급되어야 하기 때문이었을 것이다.

---

35 Hyatt, *Exodus*, 133.

유월절 음식에서 세 가지 의미를 찾을 수 있다. 첫째, 대속의 음식이었다(양이 대신 죽음). 둘째, 이집트에서의 고난과 출애굽을 기념하는 것이었다. 셋째, 모든 식구가 함께 모여서 먹는 교제의 식사였다. 그런데 여기에서 하나 더할 수 있다. 긴급성이다. 무교병은 발효할 시간도 없이 빨리 빵을 만들어야 하는 긴급성을 알린다. 그리고 하나님은 그 음식들을 먹을 때에도 급히 먹으라고 하신다. 그들은 먹을 때에 허리에 띠를 띠고 발에 신을 신고 손에 지팡이를 잡고 급히 먹어야 했다(11절). 이 광경은 길을 떠나기 위한 사람의 모습이다. 하나님은 그들이 떠날 준비를 한 채로 먹으라는 것이다. "(허리에 띠를) 띠고"에서 하가르(חָגַר)는 '허리띠를 졸라매다'이다. 그냥 옷을 입는 모습이 아니라 먼 길을 떠나기 위한 차림이다. 그리고 이것을 여호와의 유월절이라고 말한다(11절). "유월절"의 페사흐(פֶּסַח)는 '넘어가다, 뛰어넘다'의 의미이다. 이 유월절의 진짜 의미는 뒷 절들이 설명할 것이다.

이스라엘 사람들이 유월절 음식을 먹는 그날 밤에 여호와께서 ("내가") 이집트 땅을 두루 다니며 사람이나 짐승을 막론하고 모든 처음 난 것을 다 치겠다고 하셨다. "치다"의 나카(נָכָה)는 '때리다'의 의미도 있지만 매우 많은 구절에서 '쳐죽이다, 살해하다'의 의미로 사용된다. 전쟁에서 상대방을 치는 것에도 사용되었다. 하나님께서 사람의 모든 장자들과 가축의 첫 새끼를 다 죽이겠다는 것이다. 그런데 하나님은 이것을 이집트의 모든 신을 심판하는 것이라고 선언하셨다(12절중). 육적인 현상 너머 영적인 세계의 전쟁이 있음을 암시하는 것이다. 이집트 사람은 그들의 생명과 관련하여 많은 신들을 섬기고 있었다. 특히 아이를 낳으면 그들이 섬기는 신에게 가서 그 아이를 바치며 지켜줄 것을 기원한다. 그런데 그런 신들이 자기 사람을 지켜줄 수가 없게 되었다. 왜냐하면 하나님이 그 신들을 치러 나섰기 때문이다. 그리고 하나님은 "나는 여호와라"(12절하)고 선언하신다. 하나님은 자신의 이름을 걸고 이 일을 하신다.

여호와께서 이집트 땅을 칠 때에 이스라엘 집 대문에는 피가 있어 그들을 위한 표적이 되겠다고 하신다(13절). "표적"의 오트(אֹות)는 일반적으로 '징조'로 쓰인다. 이 징조는 그것을 보는 사람을 믿게 하기 위해 사용하는 것이다.

그래서 징조는 놀라운 혹은 초자연적인 일이 되어야 한다. 그런데 오트는 때로 '표징'으로도 사용된다. 표징은 초자연적인 현상과 같은 것은 아니더라도 일반적이지 않은 독특한 것, 혹은 놀라운 어떤 일을 내포하는 것이다. 노아의 언약에서 무지개가 언약의 표징으로 사용되었으며(창 9:12, 13, 17), 아브라함의 언약에서는 할례가 언약의 표징으로 사용되었다(창 17:11). 안식일도 하나님과 이스라엘 사이의 표징으로 사용되기도 하였다(31:13, 17). 이렇게 사용된 경우는 무엇을 확인시켜주는 징표 역할을 하는 것이다.

　이스라엘 사람들이 문설주와 인방에 바른 양의 피가 징표가 되었다. 왜 하필 피가 그 징표로 사용되었는가? 피는 생명을 의미한다(창 9:5 참조). 즉 피를 흘리게 한다는 것은 생명을 빼앗는 것과 같다. 그 집에 피가 발렸다는 것은 이미 누군가 생명을 내놓았다는 의미가 된다. 하나님의 그 피의 표징을 보고 그 집에는 들어가지 않고 넘어가겠다고 말씀하신다(12:13 중). 여기에 "넘어가다"의 동사가 파사흐(פסח)로서 이것의 명사 패사흐가 '유월절'이다. 13절은 하나님께서 유월절의 유래와 그 의미를 직접 설명해 주신 것이다. 하나님은 그 피가 있는 집에 재앙을 내리지 않고, 그들을 멸하지 않겠다고 하셨다(13절하). 그 피의 대속을 승인한 것이다.

2) 무교절을 위한 준비(12:14~30)

14 너희는 이 날을 기념하여 여호와의 절기를 삼아 영원한 규례로 대대로 지킬지니라 15 너희는 이레 동안 무교병을 먹을지니 그 첫날에 누룩을 너희 집에서 제하라 무릇 첫날부터 일곱째 날까지 유교병을 먹는 자는 이스라엘에서 끊어지리라 16 너희에게 첫날에도 성회요 일곱째 날에도 성회가 되니 너희는 이 두 날에는 아무 일도 하지 말고 각자의 먹을 것만 갖출 것이니라 17 너희는 무교절을 지키라 이 날에 내가 너희 군대를 애굽 땅에서 인도하여 내었음이니라 그러므로 너희가 영원한 규례로 삼아 대대로 이 날을 지킬지니라 18 첫째 달 그 달 열나흘날 저녁부터 이십일일 저녁까지 너희는 무교병을 먹을 것이요 19 이레 동안은

누룩이 너희 집에서 발견되지 아니하도록 하라 무릇 유교물을 먹는 자는 타국인이든지 본국에서 난 자든지를 막론하고 이스라엘 회중에서 끊어지리니 20 너희는 아무 유교물이든지 먹지 말고 너희 모든 유하는 곳에서 무교병을 먹을지니라 21 모세가 이스라엘 모든 장로를 불러서 그들에게 이르되 너희는 나가서 너희의 가족대로 어린 양을 택하여 유월절 양으로 잡고 22 우슬초 묶음을 가져다가 그릇에 담은 피에 적셔서 그 피를 문 인방과 좌우 설주에 뿌리고 아침까지 한 사람도 자기 집 문 밖에 나가지 말라 23 여호와께서 애굽 사람들에게 재앙을 내리려고 지나가실 때에 문 인방과 좌우 문설주의 피를 보시면 여호와께서 그 문을 넘으시고 멸하는 자에게 너희 집에 들어가서 너희를 치지 못하게 하실 것임이니라 24 너희는 이 일을 규례로 삼아 너희와 너희 자손이 영원히 지킬 것이니 25 너희는 여호와께서 허락하신 대로 너희에게 주시는 땅에 이를 때에 이 예식을 지킬 것이라 26 이 후에 너희의 자녀가 묻기를 이 예식이 무슨 뜻이냐 하거든 27 너희는 이르기를 이는 여호와의 유월절 제사라 여호와께서 애굽 사람에게 재앙을 내리실 때에 애굽에 있는 이스라엘 자손의 집을 넘으사 우리의 집을 구원하셨느니라 하라 하매 백성이 머리 숙여 경배하니라 28 이스라엘 자손이 물러가서 그대로 행하되 여호와께서 모세와 아론에게 명령하신 대로 행하니라 29 밤중에 여호와께서 애굽 땅에서 모든 처음 난 것 곧 왕위에 앉은 바로의 장자로부터 옥에 갇힌 사람의 장자까지와 가축의 처음 난 것을 다 치시매 30 그 밤에 바로와 그 모든 신하와 모든 애굽 사람이 일어나고 애굽에 큰 부르짖음이 있었으니 이는 그 나라에 죽임을 당하지 아니한 집이 하나도 없었음이었더라

하나님은 이 날을 기념하여 절기를 삼으라고 하신다(12:14상). "기념하다"의 *지커론*(זִכָּרוֹן)은 동사 *자카르*(זָכַר, 기억하다)에서 온 명사로서, '기억, 회상'의 의미이다. "이 날을" 기념한다는 것은 하나님이 이집트의 장자들을 칠 때에 피가 묻은 그들의 집을 넘어간 것을 기억하는 것이다. 유월절 음식을 먹는 것도 그 날의 사건을 기억하기 위함이었다. 그로서 유월절 절기를 지정하고 있다.

"절기"의 *하그*(חַג)는 동사 *하가그*(חָגַג, 순례 축제를 지키다)에서 온 명사로, '축

제' 혹은 '순례 축제'를 가리킨다(5:1 참조). 유월절은 뒤에 하나님이 성전에 올라가 축제를 행하라고 명령하신 세 절기 중 하나이다(23:14; 레 23:39; 23:41 등). 이 절기를 영원한 규례로 삼고 대대로 지키라고 명령하셨다(14절하). "규례"의 훗카(חֻקָּה)는 '규정, 법령, 법규'이다. 하나님이 내리신 법규임을 의미한다. 이 법규로 주어진 것에는 초막절(레 23:41), 속죄일(레 16:29, 16:31, 16:34), 아론의 제사장 직분(29:9), 제사장의 베옷(28:43)에 관한 규례들, 체류자를 위한 법(민 15:15), 그리고 부정에 관한 법(민 19:10, 민 19:21)들이 있다. 그리고 이 규례를 "영원한(올람, עוֹלָם)" 것으로 삼으라고 하셨고, 대대로(도로테이캠, דֹרֹתֵיכֶם, 세대들) 지키라고 명령하셨다(12:14하).

그런데 하나님은 이 유월절 하루만을 규례로 만든 것이 아니다. 유월절을 더 의미 있게 기념하기 위해 칠 일간 축제를 하라고 하신다. 즉 무교절에 대한 규례이다. 무교절은 유월절(14일) 다음날부터 7일간 지키는 절기이다. 이 7일 동안 무교병을 먹으라고 하셨다(15절상). "무교병" 마차(מַצָּה)는 발효되지 않는 않은 빵을 말한다. 하나님은 그 첫날부터 집에서 누룩을 제하라고 하셨다. "누룩"의 세오르(שְׂאֹר)는 빵을 만들 때에 발효시키기 위해 넣는 '효모'이다. 일반적으로 유대인들은 빵을 구울 때에 사용한 누룩 중 일부를 떼어 가마 솥 한쪽 귀퉁이에 붙여두어 다음 빵을 위해 남겨둔다. 하나님은 이런 씨 누룩을 보관하지 말고 집에는 완전히 제거하라고 하신다(15절중). 그리고 이 기간 동안 유교병을 먹는 자는 이스라엘에서 끊어지겠다고 하였다(15절하). "끊어지다"의 카라트(כָּרַת)는 '짜르다, 짤라내다'인데 여기서는 수동형(닢알)로 사용되었다. 이것은 이스라엘 공동체에서 축출되는 것을 의미한다. 무교병은 유월절 음식 중의 하나였다. 그리고 일주일 동안 이 무교병을 먹으면서 축제를 한다. 무교절과 유월절은 합쳐서 이루어진다.

유월절은 세 가지 음식을 먹었지만, 가장 중심 음식은 어린양이었다. 그러나 무교절의 중심 음식은 무교병이었다. 왜 하나님은 이렇게 무교병을 중요시여기고 엄격하게 지키라고 했을까? 무교병은 손님이 갑자기 찾아왔을 때에 급하게 준비하느라 발효하지 못하고 구운 빵을 말한다. 이 무교병은 빨리 빵

을 만들어야 하는 긴급성을 알린다(12:11 참조). 하나님은 무교병을 먹어야 하
는 이유를 다음과 같이 설명하였다: "그들이 가지고 나온 발교되지 못한 반죽
으로 무교병을 구웠으니 이는 그들이 애굽에서 쫓겨남으로 지체할 수 없었음
이며 아무 양식도 준비하지 못하였음이었더라"(12:39). 무교병은 출애굽의 긴
급성을 알리는 상징적 음식이었다. 따라서 무교병 절기를 지키는 것은 이 출
애굽의 진정한 의미, 즉 하나님이 갑자기 주신 것임을 기념하기 위해서였다.

무교병 절기의 시작 첫날과 마지막 제7일을 "성회"로 부르셨다(12:16). "성
회"의 히브리어 미크라-코대쉬(מִקְרָא-קֹדֶשׁ)는 '거룩한 집회'를 의미한다. 첫날
과 마지막 날을 이렇게 거룩한 집회로 모이라고 하셨다. 이 두 집회에는 안식
일 규례를 그대로 적용하게 하셨다. 즉 어떤 일도 하지 말고 오직 각자 먹을
음식을 갖추고 모이라는 것이다(16절하). 성회에는 그들이 함께 모여 공식적
인 예배를 드리게 한 것으로 생각된다. 집회에서 율법 낭독 등 여러 가지 예배
의 요소를 진행했을 것이다.

17절에서 하나님은 정식으로 이 "무교절을 지키라"고 명령하신다. 그리고
그 절기의 의미를 밝히신다: "이 날에 내가 너희 군대를 애굽 땅에서 인도하
여 내었음이니라"(17절중). 하나님은 이스라엘을 "군대"라고 표현한다. "군대"
의 치브오트(צְבָאוֹת)는 '무리'라는 의미도 있지만 일반적으로는 전쟁에 나가는
'군대'를 가리킨다. 이것은 하나님이 출애굽의 과정을 전쟁으로 간주한 증거
이다. 이스라엘이 군대이지만 그러나 그들이 직접 이집트 군대와 전투를 벌
인 것은 아니다. 그들의 왕 되신 여호와께서 전쟁을 하시는 것이다. 먼저 여호
와께서 이집트의 신들을 쳐서 승리한 후, 그 신의 백성인 이집트 사람들을 친
다(12:12 참조). 이스라엘은 승리의 전리품만 챙기면 된다. 그들은 전리품들을
챙기고 당당하게 이집트 땅에서 나갈 것이다(11:2 참조).

하나님은 이 무교절을 영원한 규례로 삼고, 대대로 지키라고 명령하신다. 이
것은 유월절 규례에 대한 명령과 같다(12:14 참조). 무교절의 날자는 유월절
이 끝나는 바로 그날(아빕월, 제15일) 저녁부터 22일 저녁되기 전까지이다(18
절).[36] 하나님은 다시 누룩을 집에 있게 하지 말라고 강조하신다. 그리고 만약

이 기간 동안 타국인이든 본국에서 난 자든 유교물을 먹는 사람은 이스라엘 회중에서 끊어질 것을 강조하신다(12:19; 참조, 12:15). "(이스라엘) 회중"의 *에다*(עֵדָה)는 '집회, 모임' 혹은 '무리'라는 의미인데, 여기에서는 (이스라엘) '공동체'로 번역하는 것이 좋겠다. "타국인"의 *게르*(גֵּר)는 동사 *구르*(גּוּר)에서 왔는데, *구르*는 '머무르다, 체류하다'이다. 따라서 *게르*는 본토인이 아닌 외국인으로서 그곳에 체류하고 있는 사람이다. 이러한 외국인도 율법에 순종하고(특히 할례를 행하는 것) 여호와 하나님을 섬기는 자는 언약의 공동체로 받아들여졌다. 이런 사람도 본토인과 마찬가지로 무교절 기간 동안 유교물을 먹으면 공동체에서 축출될 것을 말씀하신다. 그리고 이 기간 동안 그들이 어디에 있든지 그 머무는 곳에서 무교병을 먹으라고 하신다(20절).

하나님의 명령에 따라 모세가 이스라엘 장로들을 불러 모았다. 그리고 그들이 나가서 가족에 따라 어린양을 택하여 유월절 양으로 잡으라고 말하였다. "가족"의 *미쉬파하*(מִשְׁפָּחָה)는 작은 단위의 가정을 의미할 때도 있지만(삿 18:19), 일반적으로는 좀 더 큰 단위의 가문(때로는 지파)을 말한다. 따라서 여기에는 아버지가 살아 있는 경우 여러 형제들이 함께 모이는 좀 큰 단위의 가족이라고 할 수 있겠다(12:3 주석 참조). 12:3이하를 참조하면 가족의 수가 많을 경우 한 마리 이상을 잡고, 적은 경우는 이웃과 함께 잡도록 하였다.

그리고 그릇에 피를 담아 우슬초 묶음으로 피를 적시어 문 인방과 좌우 설주에 뿌리라고 하였다(22절상). "우슬초"의 *에조브*(אֵזוֹב)는 담 벽에서 자라는 작은 초목으로 인식된다(왕상 4:33 참조). 박하과에 속하는 마요람(Marjoram) 풀이라고도 알려져 있다.[37] 여기서는 여러 줄기를 다발로 묶어 피를 바르는 데 사용되었다. 구약성경에서 이 단어는 10회 나오는데, 주로 정결의식으로서 물 혹은 피를 뿌리는 데에 사용되었다(레 14:4-6; 14:49-52; 민 19:6, 민 19:17-

---

36 예수님은 유월절이 시작하는 그날(유월절은 저녁부터 시작함)에 돌아가셨고, 삼일 뒤에 부활하셨다. 부활절은 유월절이 있는 바로 주일이다. 오늘날 유월절과 부활절의 계산은 춘분(3월 21일 경)이 지난 보름이 유월절이 되며, 그 다음 주일이 부활절이 된다. 이것은 325년 니케아 공의회에서 정해진 것이다.

37 Hyatt, *Exodus*, 132.

19). 다윗이 회개하는 중에 하나님께 "우슬초로 나를 정결케 하소서 내가 정하리이다"하고 부르짖을 때에도 죄를 씻는 도구로써 사용되었다(시 51:7). 예수님이 십자가에 달렸을 때 사람들이 우슬초로 신 포도주를 담가 입에 대기도 했다(요 19:29). 아마도 가는 줄기의 다발이 액체를 잘 흡수하기 때문이었을 것이다.

출애굽 본문에서, 피를 문 인방에 뿌린 후 아침까지 아무도 집 문밖에 나가지 말라고 하였다(12:22하). 왜냐하면 그가 뿌려진 영역 밖에서는 그의 생명이 보장받지 못하기 때문이다. 그날 밤 여호와께서 이집트 사람을 치러 다니실 때에 피가 묻는 그 문은 멸하는 자가 들어가지 못하게 하시고 넘어가게 할 것이고, 그 집 안에 있는 사람을 치지 아니하실 것이다(23절). "멸하는 자"의 마쉬히트(מַשְׁחִית)는 동사 쇠하트(שָׁחַת)에서 온 명사인데, 쇠하트는 '멸망시키다, 파괴하다'의 의미이다. 이 멸하는 자는 하나님이 사용하시는 죽음의 천사로 볼 수 있다. 본 절에서도 "넘어가다"에 파사흐(פֶּסַח)라는 단어가 사용되었다(12:13 참조). 23절에 "치다"의 나가프(נָגַף)가 두 번 사용되었는데, 나가프는 '때리다, 강타하다'이다.

24절에 "이 일을 규례로 삼아"에서 "이 일은" 여호와께서 이집트 사람들은 쳤지만 이스라엘 사람들은 손대지 않은 것을 말한다. "규례"의 호크(חֹק)는 '규정, 법령'을 의미한다. 이 일을 규정으로 정하여 대대로 지키라는 것이다. 25절상에서 "너희에게 주시는 땅"은 하나님이 족장들에게 주시겠다고 하신 약속의 땅(가나안)을 말한다. 그들이 그 약속의 땅에 들어가서도 이 예식을 지키라고 명령하신다(25절하). "예식"의 아보다(עֲבֹדָה)는 동사 아바드(עָבַד)에서 온 명사로서, 아바드는 '섬기다, 봉사하다'이다. 호렙산에서 여호와께서 모세에게 출애굽을 지시하실 때에 이스라엘 백성을 이끌어 내어 "이 산에서 하나님을 섬기리니"(3:12)라고 말씀하셨을 때에 사용하였던 그 단어이며, 또 모세가 바로에게 가서 이스라엘이 여호와를 '섬기려' 나가겠다고 요구하였던 단어이기도 하다. 그때에 '섬기다'는 '희생제사를 드리다'라는 말과 교차하여 사용되었었다. 명사 아보다는 '일, 노동'이라는 의미로 많이 사용하였지만, 본 절

(12:25)에서는 '섬김,' 더 나아가서는 '예배의식'으로까지 확대 해석할 수 있다. 따라서 한글 개역성경(개역개정 포함)이 '예식'으로 번역한 것은 온당하다고 생각한다. 즉 가나안 땅에서 유월절을 지킬 때에 예배로 섬기면서 유월절 사건을 회상하라는 것이며, 이것을 규정으로 만들어 지키라는 것이다. 이집트로부터의 구속 사건이 예배의 한 핵심 요소에 자리잡고 있음을 의미하는 것이다.

만약 "너희 자녀가 묻기를 이 예식(아보다)이 무슨 뜻이냐"고 하면 유월절에 대하여 잘 설명하라고 하셨다(26절). 하나님은 후손들이 계속 기억하게 하기 위하여 증거를 만들어 두셨다. 예를 들면, 가나안으로 들어갈 당시 요단강을 건널 때에 이스라엘 각 지파가 12돌을 취하여 길갈에 세워놓고 후일에 그들 후손들이 물으면 '언약궤를 메고 강을 건널 때에 강물이 끊어져 그들이 건넜다'는 사실을 가르쳐주라고 하셨다(수 4:6). 이스라엘은 교육의 민족이다. 그 교육의 중심은 질문이다. 자녀들이 그 규례대로 진행되는 예배를 보면서 분명히 그것이 무엇인지를 질문할 것이다. 그러면 자녀들에게 그 옛날에 있었던 일을 가르쳐주라고 하신다: "(너희는 이르기를) 이는 여호와의 유월절 제사라 여호와께서 애굽 사람을 치실 때에 애굽에 있는 이스라엘 자손의 집을 넘으사 우리의 집을 구원하셨느니라 하라"(12:27). 여기의 "구원하다"의 *나찰*(נָצַל)은 '건져내다'인데 여기에 사용된 사역형(힢일)에서는 '잡아채 가다'와 같은 의미가 강하다. 단순히 죽음을 면하는 것이 아니라, 하나님이 잡아채어 자신의 소유로 만드는 것으로 연상할 수 있다.

모세를 통해 주신 하나님의 이 말씀에 백성이 머리 숙여 경배하였다(27절하). "머리숙여"의 *카다드*(קָדַד)는 단순히 고개를 떨어뜨리는 것이 아니라 복종한다는 표시를 겸한다. "경배하다"의 *솨하*(שָׁחָה)는 힢파엘(재귀강세형)에서 '절하다'가 기본 의미이지만, '예배하다(worship)'로도 사용된다.[38] 장로들이 하나님의 말씀에 복종할 뿐만 아니라, 그의 베푸신 은혜와 능력으로 인하여 그를 경배하는 것이다.

---

38 BDB, 1005.

이스라엘 사람들이 각 집으로 돌아가서 여호와께서 모세와 아론에게 명령하신 그대로 행하였다(28절). 본문에서는 자세히 기록하지 않았지만, 그들은 가장인 아버지 집에 모두 모여 양을 잡고 피를 문설주와 인방에 발랐을 것이다. 예고하신 대로 밤중에 여호와께서 이집트 땅에 처음 난 모든 것을 치셨다. 거기에는 예외가 없었다. 바로 보좌에 앉아 있는 바로의 장자로부터 옥에 갇힌 사람의 장자까지를 다 치셨으며, 아울러 가축의 처음 난 것도 다 치셨다(29절). 바로 첫 유월절 밤의 일이었다. "옥에 갇힌 사람"에서 "옥"의 *보르*(בּוֹר)는 '구덩이' 혹은 '우물'이다. "갇힌 사람"의 *쉐비*(שְׁבִי)는 '포로' 혹은 '사로잡힌 사람'이다. 합하여 '옥에 갇힌 죄수'라고 번역할 수 있다. 이것은 가장 낮은 위치에 있는 사람에 대한 표현이다. 최고 높은 자(보좌에 앉은 바로)로부터 제일 낮은 자(죄수)까지이니 그 어떤 예외가 있을 수 없었다.

그 밤에 바로와 그 신하들을 포함한 모든 이집트 사람들이 일어났다(30절 상). 그리고 온 땅에서 통곡이 있었다. 모든 가정에서 죽음이 있었기 때문이었다(30절하). 자식이 먼저 죽는 것은 부모에게서 가장 큰 고통이고 슬픔이다. 더욱이 장자는 가업을 이어가야할 상속자이다. 장자의 죽음은 더 큰 슬픔이다.

'일어서는(쿰, קוּם)' 행위는 여러 종류다. 예를 들면 어른 앞에서 일어서는 것, 출발을 하기 위해 일어서는 것, 말씀을 받기위해 일어서는 것 등이다. 여기서는 먼저 가족 중에 누가 죽었기 때문에 놀라서 일어났을 수 있고, 또 이스라엘 사람들을 빨리 내어 보내야 한다는 마음에서 그 일을 하기 위한 행동의 시작이라 할 수 있다. 이제 이스라엘을 더 이상 잡아둘 수가 없는 상황이 되었다. 이집트 사람들이 자발적으로 그들을 내어 보내기 위해 나선다.

3) 승리자의 정당한 요구(12:31~41)

31 밤에 바로가 모세와 아론을 불러서 이르되 너희와 이스라엘 자손은 일어나 내 백성 가운데에서 떠나 너희의 말대로 가서 여호와를 섬기며 32 너희가 말한 대로 너희 양과 너희 소도 몰아가고 나를 위하여 축복하라 하며 33 애굽 사람들

은 말하기를 우리가 다 죽은 자가 되도다 하고 그 백성을 재촉하여 그 땅에서 속히 내보내려 하므로 34 그 백성이 발교되지 못한 반죽 담은 그릇을 옷에 싸서 어깨에 메니라 35 이스라엘 자손이 모세의 말대로 하여 애굽 사람에게 은금 패물과 의복을 구하매 36 여호와께서 애굽 사람들에게 이스라엘 백성에게 은혜를 입히게 하사 그들이 구하는 대로 주게 하시므로 그들이 애굽 사람의 물품을 취하였더라 37 이스라엘 자손이 라암세스을 떠나서 숙곳에 이르니 유아 외에 보행하는 장정이 육십만 가량이요 38 수많은 잡족과 양과 소와 심히 많은 가축이 그들과 함께 하였으며 39 그들이 애굽으로부터 가지고 나온 발교되지 못한 반죽으로 무교병을 구웠으니 이는 그들이 애굽에서 쫓겨나므로 지체할 수 없었음이며 아무 양식도 준비하지 못하였음이었더라 40 이스라엘 자손이 애굽에 거주한 지 사백삼십 년이라 41 사백삼십 년이 끝나는 그 날에 여호와의 군대가 다 애굽 땅에서 나왔은즉

일이 급하게 되자 바로가 밤에 모세와 아론을 불렀다. 바로는 이스라엘 자손들 모두 일어나 이집트 사람으로부터 떠나라고 하였다(12:31상). 여기에서 "일어나"의 단어도 앞 절(30절)과 마찬가지로 *쿰*(קום)이다. 이제 그들이 원하는 데로 떠나기 위해 나서라는 것이다. 그리고 모세와 아론이 요구한 대로 여호와를 섬기라고 하였다(31절하). "섬기다"는 앞에서 여러 번 언급되었던 *아바드*(עבד)이다(3:12; 8:1,20; 9:1; 10:7; 12:25 참조). 그리고 그들의 가축들(양, 소)도 몰고 가라고 하였다(12:32중). 양과 소는 여러 가축들 중에 대표가 될 뿐만 아니라 희생제물로 바쳐지는 대표적인 짐승이다. 바로가 이스라엘 사람들이 자기들의 신(神) 여호와께 제사드리는 것을 공식적으로 허락한 것이다. 또 바로는 "나를 위하여 축복하라"고 요청하였다(32절하). "축복하다"의 *바라크*(ברך)는 근본적으로 '무릎을 꿇다'인데, 의역하면 '무릎을 꿇고 기도하다' 혹은 '축복하다'로도 번역되며, 더 나아가서 '복을 빌다' 혹은 '복을 주다'로도 가능하다.[39] 바로가 모세에게 이스라엘의 신(여호와)에게 복을 빌어달라고 요청한 것이다. 바로는 여호와의 저주를 톡톡히 경험하였을 뿐만 아니라, 이제 자기

백성으로부터 배척 받을 큰 위기에 있음을 자각하였다. 그의 행동은 그가 여호와 하나님이 참 신이신 것을 인정한 증거이기도 하다.

바로뿐만 아니라 이집트 사람들도 나서서 이스라엘 사람들이 속히 떠나기를 재촉하였다(33절). "재촉하다"의 *하자크*(חָזַק)는 기본 의미는 '강하게 하다, 혹독하다'이지만, '강하게 밀어붙이다' 혹은 '극렬하게 재촉하다'라는 의미로도 번역할 수 있다(삼하 24:4 참조). "속히"의 *마하르*(מָהַר)는 '서두르다, 재촉하다'이다. 그들은 "우리가 다 죽은 자가 되도다"라며 탄식하였다. 모든 이집트 사람은 자기 아들 혹은 형제가 죽는 것을 보았다. 죽음을 주는 하나님의 사자가 그들 가운데를 지날 때에 그들은 모두가 죽음의 공포를 경험하였다. 죽음을 가까이에서 접하는 것보다 더 큰 두려움이 없다. 그들에게는 죽음의 원인자인 이스라엘을 빨리 내어보내어야 한다는 조급한 마음으로 가득했다.

이스라엘 사람들은 급하게 떠나야 하였다. 그래서 발효되지 못한 반죽 담은 그릇을 옷에 싸서 어깨에 메었다. "그릇"은 아마도 네모로 된 나무그릇이었을 것이다. 지금도 아라비아 사람들이 이런 그릇을 즐겨 사용하고 있다고 한다. "옷"의 *시므라*(שִׂמְלָה)는 외투를 말한다. 본 절(12:33하)에서 유월절을 기념하기 위해 왜 무교병을 먹어야 되는지를 다시 확인해 준다. 그들이 준비하지도 않았는데 급하게 이집트에서 나간 것을 기념하기 위한 것이다. 그런데 만약 출발할 때에 누룩덩이를 넣었다면 어깨에 메고 가는 도중 발효될 수 있지 않았겠냐고 생각할 수도 있다. 물론 그들은 떠나면서 반죽에 누룩을 넣지 않았을 것이다. 왜냐하면 유월절 음식에서 무교병을 먹었고 그 뒤에 이어지는 무교절에도 반죽을 제거하라는 하나님의 명령을 받았기 때문이다. 만약 무교절과 상관없이 그들이 반죽에 누룩을 넣었더라도 반죽을 옷으로 쌌기 때문에 공기가 접촉하지 못하여 발효되지 못하였을 것이다.[40]

이스라엘 사람들이 떠나기 전에 이집트 사람에게 은금 패물과 의복을 구하

39 BDB, 138~39.
40 아란 콜, 『출애굽기』, 161.

였다(35절). 이것은 이미 하나님이 모세에게 지시한 것이었다(11:2; 3:22 참조). 앞에서 지시할 때에는 은금 패물만 언급되었었는데, 본 절에는 의복이 포함되었다. 먼 여행을 위해 값진 패물들과 함께 의복이 필요하다. "구하다"의 솨알 (שָׁאַל)은 '요구하다'이다. 이스라엘은 보물을 요구할 권리가 있다. 이집트인들은 이스라엘 사람들에게 엄청난 노동을 착취하였기에, 그들은 떠나는 마당에 그 노동의 댓가를 요구할 권리가 있다.

또한 출애굽은 여호와께서 벌이신 전쟁의 산물이었다. 따라서 전쟁에서 승리한 자가 전리품을 챙기는 것도 당연한 권리이다. 이것은 후에 여호와께서 예루살렘으로 입성하실 때에 그대로 반영된다(68:18). 시편 68편은 다윗이 법궤를 예루살렘으로 옮길 때 부른 노래이다. 이때에 여호와께서 전쟁에서 승리한 자로서 군사(천군)들을 대동하고 많은 선물을 챙기고 포로들을 끌고 자기의 도성 예루살렘으로 입성하고 있다. 언제 하나님이 전쟁을 치루었고, 그리고 승리하셨는가? 그것은 바로 출애굽 때부터 시작하였던 것이다. 출바벨론 때에도 마찬가지로 이스라엘 백성이 바벨론에서 출발할 때에 많은 보물들을 챙겨서 출발하였다(스 1:4, 6).

전리품을 챙길 때에 일반적인 국가들 간에는 강압이 따른다. 그러나 출애굽의 경우에는 강압적으로 뺏은 것이 아니다. 본문은 여호와께서 이스라엘이 이집트 사람에게로부터 은혜를 입게 하셔서 그들이 구하는 대로 주었다고 말한다(36절). "은혜를 입다"의 헨(חֵן)은 '호의, 은총, 은혜'이다. 하나님이 자기 백성에게 베푸실 때에는 '은혜'라고 표현하는 것이 좋지만, 본 절에서는 '호의'로 번역하는 것이 좋겠다. 이집트 사람들이 호의로 귀한 물건들을 떠나는 이스라엘 사람들에게 선물로 주는 모습이다. 이집트 사람들은 제발 그들이 빨리 나가주기를 간절히 바랐다. 그래서 그들을 원하는 것은 무엇이든지 주면서 나가달라고 하소연하였다. 따라서 그들이 챙겨준 보물들은 자발적인 것이었다. 출바벨론의 경우에도 바벨론 사람들이 떠나는 이스라엘 사람들에게 보물들을 "즐거이" 챙겨준 경우와 같다(스 1:6).

이 상황들은 이스라엘 사람들의 출발이 당당했음을 보여준다. 그들을 괴롭혔던 바로와 이집트 사람들은 통곡하고 있었지만 그들은 노래하며 즐겁게 나가고 있다. 이스라엘이 도둑처럼 몰래 떠난 것이 아니다. 제발 나가달라며 예물까지 주는 이집트 사람들을 뒤로 두고 당당하게 승리자의 모습으로 출발한 것이다.

이스라엘 사람들이 라암세스에서 출발하였다(12:37상). 라암세스(רַעְמְסֵס)은 '라(애굽의 태양신)가 그를 창조했다'는 뜻을 가진 도시로서 사람의 이름에도 자주 사용되었다. 라암세스은 고센 땅 동북부 지역에 있었던 도시로 추정된다.[41] 라암세스은 이스라엘 자손들이 처음부터 거주한 지역이었으며(창 47:11), 그 성을 요새화하기 위해 노역을 했던 도시였다(1:11). 고역의 상징인 그곳에서 출발한 것은 그들에게 의미가 있었기 때문이었을 것이다. 노예에서 해방의 기쁨을 만끽할 수 있는 장소였기 때문이었을 것이다.

라암세스을 출발하여 숙곳에 이르렀는데(12:37중), "숙곳(סֻכּוֹת)"은 동사 사카크(סָכַךְ, 가리다, 덮다)에서 온 명사로 '오두막 집'이라는 의미이다. 요단강 동편에도 숙곳이 있다(창 33:17; 수 13:27). 많은 사람이 숙곳을 라암세스 동부 지역 텔 엘-마스쿠타(Tell el-Maskhuta)로 보나,[42] 확실하다고는 할 수 없다.

출발할 때의 인구는 "유아 외에 보행하는 장정이 육십만 가량"이었다(12:37하; 민 11:21). 만약 유아와 노인 그리고 여자들까지 합하면 인구는 백오십만~이백만 명 정도 되었을 것이다. 이스라엘 자손이 이집트에 거주한 기간은 사백삼십 년이다(12:40). 야곱 가족이 이집트로 이주해 올 때에 모두 70명이었다(창 46:27). 물론 이 숫자는 딸들과 자부들이 빠졌기 때문에(창 46:26) 실제로 이집트에 들어간 숫자는 200명가량이었을 것이다. 혹자는 200명이 430년 만에 200만명으로 늘었다는 것은 불가능하다고 생각한다. 그래서 그들은 본

41 많은 학자들은 타니스가 라암세스으로 간주한다. 그곳은 라암세스 2세의 석상과 그가 세운 신전의 잔해가 널려있다. 따라서 사람들은 출애굽이 라암세스 2세 시대에 이루어졌다고 주장한다. 그러나 타니스는 너무 하류지역(북부)이고 바다와 가까워 소금기가 있는 땅이기 때문에 비옥한 곳이 아니다. 그리고 국경지대도 아니기 때문에 요새도시를 만들 필요가 없는 곳이다. 또 요셉이 머무는 멤피스와도 거기가 너무 멀다. 따라서 이곳이 아닌 좀 더 동남쪽에 위치한 콴티르(Qantir)가 이스라엘 사람들이 사역한 국고성 라암세스이라는 주장도 있다. 그러면 굳이 라암세스 2세 때에 그들이 사역했다고 할 수 없다.

42 Hyatt, *Exodus*, 139.

문에서 '천'에 해당하는 앨래프(אֶלֶף)를 숫자의 '천'이 아닌 '부족'을 의미한다고
보고, '600부족'으로 번역하고자 한다.[43] 물론 앨래프는 간혹 가족 혹은 부족
단위로도 사용된 경우가 있다(삿 6:15). 그러나 그것은 극히 드문 경우이고, 일
반적으로는 '천'에 해당하는 숫자로 사용되었다. 출애굽기 본문은 분명 출애
굽할 때 사람들의 숫자를 보여주는 내용이며, 굳이 문맥에 맞지 않는 부족 이
야기로 볼 이유가 없다.

   430년 동안에 장정 60만은 충분히 가능할 숫자일 수 있다. 성경은 그들이
비옥한 땅(고센)에서 축복의 기간을 보내면서 "이스라엘 자손은 생육이 중다
하고 번식하고 창성하고 심히 강대하여 온 땅에 가득하게 되었더라"(1:7)고 말
한다. 또한 학대받는 중에서도 이집트 사람들이 이스라엘 자손을 인하여 근
심할 정도로 "더욱 번식하고 창성"하였다(1:12; 참조, 1:20). 따라서 그 숫자는
합당하다고 볼 수 있다.

   이스라엘이 출발할 때에 "수많은 잡족"이 함께하였다고 한다(12:38). "잡족"
의 에래브(עֵרֶב)는 동사 아라브(עָרַב)에서 왔는데, 아라브는 '섞다, 혼합하다'이
다. 따라서 에래브는 '혼합된 무리'이다. 여러 민족들도 함께 따라 나온 것이
된다. '혼합된 무리'에는 많은(라브, רַב)이라는 형용사가 수식한다. 그 숫자가
상당히 많았던 것 같다. 이스라엘은 양과 소 등의 생축들을 함께 데리고 나
왔다. "생축"이라고 번역된 미케내(מִקְנֶה)는 동사 카나(קָנָה)이다. '얻다, 소유
하다'의 뜻이다. 그러므로 미케내는 '소유물'이 되며, 자신들이 소유한 가축
을 뜻한다. 이렇게 가축들을 모두 끌고 나왔으니, 그들은 영원히 그 땅을 떠
나는 것이다.

   다시 무교병이 나온다. 그들이 출발할 때에 "발교되지 못한 반죽으로" 구운
무교병을 양식으로 가지고 나왔다(39절상). 무교병에 대하여 여러 번 언급한
것은 그만큼 그 의미가 크다는 뜻이다. 발효되지 않은 빵인 무교병은 미리 준
비되지 않은 상태에서 급하게 이집트에서 나왔어야 했음을 알리는 증표이다

---

43 아란 콜, 『출애굽기』, 162.

(39절하). 하나님은 후에 무교절과 유월절에 이 무교병을 먹으며 그러한 긴급성을 기억하기를 원하셨다.

12:41은 이스라엘이 이집트에 거주한 지 430년 만에 "여호와의 군대"가 다 이집트에서 나왔다고 말한다. 430년에 대한 논쟁이 있다. 창세기 15:13은 하나님이 아브라함과 언약을 맺으면서 그 후손들이 이방(이집트를 말함)에서 객이 되어 그들을 섬기며, 그들은 "400년 동안" 그 후손들을 괴롭게 하겠다고 말씀하셨기 때문이다(역시 행 7:6 참조).[44] 창세기 본문은 그 기간을 4대(代)라고도 말한다(창 15:16). 이것은 아브라함이 이삭을 100세에 낳은 것을 기준으로 하여 대수를 계산한 것으로 볼 수 있다.

그러나 창세기에서 말한 400년은 대략적인 숫자로 볼 수 있다. 예를 들어 바벨론 포로기간을 70년이라고 했지만 실제는 약 67년쯤이 된다. 그러므로 70은 대략적인 숫자로 말한 것으로 볼 수 있다. 창세기의 400년도 그와 같은 의미로 볼 수 있다.

그날에 "여호와의 군대"가 다 이집트 땅에서 나왔다고 말한다(12:41). 이스라엘 백성을 "군대"라고 표기한 것은 이집트와의 싸움을 전쟁으로 간주했기 때문이다. 싸움은 여호와께서 하시고, 이스라엘은 그 전쟁을 지켜보기만 하였다. 그러나 이집트를 나가는 그 백성은 "여호와의 군대"로서 승리를 마음껏 누리면서 출발하고 있다.

4) 유월절에 관한 규례 제정(12:42~13:5)

42 이 밤은 그들을 애굽 땅에서 인도하여 내심으로 말미암아 여호와 앞에 지킬 것이니 이는 여호와의 밤이라 이스라엘 자손이 다 대대로 지킬 것이니라 43 여호와께서 모세와 아론에게 이르시되 유월절 규례는 이러하니라 이방 사람은 먹지 못할 것이나 44 각 사람이 돈으로 산 종은 할례를 받은 후에 먹을 것이며 45 거

---

44 아란 콜, 『출애굽기』, 162.

류인과 타국 품꾼은 먹지 못하리라 46 한 집에서 먹되 그 고기를 조금도 집 밖으로 내지 말고 뼈도 꺾지 말지며 47 이스라엘 회중이 다 이것을 지킬지니라 48 너희와 함께 거류하는 타국인이 여호와의 유월절을 지키고자 하거든 그 모든 남자는 할례를 받은 후에야 가까이 하여 지킬지니 곧 그는 본토인과 같이 될 것이나 할례 받지 못한 자는 먹지 못할 것이니라 49 본토인에게나 너희 중에 거류하는 이방인에게 이 법이 동일하니라 하셨으므로 50 온 이스라엘 자손이 이와 같이 행하되 여호와께서 모세와 아론에게 명령하신 대로 행하였으며 51 바로 그 날에 여호와께서 이스라엘 자손을 그 무리대로 애굽 땅에서 인도하여 내셨더라 13:1 여호와께서 모세에게 일러 이르시되 2 이스라엘 자손 중에서 사람이나 짐승을 막론하고 태에서 처음 난 모든 것은 다 거룩히 구별하여 내게 돌리라 이는 내 것이니라 하시니라 3 모세가 백성에게 이르되 너희는 애굽 곧 종 되었던 집에서 나온 그 날을 기념하여 유교병을 먹지 말라 여호와께서 그 손의 권능으로 너희를 그 곳에서 인도해 내셨음이니라 4 아빕월 이 날에 너희가 나왔으니 5 여호와께서 너를 인도하여 가나안 사람과 헷 사람과 아모리 사람과 히위 사람과 여부스 사람의 땅 곧 네게 주시려고 네 조상들에게 맹세하신 바 젖과 꿀이 흐르는 땅에 이르게 하시거든 너는 이 달에 이 예식을 지켜

12:42의 "이 밤"은 출애굽이 있었던 그 전날 밤이다. 그 밤을 "여호와의 밤"이라고 부른다(42절하). 왜 하필 "밤"일까? 어둠은 심판을 상징하며, 밤은 죽음이 따르는 심판을 하기 위해 적당하다. 그런데 42절에 그 밤을 "지킬 것(쉼무르, שָׁמַר)"이 두 번이나 나온다. 동사 사마르(שָׁמַר)에서 왔으며 '감시하다, 망보다'이다. 따라서 쉼무르는 '자세히 살피라'는 의미로 볼 수 있다. 그 밤에 어떤 일이 있었는지 자세하게 살펴보라는 것이다. 그 밤에 이스라엘은 어린양 음식을 먹었고, 이집트 사람의 집들에는 통곡이 있었다. 그 밤에 이집트 온 땅에는 하나님의 심판이 있었고, 그로 인하여 하나님은 이스라엘을 이집트 땅에서 인도하여 내셨다. 그 밤에 한쪽은 심판, 한쪽은 구원이 있었다. 구원과 또 반대되는 심판은 동전의 양면과 같으며 함께 이루어진다. 하나님은 이스라엘 자손

들 대대에 그 밤에 대하여 자세히 살펴서 되새겨 보라는 것이다.

하나님은 그날 밤, 즉 유월절 규례에 대하여 말씀하신다(43절상). 먼저 첫 번째 유월절 규정은 어떤 사람이 그 식사에 참여할 수 있는지를 밝힌다. 물론 이스라엘 회중이 모두 의무적으로 이 절기를 지켜야 한다(47절). "(이스라엘) 회중"의 에다(עֵדָה)는 '집회, 모임' 혹은 '무리'라는 의미이지만, '(이스라엘) 공동체'를 의미한다(12:19 참조). 돈으로 사서 자기의 소유가 된 종은 할례를 받은 후에 유월절 식사에 참여할 수 있다(44절). 종을 한 가족으로 여긴 것이다. 할례는 공동체에 들어오는 의식이므로 종도 거룩한 공동체의 일원이 된다.

유월절에 참여하지 못하는 사람이 있다. 이방인은 이 유월절 음식을 먹지 못한다(43절하). 45절에 "거류인"의 토솨브(תּוֹשָׁב)는 (외국인으로서) 그곳에 사는 사람을 뜻한다(잠시 머물다 갈 사람이 아님). "품꾼"은 외국인으로서 돈을 받고 일하는 사람을 뜻한다. 이들은 유월절 식사에 참여할 수 없다. 그러나 외국인 중에서도 예외가 있다. 이스라엘 사람과 함께 거하는 타국인의 경우 그가 유월절을 지키고자 하면 남자는 할례를 받은 후에야 유월절을 지킬 수 있다(48절상). "함께 거하는 타국인"에서 "거하다"의 구르(גּוּר)는 임시로 머무르는 것을 말한다. 그런 사람도 할례를 받으면 본토인과 같이 간주된다는 것이다. "본토인"의 애즈라(אֶזְרָח)는 그 땅에서 태어난 사람을 가리키는데, 특히 약속의 땅에서 태어난 족장들의 후예를 말한다. 45절에서 그곳에 영주하더라도 이방인은 참여할 수 없다고 했는데, 48절에는 비록 임시로 머물고 있지만 이스라엘 사람과 함께 거하고 있는 사람은 할례 후에 참여하도록 허락하였다. 우거하는 외국인이 할례를 받으면 본토인과 꼭 같이 동일한 법(토라, תּוֹרָה)의 적용을 받는다. 이것을 보면 이스라엘은 씨족 공동체이면서도 종교로 공존하는 공동체이기도 하다. 즉 핏줄과 상관없이 종교적인 의무를 가지면 함께 가족으로 인정해 주는 것이다.

유월절 규례의 둘째 규정은 유월절 식사에 관한 것이다. 유월절 음식으로서 가장 중요한 것은 양고기이다. 양은 가족 단위로 잡으라고 하였다(46절상; 참조, 12:3~4). 그 고기는 가정에서 다 먹어야 하며 집밖으로 내보내어서는 안된다(46절하). "뼈를 꺾지 말라"고 하였는데(46절중), 본문 자체는 그 이유에 대하여 설명하지 않는다. 이것은 미래에 있을 예수님의 십자가 사건을 미리 내다본 것일 가능성을 생각할 수 있다. 신약에서 십자가에서 돌아가신 예수님의 뼈를 군인들이 꺾지 않았는데, 요한복음의 저자는 "이 일이 이룬 것은 그 뼈가 하나도 꺾이지 아니하리라 한 성경을 응하게 하려 함이라"(요 19:36)고 유월절 규례를 인용한다. 유월절의 어린양은 예수님의 십자가 희생과 분명하게 연관이 있음을 볼 수 있다. 또 유월절의 중요한 음식은 무교병이다. 본문은 그 날을 기념하여 유교병을 먹지 말라고 하신다(13:3중). 이것은 준비되지 않고 빨리 구운 빵임을 기억하기 위함이다.

유월절 규례의 셋째는 그날의 의미를 되새기는 것이다. 제일 먼저 기억해야 할 의미는 그날에 여호와께서 이스라엘 자손을 이집트에서 인도해 내셨다는 것이다(12:51). 엄격하게 따지면 유월절 음식은 전날 저녁에 먹고 출애굽은 다음날 낮에 하였는데, 어째서 그날 이스라엘을 인도해 내셨다고 하나 의문을 가질 수 있다. 그러나 유대인의 날은 그 전날 저녁에서 시작하여 다음날 저녁까지이다. 유대인의 날짜 개념에서는 둘이 같은 날에 이루어졌다. 한편 본문은 다시 인도해 낸 이스라엘을 "군대"라고 표현한다. 전쟁이라는 개념을 또 각인시키는 것이다.

다음으로 유월절에 되새겨야 할 의미는 이스라엘의 장자는 죽지 않았다는 것이다. 이것을 더 확실히 기억하게 하기 위해 하나님은 사람이나 짐승의 초태생을 거룩하게 구별하여 하나님께 돌리라고 하셨다(13:2상). "거룩하게 구별하여"의 카다쉬(קָדַשׁ)는 제의적인 용어로서 '거룩하게 하다' 혹은 '봉헌하다'이다. 피를 뿌려 제사장의 옷을 거룩하게 할 때와(29:21), 제단(29:37) 혹은 향로(민 16:38) 등을 거룩하게 할 때에도 사용되었다. 하나님은 그를(혹은 그 짐승을) 자기의 것이라고 주장하며(13:2하) 자신에게 거룩하게 구별하여 봉헌할 것을 요구한 것이다. 어떻게 하나님이 그것을 자신의 것이라고 주장할 수 있는가? 바로 그날 이집트 사람과 그 짐승의 초태생은 다 죽었지만 이스라엘은 살려주었기 때문이다. 그러면 어떻게 거룩하게 구별하여 드릴 수 있나? 짐승은 그 자신을 제물로 바치면 된다. 물론 부정한 동물의 경우에는 대속을 허락하였다(13:13; 민 18:15). 그런데 사람을 제물로 바칠 수는 없다. 그래서 대속하는 길을 제시하신다(13:13; 민 18:16).

13:4에 "아빕월 이 날에 너희가 나왔으니"라고 말한다. 히브리어 *아비브*(אָבִיב)는 원래 '곡식의 이삭, 푸른 이삭'을 뜻하는 단어이다(9:31; 레 2:14 참조). 보리 이삭에 알이 찼으나 아직 완전히 굳어지지 않고 부드러운 시기의 이삭이다. 이때에 사람이 이삭을 비벼먹기도 한다. 아빕월은 이런 보리 이삭의 시기를 가리키는 달로 이름이 붙여졌다. 후에는 이달을 '니산월'로 불렀다(느 2:1; 에 3:7). 이달 14일이 유월절이며, 그 즈음에는 첫 이삭을 베는 시기이기도 하다. 특히 여호와께서는 그 땅에 이르면 아빕월에 이 유월절 예식을 지켜 행하라고 명령하신다(13:5하).

본절에서 그 땅에 대하여 자세히 설명한다. "가나안 사람과 헷 사람과 아모리 사람과 히위 사람과 여부스 사람의 땅"이라고 말씀하신다(5절상). 여기에서는 다섯 족속만 언급되었다. 창세기에서는 열 족속(겐, 그니스, 갓몬, 헷, 브리스, 르바, 아모리, 가나안, 기르가스, 여부스 족속)이 언급되었고(창 15:19~21), 3장에서는 여섯 족속(가나안, 헷, 아모리, 브리스, 히위, 여부스 족속)으로 말겼다가(3:8), 신명기에서는 일곱 족속(헷, 기르가스, 아모리, 가나안, 브리스, 히위, 여부스 족속)으로 나타난다(신 7:1). 이렇게 달리 말해지는 것은 서로 시기에 따라 거주 민족의 변동이 있었기 때문일 것이다.

하나님은 그 땅을 그들에게 주시기 위해서 이집트에서 인도하여 내셨다고 하였다. 그것은 선물로 주시는 땅이다. 그러므로 그 땅은 좋은 것이어야 한다. 하나님은 그 것을 "젖과 꿀이 흐르는 땅"이라고 묘사한다. 이것은 비옥함에 대한 관용적인 표현이다(3:8 주석 참조). 그리고 그 땅은 그들 조상들에게 맹세로 약속하신 것임을 강조하신다. 하나님은 아브라함에게 언약을 맺으면서 그 땅을 주시겠다는 약속하셨고(창 15:7 이하), 그 이후 이삭에게도 약속하셨으며(창 26:3, 4), 야곱에게도 주시기로 약속하셨다(창 28:13). 하나님은 이 약속을 이루시어 그들을 이집트에서 인도해 내셨고, 후에 분명히 약속을 성취하실 것이다. 그들이 그 땅에 들어갔을 때에 이 유월절을 반드시 기억하고 절기로 지키라고 말씀하시는 것이다.

5) 무교절에 관한 규례 제정(13:6~7)

> 6 이레 동안 무교병을 먹고 일곱째 날에는 여호와께 절기를 지키라 7 이레 동안에는 무교병을 먹고 유교병을 네게 보이지 아니하게 하며 네 땅에서 누룩을 네게 보이지 아니하게 하라

하나님은 유월절 규례에 이어 무교절 규례도 제정하신다. 유월절 다음날에서 칠 일 동안 무교병을 먹고 제7일에는 여호와께 절기를 지키라고 명령하신다(13:6). 절기의 하그(גח)는 '순례 절기'를 말하며, 그날을 거룩한 날로 지키는 것이다. 12장에서는 첫날과 마지막 날 두 번을 이러한 절기로 지키라고 하셨다(12:16). 첫날부터 칠일 동안 그들은 무교병을 먹어야 한다. 그것은 그들이 갑자기 출애굽하였음을 기억하기 위해 먹는 빵이다. 그 기간 동안 그들은 유교병을 그들의 거처에서 제거해야 하며, 누룩도 완전히 없애야 한다(13:7).

6) 유월절에 대한 자녀 교육(13:8~10)

> 8 너는 그 날에 네 아들에게 보여 이르기를 이 예식은 내가 애굽에서 나올 때에 여호와께서 나를 위하여 행하신 일로 말미암음이라 하고 9 이것으로 네 손의 기호와 네 미간의 표를 삼고 여호와의 율법이 네 입에 있게 하라 이는 여호와께서 강하신 손으로 너를 애굽에서 인도하여 내셨음이니 10 해마다 절기가 되면 이 규례를 지킬지니라

하나님은 이 날을 철저하게 자녀들에게 가르치라고 명하신다. 먼저 자녀들에게 실물 교육을 하라고 하신다. 출애굽과 무교절 절기 예식을 아들에게 보

게 하고, 그리고 그 의미, 즉 여호와께서 이집트에서 인도해 내실 때에 행하신 일을 말해주라고 하신다(13:8). 그리고 이것을 "네 손의 기호와 네 미간의 표를 삼"으리고 하신다(9절상). "기호"의 히브리어 오트(אות)는 '표징, 표적'를 말하며, 때로는 '표시'로도 번역된다. "미간"은 '두 눈 사이'이다. "표"의 지카론 (זכּרוֹן)은 동사 자칼(זכר)에서 온 명사인데, 자칼은 '기억하다'라는 의미이며, 따라서 지카론은 '기념물, 기억나게 하는 것'이다.

이것은 신명기 6장의 '쉐마 이스라엘'(שְׁמַע יִשְׂרָאֵל , 들으라, 이스라엘아!) (신 6:4~9)에 나오는 문구와 거의 같다: "너는 또 그것을 네 손목에 매어 기호를 삼으며 네 미간에 붙여 표를 삼고"(신 6:8). 이것은 율법 혹은 특정한 말씀을 적은 작은 두루마리를 작은 상자 속에 봉해 넣어 기도할 때 앞 이마와 왼편 손목에 가죽 끈으로 고정하여 착용하는 것을 말하는데, 이것을 탈무드에서 필라크테리아(φυλακτήρια)라고 부르기도 하고, 또 유대인들은 테필린(Tephillin)이라고 부른다. 우리말로는 경문(經文) 혹은 성구갑(聖句匣)이라고 번역한다. 신약성경에도 예수님이 바리새인과 서기관들의 외식을 꾸짖으면서 사용했다: "저희 모든 행위를 사람에게 보이고자 하나니 곧 그 차는 경문을 넓게 하며 옷 술을 크게 하고"(마 23:5). 여기에 "경문"이 필라크테리아로 성경 구절을 넣은 이마나 손목에 묶는 작은 상자를 말한다.

경문은 율법 혹은 하나님의 말씀을 상기하도록 하는 도구이다. 본 출애굽기 본문은 이 경문에 유월절과 무교절에 대한 여호와의 말씀을 기록해 넣도록 하였다. 그리고 이 경문과 함께 항상 여호와의 율법이 "네 입에 있게 하라"고 명령하신다(13:9). 입에 있게 한다는 것은 소리 내어 암송하라는 것이다. 암송은 기억하기 위한 가장 좋은 방법이다. 또 하나님은 해마다 정한 날에 이 유월절과 무교절 규례를 지키라고 명령하신다(10절).

7) 초태생에 대한 대속의 규례(13:11~16)

11 여호와께서 너와 네 조상에게 맹세하신 대로 너를 가나안 사람의 땅에 인도

하시고 그 땅을 네게 주시거든 12 너는 태에서 처음 난 모든 것과 네게 있는 가축의 태에서 처음 난 것을 다 구별하여 여호와께 돌리라 수컷은 여호와의 것이니라 13 나귀의 첫 새끼는 다 어린 양으로 대속할 것이요 그렇게 하지 아니하려면 그 목을 꺾을 것이며 네 아들 중 처음 난 모든 자는 대속할지니라 14 후일에 네 아들이 네게 묻기를 이것이 어찌 됨이냐 하거든 너는 그에게 이르기를 여호와께서 그 손의 권능으로 우리를 애굽에서 곧 종이 되었던 집에서 인도하여 내실새 15 그 때에 바로가 완악하여 우리를 보내지 아니하매 여호와께서 애굽 나라 가운데 처음 난 모든 것은 사람의 장자로부터 가축의 처음 난 것까지 다 죽이셨으므로 태에서 처음 난 모든 수컷들은 내가 여호와께 제사를 드려서 내 아들 중에 모든 처음 난 자를 다 대속하리니 16 이것이 네 손의 기호와 네 미간의 표가 되리라 이는 여호와께서 그 손의 권능으로 우리를 애굽에서 인도하여 내셨음이니라 할지니라

이집트를 출발하기 시작하는 때에 하나님은 그들이 무사히 약속의 땅에 들어간 이후에 해야 할 여러 가지의 일들을 지정해 주신다(13:11). 앞에서 보았듯이 유월절과 무교절을 지키는 일들에 대하여 먼저 말씀하셨다. 또 하나님은 중요한 예식을 명하신다. 바로 사람이나 가축의 초태생을 구별하여 하나님께 드리는 일이다. "구별하다"의 히브리어 *아바르*(עָבַר)의 뜻은 '지나가다'이다. 우상에게 제물로 바칠 때에, 특히 불 가운데로 "지나가게 하다"고 할 때에 사용되기도 했다(왕하 16:3; 21:6; 대하 33:6; 레 18:21; 렘 32:35 등). 이럴 때에 이 단어는 '통째로 바치다'라는 의미로 채택할 수 있다.[45] 왜 통째로 바쳐야 하느냐 하면 "그 수컷은 모두 여호와의 것이기" 때문이다(13:12). 그것들이 하나님의 것인 이유는 유월절 밤에 모든 장자가 죽어야 하는데 이스라엘의 장자와 가축의 초태생들은 죽지 않았기 때문이다.

하나님은 사람과 짐승의 초태생을 직접 바치는 대신에 모두 대속할 수 있게

45 아란 콜, 『출애굽기』, 165.

하였다. "대속하다"의 히브리어 *파다*(פָּדָה)는 '속량하다, 구원하다'로 번역되는데, 원래는 '(물건 값을) 지불하다'라는 상업적 용어였다.[46] 값을 지불하거나 대체물을 주어 그것을 자기의 소유로 만드는 행위를 말한다. 본문은 몇몇 예를들어 대속의 원리를 제시한다. 먼저 나귀의 첫 새끼는 어린양으로 대속하도록하였다(13절상). 왜 나귀는 대속하도록 했을까? 나귀는 값이 비싼 가축이니 대신 값이 싼 양을 대신하도록 했을 것이라는 주장도 있을 수 있겠지만, 그러면 소는 왜 대속하지 않고 그 자체를 제물로 바치게 했을까? 나귀는 깨끗하지 못한 동물이기에 그 자체를 제물로 바칠 수 없기 때문으로 보는 것이 더 좋겠다. 민수기 율법에는 부정한 동물의 초태생은 대속하라고 명하셨다(민 18:15). 만일 그런 대속이 없으면 "그 목을" 꺾으라고 하셨다(13절중). '목을 꺾는다'는 것은 도살하라는 의미이다. 이것은 대속의 명령이 엄중함을 보여주는 것이다. 뒤의 율법에서 보면 나귀와 다른 짐승들은 대속을 허락하셨지만 소, 양, 염소의 처음 난 것은 대속이 아닌 그 자신을 제물로 바치도록 하셨다(민 18:17).

사람의 경우 모든 장자는 다 대속하라고 하셨다(13:13하). 여기에는 어떻게 대속할 것인지에 대하여 자세히 언급하지 않는다. 뒤에 주어진 율법에서 대속의 방법을 제시한다: "그 사람을 대속할 때에는 난 지 한 달 이후에 네가 정한대로 성소의 세겔을 따라 은 다섯 세겔로 속하라 한 세겔은 이십 게라니라"(민 18:16). 아기 예수님도 이것을 이루기 위해 성전을 방문한 것으로 볼 수 있다(눅 2:23). 이 원리에 따라 이스라엘 전체의 초태생을 하나님의 것으로 삼으신 경우가 있다. 이스라엘의 초태생은 르우벤 지파이지만, 하나님은 대속의 원리를 적용하여 레위 지파를 대신 자신의 것으로 삼으셨다: "보라 내가 이스라엘 자손 중에서 레위인을 택하여 이스라엘 자손 중에 태를 열어 태어난 모든 맏이를 대신하게 하였은즉 레위인은 내 것이라"(민 3:12).

하나님은 이 대속의 규례도 자녀들에게 잘 가르치라고 하신다. 유대인의 교육은 질문으로부터 시작한다. 훗날 그들의 아들이 아버지에게 이 대속에 대

---

46 BDB, 804 참조.

하여 질문하면, 여호와께서 종 되었던 조상들을 이집트에서 그 손의 권능으로 인도하여 내실 때에 이집트의 장자와 가축의 초태생들을 다 죽였음을 상기시키라고 말씀하신다(13:14,15). 따라서 이스라엘의 장자는 다 대속하고, 가축의 초태생 수컷은 여호와께 희생제물로 바치라고 하신다(15절하). 또 이 사실을 손목의 붙여 기호로 삼고 또 눈 사이에 붙여 표를 삼으라고 사신다. 앞에 말씀하셨던 경문(經文)에 대한 말씀을 다시 반복하신 것이다(13:9 참조). 그런데 앞 9절에서는 "(미간의) 표"의 히브리어는 지커론(זִכָּרוֹן, 기념물, 기억나게 하는 것)이었는데, 본 절(15절)에서는 토파파(טוֹטָפֹת)라는 단어가 사용되었다. 토파파는 성경에 3번 사용되었는데(13:9; 신 6:8; 11:18), 모두 이마에 띠를 하여 붙이는 표를 의미한다. 역시 8절과 같은 경문을 일컫는 것이다. 경문에는 유월절, 무교절, 그리고 초태생 대속에 관한 규례들을 적어 넣는 것이며, 또한 쉐마 이스라엘의 문구(신 6:4~9)도 적게 하였다.

교훈과 적용

① 유월절은 하나님의 사자가 집들을 방문할 때에 유대인의 집 문(문설주와 인방)에 발린 피를 보고 넘어갔음을 뜻한다. 출애굽기 본문에서는 여러 번 유월절을 기념하고 또 후손들에게 가르치라고 말씀하셨다. 그만큼 유월절은 구원사적인 중요성을 가지고 있다는 의미이다. 우리는 유월절과 예수님과의 연관성에 특히 귀를 기울여야 한다. 유월절 전날에 죽은 어린양은 십자가에서 돌아가실 예수님을 바라보고 있으며(요 1:29,36; 벧전 1:19; 계 5:12; 7:14; 13:8), 유월절에 문에 뿌려진 피는 십자가에서 흘리신 피를 내다보고 있다. 어린양의 "뼈를 꺾지 말라"는 명령은(12:46), 십자가에서 돌아가신 예수님의 뼈를 군인들이 꺾지 않은 것을 내다보고 있다(요 19:36). 특히 예수님이 유월절에 대제사장의 결심에 의해 돌아가심으로(요 11:49~51 참조), 구원 역사를 시작한 유월절과 같이 예수님도 새로운 구원 역사를 시작하셨다. 예수님이 유월절 어린양(고전 5:7)으로 죽으심으로 백성을 속량하시고 구원을 주신 것이다.

② 유월절 밤 이스라엘의 문설주와 인방에 뿌려진 피가 생(生)과 사(死)를 나누는 표적이 되었다(12:13). 이 표적 안에 들어 있었던 사람에게는 구원이 있었고, 밖에 있었던 사람들

에게는 죽음이 있었다. 신약에서 예수님도 표적으로 세워졌다. 요셉과 마리아가 아기 예수를 안고 성전에 갔을 때에 시므온이 마리아에게 예언하여 말하였다: "이는 이스라엘 중 많은 사람을 패하거나 흥하게 하며 비방을 받는 표적이 되기 위하여 세움을 받았고"(눅 2:34). 십자가에 달리신 예수님을 가리키는 예언이었다. 피에 얼룩진 십자가는 표적으로 세워질 것이며, 그로 말미암아 한쪽 사람에게는 구원(흥함) 그리고 다른 쪽 사람에게는 심판(패함)이 있을 것이다.

③ 하나님은 모든 장자를 다 대속하라고 명령하셨다(13:13; 민 18:16). 하나님이 이집트에서 초태생을 치실 때에 이스라엘의 장자는 살았기 때문이다. 따라서 이스라엘 사람의 모든 초태생은 하나님의 것으로 선언하셨다. 신약에서 아기 예수님도 이것을 이루기 위해 대속물을 가지고 성전을 방문하였다(눅 2:23). 앞으로 자신이 대속물로 바쳐질 그 일을 미리 바라보면서 대속의 제물을 바친 것이었다.

④ 유월절 식사에서 먹었던 음식은 양고기, 쓴 나물, 그리고 무교병이었다. 쓴 나물은 이집트에서 있었던 고난을 되새기기 위함이었으며, 무교병은 빨리 출발했던 긴급성을 기억하기 위함이었고, 양고기는 양이 대속물로 바쳐진 것을 기리기 위함이었다. 이 유월절 음식은 성찬식으로 대체되었다. 예수님이 가지셨던 최후의 만찬은 바로 유월절 식사였다. 예수님이 제자들과 먹었던 그 만찬을 "유월절"(눅 22:8,11,13,15,16) 혹은 "유월절 음식(잔치)"(마 26:17; 막 14:14; 요 18:28)이라고 말하기 때문이다. 이 음식의 만찬이 바로 오늘날 우리가 행하는 성찬식의 시작이었다. 성찬식을 행할 때에 유월절의 음식, 그리고 그 의미를 되새겨야 할 것이다. 그 유월절 음식에서 먹었던 양고기가 떡으로 대치되었고, 유월절 날에 뿌려졌던 피의 의미는 포도주에 담겨졌다. 성만찬은 바로 그 유월절의 의미를 그대로 계승하였다.

⑤ 유월절과 무교절에 하나님은 무교병(발효되지 않은 빵)을 먹으라고 거듭 말씀하셨다(12:8, 15, 18, 20; 13:6, 7, 15; 34:18 등). 그렇게 많이 말씀하신 것은 그만큼 중요하다는 의미이다. 특히 무교절이라는 절기도 제정하고 후손들에게 계속 가르치라고 명령도 하셨다. 하나님이 왜 그처럼 무교병을 강조하셨는가? 그것은 효소(누룩)가 부패를 일으키기 때문에 죄를 멀리하라는 의미로 명령하신 것이 아니다. 무교병은 이스라엘 사람들이 급하게 떠나야 하였음을 상징하는 것이었다. 무교병은 손님이 갑자기 찾아왔을 때에 급히 준비하여 내어놓는 음식이다. 유월절에서도 무교병을 먹는 이유는 출애굽이 갑자기 이루어진 사건임을 기념하기 위함이다(12:39). 이것은 출애굽이 사람의 계획에 의해 이루어진 것이 아닌 하나님께서 갑자기 주신 선물임을 상기시키는 것이다. 오늘날도 성도에게 주시는 구원도 하나님이 불현 듯 일으키심을 기억해야 할 것이다.

⑥ 출애굽은 승리한 군대가 피 정복지 사람들을 뒤에 두고 본국으로 향하여 출발하는 당당한 출발이었다. 전에 그들을 괴롭혔던 바로와 이집트 사람들은 통곡하고 있었지만 이스라엘을 노래하며 즐겁게 나갔다. 그들이 도둑처럼 몰래 떠난 것이 아니었다. 제발 나가달라며 예물까지 주는 이집트 사람들을 뒤로 두고 당당하게 승리자의 모습으로 출발한 것이었다. 여호와 하나님이 승리의 왕이며, 이스라엘은 그의 군대였다(7:4; 12:17, 41). 왕이 앞장서고 군사들이 뒤따르는 승리한 자들의 행진이었으며, 영광의 엑소더스였다. 출바벨론도 여호와를 앞세우고 본국을 향해가는 영광의 엑소더스였다(사 40:3~5; 43:19~20). 신약에서도 그러한 영광의 엑소더스가 있다. 바로 예수님이 부활하셔서 승천하시는 장면이다(눅 9:31; 참조 엡 4:8).[47] 또 미래에 주님이 대적들을 물리치고 자기 백성을 이끌고 하나님의 나라로 인도하실 마지막 엑소더스가 있을 것이다. 엑소더스 영광의 크기는 뒤로 갈수록 더 크다. 앞으로 우리에게 있을 이러한 영광의 엑소더스가 기대 된다.

---

47 눅 9:31의 "영광중에 나타나서 장차 예수께서 예루살렘에서 별세하실 것을 말할새"에서 "별세"의 헬라어는 엑소도스(ἔξοδος)이다. 이것은 예수님이 부활하셔서 승천해 올라가시는 것을 의미한다고 볼 수 있다.

제4장

출애굽에서
시내산까지

13:17~18장

본문 개요

여호와 하나님은 자기 백성 이스라엘을 구출해 내기 위해 이집트 신들과 그 백성과 전쟁을 벌였었다. 10가지 재앙을 통해 그들을 징계하셨지만 하나님은 바로의 마음을 계속 강퍅케 하셔서 마지막 10번째 재앙(장자를 죽임)까지 이르게 하셨다. 바로와 이집트 사람들은 빨리 자기들의 땅에서 떠나달라고 요청하였다. 이스라엘의 출발은 승리자가 전쟁에서 본국으로 돌아가는 당당한 출발이었다. 그런데 하나님은 마지막 이집트 군대를 치시는 계획을 또 가지셨다. 다시 한 번 바로의 마음을 강퍅케 하셔서 홍해에서 그들을 치심으로서 이집트 사람들이 '여호와'가 어떠하신 분이심을 다시 알게 하셨다.

출애굽의 클라이막스는 홍해의 사건이었다. 홍해에서 하나님은 다시 자기 백성 이스라엘을 위해 이집트 군대와 싸웠다. 홍해의 사건은 이집트 사람들뿐만 아니라 이스라엘 사람들에게도 놀라운 경험이었다. 홍해를 건넌 후 모세와 백성, 그리고 미리암과 그를 따르는 무리들이 여호와를 노래 불렀다. 승전가의 주제는 용사이신 여호와이다. 물론 출애굽에서 중요한 부분이 '여호와의 전쟁' 주제를 담고 있다.

출애굽 구원 사건의 주제는 구약의 상당 부분뿐만이 아니라 신약까지도 지배하고 있다. 사무엘이 주도한 길갈에서의 언약에서도 출애굽의 구원을 주신 여호와를 언급하였고(삼상 12:6); 시편의 찬송들도 출애굽을 인도하신 하나님을 송축하고 있으며(시 78; 136; 77:11-20); 선지자들도 과거의 출애굽을 되새기고 있을 뿐만 아니라(렘 2:2-6; 겔 20:6-10; 호 13:4); 이 사건을 여호와의 의로운 행동을 보여주는 표본으로 삼고 있다(렘 23:7-8; 사 51:9-11). 신약성경에서도 예수님을 통한 새로운 구원역사를 출애굽과 비교하며 말하고 있다(골 1:13-14; 벧전 1:1,13-18; 2:9; 계 15:3).

그러나 이스라엘이 지나야 하는 광야는 태양과 모래, 그리고 바람 외에는 아무것도 없는 곳이었다(having nothing). 이스라엘이 본격적으로 광야 길로 들어서자 불평이 일어나기 시작하였고, 심지어 반역의 조짐까지 일어난다. 술 광야 마라에서 물이 써서 마시지 못한다고 불평했고, 신 광야에서는 양식과 고기를 달라고 반기를 들었다. 르비딤에 도착해서는 마실 물이 없다고 소송을 제기하기도 하였다. 그런데도 하나님은 계속되는 그들의 불평을 해소해 주셨다. 마라의 물을 먹을 수 있는 물로 고쳐주셨고, 신 광야에서 하늘 양식(만나)와 고기(메추라기)를 주셨다. 르비딤에서는 반석을 쳐서 물을 공급해 주시기도 하였다. 아무것도 없는 광야였기만 거기에는 여호와의 영광이 있었고, 그 영광이 있는 곳에서는 그들에게 부족함이 없었다.

출애굽한 년도에 대해서는 다양한 주장들이 있지만 우리는 주전 1,446년으로 본다. 그 근거는 첫째 열왕기상의 기록을 들 수 있다: "이스라엘 자손이 애굽 땅에서 나온 지 사백팔십 년이요 솔로몬이 이스라엘 왕이 된 지 사년 시브월 곧 이월에 솔로몬이 여호와를 위하여 전 건축하기를 시작하였더라"(왕상 6:1). 솔로몬이 성전 건축을 시작할 솔로몬 제4년을 이집트에서 나온 지 480년이라고 말한다. 솔로몬 왕 4년째는 주전 967/6년으로 확정된다. 따라서 966년에서 480년을 거슬러 가면 1,446년이 된다. 그 외에도 여러 증거들이 이것을 뒷받침해 준다.[1] 주전 1,446은 이집트 제18왕조 아멘호텝 2세(Amenhottep II, 주전 1,450~1,420) 때이다.

내용 분해

1. 이집트에서 홍해까지(13:17~14:31)

　　1) 이집트로부터의 출발(13:17~22)

　　2) 바로가 이스라엘을 뒤쫓다(14:1~9)

　　3) 홍해 앞에선 이스라엘(14:10~12)

　　4) 하나님의 구원(14:13~18)

　　5) 홍해(갈대바다)를 건너다(14:19~31)

1　출애굽 연도에 관하여는 본서 "서론, 5. 출애굽 연대"를 참조하라.

본문 주해

1. 이집트에서 홍해까지(13:17~14:31)

출애굽은 이스라엘 사람들이 이집트에서 거주한 지 430년 만에 이루어졌다(12:40). 출애굽의 실제 년도가 언제였는지에 대한 논쟁뿐만 아니라, 출애굽의 경로에 대하여도 논란이 많다. 우선 세 가지 경로를 추론할 수 있다. ① 지중해 해안을 따라 올라가는 길로서 가장 빠르고 쉬운 길이었지만 하나님이 허락하지 아니하셨다. ② 중간 길인데, 이집트에서 출발하여 술 길을 따라 가데스 바네아를 거쳐 브엘세바 쪽으로 올라가는 길이다. 대상(隊商)들이 자주 이용하는 길이기도 하다. 아브라함이 이집트로 내려갔다 올라올 때에 사용한 길로 추정된다(창 12:10; 13:1). ③ 가상적인 길인데 시내 반도 남단으로 향하여 소위 '모세의 산(자벨 무사)'이라 불리는 시내산으로 내려가서 다시 가데스 바네아로 올라가서 브엘세바쪽으로 가는 길이다. 그러나 이 길은 가나안이 아닌 반대 방향으로 가는 길이므로 여러 가지 의문점이 많이 생긴다.[2] 오히려 두 번째인 중간 길일 가능성이 높다고 볼 수 있다.[3]

하나님은 그들을 광야 길로 인도하여 홍해를 만나게 하신다. 그리고 바로를 부추겨서 그들을 뒤쫓게 만드신다. 광야에서도 얼마든지 육지로 지나갈 길들이 많다. 그런데도 홍해를 건너게 하신 것은 하나님의 의도가 있을 것이다. 그 의도를 파악해 보는 것이 중요한 과제가 될 것이다.

1) 이집트로부터 출발(13:17~22)

17 바로가 백성을 보낸 후에 블레셋 사람의 땅의 길은 가까울지라도 하나님이 그들을 그 길로 인도하지 아니하셨으니 이는 하나님이 말씀하시기를 이 백성이 전쟁을 하게 되면 마음을 돌이켜 애굽으로 돌아갈까 하셨음이라 18 그러므로 하나님이 홍해의 광야 길로 돌려 백성을 인도하시매 이스라엘 자손이 애굽 땅에서 대열을 지어 나올 때에 19 모세가 요셉의 유골을 가졌으니 이는 요셉이 이스라엘 자손으로 단단히 맹세하게 하여 이르기를 하나님이 반드시 너희를 찾아오시리니 너희는 내 유골을 여기서 가지고 나가라 하였음이더라 20 그들이 숙곳을 떠나서 광야 끝 에담에 장막을 치니 21 여호와께서 그들 앞에서 가시며 낮에는 구름 기둥으로 그들의 길을 인도하시고 밤에는 불 기둥을 그들에게 비추사

낮이나 밤이나 진행하게 하시니 22 낮에는 구름 기둥, 밤에는 불 기둥이 백성 앞에서 떠나지 아니하니라

이스라엘이 이집트에서 출발하였다. 본문은 "바로가 백성을 보낸 후"로 시작한다(13:17상). "보내다"의 쌀라흐(שלח)는 일반적으로 '내보내다' 이지만 본문과 같이 피엘(강세형)로 사용된 경우 '쫓아내다' 혹은 '강제로 나가게 하다'로 해석하는 것이 좋다. 목적지는 하나님이 족장들에게 주기로 맹세하였던 가나안 땅이다. 고센 땅(나일강 하류)에서 가나안으로 가는 길은 해안을 따라 블레셋에 이르는 길이 가장 가깝고 또 평탄하다(13:17상). 이 길을 이집트 사람들은 '호로스의 길'로 표기하였다.[4] 이집트 군대가 아시아 지역으로 진출하기 위해 지나는 길로서 군사 도로였으며, 상인들도 많이 지나는 길이기 때문에 상업 도로이기도 하였다. 이 길은 장정이면 이집트 델타 동쪽 도시에서 가사(블레셋 지역 남쪽 도시)까지 8일이면 갈 수 있으며, 대민족의 이동이라면 한 달 정도면 갈 수 있을 것이다.

그러나 성경은 하나님께서는 이 "블레셋 사람의 땅의 길"로 그들을 인도하지 아니하였다고 한다(17절상). 어떤 학자들은 블레셋이 가나안 서쪽에 정착하여 블레셋이라고 공식적으로 불리게 된 것은 주전 12세기경(라암세스 3세 시기)이었다고 보며, 여기에 '블레셋 땅'으로 등장하는 것은 후대에 쓰인 문서이기 때문으로 본다. 그러나 블레셋 사람들이 그 지역에 훨씬 이전부터 살았던 흔적들이 발견된다는 주장도 있다.[5]

본문은 하나님이 해안 지름길로 인도하지 않은 이유를 "이 백성이 전쟁을 보면 뉘우쳐 애굽으로 돌아갈까" 함이라고 설명한다(17절하). 이 길은 이집트가 군사도로로 사용하였기 때문에 행여나 아시아 쪽에서 침입하는 것을 방어하기 위해 몇 곳에 군대를 배치해 놓았을 것으로 추정된다. 만약 이스라엘이

---

4 Hyatt, *Exodus*, 149.

5 G.E. Wright, "Fresh evidence for the Philistine story," *BA* (1966) xxix: 70~86. Hyatt, *Exodus*, 149에서 재인용. 역시 아란 콜, 『출애굽기』, 168을 보라.

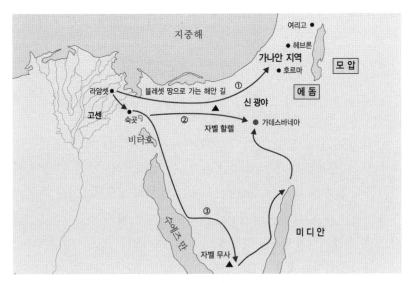

출애굽 가상적인 경로들

그리로 지나면 이집트 군대가 막을 것이다. 이런 전쟁이 여러 번 있으면 이스라엘 사람들이 두려워하여 이집트로 돌아가자고 할 것이다. 물론 그 경우 하나님께서 전쟁하실 것이기 때문에 그들은 안전할 것이다. 그러나 믿음이 약한 그들의 마음이 흔들릴 것을 염려하신 것이다. 그런데 신명기는 하나님이 그 길로 인도하지 않는 두 번째 이유를 설명한다. 바로 그들을 "낮추시며" "시험" 하기 위해서였다(신 8:2). 자신들의 힘으로 가나안에 들어왔다고 생각하지 않게 하기 위해 광야에서 그들을 훈련시키신 것이다.

하나님은 그들을 "홍해의 광야 길로 돌려" 인도하셨다고 하였다(18절상). "돌려"의 *사바브*(סָבַב)는 '주위를 돌다'이다. 즉 우회하였다는 것이다. 지름길인 해안이 아니라 오히려 둘러가는 길로 인도하신 것이다. 해안 길 다음으로 가나안으로 가는 광야 길은 술 길로서 시내 반도 사막을 거쳐 가네스 바네아 쪽으로 향하는 길이다.[6] 물론 통상적인 그 길은 육지로 계속 진행하는 길이었다. 그런데 하나님은 그들을 돌리셔서 홍해로 향하게 하셨다. 일반적으로 이 홍해를 오늘날 수에즈 운하 아래쪽에 만을 이루고 있는 바다로 간주한다. 그러나 여기에서 "홍해"라고 번역된 히브리어는 얌-수프(סוּף יַם)인데, 얌은 '바다'이고 수프는 '갈대'이다. 따라서 '갈대바다'라고 번역하는 것이 옳다. 이것을 70인 역본이 처음으로 '홍해'로 번역하였고, 불가타(Vulgate)가 뒤를 이었다. 현대에 이르러서는 흠정역(KJV)이 'Red Sea'로 번역하였고, 그 이후 대부분의 번역 성경이 홍해로 번역함으로써 그 이름이 굳어졌다.[7]

수프(갈대)는 주로 민물, 특히 나일강가에서 자라는 식물이다. 이 갈대로 파피루스 종이를 만든다. 모세가 갓난 아기였을 때에 어머니가 강가 "갈대 사이에 두었다"고 할 때에 그 갈대와(2:3), 바로의 딸이 목욕하러 강에 와서 하수가를 거닐 때 "갈대 사이의 상자를 보고"라고 말할 때의 그 갈대가 수프이다. 물론 강과 바다가 만나는 지점에도 갈대가 서식한다. 그러나 '갈대바다'라고 이름이 불린다는 것은 그만큼 갈대가 많이 서식하는 민물로 보아야 한다. 따라서 바다물인 홍해는 합당하지 않다(그러나 '홍해'로 오랫동안 불렸기 때문에 본서에도 '홍해'라고 표기하고자 한다. 그때마다 독자들은 '갈대바다'를 생각하기 바란다). 또 홍해는 너무 남쪽에 쳐져있으므로 가나안으로 향하여 출발하는 대 민족이 가나안과 반대 방향인 남쪽으로 내려갔다는 것도 홍해의 이론을 뒷받침하기에 불리하다. 지중해에서 홍해에 이르는 직선 선상에 여러 개의 Bitter Lake들이 있으며, 오늘날 수에즈 운하는 이 호수들을 관통하면서 뚫렸다. 어떤 학자는 얌-수프는 현재 수에즈 운하 선상에 있는 The Great Bitter Lake로 본다.[8] 지금도 이 호수 가에는 갈대가 많이 서식하고 있는 것을 볼 수 있다. 호수가 크면 '바다(얌)'라고도 불린다. 대표적으로 '갈릴리 바다'를 예로 들 수 있다.

이스라엘 자손이 이집트에서 나올 때에 '대열을 지어' 나왔다고 말한다(18절). "대열을 짓다"의 *하무쉬*(חָמֻשׁ)는 군대용어로서 '전투 대형을 이루다'라는 뜻이다. 마치 군대가 적군을 향하여 진격하는 모습을 연상케 한다. 하나님의

---

6 기독교 전통에서 시내산을 시내 반도 남쪽 모퉁이에 있는 것으로 알고 순례하고 있다.

7 Hyatt, *Exodus*, 158 참조.

8 Cassuto, *Exodus*, 156.

군대가 정렬된 대형을 이루어 행진하는 모습을 그린 것이다.

그들이 나올 때에 모세가 요셉의 해골을 취하였다. 그것은 요셉의 유언에
따른 것이었다(19절). 야곱이 죽을 때에는 자신을 조상들이 묻힌 헤브론 막
벨라 굴에 장사해 달라고 부탁하였다(창 49:30). 요셉과 그 형제들은 그 유언
에 따라 가나안에 올라가서 아버지를 그곳에 묻었다(창 50:13). 그런데 요셉
은 출애굽할 때에 자신의 유골을 메고 올라가달라고 부탁하였다(창 50:25; 히
11:22). 요셉이 그런 유언을 한 것은 하나님께서 그 땅을 주겠다는 약속이 분
명히 이루어질 것을 확신하였기 때문이었다(창 50:24). 이스라엘이 가나안을
정복한 후 요셉의 해골은 세겜에 묻혔다(수 24:32). 그곳은 옛날 야곱이 세겜
사람 하몰에게서 산 땅이었으며, 야곱의 우물이 있는 곳이었다. 그곳은 뒤에
요셉의 자손에게 분배되어 그 기업이 된 곳이다. 현재 나부루스(옛 세겜) 도시
'야곱의 우물' 가까이 요셉의 무덤이 있다. 나부루스는 아랍사람들의 자치구
역인데, 요셉의 무덤은 이스라엘이 성지로 삼고 있는 곳으로서 이스라엘 군
대가 지키고 있다.

출애굽의 시작에서 홍해까지의 경로를 요약하면 다음과 같다. 라암세스[9]
→ 숙곳 → 에담(13:20) → 바닷가(바다와 믹돌 사이의 비하히롯 앞 바알스본 맞
은 편) → 홍해에 이른다. 현재의 본문은 그들이 숙곳에서 출발하여 광야 끝 에
담에 장막을 쳤다고 말한다(20절). 숙곳(סֻכּוֹת)은 동사 사카크(סָכַךְ)에서 온 명사
로서, 사카크는 '덮다, 가리우다'이다. 숙곳은 '오두막'이란 의미로서, 지나는
나그네가 쉴 수 있는 주막과 같은 역할을 하는 것으로 이해할 수 있다. 따라
서 숙곳은 사막으로 들어가기 전, 혹은 사막에서 거주 지역으로 들어가기 위
한 첫 주막 역할을 했을 것으로 추측된다. 고센 땅 동쪽 가장자리에 있었던 마
을인 것은 분명하다. 혹자는 델타 동부 지역 와디 투밀라트(Wadi Tumilat)에
있는 텔 엘 마스쿠타(Tell el-Maskhutah)로 보기도 하지만,[10] 그러나 확정지을

9 라암세스과 숙곳은 12:37의 주석을 참조하기 바란다.

10 Hyatt, *Exodus*, 139.

수는 없다. 에담도 정확하게 어디인지 모른다. 출애굽의 경로에 따라 그곳이 훨씬 위쪽(북쪽)일 수 있고, 또 훨씬 남쪽일 수 있다.

그들이 출발할 때에 하나님이 그들 앞에서 인도하셨다. 낮에는 구름 기둥으로 밤에는 불기둥으로 비추어 주야로 진행하게 하셨다(21절). 광야(사막)는 기온차이가 심하다. 낮에는 햇볕을 받아 지면이 뜨거워지고, 밤에는 급격하게 온도가 내려간다. 따라서 낮에는 해를 가리기 위해 구름을 이용하였고, 밤에는 불기둥으로 따뜻함과 동시에 길을 환하게 밝혀주었다. 이 구름기둥과 불기둥은 백성 앞에서 떠나지 않았다(22절). 나중에 이 구름과 불에 "여호와의 영광"이 나타나는 것으로 묘사된다(16:10; 24:17; 40:34 등). "여호와의 영광"은 엑스도스(Exodus)와 성막(성전)과 관련해서 사용되는 '하나님 임재'를 표현하는 전문 용어가 되었다.

2) 바로가 이스라엘을 뒤쫓다(14:1~9)

1 여호와께서 모세에게 말씀하여 이르시되 2 이스라엘 자손에게 명령하여 돌이켜 바다와 믹돌 사이의 비하히롯 앞 곧 바알스본 맞은편 바닷가에 장막을 치게 하라 3 바로가 이스라엘 자손에 대하여 말하기를 그들이 그 땅에서 멀리 떠나 광야에 갇힌 바 되었다 하리라 4 내가 바로의 마음을 완악하게 한즉 바로가 그들의 뒤를 따르리니 내가 그와 그의 온 군대로 말미암아 영광을 얻어 애굽 사람들이 나를 여호와인 줄 알게 하리라 하시매 무리가 그대로 행하니라 5 그 백성이 도망한 사실이 애굽 왕에게 알려지매 바로와 그의 신하들이 그 백성에 대하여 마음이 변하여 이르되 우리가 어찌 이같이 하여 이스라엘을 우리를 섬김에서 놓아 보내었는가 하고 6 바로가 곧 그의 병거를 갖추고 그의 백성을 데리고 갈새 7 선발된 병거 육백 대와 애굽의 모든 병거를 동원하니 지휘관들이 다 거느렸더라 8 여호와께서 애굽 왕 바로의 마음을 완악하게 하셨으므로 그가 이스라엘 자손의 뒤를 따르니 이스라엘 자손이 담대히 나갔음이라 9 애굽 사람들과 바로의 말들, 병거들과 그 마병과 그 군대가 그들의 뒤를 따라 바알스본 맞은편 비하히롯 곁

해변 그들이 장막 친 데에 미치나라

여호와께서 이스라엘 자손을 "돌이켜서 바다와 믹돌 사이의 비하히롯 앞 곧
바알스본 맞은편 바닷가에 장막을 치게" 하였다(14:2). "돌쳐서"는 히브리어
수브(שׁוּב, 돌아가다)와 하난(חָנָה, 진을 치다)을 합하여 사용되었으며, 다시 번역
하면 '우회하여 천막을 치게 하였다'는 말이다. 하나님은 이스라엘을 제일 가
까운 해안길로 보내지 않고 "홍해의 광야길"로 인도하셨다고 하였다(13:18).
물론 '광야길'도 통상적으로 사람이 왕래하는 육지의 길이 있었다. 아브라함
이 이집트로 내려갔다가 올라갈 때에 사용한 길이었다(창 12:10; 13:1). 그런데
하나님은 사람이 통상적으로 다니는 길이 아닌 다른 길로 우회하도록 하신 것
이다. 바로 갈대 바다(얌 수프)로 인도하기 위해서이다. 그리고 하나님은 또 다
른 계획이 있으시다. 바로를 부추겨서 이스라엘을 뒤쫓아 오게 하는 것이다.
"바다와 믹돌 사이"(14:2중)에서 바다는 지중해이든지 아니면 홍해(갈대바다)
일 것이다. 물론 여기에서는 홍해로 보아야 할 것이다. 그러나 이 근방에 나타
나는 여러 지명들을 살펴보면 마치 지중해를 가리키는 듯이 보여 혼란스럽다.
"믹돌"(מִגְדֹּל)은 '탑, 망대'라는 의미를 가지고 있다. 이것은 이집트 동부 끝자
락에 있는 방어용 요새 도시로 볼 수 있다.[11] "비하히롯 앞 곧 바알스본 맞은
편"(2절중)에서 학자들은 바알수본(Ba'al-Zephon)을 팔레스틴에서 이집트 사
이에 지중해 쪽의 세르보니스 해협(일명 Sabkhat Bardawil lagoon 이라고 불
림)에 둘러쳐진 좁고 긴 만의 중앙에 위치해 있는 것으로 본다.[12]

---

11 믹돌은 성경에서 출 14:2 외에 렘 44:1; 46:14에는 바벨론 함락 이후 이스라엘 사람들이 이집트가 가서 거
주한 곳으로 나오며, 겔 29:10; 30:6에는 구스와 반대되는 이집트 북쪽 끝으로 나타난다. 성경 외의 문서
에서는 세티 1세가 팔레스틴으로 침입해 가는 길로 언급이 되어 있으며, 그 뒤의 이집트 문헌에도 나타난
다. "믹돌" 이라는 이름은 셈족의 '망대'라는 뜻이다. 이런 것들을 종합해 볼 때에 믹돌은 델타지역 동쪽의
어떤 부위에 위치하였던지, 이집트의 북동 경계지역에 위치해 있다고 여겨진다. Gaalyah Cornfeld, and
others, *Archaeology of the Bible* (Sanfrancisco: Harper & Row. 1976), 39. T. O. Lambdin, "Migdol",
Interpreter's Dictionary of the Bible vol 3, edited by George Arthur Buttrick(Abingdon Press,
1962), 377.

12 Ba'al-zephon은 헬라의 문헌에 좁은 Serbonis 만을 끼고 펼쳐진 좁은 반도 위에 해적들을 위한 신전이 있
는 곳으로 언급되어 있다. Cornfeld, *Archaeology of the Bible*, 39 참조.

이렇다면 지중해에 붙은 세르보니스 만(灣)이 홍해라고 해야 하며, 이스라엘은 그 만을 건너 지중해에 돌출해 있는 바알스본 긴 만을 타고 우회하여 갔다고 해야 한다. 그러나 출애굽기 13:17-18에 불레셋으로 가는 해안 길이 가까울지라도 하나님이 그리로 인도하지 아니하시고 홍해("갈대의 바다")의 광야 길로 돌려 백성을 인도하셨다고 한다. 이 구절의 증거만으로도 지중해 연안 길이나 세르보니스(Serbonis) 만을 지나서 갔다는 설을 받아들일 수 없다.

바로는 이스라엘의 행로를 보고 "그 땅에서 아득하여 광야에서 갇힌바 되었다"고 생각하였다(14:3). "아득하다"라는 부크(בוך)는 '당황하다, 혼란하다'이다. 바로는 이스라엘이 그 넓은 땅에서 혼란을 일으켜 이상한 길로 갔다고 생각하였다. 바다가 가로놓인 그 앞으로 갔으니 그들은 광야에서 갇힌 것이나 마찬가지였다. "갇히다"의 사가르(סגר)는 '(문을) 닫다'이다. 바다는 닫힌 문과 같으며, 이스라엘은 그 닫친 문에 갇힌 상태가 되었다. 이러한 상황은 하나님이 바로를 오판하도록 하여 이스라엘을 따르도록 유인한 것이었다. 하나님은 바로의 마음을 강팍케 하여 그들을 뒤따르도록 하겠다고 하였다(4절상). "강팍하다"의 하자크(חזק)는 '강하다, 견고하다'이다. 여기서는 사역형(힢일)으로 사용되었으므로 '강하게 하다'라고 번역할 수 있다.

열 가지 재앙이 내려질 때 바로는 자주 마음을 '강하게' 하거나 '무겁게' 하여 이스라엘을 내어보내지 않았다. 그러나 마지막 재앙에 이르러서는 완전히 항복하였다. 바로는 이스라엘에게 가축도 몰고 가라고 하였고, 특히 "나를 위하여 축복하라"고까지 하였다(12:32). 이집트 사람들은 더 나아가서 이스라엘 사람들에게 선물까지 주어가면서 빨리 나가달라고 재촉하였다(12:33). 그런데 이제 다시 그는 마음을 강하게 하였다. 하나님이 바로의 마음을 다시 강하게 하신 이유를 "내가 그와 그 온 군대를 인하여 영광을 얻어 애굽 사람으로 나를 여호와인 줄 알게 하리라"고 밝힌다(14:4). 여기에 하나님의 의도는 두 가지였다. 첫째는 자신이 그 군대를 인하여 영광을 얻겠다고 하였다. 하나님은 자신의 영광을 위해 이 일을 계획하고 계시는 것이다. 둘째는 하나님의 이름인 여호와의 의미를 이집트 사람들이 체험적으로 알게 하겠다는 것이다

(6:3 주석 참조). 모세가 바로에게 처음 가서 이스라엘을 내어보내라는 여호와
의 말씀을 전하자 바로는 "나는 여호와를 알지 못하니 이스라엘도 보내지 아
니하리라"(5:2)라고 큰소리쳤다. 이제 곧 바로와 이집트 사람들은 여호와의 이
름이 어떠한지를 경험적으로 알 수 있을 것이다.

14:5에 이스라엘 백성이 도망한 것을 왕이 알게되었다고 한다. 유월절이 있
었던 날 이집트 사람들은 이스라엘에게 속히 떠나가 달라고 애걸하였다. 그러
나 일부의 사람은 이스라엘이 떠난 것을 좋지 않게 생각했을 것이다. 그런 사
람은 사실을 왜곡하여 말을 전파하였다. 그 백성이 도망하였다는 것이다. "도
망하였다(바라흐, בָּרַח)"라는 말은 몰래 갔다는 것이든지(창 31:20,21 참조), 아
니면 속이고 갔다는 것을 의미한다(창 31:27 참조). 사실 이스라엘은 바로의 명
령을 받고 당당하게 나갔었다. 결코 도망한 것이 아니었다. 그런데 이제 바로
와 그 신하들의 마음이 변하여(5절중), 자신이 스스로 속았다고 생각하는 것
이다. "변하다"의 하파크(הֲפָךְ)는 '뒤집어 엎다'이다. 그들은 자신들이 전에 이
스라엘에게 한 말을 뒤집어엎는 것이다. 그리고 "우리가 어찌 이같이 하여 이
스라엘을 우리를 섬김에서 놓아 보내었는고"하며 후회하였다(5절하). 그들은
이스라엘 백성을 공짜로 일을 시켰다. 요새를 만들었으며 많은 신전도 건축
하였다. 그런 값싼 고급인력을 잃게 되었으니, 이제 그들의 경제와 건축 사업
이 마비될 것이다.

바로는 즉시 병거를 갖추었다. "갖추다"의 아사르(אָסַר)는 '매다'로서, 마차
를 말에 매는 행위를 말한다. 그리고 자기 백성을 데리고 출발하였다(14:6).
그 백성은 바로 군대를 말한다. 그 군사 규모를 특별 병거 육백승과 다른 이
집트의 모든 병거라고 말한다(7절). "특별(병거)"의 바하르(בָּחַר)는 '선택하다'이
다(창 13:11 참조). 개역개정에 나타나는 "다른"이라는 말이 히브리어 성경에
는 없다. 정리하면 선택된 병거 육백승과 또 이집트에서 가동할 수 있는 모든
병거가 이 출동에 동원되었다. "장관들이 다 거느렸더라"(7절하)의 "장관"으로
번역된 쇠리쉬(שָׁלִישׁ)는 '세 번째'라는 말이다. 보통 마차는 2인승이다. 그런데
이번 공격에는 세 번째 사람을 동승하게 하였다. 이 세 번째 사람은 마차를 모

는 전문가이던지 아니면 보충병일 것이다. 그만큼 더 많은 사람이 더 빨리 이
스라엘을 따라가려고 노력하는 흔적을 보게 된다. 14:8은 바로가 이스라엘 자
손들을 뒤쫓은 이유를 두 가지로 말한다. 첫째로 여호와께서 바로의 마음을
강퍅케 하셨기 때문이고, 둘째로 이스라엘 사람들이 담대히 나갔기 때문이다.
"담대히"에 히브리어는 두 단어가 사용되었는데, 야드 라마(תה דָמָר)는 '손'이고
라마(원형 룸, רום)는 '오르다, 높이다'이다. 손을 높이 들고 출발하는 하나님의
군대를 연상케 한다. 기쁨을 만끽하면서 즐겁게 노래 부르며 승리를 자축하는
그들의 모습이다. 바로와 그 신하들은 이렇게 기고만장(氣高萬丈)한 모습으로
출발하는 이스라엘 사람들을 그냥 내어버려 둘 수 없었을 것이다. 이집트 군대
가 이스라엘 사람 가까이까지 뒤쫓았다. 이집트 군대의 종류를 보면 "바로의
말들, 병거들과 그 마병과 그 군대"라고 개역개정 성경은 번역하고 있는데(9
절상), 히브리어 본문에 따라서 다시 정리하면 다음과 같다. 첫째로 바로의 기
병대였고(말이 끄는 마차), 둘째로 말들(기수 포함)이었고, 세 번째는 군대였다.
마지막 그룹의 군대는 보병일 수 있다. 이집트 군대가 이스라엘이 진치고 있
는 곳까지 도달했다. 이스라엘은 바알스본 맞은 편 비하히롯 곁 해변에 장막
을 쳤다고 말한다(9절하). 바알스본과 비하히롯이 어디인지에 대하여 여러 의
견이 있지만 확정짓기 힘들다. 일반적으로는 바알스본은 현재 수에즈 운하 입
구 근처의 지중해 연안에 있는 해안도시라로 본다. 그러나 이것은 하나님께서
이스라엘을 지중해 연안 지름길로 인도하지 않고 홍해가 있는 광야길로 인도
하였다고 하는 말씀(13:17, 18)과 배치된다. 따라서 위의 두 지명은 홍해(갈대
바다) 근방이어야 한다.

3) 홍해 앞에선 이스라엘(14:10~12)

10 바로가 가까이 올 때에 이스라엘 자손이 눈을 들어 본즉 애굽 사람들이 자기
들 뒤에 이른지라 이스라엘 자손이 심히 두려워하여 여호와께 부르짖고 11 그들
이 또 모세에게 이르되 애굽에 매장지가 없어서 당신이 우리를 이끌어 내어 이

광야에서 죽게 하느냐 어찌하여 당신이 우리를 애굽에서 이끌어 내어 우리에게

이같이 하느냐 12 우리가 애굽에서 당신에게 이른 말이 이것이 아니냐 이르기를

우리를 내버려 두라 우리가 애굽 사람을 섬길 것이라 하지 아니하더냐 애굽 사

람을 섬기는 것이 광야에서 죽는 것보다 낫겠노라

이스라엘 사람들이 이집트 군대가 바로가 가까이 오는 것을 보았다(14:10).
히브리어 문장은 이 부분에서 좀 더 극적으로 묘사한다. '바로가 가까이 왔
다. 그리고 이스라엘이 눈을 들어 보았다. 보라, 이집트 사람들이 그들 뒤를
추격하는 것을! 그리고 그들이 심히 두려워하였고, 이스라엘 자손은 하나님
께 부르짖었다'(10절, 저자의 번역). 여기에서 '보라'의 힌네(הִנֵּה)는 상황의 절
박감을 더해주고 있다. 이집트 군대가 달려오는 것을 보고 그들은 심히 두려
워하여 하나님께 부르짖었다. "부르짖다"의 차아크(צָעַק)는 '소리치다'이다. 그
들은 깜짝 놀라 두려움에 사로잡혀 소리치는 것이다. 그러나 그들의 부르짖
음은 단순히 놀라서 외치는 것만이 아니다. 앞으로 이스라엘은 이런 부르짖
음을 자주 하게 된다. 그것은 원망의 부르짖음이며, 하나님에 대한 반역의 의
미를 담고 있다.

이스라엘 사람들은 모세에게 원망하였다(11절상). 이집트에서 죽었으면 그
래도 가족들이 가족묘에 장사지내어 줄 것이다. 그런데 이 광야에서는 그런
묘실도 없고 또 전쟁에 의한 죽음이라 장례를 치러 줄 사람도 없다. 만약 이집
트 군대에 의해 죽으면 시체는 그냥 광야(사막)에 버려질 것이다. 그래서 "어
찌하여" 우리를 이집트에서 이끌어 내었느냐(11절하)고 원망한다. 그들은 하
나님께서 이집트에서 행하신 이적들과 유월절에 이집트 장자들은 죽었지만
자신들은 죽지 아니한 일들을 벌써 잊고 있다. 조금 전에 이집트에서 출발할
때에 가졌던 당당한 그 모습은 사라졌다.

그들은 모세가 처음 바로를 대면한 뒤에 모세에게 한 말을 들추어낸다. 그
때에 "우리를 내버려 두라 우리가 애굽 사람을 섬길 것이라 하지 아니하더냐"
고 말하지 않았느냐는 것이다(5:21 참조. 문장은 다르지만 광의적인 의미는 같음).

이집트 사람들을 섬기는 것이 광야에서 죽는 것보다 나았을 것이라고 원망한
다(14:12하). 그들은 벌써 그 혹독한 고역 때문에 탄식하며 부르짖었던(2:23)
옛날 일을 벌써 잊어버렸다. 이 불평은 출애굽 후에 있은 첫 반역 행위였다.

4) 하나님의 구원(14:13~18)

> 13 모세가 백성에게 이르되 너희는 두려워하지 말고 가만히 서서 여호와께서 오
> 늘 너희를 위하여 행하시는 구원을 보라 너희가 오늘 본 애굽 사람을 영원히 다
> 시 보지 아니하리라 14 여호와께서 너희를 위하여 싸우시리니 너희는 가만히 있
> 을지니라 15 여호와께서 모세에게 이르시되 너는 어찌하여 내게 부르짖느냐 이
> 스라엘 자손에게 명령하여 앞으로 나아가게 하고 16 지팡이를 들고 손을 바다
> 위로 내밀어 그것이 갈라지게 하라 이스라엘 자손이 바다 가운데서 마른 땅으로
> 행하리라 17 내가 애굽 사람들의 마음을 완악하게 할 것인즉 그들이 그 뒤를 따
> 라 들어갈 것이라 내가 바로와 그의 모든 군대와 그의 병거와 마병으로 말미암
> 아 영광을 얻으리니 18 내가 바로와 그의 병거와 마병으로 말미암아 영광을 얻
> 을 때에야 애굽 사람들이 나를 여호와인 줄 알리라 하시더니

모세가 백성에게 부르짖었다. "너희는 두려워 말고 가만히 서서 여호와께
서 오늘날 너희를 위하여 행하시는 구원을 보라"(14:13상). "가만히 서서"의
야차브(יצב)는 '서다, 위치를 잡다'이다. 개역성경은 "여호와께서...행하시는 구
원"이라고 했지만 히브리어 성경은 바로 "여호와의 구원(예수아 여호와, ישׁעת
יהוה)"이라고 말한다. 예수아는 동사 야샤(ישׁע, 구원하다, 해방시키다)에서 온 명
사로서 '구원, 구출'을 의미한다. 이 예수아는 예수님의 이름으로 사용되었기
때문에(마 1:21) 그 의미를 잘 파악하는 것이 매우 중요하다.

예수아는 창세기 49:18에 모호하게 한번 사용된 적이 있었지만 본격적으로
여기에서 처음 사용되었다. 본문에서는 전쟁을 통한 구원을 말한다: "여호와
께서 너희를 위하여 싸우시리니"(14:14, 역시 14:25). 원수를 쳐부수는 여호와

의 모습이다. 이 단어가 나타나는 성경의 많은 구절들 역시 전쟁에서의 승리를 말한다(삼상 14:45, 대하 20:17, 사 26:18, 출 15:2, 합 3:8, 시 20:5, 시 44:4 등). 예수아 구원은 감상적인 것만이 아니다. 단순히 우리 죄를 대신해서 예수님이 죽으심으로 우리를 죄에서 구원하셨다는 것만으로 이해해서는 안된다. 물론 그런 구원의 의미도 중요하게 다루어야 한다. 그러나 이 이름이 가지는 더 근본적인 것은 원수를 쳐부수고 우리를 대적의 손에서 구원하는 용사의 이미지를 가지신 분이심을 명심해야 한다.

모세는 백성에게 이 "구원을 보라"고 말한다(14:13중). 이것은 "여호와께서 오늘날 너희를 위해 행하시는" 구원이라고 한다. 예수아 구원은 하나님께서 자기 백성을 위해 대적을 물리치고 주시는 구원이다. "오늘날" 그들은 그 놀라운 구원을 확실히 볼 것이다. 그리고 모세는 항의하는 백성 앞에 다시 단호하게 말한다: "너희가 오늘 본 애굽 사람을 또 다시는 영원히 보지 못하리라"(13절하). 그 지긋지긋하던 압제자들의 모습을 다시 보지 않을 것이다. 이스라엘은 그들로부터 완전히 해방될 것이다.

모세는 "여호와께서 너희를 위하여 싸우시리니 너희는 가만히 있을지니라"(14:14)고 말한다. "싸우다"의 *라함*(לָחַם)은 '전쟁하다'이다. 여호와께서 자기 백성을 위해 이집트와 싸우는 전쟁이다. 물론 이스라엘 백성을 '군대'라고 표현했다(7:4; 12:17, 41). 그러나 백성이 전쟁에 직접 나서지 않아도 된다. 여호와께서 친히 모든 전쟁을 수행하실 것이다. 여호와의 전쟁은 이미 이집트 안에서 시작했었다. 그리고 이제 홍해 앞에서 대미(大尾)를 장식할 것이다. 본문에서 "가만히"의 *하라쉬*(חָרַשׁ)는 '새기다, 침묵하다'이다. 단순히 조용히 있는 것이 아니라, 새겨보는 것이다. 여호와께서 대적을 대항하여 어떻게 싸울 것인지 지켜보면서 마음으로 새겨보라는 것이다.

여호와께서 모세에게 "너는 어찌하여 내게 부르짖느뇨?"라고 꾸중하신다(14:15상). "부르짖다"의 *차아크*(צָעַק)는 '소리치다, 호소하다'이다. 이 단어는 때로는 하나님에게 호소하는 모습도 담고 있지만(8:13), 대부분 원망이 들어 있는 부르짖음이다(5:8, 15; 14:10). 본문에서 모세가 부르짖는 것은 나타나지 않는다. 그러나 14:10에 백성이 부르짖을 때에 모세도 함께 부르짖었을 것이라고 생각된다. 원망이 가득한 울부짖음이었을 것이다. 모세에게는 그 원망의 정도가 심하지 않았겠지만, 하나님이 꾸짖을 정도는 된 것 같다. 모세는 이집트에서 열 번 이상 하나님의 능력을 경험하였다. 여기에서 그가 낙심할 필요가 없는 것이다. 하나님이 말씀하신다. "이스라엘 자손을 명하여 앞으로 나가게 하라"(15절하). 앞은 바다이다. 그 바다를 향해 자손들을 나가게 하는 것은 어리석은 일이다. 그러나 여호와의 능력을 믿고 나아갈 때에 놀라운 일이 일어날 것이다.

그들이 나가는 동시 모세에게 "지팡이를 들고 손을 바다 위로 내밀어 바다가 갈라지게 하라"고 말씀하신다(16절상). 지팡이를 든 손을 내밀라고 했으니 이것은 지팡이를 내미는 행동이다. "내밀다"의 *나타*(נָטָה)는 '내뻗다'이다. 이전에 지팡이를 내뻗었을 때에 놀라운 일들이 일어났었다. 그가 지팡이를 잡은 손을 나일강 위에 내밀었을 때에 물이 피로 변했으며(7:19), 지팡이를 잡은 팔을 강들 위에 펴니 개구리들이 몰려왔으며(8:5), 하늘을 향하여 지팡이를 들었을 때에 불이 섞인 우박이 내려왔었다(9:23). 또 지팡이를 드니 동풍이 불어 메뚜기 떼가 몰려왔으며(10:13), 하늘을 향하여 손을 내밀자 온 땅 위에 흑암이 덮쳤다(10:22). 이제 하나님은 가장 큰 일을 이루시려하신다. 모세에게 지팡이를 든 손을 내밀어 가로막고 있는 바다를 갈라지게 하라고 명령하시는 것이다(14:16상). "갈라지게 하라"의 *바카*(בָּקַע)는 '쪼개다'이다. 장작을 쪼갠다든지(창 22:3, 삼상 6:14), 돌을 쪼갤 때에 사용되었다(시 141:7). 이렇게 바다 물이 쪼개어지고 육지가 들어나면 이스라엘 자손이 바다 가운데 육지로 지나가게 될 것이다(14:16하).

하나님의 계획은 단순히 자기 백성이 바다를 건너게 하시는 것이 아니다. 바로에 대한 그의 큰 뜻이 있었다. 그들을 인하여 여호와께서 영광을 얻으시려고 하는 것이다. 그래서 하나님은 이집트 사람들의 마음을 강퍅케 할 것이라고 하신다. 여기에 "강퍅케 하다"의 단어는 또 *하자크*(חָזַק)가 사용되었는데, '강하게 하다'라는 의미이다. 하나님이 이집트 사람들의 마음을 강하게 만들

어 그들이 이스라엘이 지나가고 있는 바닷길로 뒤따라 들어가게 할 것이다(17
절중). 그래서 그 모든 군대와 그 병거와 마병을 인하여 영광을 얻겠다고 하신
다(17절하). "영광을 얻다"의 *카베드*(כָּבֵד)는 원래 '무겁다'라는 뜻인데, '존귀
하다'의 의미로 쓰인다. '그의 이름이 무겁다'라는 것은 '그의 이름이 존귀하
다'는 뜻이다. 이 모든 사건으로 하나님의 이름이 한없이 존귀하게 될 때에,
그때서야 이집트 사람들이 '여호와'라는 이름의 의미를 알게 될 것이다(18
절). 여기 "알다"의 *야다*(יָדַע)는 경험적으로 아는 것을 말한다(6:1~3 주석 참조).

5) 홍해(갈대바다)를 건너다(14:19~31)

19 이스라엘 진 앞에 가던 하나님의 사자가 그들의 뒤로 옮겨 가매 구름 기둥도
앞에서 그 뒤로 옮겨 20 애굽 진과 이스라엘 진 사이에 이르러 서니 저쪽에는 구
름과 흑암이 있고 이쪽에는 밤이 밝으므로 밤새도록 저쪽이 이쪽에 가까이 못하
였더라 21 모세가 바다 위로 손을 내밀매 여호와께서 큰 동풍이 밤새도록 바닷
물을 물러가게 하시니 물이 갈라져 바다가 마른 땅이 된지라 22 이스라엘 자손이
바다 가운데를 육지로 걸어가고 물은 그들의 좌우에 벽이 되니 23 애굽 사람들
과 바로의 말들, 병거들과 그 마병들이 다 그들의 뒤를 추격하여 바다 가운데로
들어오는지라 24 새벽에 여호와께서 불과 구름 기둥 가운데서 애굽 군대를 보시
고 애굽 군대를 어지럽게 하시며 25 그들의 병거 바퀴를 벗겨서 달리기가 어렵게
하시니 애굽 사람들이 이르되 이스라엘 앞에서 우리가 도망하자 여호와가 그들
을 위하여 싸워 애굽 사람들을 치는도다 26 여호와께서 모세에게 이르시되 네 손
을 바다 위로 내밀어 물이 애굽 사람들과 그들의 병거들과 마병들 위에 다시 흐
르게 하라 하시니 27 모세가 곧 손을 바다 위로 내밀매 새벽이 되어 바다의 힘이
회복된지라 애굽 사람들이 물을 거슬러 도망하나 여호와께서 애굽 사람들을 바
다 가운데 엎으시니 28 물이 다시 흘러 병거들과 기병들을 덮되 그들의 뒤를 따
라 바다에 들어간 바로의 군대를 다 덮으니 하나도 남지 아니하였더라 29 그러나
이스라엘 자손은 바다 가운데를 육지로 행하였고 물이 좌우에 벽이 되었더라 30

그 날에 여호와께서 이같이 이스라엘을 애굽 사람의 손에서 구원하시매 이스라엘이 바닷가에서 애굽 사람들이 죽어 있는 것을 보았더라 31 이스라엘이 여호와께서 애굽 사람들에게 행하신 그 큰 능력을 보았으므로 백성이 여호와를 경외하며 여호와와 그의 종 모세를 믿었더라

홍해에서 이스라엘과 이집트 사람들이 극명하게 갈라진다. 이스라엘은 구원을 받았고, 바로와 이집트 사람들은 심판을 받았다. 하나님은 자기 백성 이스라엘을 그냥 데리고 나오시지 않으셨다. 전쟁을 통하여 이집트 신과 그 백성을 쳐부수고 승리자로서 출발하였다. 그 전쟁의 클라이맥스가 바로 홍해의 사건이다.

좀 더 극적인 장면을 만들기 위해 하나님은 상황을 이끌어 가신다. 이스라엘 진 앞에서 구름기둥과 불기둥으로 인도하셨던 여호와의 영광이(13:21) 뒤로 옮겨 이집트인들 앞에 막아서서 더 이상 이스라엘에게 접근하지 못하게 하셨다. 13:21에는 구름기둥과 관련해서 "여호와께서 그들 앞에 행하사"라고 하였다. 그런데 14:19에는 "하나님의 사자"라고 표현한다. 본문에서는 두 가지 해석이 가능하다. 첫째, 여호와의 사자는 여호와 자신을 가리키는 것이다. 성경에는 자주 '여호와의 사자'가 여호와 자신과 동일시한다(창 16:7 이하; 출 3:2 이하; 삿 13:15 이하 등등). 여기에도 그러할 가능성이 있다. 둘째, 지금은 하나님께서 전쟁을 수행하시는 중이기 때문에 하나님의 군대로서 여호와의 사자가 동행하였을 수도 있다(23:20 이하 참조). 여하튼 그들이 접근하지 못하여 이후 더 극적인 장면이 나온다.

하나님은 단지 양쪽을 갈라놓는데 그치지 않으셨다. 하나님이 이스라엘을 인도하실 때에 구름기둥과 불기둥 둘을 사용하셨다. 낮에는 구름기둥으로 뜨거운 햇볕에서 백성을 보호하고 또 밤에는 불기둥으로 길을 밝혀 그들의 행진을 도왔다(13;21 주석 참조). 그런데 14장 본문에서는 두 기둥이 동시에 사용되었다. 구름기둥은 이집트 사람들에게 추위와 암흑을 만들기 위해 사용하셨고, 불기둥은 이스라엘 사람들에게 따뜻함을 줌과 동시에 밤을 환하게 밝혀

주었다(14:20중). 하나님의 좌우에 불빛과 흑암 양쪽의 세계가 분명히 나뉘었
다. 한쪽은 구원이고 다른 쪽은 심판이다.

하나님의 명령대로 모세가 바다 위로 손을 내밀었다. 물론 그 손에는 지팡
이가 들려있었을 것이다(16절상 참조). 그러자 "여호와께서 큰 동풍으로 밤새
도록 바닷물을 물러가게 하시니 물이 갈라져 바다가 마른 땅이" 되었다(21
절). 이스라엘과 이집트에서 동풍은 사막에서 불어오는 뜨거운 바람을 의미한
다. 동풍이 불어오면 풀과 곡식이 마른다(창 41:6, 23, 17; 겔 17:10; 19:12; 호
13:15; 욘 4:8). 또한 큰 동풍은 사람들을 흩어버리고 옮기기도 한다(사 27:8;
겔 18:17). 이와 같이 동풍은 그 위력이 대단하다. 본문은 "큰 동풍"이라고 말
한다. "큰"의 아즈(עַז)는 '강한, 맹렬한'이란 의미이다. 허리케인 혹은 토네이도
와 같은 바람일 것으로 생각된다.

아무리 동풍의 위력이 세다 할지라도 그것이 바닷물을 갈라놓지는 못한다.
인간의 사고(思考)로 해석할 수가 없는 현상이다. 이것은 하나님이 행하신 기
이한 일(펠래, פֶּלֶא, 경이로운 일, 불가사의한 것)이며(시 77:14), 하나님의 능력
으로 일으키신 기적이다. 시편이 여러 곳에서 이 홍해 사건을 회상하면서 하
나님의 놀라우신 역사를 노래한다. 하나님이 "홍해를 꾸짖으시니 말랐다"고
말하며(시 106:9), "물들이 주를 보고 두려워하며"라고 묘사하고(시 77:16), 또
"바다가 보고 도망하였다"고 말한다(시 114:3, 5). 자연이 하나님의 권위에 어
떻게 대하는지를 잘 표현한 것이다.

물이 밀려나고 바닥에 마른 땅이 드러났다(14:21하). 이스라엘 사람들이 그
마른 땅으로 걸어갔다(22절상). 혹자는 썰물 때에 바닷물이 밀려나서 육지가
드러났고, 이 썰물은 몇 시간 유지하므로 백성이 지나가기에 충분한 여유가
있었을 것으로 본다.[13] 특히 오늘 수에즈 운하 끝의 홍해는 강한 동풍이 썰물의
효과를 더 크게 영향을 끼칠 수 있다고도 말한다.[14] 그러나 본문은 "물은 길 좌

13 아란 콜, 『출애굽기』, 175.

14 Hyatt, *Exodus*, 155.

우에 벽이 되었다"(22절하)고 말한다. 좌우에 벽이 생겼으므로 이것은 썰물의 현상이 아니다. "벽"의 호마(חוֹמָה)는 '성벽' 혹은 '담'이다. 물은 액체로서 평형을 이루고자하는 성격이 있다. 그럴 수도 없지만 만약 강한 바람이 물을 밀어 벽을 만들게 했다면 이스라엘 사람들이 그 바람 때문에 지나갈 수 없었을 것이다. 따라서 이것은 바람의 힘도 아니며, 썰물과 같은 자연현상도 아니었다. 이것은 하나님이 일으키신 기이한 일(팰래)로 우리의 신앙을 고백할 수밖에 없다.

이스라엘 자손이 바닷길로 지나는 것을 본 이집트 군대가 그 뒤를 쫓아 바다 가운데로 들어 왔다(23절). 뒤쫓아 온 이집트 군대의 목록은 바로의 말들, 병거들과 그 마병들이다(9절 참조). 그 모든 군대가 다 바다로 들어왔다. 그때의 시간은 새벽이었다(24절상). 동트기 전에 가장 어두운 때이며, 사람에게 정신적으로 가장 힘을 잃는 때이다. 전쟁에서는 이때가 공격의 기회로 잡기에 좋은 시간이다. 아직 동트기 전이므로 이스라엘을 인도하는 여호와의 기둥은 불기둥이었고, 이집트인들 앞에는 구름기둥이 있었을 것이다. 이 불과 구름 기둥 가운데에서 여호와께서 이집트 군대를 보셨다(24절중). "보시고"의 히브리어 쇠카프(שָׁקַף)의 힢일(사역형)은 '내려다보다' 혹은 '(창문으로) 내다보다'이다. 구름 가운데에서 밖으로 내다보는 모습이다.

하나님이 이집트 군대를 어지럽게 하셨다(24절하). "어지럽게 하다"의 하맘(הָמַם)은 '요란하게 움직이다, 패주시키다'이다. 하나님이 불 혹은 구름 기둥으로 그들을 치니 그들이 혼란스러워 도망가느라고 야단하였을 것이다. 전쟁에서 한번 전세가 기울면 군사들이 공포에 빠져 도망하기에 바쁘게 된다. 이러한 상황이 홍해 안에서 벌어지고 있다. 하나님이 그들의 마차 바퀴가 벗겨지게 했다(25절상). "벗겨져"의 수르(סוּר)는 '빗나가다, 벗어나다, 제거하다'이다. 바다 밑의 땅이 마른 땅이 되어 이스라엘 사람들이 건너갔지만 그러나 마차 바퀴가 온전히 지나갈 수는 없었을 것이다. 땅의 굴곡과 돌의 장애가 심하였을 것이고, 또 때로는 바퀴가 진흙에 빠지기도 했을 것이다. 마차 바퀴들은 여기저기에서 떨어져 나갔다. 무엇보다 여호와 하나님의 치심을 보는 그들이 도망하기에 급하였다. "극난하게 하시니"(25절중)의 *와예나하게후 비케*

베두트(וַיְנַהֲגֵהוּ בִּכְבֵדֻת)에서 원형 나하그(נָהַג)는 '(마차를) 몰다'이며, 카베드(כָּבֵד)는 '무겁게, 힘겹게'이다. 그들이 사생결단으로 마차를 몰아 도망가는 모습이다. 그들이 도망가면서 부르짖는다: "우리가 도망하자 여호와가 그들을 위하여 싸워 애굽 사람들을 치는도다"(25절하). 역시 이것이 하나님의 거룩한 전쟁(the Holy War of God)이었다. 열 가지 재앙도 하나님이 이집트 신과 그 백성을 대항한 거룩한 전쟁이었다. 홍해 사건은 그 전쟁의 마지막 절정을 이룬다.

드디어 하나님께서는 전쟁에 종지부를 찍으시려 하신다. 모세에게 명령하신다: "네 손을 바다 위로 내밀어 물이 애굽 사람들과 그 병거들과 마병들 위에 다시 흐르게 하라"(26절). 바다 저쪽에서 모세가 손을 내밀어 바닷물이 쪼개어지게 하였다. 이제 강 이쪽에서 다시 손을 내밀어 물이 합쳐지게 만든다. 물론 손을 내민다는 것은 지팡이를 뻗는다는 의미이다(16절 참조). 때는 새벽이었다. 이제 곧 날이 밝아올 것이다. 모세가 손을 바다 위로 내밀었다(27절상). 16절과 같이 "내밀다"의 나타(נָטָה)는 '내뻗다'이다. 그 손에는 지팡이를 들었다. 그러자 바다의 세력이 회복되었다(27절중). "세력"으로 번역된 파나(פָּנָה)는 '돌리다, 돌이키다'이다. "회복되다"의 슈브(שׁוּב)도 '되돌아가다'이다. 비슷한 의미의 두 단어를 함께 사용하여 강조하고 있다. 바다가 원래 상태로 거세게 되돌아갔다는 의미이다.

이집트 사람들이 덮쳐오는 물을 피해 도망하려 하였지만 그러나 여호와께서 그들을 바다 가운데 엎으셨다(27절하). "엎으시다"의 나아르(נָעַר)는 '흔들어 떨어버리다'이다. 마치 나무 위에 있는 사람을 흔들어서 떨어뜨리는 것처럼, 사람들을 물로 휩쓸어 넘어지게 한 것이다. 물이 다시 흘렀다(28절상). "다시 흐르다"로 번역된 슈브는 '되돌아가다'이다. 물은 바로 병거와 기병 등의 군대를 다 덮고 하나도 남기지 않았다(28절하).

이집트 사람들과 대조적으로 이스라엘 사람들은 마른 땅을 걸어서 건너갔으며, 그 때에 물은 좌우에 벽이 되었었다(29절, 참조 22절). 그날에 여호와께서 이스라엘 사람들을 이집트 사람의 손에서 구원하셨다(30절상). "구원하다"의 야솨(יָשַׁע)는 명사 예슈아(יְשׁוּעָה, 구원)의 동사형이다(13절 참조). 본 구절의 예수아 구원은 가장 확실한 전쟁을 통한 구원의 의미를 담고 있다. 그들이 바닷가의 이집트 사람의 시체를 보았다(30절하). 이 구절은 목격자의 생생한 경험을 담고 있다. 이스라엘 사람들은 이렇게 여호와의 구원을 경험하였다. 이스라엘은 이 경험을 통하여 여호와를 경외하며, 또 여호와와 그 종 모세를 믿게 되었다(31절). "경외하다"의 야레(אֵרֵי)는 근본적으로는 '두려워하다'라는 의미이지만, 거기에서 더 나아가 '존경하다'의 의미도 있으며, '예배하다'의 의미로까지 확장할 수 있다. 놀라운 하나님의 힘과 그 큰 구원을 경험한 자들이 예배하고 싶은 마음을 가지는 것이 당연할 것이다.

교훈과 적용

① 하나님은 이스라엘을 가깝고 평탄한 해안길(호로스의 길)로 인도하지 않고 광야 길로 인도하였다. 표면상 이유는 그곳은 이집트 군사기지들이 있어 백성이 전쟁을 무서워할 것이기 때문이라고 한다(13:17). 그런데 신명기는 하나님이 그 길로 인도하지 않는 두 번째 이유를 설명한다: "네 하나님 여호와께서 이 사십 년 동안에 너로 광야의 길을 걷게 하신 것을 기억하라 이는 너를 낮추시며 너를 시험하사 네 마음이 어떠한지 그 명령을 지키는지 아니 지키는지 알려 하심이라(신 8:2)." 만약 그들이 쉽게 그리고 빨리 가나안에 들어가게 되면 그들은 하나님의 인도하심을 잊고 자신들의 힘으로 그곳까지 왔다고 생각할 것이다. 따라서 하나님은 그들이 교만하지 못하도록, 그리고 철저하게 하나님의 능력으로 거기까지 도착했음을 알게 하기 위해서 광야로 인도하신 것이었다. 광야는 아무 것도 없는(having nothing) 곳이었다. 그러나 그들에게는 여호와의 영광이 있었다. 그러자 그 40년 동안 그들의 의복이 헤어지지 아니하였고 그들의 발이 부르트지 아니하였다. 광야에서 하나님은 그들을 시험하시고 연단시키실 뿐만 아니라, 또 먹고 입을 것을 제공해 주셔서 사람이 "떡으로만 사는 것이 아니요 여호와의 입에서 나오는 모든 말씀으로 사는 줄을" 알게 하려 하시려 그 광야 길로 인도하셨다. 오늘날도 하나님은 자기 백성을 어려운 길로 인도하실 때가 있으며, 시련과 고난을 겪게 하실 수 있다. 그러나 그것이 자기 백성의 신앙을 위한 하나님의 훈련임을 인식할 필요가 있다.

② 하나님은 가나안으로 가는 길에 해안 길이 아닌 광야 길로 들어가게 하셨다. 그런데 광

야 길도 그 넓은 땅(육지)에 있는 길로 가는 것이 당연하다. 그런데 왜 더 밑으로 내려가게 해서 홍해(갈대바다)를 건너게 했을까 라는 의문을 품는다. 신약은 자주 모세의 광야와 교회를 비교한다(행 7:38, 광야의 이스라엘을 '광야 교회'라고 부른다). 또 신약은 이스라엘이 홍해를 건넌 것을 "모세에게 속하여 다 구름과 바다에서 세례를 받고"라고 해석한다(고전 10:2). 바다를 지나간 것을 신약의 세례로 본 것은 모형론적인 해석이다. 홍해를 건넌 것과 세례는 어떤 연관성이 있는가? 양자는 다음과 같은 공통점이 있다.

첫째, 옛 영역에서 새 영역으로 완전히 옮겨졌다. 만약 육지로 지났다면 옛 땅과 새 영역의 경계가 분명하지 않았을 것이다. 그러나 바다가 옛 영역과 새 영역을 완전히 갈라놓았다. 그들은 바다라는 큰 장애를 넘어 새 땅으로 완전히 옮겨졌다. 저 건너 옛 땅을 이제 더이상 돌아 갈 수 없는 곳이 되어버렸다. 홍해를 건넌 후 그들은 끊임없이 불평하였다. 그들은 애굽 땅에 있을 때가 더 좋았다고 돌아가려고 하였지만(출 16:3; 민 11:5), 그 가운데는 바다가 놓였기에 옛 터전으로 다시는 돌아갈 수가 없었다. 이와 같이 세례받은 자도 자기의 위치가 완전히 옮겨졌다. 이제 옛 자리로 돌아갈 수 없는 몸이 되었다.

둘째, 신분에서 완전한 새 출발을 하게 되었다. 바다 저쪽에 있을 때에는 이집트 사람들의 종이었다. 이제 바다를 지나면서 그 모든 불명예스럽고 수치스러운 것을 모두 물속으로 던져버렸고, 물에서 나와 새 땅을 밟는 순간 새로운 신분의 사람으로 태어났다. 신약의 세례도 물을 지나는 것을 통하여 죄를 포함한 모든 옛 것을 씻고 깨끗케 하는 의미를 가졌다.

셋째, 물을 통과하는 것은 죽고 다시 살아나는 것을 경험하는 것이었다. 이스라엘 앞에 놓였던 홍해는 죽음의 바다였다. 이집트 군대는 뒤쫓아오고 앞에는 바다가 가로막았다. 그런데 이스라엘은 그 바다를 무사히 통과했다. 물론 뒤쫓아 오던 이집트 사람들은 그 바다에 빠져 전부 물 속에서 죽었다. 바다를 건너 육지에 발을 딛는 순간 살아났음을 실감했을 것이다. 그들은 바다를 지나면서 죽고 다시 태어나는 경험을 한 것이다. 세례도 물에 들어갔다가 올라오는 것은 죽었다가 살아나는 것을 묘사한다. 로마서는 "무릇 그리스도 예수와 합하여(εἰς) 세례를 받은 우리는 그의 죽으심과 합하여(εἰς) 세례를 받은 줄을 알지 못하느냐. 그러므로 우리가 그의 죽으심과 합하여(εἰς) 세례를 받음으로(διά) 그와 함께 장사되었나니(롬 6:3~4)"라고 했다. 우리가 물에 들어갈 때에 예수님과 합하여 죽음을 경험하는 것이었고, 그리고 물에서 올라 올 때에 예수님과 함께 부활하여 새 생명으로 태어난 것이다(골 2:12; 갈 2:20 참조). 이상과 같은 의미에서 세례는 출애굽 때에 홍해를 건넌 사건과 같다.

③ 모세가 백성에게 '여호와의 구원(예수아 여호와)'을 보라고 외쳤다(14:13). *예수아* 혹은 동사 *야사*가 사용된 많은 성경 구절들이 전쟁에서의 구원(승리)를 말한다(삼상 14:45, 대하 20:17, 사 26:18, 출 15:2, 합 3:8, 시 20:5, 시 44:4 등). 출애굽기 본문에서 구원의 예수

아는 전쟁을 통한 구원을 말한다. "여호와께서 너희를 위하여 싸우시리니"(14:14, 14:25)라는 구절은 원수를 쳐부수는 여호와의 모습을 그린다. 예수님의 이름에 사용된 예수아 구원은 그가 죽으심으로서 우리를 죄에서 살리셨다는 그 구원도 중요하지만, 그러나 그 이름은 원수를 쳐부수고 우리를 대적의 손에서 구원하는 용사의 의미를 가지신 분이심을 명심해야 한다. 마지막 날 백마를 타신 주님이 대적을 물리치고 자기 백성을 구출하여 하나님의 나라로 인도하시는 그 놀라운 구원은 예수아 구원의 정점을 이룰 것이다. 그때에 옛 이스라엘 백성이 홍해 가에서 이집트 사람의 시체를 보았던(14:30) 생생한 목격담을 우리도 스스로 경험할 것이다.

④ 여호와께서 모세에게 "너는 어찌하여 내게 부르짖느뇨?"라고 꾸짖으신다(14:15상). 앞에서 백성이 부르짖었을 때에 모세도 함께 한 것으로 볼 수 있다. 그 백성의 부르짖음에는 원망이 들어있었다. 바로와 당차게 맞섰던 모세조차 큰 바다 앞에서 그런 원망을 토해 내었던 것이었다. 그런 모세에게 하나님은 황당한 명령을 하신다: "이스라엘 자손을 명하여 앞으로 나가게 하라"(15절하). 앞에 놓인 그 큰 바다를 향해 나가라는 것이다. 이런 어리석은 일을 하라고 명령하시다니! 그러나 때로는 주님께서 큰 파도가 이는 바다로 내려오라고도 명령하신다(마 14:29). 믿음으로 바다로 발을 내딛는 자는 세상이 감당하지 못할 일도 일어날 것이다.

⑤ 하나님은 이집트의 모든 군대와 그 병거와 마병을 인하여 영광을 얻겠다고 하신다(14:17). '여호와가 누구이기에 내가....'라며 큰소리쳤던 바로와 그 백성이 홍해의 물속에서 "이스라엘 앞에서 우리가 도망하자 여호와가 그들을 위하여 싸워 애굽 사람들을 치는도다"라며 부르짖었다. 그들은 이제 '여호와'의 존재가 얼마나 큰지, 또 그 이름의 의미가 참 무엇인지를 경험으로 알게 되었다(18절). 세상이 하나님을 업신여길 때에 그는 큰일을 통해서 자신의 존귀함을 드러내시며 자신의 존재를 알리신다.

2. 승전가(15:1~21)

이집트로부터의 구원과 홍해를 건너는 놀라운 체험을 한 모세와 이스라엘은 승리의 기쁨을 노래로 부른다. 노래에는 먼저 모세와 이스라엘 사람들이 부른 것(15:1~18)과 또 미리암과 그를 따르는 여인들이 부르는 두 가지가 있다.

1) 모세와 이스라엘 자손의 노래(15:1~18)

1 이 때에 모세와 이스라엘 자손이 이 노래로 여호와께 노래하니 일렀으되 내가 여호와를 찬송하리니 그는 높고 영화로우심이요 말과 그 탄 자를 바다에 던지셨음이로다 2 여호와는 나의 힘이요 노래시며 나의 구원이시로다 그는 나의 하나님이시니 내가 그를 찬송할 것이요 내 아버지의 하나님이시니 내가 그를 높이리로다 3 여호와는 용사시니 여호와는 그의 이름이시로다 4 그가 바로의 병거와 그의 군대를 바다에 던지시니 최고의 지휘관들이 홍해에 잠겼고 5 깊은 물이 그들을 덮으니 그들이 돌처럼 깊음 속에 가라앉았도다 6 여호와여 주의 오른손이 권능으로 영광을 나타내시니이다 여호와여 주의 오른손이 원수를 부수시니이다 7 주께서 주의 큰 위엄으로 주를 거스르는 자를 엎으시니이다 주께서 진노를 발하시니 그 진노가 그들을 지푸라기 같이 사르니이다 8 주의 콧김에 물이 쌓이되 파도가 언덕 같이 일어서고 큰 물이 바다 가운데 엉기니이다 9 원수가 말하기를 내가 뒤쫓아 따라잡아 탈취물을 나누리라, 내가 그들로 말미암아 내 욕망을 채우리라, 내가 내 칼을 빼리니 내 손이 그들을 멸하리라 하였으나 10 주께서 바람을 일으키시매 바다가 그들을 덮으니 그들이 거센 물에 납 같이 잠겼나이다 11 여호와여 신 중에 주와 같은 자가 누구니이까 주와 같이 거룩함으로 영광스러우며 찬송할 만한 위엄이 있으며 기이한 일을 행하는 자가 누구니이까 12 주께서 오른손을 드신즉 땅이 그들을 삼켰나이다 13 주의 인자하심으로 주께서 구속하신 백성을 인도하시되 주의 힘으로 그들을 주의 거룩한 처소에 들어가게 하시나이다 14 여러 나라가 듣고 떨며 블레셋 주민이 두려움에 잡히며 15 에돔 두령들이 놀라고 모압 영웅이 떨림에 잡히며 가나안 주민이 다 낙담하나이다 16 놀람과 두려움이 그들에게 임하매 주의 팔이 크므로 그들이 돌 같이 침묵하였사오니 여호와여 주의 백성이 통과하기까지 곧 주께서 사신 백성이 통과하기까지였나이다 17 주께서 백성을 인도하사 그들을 주의 기업의 산에 심으시리이다 여호와여 이는 주의 처소를 삼으시려고 예비하신 것이라 주여 이것이 주의 손으로 세우신 성소로소이다 18 여호와께서 영원무궁 하도록 다스리시도다 하였더라

이 노래들의 주제는 "여호와"이다. 이 여호와 이름이 가져다주는 결과에 대해 두 개의 모티브가 나타난다. 첫째는 왕으로서 전쟁을 수행하신 여호와이며(15:1~12), 둘째는 자기 백성에게 경배 받으실 여호와이다(15:13~18). 이스라엘은 홍해의 경험을 통하여 여호와 그 이름의 의미를 확실하게 알게 되었다. 모세의 노래에서는 3연으로 구성되었는데, 바로와 그 군대(15:1-7), 바다(8-12), 그리고 열방들(15:13-18)과의 관계 속에서 여호와의 권능이 묘사되고 있다.

(1) 전사(戰士)이신 여호와(15:1~3)

먼저 이 노래에 대한 도입을 산문체로 쓰며, 누가 언제 누구에게 무엇을 노래하는지를 밝힌다: "이 때에 모세와 이스라엘 자손이 이 노래로 여호와께 노래하니"(15:1상). "이 때"는 홍해 사건이 있었던 그 당시를 말한다. 모세와 이스라엘 자신이 노래했다고 한다. 아마도 모세가 선창을 하고 백성이 화답하는 형식으로 이루어졌을 것이다. 그리고 이 노래는 여호와께 바치는 것이었다.

노래의 첫 시작은 "내가 여호와를 찬송하리니"이다(15:1중). "찬송하다"의 쉬르(שִׁיר, 노래하다)는 일반적인 노래이기도 하지만 예배 때에 부르는 경건한 노래와(시 42:9), 찬송도 포함한다(시 69:31, 시 28:7, 느 12:46, 시 137:4, 대하 29:27, 사 42:10 등). 왜 그를 찬송하고자 하는가? 히브리어 문장은 키(כִּי, 왜냐하면)라는 접속사로 연결된다. 찬송할 이유를 밝히려고 사용하는 것이다. '왜냐하면' 그는 "높고 영화로우신" 분이시기 때문이다(15:1하). 개역성경에서 "높고 영화롭다"로 번역된 히브리어는 가오 가아(גָּאֹה גָּאָה)인데, 가아 동사의 뜻은 '높아지다, 솟아오르다'이다. 같은 동사의 단어가 두 개 겹쳐있는데, 앞에 것은 부정사 절대형이며 뒤의 것이 본동사이다. 부정사 절대형이 본동사 앞에 붙으면 강조를 나타낸다. 따라서 이 문장을 번역하면 '왜냐하면 그는 한없이 높으시기 때문이다'이다. 그가 어떻게 자신을 높이셨는가? 이집트 군대의 "말과 그 탄 자를 바다에 던지"심으로서 그는 자신이 한없이 높으신 분이심을 증명해 보이셨다. 이렇게 노래는 그의 승전(勝戰)을 찬양하는 것으로써 시작하고 있다.

노래의 다음 구절은 그 높으신 여호와와 자신의 관계를 찬양한다. 히브리어 문장을 다시 번역한다면 다음과 같다: '나의 힘이시요 노래이신 여호와여!'(2절상). "힘"의 오즈(עז)는 (특히 시에서) 하나님의 능력을 말할 때에 자주 사용된다. 하나님의 능력은 자주 찬양의 주제로 사용된다. 하나님께서는 그의 백성을 위하여 이 능력을 행사하신다(15:13 참조). "노래"의 지므라트는 '음악, 노래'로서 구약에서 3번 나오는데, 모두 여호와를 찬양할 때에 사용되었다. "여호와"로 번역한 단어가 야흐(יה)인데, 여호와(יהוה)의 축약형으로서 시편에서 자주 나타난다.

다음 구를 번역하면 다음과 같다: '그는 나의 구원이시며, 그는 나의 하나님이시다'(2절중). "구원"은 예수아(ישועה)이다. 14:13에서 모세가 '여호와의 구원을 보라!'라고 하였었다. 노래를 부르는 자는 이미 그 구원을 경험하였다. 그 구원은 전쟁을 통하여 대적의 칼에서 해방을 주신 것이었다. 본 절에서 이 구원을 주신 하나님이 나의 하나님이심을 고백한다.

다음 절을 번역하면 다음과 같다: "나의 아버지의 하나님을 내가 찬송하리니, 내가 그를 높이리로다"(2절하). "찬송하리니"로 번역된 나와(נוה)는 본문 외에 하박국 2:5에 한 번 더 사용하였는데, 그곳에서는 '집에 머무르다, 잠잠히 있다'로 번역된다. 출애굽기 본문에서 대부분 번역 성경들이 '내가 찬송하리니(I will praise Him)'로 번역한다. 찬송할 대상은 나의 아버지의 하나님이시다. "나의 아버지"는 조상(족장)을 가리킨다. 하나님께서 호렙산에서 모세를 부르셨을 때에 "나는 네 조상의 하나님이니 아브라함의 하나님, 이삭의 하나님, 야곱의 하나님이니라"고 자신을 소개하셨다(3:6). 하나님 자신의 정체성을 밝히셨을 뿐만 아니라, 이스라엘의 뿌리가 누구인지 그 정체성도 확인해 주셨던 것이다. 하나님이 족장들을 언급하실 때에는 그들에게 주셨던 언약의 약속을 기억하시는 것이다. 모세가 그 조상의 하나님을 불러내고 있다. '내가 그를 높이리로다'에서 "높이다"의 룸(רום, 오르다, 높이다)은 자주 하나님의 높은 지위를 표현하기 위해 사용된다(참조, 삼하 22:47; 시 18:46; 113:4, 사

6:1). 모세는 홍해의 사건을 통하여 다시 하나님의 높으심에 대하여 찬송하고자 하는 것이다.

찬송시는 계속 이어진다: "여호와는 용사시니, 여호와는 그의 이름이시로다"(15:3). "용사"로 번역된 *이쉬 미르하마*(אִישׁ מִלְחָמָה)는 직역하면 "전사(戰士)이시니"이다. 홍해사건을 여호와의 전쟁으로 간주한 것이다. 그 전쟁은 이집트 사람들이 먼저 걸어왔었다. 그들은 무장하여 여호와와 그 백성(군대)를 추격해 왔다. 반격에 나선 여호와는 그 군대를 대항하여 전쟁을 벌였던 것이었다. 그분이 이집트 군대를 어떻게 멸하셨는지 이스라엘은 직접 눈으로 목격하였다. 이 구원을 통하여 이스라엘은 '여호와'라는 그의 이름의 의미를 확실하게 경험적으로 알았다. 그래서 그들은 "여호와는 그의 이름이시로다"(15:3하)라고 고백을 하였다.

6:3에 여호와께서는 족장들에게 "나의 이름을 여호와로는 그들에게 알리지 아니하였고"라고 말씀하셨다. 그것은 그 이름의 의미를 족장들이 경험적으로 알지 못했다는 것이었다(6:3 주석 참조). 그 이름의 의미는 '이제 내가 곧 ...을 할 그런 분이다'는 뜻이었으며(에흐웨 아쉐르 에흐웨, אֶהְיֶה אֲשֶׁר אֶהְיֶה), 그것은 어떤 일을 하신 '준비가 되었다(readiness)'는 뜻을 가졌다. 이제 이스라엘은 그 일, 즉 하나님께서 자기 백성들을 어떻게 구원하셨는지를 확실히 보았다. 그래서 그들은 "여호와는 그의 이름이시다"고 고백하고 있다.

(2) 바로의 군대를 멸하신 여호와(15:4~12)

모세의 노래는 계속된다: "그가 바로의 병거와 그의 군대를 바다에 던지시니 최고의 지휘관들이 홍해에 잠겼고"(15:4). "군대"의 *하일*(חַיִל)은 원래 '힘'이라는 의미에서 '군대' 혹은 '병력'의 의미로도 확대되어 사용되었다. 나라에서 군대의 힘이 가장 세다. 왕이 군대를 자기 손 아래에 넣을 때에 그의 힘이 세어진다. 바로가 자기 군대를 동원하여 이스라엘을 뒤쫓아 홍해에 당도하였다. 바로가 특별히 선발하고, 또 직접 지휘하는 군대(병거와 마병들을 포함, 14:6~9 참조)였으며 최고의 지휘관들이 그 병거 부대들을 거느렸다(14:7). "최고의 지휘관"의 "최고" 밉하르(מִבְחַר)는 기본적으로 '선택한 (사람)'의 의미에서 '특선' 혹은 '최고로 좋은 (사람)'이라는 뜻으로 사용되었다. 만약 세상 사람들이 본다면 이 군대의 위력은 가히 하늘을 찌를 것 같았을 것이다. 그런데 여호와께서 그 군대와 최고 지휘관들을 홍해에 잠그셨다. "잠그다"의 타바(טָבַע)는 '가라앉다, 익사하다'이다. 좌우로 갈라져 벽이 되었던 물이 다시 합쳐져서 그들을 덮었다. 이집트 군대가 물을 거슬러 도망가려하나 빠져나가지 못하였다. 그 군대는 물 아래 가라앉았다.

노래는 계속된다: "깊은 물이 그들을 덮으니 그들이 돌처럼 깊음 속에 가라앉았도다"(15:5). "깊은 물"의 테홈(תְּהוֹם)은 '깊음, 심연'을 말한다. 창세기 1:2의 "땅이 혼돈하고 공허하며 흑암이 깊음 위에 있고"에서의 "깊음"이 테홈이다. 때로는 '깊은 바다' 혹은 '깊은 (바다) 물'을 뜻하기도 한다(시 136:6; 148:7; 사 63:13; 겔 26:19 등). 출애굽기 구절 뒷부분의 "돌처럼 깊음 속"에서의 깊음은 메촐라(מְצוֹלָה)가 사용되었는데 '깊은 바다' 혹은 '깊은 곳'을 가리킨다. 앞에 사용된 테홈과 비슷한 의미를 가지고 있다. 히브리 시는 병행구를 많이 사용한다. 같은 의미를 지닌 두 문장을 반복하여 사용함으로서 병행구를 만든다. 이런 병행구를 사용하는 이유는 그 의미를 강조하기 위해서이다. 물이 그들을 덮었고, 그들은 깊음 속에 가라앉았다. 이집트에 대한 무서운 하나님의 보복을 말해주는 것이다. 이렇게 원수를 쳐부수는 여호와는 전쟁의 용사이심을 다시 확인시켜준다.

"여호와여 주의 오른손이 권능으로 영광을 나타내시니이다. 여호와여 주의 오른손이 원수를 부수시니이다"(15:6). 이 구절도 병행구이다. 같은 의미를 두 구가 병행을 이룬다. "오른손(야민, יָמִין)"은 힘과 권능을 나타내는 것으로 자주 사용된다(시 18:35; 78:54; 98:1; 사 41:10; 45:1 등). "영광을 나타내다"의 아다르(אָדַר)는 '장엄하다, 위대하다'이다. "부수다"의 라아츠(רָעַץ)는 '산산이 부수다'이다. 홍해의 사건에서 주의 오른손의 권능을 장엄하게 드러내셨고, 그 오른손이 원수를 산산이 부수었다고 고백한다. "주께서 주의 큰 위엄으로 주를 거스른 자를 엎으시나이다"(15:7상)에서, "위엄"의 가온(גָּאוֹן)은 '탁월함'을 나타낸다. "거스르다"의 쿰(קוּם)은 '일어서다'인데, '대항하여 일어서는 (자)'라는 의미로 사용되었으며, 따라서 '반역하다' 혹은 '반항하다'로 해석할 수 있다. "엎으시다"의 하라스(הָרַס)는 '넘어뜨리다, 파괴하다'이다. 하나님은 자신을 대항하는 자를 자신의 위엄으로 쓰러뜨리셨다.

"주께서 진노를 발하시니 그 진노가 그들을 초개 같이 사르니이다"(7절하). "진노"의 하론(חָרוֹן)은 '격노, 맹렬한 진노'이다. "초개"의 카쉬(קַשׁ)는 본래 '왕겨'라는 단어로서 불에 잘 타는 지푸라기와 같은 것에도 쓰인다. "사르다"의 아칼(אָכַל)의 원래 뜻은 '먹다, 삼키다'인데, 불이 덮쳐 태워버리는 데에도 사용된다. 앞에서 하나님이 물로 이집트 군대를 심판하였다. 여기에서 그들을 지푸라기처럼 태웠다는 것은 비유적인 표현이다. 하나님의 진노가 그들을 죽였는데, 마치 화마가 지푸라기를 태우는 것과 같았다는 것이다.

"주의 콧김에 물이 쌓이되 파도가 언덕 같이 일어서고 큰 물이 바다 가운데 엉기니이다"(8절)에서, "주의 콧김에(베루아흐 아패카, וּבְרוּחַ אַפֶּיךָ)"를 직역하면 '코의 바람으로'이다. 앞장에서 동풍이 불어 물을 갈라지게 하였다고 묘사하였는데(14:21), 거기에 대한 설명이다. 그때 불었던 동풍은 자연적인 재해가 아니라 여호와께서 숨으로 불어 바람을 일으켰다는 것이다. "언덕"의 네드(נֵד)는 '쌓아올린 더미'를 말한다. "엉기다"의 카파(קָפָא)는 '응고시키다'이다. 바람에 물이 밀려 벽을 이루게 하고 그 물을 굳혀 벽을 이루게 하였음을 설명한다. 물이 어떻게 벽이 될 수 있는지, 경험을 한 사람이 그것을 묘사한 것이다.

대적(이집트 군대)이 따라오면서 큰소리쳤다: "내가 뒤쫓아 따라잡아 탈취물을 나누리라"(15:9상). 이집트 군대는 뒤쫓아가면 금방 따라잡을 수 있다고 생각하였다. 어리석게도 이스라엘이 바다 앞으로 나아가고 있었기 때문이다. "탈취물"의 솰랄(שָׁלָל)은 '노획물'이다. 전쟁에서 승리한 자가 거두어들이는 특권이다. 상대방이 가진 것이 많으면 전쟁도 더 신이 나는 법이다. 이스라엘 사람들은 사백 년 동안 모았던 모든 재산을 가지고 출발하였다. 거기에 더하여 이집트 사람들로부터 많은 선물도 받아 챙겨 떠났다(12:35~36). 전쟁에서 승리자는 노획물들만 취하는 것이 아니라 포로들까지 잡아와서 종으로 삼는다.

이것이 더 큰 수확이다.

그리하여 "그들로 인하여 내 마음을 채우리라"고 말한다(15:9중). "마음"의 내패쉬(נֶפֶשׁ)는 원래 '목구멍'이라는 말에서 출발하여 '숨(호흡)' 혹은 '생명'으로 발전하다가, '영혼'으로도 사용된다. 여기에서 내패쉬는 자신의 인격체 전체를 뜻하는 것으로 볼 수 있다. 노략물을 취함으로써 자기 전체에 즐거움으로 채우겠다는 것이다. 그리고 "내가 내 칼을 빼리니 내 손이 그들을 멸하리라"고 큰소리 친다. 그러나 이런 것들은 꿈과 같은 희망사항이다. 꿈을 꾸는 자가 배부르게 먹었을지라도 깨면 계속 배가 고픈 것과 같다(사 29:7~8). 하나님이 그들의 꿈이 헛된 것임을 곧 증명해 보일 것이다.

"주께서 바람을 일으키시매"(15:10)에서 "일으키다"의 나솨프(נָשַׁף)는 성경에 두 번만 나오는데, 다른 곳에서는 '(여호와께서) 바람을 불다'에 사용되었다(사 40:24). 앞에서 여호와께서 동풍을 불게 하셔서 물이 갈라지게 하셨는데, 이제는 여호와께서 직접 자신의 바람을 불어 물이 다시 합쳐지게 하였다. 물은 이스라엘을 뒤따라오던 이집트 군대를 덮었다. 그들은 "흉용한 물에 납 같이 잠겼다"고 노래한다(10절하). "흉용한"의 앗디르(אַדִּיר)는 '큰, 위대한'의 뜻이다. 원래 거기는 바다였다. 갈라져 벽을 이루었던 물이 다시 합쳐지면서 큰 물이 그들을 덮은 것이다. "납(오패래트, עֹפֶרֶת)"은 무거워 물속에 가라앉는다. 이집트 사람들은 바다 밑에 모두 납처럼 가라앉았다. 한사람도 그 물 속에서 살아남지 못하였다.

모세는 '여호와와 같은 신이 누가 있느냐?'고 외친다(11절). 이 말이 어떻게 보면 유일신 사상과 배치되는 것같다. 그러나 이것은 오히려 다른 어떤 신과 비교할 수가 없는 여호와 유일사상을 드러내는 말이다. 세상에는 사람들이 섬기는 많은 신들이 있다. 그러나 그것들은 스스로 아무 것도 할 수 없는 우상에 불과하다(사 40:18~20; 렘 10:3~10 참조). 그것들은 미래에 대한 예언도 할 수 없으며, 자기를 섬기는 자에게 복을 내려주지도 못한다(사 41:21~24). 그런 우상들과 여호와는 비교할 수 없는 참 신이시다. 출애굽기 본문은 여호와께서 다른 어떤 신들과 다르신 분이심을 여러모로 말한다. "거룩함에 영광스러우시다"(15:11중)에서 "영광스럽다"의 히브리어 *아다르*(אדר)는 '크다, 위대하다'이다(6절 참조). 그 거룩함의 크심이 그 어떤 신과 비교될 수 없다는 것이다. "찬송할만한 위엄이 있으며"에서 "위엄이 있다"의 *야레*(ירא)는 "두려워하다, 경외하다"이며, 더 발전하면 '예배하다'로도 번역할 수 있다. 이 부분을 다시 번역하면 '주와같이 찬송으로 경배받으실 분이 누가 있느냐?'이다.

"기이한 일을 행하는 자"(11절하)에서 *펠래*(פלא)는 '경이로운 일, 불가사의한 것' 혹은 '기적'을 뜻하며, 사람들이 이해할 수 없는 놀라운 일을 가리킨다. 주께서 행하신 그 놀라운 일을 따라할 신이 누가 있느냐는 것이다. "오른손을 드신즉"(12절상)에서 오른손은 능력의 손이며(6절 참조), 그것을 든다는 것은 여호와께서 자신의 능력을 발하시는 것을 의인화하여 묘사한 것이다. "땅이 그들을 삼켰나이다"(12절하)라는 표현은 비유적인 것으로 볼 수 있다. 실제 물이 그들을 삼켰다. 그러나 물도 큰 틀에서 땅의 부분에 속한다. 그들이 흔적도 없이 사라진 것을 비유적으로 땅이 삼켰다고 한 것으로 볼 수 있다.

이상과 같이 '전사이신 분'이신 여호와께서 대적(이집트 군대)을 향하여 어떻게 놀라운 일을 행하셨는지를 직접 목격한 그들이 노래로서 놀라움을 표현하고 있으며, 또 찬양으로 그를 경배하고 있다.

(3) 경배받으실 여호와(15:13~18)

하나님이 모세에게 출애굽 사명을 주실 때에 "네가 백성을 애굽에서 인도하여 낸 후에 너희가 이 산에서 하나님을 섬기리니"라고 명령하시었다(3:12). 출애굽의 궁극적인 목적은 하나님을 섬기는(예배하는) 것이었다(3:12의 주석을 보라). 갈대 바다에서 극적으로 구출을 받은 모세와 이스라엘은 이제 여호와를 섬기는 그 일을 향하여 눈을 돌린다.

15:13의 "주의 인자하심으로 주께서 구속하신 백성을 인도하시되"에서 "구속하다"의 *가알*(גאל)은 *나찰*(נצל)과 함께 출애굽에서 구원을 묘사하는 대표적인 단어이다. 두 단어 모두 값을 지불하여 풀어주는 의미를 가졌으며, 속량으로 번역된다. 따라서 본 절에서 백성을 구속하셨다고 할 때에 유월절을 통한

출애굽 사건을 상기시킨다. "인자하심"의 헤세드(חֶסֶד)는 '사랑'으로 번역할 수 있으며, 특히 언약과 연관되어 자주 사용된다(신 7:9,12; 느 9:32; 시 106:45; 단 9:4).[15] 즉 언약의 당사자로서 큰 왕이 자기 백성에게 베푸는 사랑으로 말할 수 있다. 그 백성을 구속하신 행위도 이 언약적 사랑 때문이었다. "인도하다"의 나하(נָחָה)는 '이끌다, 안내하다'이다. 어떤 목적된 곳으로 백성을 이끌어가고 있는 것이다. 그 목적지는 어디이며 어떤 목적을 위해서인지 관심을 가질 필요가 있는데, 그것은 바로 다음 구절에서 확인할 수 있다.

"주의 힘으로 그들을 주의 성결한 처소에 들어가게 하시나이다"(13절하)에서 "힘으로"의 오즈(עֹז)는 '힘, 능력, 권능'이다. 여호와는 그 백성을 목적지까지 안전하게 인도할 수 있는 힘(능력)을 가지신 분이시다. 그 어떤 대적의 공격도 막아내고 보호하면서 안전하게 그곳으로 인도하실 것이다. 그럼 어디로 인도하시나? 바로 "주의 성결한 처소"이다. "성결한"의 코대쉬(קֹדֶשׁ)는 '구별된, 거룩한'이다. 범속(凡俗)한 것과 구별되는 경건한 영역이다. "처소"의 나웨(נָוֶה)는 원래 '초장, 목초지'로서 양떼나 목자들의 거처를 뜻하는 것이었는데, 더 발전하여 하나님이 자신이 거처할 특별한 장소로도 사용되었다(신 12:5). 특히 예루살렘을 그 특별한 장소로 지명하기도 하였다(삼하 15:25; 렘 50:7). 출애굽기 본문(15:13)에서 "(주의 성결한 처소로) 들어가게 하신다"에서 나할(נָהֵל)은 '쉴 곳으로 데리고 가다'의 의미이다. 양들 혹은 자기 백성을 물 있는 곳과 쉴 곳으로 인도하여 먹고 마시게 하여 원기를 회복케 한다는 뜻이 있다.

본문에서 "주의 성결한 처소"는 일차적으로 시내산을 말한다. 시내산은 하나님 임재의 장소이며(3:4), '여호와의 산'으로 불렸다(3:1). 하나님은 이스라엘 백성이 출애굽하여 "이 산에서" 자신을 섬기라(예배하라)고 하셨다(3:12). 이제 여호와께서는 속량한 자기 백성을 능력으로 이끌고 무사히 자기의 거처인 그 산으로 인도하실 것이다. 그리고 거기에서 백성으로부터 섬김(예배)을 받을 것이다. 그런데 거기까지 인도하실 때에 결코 평탄하지 아니하였다. 앞에

바다라는 장애물이 있었고, 이집트 정예 부대가 뒤쫓아 왔었다. 하나님은 그 모든 장애를 물리치고 능력으로 백성을 거룩한 처소로 안전하게 인도하신다.

그러나 시내산이 궁극적인 거룩한 처소가 아니다. 하나님께서 약속하신 땅(가나안)에서 하나님은 자신의 처소를 삼으시는 곳이 그의 목적지이다(17절). 거기까지 가기 위해서는 또 홍해에 견줄 만한 장애물이 있을 것이다. 이스라엘이 지나가는 길목에는 여러 나라들이 버티고 있다. 그 나라들은 이집트 군대에 못지않게 위협적으로 도전해 올 것이다. 그것들을 예상하며 모세는 다음 구절들에게 노래를 계속 부른다.

하나님은 홍해 사건을 통하여 이스라엘이 지나야 할 나라들에게 미리 경고의 메시지를 주셨다. 이 사건의 소식을 들은 열방이 떤다(15:14상). 이 열방들 목록이 나온다. 열방 중에 제일 먼저 블레셋이 언급된다. 블레셋은 이집트와 가장 가까운 위치에 있다. 만약 이스라엘이 가까운 지중해 연안 길을 택하였다면 지나야하는 곳이다(13:17 참조).[16] 그러나 현재 이스라엘이 지나가야할 곳은 아니지만, 앞으로 가나안에 들어가서 정착할 때에 가까운 곳이므로 이스라엘에게 많은 위협을 줄 것이다. 그러한 블레셋이 두려움에 사로잡혀 있다(15:14하). "두려움"의 힐(חיל)은 '고통, 고난'이다. "잡히다"의 아하즈(אחז)는 '붙잡다, 움켜잡다'이다. 고통이 블레셋 사람들을 움켜잡고 있는 모습이다. 홍해의 사건이 그들에게 이러한 고통을 준 것이다.

다음의 목록은 에돔이다(15절상). 이스라엘이 시내 반도 사막 너머 지나가야 하는 첫 번째 나라가 에돔이다. "두령"의 알루프(אלוף)는 '족장, 두목'이다. "놀라다"의 바할(בהל)은 '당황하다, 무서워하다'이다. 이스라엘이 에돔 다음으로 지나야 할 땅은 모압이다(15절중). "영웅" 아일(איל)은 원래 '수양'의 의미이지만, '지도자, 능한 자'로도 쓰인다. 양의 무리를 거느린 우두머리 수컷을 연상케 한다. 그들이 떨림에 잡혀있다. "떨림"의 라아드(רעד)는 '두려움'이다. 에돔과 모압의 우두머리들이 두려움에 떨고 있다. 왜냐하면 만약 이스라엘이 자

---

16 블레셋이 출애굽 당시에 존재했는지에 대한 논쟁은 13:17 주석을 보라.

기들을 지나간다면 이집트 군대처럼 망할 수 있기 때문이다. 그리고 가나안
거민이 다 낙담하고 있다(15절하). 이스라엘이 에돔과 모압을 거쳐 들어가야
할 땅이 가나안이다. 그들은 이스라엘로부터 가장 큰 표적 될 것이다. "낙담
하다"의 무-그(מוג)는 '녹아버리다'이다. 마음이 무너져서 무기력증에 빠진 상
태를 말한다.

　놀람과 두려움이 그들(열방)에게 미쳤다(16절상). "놀람"의 에마(אימה)는 '두
려움'이며, "두려움"의 파하드(פחד)도 같은 뜻의 '공포'이다. "미치매"의 나팔
(נפל)은 '떨어지다'이다. 큰 두려움이 열방 위에 떨어졌다. 왜냐하면 "주의 팔
이" 크기 때문이다. 여호와의 팔은 여호와의 능력을 말한다(사 33:2; 40:10;
53:1; 63:5 참조). 열방은 홍해의 사건이 여호와께서 행하신 능력임이 알았던
것이다. "(그들이 돌같이) 침묵하였사오니"(15:16중)에서 "침묵"의 다맘(דמם)은
'조용하다'인데, 너무 놀라서 입을 열지 못하는 모습을 말한다(사 52:14 참조).
돌은 소리를 내지 못한다. 그와 같이 그들의 입도 굳어졌다. 너무 무섭기 때
문이다. 이러한 두려움은 "주의 백성이 통과하기까지" 계속될 것이다. "주께
서 사신 백성"에서 "사다"의 카나(קנה)는 상업적인 거래에 사용된다. 물건 혹
은 사람을 사서 자기의 소유로 삼는 것이다(룻 4:8; 암 8:6; 삼하 24:21 참조). 열
국들이 두려운 것은 이스라엘 사람들이 아니다. 이 사람들이 여호와의 소유라
는 이유 때문이다. 홍해 사건을 통하여 여호와께서 이스라엘을 위해 싸우셨
던 사실을 알았기 때문이다. 그런데 그 여호와와 이스라엘이 자기 땅을 지나
가려하니 어찌 두렵지 않겠는가.

　이스라엘은 에돔, 모압 등을 거쳐 가나안과 블레셋 사람들이 살고 있는 땅
으로 무사히 들어갈 것이다. 왜냐하면 여호와께서 그 백성을 인도하시기 때
문이다(15:17상). "인도하다"의 보(בוא)는 '들어가다'인데, 여기서는 사역형(힢
일)으로서 '들어가게 하다'로 번역된다. 그런데 그 목적지는 단지 가나안 땅만
이 아니다. 그리고 출애굽의 목적이 이스라엘이 그 땅을 차지하고 사는 것에
머무르지 않는다. 하나님은 모세에게 출애굽을 지시하시면서 "이 산에서 하
나님을 섬기리니"라고 하였다(3:12). 출애굽의 궁극적인 목적은 바로 하나님

을 섬기기(예배하기) 위해서이다. 그 섬기는 장소가 일차적으로 시내산이었다. 그러나 하나님은 그들을 인도하여 여러 나라들을 지나게 하고, 그리고 그들을 "주의 기업의 산에 심으시리이다"라고 한다(15:17중). "기업"의 *나하라*(נַחֲלָה)는 '상속재산,' 즉 '유산'이다. 특히 땅의 기업은 대대로 그 가문의 소유가 된다. '주의 기업의 산'은 여호와께서 대대로 소유할 자기의 기업(소유)으로 생각하는 특별한 산을 말한다.

이 여호와가 자신의 소유로 주장하는 산은 어디일까? 이 산에 대한 본문의 설명을 더 살펴보면 자연스럽게 그 답이 나온다. 이 산은 여호와께서 "주의 처소로 삼으시려고 예비하신 것"이라고 말한다(17절중). "처소"의 *마콘*(מָכוֹן)은 동사 *쿤*(כּוּן, 확정하다)에서 온 명사로서 '확정된 장소'라는 뜻이다. 구약성경에서 17번 나오는데, 한 곳만 제외하고 모두 성전 혹은 하늘 처소와 같은 하나님의 거처에 사용되었다(왕상 8:13, 39, 43; 스 2:68; 시 89:14; 사 4:5; 18:4 등등). "삼으시려고"의 *야샤브*(יָשַׁב)는 '거주하다'이다. 따라서 이 부분을 다시 번역하면 '주께서 거주하시기 위해 정해놓으신 처소(거룩한 장소)입니다'이다. 여기까지만 보아도 그곳은 예루살렘의 시온산이라고 짐작할 수 있다. 그런데 그 다음 구절은 이것을 더 확정해 준다.

15:17하반절은 "주여 이것이 주의 손으로 세우신 성소로소이다"라고 그 기업의 산을 부연하여 설명해 준다. "세우신"의 *쿤*은 '확정하다'이다. "성소"의 *믹다쉬*(מִקְדָּשׁ)는 동사 *카다쉬*(קָדַשׁ, 거룩하다)에서 온 명사로서 '거룩한 장소'이다. 따라서 '성소'로 번역할 수 있다. 하나님의 손으로 세우신 성소는 예루살렘의 성전을 두고 한 말이 분명하다. 17절의 주의 기업의 산에 손수 세우신 성소는 예루살렘 성전을 가리키는 것이 분명한데, 본문에서 동사들이 완료형으로 쓰였다는 점이 논란의 대상이 된다. 비평학자들은 이 점을 들어 본문은 이미 예루살렘 성전이 세워진 후에 기록된 증거라고 주장한다. 그러나 이러한 완료형은 '예언적 완료형(prophetic perfects)'으로 볼 수 있다.[17] 즉 미래의 사건을

---

17 이란 콜, 『출애굽기』, 180.

예언하면서 선지자는 마치 일어난 것처럼 묘사하는 것이다(사 7:14; 9:6 참조).

그리고 모세와 이스라엘 백성의 노래는 다음으로서 끝맺는다: "여호와께서 영원무궁 하도록 다스리시도다"(15:18). 여호와는 왕으로서 자기 백성을 괴롭히는 대적을 물리치고 자기 군대(백성)을 이끌고 나오셨다. 그리고 시내산에서 언약을 맺으면서 왕이 되신 여호와는 이제 자신의 처소에 이르러 왕으로 등극하신다. 그곳에서 자기 백성을 영원히 다스리실 것이다. 출애굽의 목적은 하나님을 섬기기(예배하기) 위함이었는데, 첫 목적지는 시내산이었으며, 궁극적인 장소는 예루살렘이었다. 그곳에서 백성은 여호와를 섬기며, 여호와께서는 자기백성을 영원히 다스릴 것이다(15:18). 이것이 바로 출애굽의 완성이다.

이러한 출애굽 완성의 장면은 법궤가 예루살렘으로 옮겨올 때에 이루어지는 모습으로 나타난다. 시편 68편은 다윗이 법궤를 예루살렘으로 옮겨오면서 부르는 노래인데(시 68:34~25을 보라), 출애굽기 15:17~18의 예언적 노래가 실현되는 장면으로 잘 묘사한다. 법궤가 오는 것은 하나님, 곧 왕이 성소로 행차하는 것이었다(시 68:24). 그 왕은 천천이요 만만인 자기의 병거와 군사를 이끌고 오신다(17절). 전쟁(이집트에서부터 시작)에서 승리한 개선왕으로서 대적들에게서 받은 공물들을 싣고 포로들을 끌고 자기 도성으로 들어오고 있다(18절중). 그는 시온산 높은 곳에 오르셔서(18절상) 자기 백성을 다스리며, 영원히 그들과 함께 거하실 것이다(18절하). 15:17~18은 바로 시편 68편의 그 장면을 내다보면서 예언적 노래를 하고 있음을 알 수 있다. 바로 그 모습이 출애굽의 완성이다.

2) 미리암과 여인들의 노래(15:19~21)

19 바로의 말과 병거와 마병이 함께 바다에 들어가매 여호와께서 바닷물을 그들 위에 되돌려 흐르게 하셨으나 이스라엘 자손은 바다 가운데서 마른 땅으로 지나간지라 20 아론의 누이 선지자 미리암이 손에 소고를 잡으매 모든 여인도 그를 따라 나오며 소고를 잡고 춤추니 21 미리암이 그들에게 화답하여 이르되 너

희는 여호와를 찬송하라 그는 높고 영화로우심이요 말과 그 탄 자를 바다에 던
지셨음이로다 하였더라

15:19은 산문 형식으로 홍해 사건을 요약하여 설명한다. 바로의 군대가 이
스라엘을 뒤쫓아 바다에 들어섰고, 여호와께서 바닷물로 그들 위에 다시 흐
르게 하심으로 그들을 멸절시켰다. 그러나 이스라엘 자손은 바다 가운데서 무
사히 땅을 밟고 지나갔었다. 이 놀라운 사건을 경험한 아론의 누이 선지자 미
리암과 여인들이 소고를 잡고 춤추면서 노래한다(20절). 미리암을 모세가 아
닌 아론의 누이라고 한 것은 미리암은 모세보다 아론과 오누이로 오랫동안 살
았기 때문이었을 것이다. 미리암을 "선지자"라고 부르는데, 그녀는 스스로 여
호와께서 모세에게처럼 자기에게 말씀하셨다(민 12:2)고 주장하는데서 그녀
가 선지자 역할을 했을 것으로 추정된다. 여자들은 절기 즉 종교적인 행사에
서 춤추면서 노래하기도 하고(삿 21:21 참조), 또 전쟁에서 승리할 때에 춤을
추면서 승전가를 부르기도 한다(삼상 18:6~7 참조). 여기서는 승전가를 부르는
것에 해당한다. "미리암이 그들에게 화답하여 가로되"라고 말하는데(21절상),
"그들"은 앞에서 노래한 모세와 이스라엘 자손들이다(1절). 미리암의 노래는
모세의 노래의 화답으로 이루어졌다.

노래는 한 문단으로 이루어졌다. 첫 구절은 "너희는 여호와를 찬송하라"라
고 시작한다. "찬송하라"의 쉬르(שִׁיר)은 '노래하다'이다. 물론 감사의 마음으
로 찬송하는 의미도 있다. 무엇 때문에 여호와를 노래할 것인가? "그는 높고
영화로우심"이기 때문이다. 이 구절의 히브리어는 키 가오 가아(כִּי-גָאֹה גָּאָה)
인데, 키는 '왜냐하면'이고, 가오는 부정사 절대형이며 가아는 본동사이다. 가
아 동사의 뜻은 '솟아오르다, 높이다'인데, 본동사 바로 앞에 같은 동사의 부
정사 절대형이 붙은 것은 강조를 위해서이다. 따라서 '그는 무한히 높으신 분
이시기 때문이다'로 번역할 수 있다. 어떻게 그가 그렇게 높으신 분으로 인정
받으시는가? 그것은 그가 "말과 그 탄 자를 바다에" 던지셨기 때문이다. 바로
이집트 군대를 물속에 빠뜨려 멸절시킨 그 사건으로 인하여 그는 높으신 분

이심이 증명되었다. 이상은 홍해를 경험한 모세와 이스라엘 백성, 그리고 미리암과 여인들의 노래였다.

교훈과 적용

① 홍해 사건을 경험한 모세와 이스라엘은 "내가 여호와를 찬송하리니"(15:1)라며 노래한다. 기쁨이 넘칠 때에, 그리고 여호와께서 이루신 큰일을 경험했을 때에 노래가 절로 나온다. 하나님에 대한 경외심이 일 때에 찬양을 하고 싶어진다. 찬양은 여호와에 대한 인간의 진심어린 고백이다. 오늘날도 구원을 경험한 자도 '그는 나의 구원이시며, 그는 나의 하나님이시다'(15:2)고 찬양으로 고백할 것이다.

② 이스라엘은 여호와는 '전사이신 분'이며, '여호와는 그의 이름이시로다'(15:3)이라고 고백한다. 여호와께서 대적(이집트 군대)을 향하여 어떻게 놀라운 일을 행하셨는지를 직접 목격한 그들이 한 노래이다. 그들은 이제야 '여호와' 그 이름이 어떤 의미를 가졌는지 확실히 알게 되었다. '여호와'는 '이제 곧 어떤 일을 행할 준비가 되셨다'는 의미이다. 그 하신 일을 경험한 백성은 '여호와'는 그의 이름이라고 고백한다.

③ 하나님은 자기 백성을 인도하여 자신의 성결한 처소로 들어가게 하신다(15:13). 그 처소는 하나님이 섬김(예배)을 받기 원하셨던 곳이다. 그 성결한 처소인 시내산에서 무슨 일이 있었는가? 바로 하나님과 백성이 언약을 맺으셨다. 그 언약이 바로 예배의 원형이었다. 이 언약적 예배는 성막으로 옮겨지고 나중에는 예루살렘 성전으로 옮겨갈 것이다. 법궤와 함께 여호와는 왕으로서 예루살렘에 입성하신다. 천천이요 만만인 자기 군대를 이끌고 개선 왕으로서 자기 도성에 입성하는 것이다. 거기서 그는 백성과 함께 거하면서 영원히 언약적 예배를 받으실 것이다. 그리고 그는 언약의 왕으로서 백성을 다스릴 것이다.

3. 홍해에서 시내 광야까지(15:22~18:27)

홍해에서의 놀라운 사건을 경험한 이스라엘은 가나안을 향한 행진을 계속한다. 그들이 지나는 장소는 광야이다. 광야는 모래와 바람, 그리고 뜨거운 태양 외에 아무것도 없는 곳이다. 그들은 곧 광야에서의 어려움이 닥치자 여호와와 모세를 원망한다. 이스라엘의 광야 생활은 반역의 연속이었다.

광야에는 아무 것도 없는 곳이지만, 그러나 한 가지 있는 것이 있었다. 바로 여호와의 영광이었다. 여호와의 영광이 나타나자 그들에게 부족한 것이 없이 가질 수 있게 되었다. 그들의 반역에도 하나님은 참으시고, 오히려 그들이 요구하는 물과 먹을 것을 주신다.

1) 마라에서의 불평(15:22~27)

22 모세가 홍해에서 이스라엘을 인도하매 그들이 나와서 수르 광야로 들어가서 거기서 사흘길을 걸었으나 물을 얻지 못하고 23 마라에 이르렀더니 그 곳 물이 써서 마시지 못하겠으므로 그 이름을 마라라 하였더라 24 백성이 모세에게 원망하여 이르되 우리가 무엇을 마실까 하매 25 모세가 여호와께 부르짖었더니 여호와께서 그에게 한 나무를 가리키시니 그가 물에 던지니 물이 달게 되었더라 거기서 여호와께서 그들을 위하여 법도와 율례를 정하시고 그들을 시험하실새 26 이르시되 너희가 너희 하나님 나 여호와의 말을 들어 순종하고 내가 보기에 의를 행하며 내 계명에 귀를 기울이며 내 모든 규례를 지키면 내가 애굽 사람에게 내린 모든 질병 중 하나도 너희에게 내리지 아니하리니 나는 너희를 치료하는 여호와임이라 27 그들이 엘림에 이르니 거기에 물 샘 열둘과 종려나무 일흔 그루가 있는지라 거기서 그들이 그 물 곁에 장막을 치니라

홍해를 건넌 후 이스라엘은 계속 행진하여 수르(다른 곳에서는 '술'로 표기되었다)광야로 들어갔다(15:22상). 수르 광야가 어디에 위치해 있는지는 잘 알려져 있다. "수르 광야"의 미드발-수르(מִדְבַּר־שׁוּר)에서 수르는 '벽(wall)'이라는 의미로 시내 반도 서쪽에 지중해 연안과 병행하여 흐르고 있는 언덕(둔덕, 낮은 산맥)들을 두고 붙여진 이름으로 알려졌다. 이 언덕이 지중해 연안과 광야

사이를 갈라놓는 벽을 이루고 있기 때문이다.[18] 수르 광야는 성경에 많이 나타나는데 그 구절들을 보면 이 광야는 지중해 연안과 나란히 흐르는 지중해에서 그리 멀리 않는 지역임을 알 수 있다. 창세기 16:7 이하에 하갈이 아브라함의 집에서 도망나와 술(수르) 길 샘물 곁에서 천사를 만났는데, 이 "술 길"은 브엘세바에서 이집트로 향하는 대상들의 행로로 여겨진다. 아브라함도 브엘세바에서 출발하여 이 길로 이집트에 갔다 돌아왔었다. 이집트 여인이었던 하갈이 도망하여 고향 이집트로 가려고 들어갔던 것으로 추정된다(그 외에도 이 위치에 대하여 창 16:14; 20:1; 25:18; 삼상 15:7,8 등을 참조하라). 따라서 모세가 이스라엘을 이끌고 수르 광야로 들어갔다는 것은 가데스 쪽으로 방향을 향하여 출발을 하고 있는 것이 분명한 것 같다. 이것은 기독교 전통에서 말하는 시내반도 남쪽 끝 부분에 있다는 시내산 쪽의 방향과 다르다. 만약 기독교 전통에서 말하는 방향이라면 이스라엘이 홍해를 지나 남남동 방향으로 간 것이 되는데, 그것은 수르의 위치와 맞지 않다.

이스라엘이 수르로 들어가서 사흘 길을 행하였으나 물을 얻지 못하였다(15:22하). 사흘 길이 얼마나 먼지 확실치 않다. 가축들을 몰고 온 백성이 함께 움직이려면 열심히 움직여도 하루에 15km~20km 정도 옮겨갈 수 있을 것이다. 따라서 마라는 홍해(갈대바다)에서 그리 멀지는 않았을 것이다. 홍해를 넘어서면 바로 사막이다. 사막에서 생존을 위해서는 물이 필수적이다. 그 많은 사람들이 먹을 수 있는 물을 위해 오아시스를 찾아야 한다. 그러나 사흘 길 동안 그들은 오아시스를 발견하지 못했다.

백성이 마라라는 곳에 도달했다(23절상). 마라의 위치에 대하여 오늘날 기독교 전통에서는 '아인 하와라(Ain Hawarah)'로 지정되어 있다. 걸프만 북단에서 동남쪽으로 약 83km 정도 떨어져있는 오아시스 지역이다. 그러나 출애굽의 경로가 정확하지 않기 때문에 그 위치도 확실하게 말할 수 없다. 그리고 오아시스는 오랜 세월에 걸쳐 변할 수 있기 때문에 옛 모세시대의 그 우물이

18 J. L. Mihelic, "Red Sea", *IDB* (1962) vol 4, 19-21.

오늘날 그대로 남아있다는 것도 장담할 수 없다.

그들이 그곳에 도착했을 때에 우물이 있었지만 물이 써서 마시지 못하였다. "*마라*(מָרָה)"는 '쓰다'라는 뜻이다. 그래서 이스라엘이 그곳 이름을 "마라"라고 불렀다(23절하). 광야에서는 지명을 자주 우물의 특징을 따라 부른다. 그만큼 광야에서는 우물을 중요하게 여긴다. 백성이 모세를 대항하여 원망하였다(24절상). "원망하다"의 룬(לוֹן)은 '불평하다, 투덜거리다'이다. 그들이 투덜거리면서 하는 말이 "우리가 무엇을 마실까?"라고 했다(24절하). 마실 물이 없음을 불평한 것이다. 그들이 모세에게 불평한 것은 하나님에게 한 것으로 간주된다. 이러한 불평은 앞으로 광야에서 계속될 것이다(민 14:27, 29; 16:11 등). 그러한 불평은 하나님을 대항한 반역 행위에 해당한다(민 14:9; 14:22, 23 참조).

백성의 불평을 보고 모세가 여호와께 부르짖었다(15:25). "부르짖다"의 *차아크*(צָעַק)는 도움을 위한 부르짖음이나 외침에 사용하는 단어이다. 이 단어는 이집트 군대가 뒤쫓아 오는 것을 보고 이스라엘 사람들이 홍해 앞에서 두려워하며 여호와께 부르짖었을 때에 사용되었다(14:10하). 당시에 목숨의 위협을 받고 있는 처절한 상황에서 애절하게 도움을 위해 부르짖었다. 15장 본문에도 모세가 처절한 상황에서 여호와께 부르짖었을 것이다. 그는 지도자로서 백성이 목말라 죽어가고 있는 모습을 보고 있으며, 또 그들이 반기를 드는 완악한 모습도 보고 있다. 이 모든 상황을 해결해 달라고 간절히 부르짖었을 것이다.

여호와께서 모세에게 한 나무를 지시하셨다(15:25중). "지시하다"의 *야라*(יָרָה)는 '가르치다'라는 의미이다. 이 *야라* 동사에서 *토라*(תּוֹרָה, 율법)가 나왔다. 호렙산에서 하나님이 모세를 파송하면서 여호와께서 그에게 할 말을 가르치겠다고 할 때에 사용되었다(4:12, 역시 4:15; 24:12; 35:34 등을 참조할 것). 그 나무가 어떤 것인지 확실하지 않다. 모세가 그 나뭇가지를 물에 던지니 물이 달아졌다(15:25절중). 여호와께서 물을 치유해 주신 것이다. 엘리야 시대에 여리고에서 죽음의 물에 소금을 넣어 물을 치유한 것과 비교된다.

하나님은 불평하는 백성에게 원하는 것을 공급해 주심으로써 문제를 해결

해 주셨다. 그러나 하나님은 그들의 불평을 그냥 넘어가지 않으셨다. 거기서
법도와 율례를 정하시고 그들을 시험하셨다(25절하). "법도"의 호크(חק, 규정,
법령)와 "율례"의 *미쉬파트*(מִשְׁפָּט, 법령)는 율법의 다른 이름들로서 양자 간에
확실한 차이가 없다. 마라에서 하나님이 어떤 율법을 주셨는지 자세히 기록하
지 않는다. 그러나 축약된 어떤 법을 반포했을 것이다. 그런 법을 반포하신 이
유는 그들을 시험하기 위해서였다. "시험하다"의 *나사*(נסה)는 일반적으로 '시
험하다(test)'로 번역하는데, KJV처럼 '입증하다(there he proved them)'로 번
역할 수도 있다. 하나님이 그들에게 법을 주어 자신에 대한 충성도를 입증할
수 있는 기회를 주겠다는 것이다. 왜냐하면 하나님께서 그들의 반란을 경험했
기 때문이다. 신명기 8:2에는 "네 하나님 여호와께서 ... 너로 광야의 길을 걷
게 하신 것을 기억하라 이는 너를 낮추시며 너를 시험하사 네 마음이 어떠한
지 그 명령을 지키는지 아니 지키는지 알려 하심이라"고 말한 것과 일치한다.
    하나님은 다시 그들에게 경고하신다. 만약 그들이 여호와의 말을 순종하고
"계명에 귀를 기울이며 내 모든 규례를 지키면" 여호와께서 이집트 사람에게
내린 것과 같은 어떤 질병도 내리지 않겠다 말씀하셨다(15:26). "계명"의 *미츠
와*(מצוה)는 동사 *차와*(צוה, 명령하다)에서 온 명사로서 '명령(comandment)'을
뜻한다. 하나님의 명령은 곧 법령이라고 할 수 있다. 규례는 25절에서 나왔던
호크이다. 하나님이 그들이 자신의 명령과 규례를 잘 지키는지 시험해 보겠다
고 하신다. 만약 잘 지키면 이집트인들에게 내렸던 질병을 그들에게는 내리
지 않겠다고 하신다. 이집트에게 내렸던 열 가지 재앙 중에 전염병과 같은 질
병의 재앙들을 상기시킨다. 그리고 하나님은 치료하시는(*라파*, רָפָא, 치료하다)
분이심을 선포하신다(26절하).
    이스라엘은 계속 행진하여 엘림에 이르렀다(15:27상). 엘림(אֵילִם)은 아일
(אַיִל, 테레빈 나무)의 복수형으로서 '테레빈 나무들(상수리나무로 번역하기도 한
다)'이란 뜻이다. 위치는 마라와 신 광야 사이에 있었던 것만은 확실하지만 정
확한 곳을 말하기 힘들다. 본문은 거기에 물 샘 열둘이 있었고 종려나무 일흔
그루가 있었다고 말한다(27절중). 사막에서 이 정도의 물 샘들과 나무들이 있

는 곳이면 사람들이 거주할 만한 중요한 오아시스였을 것이다. 사막에서 이러한 오아시스를 만나기는 쉽지 않다. 종려나무의 *타마르*(תָּמָר)는 '대추야자' 나무로도 볼 수 있다. 이 나무는 현재도 시내 반도와 이스라엘 남부에서 재배가 잘 되는 이스라엘의 대표적인 농산물 중의 하나이다. 한 나무에 여러 개의 송이다발들이 열리며, 그 당도가 상당히 높다. 물과 이러한 맛있는 열매들까지 충분히 얻을 수 있었기에 그들은 그 물 곁에 장막을 쳤다(27절하).

2) 하늘양식(만나와 메추라기)을 주시다(16:1~36)

(1) 이스라엘의 불평(16:1~3)

> 1 이스라엘 자손의 온 회중이 엘림에서 떠나 엘림과 시내 산 사이에 있는 신 광야에 이르니 애굽에서 나온 후 둘째 달 십오일이라 2 이스라엘 자손 온 회중이 그 광야에서 모세와 아론을 원망하여 3 이스라엘 자손이 그들에게 이르되 우리가 애굽 땅에서 고기 가마 곁에 앉아 있던 때와 떡을 배불리 먹던 때에 여호와의 손에 죽었더라면 좋았을 것을 너희가 이 광야로 우리를 인도해 내어 이 온 회중이 주려 죽게 하는도다

이스라엘은 축복의 오아시스 엘림을 떠나 신 광야에 이르렀다(16:1상). "신(סִין)"은 "시내산(סִינַי)"의 이름과 연관이 있는 것이 분명하다. 시내산이 신 광야의 이름에서 나왔다고 보는 것이다.[19] 따라서 신 광야는 시내산을 포함한 넓은 지역이었을 것이다. 만약 기독교 전통이 말하는 시내산(시내 반도 남단에 위치한 자벨 무사)이라면 신 광야는 시내 반도 남쪽에 있다고 해야 한다. 그러나 일반적으로 신 광야는 시내 반도 북부 가데스 바네아 서쪽 지역으로 표기된다.[20] 우리말 '신 광야'로 나오는 지역은 두 개의 다른 히브리어가 있어 혼란이 일

---

19 J. L. Mihelic, "Sin, Wilderness of", *IDB* (1962) vol 4, 376.

어난다. 본문에 나오는 신과 민수기 13:21과 20:1에 나오는 친(מִן)이 있다. 두 광야는 발음이 비슷할 뿐만 아니라 위치도 비슷한 것으로 여겨진다. LXX와 Vulgate는 두 개를 구분하지 않고 같이 Zin으로 표기하였다. 개역성경도 함께 "신"이라고 표기한다. 두 단어가 가리키는 곳이 같은지 다른지 논란이 있다. 만약 두 개를 구분한다면 친 광야는 가데스로부터 동쪽으로 위치한 것으로 볼 수 있고(민 33:36에 "신(Zin)광야 곧 가데스"라고 말하고 있다), 신 광야는 가데스의 서쪽 지역으로 간주할 수 있다.

신 광야에 이른 때는 출애굽이후 둘째 달 십오일이었다(16:1하). 출애굽이 첫째 달 15일(유월절 다음 날)이었으니 출애굽한 지 꼭 한 달이 되는 때이다. 그 광야에서 백성이 다시 모세와 아론을 원망하였다(2절). 원망하다의 룬(לוּן)은 '불평하다'이다(15:24 참조). 모세와 아론을 원망한 것은 하나님에게 하는 것으로 간주된다(16:7을 보라). 앞에서 물이 없어 불평한 것과 이번의 불평은 그 차원이 다르다. 이번에서 이집트에서의 생활을 그리워하며 원망하는 것이다. 그들이 이집트에서 얼마나 학대를 받고 여호와께 부르짖었는지를 한 달 만에 잊어버렸다. 그리고 출애굽할 때에 가졌던 그 흥분과 감격, 그리고 갈대 바다에서 있었던 그 놀라운 구원에 대한 기억을 벌써 잊고 있다.

그들은 "우리가 애굽 땅에서 고기 가마 곁에 앉아 있던 때와 떡을 배불리 먹던 때에 여호와의 손에 죽었더라면 좋았을 것을"(16:3)라고 이집트 시절을 그리워한다. 그들은 노예로서의 억울한 삶에 대한 옛 기억은 지우고, 먹을 것이 많았던 좋은 것만 생각한다. 그들이 지금 불평하는 것은 고기를 먹을 수 없다는 것과 떡이 충분하지 못하다는 것이다. 노예였던 그들이 무슨 고기를 많이 먹었겠는가? 작업 현장에서 고기를 삶았더라도 그들에게는 국물만 돌아갔을 것이다. 그런데도 그들은 그 고기 가마를 그리워한다. 노역에 시달렸다가 집에 와서 허기진 배를 떡으로 채웠을 것이다. 지금 그들은 그때 배불리 먹었던

---

20 르비딤(므리바)이 신 광야에 속하였으며(17:1), 므리바는 가데스가 속한 신(여기서는 친으로 표기됨)광야에 속하였다고 한다(민 27:14). 따라서 신 광야는 시내 반도 북서편에 있는 것이 합리적이다. 따라서 일부가 주장하는 가데스바네아 쪽의 할렐산이 시내산이라는 설도 유의해 볼 필요가 있다. 이를 위해 한정건, "출애굽의 경로와 시내산 위치에 대한 고찰", 『개혁신학과 교회』 제4호 (고려신학대학원, 1994), 7-36을 참조하라.

떡을 생각해 낸다. 그들은 극단적인 말까지 서슴지 않는다. 그때에 여호와께서 자기들을 죽여 주었으면 좋았을 것이라고 한다. 자식이 부모에게 자기를 죽여 달라는 소리를 해서 안 되는 것이다. 그런데 지금 이스라엘은 그와 같은 심한 말을 하면서 하나님에게 대든다. 그리고 모세에게 왜 자기들을 인도해 내어 광야에게 주려 죽게 하느냐고 항의한다(3절하).

(2) 여호와의 영광이 나타나다(16:4~10)

> 4 그 때에 여호와께서 모세에게 이르시되 보라 내가 너희를 위하여 하늘에서 양식을 비 같이 내리리니 백성이 나가서 일용할 것을 날마다 거둘 것이라 이같이 하여 그들이 내 율법을 준행하나 아니하나 내가 시험하리라 5 여섯째 날에는 그들이 그 거둔 것을 준비할지니 날마다 거두던 것의 갑절이 되리라 6 모세와 아론이 온 이스라엘 자손에게 이르되 저녁이 되면 너희가 여호와께서 너희를 애굽 땅에서 인도하여 내셨음을 알 것이요 7 아침에는 너희가 여호와의 영광을 보리니 이는 여호와께서 너희가 자기를 향하여 원망함을 들으셨음이라 우리가 누구이기에 너희가 우리에게 대하여 원망하느냐 8 모세가 또 이르되 여호와께서 저녁에는 너희에게 고기를 주어 먹이시고 아침에는 떡으로 배불리시리니 이는 여호와께서 자기를 향하여 너희가 원망하는 그 말을 들으셨음이라 우리가 누구냐 너희의 원망은 우리를 향하여 함이 아니요 여호와를 향하여 함이로다 9 모세가 또 아론에게 이르되 이스라엘 자손의 온 회중에게 말하기를 여호와께 가까이 나아오라 여호와께서 너희의 원망함을 들으셨느니라 하라 10 아론이 이스라엘 자손의 온 회중에게 말하매 그들이 광야를 바라보니 여호와의 영광이 구름 속에 나타나더라

여호와께서는 불평하시는 이스라엘의 요구를 들어주신다. 모세에게 말씀하시기를 하늘에서 양식을 비같이 내리시겠다고 하셨다(16:4중). "양식"의 래헴(לֶחֶם)은 '떡'으로서 '양식'으로도 번역된다. 만약 '양식'으로 번역한다면 앞으

로 내려주실 만나와 메추라기 모두를 포함한 것이 될 것이다. "비같이 내리겠다"의 히브리어 *마타르*(מטר)는 일반적으로 '비내리다(rain)'로 사용되었는데 (예, 노아 홍수, 창 7:4), 때로는 우박이 내리는 것과(9:23), 불과 유황이 하늘에서 내리는 것에도 사용되었다(창 19:24; 겔 38:22). 하늘에서 떡(양식)이 내린다는 것은 놀라운 일이다. 하나님은 그것을 매일 내려주실 것이고, 그것은 매일의 필요한 양식이 될 것이다.

하나님은 왜 한꺼번에 많이 내려 그들이 수확하여 보관하면서 계속 먹도록 하지 않았을까? 그것은 하나님께서 가지신 두 가지 의도를 짐작할 수 있다. 첫째, "백성이 나가서 일용할 것을 날마다 거둘 것이라"(16:4중)에서 볼 수 있다. 하나님께서는 그들에게 일용할 양식을 공급해 주심을 깨우치기 위해서이다. 주님이 가르치신 기도에서도 "일용할 양식을 주옵시고"라고 기도하게 하셨다. 매일 우리의 필요한 부분을 하나님께서 부족함 없이, 그렇다고 남는 것도 없이 주심을 알게 하신 것이다. 둘째, 그들을 시험하기 위해서이다(4절하). 여기에 "율법"이라고 번역된 *토라*(תורה)는 일반적으로 '율법'이라고 번역되지만, 더 광의적인 의미로서 '지시, 가르침'으로 번역할 수 있다(신 17:9 참조). 여기에서는 '지시'로 번역하는 것이 좋다. 하나님은 그들이 얼마나 하나님의 지시를 잘 따르는지 보겠다는 것이다. 그것을 따르지 않고 조금 거두는 사람은 다음날 먹을 양식이 없을 것이고, 많이 거두면 그것도 그들에게 무익한 것이 될 것이다. 하나님은 다시 그들에게 지시하신다. 여섯째 날에는 그들이 평일의 갑절을 거두어 제칠일(안식일)에 먹을 것으로 준비하라고 하신다(16:5).

모세와 아론이 온 이스라엘에게 "저녁이 되면 너희가 여호와께서 너희를 애굽 땅에서 인도하여 내셨음을 알 것이요"라서 선포한다(6절상). 바로 그날 저녁부터 그들이 양식을 공급받을 것임을 시사하는 것이다. 아무것도 먹을 것이 없는 사막에서 갑자기 먹을 것이 넘쳐난다는 것은 놀라운 일이다. 이렇게 양식을 공급해 주심으로써 하나님께서 그들을 출애굽 사건이 우연히 일어난 일이 아니며, 또 그들을 죽이기 위해서가 아니라 구원을 위한 것임을 확인시켜주실 것이다(6절하).

또 모세와 아론은 그들에게 "아침에는 너희가 여호와의 영광을 보리니"라고 선포한다(7절상). "여호와의 영광(케보드 여호와, כְּבוֹד יְהוָה)"이라는 단어가 여기에 처음 나타나는데, 이것은 엑소더스(출애굽, 출바벨론)와 관련하여, 그리고 성막(성전)과 관련하여 나타나는 '하나님 임재'를 뜻하는 전문용어이다. 하나님께서 직접 그들에게 보이시는 것을 그들이 감당할 수 없다. 그래서 하나님이 거기 임재해 계심을 간접적인 증거로써 보여주시는 것이다. 일반적으로 여호와의 영광은 구름 혹은 불로써 보여주신다(구름, 16:10; 24:16; 40:35 등; 불, 24:17).

여호와의 영광이 그들에게 축복의 모습으로 나타나기도 하지만(사 35:2; 사 60:1 등), 때로는 반역하는 무리를 향하여 자신의 위엄하심을 드러내기 위해 나타내시기도 한다(민 14:10; 16:19, 42; 20:6 등). 16장 본문에서는 위의 두 가지 의미를 모두 포함하여 자신을 나타내신 것으로 생각된다. 첫째, 그들에게 좋은 것을 주시기 위해 나타나셨다. 광야는 아무것도 없지만 그러나 여호와의 영광을 드러내신다. 여호와의 영광이 있음으로서 거기에는 '아무것도 없는 것(having nothing)'에서 '필요한 모든 것이 있는 것(having all)'으로 바뀌었다. 그래서 그들에게 일용할 양식을 공급해 주시고, 또 옷이 해어지거나 발이 부릍뜨지 않게 하셨다.

둘째, 그들에게 자신의 엄중함을 드러내기 위해서이다. 하나님은 자신에게 원망하는 백성에게 자신을 드러내시어 그들이 '누구이기에 감히 여호와에게 불평하느냐'라고 노하셨다(16:7하). "누구이기에"로 번역된 히브리어 마(מָה)는 '무엇이기에'이다. "누구"의 미(מִי)는 이름이 누구인지를 묻는 말이라면, 마는 '어떤 사람' 혹은 '무엇을 하는 사람'인지를 묻는 것이다. '너가 감히 나와 견줄 수 있는 자인가'라는 의도로 하나님께서 하는 질문이다. 하나님은 이집트의 모든 장자를 죽이고, 홍해에서 이집트 군대를 함몰시키신 분이시다. 그분이 지금 자신을 시위하시는 것이다. 누가 감히 그의 위대함과 비교할 것인가? 어느 누가 감히 하나님께 불평할 수 있는가? 앞으로 하나님은 불평하는 백성 앞에 자신의 영광을 드러내실 것이며, 그때에 그들은 엄청난 화를 입을 것이다(민 14:10이하, 열두 정탐꾼 보고 이후; 민 16:19이하, 고라의 반역사건; 민 20:6

이하, 가데스 므리바 사건 등). 그러나 16장에서는 여호와께서 노하셨지만 그들에게 경고성 시위만 하셨지 징계하는 것은 유보하셨다.

여호와의 영광이 나타나셔서 이번에는 오히려 그들에게 저녁에는 고기를, 그리고 아침에는 떡으로 배불리시겠다고 약속하신다(16:8상). "배불리시다"의 *사바*(שָׂבַע)는 기본적인 개념은 '(음식으로) 만족하다'인데, '포식하다' 혹은 '(물릴 정도로) 실컷 먹다'의 의미로도 쓰인다. 그들이 먹을 것을 가지고 하나님에게 원망하니(8절하), 여호와께서 그들이 물릴 정도로 실컷 먹게 하겠다는 것이다. 이것은 하나님께서 화나신 모습을 반영한 것이다.

모세가 아론을 통해 이스라엘 회중에게 "여호와께 가까이 나아오라"고 말하였다(9절). 여호와께서 그들의 원망을 들으셨기 때문에 그들에게 할 말이 있다는 것이다. 모세가 아론을 통해 회중에게 말하니 광야에 여호와의 영광이 구름 속에 나타나셨다(10절). '여호와의 영광'은 하나님 임재의 다른 표현이다. 여호와의 영광은 주로 구름과 함께 나타나신다(24:16; 40:34 등). 이때의 구름은 거룩한 구름이다. 왜 하나님은 구름 속에 계실까? 왜 하나님은 자신을 구름으로 가리시는가? 구름은 밝은 것을 가려 어둡게 만든다. 성막(40:34~35)과 성전(왕상 8:11)에 하나님의 영광이 구름 가운데 임재하셨다. 이 모습을 보고 솔로몬이 이렇게 고백하였다: "여호와께서 캄캄한 데 계시겠다 말씀하셨사오나"(왕상 8:12). 하나님이 백성에게 직접 나타나시면 그들은 감히 살아남지 못할 것이다. 그래서 하나님은 자신의 모습을 구름 속에 가두신다고 볼 수 있다.

백성이 하나님 임재를 보았으니(비록 구름으로 가려졌지만), 그 두려움이 컸을 것이다. 하나님은 자신을 백성에게 드러내심으로서 그들에게 위협을 가하신다. 그러나 이번에는 하나님이 자신을 보여주는 시위에만 그치셨고, 오히려 그들이 불평을 들어주시는 쪽으로 태도를 바꾸신다.

(3) 메추라기를 먹이시다(16:11~13)

11 여호와께서 모세에게 말씀하여 이르시되 12 내가 이스라엘 자손의 원망함을

들었노라 그들에게 말하여 이르기를 너희가 해 질 때에는 고기를 먹고 아침에
는 떡으로 배부르리니 내가 여호와 너희의 하나님인 줄 알리라 하라 하시니라
13 저녁에는 메추라기가 와서 진에 덮이고 아침에는 이슬이 진 주위에 있더니

여호와께서 모세를 통하여 이스라엘 백성에게 말씀하신다(16:11). 하나님
은 이스라엘이 원망함(룬, לין, 불평하다)을 들었다고 하시면서(12절상), 그들
이 원하는 것을 주시겠다고 하신다. 그들이 원한 것은 충분한 떡과 고기였다.
해질 때에는 고기를 먹게 하고, 아침에는 떡으로 배부르게 하겠다고 하셨다
(12절중). 아직 하나님은 우는 아이에게 먹을 것을 주는 아이처럼 그들을 대
하신다.

드디어 저녁이 되었다. 메추라기가 와서 진을 덮었다(13절상). 히브리어 쉘
라오(שלו)는 70인역(LXX)에서 ορτυγομητρα로 번역되었으며, 전통적으로 이것
을 메추라기(quail)로 본다. 메추라기는 지중해 지역에 서식하는 철새로서 남
유럽과 북아프리카로 해안을 따라 이동하며 사는 철새이다. 겨울에는 아프리
카로 이동하였다가, 봄이 되면 지중해의 북쪽 방향으로 이동한다.[21] 본문에
는 메추라기가 와서 '진을 덮었다'고 한다. 이 메추라기는 지중해에서부터 날
아온 그 철새들로 보아야 한다.[22] 민수기 11:31에 "바람이 여호와에게로서 나
와 바다에서부터 메추라기를 몰아 진 곁 이편저편 곧 진 사방으로 각기 하룻
길 되는 지면 위 두 규빗쯤 내리게 한지라"라는 묘사는 이 새들이 지중해로부
터 왔다는 것을 뒷받침한다. 때는 4월경이었으므로 메추라기 떼들이 이집트
에서 지중해 연안을 타고 북쪽으로 한창 이동하는 시기이다.

메추라기는 작고 둥근 머리를 가졌으며, 몸이 작기 때문에 날아가다 잘 지
친다. 따라서 높이 날지 않고 낮게 날면서 저녁이 되면 낮은 관목에 보금자리
를 편다. 이렇게 지쳐있는 새를 유목민들이 쉽게 잡을 수 있다. 본문에서 아

---

21 W. S. McCullough, "Quail", *IDB*(1962) vol 3, 973.
22 Gaalyah Cornfeld and David Noel Freedman, *Archaeology of the Bible* (Sanfrancisco: Harper & Row, 1976), 40

마도 새들이 떼로 이동하고 있을 때에 거센 바람이 그것들을 이스라엘 진으로 몰고 와서 쌓이도록 했을 것이다. 그것들이 바람에 거슬러 자기 방향으로 가려고 애를 많이 썼기 때문에 이스라엘 진에 앉았을 때에는 거의 기운을 잃고 사람들에게 쉽게 잡혔을 것이다. 이스라엘 사람들은 오랜만에 고기를 실컷 먹었을 것이다.

그러면 '그들이 행진하고 있는 "신 광야"는 어디일까?'하는 질문을 다시 하게 된다. 만약 기독교 전통이 말하는 시내 반도 동남쪽 깊숙이 내려가는 경로라면 그곳은 지중해에서 너무 멀다. 아무리 바람을 타고 왔다 할지라도 과연 지중해 철새들이 그렇게 멀리 사막 안쪽으로 내려갔을 수 있는지 의문이다. 따라서 이스라엘은 술(수르) 길을 따라 가데스 바네아쪽으로 향하는, 즉 지중해와 병행하여 길을 가고 있는 것으로 보는 것이 좋다(15:22 주석을 보라).

하나님은 "너희가 해 질 때에는 고기를 먹고 아침에는 떡으로 배부르리니 내가 여호와 너희의 하나님인 줄 알리라"(16:12중)라고 하셨다. 그들이 머문 곳은 광야이다. 모래와 바람 외에는 아무것도 없는 곳이다. 거기서 그들은 저녁에 고기, 아침에는 떡(만나)을 그들은 먹게 되었다. 이를 통하여 그들은 다시 여호와 하나님이 누구신지를 경험적으로 알게 되었다. 홍해 사건 뒤에 "여호와는 그 이름이시라"고 고백하였는데(15:3), 이제 다시 그들은 이 고백을 하게 되었다. 이렇게 하나님은 여호와라는 자신의 이름을 백성이 수시로 체험하도록 하셨다.

(4) 만나를 먹이시다(16:14~36)

14 그 이슬이 마른 후에 광야 지면에 작고 둥글며 서리 같이 가는 것이 있는지라 15 이스라엘 자손이 보고 그것이 무엇인지 알지 못하여 서로 이르되 이것이 무엇이냐 하니 모세가 그들에게 이르되 이는 여호와께서 너희에게 주어 먹게 하신 양식이라 16 여호와께서 이같이 명령하시기를 너희 각 사람은 먹을 만큼만 이것을 거둘지니 곧 너희 사람 수효대로 한 사람에 한 오멜씩 거두되 각 사람이 그의

장막에 있는 자들을 위하여 거둘지니라 하셨느니라 17 이스라엘 자손이 그같이 하였더니 그 거둔 것이 많기도 하고 적기도 하나 18 오멜로 되어 본즉 많이 거둔 자도 남음이 없고 적게 거둔 자도 부족함이 없이 각 사람은 먹을 만큼만 거두었더라 19 모세가 그들에게 이르기를 아무든지 아침까지 그것을 남겨두지 말라 하였으나 20 그들이 모세에게 순종하지 아니하고 더러는 아침까지 두었더니 벌레가 생기고 냄새가 난지라 모세가 그들에게 노하니라 21 무리가 아침마다 각 사람은 먹을 만큼만 거두었고 햇볕이 뜨겁게 쬐면 그것이 스러졌더라 22 여섯째 날에는 각 사람이 갑절의 식물 곧 하나에 두 오멜씩 거둔지라 회중의 모든 지도자가 와서 모세에게 알리매 23 모세가 그들에게 이르되 여호와께서 이같이 말씀하셨느니라 내일은 휴일이니 여호와께 거룩한 안식일이라 너희가 구울 것은 굽고 삶을 것은 삶고 그 나머지는 다 너희를 위하여 아침까지 간수하라 24 그들이 모세의 명령대로 아침까지 간수하였으나 냄새도 나지 아니하고 벌레도 생기지 아니한지라 25 모세가 이르되 오늘은 그것을 먹으라 오늘은 여호와의 안식일인즉 오늘은 너희가 들에서 그것을 얻지 못하리라 26 엿새 동안은 너희가 그것을 거두되 일곱째 날은 안식일인즉 그 날에는 없으리라 하였으나 27 일곱째 날에 백성 중 어떤 사람들이 거두러 나갔다가 얻지 못하니라 28 여호와께서 모세에게 이르시되 어느 때까지 너희가 내 계명과 내 율법을 지키지 아니하려느냐 29 볼지어다 여호와가 너희에게 안식일을 줌으로 여섯째 날에는 이틀 양식을 너희에게 주는 것이니 너희는 각기 처소에 있고 일곱째 날에는 아무도 그의 처소에서 나오지 말지니라 30 그러므로 백성이 일곱째 날에 안식하니라 31 이스라엘 족속이 그 이름을 만나라 하였으며 깟씨 같이 희고 맛은 꿀 섞은 과자 같았더라 32 모세가 이르되 여호와께서 이같이 명령하시기를 이것을 오멜에 채워서 너희의 대대 후손을 위하여 간수하라 이는 내가 너희를 애굽 땅에서 인도하여 낼 때에 광야에서 너희에게 먹인 양식을 그들에게 보이기 위함이니라 하셨다 하고 33 또 모세가 아론에게 이르되 항아리를 가져다가 그 속에 만나 한 오멜을 담아 여호와 앞에 두어 너희 대대로 간수하라 34 아론이 여호와께서 모세에게 명령하신 대로 그것을 증거판 앞에 두어 간수하게 하였고 35 사람이 사는 땅에 이르기까지 이스라

엘 자손이 사십 년 동안 만나를 먹었으니 곧 가나안 땅 접경에 이르기까지 그들
이 만나를 먹었더라 36 오멜은 십분의 일 에바이더라

하나님은 저녁에 이스라엘에게 고기를 실컷 먹게 하고 또 아침에는 만나를
주셨다. 16:13에는 "아침에는 이슬이 진 주위에 있더니"라고 했다. 히브리어
탈(טל)은 그냥 '이슬'이다. 이스라엘에는 여름에 비가 없는 대신 밤사이 이슬
이 많이 내려 땅을 적셔주어 식물이 소생하게 한다. 이것은 나중에 '만나'라고
불리는데, 아침 일찍 내렸을 때에는 작은 물방울과 같았던 것으로 여겨진다.
그런데 이것이 마르면 작고 둥근 서리 같은 모양이 된다(16:14). 처음에 이스
라엘 사람들은 그것이 무엇인지 알지 못하여 서로 "이것이 무엇이냐?"고 물
었다(그래서 그 이름이 '만나'가 되었다, 16:31). 모세가 그들에게 그것은 여호와
께서 주시는 양식(래헴, לֶחֶם, 떡, 양식)이라고 했다. 이 만나에 대하여 자연적
인 현상으로 풀이해 보려는 시도가 많다.[23] 그러나 어떠한 자연적인 현상으
로도 설명할 수 없다. 이것은 분명히 하나님이 하늘에서 내리셨던 초자연적
인 것이었다.

모세는 그들에게 그것을 얼마만큼 거둘 것인지를 말해주었다. 각 사람이 한
오멜 되는 분량을 거두라고 하였다(16절). '오멜'은 약 한 갤런(약 3,7리터)의 양
이다. 처음에는 이스라엘 사람 중에 욕심을 부려 많이 거두기도 했고, 또 어떤
사람은 적게 거두었다(17절). 그런데 나중에 오멜로 되어 보니 많이 거둔 자도
남음이 없고, 적게 거둔 자도 부족함이 없었다고 하였다(18절). 이것을 혹자는
거둔 것을 함께 모아 공동으로 나누어 가졌기 때문이라고 한다.[24] 그러나 본문
에는 어디에도 공동으로 나누었다는 말이 없다. 하나님은 매일 양식이 비같이
내릴테니 일용할 양식(하루에 필요한 만큼)만 거두라고 하였다. 그리고 그들이
하나님의 말씀을 잘 듣는지 시험하겠다고 하셨다(16:4). 많이 거둔다는 것은 '

내일은 행여나 양식이 내리지 않으면 어쩌나' 하는 의심 때문이었다. 그리고 모세는 백성에게 말하기를 다음날 "아침까지 그것을 남겨두지 말라"고 하였다(19절). 백성에게 추호의 의심을 가지지 말라는 당부이다. 하나님께서 그들에게 필요한 것은 공급해 주시되 남는 것도 없고 모자라는 것도 없이 매일 일용한 양식을 책임져주신다는 것을 믿게 하기 위해서이다(고후 8:14~15 참조).

그런데도 불구하고 어떤 사람은 말씀에 순종하지 아니하고 다음날 아침까지 두었더니 "벌레가 생기고 냄새가" 났다(16:20). "벌레"의 톨라(תּוֹלָע)는 파리나 나방과 같은 곤충의 유충을 가리킨다. 그리고 썩는 냄새까지 났다. 이렇게 벌레가 일고 냄새가 나는 변질된 양식은 진영 전체를 더럽게 만든다. 말씀을 듣지 않은 불신앙이 이웃에게 피해를 주는 것이다. 모세는 그런 사람에게 노하였다(20절하). 그래서 백성은 아침마다 그날 먹을 것을 거두었고, 햇볕이 뜨거워지면 그것은 스러졌다(21절). "스러지다"의 마사스(מָסַס)는 '녹다, 사라지다'이다. 만나가 처음 내릴 때에 '이슬'같이 내렸다고 했다. 이슬은 햇볕이 뜨거우면 녹아 없어진다. 만나도 그와 같은 것으로 묘사된다. 하나님은 그것이 오래 가지 않도록 만들었다. 그리고 쉽게 변질되어 오래 보관할 수도 없게 만드셨다. 왜냐하면 그들이 필요할 때마다 하나님께서 직접 공급해 주신다는 것을 깨닫게 하기 위함이었다.

그러면 만나 자체가 하루를 넘길 수 없는 부패에 약한 음식인가? 그렇지 않다. 여섯째 날에는 다음 날을 위해 각 사람이 갑절씩(한 사람당 두 오멜씩) 거두라고 하신 것(22절)을 보면 그렇지 않다는 것을 알 수 있다. 전날 거둔 것을 안식일 아침까지 보관하여두라고 하셨다(23절). 안식일에는 수확하지 않고 보관된 것을 먹을 수 있게 하셨다. 이것을 보면 식물 그 자체의 문제가 아니라 하나님께서 매일 그날의 일용할 양식을 공급해 주심을 깨우치기 위해 의도적으로 그렇게 하신 것이었음을 알 수 있다. 23절에 "안식일(솨바트, שַׁבָּת)"이 처음 나온다. 물론 천지창조 기사에서 제7일에 하나님이 "안식하셨다(솨바트, שָׁבַת)"는 동사가 사용되었지만(창 2:3), 명사로서의 안식일은 처음 등장한 것이다. 이스라엘이 이집트에서 노역생활을 할 때에는 안식일은 지키지 못했을 것이

다. 이제 광야에서 하나님은 안식일에 대한 규례를 말씀하셨다. 그 규례의 첫
번째 요구가 안식일에는 양식을 수확하는 일을 금하는 것이었다.

이스라엘 사람들이 여섯째 날에 많이 거둔 것을 다음날(안식일) 아침까지 간
수하였으나 냄새도 나지 아니하고 벌레도 생기지 아니하였다(24절). "간수하
다"로 번역된 야나흐(יָנַח)의 동사 원형은 누아흐(נוּחַ)는 기본적으로 '쉬다, 안식
하다'이다. 물론 이 단어는 '두다'로 번역할 수 있다(창 2:15). 출애굽기 16:24
본문에서 "벌레"의 림마(רִמָּה)는 '구데기, 벌레'로서 20절에 사용된 벌레의 톨
라와 다른 단어이다. 따라서 만나에서는 오래 두면 냄새가 날 뿐만 아니라 한
종류가 아닌 다양한 벌레가 나오는 것으로 묘사함으로써 오래 두면 매우 곤
란하다는 것을 보여준다. 여하튼 본문에서는 이러한 일이 안식일에는 감쪽같
이 없어졌다.

모세는 안식일에 전날 거두어 보관한 그 양식을 먹으라고 했다. 안식일에는
들에 나가도 양식을 얻지 못할 것이라고 말했다(25절). 어떤 사람은 모세의 말
을 듣지 않고 밖에 양식을 거두러 나갔다가 얻지 못하고 돌아왔다(27절). 여호
와께서 모세를 통해 그들을 꾸짖었다: "어느 때까지 너희가 내 계명과 내 율
법을 지키지 아니하려느냐"(28절). 아직 오늘날 말하는 율법이 주어지지 않은
때이다. 여기서 말하는 계명과 율법은 무엇을 의미하는가? 여기에서 "계명"은
미츠와(מִצְוָה)인데 동사 차와(צָוָה, 명령하다)에서 온 명사로서 '(여호와의) 명령'
이다. 율법의 토라(תּוֹרָה)는 광의적으로 의미를 보면 '가르침'이다. 모세는 앞에
서 여섯째 날에 배로 거두어 다음날(안식일)을 준비하라고 하였다. 이것은 하
나님의 명령으로서 미츠와가 된다. 그런데 어떤 백성은 이 하나님의 명령을
가볍게 여기고 밖에 양식을 거두러 나간 것이다. 모세는 백성에게 하나님의
명령과 지시를 무시한 것에 대해 그들을 꾸짖었다. 이 사소한 것에서 여호와
의 지시를 어기면 앞으로 큰 명령들을 어떻게 잘 지킬 수 있겠는가?

여호와께서 다시 안식일에 대한 규례를 주셨다. 여섯째 날에는 이틀 양식을
거두고, 일곱째 날에는 아무도 그의 처소에서 나오지 말라고 하셨다(29절). 안
식일은 어떤 일도 하지 말라는 것이다. 그래서 백성이 일곱째 날에 안식하였

다(30절). "안식하다"는 동사 *샤바트*로서 '쉬다, 휴식하다'의 의미이다. 물론 '안식일'의 *샵바트*가 동사 *샤바트*에서 온 명사이다. 에덴동산에서 아담과 하와가 타락한 후 하나님은 아담에게 "너는 종신토록 수고하여야 그 소산을 먹으리라"고 하셨다(창 3:17). 이제 하나님은 안식일을 주셔서 이 수고에서 벗어난 쉼을 허락해 주신 것이다.

이스라엘 사람들이 이 양식의 이름을 "만나"라고 불렀다(16:31상). "만나"로 번역한 히브리어 *만*(מָן)은 '무엇'이라는 질문의 *마*(מָה)에서 유래되었다. 이것은 이스라엘 사람들이 그것이 무엇인지 알지 못하여 서로 "이것이 무엇이냐?"(16:15)라고 물었던 것에서 이 이름이 유래되었다고 본다.

만나는 "깟씨 같이 희고 맛은 꿀 섞은 과자 같았더라"고 묘사한다(31절하). "깟씨"의 *재라 가드*(גַּד זֶרַע)에서 *재라*는 '씨앗'이다. 한글 "깟씨"는 '고수의 씨앗'이라는 말로써, 고수는 미나리과 식물로서 잎을 먹고 또 씨를 양념으로 쓴다. 높이 30~60cm로 자라며, 잎은 어긋나고 잘게 갈라진 우상 복엽이다. 6~7월에 작고 흰 꽃이 가지 끝에 피고 열매는 둥글다. 표준새번역과 공동번역이 '고수(풀)'로 번역한다. "과자"로 번역된 *참피히트*(צַפִּיחִת)를 대부분의 영어성경이 와퍼(wafers)로 번역하는데, 얇고 바삭하게 구운 과자의 종류이다. 주로 꿀을 얹어 먹는다. 또 민수기 11:7은 "모양이 진주 같았다"고 한다. 그들은 만나를 다양하게 요리해 먹을 수 있었다. 굽기도 하고 삶기도 하여 먹었다(16:23). 그 자체로도 과자로 먹을 수 있겠지만 또한 요리의 기본 재료로 사용되었다.

모세가 "이것을 오멜에 채워서 너희의 대대 후손을 위하여 간수하라"는 여호와의 명령을 받아 전했다. "오멜(오매르, עֹמֶר)"은 동사 *아마르*(עָמַר)에서 나왔는데, 아마르는 '(보리를) 단으로 묶다'라는 뜻이다. 따라서 오매르는 원래 '(한) 단'을 의미하는 단어인데, 발전하여 곡식을 재는 부피의 단위로 사용되었다. 오멜은 에바의 10분의 1에 해당하며(16:36), 우리의 한 되 두 홉(약 2.2리터) 정도에 해당한다. 보관한 이유는 후손들에게 조상들이 광야에서 무엇을 먹었는지 확실하게 보여주기 위함이라고 하였다(32절). 모세는 아론에게 한 오멜의 만나를 담은 항아리를 여호와 앞, 즉 증거판 앞에 두어 간수하게 하였다(33~34

절). "증거판(에두트, עֵדֻת)"은 십계명이 새겨진 돌판을 말한다. 이것은 성막이 세워진 후에 할 일을 지금 아론에게 미리 명령한 것으로 볼 수 있다.

16:35에 "사람이 사는 땅"은 그들이 목표로 하는 가나안 땅을 두고 한 말이다. 그들이 가나안 땅에 이르기까지 40년간 만나를 먹었다. 출애굽기 본문은 "가나안 땅 접경에 이르기까지 그들이 만나를 먹었더라"고 말하였는데(35절 하), 여호수아서는 요단강을 건너가 길갈에서 가나안 땅의 소산을 처음 먹은 다음날 내리는 만나가 그쳤다고 말한다(수 5:12).

3) 반석에서 물을 주시다(17:1~7)

1 이스라엘 자손의 온 회중이 여호와의 명령대로 신 광야에서 떠나 그 노정대로 행하여 르비딤에 장막을 쳤으나 백성이 마실 물이 없는지라 2 백성이 모세와 다투어 이르되 우리에게 물을 주어 마시게 하라 모세가 그들에게 이르되 너희가 어찌하여 나와 다투느냐 너희가 어찌하여 여호와를 시험하느냐 3 거기서 백성이 목이 말라 물을 찾으매 그들이 모세에게 대하여 원망하여 이르되 당신이 어찌하여 우리를 애굽에서 인도해 내어서 우리와 우리 자녀와 우리 가축이 목말라 죽게 하느냐 4 모세가 여호와께 부르짖어 이르되 내가 이 백성에게 어떻게 하리이까 그들이 조금 있으면 내게 돌을 던지겠나이다 5 여호와께서 모세에게 이르시되 백성 앞을 지나서 이스라엘 장로들을 데리고 나일 강을 치던 네 지팡이를 손에 잡고 가라 6 내가 호렙 산에 있는 그 반석 위 거기서 네 앞에 서리니 너는 그 반석을 치라 그것에서 물이 나오리니 백성이 마시리라 모세가 이스라엘 장로들의 목전에서 그대로 행하니라 7 그가 그 곳 이름을 맛사 또는 므리바라 불렀으니 이는 이스라엘 자손이 다투었음이요 또는 그들이 여호와를 시험하여 이르기를 여호와께서 우리 중에 계신가 안 계신가 하였음이더라

사막에서 가장 필요한 것이 물이다. 목마름은 그 어느 부족한 것보다 생명을 위협하는 가장 심각한 문제이다. 이스라엘이 출애굽하여 홍해를 건너고,

신 광야를 거쳐 르비딤이라는 곳에 도착하여 장막을 쳤다(17:1). 르비딤(레피딤, רְפִידִים)은 '평지, 평원'이라는 의미를 가졌다. 르비딤은 호렙산 바로 앞 광야이다(6절 참조). 본문은 그곳에 "마실 물이 없었다"고 말한다(1절하). 아마도 그곳은 오아시스 지역이었던 것 같다. 오아시스는 나무들이 있기 때문에 멀리서도 알 수 있다. 백성이 기대를 하고 달려왔지만 물이 없었던 것 같다. 전에는 물이 있었지만 아마도 그 때에는 우물이 말랐을 것이다.[25] 이러한 실망이 백성을 흥분시켰다. 백성이 모세에게 물을 주어 마시게 하라고 다투었다(2절). "다투다"로 번역된 *리브*(ריב)는 성경에서 자주 법정 소송에 사용되었다. 많은 곳에서 리브가 직접 '(법정) 소송(혹은 송사)'으로 번역되었고(23:2,3; 23:6; 신 21:5; 신 25:1; 삼하 15:2,4; 시 43:1; 사 41:21 등), 그 외에도 법정에서의 다툼("변론하다" 혹은 "신원하다" 등으로 번역됨)에 많이 사용되었다(삼상 24:15; 사 3:13; 시 74:22 등). 특히 출애굽기 23:1~3, 6~7와 신명기 25:1~3은 재판에 관계된 법을 선포하면서 리브 단어가 계속 사용되었다. 따라서 17장 본문에서도 법정 소송과 관련하여 생각할 필요가 있다.

17장 본문에 *리브* 혹은 그것에서 파생된 단어들이 여러 번 사용되었다. 17:2상에 "백성이 모세와 다투어", 그리고 2절하에 "너희가 어찌하여 나와 다투느냐", 7절에 "그곳 이름을 ... 므리바(מְרִיבָה, 동사 *리브*에서 온 명사)라 불렀으니 이는 이스라엘 자손이 다투었음(*리브*)이요..." 등에 나타난다. 이렇게 많이 사용되었고, 특히 그곳 지명도 이 단어로 붙였다는 것은 본 사건에서 그 단어가 중요한 위치를 차지하고 있다는 것을 증명하는 것이다. 그들이 물이 없다고 다툰 것은 단순한 불평이 아니라, 법정 소송을 걸고 사생결단으로 투쟁하는 모습으로 볼 수 있다. 백성이 고발한 내용은 첫째, '왜 물을 주지 않느냐?'는 것이고(2절); 둘째, '왜 우리를 애굽에서 인도하여내어 우리와 가축을 목말라 죽이려 하느냐?'이다(3절).

모세가 그들을 꾸짖었다: "너희가 어찌하여 나와 다투느냐 너희가 어찌하

---

25 Cassuto, *Exodus*, 201.

여 여호와를 시험하느냐?"(2절하). 모세와 다투는 것은 여호와와 다투는 것으
로 간주된다. 여기에 "시험하다"로 번역된 *나사*(נָסָה)는 그 물건이 얼마나 단단
한지를 담금질을 통해 시험하는(test) 것을 의미한다. 이집트에 내렸던 재앙들
과 홍해 사건을 통하여 하나님은 자신이 어떠한 분이심을 충분히 증명해 주
셨는데도 불구하고 또다시 하나님을 시험하고 있다. 본문은 이 *나사*와 관계
된 단어를 사용하여 그곳의 지명을 맛사(מַסָּה, 시험, 동사 나사에서 온 명사)라
고 붙였다(7절). 그들이 여호와를 시험한 주된 내용은 '과연 여호와께서 우리
중에 계시기는 한가?'라는 것이다(7절하). 그들은 분명 홍해에서 하나님이 그
들 앞에서 인도하셨고, 또 뒤에서 이집트 군대를 막아주심을 경험해 보았다.
그런데도 다시 그들은 하나님이 자신들 중에 계신지를 증명해 보이라고 시험
하고 있는 것이다.

모세가 여호와께 부르짖었다(17:4상). "부르짖다"의 *차아크*(צָעַק)는 '소리치
다'이다. 하나님에게 급하게 말할 것이 있어 외친다. 홍해 앞에서 외쳤던 그
단어이다. 모세는 "내가 이 백성에게 어떻게 하리이까"(4절하)라고 묻는다. 모
세는 그들을 감당할 수 없음을 호소한다. 하나님에게 그들을 어떻게 처리해
야 할지 알려달라는 것이다. 모세는 다급하다. "그들이 조금 있으면 내게 돌을
던지겠나이다"라고 호소한다. "돌을 던지다"의 *사칼*(סָקַל)은 자주 '돌로 쳐 죽
이다'의 뜻으로 사용된다. 아간의 범죄가 들어났을 때에 돌로 쳐 죽임을 당했
으며(수 7:25), 나봇이 자기의 포도밭에서 돌로 쳐 죽임을 당했다(왕상 21:10;
그 외에도 출 21:28; 신 13:10[히 11절]; 신 17:5 등을 참조). 모세의 외침에는 절
박함이 보인다.

이러한 급박한 상황에서 하나님이 제시한 해결책은 백성의 고발을 받아
들여 재판을 여시는 것이었다. 하나님은 모세에게 장로들을 이끌고 백성 앞
을 지나 재판정으로 가라고 명하신다(5절). 장로들을 인도하고 있는 모세에
게 "네 지팡이를 손에 잡고 가라"고 하셨다. 지팡이를 잡은 자가 재판관이 된
다. 장로들은 원고가 되며, 피고는 하나님이 된다. 판사와 원고가 백성 앞을
지나간 것은 백성에게 재판정이 열림을 알리는 것이다. 재판이 열리는 장소

는 호렙산이다(6절).

그런데 하나님은 특별히 모세가 든 지팡이가 어떤 것인지를 밝히셨다. 17:5에는 "하수를 치던 네 지팡이"라고 말씀하셨다. "하수"의 예오르(יְאֹר)는 보통 명사로 '강, 시내'의 뜻이지만 많은 경우에 이집트의 나일강을 의미하는 것으로 사용되었다. 또 어떤 경우에는 티그리스 강을 가리키는 것에도 사용되기도 했다(단 10:4; 12:5, 7). 본문에는 나일강을 가리킨다. "하수를 치던"은 이집트에서 첫 번째 재앙을 내릴 때의 사건을 두고 한 말이다.

17:5에 하나님은 모세에게 "그 하수를 치던 지팡이를 손에 잡고가라"고 명령하셨다. 전에는 이집트의 신이 있다는 강가로 갔었는데, 이제는 하나님의 임재의 장소인 호렙산에 가라고 하신다. 호렙산은 3장에 하나님이 임재하신 곳이었고, 그래서 "하나님의 산"이라고 했다(3:1). 그 산에서 하나님은 모세에게 출애굽을 명령하시면서, "네가 백성을 애굽에서 인도하여 낸 후에 너희가 이 산에서 하나님을 섬기리니"라고 말씀하셨다(3:12). 이제 그들이 출애굽하여 이 산 앞에 당도하였다. 그런데 그들이 하나님을 섬기기 전에 먼저 하나님이 자신들을 섬기는 것이 부족하다고 불평하는 것이다. 그래서 그들은 "여호와께서 우리 중에 계신가?"라고 반문한다. 만약 하나님이 자신들 가운데 계시면 자기들을 목말라 죽게 두는 것이 말이 되는가 하는 것이다.

재판장이 고소자들(원고측 장로들)을 거느리고 백성 앞을 지나 호렙산으로 행진하여 올라간다. 모세가 지팡이를 들고 갔다. 호렙산에서 법정이 열렸다. 모세가 판사로서 앞에 섰고 장로들이 그 맞은 편 한쪽 편에 고소인의 자격으로 섰을 것이다. 드디어 피고인 하나님이 출두하신다: "내가 호렙산 반석 위 거기서 너를 대하여 서리니"(6절). "너를 대하여"(לְפָנֶיךָ)를 문자적으로 번역하면 '너의 얼굴을 향하여'이다. 의역하면 '너를 대면하여', 혹은 '너의 앞에'로 번역된다. "서다"의 아마드(עָמַד)는 단순하게 '서다'라는 말로 지나칠 수 있겠지만, 그러나 신학적인 의미도 부여할 수 있는 단어이다. 아마드는 많은 경우에 '여호와 앞에 서다'에 사용되었다. 아브라함이 여호와 앞에 섰고(창 18:22; 19:27), 모세가 호렙산에서 여호와 앞에 섰다(신 4:10). 하나님에게 간구하거나 지시를 받기 위해 대기하는 모습이다. 또 이 단어는 마치 재판에서 판결을 기다리는 자의 모습으로도 그려진다(신 19:17).

보편적으로 사람이 하나님에게서 지시를 받기 위해 그 앞에 서서 대기하는 모습이지만, 그러나 출애굽기 본문에서 이제 오히려 모세 앞에 하나님이 서셨다. 마치 피고인으로서 판결을 기다리는 모습으로 연상할 수 있다. 피고인의 죄목은 '왜 물을 주지 않느냐?' 그리고 왜 우리를 애굽에서 인도하여 내어 죽게 하느냐"는 것이다. 하나님이 나타날 때에 백성의 태도가 어떠했겠는지 궁금하다. 아마도 하나님을 노하시게 했다고 두려하였을 수도 있겠다. 아주 긴장이 되는 순간임에는 틀림없다.

드디어 하나님의 결심이 선포된다. 6절하반에 "너는 지팡이로 ... 치라"고 하신다. "치다"의 *나카*(נָכָה)는 치명적인 타격을 입도록 가격하는 강한 의미를 지녔다. 그래서 '쳐죽이다'는 의미로도 자주 사용된다(2:12; 21:12; 수 10:26; 삼하 2:23; 신 19:4; 참조 창 32:8[히 9절], 11). 하나님께서 재앙으로 치는 경우에도 사용되며(신 28:22,27,28,35; 왕상 14:15; 레 26:24), 하나님께서 징계로 죽이시는 것에도 사용되었다(삼하 6:7). 이집트에 내린 첫 번째 재앙에서 하나님은 모세에게 나일강을 '치라'고 하셨고(7:17), 모세가 지팡이로 '치니' 물이 피로 변했다(7:20).

하나님의 명령에 따라 모세(재판장)가 지팡이를 휘두른다. 그것은 이미 판정이 났음을 의미한다. 지팡이는 심판의 지팡이다. 그 지팡이로 옛날에는 이집트 신이 징계를 받았는데, 이번에는 누가 심판을 받을 것인가. 정상적인 사고로 생각한다면 이스라엘 백성이어야 한다. 그런데 하나님은 "너는 그 반석을 치라"고(6절) 하신다. 너무 의외의 판결이 내려진다. 모세가 지팡으로 친 그 반석은 하나님이 서신 바로 그 발아래의 곳이다. 6절상반에 "내가 호렙산에 있는 그 반석 위에 너를 대(면)하여 서리니"라고 하셨다. 하나님이 선 반석을 쳤으니, 하나님이 심판을 받는 것이 된다. 이것은 하나님이 재판에서 졌다는 신호이다. 불의한 쪽은 분명 이스라엘 백성인데, 하나님이 그 장로들 앞에 수모를 당하였다.

그리고 그 반석에서 물이 흘러내렸다. 그 물은 불평하던 백성의 목을 적셔주는 생수가 되었다. 반석에서 물이 강처럼 흘러내리고 백성이 그 물을 마시면서 기뻐하였다. 불평하던 그들이 죽음을 면했을 뿐만 아니라, 그들이 원했던 그 물까지 실컷 마시게 되었다. 그들의 육체뿐만 아니라 영혼까지 생기가 돌아났을 것이다. 그들이 시험하였는데, 하나님이 그들 중에 계심이 증명되었다. 신약에서 바울은 이 반석을 "그리스도"라고 모형론적으로 해석한다(고전 10:4). 하나님께서 반석이신 자기의 아들 예수 그리스도에게 그들의 죄를 지워 심판받게 하고, 그들에게 신령한 생수를 공급해 주신다는 것을 설명하는 것이다('교훈과 적용'부분을 참조할 것).

출애굽기 본문에 모세가 그 곳 이름을 "맛사 또는 므리바라 불렀으니"라고 결론을 맺는다(17:7상). 맛사(시험)는 동사 *나사*(시험하다)서 온 명사로서, 그 이름을 붙인 이유는 "그들이 여호와를 시험하여 이르기를 여호와께서 우리 중에 계신가 안 계신가 하였음이더라"라고 했기 때문이다(7절하). 므리바(다툼)는 동사 *리브*(다투다)에서 온 명사다. 왜 그 이름을 부른 이유를 "이는 이스라엘 자손이 다투었음이요"라고 설명한다(7절중). 이 므리바 사건에서 하나님은 그들의 불평을 들어주셨고, 또 그들의 시험을 받아주셨다. 그리하여 하나님이 그들 중에 계심을 확실하게 보여주셨다.

그런데 이스라엘 백성이 물로 인하여 다투고 그곳 이름을 "므리바"라고 부르는 기사가 두 번 나온다. 한번은 출애굽기 17장이며, 또 다른 곳은 민수기 20장이다. 민수기의 기사는 그들이 광야 40년 기간 중 에시온-게벨(엘랏)을 거쳐 가데스가 속한 "신 광야"에 왔을 때에 있었던 사건이었다. 이때의 신 광야는 히브리어 친(צִן)으로서 16:1에 나오는 신(סִין) 광야와 다른 단어이다. 이 신(친)광야에서도 하나님은 반석을 쳐서 물을 내게 하여 백성이 마시게 하셨다. 그리고 그곳 이름을 "므리바"라고 불렀다. 민수기 27:14에 "이 물은 신(친, צִן)광야 가데스의 므리바 물이니라"고 증언함으로서 가데스에 위치해 있는 것으로 밝힌다. 신명기 32:51에서도 "너희가 신 광야 가데스의 므리바 물가에서..."라고 증언하고 있다. 민수기 27:14와 신명기 32:51은 민수기 20장의 사건을 근거한 것으로 보인다.

양쪽의 사건에서(출 17장, 민 20장) 나타나는 "므리바"가 같은 장소인지, 아니면 전혀 다른 장소를 두고 붙여진 같은 이름인지는 논란이 일어난다. 하야트(Hyatt)는 한 장소에 대한 두 가지 기원을 말했을 가능성이 더 많다고 주장한다.[26] 물론 이 주장은 친(צן)과 신(סין)을 같은 지역으로 보는 것이다. 그러나 양자가 꼭 같은 장소라고 보기에는 좀 무리가 있는 것처럼 보인다. 후자는 가데스 지역에 있었고 전자는 시내산(호렙산) 앞이었는데, 시내산과 가데스와는 거리가 멀기 때문이다. 그러나 가데스는 넓은 지역을 포함한다. 그리고 가데스 주위에 오아시스들이 많다. 따라서 17장의 "므리바"도 가데스의 여러 우물 중에 하나일 가능성을 완전히 배제할 수는 없다.

양쪽의 므리바 기사가 동일 사건이 아닌 것은 분명하다. 혹시 생각할 수 있는 것은 가데스 지역에 산재해 있는 우물들 중에 특히 모세가 지팡이로 샘을 낸 우물들이 적어도 두개 있으며, 이 우물들을 "므리바"로 불렀다고 할 수 있을 것이다. 따라서 신명기 32:51에서 말하는 "가데스의 므리바"라는 말에는 출애굽기 17장의 므리바도 포함되는 것으로 보는 것이 좋겠다. 결론적으로 "므리바"가 가데스의 넓은 지역 안에 있는 2개의 우물로 볼 수 있다. 하야트(Hyatt)는 이러한 이론을 주장하면서, 므리바는 현재 팔레스틴 국경 남쪽 근방인 가데스 근처에 위치해 있을 가능성이 가장 높다고 주장한다.[27]

4) 아말렉과 전쟁(17:8~16)

8 그 때에 아말렉이 와서 이스라엘과 르비딤에서 싸우니라 9 모세가 여호수아에게 이르되 우리를 위하여 사람들을 택하여 나가서 아말렉과 싸우라 내일 내가

---

26 Hyatt, *Exodus*, 179. "브엘세바"라는 지명의 기원도 두 사건을 그 기원으로 두고 있다. 창 21:31은 아브라함이 아비멜렉과 맹세하였다 하여 "브엘세바"(맹세의 우물)로 불린 것으로 밝히고, 창 26:32-33은 이삭이 일곱 번째의 우물을 팠다 하여 "브엘세바"(일곱 우물)로 불렸다고 한다. 그러나 기원은 다르지만 둘 다 같은 장소이다.

27 Hyatt, *Exodus*, 182.

하나님의 지팡이를 손에 잡고 산 꼭대기에 서리라 10 여호수아가 모세의 말대
로 행하여 아말렉과 싸우고 모세와 아론과 훌은 산 꼭대기에 올라가서 11 모세
가 손을 들면 이스라엘이 이기고 손을 내리면 아말렉이 이기더니 12 모세의 팔
이 피곤하매 그들이 돌을 가져다가 모세의 아래에 놓아 그가 그 위에 앉게 하고
아론과 훌이 한 사람은 이쪽에서, 한 사람은 저쪽에서 모세의 손을 붙들어 올렸
더니 그 손이 해가 지도록 내려오지 아니한지라 13 여호수아가 칼날로 아말렉과
그 백성을 쳐서 무찌르니라 14 여호와께서 모세에게 이르시되 이것을 책에 기록
하여 기념하게 하고 여호수아의 귀에 외워 들리라 내가 아말렉을 없이하여 천
하에서 기억도 못 하게 하리라 15 모세가 제단을 쌓고 그 이름을 여호와 닛시라
하고 16 이르되 여호와께서 맹세하시기를 여호와가 아말렉과 더불어 대대로 싸
우리라 하셨다 하였더라

이스라엘이 르비딤에 있을 때 아말렉이 쳐들어왔다(17:8). 아말렉은 에서의
후예이다. 에서의 아들 엘리바스가 첩 딤나에게서 아말렉을 낳았다(창 36:12).
여기에서 아말렉 사람과 싸웠던 르비딤이 어디인지에 대한 논란이 일어난
다. 기독교 전통에서 알려진 시내 반도 남쪽 끝이 시내산(자벨 무사)이라면
르비딤은 바로 그 시내산 앞이어야 한다. 그러면 아말렉 사람들도 그 근방
에 거주한 것으로 이해해야 한다. 그러나 성경은 아말렉이 거주한 지역을 다
르게 말한다.

민수기 13:29에는 "아말렉인은 남방 땅에 거하고"라고 말하는데, 남방의 히
브리어 *네게브*(נֶגֶב)는 '남쪽'이라는 뜻을 가지고 있지만 팔레스틴 남쪽, 즉 시
내 반도 북쪽에 위치한 지역 이름이기도 하다. 창세기 13:1에 아브라함이 이
집트에서 나와 "남방으로 올라가니"라고 했는데, 가나안 남부 지역을 이집트
로부터 남방이라고 부를 수 없다. 따라서 '남방'의 네게브는 가나안 남쪽에 있
는 '네게브'라는 지역의 이름이 분명하다. 민수기가 말하는 아말렉 사람은 네
게브 지역(시내 반도 북부)에 살고 있었다.

아말렉은 사사 시대에 자주 이스라엘(팔레스틴)을 침입하고 약탈하였다(삿

7:12; 10:12). 사울이 왕위에 오른 후 싸워 이긴 주변의 여러 나라들 이름의 목록(모압, 암몬, 에돔, 소바, 블레셋)들과 함께 아말렉이 포함되었고, 그들은 이스라엘에게 약탈하는 자들이라고 하였다(삼상 14:46~47). 이것을 보면 아말렉이 시내 반도 남단과 같은 먼 지역의 사람들로 볼 수 없다. 만약 그들이 사는 지역이 시내 반도 남부라면 이렇게 이스라엘과 자주 접촉할 수가 없을 것이다. 사무엘이 사울에게 아말렉 군대를 칠 것을 지시한다(삼상 15:2-3). 그런데 사무엘상 구절에서 사울은 아말렉 군대를 쳐서 술까지 뒤쫓아 갔다고 말한다(삼상 15:7). 술은 이집트에서 가나안으로 향해 올라가는 지역이다. 만약 현재 자벨 무사 가까이가 르비딤이라면 사울의 군대가 남부까지 내려가 거꾸로 북쪽으로 쫓아갔다고 해야 한다. 후에 다윗도 술까지 아말렉 인들을 무찔렀다(삼상 27:8). 이 두 경우들을 볼 때에 사울과 다윗이 이스라엘 국경 가까이에 있는 아말렉을 쳐서 밀고 내려가 남쪽 술까지 뒤쫓아 간 것으로 이해하는 것이 당연하다. 이상의 모든 상황을 볼 때에 민수기 13:29이 증언하는 바와 같이 아말렉 인들은 가데스가 중심지인 네게브 지역에 살고 있었던 것이 분명하다.[28] 그렇다면 므리바는 시내 반도 서북지역에 있어야 한다.[29]

모세가 여호수아에게 사람을 택하여 나가서 싸우라고 말하였다(17:9상). 여호수아가 여기에 처음 등장한다. 여호수아(יהושוע)는 여호와(יהוה)와 야솨(ישע, 구원하다)의 합성어로서 뜻은 '여호와는 구원이시다'이다. 여호수아는 에브라임의 10대손이며 '눈의 아들'로 자주 불린다. 그는 모세의 '종' 그리고 모세의 '수종자'로 언급된다. 항상 모세의 곁을 지켰던 사람이다. 후에 열두 정탐꾼에 속하여 가나안을 정찰한 후 갈렙과 함께 가나안을 정복해야 한다고 주장하였고, 후에 모세의 후계자가 되어 가나안을 정복했다.

여호수아가 싸우는 동안 모세는 하나님의 지팡이를 손에 잡고 산으로 가서

---

28 Cassuto, *Exodus*, 204.

29 Cassuto는 아말렉 인들은 가데스 근방에 거주한 민족이었으므로, 르비딤은 가데스 근방이 틀림없다고 주장한다. Cassuto, *Exodus*, 204.

꼭대기에 서겠다고 하였다(9절하). 르비딤(רְפִידִים)은 '평원'이라는 뜻이다. 모세가 산꼭대기에서 내려다보면 평원에서 싸우는 모습이 한 눈에 들어왔을 것이다. 본 절에서 "서다"는 나찰(נָצַב)의 닢알(수동 혹은 재귀)형으로 사용되었는데, 이 닢알형은 '꼿꼿이 위엄있게 서있는' 모습을 그린다. 창세기 37:7에 요셉이 꾼 꿈에서 자신의 곡식 단은 '(꼿꼿이) 서있고' 형들의 단들이 주위에서 절하는 모습이 묘사되었다. 15:8에 갈대 바다의 물이 벽을 이루어 굳게 서 있는 모습에서도 이 단어가 사용되었다.

17장 본문에서 모세가 산꼭대기에 선 것은 여호수아가 아말렉을 대항해서 싸우는 동안 무엇인가 힘을 주려고 하는 의도이다. 모세는 지팡이를 잡고 산으로 가겠다고 했는데 그 지팡이는 이집트에서 재앙을 내릴 때에 역할을 하였다. 지금도 모세가 지팡이를 통하여 무엇을 할 수 있을 것으로 믿고 간 것임에 틀림없다. 특히 그 것을 "하나님의 지팡이"라고 부른 것에 유의할 필요가 있다.

여호수아가 아말렉과 싸우는 동안 모세와 아론과 훌이 산꼭대기에 올라갔다(10절). 훌(חוּר)은 유다 지파 사람으로서 아론과 함께 모세를 돕는 조력자였다(24:14). 모세가 손을 들면 이스라엘이 이기고 손을 내리면 아말렉이 이겼다(17:11). 통상적으로 전쟁터에서 최고의 지휘관이 손을 들면 공격하라는 의미이고, 손을 내리면 후퇴하라는 의미이다. 여기에서 여호수아가 산 위에 있는 모세의 손을 보고 공격하거나 후퇴했다고 할 수 없을 것이다. 오히려 여기서는 손을 들어 하나님에게 도움을 청하는 기도(청원)를 한 것으로 볼 수 있다. 기도할 때에 손을 들고 하는 모습은 흔히 볼 수 있는 일이다(참조, 시 63:4).

그런데 문제가 생겼다. 모세의 팔이 피곤하여 저절로 내려온다. 그러면 이스라엘이 패하여 물러난다. 조력자인 아론과 훌이 이 문제를 해결하기 위해 돌을 가져와서 모세를 그 위에 앉게 하고 자신들은 양쪽에서 모세의 손을 붙들어 올렸다. 그 덕택에 모세의 손이 해가 지도록 내려오지 않았다(17:12). "내려오지 않았다"는 말로 번역된 히브리어는 애무나(אֱמוּנָה)라는 한 단어이다. 애무나는 '신실함'으로 자주 번역되는데, '견고함, 확고부동'의 뜻이다. 주로 하나님이 언약에 신실하심을 말할 때에 사용되었다. 그만큼 모세의 손이 확실하게 들려있었음을 표현한 것이다. 두 명의 조력자가 지도자를 도움으로써 모세의 기도가 하나님 앞에 확고하게 지속할 수 있었다. 따라서 이 세 명의 노력 끝에 민족이 살아나게 되었다. 이 사건은 지도자에게 조력자들이 얼마나 중요한지를 가르쳐준다.

여호수아가 아말렉과 그 백성을 칼날로 쳐서 무찔렀다(13절). "무찌르다"의 *하라쉬*(חָלַשׁ)는 '망가뜨리다, 못쓰게 하다'라는 의미이다. 더 이상 그들이 이스라엘을 대항할 수 없게 완전히 무력화시켰음을 의미한다. 여호와께서 모세에게 이것을 책에 기록하여 기념하게 하라고 하셨다(14절상). "기념하게"의 *지카론*(זִכָּרוֹן)은 동사 *자카르*(זָכַר, 생각하다)에서 온 단어로서, '생각' 혹은 '기억'이다. 이 사건을 기록에 남겨 후대 사람들이 계속 기억하게 하라는 것이다. "여호수아의 귀에 외워 들리라"는 말을 직역하면 '여호수아의 귀에 두어라'이다. 무엇을 여호수아의 귀에 두라는 것인가? "내가 아말렉을 없이하여 천하에서 기억도 못 하게 하리라"는 말이다. 이 말에서 하나님이 아말렉을 심히 미워했음이 들어난다. 이러한 하나님의 의중은 후에 사울과 다윗 시대에 되살아난다('교훈과 적용' 참조).

모세가 그곳에 제단을 쌓았다. 제단을 쌓았다는 것은 제사를 드렸다는 의미를 포함한다. 그리고 그 제단은 계속 남아있어 기념물이 될 것이다. 그 제단의 이름을 "여호와 닛시"라 불렀다(15절). "여호와 닛시"는 '여호와는 나의 깃발'이다. 닛시의 원형 *네스*(נֵס)는 '기, 신호'이다. 깃발은 그 군대의 상징이다. 전쟁에서 깃발을 상대 진지에 꽂는다는 것은 승리했다는 증거이다. 전쟁터였던 그곳에 여호와를 위한 제단이 세워졌다. 그것은 바로 승리의 깃발을 꽂는 것과 같은 의미로 여겨진다.

여호와께서 다시 이스라엘에게 아말렉에 대한 지침을 주신다. 자신이 아말렉과 대대로 싸우리라는 것이다(16절). 본 절에서 "여호와께서 맹세하기를"의 히브리어는 야드 알-케스 야(יָד עַל - כֵּס יָהּ)인데, 야드는 '손'이며 케스는 보좌, 그리고 야는 여호와의 축약형이다. 따라서 이것은 직역하면 '여호와의 보좌

위에 손을 (얹다)'이다. 여기에서 여호와의 제단을 여호와의 보좌로 교체하여 말씀하셨다. 바로 그 제단은 깃발을 의미하며 그것은 전쟁에서의 승리를 상징화한다. 지금 전쟁의 승리의 그 깃발에 손을 대며 하나님이 말씀하시는 모습이다. 그래서 한글개역성경이 '맹세하기를'이라고 번역한 것은 그런 의미를 생각한 의역이다.

그런데 그 맹세의 내용이 무엇인가? 여호와가 아말렉과 대대로 싸우겠다는 것이다. 이에 대한 실천을 사울과 다윗 시대에서 볼 수 있다. 출애굽기 본문에서 하나님이 아말렉을 향하여 심히 노하신 이유는, 이스라엘이 광야에서 어려움을 겪고 있을 때에 도와주지는 못할망정 이렇게 공격한 죄 때문이었다. 하나님은 이 죄를 대대로 물으실 것이다.

5) 이드로의 방문(18:1~27)

외롭게 백성을 이끌고 있는 모세에게 장인 이드로의 방문은 그에게 큰 위로를 주었다. 무엇보다 기쁜 것은 가족을 다시 만나게 된 것이며, 또 이드로의 지혜로운 충고로 백성을 재판하는 일에 큰 도움을 얻었다.

(1) 이드로가 모세의 가족을 데리고 찾아오다(18:1~12)

1 모세의 장인이며 미디안 제사장인 이드로가 하나님이 모세에게와 자기 백성 이스라엘에게 하신 일 곧 여호와께서 이스라엘을 애굽에서 인도하여 내신 모든 일을 들으니라 2 모세의 장인 이드로가 모세가 돌려 보냈던 그의 아내 십보라와 3 그의 두 아들을 데리고 왔으니 그 하나의 이름은 게르솜이라 이는 모세가 이르기를 내가 이방에서 나그네가 되었다 함이요 4 하나의 이름은 엘리에셀이라 이는 내 아버지의 하나님이 나를 도우사 바로의 칼에서 구원하셨다 함이더라 5 모세의 장인 이드로가 모세의 아들들과 그의 아내와 더불어 광야에 들어와 모세에게 이르니 곧 모세가 하나님의 산에 진 친 곳이라 6 그가 모세에게 말을 전하되

네 장인 나 이드로가 네 아내와 그와 함께 한 그의 두 아들과 더불어 네게 왔노라
7 모세가 나가서 그의 장인을 맞아 절하고 그에게 입 맞추고 그들이 서로 문안하
고 함께 장막에 들어가서 8 모세가 여호와께서 이스라엘을 위하여 바로와 애굽
사람에게 행하신 모든 일과 길에서 그들이 당한 모든 고난과 여호와께서 그들
을 구원하신 일을 다 그 장인에게 말하매 9 이드로가 여호와께서 이스라엘에게
큰 은혜를 베푸사 애굽 사람의 손에서 구원하심을 기뻐하여 10 이드로가 이르되
여호와를 찬송하리로다 너희를 애굽 사람의 손에서와 바로의 손에서 건져내시
고 백성을 애굽 사람의 손 아래에서 건지셨도다 11 이제 내가 알았도다 여호와
는 모든 신보다 크시므로 이스라엘에게 교만하게 행하는 그들을 이기셨도다 하
고 12 모세의 장인 이드로가 번제물과 희생제물들을 하나님께 가져오매 아론과
이스라엘 모든 장로가 와서 모세의 장인과 함께 하나님 앞에서 떡을 먹으니라

모세의 장인 이드로가 모세와 이스라엘 백성의 이야기, 그리고 여호와께서
이스라엘 이집트서 인도하여 내신 모든 일을 들었다(18:1). 여기서도 이드로
를 "미디안의 제사장"으로 부른다(3:1 참조). 당시의 제사장은 그 종족의 지도
자였다. 그 종족의 지도자였으니 그가 하나님이 행하신 "모든 일"에 관한 정
보를 파악해 내기는 쉬웠을 것이다. 이드로가 거주하고 있던 곳이 시내산 근
처였다(역시 3:1 참조). 아마도 아말렉 사람들도 이드로가 속한 미디안 사람들
과 이웃으로 살았을 것이다. 미디안과 아말렉 사람들이 함께 군사 행동을 한
경우도 나타난다(삿 6:3,33; 삿 7:12). 이것은 그들이 같은 지역에서 함께 살았
기 때문에 가능했을 것이다. 지금 이스라엘은 시내산 가까이 도달해 있다. 대
민족이 자기들 지역으로 가까이 오고 있으므로 그곳 거주민들이 그들을 주의
깊게 관찰하는 것은 당연할 것이다. 그런데 아말렉은 그들을 치러 왔고, 미디
안은 호의적으로 대하는 다른 태도로 나타난다.

이드로는 모세의 아내 십보라와 그의 두 아들을 데리고 모세를 찾아왔다.
4장에서 모세가 가족들을 데리고 이집트로 가고 있었는데, 언제 가족들이 이
드로에게로 돌아갔는지 성경에는 기록이 없다. 18:2에는 "모세가 돌려보냈던

그의 아내....”라고 말한다. 성경에는 기록되어 있지 않지만 아마도 이집트에서 바로와 이집트 사람들을 대항하여 싸울 때에 가족들이 위험하니 그들의 안전을 위해 돌려보내었던 것 같다.

이드로는 십보라와 그의 두 아들을 데리고 왔다. 4:20에는 모세의 “아들들”로만 나왔는데, 18장 본문에서는 두 아들로 나타난다. 첫째의 이름이 게르솜(גֵּרְשֹׁם)이었는데, 2:22에서 이미 언급되었었다. 그 뜻은 “내가 이방에서 나그네가 되었다”는 뜻이었다. 이집트에서부터 도망나와 떠돌이 생활을 하는 자신을 한탄하는 심정이 베여있다. 둘째 아들의 이름은 18:4에 처음 나온다. 그 이름은 엘리에셀(אֱלִיעֶזֶר)인데, 엘(אֵל, 하나님)과 에재르(עֶזֶר, 도움)의 합성어이다. 뜻은 ‘하나님은 나의 도움이시다’이다. 본문에서는 모세가 그 이름을 “하나님이 나를 도우사 바로의 칼에서 구원하셨다”하여 지었다고 말한다. 첫 번째 아이를 낳을 때에 낙심하였던 마음에서 이제 바로의 위협에서부터 안전함을 인식한 그의 사정이 엿보인다. 그 이름에서 하나님을 다시 찾는 신앙이 회복되었음을 볼 수 있다.

이드로가 왔을 때에 모세는 하나님의 산에 진 치고 있었다(5절). “하나님의 산”은 호렙산(시내산)을 일컫는다(3:1 참조). 이드로는 미디안의 제사장으로서 성산(聖山) 가까이에서 떠나지 않았던 것 같다. 이드로가 자신이 왔음을 알렸다(18:6상). 이 구절을 직역해 보면 다음과 같다: “그가 모세에게 말했다. 너의 장인 이드로 내가 너에게 왔노라. 너의 아내와 두 아들도 함께 (왔노라)”. 이 문장에서 특별히 인칭대명사 “나(아니, אֲנִי)”가 사용되어서, 이드로 자신이 말하고 있음을 강조하고 있다. 아내와 두 아들을 데리고 온 것은 모세에게 큰 선물이었다. 백성의 불평을 계속 들으며 광야길을 행진하면서 지쳐있는 모세에게 가족을 만나게 된 것은 큰 기쁨이었을 것이다.

모세가 나가서 그의 장인을 맞아 절하고 또 입 맞추었다(7절상). “입맞추다”의 나솨크(נָשַׁק)는 친밀한 인사의 한 예법이지만, 때로는 지위가 높은 사람에게 존경과 복종의 의미를 담고 있기도 하다(창 41:40, “복종하리니”로 번역하였지만 직역하면 ‘입맞추리라’이다; 삼상 10:1; 시2:12). 그들이 서로 문안하고 함께 장막에 들어갔다(18:7하). "문안하다"의 *솨알*(שָׁאַל)은 '묻다'이다. 아마도 그들은 서로의 안부를 물었을 것이다. 모세가 출애굽 과정에서의 모든 일과 또 여기까지 오는 길에서 당한 모든 고난과 여호와의 구원하신 일을 다 그 장인에게 말하였다(8절). 여호와께서 이스라엘을 위해 바로와 이집트 사람들에게 행하신 일을 말할 때에는 놀람의 연속이었을 것이다. 특히 "여호와께서 그들을 구원"하셨음을 말할 때에 감격에 겨웠을 것이다.

그러나 그러한 놀라운 일만 말하지 않았다. 길에서 당한 고난도 이야기 하였다(8절중). 여기에서 사용된 "고난(*텔라아*, תְּלָאָה)"이라는 단어가 어떤 의미로 사용되는지를 예레미야 애가에서 찾아볼 수 있다. 예루살렘이 적군에 의해 무너져 동족이 살해당하는 장면을 목격하는 예레미야 선지자는 "나의 살과 가죽을 쇠하게 하시며 나의 뼈를 꺾으셨고 담즙과 수고를 쌓아 나를 에우셨으며"(애 3:4~5)라고 고백하는데, 여기에 "수고"가 텔라아 단어이다. 간장이 녹아내리는 쓰라린 아픔을 표현한 것이다. 출애굽기 본문에서 모세가 백성이 반복적으로 배반할 때에 자신이 경험하였던 그 쓰라린 아픔을 장인에게 토로하고 있다. 몇 번에 걸친 반역을 얼마나 마음 아프게 여기고 있는지를 잘 나타내고 있다.

모세의 이야기를 들은 이드로가 여호와께서 이스라엘을 구원하신 일을 기뻐하였다(18:9). 그리고 이드로가 찬송했다: "여호와를 찬송하리로다. 너희를 애굽 사람의 손에서와 바로의 손에서 건져내시고 백성을 애굽 사람의 손 아래에서 건지셨도다"(10절). "찬송하다"의 *바라크*(בָּרַךְ)는 근본적으로 '무릎을 꿇다'인데, 조금 더 의역하면 '무릎을 꿇고 기도하다' 혹은 '축복하다'로도 번역되며, 더 나아가 '무릎을 꿇고 경배하다, 혹은 찬양하다'로도 가능하다.[30] 이 본문에서 먼저 와 닿는 것은 그가 무릎을 꿇었다는 것이다. 이것은 그가 얼마나 감격했었나를 보여준다. 본 절에 "바로의 손" 그리고 "이집트 사람의 손"이 등장하는데, 여기의 손(*야드*, יָד)은 단순히 신체의 일부를 말하는 것이 아니다. '손'

---

30 BDB,138~39

은 많은 경우에 그 사람의 '능력' 혹은 '힘'을 상징적으로 표현한다. '누구의 손 아래(안에) 있다'는 표현은 '누구의 지배 아래에 있다'는 의미이다(창 9:2; 16:6 등 참조). 하나님은 그 강한 바로의 '손'을 무력화시키고 자기 백성을 그의 손에서 구출해 내셨음을(나찰, נָצַל, 빼앗다, 구원하다) 고백한다.

이드로는 "이제 내가 알았도다"라고 말한다(18:11). 무엇을 알았다는 것인가? 키(כִּי) 접속사 이하를 알았다는 것이다. 바로 "여호와는 모든 신보다 크시"다는 사실이다. 이드로도 제사장이다. 그가 아브라함의 후예이기 때문에 여호와를 섬기는 제사장이었을 가능성을 완전히 배제할 수는 없지만, 미디안 사람들이 과연 유일신 여호와만 섬겼는지는 의심스럽다. 고대의 사람들은 비록 자기 종족의 주신이 있었어도 여러 신들을 인정하는 다신교적인 신앙을 가졌었다. 이드로는 그러한 다신교 속에서 이제 여호와 하나님만이 참 신이신 것을 확인한 것으로 볼 수 있다. 어떻게 여호와가 그 어떤 신들보다 크신가? 바로 그가 이스라엘을 위해 이집트 사람들에게 행하신 일에서 확인된 것이다. 무엇으로 하나님의 크심을 확인하였는가? " 이스라엘에게 교만하게 행하는 그들을 이기셨"기 때문이다(11절하). "교만하게 행하는"으로 번역된 히브리어 주드(זוּד)는 '주제넘게 행동하다'로 번역할 수 있다. 물론 이것은 이스라엘 사람들에게 행하는 이집트 사람들의 행동이다. "이기셨도다"로 번역된 다바르(דָּבָר)는 '일, 사건'이다. 이 문장을 다시 번역하면 '왜냐하면 그들(이스라엘)에게 주제넘게 행동한 그들에게 행하신 일 때문이다'이다.

이드로가 하나님에게 제사드리기 위해 번제물과 희생제물들을 가져왔다(12절상). 번제의 올라(עֹלָה)의 기본 뜻은 '올라가다'이다. 이 단어를 번제로 사용한 것은 아마도 제사드릴 때에 연기가 하늘로 올라가서 하나님이 기쁘게 받으신다는 의미였을 것이다. 이드로가 제사장이었다. 따라서 희생제물을 번제로 드리는 것을 이드로가 주도했을 것이고, 아론이 도왔을 것이다. "하나님 앞에서"라고 표현한 것은 그 제사를 드린 장소에서 먹었기 때문이었다. 이스라엘 장로들도 이 제사에 참여하였을 것이다. 그리고 이드로는 아론과 모든 장로와 함께 식사를 하였다(12절하).

(2) 이드로가 재판 제도를 가르치다(18:13~27)

13 이튿날 모세가 백성을 재판하느라고 앉아 있고 백성은 아침부터 저녁까지 모세 곁에 서 있는지라 14 모세의 장인이 모세가 백성에게 행하는 모든 일을 보고 이르되 네가 이 백성에게 행하는 이 일이 어찌 됨이냐 어찌하여 네가 홀로 앉아 있고 백성은 아침부터 저녁까지 네 곁에 서 있느냐 15 모세가 그의 장인에게 대답하되 백성이 하나님께 물으려고 내게로 옴이라 16 그들이 일이 있으면 내게로 오나니 내가 그 양쪽을 재판하여 하나님의 율례와 법도를 알게 하나이다 17 모세의 장인이 그에게 이르되 네가 하는 것이 옳지 못하도다 18 너와 또 너와 함께 한 이 백성이 필경 기력이 쇠하리니 이 일이 네게 너무 중함이라 네가 혼자 할 수 없으리라 19 이제 내 말을 들으라 내가 네게 방침을 가르치리니 하나님이 너와 함께 계실지로다 너는 하나님 앞에서 그 백성을 위하여 그 사건들을 하나님께 가져오며 20 그들에게 율례와 법도를 가르쳐서 마땅히 갈 길과 할 일을 그들에게 보이고 21 너는 또 온 백성 가운데서 능력 있는 사람들 곧 하나님을 두려워하며 진실하며 불의한 이익을 미워하는 자를 살펴서 백성 위에 세워 천부장과 백부장과 오십부장과 십부장을 삼아 22 그들이 때를 따라 백성을 재판하게 하라 큰 일은 모두 네게 가져갈 것이요 작은 일은 모두 그들이 스스로 재판할 것이니 그리하면 그들이 너와 함께 담당할 것인즉 일이 네게 쉬우리라 23 네가 만일 이 일을 하고 하나님께서도 네게 허락하시면 네가 이 일을 감당하고 이 모든 백성도 자기 곳으로 평안히 가리라 24 이에 모세가 자기 장인의 말을 듣고 그 모든 말대로 하여 25 모세가 이스라엘 무리 중에서 능력 있는 사람들을 택하여 그들을 백성의 우두머리 곧 천부장과 백부장과 오십부장과 십부장을 삼으매 26 그들이 때를 따라 백성을 재판하되 어려운 일은 모세에게 가져오고 모든 작은 일은 스스로 재판하더라 27 모세가 그의 장인을 보내니 그가 자기 땅으로 가니라

이드로를 만난 다음날, 모세는 다시 일상으로 돌아가 업무를 보기 시작하였다. 백성을 재판하는 일이었다. 모세가 재판하기 위해 앉아있고, 백성이 재

판을 기다리며 하루 종일 모세 곁에 서있었다(18:13). 이드로가 이 일을 보고 의아해 하여 모세에게 물었다. "이 일이 어찌 됨이냐?"(14절중). 마(מָה)는 '왜, 어찌하여'라는 의문부사로서, 이드로는 거듭 의문을 표시한다: "어찌하여 네가 홀로 앉아 있고 백성은...(14절하)". "어찌하여"의 맛두아(מַדּוּעַ)는 마(무엇)와 야다(יָדַע)의 합성어로서, 이해할 수 없다는 강한 의문을 표시하는 단어이다.

그들이 이집트에 있을 때에는 이집트 감독관이 모든 판단을 독차지 하였다. 이스라엘은 그러한 이집트 감독관에 대한 반감을 가지고 있었을 것이다. 모세가 이스라엘 사람들의 분쟁에 개입하였을 때에 불의한 쪽의 사람이 "누가 너로 우리의 주재와 법관으로 삼았느냐?"라며 반항하였다. 사람이 모여 사는 곳에서는 항상 분쟁이 있기 마련이다. 그들이 누가 옳은지에 대하여 하나님으로부터 판단을 받기 원했다. 하나님을 대변할 수 있는 사람은 모세밖에 없었다. 모든 재판을 모세 혼자서 다 감당하고 있었기에 사람들은 재판을 받기 위해 하루 종일 서서 대기하고 있어야 했다.

장인의 의문에 모세가 대답하였다: "백성이 하나님께 물으려고 내게로 옴이라"(15절). "물으려"의 다라쉬(דָּרַשׁ)는 '찾다, 구하다'인데, 하나님께 간구하는 것에 자주 사용된다(신 4:29; 대하 31:21; 25:15 등). 출애굽기 본문에서 백성이 분쟁이 있을 때 하나님의 뜻을 구하기를 위해 모세를 찾아온 것이다. 후에는 이 경우에 우림과 둠밈이 사용되었다(민 27:21; 참조 삼상 28:6). 그러나 광야에서 여호와의 판결을 듣기 위한 유일한 길은 모세에게 묻는 것이었다.

모세는 백성을 재판하여 그들에게 하나님의 율례와 법도를 알게 한다고 말한다(16절). 여기에서 모세가 "율례(호크, חֹק, 규정, 법령)"와 "법도(토라, תּוֹרָה, 율법)"을 언급하였지만, 아직 구체적인 율법이 주어지지 않았다. 아마도 그들에게 법적인 문제가 생겼을 때에 모세는 판결만 할 뿐만 아니라 그때그때 상황에 대처할 수 있는 규율을 가르친 것으로 이해할 수 있다. 토라의 기본적인 의미가 '가르침'이기도 하다.

모세의 대답에 장인은 그가 하는 일이 옳지 못하다고 평가하였다(17절). "옳지 않다(로-토브, לֹא־טוֹב)"에서 로는 부정사이고 토브는 '선하다, 좋다'이다. 그

것이 좋은 일로 보이지 않는다는 것이다. 왜냐하면 혼자 그 일을 감당하기에 너무 벅차기 때문이다. 이 일은 백성과 모세가 함께 기력이 쇠하게 만들 것이다(18절). "필경 기력이 쇠하다"는 *나볼 팃볼*(נָבֹל תִּבֹּל)로서 *나발*(נָבֵל)이라는 단어가 이중으로 사용되었다. 앞의 *나볼*은 부정사 절대형이고 뒤에는 본동사인데, 이때 부정사 절대형은 강조하기 위해 사용되었다. *나발*은 '시들다, 쇠약해지다'의 의미를 가졌다. '꽃(혹은 잎)이 시들다'라는 표현에 자주 사용되었다(시 37:2; 사 1:30; 28:1; 40:7~8 등).

이드로는 문제의 심각성을 부각시킬 뿐만 아니라 해법까지도 제시한다. "방침을 가르치리니"로 번역된 단어는 *야아츠*(יָעַץ)로서 뜻은 '충고하다, 권면하다'이다. 이드로가 한 방안을 제안하겠다는 것이다. 이드로의 첫 번째 제안은 백성에게 율례와 법도를 가르치라는 것이었다(18:20). "율례"의 호크는 '규정, 법령'이며, "법도"의 토라는 '율법'이다. 아직 이스라엘에게는 구체적인 율법이 주어지지 않았다. 뒤에 세워질 율법은 하나님께서 주시는 것이다. 여기서는 그러한 율법에 앞서 백성이 "마땅히 갈 길과 할 일을" 제시하는 규칙들을 만들라는 것이다. 여기에서 "길"의 *대렉*(דֶּרֶךְ)은 걷는 '길'을 말하지만 자주 은유적인 표현으로 사람이 행해야 하는 도리를 말할 때에 사용하기도 한다(예, 창 18:19; 시 1:6; 잠 22:6 등). "보이고"로 번역된 단어는 *야다*의 힢일(사역)형으로서 '알게 하다'이다. 이렇게 사람들이 어떻게 살아야 할 것인지에 대한 규례를 만들어 백성을 가르쳐 알게 하면 여러 가지 이점이 있다. 첫째는 백성의 공동생활에 질서가 확립되며, 둘째 그것을 재판의 기준으로 삼으면 재판이 훨씬 쉬워진다. 이드로의 두 번째 제안은 능력 있는 사람들을 재판할 지도자로 세우라는 것이다(18:21상). 이 지도자를 네 단계로 구분하여 세워 사소한 것은 작은 단위의 지도자가, 큰 사건의 경우에는 상위 단위의 지도자가 재판하도록 하는 제도이다. 제일 낮은 단계는 십부장, 다음 단계는 오십부장, 그 다음은 백부장, 그리고 제일 큰 단계는 천부장이었다(21절하). 물론 그 위에 가장 큰 재판을 하는 자는 모세이다. 만약에 재판에 불복하는 경우에는 5심까지도 가능한 체계이다.

지도자의 자격에 대하여 "능력 있는 사람들 곧 하나님을 두려워하며 진실하며 불의한 이익을 미워하는 자"를 기준으로 제시하였다(21절상). "능력있는"의 하일(חיל)은 기본적인 의미가 '힘'이다. 기준을 지혜로운 것에 두는 것이 아니라 사람들을 지배할 수 있는 힘 있는 사람을 택하게 하였다는 것이다. 당시는 광야생활에서 지쳐 사람들이 쉽게 불평하고 반항할 수 있기에 그들을 잘 제어할 수 있는 사람이어야 좋은 지도자이다. 그러나 사람들 사이에서 힘을 가지고 지배할 수 있는 기준에 그쳐서는 안된다. 그는 또한 "하나님을 두려워하는" 자이어야 한다. "두려워하다"의 야레(ירא)는 '두렵다'는 것보다는 '경외하다'라는 의미로 보는 것이 좋다.

"진실하며"의 애매트(אֱמֶת)는 '신실, 성실'로 '아멘'과 같은 말이다. 하나님에게 자주 사용되었는데, 하나님의 약속에 대한 확실성, 불변성을 표현할 때에 사용되었다. 하나님의 신실하심이란 그는 완전히 신뢰할 수 있는 분이심을 의미한다. 사람 사이에서도 이 단어는 신뢰할 수 있는 사람임을 나타낸다. 마지막으로 그는 "불의한 이익을 미워하는 자"이어야 한다. 재판장이 자기의 유익을 추구할 때에 재판을 그르칠 수 있다. "불의한 이익"의 배차(בֶּצַע)는 '폭력에 의한 취득'을 말한다. 자기 지위를 이용하여 부당한 이익을 얻는 것이다. 뒤에 하나님은 이것을 엄격히 금지하신다. 하나님은 선지자들을 통해 고아와 과부를 돌보며 그들에게 불리한 재판을 행하지 않게 끊임없이 경고하신다. 그리고 무죄한 피를 흘리는 것을 꾸짖으신다(렘 7:6; 19:4; 22:3; 등). 이러한 탐욕이 있는 자는 재판에서 백성을 부당하게 다룰 것이 틀림없다. 따라서 이런 자는 지도자가 될 수 없다. 이드로는 모세에게 이러한 모든 것을 잘 "살펴서(하자, חזה, 보다)" 각 부장들을 세우라고 권면한다(18:21). 마땅한 그릇이 되지 않는 사람을 지도자로 세웠다가는 큰 낭패를 볼 것이다.

이드로는 세워진 지도자들이 형편에 따라 백성을 재판하고, 그들이 판단하기 어려운 큰 일은 모세에게 가져오게 하라고 제안한다(22절). 그렇게 하면 백성과 모세 모두에게 짐이 덜어지고, 송사의 일이 쉽게 이루어질 것이다. 그러나 이 제도를 바꾸는 일에는 모세가 추진하고자 하는 의지가 있어야 하며, 또 하나님의 허락이 전제되어야 한다(23절). "허락하시면"의 *차와*(צִוָּה)는 '명령하다'이다. 만약 하나님께서 그렇게 하라고 명하시면 이 일을 시행하라는 것이다. 그렇게 되면 모세에게 재판을 받기위해 모였던 백성도 자기 위치로 평안히 갈 것이다(23절하). 백성이 평안히 간다는 것은 그들이 이 제도를 좋게 여겨 순복한다는 것을 의미한다.

모세가 장인의 말을 듣고 그대로 행하였다(24절). "듣고"의 *솨마*(שָׁמַע)는 주의 깊게 듣는 것(경청하다)를 의미하며, 그 말에 순종한다는 의미를 함축한다. '이스라엘아 들으라(쉐마 이스라엘, שְׁמַע יִשְׂרָאֵל)'(신 6:4)라는 말에서 그 예를 찾을 수 있다. 이스라엘이 하나님의 명령을 귀담아 듣고 순종할 것을 요구하는 것이다. 이것은 모세가 장인을 충분히 신뢰하고 있음을 증명하는 것이다(2:21 참조). 모세는 장인의 말대로 이스라엘 중에 능력있는 사람(21절 주석 참조)을 택하여 우두머리를 삼아 천부장, 백부장, 오십부장, 그리고 십부장으로 세웠다(25절). '우두머리'의 *로쉬*(ראשׁ)는 '머리'이며, '첫 번째' 혹은 '족장'을 가리킨다. 로쉬라는 단어가 사용된 것은 가족 혹은 지파 안에서 그들을 재판하는 우두머리를 세웠음을 함축한다.

각 부장들이 때를 따라 백성을 재판하였다(26절상). "때를 따라"의 *에트*(עֵת)는 '정해진 시간'을 뜻하지만 여기서는 '적절한 때'로 생각하는 것이 좋다. 이전에 모세가 혼자서 재판할 때에는 적절한 때에 재판을 열지 못하였다. 오늘날 재판에서 사건의 대부분이 시간이 많이 지체되는 점과 비교할 필요가 있다. 이스라엘은 사건이 생기면 적절한 때에 재판이 열릴 수 있었음을 알 수 있다. 사람들이 재판을 받기 위해 애타게 기다리는 일이 없었음을 드러내는 표현이다.

그러나 백성 중의 지도자가 재판하는 것은 한계가 있다. 사소한 문제는 충분히 가문의 지도자로 세워진 사람이 일을 처리할 수 있었겠지만, 어려운 일은 감당하기 힘들었을 것이다. 그 경우 그들은 송사를 모세에게 가져와서 판결을 받았다(26절중). "어려운 일"의 *카쉐*(קָשֶׁה)는 '맹렬한, 가혹한'의 의미이다. 송사가 격렬해지는 경우, 즉 상대방이 서로에 대한 주장이 극렬할 때에 그 송사를 모세에게 가져왔다고 할 수 있다.

　모세가 그의 장인을 보내었고, 그가 자기 땅으로 돌아갔다. 이드로가 제사장으로서 지혜로운 지도자였음이 틀림없다. 만약 모세의 옆에서 계속 조언을 한다면 큰 도움이 될 것이다. 그러나 그는 이방인이었고, 이스라엘의 지도자는 모세로서 충분하였다. 모세가 부족한 것은 하나님께서 채워주실 것이다. 이드로도 그 점을 충분히 알았을 것이다. 따라서 이드로는 자기 땅으로 돌아갔고, 모세도 그를 평안히 보내었다.

교훈과 적용

① 이스엘이 홍해 사건을 겪고 3일 후에 도착한 곳이 마라였다. 거기서 그들은 모세를 대항하여 원망하였다(15:24). 이러한 불평에도 하나님은 인내하신다. 그리고 백성이 원하는 것을 공급해 주신다. 그런데 또 조금 더 가서 그들은 더 심한 불평을 했다. "우리가 애굽 땅에서 고기 가마 곁에 앉아 있던 때와 떡을 배불리 먹던 때에 여호와의 손에 죽었더라면 좋았을 것을"(16:3)라고 이집트 시절을 그리워한다. 그들은 노예로서의 억울한 삶에 대한 옛 기억은 지우고, 먹을 것이 많았던 좋은 것만 생각한다. 여호와께서는 불평하시는 이스라엘의 요구를 들어주셨다. 아침에는 만나를 하늘에서 내려주셨고, 저녁에는 메추라기를 보내어 그들이 먹게 하였다. 그러한 경험을 한 이스라엘은 또 르비딤에 이르러서 물이 없다고 모세와 다투었다(17:2). 하나님은 그들에게 또다시 물을 공급해 주신다. 이러한 불평은 앞으로 광야에서 계속될 것이다(민 14:27,29; 16:11 등). 그러한 불평은 하나님을 대항한 반역 행위에 해당한다(민 14:9; 14:22,23 참조). 우리가 이스라엘을 볼 때에 사람이란 근본적으로 어떤 인격을 가진 자인지를 알게 된다. 이렇게 쉽게 배반할 수 있는 사람임을 알기 때문에 하나님은 지름길인 지중해 해안 길이 아닌 광야길로 인도한 것이었음을 알게 된다. 그러한 불의한 사람들을 시험하고 연단하여 순수한 자기 백성으로 만들기 위해서임을 깨닫게 된다.

② 하나님은 만나를 내리실 때에 한꺼번에 많이 수확하여 보관하면서 계속 먹도록 하지 않았다. 매일(안식일을 제외하고) 그날 먹을 것만 거두게 하셨다(16:4). 그들에게 일용할 양식을 공급해 주심을 깨우치기 위해서였다. 매일 우리의 필요한 부분을 하나님께서 부족함 없이, 그렇다고 남는 것도 없이 주심을 알게 하신 것이다. 주님이 가르치신 기도

에서도 "일용할 양식을 주옵시고"라고 기도하게 하셨다. 이것은 양식을 간구하는 의미도 있지만 오늘도 하나님은 우리에게 필요한 일용한 양식을 주시는 분이심을 고백하는 의미도 있음을 알게된다.

③ 르비딤에서 백성은 모세에게 물을 달라고 다투었다(17:2). "다투다"의 *리브*는 법정 소송으로 사용되는 단어이다. 백성이 하나님을 향하여 소송을 걸어온 것이다. 하나님이 허락한 법정이 열렸다. 열린 장소는 '여호와의 산'이라고 불린 호렙산 이었다. 모세가 (하수를 친) 지팡이를 잡은 재판장이었고, 그 앞에 장로들이 원고인으로 섰다. 하나님도 피고인으로 그 앞에 있는 반석 위에 서셨다. 하나님은 모세에게 자신이 서 있는 반석을 치라고 하셨다. 지팡이로 치는 것은 심판이 내렸음을 의미한다. 반석을 친 것은 하나님이 징계를 받는다는 의미이다. 그리고 그 반석에서 물이 흘러내렸다. 그 물은 불평하던 그 백성의 목을 적셔주는 생수가 되었다.

우리는 이 반석 사건에서 많은 의문점을 가진다. 불의한 쪽은 분명 이스라엘 백성인데, 왜 하나님이 그 장로들 앞에서 자신이 심판을 받는 수모를 당했을까? 물을 내게 하는데 왜 반석을 사용했을까? 어떻게 반석이 물을 줄 수 있는가? 이 의문들을 우리는 신약 고린도 전서 10:4에서 풀 수 있다. 바울은 출애굽 사건을 신약의 관점에서 해석한다(홍해와 광야 생활). 옛 조상들이 광야에서 반석으로부터 나온 음료를 마셨던 것을 말하면서 그 반석은 "곧 그리스도"라고 말한다. 이것은 모형론에 해당하는 해석이다.

신약의 증언을 합하여 출애굽 본문을 다시 보면, 호렙산 법정에서 하나님은 백성의 죄를 덮고 무조건 좋은 것만 주시는 분이 아니셨다. 만약 그랬으면 하나님의 공의가 손상을 입는다. 죄의 사실은 명백히 밝히시고 난 이후에, 잘 못한 것을 확실히 징계하고, 또 베푸실 것을 베푸시는 것이다. 그런데 놀라운 것은 하나님 자신이 소송에서 진 것처럼 대한 심판을 받았다는 것이다. 더 정확히 말하면 심판받은 자는 바로 반석이신 자기의 아들 예수 그리스도였다. 하나님은 그들의 죄의 짐을 자기 아들 예수 그리스도에게 지워 그가 심판받게 하셨다. 그리고 그들에게 필요한 생수를 공급하신 것이다.

고린도전서 본문은 이 생수를 "신령한 음료"라고 말한다. 어떤 물이기에 '신령한' 것이라고 말하는가? 요한복음 7:37에서 예수님은 성전에서 행해지는 초막절 행사 중에 외치기를 "누구든지 목마르거든 내게로 와서 마시라"고 하셨다. 저자인 요한은 이것을 해석하면서 "이는 그를 믿는 자의 받을 성령을 가리켜 말씀하신 것이라"고 하였다(요 7:39). 그리고 덧붙이기를 "예수께서 아직 영광을 받지 못하신 고로 성령이 아직 저희에게 계시지 아니하시더라"고 하였다. 예수님이 징계를 받으시고 아버지께로 올라가신 후에 그가 보혜사 성령을 주시겠다(요 16:7 이하)고 하신 말씀을 연상케 한다. 예수님은 자신이 징계 받아 죽음으로 불의한 백성을 위해 생수인 성령님을 보내어 주신 것이었다. 바로 출애굽 반석의 모습과 같다.

④ 르비딤에서 아말렉이 이스라엘을 쳐들어왔다. 그 전쟁에서 이스라엘이 이겼지만 그러나 그 잔당들을 찾아가서 모두 멸하지는 않았다. 이 사건 뒤에 여호와께서 모세에게 책에 기록하고 후손들이 기억하게 하게 하라고 하신 말씀이 있었다. 바로 "내가 아말렉을 없이 하여 천하에서 기억도 못하게 하리라"는 말씀이었다(17:14). 후에 사무엘이 사울에게 출애굽 도중에 아말렉이 이스라엘을 친 기억을 상기시키고, 가서 아말렉을 치라는 하나님의 명령을 전했다(삼상 15:1 이하). 아말렉을 치되 사람뿐만 아니라 짐승들까지도 모두 죽여 진멸하라고 하셨다(3절).

그런데 왜 하나님은 특별히 아말렉을 이처럼 기억하고 진멸하라고 하셨는가? 다른 민족들도 이스라엘을 막고 또 대적하였다(에돔, 모압, 암몬, 시혼, 바산 등). 그런데 아말렉은 다른 민족들보다 더 악한 면이 있었다. 신명기 25:18은 그들의 행위를 다음과 같이 말한다: "곧 그들이 너를 길에서 만나 네가 피곤할 때에 네 뒤에 떨어진 약한 자들을 쳤고 하나님을 두려워하지 아니하였느니라." 그들은 비겁하게 이스라엘을 공격하였다. 사람이 약해 있을 때에 쳤고, 또 대열에서 떨어진 사람(병자 혹은 노약자들)을 집중적으로 공격했다. 하나님은 그것을 더 악하게 본 것이다. 그들의 이런 야비한 행동은 뒤에도 나타난다. 다윗과 그 군대가 전쟁을 위해 비어있는 틈을 타서 아말렉이 다윗 부대의 식솔들이 머물고 있는 시글락을 쳐서 약탈해 가는 사건에서도 그들의 본성이 드러난다(삼상 29장). 이와 같이 악의적으로 약한 자를 공격하는 그들의 본성을 아시는 하나님이시니 그들은 완전히 진멸할 것을 명령한 것이다.

이런 하나님의 명령이 사무엘을 통하여 사울에게 떨어졌다. 사울의 군대가 가서 아말렉을 쳐서 크게 승리하였으나 아각 왕과 짐승들을 죽이지 않고 사로잡아 왔다. 이 불순종으로 인하여 하나님이 사울을 버리셨다(15:23; 참조 28:18).

사울 이후에도 아말렉 사람은 남아 있었다. 다윗도 여러 번 아말렉을 친 것을 보면 알 수 있다(삼상 27:8; 30:1이하; 삼하 1:1; 대상 18:11 등). 특별히 사울이 살려둔 아각은 어떻게 되었을까? 아각이라는 이름이 에스더서에 나온다. 모르드개를 시기하고 유대인들을 죽이려 음모를 꾸몄던 하만의 이름 앞에는 항상 "아각 사람 하만"이라고 불린다(에 3:1,10; 8:3,5; 9:24). "아각 사람"의 *아가기*(אֲגָגִי)는 '아각 사람,' 혹은 '아각 족속'을 의미한다. 유대인 전승에서는 하만을 아말렉 왕이었던 아각의 후손으로 말한다. 만약 그 아각이라면, 어떻게 그의 후손이 페르시아까지 흘러와서 고위직에 올랐는지는 알 수 없다. 과연 그가 아말렉의 그 아각인지에 대한 논쟁은 있을 수 있다. 물론 가능성도 있다고 본다. 그렇다면 출애굽기 본문의 구절이 떠오른다: "이르되 여호와께서 맹세하시기를 여호와가 아말렉과 더불어 대대로 싸우리라 하셨다 하였더라"(17:16). 아말렉이 끊임없이 이스라엘을 해하려

고 시도할 것이며, 하나님이 이스라엘을 위해 그들과 대대로 싸우시는 모습을 출애굽 본
문이 예고하였다. 이러한 투쟁을 에스더서에서도 볼 수 있는 것 같다.

⑤ 하루 종일 재판에 매어달리고 있는 모세를 보고 이드로는 두 가지 제안을 하였다. 첫째
는 규정(법도)을 만들어 백성이 그 법에 맞게 살게 하고 또 그것으로 재판하라는 것이었다
(18:20). 둘째는 여러 지도자들을 세워 재판을 담당하도록 하라는 것이었다(18:21~22). 어
느 공동체이던지 아무리 뛰어난 지도자라도 혼자서 모든 것을 처리하고 이끌어갈 수 없다.
따라서 규약으로 그 공동체의 생활 규범을 만들어 통제해야 하며, 또 조력자를 두어 함께
공동체를 이끌어가게 해야 한다. 이것은 오늘날 교회 공동체에도 적용해야 하는 원리이다.

제5장

시내산 언약

19~24장

본문 개요

이스라엘 백성이 시내산 앞에 도달하여 장막을 쳤을 때에 여호와 하나님은 이스라엘과 언약을 맺으셨다. 언약의 순서를 보면 먼저 서로의 관계를 정립하였고(19:1~6), 하나님이 임재하심으로써 서로가 대면하였고(19:10~25), 의무 조항인 언약의 법이 반포 되었고(20:1~23:33), 12돌을 세워 언약의 증거를 삼았으며(24:1~4), 번제를 드리고 피를 뿌림으로써 언약의식이 행해졌으며(24:1~4), 식사를 하였으며(20:9~11), 언약 문서가 만들어져(돌에 새겨짐) 보관하게 하였다(24:12~18; 25:16).

이 시내산 언약에는 두 가지 중요한 의미를 부여할 수 있다.

① 나라(신정국가체제)를 건립하는 역할을 한다. 시내산 언약을 통하여 하나님은 대왕으로 군림하시고 이스라엘을 자기 백성으로 삼는 체계를 만들었다. 이런 면에서 시내산 언약은 고대 왕국의 수도 핫투사(Hattushash)에서 발견된 고대 히타이트 언약(Hititte Treaty Covenant)과 매우 유사하다. 히타이트 언약을 종주권 언약(宗主權言約, Suzerainty-Vassal Treaty) 혹은 봉신언약(封臣言約)이라고 부른다. 언약을 통하여 큰 왕은 자신이 종주(대왕)로 군림하고 작은 나라 백성을 자기 백성으로 삼아 자기 백성이 가질 수 있는 임무와 특권을 누리도록 하였다. 시내산 언약도 종주권 언약이라고 규정지을 수 있다.

고대 히타이트 언약과 모세 언약의 비교 연구는 1954년에 멘덴홀(G. E. Mendenhall)이 중요한 논문을 발표함으로서 처음 시작되었다.[1] 그는 히타이트와 여러 나라들이 맺었던 언약 문서들을 검토하여 그 언약의 구조를 다음과 같이 추출했다.

---

1 G.E. Mendenhall, "Covenant Forms in Israelite Tradition," *Biblical Archaeologist* 17(1954): 50-76. 역시 K. A. Kitchen and M. G. Kline, *Treaty of the Great King*(1963), re-printed in M. G. Kline, *The structure of Biblical authority*(Grand Rapids: Eerdmans, 1975)를 참조하라.

Structure of Hittite treaties (히타이트의 언약 구조)

1. preamble(서문)
2. historical prologue(역사적 서술)
3. stipulation(의무 조항)
   basic(기본법)
   detailes(세부조항들)
4. blessing and curse(축복과 저주)
5. witness(증인채택)

히타이트 제국은 아나톨리아에 근거지를 두고 주전 17세기 초엽에 라바나스(Labarnas)가 왕국을 창시했고 그의 아들 핫투실리 1세(Hattusilis I)가 수도를 핫투사(Hattusas)에 정하고 남쪽과 동쪽으로 그 영토를 확장해 갔다. 유브라데스 상류의 미타니 왕국을 정복하고 바벨론 지역까지 정복하였다. 남쪽으로는 이집트에게까지 그 영향력을 확대해 갔다. 모세 시대인 주전 1400년대에는 근동 지방을 지배하는 큰 제국이었다. 그리고 주전 1,200경에 내부적인 분쟁으로 나라가 망하였다.

히타이트 제국의 전쟁은 특이했는데, 먼저 상대 도시에 항복을 권유하였고, 그들이 계속 저항하면 정복하여 잔인하게 학살하였다. 그런데 만약 그들이 항복하면 언약을 맺어 자신이 대왕으로 군림하고, 작은 쪽은 자기 백성, 자기 나라로 영입하였다. 대왕은 새로운 백성의 신분과 안정을 보장해 주고, 백성은 종주에게 충성을 다하는 것이었다. 새 국민은 신분을 보장받을 뿐만 아니라, 축복까지도 보장되었다. 은혜의 수혜자가 되는 것이었다. 그러나 만약 충성이 상실되어 언약에 관계에 금이 가면 축복 대신 엄청난 재난을 당할 것이다. 물론 여러 언약 문서들에서 세밀한 부분에서는 약간의 차이가 있지만 핵심적인 부분에는 서로 일치한다.[2] 시내산 언약은 특히 신 히타이트 왕국의 수도 하투사스(Hattushash)에서 발견된 언약 문서와 유사하게 닮았다.[3]

이제 시내산에서도 언약을 통하여 이스라엘이라는 나라가 탄생하였고, 하나님이 대왕으로 군림하는 신정 정치 체제의 신정국가(神政國家)가 생긴 것이다(물론 아직 영토가 없었기 때문에 임시적인 국가라고 할 수 있다). 언약을 통하여 하나님의 그들의 하나님이 되고 그들은 백성이 된다는 관계는 성경에서 여러 곳에서 나타난다. 대표적으로 출애굽기 19:5~6에서 나타나고, 또 예레미야 11:4과 31:33에 명시된다. 이때에 '그들의 하나님이 된다'는 것은 '그들의 왕이 된다'는 말보다 더 큰 지위를 나타내는 것이며, 또 그것은 언약을 통하여 만들어지는 나라는 신정국가가 됨을 뜻하기도 한다. '너희는 내 백성이 되겠고 나는 너희의 하나님이 되리라'는 문구가 많이 나타나는데(레 26:12; 렘 7:23; 11:4; 24:7; 30:22; 31:33; 겔 11:20; 14:11; 36:28; 37:23, 27; 등등), 이것을 일반적으로 '언약공식문구(the covenant formula)'라고 부른다. 이것은 언약을 통해 나라가 만들어졌음을 확인하는 것이다.

② 예배의 원형이 완성된다. 하나님은 호렙산 가시덤불에서 모세를 만나서 출애굽을 명령하였을 때 "네가 백성을 애굽에서 인도하여 낸 후에 너희가 이 산에서 하나님을 섬기리니..."라고 하셨다(3:12). 이 산, 즉 호렙산은 하나님 임재의 장소이기 때문에 거룩한 곳이다. 하나님은 모세에게 백성들을 이끌고 와서 "이 산에서 섬기라"고 명령하셨다. 어떻게 하나님을 섬기는가? 예배로 섬긴다.

모세가 바로에게 줄기차게 요구한 것은 '여호와께 제사 드리러 가겠다'였다. 그리고 모세가 때로는 제사 대신에 여호와를 '섬기러 가겠다'고도 하였고, 바

---

2 McCarthy 등은 모세언약 문서는 오히려 주전 8 혹은 7세기의 아람 혹은 앗수르 언약 문서들과 가깝다고 변론한다. D. J. McCarthy, *Treaty and Covenant*(Rome: Analecta Biblica, 1963), 131이하. 그러나 양자는 그 특징이 너무 다르다. 가장 큰 쟁점이되고 있는 것은 '역사적 서술(historical prologue)'이다. 모세언약(신명기서를 포함한)과 히타이트 언약은 먼저 역사적 서술을 통하여 대왕이 작은 나라(백성)를 어떻게 구출해 주었는지를 말하고, 그리고 의무 조항을 말한 후에 축복을 먼저 언급하고 다음에 저주를 말한다. 그러나 아람-앗수르 언약 문서는 처음부터 저주로부터 시작하면서 의무 조항을 앞세운다. 그리고 축복은 거의 나타나지 않는다. 따라서 전자는 대왕이 시혜를 베푸는 면을 부각시키는 반면 후자(아람-앗수르 언약)는 강압적으로 얽어매는 위험을 가하는 언약이었다. 따라서 모세의 언약은 히타이트 언약과 일치하며, 언약을 맺은 시기도 히타이트 시대와 동일한 것으로 보아야 한다.

3 Mendenhall, "Covenant Forms in Israelite Tradition," 50-76.

로의 대답도 자주 섬기러 가는 것으로 표현하였다(7:16; 8:1; 9:1; 10:7,8,11,24). 또 '섬긴다'는 말과 '제사 드린다'는 말이 같은 문맥에서 혹은 한 문장에서 함께 사용되기도 하였다(10:24~26). '제사드린다'는 것은 예배로 규정할 수 있다.

"섬기다"의 *아바드*(עָבַד)는 일반적으로 '봉사하다'로 번역되는데, 하나님에 대하여는 레위 자손이 성막(성전)에서 하나님께 봉사하는 것에 자주 사용되었는데(민 3:7-8, 4:23, 4:30, 4:47, 8:11, 8:19 이하, 등), 성막(성전)에서의 봉사 행위는 곧 예배 행위로 간주된다. 또 *아바드*가 절기 축제 관련해서도 사용되었다(12:25,26). 그때에 '예식'으로 번역되었는데, 이 축제의 예식은 바로 예배이다. 제사장들의 섬김을 70인역은 헬라어 *레이투르게오*의 어근을 사용하였는데, 이 단어는 신약에서 하나님이나 종교적인 문맥에서 예배와 관련된 의미로 사용되기도 하였다(히 9:21, 10:11).[4]

이상에서 볼 때에 3:12의 '이 산에서 여호와를 섬기라'는 것은 희생제사, 혹은 예배의 행위로 규정지을 수 있나. 그러면 과연 시내산에서 어떻게 하나님께 예배하였는가(섬겼는가)? 과연 시내산에서 무슨 일이 있었는가? 시내산에서 하나님과 이스라엘이 언약을 맺으셨다. 바로 이 언약이 예배 모형이며 또 예배의 완성이라고 할 수 있다. 그리고 이 언약의 예배는 그대로 성막에 옮겨져서 반복되었고, 후에 성전 예배로 이어졌다. 그래서 성막과 성전의 예배는 언약 갱신적 예배라고 부를 수 있다. 예배를 잘 이해하기 위해 예배의 원형인 시내산 언약을 자세히 살펴야 할 것이다.

위의 두 가지의 요소로 보건데 시내산 언약은 성경의 계시 역사에서 매우 중요한 역할을 하고 있음을 알 수 있다.

---

4 3:12 주석을 볼 것.

내용 분해

1. 언약을 위한 준비(19:1~9)

    1) 이미 이루어진 양자의 관계(19:1~4)

    2) 언약을 통한 특별한 관계(19:5~6상)

    3) 특별한 관계의 말씀을 백성에게 전함(19:6하~9)

2. 관계자들의 대면(19:10~25)

    1) 백성들의 준비(19:10~15)

    2) 하나님 임재(19:16~20상)

    3) 백성을 엄격히 분리시킴(19:20하~25)

3 언약문 낭독 : 기본 법규 (십계명) (20:1~21)

    1) 서문(preamble) (20:1)

    2) 역사적 서술(Historical prologue) (20:2)

    3) 열 가지 계명(20:3~17)

        ⑴ 여호와 외에 다른 신을 섬기지 말라(제1계명, 20:3)

        ⑵ 어떤 형상도 만들지 말고 절하지 말라(제2계명, 20:4~6)

        ⑶ 여호와 이름을 망령되게 부르지 말라(제3계명, 20:7)

        ⑷ 안식일을 거룩하게 지키라(제4계명, 20:8-11)

        ⑸ 부모를 공경하라(제5계명, 20:12)

        ⑹ 살인하지 말라(제6계명, 20:13)

        ⑺ 간음하지 말라(제7계명, 20:14)

        ⑻ 도적질하지 말라(제8계명, 20:15)

        ⑼ 거짓 증거하지 말라(제9계명, 20:16)

        ⑽ 네 이웃의 소유를 탐내지 말라(제10계명, 20:17)

    4) 모세가 암흑 속으로 들어가다(20:18~21)

4. 언약의 법들: 세부적인 법규(20:22~23:19)

    1) 예배의 양식(20:22-26)

본문 주해

1. 언약을 위한 준비(19:1~9)

1 이스라엘 자손이 애굽 땅을 떠난 지 삼 개월이 되던 날 그들이 시내 광야에 이르니라 2 그들이 르비딤을 떠나 시내 광야에 이르러 그 광야에 장막을 치되 이스라엘이 거기 산 앞에 장막을 치니라 3 모세가 하나님 앞에 올라가니 여호와께서 산에서 그를 불러 말씀하시되 너는 이같이 야곱의 집에 말하고 이스라엘 자손들에게 말하라 4 내가 애굽 사람에게 어떻게 행하였음과 내가 어떻게 독수리 날

개로 너희를 업어 내게로 인도하였음을 너희가 보았느니라 5 세계가 다 내게 속하였나니 너희가 내 말을 잘 듣고 내 언약을 지키면 너희는 모든 민족 중에서 내소유가 되겠고 6 너희가 내게 대하여 제사장 나라가 되며 거룩한 백성이 되리라너는 이 말을 이스라엘 자손에게 전할지니라 7 모세가 내려와서 백성의 장로들을 불러 여호와께서 자기에게 명령하신 그 모든 말씀을 그들 앞에 진술하니 8 백성이 일제히 응답하여 이르되 여호와께서 명령하신 대로 우리가 다 행하리이다모세가 백성의 말을 여호와께 전하매 9 여호와께서 모세에게 이르시되 내가 빽빽한 구름 가운데서 네게 임함은 내가 너와 말하는 것을 백성들이 듣게 하며 또한 너를 영영히 믿게 하려 함이니라 모세가 백성의 말을 여호와께 아뢰었으므로

하나님은 언약을 맺기 전에 먼저 자신과 백성과의 관계가 어떤 것인지, 또 언약을 통하여 어떤 관계가 유지될 것인지를 밝힌다. 그리고 작은 백성에 해당하는 그들이 이 언약을 위해 어떻게 준비할 것인지를 지시하신다.

"언약(베리트, בְּרִית)"이란 단어가 성경에서 창세기 6:18에 처음 나타나는데, 베리트는 어원학적(Etymology)으로 볼 때에 일반적으로 아카드어(후에 앗수르어로 발전됨) birītu에서 유래되었다고 생각한다. 앗수르어의 birītu는 '차꼬' 혹은 '족쇄'를 의미한다. 양자를 서로 얽어매는 수단이다. 따라서 베리트는 양자 간의 관계 수립을 위한 협정이라고 정의할 수 있다.[5]

성경에서 베리트가 사용된 용도를 볼 때에(창 21:22-32, 아브라함과 그랄왕 아비멜렉 사이; 26:26-33, 이삭과 아비멜렉 사이; 31:43-54, 야곱과 라반 사이) 언약 당사자는 서로를 이미 잘 알고 있었을 뿐만 아니라, 서로 밀접한 관계를 가지고 있었다. 그런데 관계가 악화되었을 때에 서로는 언약을 맺고 관계를 회복하였다. 다른 말로 하면 언약을 통하여 양 당사자가 새로운 관계로 들어가는 것이 아니라, 이미 있었던 관계를 확인하고 공식화 하고 더 공고히 하는 수단으로 언약을 사용했음을 볼 수 있다.[6] 본격적으로 언약 체결에 들어가기 전

---

5   이 부분에 대하여 한정건, 『창세기』, 168을 볼 것.

하나님은 자기와 이스라엘의 관계가 어떤 것인지를 먼저 밝힌다.

1) 이미 이루어진 양자의 관계(19:1~4)

19:1은 "이스라엘 자손이 애굽 땅을 떠난 지 삼 개월이 되던 날"이라고 한다. 이스라엘이 신 광야에서 반역을 일으켰던 때가 "둘째 달 십오일"이라고 했다. 그로부터 보름 만에 르비딤에서의 반란 사건, 또 아말렉과의 전쟁 그리고 장인 이드로의 방문 등 여러 사건들이 급하게 일어났고, 또 행진도 빨리 진행한 것 같다. "시내(광야)"의 *시나이*(סיני)는 시내산에 사용된 이름이다. 16:1에 언급된 신(סין) 광야와는 이름에서 서로 연관성은 있지만 그러나 지역을 가리키는 측면에서는 서로 다른 것으로 보아야 한다. '신 광야'는 좀 더 광범위한 지역이며, 본문의 '시나이 광야'는 바로 시내산 앞에 있는 좁은 의미의 광야로 보아야 한다. 19:1의 말은 그들이 이제 바로 시내산 앞에 이르렀다는 것을 의미이다. 2절에서 이스라엘이 거기 "산 앞에 장막을" 쳤다고 말하는데, "산"은 시내산을 두고 한 말이다. 시내산은 앞에 언급되었던(3장) 호렙산과 같다(신 5:2 참조).

시내산의 위치는 완전히 확정지을 수는 없다. 기독교 전통에서는 시내 반도 최남단에 위치한 야벨 무사로 지정하고 순례해 오고 있다. 그러나 출애굽한 이스라엘이 가는 목적지가 가나안인데 반대로 남쪽으로 향하여 간다는 것은 이치에 맞지 않는 것 같다. 그리고 성경의 출애굽 과정들도 남쪽으로 향하고 있다는 것보다 오히려 북쪽으로 향하고 있다는 증거가 더 많이 나타난다. 본서의 앞에서 계속 논의했듯이 술 광야, 신 광야, 메추라기 사건, 르비딤, 그리고 아말렉 사람들과의 전쟁 등은 이스라엘이 남쪽 방향이 아닌 북동쪽, 즉 가데스 바네아 쪽으로 향하고 있는 것으로 나타난다(앞의 주석들을 참조할 것). 따라서 시내산은 가데스 바네아 가까운 곳에 위치해 있었을 것으로 생각하는 것이 좋겠다.[7]

---

6 역시 한정건, 『창세기』, 168~69를 보라.

시내 광야에서 모세가 하나님 앞에 올라갔다(19:3상). 여기에 "하나님 앞"라고 번역되었지만 히브리어 본문에는'앞'이라는 말이 없다. 다시 번역하면 '하나님에게(엘-엘로힘, אֶל־הָאֱלֹהִים) 올라갔다'가 된다. 이 말은 산 위에 하나님이 계심을 의미한다. 그곳은 3장에서 모세가 여호와를 만났던 불타던 가시덤불 있던 곳으로 생각된다. 출애굽을 지시하셨고, '이곳에서 나를 섬기라'(3:12)고 명령하셨기에 모세는 그것을 완수한 마음으로 빨리 하나님 뵙기를 원했을 것이다.

산에서 여호와는 모세를 다시 만나주셨다. 그리고 여호와께서 그를 불러 말씀하셨다(19:3중). "불러"의 *카라*(קָרָא)는 기본적인 의미가 '선포하다, 외치다'로서, 특별한 말 또는 메시지를 발표하는 것을 의미한다. 앞으로 있을 언약에 대하여 심각한 메시지를 하나님께서 모세에게 공포하시는 것이다. 하나님은 모세에게 자신이 하신 선포의 내용을 이스라엘 자손들에게 전하라고 하신다(3절하).

하나님은 먼저 자신이 어떻게 이집트 사람들에게 행하였는지, 그리고 어떻게 그들을 (광야에서) 인도하였는지를 그들이 보았음을 상기시키셨다(4절상). 이스라엘을 내어놓지 않는 이집트에게 10가지 재앙을 내린 사건들, 그리고 홍해(갈대 바다)에서 어떻게 그들을 죽였는지에 대한 기억을 되살리시는 것이다. 하나님은 이스라엘을 "독수리 날개로 너희를 업어 내게로 인도하였다"고 말씀하셨다(4절하). "업어"의 *나사*(נָשָׂא)는 '들어올리다' 혹은 '짊어지다'이다. 어미 독수리가 새끼들을 절벽에서 던지고, 그것이 땅에 닿기 전에 날개에 업어 다시 보금자리로 데리고 가는 훈련을 연상시킨다. 독수리는 힘이 세고 날개가 강한 새이다. 등에 탄 새끼는 안전이 보장된다. 하나님이 얼마나 강하게 그리고 안전하게 그들을 보호하며 인도하셨는지를 비유적으로 말하는 것이다. 하나님은 "너희가 보았느니라"고 말씀하셨다. 그들이 그 모든 과정을 직접 보고 체험하였음을 상기시키는 것이다.

---

7   이 문제에 대하여 Hyatt, *Exodus*, 203~7을 참조할 것.

위에서 언약은 서로의 관계를 얽어매는 도구라고 하였다. 그런데 전혀 모르는 두 당사자가 언약을 통하여 새로운 관계로 들어가는 것이 아니다. 언약은 이미 서로 친밀하게 알고 있는 두 사람이 관계를 한층 더 발전시켜 관계를 확정하는 것이다. 라반과 야곱 사이에 맺은 언약을 보면(창 31:43-54), 양자는 20년이 넘게 가족으로 살았던 사이였다. 언약을 통하여 라반과 야곱은 기존의 관계를 다시 확인하고 서로가 어떻게 존중하며 살 것인지를 확인하였다.

하나님과 이스라엘과의 관계도 언약을 맺음으로써 양자 간의 관계를 새롭게 맺는 것이 아니다. 하나님은 이미 이스라엘을 "내 백성"이라고 불렀다. 자기 백성이 이집트에서 고통으로 부르짖는 소리를 들으시고 모세에게 "내 백성 이스라엘"을 이집트에서 인도해 내라고 하셨다(3:7). 하나님은 이스라엘을 "내 백성으로 삼고 나는 너희의 하나님이 되리니"라고 하셨다(3:10). 이때에 "하나님이 된다"는 것은 '왕이 된다'는 것 이상의 지위를 말하는 것이다. 이스라엘과 하나님의 관계가 왕(하나님)과 백성의 관계임을 이미 선언한 것이다. 그리고 모세와 아론을 바로에게 보내어 "이스라엘 하나님 여호와의 말씀에 내 백성을 보내라" 하셨다고 말을 전하라 하였고, 거듭 '내 백성을 보내라'고 요구하셨다(7:4, 14; 8:1, 8, 20, 22; 9:1; 10:3 등). 이 양자의 관계는 언약을 통하여 더 굳게 되고 또 더 발전할 것이다.

하나님과 백성의 관계는 그냥 수사적(修辭的) 표현이거나 선언적인 것만이 아니었다. 직접 자기 백성의 고통을 들으시고 그들을 강한 팔로 구출해 내셨다. 이집트에 내렸던 재앙들, 그리고 홍해에서 하신 일은 새끼를 보호하는 독수리의 힘보다 더 강하였다. 그로써 양자의 관계는 이미 확인된 것이다. 옛 히타이트의 언약에서도 양자의 관계에서 대왕이 어떻게 작은 나라를 적으로부터 구출해 주었는지를 먼저 밝힌다. 하나님도 먼저 자신이 이스라엘을 어떻게 이집트로부터 구출해 내었으며, 또 여기까지 인도하셨는지를 밝힌다. 이러한 언약은 먼저 대왕이 작은 나라에게 시혜를 베풀어주는 것을 근본으로 하고 있음을 나타낸다. 아람-앗수르의 언약에서 작은 나라를 강압적으로 다루는 모습과는 완전히 다르다.

2) 언약을 통한 특별한 관계(19:5~6상)

하나님은 "세계가 다 내게 속하였나니"라고 말씀하신다(19:5상). "세계"의 *애래츠*(אֶרֶץ)는 '땅, 지구'이다. 이것은 우주가 하나님의 주권 아래에 있음을 선언하신 것이다. 그런데 하나님이 이 말씀을 하신 이유는 세계를 소유한 자신의 권위에 대하여 말하기 위해서가 아니라, 그 모든 것 중에 가장 귀한 자신의 소유를 말씀하시기 위해서이다. 5절하에 "너희는 모든 민족 중에서 내 소유가 되겠고"라고 말씀하시는데, "소유"의 *세굴라*(סְגֻלָּה)는 '귀중한 소유물(valued property)' 즉, '특별한 보물(peculiar treasure)'을 뜻하기도 한다.[8] 전도서 2:8에는 *세굴라*가 왕의 개인 재산을 말하는데 사용되었고, 역대상 29:3은 다윗이 성전을 건축하기 위해 국가의 자원뿐만 아니라 자신의 개인 재산(*세굴라*)도 바쳤다고 선언하였다. 이런 경우에는 단순히 자기가 가진 모든 소유를 말하기보다 자기가 보유한 귀중한 것, 즉 보물을 뜻하는 것으로 볼 수 있다.

신명기 26:18~19에 "여호와께서도 네게 말씀하신대로 오늘날 너를 자기의 보배로운 백성으로 인정하시고...여호와께서 너의 칭찬과 명예와 영광으로 그 지으신 모든 민족 위에 뛰어나게 하시고"라고 하셨는데, 여기에서 "보배로운"으로 번역된 단어가 *세굴라*이다. 19장 본문과 연결해서 본다면 하나님이 소유한 세계(우주)의 모든 것 중에 이스라엘은 가장 귀하고 값진 그의 소유물이다. 이 단어를 언급하는 대부분의 구약 본문들은 이 출애굽기와 신명기의 문맥에서 인출해서 사용한다(신 7:6; 14:2; 26:18; 시 135:4; 말 3:17 등).

그런데 하나님이 이스라엘을 자신의 보물로 계속 인정하겠다는 조건은 "너희가 내 말을 잘 듣고 내 언약을 지키면"이다(10:5중). 하나님은 언약 이전에 이미 이스라엘을 자기의 백성, 즉 자기의 소유로 삼으셨다. 그런데 언약으로 이 관계를 계속 굳게 만드는 것이다. 그래서 "너희가 ... 내 언약을 지키면... 너희는 내 소유가 되겠고"라고 말씀하신 것이다. "지키다"의 *솨마르*(שָׁמַר)는 '

---

8 BDB, 688.

지키다(keep), 보존하다'이다. 하나님이 에덴동산에서 아담에게 "그것을 다스
리며 지키게 하시고"라고 하신 말씀과 같다. '지킨다'는 것은 새로운 것을 만
든다는 것이 아니라, 있는 그것을 잘 유지하고 보존한다는 뜻이고, 더 나아가
더 좋게 가꾼다는 의미까지 포함한다. 출애굽기 본문에서 하나님이 앞으로 세
우실 그 언약을 잘 지키고 보존하면 하나님은 그들을 특별한 보물로 계속 인
정할 것이다. 언약을 지킨다는 것은 언약의 의무 조항(앞으로 주어질 언약의 율
법)을 잘 이행한다는 것을 의미한다.

　하나님은 말씀을 덧붙인다: "(내 언약을 지키면...) 너희가 내게 대하여 제사
장 나라가 되며 거룩한 백성이 되리라"(19:6). 여기에 "언약," "나라"와 "백성"
이라는 용어가 등장하는데, 언약과 나라가 관계있다는 것이다. 즉 언약으로
나라를 만들고 그들을 백성으로 삼는다는 종주권 언약이다. 하나님도 언약을
통하여 자신이 그들의 하나님(종주)이 되시고 이스라엘은 자기의 나라와 백성
이 되는 것이다. 바로 시내산 언약을 통하여 나라가 세워지는 것이다. 그 나
라의 특징은 무엇일까?

　① 제사장 나라(맘래캣 코하님, **מַמְלֶכֶת כֹּהֲנִים**). 제사장의 코헨(כֹּהֵן)은 거룩하게
구별된 자로서 하나님에게 봉사하는 자이다. 제사장의 역할은 첫째, 하나님을
(예배로) 섬기는 것이고; 둘째 하나님의 뜻을 받들어 백성을 가르치고 인도하
는 역할이고(율법을 가르치고 재판함); 셋째, 하나님의 뜻을 물으며(우림과 둠밈
으로); 넷째, 중보 역할을 하는 것이다. 중보는 여러 가지 면에서 이루어진다.
제사로써 백성의 죄를 사하기 위해 중보하며, 기도로써 중보하며, 그리고 하
나님의 복을 백성에게 전달하는 것 등이다. 그런데 언약에서 이스라엘을 제사
장 나라로 삼은 것은 이러한 세상을 향한 중보의 역할을 감당하게 한 것이다.

　여기에 사용된 "나라(맘래캣)"는 영토(영역)의 개념이라기보다는 왕권이라
는 제도를 가리키는 것으로 보는 것이 좋다. 왕적인 권위, 그 권위를 드러내는
권력, 그리고 그 권위에 부여되는 직위가 모두 포함된다. '제사장'과 '나라'라
는 두 용어의 관계를 보면, 제사장은 속성(of priest 혹은 priestly = 제사장적)으

로서 나라를 수식해 주는 것이다. 그래서 이 어구는 "제사장적 왕권"(priestly royalty 혹은 the kingship of priest)으로 번역된다.[9] 이스라엘은 온 세계에서 구별된 왕권 혹은 특별한 왕권을 가진 나라다. 하나님의 목표는 이스라엘을 넘어 세상에 하나님의 왕권이 실현되는 것이다. 이스라엘을 선택해서 하나님의 통치가 온 세상에 보편적으로 이루어지기를 원하신다. 그것을 위해서 이스라엘이 제사장 나라로 특별하게 선택된 것이다.

② 거룩한 백성(고이 카도쉬, גוי קדוש)이 될 것이다. 카도쉬는 근본적으로 "구별되다"의 의미이다. 이스라엘은 하나님의 백성이다. 따라서 하나님이 거룩하기 때문에 그들도 거룩하여야 한다. 하나님 나라는 거룩하다. 그러므로 하나님 나라의 백성도 거룩을 입어야 한다. 그들이 거룩한 백성으로 구별되어야 하는 이유이다. 그들을 거룩을 유지하기 위해 세상과 구분된 삶을 살아야 한다. 세상 사람이 섬기는 신들을 멀리해야 하며, 이방 사람과 혼인하지 말아야 하며, 정결하지 못한 음식을 먹지 말아야 하며, 시체를 만져 부정을 입지 말아야 한다.

이 문구는 이스라엘의 독특성을 나타낼 뿐만 아니라 또한 '세계로부터' 구별됨을 암시하고 있다. 즉 세상과의 관계도 있다는 것이다. 왜냐하면 "세계가 다 내게 속하였나니"(19:5상)라는 전제가 붙어있기 때문이다. 하나님의 뜻은 이스라엘만 하나님의 거룩한 영역 안에서 머물게 하기 위함이 아니라, 이스라엘을 통하여 온 세상까지 하나님의 거룩한 영역이 확장되기를 원하시는 것이다. 하나님은 아브라함에게 "땅의 모든 족속이 너를 인하여 복을 얻을 것이니라"(창 12:3)는 약속을 주셨다. 모든 족속이 복 받게 하기 위해 아브라함을 먼저 선택하셨던 것이다. 이제 그 약속을 이루기 위해 그의 후손인 이스라엘을 선택하여 세우신다.

모세의 언약에 들어가기 전에 이미 그들은 독특성을 입었다. 그런데 그 독특성을 유지하기 위해서 "내 언약을 지키면"이란 전제가 붙었다(19:5중). 그들

---

9 W. J. 둠브렐, 『언약신학과 종말론』, 159.

에게 부여된 사명을 이루기 위해 이제 하나님은 언약에 들어가고자 하신다. 이스라엘이 거룩한 백성으로서 제사장적인 왕의 역할을 잘 수행할 수 있을지의 여부는 언약을 잘 지키느냐에 달렸다.

3) 특별한 관계의 말씀을 백성에게 전함(19:6하~9)

앞에서 하나님께서 모세를 하나님이 계신 산으로 불러 올리셨다(19:3). 그리고 언약과 관계된 여러 말씀을 하셨다. 이제 하나님은 모세에게 내려가서 이 말을 이스라엘 자손에게 전하라고 하신다(6절하). 모세가 내려와서 백성의 장로들을 불러 모아 여호와께서 명령하신 그 모든 말씀을 그들 앞에 진술하였다(7절). "진술하다"의 숨(שִׂים)은 '두다, 놓다'이다. 직역하면 명령하신 모든 말씀을 '그들 앞에 두었다'라고 할 수 있다. 의역하면 '그들에게 전하였다'로 할 수 있다. 그런데 본문은 "명령하신(사와, צָוָה, 밍령하나)" 모든 말씀이라고 하였다. 위의 구절들을 보면 대부분 하나님께서 이스라엘에게 베푸신 혜택들이었다. 명령하신 것은 언약을 지키라는 것이었다. 사실 하나님께서 이스라엘에게 주시는 모든 혜택은 언약에 속한 것이었다. 그 모든 것은 이스라엘이 그 언약을 지키느냐에 달려있다. 그래서 여호와께서 명령하신 모든 것이라는 표현이 정당하다.

모세의 말을 듣고 백성은 일제히 "여호와께서 명령하신 대로 우리가 다 행하리이다"라고 응답하였다. 이것은 언약의 과정에서 주어질 율법을 잘 지키겠다는 맹세한 것과 같다(24:7 참조). 그들의 이 말에는 책임이 따른다. 이스라엘은 말은 쉽게 하면서 행동이 다른 경우가 많았다. 과연 그들이 언약의 율법을 잘 지킬 수 있을지 의문이다. 모세는 백성의 이 말을 여호와께 전하였다. 아마도 모세가 이 말을 전하기 위해 산 위로 다시 올라간 것 같다.

그런데 산 위는 구름이 **빽빽**하게 싸여있었다(19:9상). 모세는 구름 가운데 들어가서 여호와와 대면하였다. 구름이 **빽빽**하면 그 속은 암흑이 된다(왕상 8:12 참조). 산 아래에 있는 백성도 이 구름을 볼 수 있었을 것이다. 하나님이 빽빽한 구름 속에서 임하신 것은 여러 의미가 있다. 첫째로 자신을 감추기 위해서이다. 자신이 사람에게 그대로 드러나면 그들은 살아남지 못한다. 하나님은 너무 거룩하신 분이기에 감히 부정한 사람이 보고 살 수가 없는 것이다 (33:20; 사 6:5 참조).

둘째는 백성에게 심판이 있음을 보여주기 위해서다. 빽빽한 구름 속은 암흑이다. 성경에는 많은 곳에서 구름과 암흑을 연관시킨다. 특히 여러 곳에서 시내산의 구름을 암흑으로 표현한다. "백성은 멀리 서 있고 모세는 하나님이 계신 흑암으로 가까이 가니라"(20:21), "그 산(시내산)에 .... 어둠과 구름과 흑암이 덮였는데"(신 4:11), "여호와께서 이 모든 말씀을 산 위 불 가운데, 구름 가운데, 흑암 가운데에서 큰 음성으로 너희 총회에 이르신 후에"(신 5:22) 등에서 볼 수 있다. 그 외에도 구름을 흑암으로 묘사하는 곳들이 많다(삼하 22:12; 욥 3:5; 10:22; 시 97:2; 사 5:30; 등등). 흑암은 심판을 상징한다. 이집트에서 내린 9번째 재앙(삼일간의 흑암)은 다음에 있을 대 심판(장자를 죽임)을 예고한 것이었다. 스바냐서는 여호와의 날에 있을 심판을 말하면서 "그 날은 분노의 날이요.... 캄캄하고 어두운 날이요 구름과 흑암의 날이요"(습 1:15)라고 한다. 예수님은 감람산 강화에서 주님의 강림 때를 묘사하면서 "그 날 환난 후에 즉시 해가 어두워지며 달이 빛을 내지 아니하며..."라는 말로써 심판을 시작하신다(마 24:29).

출애굽기 본문에서 하나님이 계신 곳을 흑암으로 사람들에게 보이게 하신 것은 그가 내리실 심판을 생각하라는 의도가 있을 것이다. 하나님은 모세에게 "내가 빽빽한 구름 가운데서 네게 임함은 내가 너와 말하는 것을 백성들이 듣게 하며 또한 너를 영영히 믿게 하려 함이니라"고 말씀하신다(19:9). 이 말씀의 내용은 백성들에게 여호와의 말씀에 대한 경각심을 일으켜서 배반하지 못하도록 하실 목적으로 빽빽한 구름 가운데 임하셨다는 것이다.

모세는 산위에서 백성의 말을 전했다. 바로 "여호와께서 명령하신 대로 우리가 다 행하리이다"(8절)라는 말이었다. 하나님은 백성의 고백을 받아들이고 이제 본격적으로 언약을 맺으시는 순서로 들어가신다.

교훈과 적용

① 하나님은 시내산에서 이스라엘 백성과 언약을 맺으신다. 언약은 양자 간의 관계를 맺는 의식이다. 고대 국가 간에 맺은 언약에서는 언약을 통하여 큰 쪽의 당사자가 대왕으로 군림하고, 작은 쪽은 대왕에게 그의 백성으로서 충성을 맹세하는 것이었다. 따라서 언약은 나라 만들기라고 할 수 있다. 하나님이 왕으로 군림하시고 이스라엘 자손들이 하나님의 백성이 되는 의식이었다. 시내산 언약에 의해 이스라엘이라는 신생 국가가 탄생했으며, 그 체제는 하나님이 다스리시는 신정 정치 국가의 모습이다. 이스라엘은 하나님의 통치가 직접적으로 미치는 나라가 되었으며, 언약으로 왕과 백성의 관계가 성립되었다. 신정 체제에서 신정국민은 하나님께 충성을 다할 때에 안전(전쟁으로부터)을 보장받을 뿐만 아니라, 복까지도 누릴 것이다. 은혜의 수혜자가 되는 것이다. 그러나 만약 충성이 상실되면 언약의 관계가 금이 가고, 복도 상실되고 말 것이다. 과연 그들은 이 언약을 잘 지킬 수 있을 것인지가 문제이다.

후에 이스라엘 자손이 사무엘에게 "우리에게 왕을 세워 우리를 다스리게 하소서"라고 요청한다(삼상 8:5). 하나님은 그 백성들의 요구에 화를 내셨다: "그들이.... 나를 버려 자기들의 왕이 되지 못하게 함이니라"(8:7). 왜냐하면 그들이 요구한 왕은 바로 세속적인 왕을 구하였기 때문이다: "모든 나라와 같이 우리에게 왕을 세워..." (8:5); "우리도 다른 나라들 같이 되어 우리의 왕이 우리를 다스리며 우리 앞에 나가서 우리의 싸움을 싸워야 할 것이니이다"(8:20). 그들은 신정정치국가가 아닌 세속 국가를 원하였던 것이다. 이것이 하나님이 노하신 이유였다. 하나님의 그들의 요구를 들어주셨다. 그러나 신정 정치 국가라는 그 틀은 유지하셨다. 자신이 왕을 선택하였고, 언약을 맺으면서 왕을 세웠다(삼상 11:14~12:25).

고대 국가 간의 언약에서도 대왕이 작은 나라의 왕을 불러 언약을 맺고 작은 왕을 자신의 대리인으로 그 나라를 다스리게 하였다. 그 작은 나라의 왕은 백성을 이끌고 대왕을 잘 섬겨야 하는 임무가 있었다. 하나님도 자기의 대리인으로 왕을 세워 나라를 다스리게 하면서, 백성이 자신을 잘 섬기도록 하였다. 따라서 백성이 원했던 그런 세상 나라가 아니라 신정 정치 국가를 더 강화하기 위해 왕을 세운 것이었다. 그러나 왕들은 작은 왕으로서의 임무를 다하지 못하고 결국 이스라엘과 유다 나라는 망하였다. 그래서 하나님은 새로운 왕, 즉 메시아를 통하여 완전한 신정 정치 국가를 회복할 계획을 하셨다.

② 언약은 서로의 관계를 맺는 것이었다. 시내산 언약을 맺기 전에 하나님과 백성은 이미 그 관계가 형성되어 있었다. 하나님과 백성과의 관계였다. 그 관계는 하나님이 백성들을

이집트에서 구원하심으로서 확인되었다. 따라서 언약은 구속을 전제로 하고 있다. 즉 언약을 통하여 그들이 구원을 받는 것이 아니었고, 또한 언약을 통하여 하나님과 백성의 관계로 들어가는 것이 아니었다. 이미 그들은 구원받은 백성이었다. 언약은 이 관계를 더 확실히 매어놓는 것이었다. 시내산 언약에서 주어진 율법을 지킴으로서 그들이 구원에 들어가는 것도 아니었다. 이미 구원받은 자가 어떻게 하나님 백성으로 살아야 할 것인지를 위해 법이 주어진 것이다. 신약 시대에도 예수님이 주신 계명들, 특히 팔복에 대한 교훈 등도 하나님의 백성으로서 살아가야 할 규범으로 주신 것이지, 구원을 위한 전제 조건으로 주어진 것이 아님을 알아야 한다.

③ 언약으로서 그들은 하나님의 백성임이 인증되었는데, 그것은 특별한 백성이었다. '제사장 나라(제사장적 왕권)'였고, '거룩한 백성'이었다(18:6). 세상 사람들과 구별된 특별한 백성, 즉 성민(聖民)이 된 것이었다. 하나님은 그들을 자기의 특별한 소유(세굴라)로 삼으셨다(5절). 그들만이 하나님의 임재의 장소인 성막(성전)으로 가서 예배드릴 수 있었으며, 하나님의 임재 앞에서 거룩한 음식을 먹을 수 있었다. 이것은 이스라엘이 크게 자부심을 누렸던 특권이었다. 그러나 신약의 성도들에게도 "너희는 택하신 족속이요 왕 같은 제사장들이요 거룩한 나라요 그의 소유가 된 백성이니"라는 명칭이 주어졌다. 출애굽기 본문에서 이스라엘에게 주어졌던 성민의 특권과 꼭 같다. 신약의 성도들도 하나님에게 나아가서 예배할 수 있는 성민으로서의 특권을 마음껏 누리면서 자부심을 가져야 하겠다.

2. 관계자들의 대면(19:10~25)

10 여호와께서 모세에게 이르시되 너는 백성에게로 가서 오늘과 내일 그들을 성결하게 하며 그들에게 옷을 빨게 하고 11 준비하게 하여 셋째 날을 기다리게 하라 이는 셋째 날에 나 여호와가 온 백성의 목전에서 시내 산에 강림할 것임이니 12 너는 백성을 위하여 주위에 경계를 정하고 이르기를 너희는 삼가 산에 오르거나 그 경계를 침범하지 말지니 산을 침범하는 자는 반드시 죽임을 당할 것이라 13 그런 자에게는 손을 대지 말고 돌로 쳐죽이거나 화살로 쏘아 죽여야 하리니 짐승이나 사람을 막론하고 살아남지 못하리라 하고 나팔을 길게 불거든 산 앞에 이를 것이니라 하라 14 모세가 산에서 내려와 백성에게 이르러 백성을 성

결하게 하니 그들이 자기 옷을 빨더라 15 모세가 백성에게 이르되 준비하여 셋째 날을 기다리고 여인을 가까이 하지 말라 하니라 16 셋째 날 아침에 우레와 번개와 빽빽한 구름이 산 위에 있고 나팔 소리가 매우 크게 들리니 진중에 있는 모든 백성이 다 떨더라 17 모세가 하나님을 맞으려고 백성을 거느리고 진에서 나오매 그들이 산 기슭에 서 있는데 18 시내 산에 연기가 자욱하니 여호와께서 불 가운데서 거기 강림하심이라 그 연기가 옹기 가마 연기 같이 떠오르고 온 산이 크게 진동하며 19 나팔 소리가 점점 커질 때에 모세가 말한즉 하나님이 음성으로 대답하시더라 20 여호와께서 시내 산 곧 그 산 꼭대기에 강림하시고 모세를 그리로 부르시니 모세가 올라가매 21 여호와께서 모세에게 이르시되 내려가서 백성을 경고하라 백성이 밀고 들어와 나 여호와에게로 와서 보려고 하다가 많이 죽을까 하노라 22 또 여호와에게 가까이 하는 제사장들에게 그 몸을 성결히 하게 하라 나 여호와가 그들을 칠까 하노라 23 모세가 여호와께 아뢰되 주께서 우리에게 명령하여 이르시기를 산 주위에 경계를 세워 산을 거룩하게 하라 하셨사온즉 백성이 시내 산에 오르지 못하리이다 24 여호와께서 그에게 이르시되 가라 너는 내려가서 아론과 함께 올라오고 제사장들과 백성에게는 경계를 넘어 나 여호와에게로 올라오지 못하게 하라 내가 그들을 칠까 하노라 25 모세가 백성에게 내려가서 그들에게 알리니라

이제 본격적으로 언약을 맺는 순서로 들어간다. 이 순서들을 보면 히타이트 언약과 거의 같다. 언약을 맺기 위해 양 당사자들이 의식을 행하는 장소에서 대면한다. 옛 히타이트 나라가 언약을 맺는 장면을 한번 연상해 보면, 먼저 작은 나라 백성의 대표(왕과 고관들)가 아래쪽에 서서 대기한다. 그처럼 하나님은 모세를 통해 이스라엘 백성이 준비하여 산 아래에서 기다리게 하라고 말씀하신다(19:11상).

1) 백성들의 준비(19:10~15)

그들이 언약을 맺기 위해 하나님과 대면해야 한다. 그 대면을 위해 그들이 준비해야 한다. 그들의 준비는 몸을 성결케 하는 것이다. 하나님이 거룩하심에 그들이 바로 설 수 있도록 몸을 깨끗케 하는 것이다. 성결케 하는 방법으로 첫째는 옷을 빨아 입는 것이고(10절하), 둘째는 여인을 가까이 하지 않는 것이다(일시적인 금욕, 15절하). 이렇게 삼일을 준비하고 기다리라고 하신다(11절상).

셋째 날이 되면 여호와께서 이스라엘이 보는 가운데 산에 강림할 것이다(11절하). 강림하다의 야라드(ירד)는 '내려오다'이다. 이것은 하나님이 하늘에 계신다는 개념을 반영한 표현이다. 바벨탑 사건에서 여호와께서 사람들이 쌓는 성과 대를 보시려고 강림하신 모습과 같다(창 11:5). 이 표현은 하나님이 시내산에 사시는 분이 아님을 시사한다. 이 강림은 하나님의 현현으로 말할 수 있다. 하나님이 사람이 볼 수 있게 나타나시는 것이다. 호렙산에서 하나님이 불꽃 가운데서 모세를 만나신 것과 같다.

하나님은 모세에게 산 주위에 경계를 정하고 이 경계를 침범하여 산 위로 오르지 말도록 하라고 명령하셨다. 만약에 산을 침범하는 자는 반드시 죽을 것이라고 하셨다(19:12). 이것은 하나님의 거룩을 훼손하는 것이 되므로, 하나님에게 불경을 저지른 죄에 해당한다. 그런 자는 손을 대지 말고 돌로 쳐 죽이거나 화살로 쏘아 죽이라고 하신다. 이 불경의 죄를 지은 자에게 손을 대면 그도 오염되기 때문일 것이다. 뒤에 재판에서 여호와를 모독하는 불경의 죄를 지으면 성 밖으로 내쳐서 돌로 쳐 죽이는 원리와 같다. 이러한 형벌은 사람뿐만 아니라 짐승에게도 해당된다(13절상).

산 위에서 나팔을 길게 불면 이스라엘은 산 아래에 모이라 하신다(13절하). 이 나팔은 천사가 부르는 것으로 생각된다. 근대에서도 중요한 사람이 등장할 때에 나팔을 부르는 것과 같다. "나팔"의 요벨(יובל)은 '숫양의 뿔'이며, 이것으로 만들어진 나팔도 된다. 모세가 산에서 내려와 백성에게 성결하게 하라고 요청하였다. 그들은 옷을 빨았고(14절), 또 여인을 가까이 하지 않고 삼 일을 기다렸다(15절).

2) 하나님 임재(19:16~20상)

힛타이트 언약에서 시간이 되면 대왕이 무장한 호위병들을 거느리고 등장 하여 앞자리에 작은 왕을 마주보고 앉으면 언약예식이 시작된다. 시내산 언약 에서 먼저 작은 나라에 속하는 백성이 산 밑에 자신을 성결케 하고 산 아래에 대기하고 있다. 제 삼일이 되었다. 아침에 대왕이신 하나님이 등장하신다. 하 나님이 산위에 임재하시는 징조가 보이자 모세는 백성을 거느리고 진에서 나 와 산기슭에 서서 대기하였다(17절). 백성이 보는 앞에서 하나님께서 등장하 시는데 그 모습이 장엄하였다. 하나님은 완전무장한 모습으로 나타나시는 것 이었다. 하나님이 무장하신 무기는 빽빽한 구름, 불, 지진, 그리고 나팔소리였 다. 앞의 세 가지는 자연재해들이고, 뒤의 것은 하늘 군사이다.

첫째, 우레 번개를 동반한 빽빽한 구름은 이미 시내산 위에 있었다(19:16 상). 앞에서 논하였지만 빽빽한 구름은 암흑으로도 묘사되었다(19:9 주석 참조 할 것). 시커먼 구름에 천둥과 번개가 가미하면 엄청나게 무서운 재난이 된다. 둘째, 연기를 동반한 불이었다. "시내산에 연기가 자욱하니"라고 했고 그 연 기는 "옹기가마 연기같이 떠올랐다"고 한다(18절). "옹기점"의 키브솬(כִּבְשָׁן)은 '용광로'이다. 용광로는 맹렬하게 타는 불을 대변한다. 거기에다 연기까지 동 반한 불은 맹렬하게 타는 모습을 묘사한다. 예를 들면 소돔과 고모라가 유황 과 불이 하늘에서 비처럼 내려 불탈 때에 멀리서 아브라함이 멀리서 "연기가 옹기점 연기 같이 치밀음을 보았더라"고 묘사한다(창 19:28). 소돔과 고모라를 태운 것은 가장 맹렬한 불임이 틀림없다.

불은 여호와께서 현현하실 때에 사용된 적이 있다(3장). 그러나 그때에는 이 렇게 무서운 불은 아니었다. 호기심을 일으켜 사람을 끌어들인 것이었다. 시 내산의 불은 사람이 몸서리칠 정도의 무서운 것이었다. 셋째로, 지진이었다.

그 지진은 "온 산이 크게 진동"할 정도로 컸다(19:18하). 산이 진동하지 않을 그보다 훨씬 작은 지진도 사람들에게 큰 공포를 주기에 충분하다. 이상의 세 가지 재난은 각각 따로 나타나도 큰 재앙이 되겠지만 이것이 한꺼번에 같이 일어날 때에는 그 강도가 더 심할 것이다. 밑에서 대기하고 있던 백성들에게 이런 것은 큰 위협이 되었을 것이다.

넷째, 위의 자연재해를 일으키는 것들뿐만 아니라 산 위에는 하나님의 군대까지 동원되었다. 본문은 "나팔 소리가 매우 크게 들리니 진중에 있는 모든 백성이 다 떨더라"고 말한다(19:16). 산 위에는 이스라엘 사람이 아무도 올라가지 못하였다. 그러므로 그것은 사람이 부는 나팔 소리가 아니다. 천군천사들이 부는 나팔일 것이다. 또 "나팔 소리가 점점 커질 때에 … 여호와께서 시내 산 곧 그 산 꼭대기에 강림하시고"라고 하였다(19:19~20상). 하나님은 천군(天軍)을 대동하고 산위에 강림하신 것이 된다. 그런데 나팔 소리가 점점 커졌다. 이것은 긴장을 고조시키는 것이다. 나팔이 언제 사용되는가? 나팔의 용도가 다양하겠지만, 현재 상황은 전쟁을 치르는 때이다. 전쟁에서 나팔은 공격 신호로 사용되기도 하였는데, 공격하는 아군의 사기를 높이기 위해 그 소리를 점점 크게 울리기도 하였다.

하나님은 자연재해로 무장하시고, 또 천군들의 호위를 받으며 언약의 장소에 강림하시고 있다. 자신의 위엄을 드러낼 뿐만 아니라, 상대방에게 위협을 가하고 있다. 산 아래에 있는 백성은 두려워 떨고 있다(16절하). 하나님이 이렇게 무섭게 나타나시는 것은 언약이 그만큼 엄중한 것임을 알리는 것이다. 만약 그들이 언약을 파기하면 하나님은 그러한 무서운 무기들로 그들을 공격할 것임을 시위하는 것이다.

(3) 백성을 엄격히 분리시킴(19:20하~25)

산 위에 강림하신 하나님은 모세를 불러 올렸다(19:20하). 오직 모세만 자기의 임재 장소에 불러 자신을 직접 만나게 허락하신 것이다. 하나님은 모세에게 백성에게 경고하라고 명령하셨다: "백성이 밀고 들어와 나 여호와에게로

와서 보려고 하다가 많이 죽을까 하노라"(21절). "밀고 들어와"의 하라스(הָרַס)는 '넘어뜨리다, 헐다'이다. 개역성경은 "돌파하고"라고 번역하였는데, 그 번역이 의미를 더 살린 것같다. 이것은 백성이 하나님이 세워놓은 경계선을 무너뜨리고 그 영역을 강제로 침입하는 것을 말한다. 백성이 호기심에서 하나님을 보기 위해 그런 무례한 일을 감행한다면 그들은 죽음을 면치 못할 것이다. "죽을까 하노라"의 나팔(נָפַל)은 "떨어지다, 넘어지다"이다. 문자적으로 하면 하나님이 무뢰한 자들을 '넘어뜨릴 것이다'이다. 의역한다면 '죽을까 하노라'도 가능하다. 하나님은 자신과 백성과 거리를 두셨다. 출애굽할 때에 구름기둥과 불기둥이 그들 진 가운데에서 그들을 인도하셨는데, 지금 언약을 맺는 순간은 자신과 백성 사이를 명확히 구분 짓고 계신다.

하나님은 자신을 가까이에서 섬길 제사장들에게는 그 몸을 성결케 하라고 하셨다(22절상). 여기에서 제사장(코헨, כֹּהֵן)이 공식적으로는 처음 나타난다. 이 언급은 앞으로 세워질 제사장 제도를 미리 내다보고 하신 말씀이다. 언약의 도중에 제사장들이 할 역할이 있다. 언약의 순서에 있는 희생제사를 드리는 일을 제사장들이 감당해야 하고, 또 하나님께서 선포하시는 율법을 받아 백성에게 가르쳐야 하는 임무도 있다. 지금은 하나님께서 모세 외의 모든 백성을 엄격히 자신으로부터 격리시키지만 앞으로 제사장들은 자기의 임재 가까이에서 섬겨야 할 사람들이다. 만약 그들이 성결하지 못하면 하나님이 "칠까 하노라"라고 경고하신다. 여기에서 "치다"에 사용된 파라츠(פָּרַץ)는 '돌파하다, 깨뜨리다'이다. 이 용어는 하나님이 징계로 죽이는 경우에도 사용되었고(삼하 6:8), 군사적인 용어로 적군을 치는 데에 사용되기도 하였다(삼하 5:20). 레위인들에게 대한 엄중한 경고의 말씀이다.

모세는 여호와께서 명령하신 대로 산 주위에 경계를 세워 백성이 시내산에 오르지 못하도록 하였다(19:23). 그리하여 그 산은 여호와께서만 임재하시는 거룩한 산으로 보존되게 하였다. 여호와께서 모세에게 아론과 함께 산에 올라오고 제사장과 백성은 경계를 넘어오지 못하도록 하였다(24절). 만약 그들이 경계를 범하면 여호와께서 그들을 칠 것이다(24절하). 여기에서 "치다"는 단어도 역시 *파라츠*이다. 전장에서 적군을 쳐부수는 광경을 연상케 하는 단어이다.

왜 하나님이 이렇게 자신을 백성과 엄격하게 분리하셨는가? 그것은 언약의 위중함을 알리기 위해서이다. 만약 언약이 파기되면 가차 없이 그들에게 벌할 것이라는 의지를 보이기 위해 이처럼 자신과 백성 사이를 갈라놓으시는 것이다. 모세는 백성에게 내려가서 여호와께서 명령하신 모든 것을 백성에게 전하였다.

3. 언약문 낭독 : 기본 법규(십계명) (20:1~21)

1 하나님이 이 모든 말씀으로 말씀하여 이르시되 2 나는 너를 애굽 땅, 종 되었던 집에서 인도하여 낸 네 하나님 여호와니라 3 너는 나 외에는 다른 신들을 네게 두지 말라 4 너를 위하여 새긴 우상을 만들지 말고 또 위로 하늘에 있는 것이나 아래로 땅에 있는 것이나 땅 아래 물 속에 있는 것의 어떤 형상도 만들지 말며 5 그것들에게 절하지 말며 그것들을 섬기지 말라 나 네 하나님 여호와는 질투하는 하나님인즉 나를 미워하는 자의 죄를 갚되 아버지로부터 아들에게로 삼사 대까지 이르게 하거니와 6 나를 사랑하고 내 계명을 지키는 자에게는 천 대까지 은혜를 베푸느니라 7 너는 네 하나님 여호와의 이름을 망령되게 부르지 말라 여호와는 그의 이름을 망령되게 부르는 자를 죄 없다 하지 아니하리라 8 안식일을 기억하여 거룩하게 지키라 9 엿새 동안은 힘써 네 모든 일을 행할 것이나 10 일곱째 날은 네 하나님 여호와의 안식일인즉 너나 네 아들이나 네 딸이나 네 남종이나 네 여종이나 네 가축이나 네 문안에 머무는 객이라도 아무 일도 하지 말라 11 이는 엿새 동안에 나 여호와가 하늘과 땅과 바다와 그 가운데 모든 것을 만들고 일곱째 날에 쉬었음이라 그러므로 나 여호와가 안식일을 복되게 하여 그 날을 거룩하게 하였느니라 12 네 부모를 공경하라 그리하면 네 하나님 여호와가 네게 준 땅에서 네 생명이 길리라 13 살인하지 말라 14 간음하지 말라 15 도둑질하지

말라 16 네 이웃에 대하여 거짓 증거하지 말라 17 네 이웃의 집을 탐내지 말라 네 이웃의 아내나 그의 남종이나 그의 여종이나 그의 소나 그의 나귀나 무릇 네 이웃의 소유를 탐내지 말라 18 뭇 백성이 우레와 번개와 나팔 소리와 산의 연기를 본지라 그들이 볼 때에 떨며 멀리 서서 19 모세에게 이르되 당신이 우리에게 말씀하소서 우리가 들으리이다 하나님이 우리에게 말씀하시지 말게 하소서 우리가 죽을까 하나이다 20 모세가 백성에게 이르되 두려워하지 말라 하나님이 임하심은 너희를 시험하고 너희로 경외하여 범죄하지 않게 하려 하심이니라 21 백성은 멀리 서 있고 모세는 하나님이 계신 흑암으로 가까이 가니라

고대 언약 문서에는 의무 사항(법)이 중심을 이루고 있다. 시내산 언약도 율법이 가장 많은 내용을 차지하고 그 중심을 이루고 있다. 그리고 이 율법이 나중에 두 돌판에 기록되어 모세에게 주어졌다. 그 돌판을 '증거판'이라 불렀고 (16:34; 25:16, 21 등등), 또 그 돌판을 넣은 궤를 '증거궤' 혹은 '언약궤'라고 불렀다. 이것은 그 돌판이 언약 문서임을 나타낸다. 따라서 본 단원에 주어진 법의 내용을 '언약문'이라고도 부를 수 있을 것이다. 물론 십계명과 함께 뒤에 주어지는 법들(20:22~23:33, '언약의 책'이라 불림)도 모두 언약의 율법에 포함된다. 그 중에서 십계명이 가장 핵심적인 언약의 계명이며, 그 뒤의 법들은 십계명에 대한 해석이며, 또 부가적인 것으로 볼 수 있다.

시내산 언약의 특징은 율법이 그 중심에 자리잡고 있다는 것이다. 성경에 여러 다른 언약들(노아의 언약, 아브라함의 언약, 다윗의 언약, 새 언약)이 있지만 이렇게 많은 분량을 차지하는 율법이 주어진 것은 없다. 각 언약에서 그 언약의 특징(혹은 중심)이 있다. 노아의 언약(창 9장)은 '창조질서 회복'이 중심이었고,[10] 아브라함의 횃불 언약은 '땅의 약속'이 그 중심이었다.[11] 다윗 언약은 '다윗 왕위의 계승'이 그 중심 메시지이다. 그런데 시내산 언약에서는 율법

10 한정건, 『창세기』, 159~79를 참조하라.
11 한정건, 『창세기』, 274~82를 참조하라.

이 그 중심에 있다. 이 언약에서 율법이 가장 중요한 역할을 한다는 것을 의미한다. 시내산 언약에 들어있는 율법의 기능(혹은 주신 목적)을 보면 다음의 두 가지로 요약할 수 있다.

① 나라 체계를 확립하기 위하여 법이 필요하다. 시내산 언약은 나라(하나님의 나라)를 만드는 것이었다. 나라의 체계를 만들고 또 유지하는 데는 법이 필요하다. 고대 왕국에서 왕이 법령을 선포하였다. 왕의 말이 곧 법이었다. 법을 선포하는 것은 왕권을 시행하는 것이고, 법은 왕권 확립의 가장 중요한 도구이다. 시내산 언약은 하나님께서 왕으로 등극하셨고, 또 그가 법을 선포하심으로서 자신이 왕 되심을 확정하셨다. 하나님은 이 법을 통하여 백성이 하나님 자신을 어떻게 섬길 것인지 명시하였으며, 또 자기 백성들이 서로의 관계에서 어떻게 살아야할 규범을 주셨다. 백성은 왕이 선포한 법을 지킴으로서 왕을 섬긴다. 법은 하나님과의 바른 관계(왕과 백성)를 확립을 위한 도구이며, 또 나라 체계를 확립하는 도구이다. 법이 없는 나라는 존재할 수 없다. 그만큼 법은 나라의 기본 체계를 이루는 것이다. 히타이트 봉신언약에서도 작은 나라 백성이 큰 나라의 시민으로서 어떻게 그 큰 나라 왕을 섬길 것인지를 법으로 제정하였던 것과도 비교할 수 있다. 이 법을 제정함으로써 나라의 체계를 확립하였다.

② 복을 받기 위하여 율법이 주어졌다. 하나님은 백성들에게 순종만 요구하기 위해 율법을 주신 것이 아니다. 이 율법을 통하여 자신에게 순종하는 자에게 복을 주실 것도 약속하셨다. 신명기는 다음과 같이 규례와 복에 관하여 말씀하신다: "여호와께서 우리에게 이 모든 규례를 지키라 명령하셨으니 이는 우리가 우리 하나님 여호와를 경외하여 항상 복을 누리게 하기 위하심이며..."(신 6:24). 언약 안에 들어온 자가 그 복을 받는 것은 당연하다. 또 언약이 계속 지속되는 한(율법을 순종함으로써) 그들은 계속 그 복을 누릴 것이다.

시내산 율법의 마지막인 레위기 26장은 율법을 지키는 자에게 주는 복을 말씀하고 있다: "너희가 나의 규례와 계명을 잘 준행하면 내가 너희 비를 그 시

후에 주리니"(레 26:3~4) (풍족한 소산); "내가 그 땅에 평화를 줄 것인즉... 칼이 너희 땅에 두루 행하지 아니할 것이며 너희가 대적을 쫓으리니 그들이 너희 앞에서 칼에 엎드러질 것이라"(레 26:6~8) (전쟁이 없는 평화).

이러한 율법과 관련된 복은 신명기에서도 계속 반복된다(신 5:33; 6:1-3; 7:12; 신 8:11이하; 8:16; 등). 특히 신명기 28장은 복에 대하여 가장 잘 설명한다: "네가 네 하나님 여호와의 말씀을 삼가 듣고 내가 오늘날 네게 명하는 그 모든 명령을 지켜 행하면..."(신 28:1); "...이 모든 복이 네게 임하며 네게 미치리니 성읍에서도 복을 받고 들에서도 복을 받을 것이며, 네 몸의 소생과 네 토지의 소산과 네 짐승의 새끼와 우양의 새끼가 복을 받을 것이며, 네 광주리와 떡반죽 그릇이 복을 받을 것이며, 네가 들어와도 복을 받고 나가도 복을 받을 것이니라"(신 28:2~6) (풍족한 소산); "네 대적들이 일어나 너를 치려하면 여호와께서 그들을 네 앞에서 패하게 하시리니 그들이 한 길로 너를 치러 들어왔으나 네 앞에서 일곱 길로 도망하리라"(신 28:7) (전쟁이 없는 평화).

하나님의 계명을 잘 지킬 때에 받는 복을 요약하면 풍족한 소산과 전쟁이 없는 평화라고 할 수 있다. 물론 여호와의 규례를 지키지 않고 언약을 배반하면 저주가 내릴 것이다. 그 저주는 기근, 전염병, 전쟁, 그리고 포로 네 가지로 요약할 수 있는데, 이것을 언약의 저주라고 불린다(레 26:14~39; 신 28:15~37). 그러나 언약의 궁극적 목적은 저주에 있는 것이 아니라 복에 있다.

결론적으로 율법은 '하나님 백성으로서의 삶'을 위한 것인 반면에 또한 '복'과도 연관된다. 이 복은 아브라함에게 약속된 것이었는데(창 12:2~3), 모세의 언약이 그 약속을 성취하는 길을 열어주신 것이다. 바로 언약의 법을 잘 지킴으로써 하나님께서 부어주시는 복을 누리는 것이다.

히타이트 조문은 일반적으로 기본법과 세부적인 법으로 나뉜다. 시내산 언약에서도 먼저 20:1-17까지 기본법이 선포되고(10계명), 그 뒤에서 23장 끝까지는 세밀한 법이 주어진다. 물론 24장 이후에 이어지는 율법들도(레위기도 포함) 다 언약의 법으로 보아야 한다. 법에는 '단언적'인 법(apodictic law)와 '결의론적'인 법(casuistic law)로 나뉜다. 전자는 절대적인 명령인 반면, 후자

는 '만약...', 혹은 '...할 때(...하면)'라는 조건으로 시작한다. 고대 근동지방의
법전은 대부분 후자에 속하지만, 전자는 이스라엘에게 주어진 독특한 형태이
다.[12] 언약에서 주어진 법에서 기본법규에 해당하는 십계명은 절대적인 명령
을 담은 '단언적'인 법이며, 그리고 그 뒤에 주어진 세부적인 법에서는 대부분
'결의론적'인 법에 해당한다.

이 계명이 열 가지라는 것은 20장 본문에서 나타나지 않지만, 34:28에 언급
된다. 열 가지 계명은 크게 두 부분으로 나뉘는데, 1~4계명은 하나님과의 관
계를 다루고, 5~10계명은 이웃과의 관계를 다룬다. 예수님도 계명을 요약하
시면서 "첫째는 네 마음을 다하고 목숨을 다하고 뜻을 다하여 주 너의 하나님
을 사랑하라는 것이고, "둘째는 네 이웃을 네 몸과 같이 사랑하라는 것이라"
고 하셨다(마 22:37~39; 막 12:30~31; 눅 10:27).

십계명은 핵심적인 언약의 법이며, 나중에 언약의 문서로서 기록하여 보관
하게 하였다. 이 십계명은 토라의 중심이며, 하나님께서 주신 모든 법의 요약
이라고 할 수 있다. 이것은 일시적이거나 한정적인 명령이 아니라 이스라엘
전 역사에서 모든 백성이 반드시 지켜야할 절대적인 규범이었다.

1) 서문(preamble) (20:1)

"하나님이 이 모든 말씀으로 말씀하여 이르시되"라고 시작한다. 먼저 언약
의 당사자인 자신이 하나님이심을 밝힌다. 그리고 앞으로 전개될 모든 명령은
자신이 친히 선포하신 말씀임을 강조한다. "이르시되"로 번역된 디베르(דִּבֶּר)
는 단순하게 '말하다'에 사용되는 아마르(אָמַר)와는 다르게 '선언하다, 명령하
다'에 가까운 강한 어조를 띤다.

2절에 히브리어 문장은 다음과 같이 시작한다: 아노키 여호와 엘로헤이카
(אָנֹכִי יְהוָה אֱלֹהֶיךָ). 번역하면 '나는 여호와, 곧 너의 하나님이니라(I am the Lord

your God)'이다. 히타이트 언약 문서에는 서문으로서 자신(대왕)이 누구이며, 또 상대방은 누구인지, 그리고 서로의 관계를 맨 먼저 밝힌다. 예를들어 히타이트 제왕 수필루리우마(Suppiluliuma)와 우가릿 왕 니크만두(Niqmandu)와 맺은 언약에서 서두(preamble)에 "위대한 왕, 히타이트의 왕, 태양이신 수필루리우마 왕이 니크만두에게 말하기를..."라고 시작한다.[13] 시내산 언약에서도 하나님 자신이 누구신지를 분명히 밝히셨다. 바로 자신을 "여호와"로 지칭한다. 옛 호렙산에서 모세가 하나님의 이름을 물었을 때에 하나님은 자신이 '여호와'이심을 분명히 밝히신 것과 같다(3:14~15). 그리고 이스라엘을 구원하실 때에도 '여호와'라는 자신의 이름을 걸고 나섰으며(6:2이하), 홍해의 사건을 통해서도 이집트 사람들에게 자신이 '여호와이심'을 알게 하셨다(14:4, 18). 이스라엘 백성들도 홍해 사건을 경험한 후 그가 '여호와'이심을 고백하였다(15:3). 이스라엘 백성에게는 자신들을 구속하신 분으로 여호와를 인식하고 있었다. 이제 언약에서 하나님은 자신이 바로 그 여호와이심을 분명히 밝히신다.

그리고 하나님은 자신과 백성과의 관계를 다시 설정한다. 자신을 '(여호와) 너의 하나님(엘로헤이카)'라고 하신다. 여호와 그는 세상 밖의 그 어떤 신이 아니라 바로 이스라엘의 하나님이시다. 어떻게 그분이 이스라엘의 하나님이 되시는가? 그것은 바로 이집트에서 종살이하던 그들을 구출해 내심으로서 증명되었다. 하나님은 이집트에서 고통받고 있던 이스라엘을 자기 백성이라고 하셨고, 그리고 바로에게 '내 백성'을 보내라고 요구하셨다. 이집트에서 구출해 내심으로써 그는 곧 그들의 하나님이 되신 것이다. 이제 그 하나님이 자기 백성과 언약을 맺으려 하신다.

(2) 역사적 서술(Historical prologue) (20:2)

히타이트 언약 문서의 서론에서 대왕이 작은 나라를 위해 무엇을 해 주었

---

13 엘머 에이 말텐스『하나님의 구원계획』(아가페문화사. 1991), 93.

는지에 대한 역사를 진술한다. 수필루리우마(Suppiluliuma)가 우갈릿 왕 니크만두(Niqmandu)와 맺은 언약 문서에서 "무키스의 이투라두 왕(Ituraddu king of Mukis)과 니이의 아기테숩 왕(Agitessub king of Ni'i)의 도시 국가들이 우가릿을 침략해 왔을 때에 절망에 빠진 니크만두 왕이 히타이트 군주에게 '열왕들이 나를 침략해 옵니다. 나를 구하소서'하며 도움을 요청했더니... 제국의 통치자는 은혜를 베풀어서 병거들과 마병을 지원해 주었고 불행에 처했던 니크만두를 침략자들로부터 구출해 주었다..."라고 서술한다.[14]

이 역사적 서술이 언약에서 중요한 역할을 한다. 보통 언약이라고 하면 대왕이 작은 나라를 위협하면서 충성을 맹세케 하고 만약 어길 때에는 크게 저주를 내리는 강압적이며 위협적인 분위기를 담고 있다(아람, 앗수르의 언약이 이 범주에 속함). 그러나 히타이트 언약은 대왕이 먼저 작은 나라를 위해 큰일을 해 주었음을 밝힌다. 그리고 언약을 통하여 그렇게 구원해준 작은 나라를 자기 백성으로 영입하여 계속 지켜줄 것을 먼저 암시한다. 이 역사적인 서술 때문에 그 언약은 대왕이 작은 나라를 위해 시혜를 베푸는 분위기를 느끼게 한다. 따라서 작은 나라 백성은 강압에 의해서가 아닌 자발적으로 혹은 감사의 마음으로 대왕을 섬기고, 또 대왕은 그들을 계속 보호해주고 복을 내려주는 것이다.

시내산 언약에서도 대왕이신 하나님께서 이스라엘을 위해 무엇을 하셨는지를 밝힌다. "나는 너를 애굽 땅 종 되었던 집에서 인도하여 낸 너의 하나님 여호와로라"(20:2). 대왕이신 여호와께서 고난에서 부르짖는 그들을 구출해 주었고, 이제 언약을 통하여 그들을 자기 백성으로 인 치신다. 하나님은 자기 언약의 백성을 계속 지켜주실 것이다. 그렇기 때문에 그들은 기쁨으로 하나님을 충성스럽게 섬길 수 있는 것이다. 이 역사적인 서술은 하나님이 시혜를 베푸시는 언약임을 드러내어 준다.

---

14 말텐스 『하나님의 구원계획』, 95,

3) 열 가지 계명(20:3~17)

이제 시내산 언약의 가장 중심이 되는 법령을 하나님께서 선포하신다. 물론 고대 히타이트 언약에도 의무 조항들이 언약 문서의 중심에 놓였었다. 그 서판들을 보면 법령에서 망명자, 경계, 왕위 계승, 행상인에 대한 규정 등을 취급하고 있다. 그러한 임무 규정은 봉주에게 어떻게 충성할 것인지를 구체적으로 명시한 것이었다. 하나님도 언약의 법령을 주심으로서 백성이 어떻게 자기를 섬길 것을 지시하신다.

하나님께서 언약의 의무사항으로 주시는 백성들이 지켜야 계명들은 크게 두 부류로 나눌 수 있다. 첫째가 하나님 자신에 대한 명령이며, 둘째는 이웃 간에 지켜야 할 사항이다. 십계명은 출애굽기 20장과 신명기 5장 두 곳에 기록되었다. 후자는 모세가 모압 땅에서 옛 출애굽 과정을 이야기 하는 도중, 시내산 언약을 회상하면서 다시 선포한 것이다. 양쪽은 문장, 단어까지 거의 같다. 단지 제4계명에서 안식일을 지켜야 근거를 제시하면서 약간 달리 표현하며, 제5계명에서는 약간의 문장이 더해진다. 이것은 제4계명과 제5계명을 다루면서 살펴볼 것이다.

A. 하나님에 대한 의무(20:3~11)

(1) 여호와 외에 다른 신을 섬기지 말라(제1계명, 20:3)

첫 계명은 "너는 나 외에는 다른 신들을 네게 두지 말라"이다. 이것을 통하여 하나님은 스스로 유일신이심을 천명하신다. 그 어떤 신도 여호와와 견줄 만한 자가 없다. 이스라엘은 이 유일신에게 충성심을 보여야 한다. 십계명은 모두 히브리어 부정어인 로(לֹא)로 시작한다. 단순 문장에서 로는 '아니다(have not)'의 부정어이지만, 본문과 같은 미완료에서는 절대 부정어로서, '... 하지 말라'는 강한 부정적인 명령이다. "다른 신들"에서 여기서는 아헤르(אַחֵר, 다른)의 복수형(아헤림, אֲחֵרִים)이 사용되었다. 이것은 '어떠한 다른 신(any other god)'도 섬기지 말라는 것으로 이해할 수 있다. 이 첫 계명은 언약의 백성이 지켜야할 가장 기본적인 법으로서, 앞으로의 역사에서 이스라엘 신앙의 기준이 된다. 이것을 어기는 것은 언약의 모든 것을 어기는 것과 같다. 다른 면에서 모든 것이 선할지라도 이것을 어기면 언약을 파기하는 것이 된다. 이 계명을 어기고 다른 신을 섬기는 자는 저주를 받을 것이고 멸망할 것이다(22:20; 신 27:15; 30:17~18; 수 23:16 등). 히타이트 언약에서 첫 번째 조건이 대왕에 대한 절대적인 충성을 요구한 것과 같다.

(2) 어떤 형상도 만들지 말고 절하지 말라(제2계명, 20:4~6)

둘째 계명은 '우상을 만들지 말고, 어떤 형상도 만들지 말며, 그것에게 절하지 말라'는 것이다. 우상에 대한 것은 첫 번째 계명인 다른 신을 섬기지 말라는 것의 후속 설명이다. 그러나 둘째 계명이 단순히 우상에 대한 것이라면 또 다른 계명을 주실 필요가 없다. 첫째 계명에 부가적인 첨부를 했으면 되었을 것이다. 그러나 둘째 계명은 우상에서 더 나아가 "어떤 형상"도 만들지 말라는 것으로 확대한다.

20:4에 "새긴 우상"의 패셀(פֶּסֶל)은 나무를 다듬거나 조각하여 만든 형상을 의미한다. 모세 시대에는 금속을 녹여 부어 만드는 우상은 거의 없었기 때문에 우상은 대부분 패셀의 형태였을 것이다. 물론 부어 만드는 우상(맛세카, מַסֵּכָה)을 금지시킨 것도 뒤에 나타난다(34:17). 20:4 본문에서 "어떤 형상도"에 사용된 단어 테무나(תְּמוּנָה)는 닮은 형태의 모양이다. 이것은 우상뿐만 아니라 모든 생물의 형상도 다 포함한다.

그런데 그 형상의 범위를 "위로 하늘에 있는 것이나 아래로 땅에 있는 것이나 땅 아래 물 속에 있는 것"으로 규정한다. "위로 하늘에 있는 것"에는 천사들을 가리키는 것으로 볼 수 있지만, 상상속의 어떤 영물(용과 같은)도 포함시킬 수 있다. 그런데 뒤에서는 하나님이 법궤의 뚜껑인 속죄소 위에 그룹 천사의 모양을 금으로 쳐서 만들라고 하셨다(25:18). 솔로몬의 성전에서는 성전 곳곳에 그룹 천사의 형상 혹은 조각이 새겨졌다. 엄밀히 말하면 이것은 제2계명을 어긴 것이 된다. 그러나 이것은 하나님의 특별 명령으로 만든 것이기 때문에 사람에게 그 잘못을 물을 수 없는 것이다. 그만큼 그룹의 역할이 성막에서 중요하기 때문에 하나님께서 그것만큼은 허락하였을 것이다(그룹의 형상에 대하여는 성막에서 논할 것임).

하늘에 있는 어떤 형상이라 할 때에 하나님을 대변하는 형상도 포함 될 것이다. 하나님은 영이시며 어떤 모양을 가진 것으로 새겨서 만들 수 없다. 따라서 그것을 위한 그 어떤 시도도 있어서는 안 된다. 후에 모세가 산 위에 올라간 후 사람들이 자신들의 보석을 내어놓아 그것을 부어서 송아지 형상을 만들었다. 그리고 그들이 말하되 "이는 너희를 애굽 땅에서 인도하여 낸 너희 신이로다"고 하였다(32:4,8). 그들은 여호와 하나님을 형상화하려고 시도한 것이다. 하나님은 자신에 대한 그 어떤 형상도 만드는 것을 허락하지 않으셨다.

또 "아래로 땅에 있는 것"에서 "아래로"의 밋타하트(מִתַּחַת)는 바로 앞 문장의 "위로(밋마알, מִמַּעַל) 하늘의 것"의 반대어이다. 양자를 함께 보면 위에서부터 아래까지의 모든 영역을 나타낸다. "땅에 있는 것"에는 땅 위의 모든 생물을 포함한다. 그런데 그 범위는 "땅 아래 물속에 있는 것"으로 확대한다. 즉 하늘과 땅과 바다 속의 그 어떤 것의 형상을 만들지 말라는 것이다. 이것은 세상(혹은 우주)에 있는 것에서 예외가 없음을 뜻한다.

하나님은 형상을 만들지 말라고 하는데 머물지 않고 "그것들에게 절하지 말며 그것들을 섬기지 말라"고 명령하신다(5절). 이 말씀은 사람들이 형상을 만드는 목적은 절하고 섬기기 위함임을 보여준다. "절하다"의 티쉬타흐와(תִּשְׁתַּחֲוֶה, הָחָה의 힛파엘)는 '경배하다, 예배하다'의 의미이며, "섬기다"로 번역된 아바드(עָבַד)도 '예배하다'의 의미로 이해할 수 있다(3:12 주석을 참조할 것). 이것은 첫 번째 계명의 보완적인 성격이 있다. 첫 계명은 다른 신을 "네게 두지 말라"는 소극적인 반면 둘째 계명에서는 적극적으로 우상을 만들거나 그것을 위한 예배행위를 금지하신 것이다.

하나님은 이 명령을 더 엄격하게 만들기 위해 "나 네 하나님 여호와는 질투하는 하나님"이라는 것을 명시하신다(5절중). "질투하는"의 칸나(קַנָּא)는 동사

카나(קַנָּא)에서 나온 형용사(피엘 부정사 형태)인데, 하나님에게 사용되었을 때에는 주로 우상숭배를 다룬 문맥에 나타난다. 만일 아내가 간음한 경우 남편이 아내와 그 정부를 죽이는 것이 허용되는 법이 있는데(레 20:10), 이것은 남편의 질투를 정당화한 것이다. 하나님도 가끔 자기와 백성 사이를 남편과 아내의 관계로 비유하고, 또 백성의 우상숭배를 간음으로 비유한다. 일반 사람이 아내의 불륜을 보고 지나칠 수 없듯이, 하나님도 질투하는 분임을 밝힘으로서 그러한 처벌을 할 수 있음을 천명하신 것이다. '질투'는 사랑을 전제한다. 아내를 사랑하기 때문에 질투가 생기는 것이다. 하나님도 자기 백성을 사랑하기 때문에 그의 질투와 분노는 더 커질 것이다.

우상에게 절하는 자를 하나님은 "나를 미워하는 자"라고 규정한다(5절하). 실제로 백성이 하나님을 미워하지는 않을 것이다. "미워하다"의 *사네*(שָׂנֵא)는 '사랑하다'의 반대말이다. 아내가 남편을 사랑하지 않기 때문에 불륜을 저지른다. 이런 불륜한 아내의 행동을 더 적극적인 "미워하다"는 말로 표현하는 것이다.

남편이 불륜을 저지른 아내와 정부(情夫)에게 죽이는 벌을 내리듯, 하나님도 우상을 숭배한 자기 백성을 징계하신다. 그들의 "죄를 갚되 아버지로부터 아들에게로 삼사 대까지 이르게" 하겠다고 선언하신다(20:5하). 아내에 대한 사랑이 깊을수록 배신한 아내에 대해 견딜 수가 없는 것과 같이, 하나님도 마찬가지로 그 징계를 더하시는 것이다. "삼사 대까지"의 말은 문자적으로만 볼 것이 아니다. 그만큼 분노하심이 크시다는 것과 또 징계가 후손에게까지 이어질 것임을 표현한 것이다.

만일 하나님이 징계만 하시는 무서운 분이시라면 다른 신과 무슨 차별이 있겠는가? 하나님은 자신의 사랑을 배신하는 자에게는 징계를 내리시지만 그러나 자기를 "사랑하고" 그 "계명을 지키는 자에게는" 천 대까지 은혜를 베푸시겠다고 말씀하신다(6절). "은혜"의 히브리어 *헤세드*(חֶסֶד)는 기본적으로 '자비, 인자'의 뜻이지만, '사랑(lovingkindness)'으로도 번역된다(예, 창 24:27).[15] 이 단어는 기본적으로 하나님에게 사용되었고, 많은 경우에는 언약과 관계되어 나타난다(대표적으로 시 89:1~3을 보라). *헤세드*는 하나님의 언약에 대한 신실하심에 근거하여 언약을 지키는 자기 백성을 향하여 베풀어주는 사랑을 가리키는 것으로 볼 수 있다. 20장 본문은 현재 언약을 맺는 장면이다. 언약을 지킨다는 것을 언약의 율법을 잘 지키는 것이며, 이것이 바로 하나님을 사랑하는 증거가 된다. 백성이 이렇게 하나님에 대한 사랑을 보여줄 때에 하나님도 자신이 언약의 신실하심을 보여주며 그들에게 언약의 사랑인 헤세드를 베풀어 주실 것이다.

그런데 하나님의 진노는 삼사 대까지 내려질 것이지만(20:5하), 하나님의 사랑은 천대까지 이어질 것으로 말씀하신다(6절하). 이것도 사실 문자적으로 천 세대로 꼭 주장할 필요는 없다. 이것은 수를 헤아릴 수 없을 정도로 많다는 표현으로 보아야 한다. 진노를 베푸시는 양보다 은혜를 베푸시는 것이 더 크고 길게 지속될 것임을 강조하기 위한 표현이다.

둘째 계명은 우상을 만들지 말고 거기에 절하지 말라는 것으로 요약된다. 이것은 하나님에 대한 사랑을 변치 말라는 것이다. 이 사랑은 언약의 율법을 지킴으로써 증명된다. 이렇게 언약을 지키면 하나님은 언약의 축복을 그들에게 내려주실 것이다. 그 양과 수는 헤아릴 수 없을 정도로 많을 것이다.

(3) 여호와 이름을 망령되게 부르지 말라(제3계명, 20:7)

제3계명은 "여호와의 이름을 망령되게 부르지 말라"는 것이다(20:7). "망령되게"의 히브리어 *솨웨*(שׁוא)는 '공허, 헛됨', 그리고 '거짓' 등의 의미를 가진다. '망령되게 부르지 말라'는 것은 여러 가지 의미로 해석할 수 있다.

첫째, 하나님의 이름을 가지고 거짓 맹세하지 말라는 것이다. 하나님은 여호와의 이름으로 사람을 저주하거나 축복하게 하셨다(민 6:27). 그러나 본문에서는 자기의 유익을 위해 여호와의 이름을 두고 거짓 맹세하는 것을 금하신 것이다. 사람이 남에게 정죄함을 당하여 궁지에 몰릴 때에 "감히 여호와의

---

15   BDB, 339.

이름으로 맹세하니...”라며 자기의 결백을 주장할 수 있다. 이때에 여호와의 이름은 자기의 정당함을 변호해 주는 방편으로 사용되었다. 여호와의 이름을 가지고 맹세하는 사람에게 그 죄를 계속 추궁할 수 없기 때문이다. 이것이 그 이름을 망령되게 부르는 것이다. 그렇게 하여 그 사람은 정죄됨을 면할지 모르지만 오히려 여호와께서 그에게 합당한 벌을 내리실 것이다. 본문은 여호와는 이렇게 자기의 이름을 망령되게 부르는 자를 “죄 없다 하지 아니하리라”고 말씀하신다(20:7하).

둘째, 부주의하게 이름을 부르거나 혹은 의미 없이 사용하는 것을 금지하는 것이다. 이것은 하나님을 무가치한 존재로 만드는 것에 대한 경계이다. 하나님의 이름이 가볍게 여겨지거나 조롱거리가 되어서는 안되기 때문이다. 쿰란의 성경 필사자가 네 개의 문자 이름(nomen tetragrammaton, יהוה, 개역성경은 ‘여호와’로 표기)이 나올 때마다 결례(몸을 씻는 의식)를 행하고 와서 그 이름을 썼다고 한다. 그만큼 그 이름을 거룩하게 여겼던 것이다.

셋째, 거룩한 이름을 내세우면서 그릇된 행동을 하는 것을 금한 것으로도 볼 수 있다. 이상에서 본 바와 같이 본 계명은 여호와의 이름을 부를 때뿐만 아니라, 그 이름으로 행하는 행동도 신중해야 함을 강조한 것이다. 그러나 그 신중함이 너무 지나쳐 해가 된 경우도 발생했다. 바벨론 포로 이후의 유대인들은 그 이름을 부르는 대신 ‘네 개의 문자 이름(יהוה)’이 나오면 아도나이(אֲדֹנָי, 주)로 대체하여 발음하였다. 그 이름이 너무 거룩하였기 때문이며, 행여나 “망령되이 일컫지 말라”(20:7; 신 5:11)는 계명을 범할 수가 있음을 우려한 때문이었다. 이것이 오래 지속되니 그들은 그 이름의 정확한 발음을 잃어버렸다.[16]

오늘날도 많은 번역 성경들이 여호와의 이름을 전혀 사용하지 않지만, 우리는 그 이름을 부를 의무가 있다. 왜냐하면 하나님은 자신의 이름을 영원히 기억하도록 명령하고 있기 때문이다. 3:15에 하나님이 모세에게 “너희 조상의 하나님... 여호와라 하라 이는 나의 영원한 이름이요 대대로 기억할 나의

---

16 특주, “여호와 이름의 의미”를 참조할 것

표호니라"라고 이스라엘 백성에게 말하라고 하였다(33:19; 34:5; 시 83:18; 호 12:5; 암 9:6 등을 참조). 그리고 구약성경에는 자주 여호와의 이름의 독특함이 강조된다(15:3; 사 24:24; 45:5,18; 48:1-2; 등등). 그리고 많은 곳에서 하나님은 자기의 이름을 밝히면서 어떠한 특별한 일을 하고 계심을 밝히신다(6:2, 7, 29; 14:4, 18; 등등).

이상에서 볼 때에 우리는 여호와의 이름을 불러야 하며, 그 이름을 항상 기억해야 한다. 헛되게 부르지 않도록 조심을 하라고 했지 부르지 말라고 것은 아니다.[17] 오늘날 우리도 조심하면서 그 이름을 불러야 할 것이다. 그 이름의 발음에 대하여는 '여호와'로 불러야 하는지 아니면 '야훼'로 부르는 것이 옳을지에 대한 논란이 많다. 그러나 원어민이 아닌 이상 이름의 발음은 정확하게 부를 수는 없는 점을 감안한다면 둘 다 가능하다고 생각한다. 문제는 그 이름을 불러야 한다는 것이고, 또 그 의미를 알고 부르는 것이 중요하다는 것이다.[18]

(4) 안식일을 거룩하게 지키라(제4계명, 20:8-11)

네 번째 계명은 "안식일을 기억하여 거룩하게 지키라"는 것이다(20:8). 앞의 세 가지 계명은 절대 금지(로, לֹא + 미완료)로 시작하는 단언적 명령이었다. 그러나 본 계명은 긍정형이다. 8절의 문장을 다시 번역하면 '안식일을 기억하여 거룩하게 하라'이다. 원어에는 "지키라"는 말이 없다. "기억하여"의 자카르(זָכַר)는 '회상하다(remember)'의 의미를 담고 있다. 이것은 이미 있었던 어떤 일을 다시 생각하는 것이다. 어떤 일을 말하는가? 그것은 바로 하나님께서 천지를 창조하시고 일곱째 날에 쉬었음(11절)을 상기하라는 것이며, 또 출애굽 사건을 기억하라는 것이다(신 5:15). 천지창조의 제7일과 출애굽 사건은 안식일 제정의 근거가 된다. 따라서 안식일 제정의 참 의미를 알기 위해 이 두 가지 사건을 신중하게 살펴야한다.

---

17 이 부분에 대하여 Watler Harrelson, *The Ten Commandmants and Human Rights* (Philadelphia: Fortress, 1980), 72~77을 보라.

18 특주, "여호와 이름의 의미"를 참조할 것.

"안식일"의 **샵바트**(שַׁבָּת)라는 단어는 동사 **솨바트**(שָׁבַת)에서 온 명사로서 솨바트는 '쉬다, 그치다'의 의미를 지녔다. 출애굽기 본문 9~10절에는 "엿새 동안은 힘써 네 모든 일을 행할 것이나 일곱째 날은 …아무 일도 하지 말라"라고 말씀하신다. 제7일 안식을 위해서는 그 앞에 6일간은 열심히 일을 해야 함을 전제하고 있다. "일"의 **멜라카**(מְלָאכָה)는 '노동, 사역'을 의미한다. 물론 이 일은 항상 나쁜 의미로 사용된 것은 아니지만, 타락 이후에 주어진 노동은 저주로 주어진 것으로서 먹기 위해 땀을 흘려야 하는 수고이며 또 노역이었다. 제7일에 일을 하지 말라고 하신 것은 그 노동에서의 해방을 주신 것이다. 따라서 안식일은 우리에게 쉼을 주신 축복의 계명이지 우리를 얽어매기 위해 주신 명령이 아님을 명심해야 한다.

20:10은 이날을 "여호와의 안식일"이라고 한다(10절). 안식일은 근본적으로 여호와의 것이라는 말이다. 왜 여호와의 것인가? 그것은 여호와께서 천지창조를 완성하시고 제7일에 안식하였기 때문이다. 하나님은 자신만 안식하는 것으로 그치지 않으셨다. 사람들과 짐승들까지도 자신의 안식에 참여하라고 명령하신다: "너나 네 아들이나 네 딸이나 네 남종이나 네 여종이나 네 가축이나 네 문안에 머무는 객이라도 아무 일도 하지 말라"(10절). 이렇게 사람을 참여시키는 이유는 그들은 언약을 통하여 하나님의 백성이 되었기 때문이다. 그런데 그 언약 공동체 안에 그 사람의 가족뿐만 아니라 종들과 잠시 머무는 사람들까지 참여시키고 있다. 심지어 가축들까지 참여시킨다. 이것은 하나님께서 주시고자 하는 노동에서의 해방(즉, 저주 이전으로의 회복)은 자연까지 포함됨을 시사하는 것이다.

이 안식일의 계명에서 우리가 가장 중요하게 생각해야 하는 것은 "'안식'의 참 의미가 무엇인가?'라는 것이다. 많은 사람들은 이 안식(솨바트)을 일을 그치고 쉬는 것으로 이해한다. 물론 본문도 "엿새 동안은 힘써 네 모든 일을 행할 것이나 일곱째 날은 … 아무 일도 하지 말라"고 하신다(20:9~10). 안식일에는 쉬는 것이 중심 메시지인 것 같다. 특히 솨바트는 노동에서의 쉼을 의미하는 단어인 점도 그 주장을 뒷받침하는 것 같다. 그러나 단지 일하지 않고 쉬는 것이 안식하는 것인지는 더 생각해 보아야 한다.

신명기 5장에 있는 십계명에서는 "...아무 일도 하지 말고 네 남종이나 네 여종으로 너 같이 안식하게 할지니라"에서 이때에 "안식하게"에는 누아흐(נוח)라는 단어가 사용되었다. 누아흐도 '휴식하다, 쉬다'라는 의미로서 솨바트와 동의어로 사용될 수 있다. 그런데 누아흐는 또 자주 '안전히 거하다' 또는 '안식하다'의 의미로도 사용된다(창 2:15; 8:6; 출 16:34; 민 17:4; 삿 2:23; 삼상 10:25 등등). 특히 신명기 12:10에는 누아흐를 "평안히 거하는" 모습으로 그리고 있다: "...너희로 너희 사방의 모든 대적을 이기게 하시고 너희에게 안식(누아흐)을 주사 너희로 평안히 거하게 하실 때에". 그러므로 제4 계명의 안식이 단순히 쉼(휴식)을 의미하는 것이 아닐 수 있다는 것과, 더 나아가 안식은 평안히 거하는 누림으로 볼 수 있다는 가능성을 열어둘 필요가 있다.

안식의 진정한 의미를 알기 위해 제4계명이 안식일의 근거를 주고 있는 두 가지 사건, 즉 창조에서의 제7일과 출애굽 사건을 살펴보자. 먼저 살펴보아야 할 것은 천지창조 기사이다. 창조 기사는 7일로 구성되었는데, 그 7일은 단순히 하나님이 무엇을 만드셨다는 것을 말해주는 것이 아니라 하나님이 땅을 어떻게 완성하셨는지를 말해주는 구속의 과정이었다.[19] 창세기 2:2에 "하나님의 지으시던 일이 일곱째 날이 이를 때에 마치니 그 지으시던 일이 다하므로 일곱째 날에 안식하시니라"고 하셨다. 여기의 "마치니"의 히브리어 칼라(כלה)는 '완성하다' 이다. 일곱째 날, 즉 하나님의 안식이 창조의 완성이라는 의미이다. 그리고 2:3에 "하나님이 일곱째 날을 복 주사 거룩하게 하셨으니 이는 하나님이 그 창조하시며 만드시던 모든 일을 마치시고 이 날에 안식하셨음이더라"고 하셨다. 여기에 "안식하다"에 사용된 단어는 솨바트이다.

이 하나님의 안식에 대하여 많은 사람이 하셨던 '일에서 쉬셨다(휴식하다)'의 의미로 생각하였다. 대표적으로 공동번역과 표준새번역을 들 수 있다. 표준새번역은 다음과 같이 번역한다: "하나님은 하시던 일을 엿샛날까지 다 마치

---

19 창조의 7일을 구속의 구도로 보아야 한다는 부분에 대하여는 한정건, 『창세기』, 46~66을 참조하라.

시고, 이렛날에는 하시던 모든 일에서 손을 떼고 쉬셨다. 이렛날에 하나님이
창조하시던 모든 일에서 손을 떼고 쉬셨으므로…"(창 2:2-3上). 이 번역에서
두 가지 부분이 잘못되었다. 첫째는 "엿샛날까지 다 마치시고"이다. 히브리어
본문(맛소라 본문)을 직역하면 "그리고 하나님이 그의 일을 일곱째 날에 완성
하셨다"이다.[20] 일부 고대 역본이 '여섯째' 날로 번역하더라도 히브리어 본문
을 그렇게 고칠 이유가 없다. 이러한 번역은 6일간 창조 행위를 사역으로 보
고 제7일에는 그 일에서부터 쉰 것이라는 생각을 정당화하기 위해 의도적으
로 왜곡하여 번역한 것이다. 카일과 델리취는 제7일에 하나님이 쉬셨지만, 그
러나 그 쉼 자체가 창조 과정에 속하는 것이며, 그로써 창조가 완성된 것이라
고 말한다.[21] 둘째로, "손을 떼고 쉬셨다"는 번역이다. 히브리어 본문에는 손
을 떼었다는 말이 없다. 이렇게 번역한 의도는 안식이란 단순히 일하는 데서
부터 쉬는 것임을 드러내기 위함이다.

　　우리는 과연 안식이 단순한 쉼을 의미하는지 알기 위해 몇 가지 질문을 해
볼 필요가 있다. 첫째, '하나님만이 그 안식에 참여하였는가?'이다. 만약 창조
기사의 제7일을 일하는 것의 중지로 생각하면 이것은 단순히 하나님 자신만
의 쉼을 의미하는 것으로 제한된다. 왜냐하면 6일간의 일은 하나님만이 하셨
기 때문이다. 그런데 창세기 본문은 그날을 "복 주시고 거룩하게 하셨다"고
하셨다(2:3). 만약에 그날이 하나님만의 쉼이라면 왜 그날을 복 줄 필요가 있
는가? 하나님은 복의 근원이시며, 자신을 위해 그날을 복 줄 필요는 없다. 또
하나님은 거룩하신 분이기 때문에 자신만을 위해 그날을 거룩케 할 필요도
없다. 따라서 우리는 이날을 하나님뿐만 아니라 피조물 전체가 참여하는 날
로 보아야 한다.[22]

　　이 안식에 하나님 혼자서가 아닌 사람도 참여한다는 것은 안식일의 계명에

20　히브리어로는 다음과 같다. וַיְכַל אֱלֹהִים בַּיּוֹם הַשְּׁבִיעִי מְלַאכְתּוֹ

21　C. R. Keil, & F. Delitzsch, *Commentary on the OT 1, the Pentateuch* (Grand Rapids: Eerdmans, 1976), 68.

22　데렉 키드너, 『창세기: 틴델 구약주석 시리즈』, 한정건 역 (서울: 기독교문서선교회, 1990), 86.

서도 볼 수 있다. 하나님은 제7일을 "여호와의 안식일"로 밝히면서, 이 안식일에 사람들과 짐승들까지도 쉬라고 명하신다(20:10). 레위기 25장에 나오는 안식년의 제도에서는 땅도 쉬어 여호와의 안식에 참여하게 하였다(레 25:4). 만약 안식에 사람뿐만 아니라 짐승과 땅까지도 참여하고 있다면, 창조에서의 제7일도 단순히 하나님 자신만이 일에서 손을 떼시고 쉰 것으로 볼 수 없다. 왜냐하면 사람들이 엿새 동안 어떤 일을 한 것이 아니기 때문이다.

둘째 질문은 '하나님이 제7일째 하루만 쉬고 다음날(제8일)에 다시 무슨 일을 하셨는가?'이다. 창세기 2:1은 "천지와 만물이 다 이루니라(칼라)"고 하였다. 더 이상 남은 것이 없다는 의미이다. 신약성경 히브리서는 우리에게 남아있는 저 안식에 대하여 말하면서, "이미 믿는 우리들은 저 안식에 들어가는도다... 세상을 창조할 때부터 그 일이 이루어졌느니라. 제칠일에 관하여는 어딘가에 이렇게 일렀으되 하나님은 제칠일에 그의 모든 일을 쉬셨다 하였으며"라고 말한다(히 4:3-4). 앞으로 우리가 들어갈 영원한 안식을 말하면서 그 안식은 세상 창조 때에 이루어진 것이라고 하면서, 그것을 증명하기 위해 창세기 2:2을 인용한다. 바로 창조기사에 나타난 제7일 하나님께서 하신 그 안식이 우리가 들어갈 바로 그것이다. 따라서 창조기사에서의 안식은 단 하루만이 아니라 영원한 것임을 알 수 있다. 그리고 그 안식은 하나님뿐만 아니라 우리도(물론 다른 피조물도 함께) 참여하는 것이며, 또한 구속 역사의 목표점임을 알 수 있다. 따라서 그 안식을 단순한 쉼으로만 보면 안된다.

결론적으로 천지창조 기사는 7일 과정으로 엮어져 있는데, 그 7일은 구속의 과정이었다. 제7일에 하나님이 안식하신 것은 단순히 일하는 것에서부터 쉬었음(휴식)을 의미하는 것이 아니라, 하나님께서 완성하신 창조물과 더불어 누리시는 것이었다. 그것이 7일 창조의 마지막 목적지였다.

안식의 진정한 의미를 알기 위해 두 번째로 살펴야 할 것은 출애굽 사건이다. 신명기 5장에서의 제4계명에서는 안식일을 지켜야 할 근거를 출애굽에 둔다: "너는 기억하라 네가 애굽 땅에서 종이 되었더니 너의 하나님 여호와가 강한 손과 편 팔로 너를 거기서 인도하여 내었나니 그러므로 너의 하나님 여호와가 너를 명하여 안식일을 지키라 하느니라"(신 5:15). 출애굽의 핵심은 종으로부터 해방이다. 더 나아가 그들이 약속의 땅 가나안에 들어가서 안식을 누리는 것이다. 신약성경 히브리서 3장은 그들이 가나안에 들어가는 것을 하나님의 안식에 들어가는 것으로 묘사한다(히 3:11, 18, 역시 4:8 참조). 만약 '안식'이 단순히 일하지 않고 쉬는 것을 의미한다고 주장하는 사람에게, 그러면 이스라엘이 가나안에 들어가서 아무 일도 하지 않고 그냥 쉬는 것이 목표였는지를 묻지 않을 수 없다.

가나안 땅에서의 평안한 삶은 구속의 완성이다. 그곳에서 하나님을 섬기며 하나님이 주시는 풍족한 소산과 전쟁이 없는 평화를 누리는 것이 바로 안식이었다. 그런데 히브리서는 옛 이스라엘 백성이 가나안에 들어가는 것을 궁극적인 안식을 얻는 것으로 말하지 않는다. 여호수아가 준 안식 이후에도 그들은 계속 더 나은 안식을 바라보고 있었다고 했으며(히 4:8), 그것은 앞으로 우리가 들어갈 영원한 안식이라고 말한다(히 4:1부터 보라).

가장 큰 안식의 법인 희년은 이러한 구속을 더 크게 맛보게 하는 안식의 법이다. 희년에는 두 가지 구속이 이루어져야 함을 말씀하셨는데, 종들을 해방시켜 본가(本家)로 돌아가게 하는 것과(레 25:10, 13, 40, 41, 54), 잃어버렸던 자기 기업을 도로 찾게 하는 것이다(25:27, 28, 30, 31). 하나님이 이러한 두 구속을 명령하신 근거를 그가 이집트로부터 그들을 구원하셨음을 상기시키신다(25:55). 안식일과 희년의 원리가 같은 것임을 다시 확인한다.

결론적으로 안식은 단순히 일하지 않고 쉬는 것으로 생각하면 안된다. 일하지 말고 쉬라는 명령은 우리들을 얽어매기 위해 준 계명이 아니다. 반대로 언약의 백성이 구속을 누리며, 그 구속을 주신 하나님을 섬기며 즐거워하라는 축복으로 주신 것이다. 아무 일도 하지 말라는 것은 일에서의 해방을 주시는 것이며, 바로 옛 에덴동산의 누림을 회복케 하신 것이다. 그 안식일을 지킴으로써 우리는 앞으로 누릴 영원한 미래의 안식을 바라보는 축복도 가져야 할 것이다.

교훈과 적용

① 시내산 언약의 가장 큰 특징은 율법이 중심역할을 한다는 것이다. 성경의 언약 중에 시내산 언약만큼 율법이 두드러지게 드러나는 언약은 없다(새 언약의 경우에 율법이 언급되기는 했다, 렘 31:33). 시내산 언약에서 율법이 이렇게 중심에 놓인 이유가 무엇일까?

첫째로, 이 언약이 나라 만들기였기 때문이다. 나라체계는 법이 있어야 한다. 고대 왕국에서 왕이 법령을 선포하였다. 법을 선포하는 것은 왕권을 시행하는 첫 번째 행위였다. 법은 왕권 확립이다. 고대 국가에서(특히 이스라엘에서) 왕이 시행하는 제일의 업무가 재판이었다. 재판은 자신이 선포한 법을 실재 시행하는 일이다. 이러한 법과 관련한 모든 행위(법을 만들고, 시행하고, 재판하는 일)는 통치권의 행사이다. 하나님께서도 법의 선포와 시행을 통해 왕되심을 공식화하고, 법제화를 통해 신정 정치 국가를 수립하셨다. 신약에서도 "입법자와 재판관은 오직 한 분이시니"라고 말한다(약 4:12). 이스라엘이라는 국가가 신정 정치국, 즉 하나님 나라임을 증언하는 것이다.

둘째로, 법을 통하여 그들에게 복을 주신다. 언약은 좋은 것을 주기 위해 맺어진다. 성경의 모든 언약은 하나님이 주시는 약속을 담고 있다. 모세의 언약은 어떤 좋은 것을 약속으로 주셨는가? 바로 '복'이다. 신명기 6:24에서 하나님이 율법을 지키라고 명령하신 이유를 '복을 누리게 하기 위함'이라고 하였다. 언약을 지킨다는 것은 법을 지킨다는 것이다. 백성이 법을 잘 지켜 자기의 통치권에 순종할 때에 왕은 그들에게 복을 내린다. 법과 관련한 복은 전쟁이 없는 평화와 풍족한 소산이다(레 26:3~12; 신 28:1~14). 이 복은 '안식'으로도 표현할 수 있다. 따라서 율법은 복을 받는 방편으로 자리잡는다. 반대로 법을 지키지 않으면 그들은 언약의 저주(기근, 전염병, 전쟁, 포로, 레 26:14~41; 신 28:15~68)를 받는다. 하나님이 언약을 맺는 것은 좋은 것을 주기 위해서이지 저주가 목적이 아니다. 왕이 백성에게 복지라는 혜택을 주는 것은 당연한 임무이다. '복지국가', 그것이 국가가 존재하는 이유이며 또 목표이다. 그 복지 국가는 백성이 언약의 법을 지킴으로써 누리게 될 것이다.

② 하나님께서 언약을 통하여 주신 10계명은 율법 중 가장 기본적인 법이며, 율법을 대표한다. 이 율법은 크게 두 구분으로 나뉜다. 첫째는 하나님께 대한 의무이며, 둘째는 이웃에 대한 규칙이다. 예수님이 이 10계명을 잘 요약해 주셨다. 한 율법사가 예수님에게 계명에 대하여 물었을 때에 예수님은 "네 마음을 다하고 목숨을 다하고 뜻을 다하여 주 너의 하나님을 사랑하라 하셨으니 이것이 크고 첫째 되는 계명이요, 둘째도 그와 같으니 네 이웃을 네 자신 같이 사랑하라 하셨으니"라고 대답하셨다(마 22:37~39). 이것은 소위 황금률이라고 불린다(눅 10:27; 막 12:33). 10계명의 요약이며, 모든 율법의 요약이기도 하다. 이 율법은 오늘날에도 유용하다.

③ 제1과 2계명은 하나님 외에 다른 어떤 신을 섬기지 말라는 계명이다. 이 계명은 모든 계명 중에 으뜸이며, 만약 이것을 어기면 양자간의 신뢰는 무너진다. 따라서 언약도 나라도 깨어진다. 그런데 이스라엘은 수시로 이 계명을 어겼다. 사사 시대에 그들이 매를 맞고 다시 우상을 섬기는 일을 반복하였으며, 왕국 시대에도 수시로 왕들은 우상숭배에 빠진다. 이러한 그들의 배신에 대하여 하나님의 심정을 호세아서가 가장 잘 표현한다. 음란한 여인을 아내로 맞아들였지만 또 다른 사내를 찾아가버린 여인, 그리고 다시 찾아와 아내로 삼으라는 하나님의 사랑 이야기는 이스라엘이 얼마나 하나님의 사랑을 버리고 우상을 찾았는지를 잘 보여준다. 오늘날도 이 하나님의 사랑을 외면하고 딴 것에 눈을 돌리는 모습은 없는지 살펴보아야 할 것이다.

④ 하나님께서 "안식일을 기억하여 거룩하게 지키라"는 제4계명을 주셨다. 그날을 거룩하게 지키기 위해 어떤 일을 하지 말라고 명하셨다. 이것은 일하는 것을 금한 명령이기 보다는 하나님의 안식에 어떻게 참여할 것인지에 대한 지침이었다. 따라서 안식일을 지키는 문제에서 '어떤 요일이어야 하는가?'와 '어떤 일을 하면 않된다'는 논쟁은 부차적인 것에 해당한다. 우리는 안식일 제정의 근본 원리를 바로 파악하는 것이 좋다. 하나님은 그날을 거룩하게 지켜야 할 근거(이유)를 다음 두 가지로 주신다.

첫째는 천지창조에서 하나님께서 쉬셨음을 상기하라는 것이었다(20:11). 창조에서 제7일에 있었던 하나님의 안식은 단순한 쉼(휴식)이 아니라 누림이었다. 그 안식, 즉 누림은 에덴동산에서 찾아볼 수 있었다.[23] 에덴동산은 하나님 임재의 장소였으며, 그곳에 온갖 좋은 것들과 사람을 두셔서 하나님이 그들과 함께 행복을 누리신 장소였다. 그 누림이 7일간 창조기사로 쓰여진 구속의 완성이었다. 따라서 안식일에서 가장 중요한 것은 하나님을 온전히 섬기며 하나님과 함께 행복을 누리는 것임을 명심해야 한다.

둘째는 이스라엘을 이집트의 종살이로부터 해방시켜 인도하였음을 상기하라는 것이었다(신 5:15). 이것도 단순히 안식의 규례가 단순히 쉼을 위한 것이 아니라 구속을 즐기라는 것이다. 여호수아가 가나안을 정복하고 땅을 차지한 것을 성경은 '안식'이라고 표현한다(수 23:1; 히 3:11; 3:18). 그러나 여호수아가 준 안식은 완전한 것이 아니었다(히 4:8). 아직도 성도들에게는 들어갈 안식이 남아있다고 하였다. 이제 믿는 우리는 그 안식에 들어가는데, 그것은 바로 창조때에 이루어졌던 것이라고 말한다(4:3~4). 따라서 안식일은 구속받은 자가 그 구속을 주신 하나님을 섬기며 또 하나님 안에서 즐기는 날임을 명심해야 한다.

이상에서 볼 때에 안식의 계명은 안식일에 어떤 일도해서는 안된다는 사람을 얽매는 율법이 아니라 안식의 누림을 주기 위한 것으로 이해해야 한다. 안식일 계명은 현 세상에

---

23   이 부분에 대하여는 한정건, 『창세기』, 64 이하를 보라.

서 안식을 맛보게 하실 뿐만 아니라, 미래에 있을 완전한 창조질서회복을 바라보게 하신 것임을 알아야 한다.

B. 이웃에 대한 의무

(5) 부모를 공경하라(제5계명, 20:12)

다섯째로 주신 계명은 "네 부모를 공경하라"이다(20:12상). 이 계명은 사람들 관계에 대한 의무에서 가장 기본이 되는 계명이다. 이 계명도 부정어 로 (לֹא)는 없지만 단언적 명령이다. "공경하라"로 번역된 카베드(כָּבֵד)는 기본적으로 '무겁다'는 의미이지만 강세형(피엘)에서는 '존경하다, 영화롭게 하다'의 의미로도 사용된다.[24] 이 단어의 명사는 특히 '(여호와의) 영광'에 자주 사용되었다(16:10; 40:34; 겔 9:3 등등). 이 본문을 '네 부모를 영화롭게 하라'로도 번역할 수 있다. 이 계명은 하나님에 대한 것과 이웃 간에 대한 것의 양자의 다리 역할을 한다. 부모는 자녀의 근원이며, 자녀를 태생시켜주신 분이시다. 이것은 사람을 태생시켜주신 분이 하나님이시라는 원리와 일치한다. 사람이 하나님을 영화롭게 해야 하는 의무가 있듯이 부모도 영화롭게 해야 하는 것이다. 영화롭게 한다는 것은 그를 기쁘게 하고 또 높인다(존중한다)는 것으로 이해할 수 있다. 자식이 부모를 높일 때에 부모는 다른 사람으로부터도 존경을 받을 것이다. 이것이 사람이 행해야 하는 근본적인 의무이다.

이 명령을 긍정적으로 볼 때에 부모를 영화롭게 하는 것이지만, 부정적인 면에서 볼 때에 부모에게 어떠한 불경스런 일을 해서는 안 된다는 법이기도 하다. 성경은 부모에게 행하는 불경죄에 대해 엄격한 벌을 규정하고 있다. "자기 아비나 어미를 치는 자는 반드시 죽일지니라"라고 명령하셨고(21:15), 또 "그 아비나 어미를 저주하는 자는 반드시 죽일지니라"고 하셨다(21:17; 레 20:9; 참

24　BDB, 457.

조, 잠 20:20; 30:11,17).

신약에서 이것을 약속 있는 첫 계명이라고 하였다(엡 6:2). 어떤 약속일까? 이 의무를 잘 지키는 사람에게 다음과 같은 약속을 주셨다: "그리하면 네 하나님 여호와가 네게 준 땅에서 네 생명이 길리라"(20:12하). 땅을 주겠다는 것은 아브라함 때부터 주어진 언약의 약속이었다(창 15:7,18). 출애굽은 그 약속의 성취에 속한다(2:24; 3:16~17; 6:4; 신 1:8; 6:10 수 1:6 등등). 그런데 문제는 현재 그 땅을 향하여 가는 도중인데 "준 땅에서"라고 말을 할 수 있느냐는 것이다. 20장 본문에서 "준(노텐, נתֵן)"은 분사형이다. 분사는 시제를 가지지 않는다. 일반적으로 분사는 아직 완료되지 않은 것, 즉 현재+미래시제로 번역된다. 따라서 본문을 "주는 땅에서"라고 번역하는 것이 옳다. 지금 이스라엘은 약속의 땅을 향하여 가고 있지만, 당연히 하나님께서 그들에게 주실 것이니 그것을 전제하여 말씀하신 것이다.

"네 생명이 길리라"는 문장을 직역하면 '너의 날들(יָמֶיךָ)이 길 것이다'이다. 여기에는 두 가지 의미가 있다. 첫째는 그 땅에서의 삶이 계속 이어진다는 약속이다. 언약의 저주에서는 네 가지가 주어졌는데, 기근, 전염병, 전쟁, 그리고 포로이다. 포로는 약속의 땅을 잃어버리는 것이다. 반대로 언약의 법을 잘 지키면 그 땅에서의 삶이 계속 이어질 것이다. 둘째는 장수의 약속이다. 날이 길다는 것은 오래 산다는 것을 의미한다. 부모를 영화롭게 하는 사람은 이 땅에서, 특히 약속의 땅에서 장수할 것이다.

이 계명에서 출애굽기 본문에서는 나타나지 않는 것이 신명이 본문에서는 더해진 것이 있다: "(네가 생명이 길고) 복을 누리리라"(신 5:16). "복을 누리다"는 히브리어 단어는 야타브(יָטַב)는 기본적으로 '선하다, 좋다'라는 의미이다. 여기에서 좀 더 발전하여 '잘되다, 성공하다' 혹은 '복되다'의 의미로도 많이 사용되었다(창 40:14; 신 4:40; 5:29; 6:3, 18; 12:25, 28 등등). '복을 주겠다'는 것은 아브라함에게 여러 번 준 약속이었다(창 12:3; 18:18; 22:17, 18). 부모를 존중하라는 것은 언약의 명령이다. 하나님은 언약을 잘 지킬 때에 그들에게 복을 주신다(레 26:3~4; 신 28:2~6).

복을 주신다는 약속은 모든 계명에 다 해당한다. 두 번째의 십계명인 신명기 5장에서 "너희 하나님 여호와께서 너희에게 명하신 모든 도를 행하라 그리하면 너희가 삶을 얻고 복을 얻어서 너희의 얻은 땅에서 너희의 날이 장구하리라"고 말한다(신 5:33). 모든 계명이 다 언약의 법이므로 그 계명들을 지키는 자에게 복과 장수의 약속을 주고 있다. 그런데 특히 제5계명에 이 복을 언급한 것은 바로 이 계명의 중요성 때문으로 보인다.

(6) 살인하지 말라(제6계명, 20:13)

"살인하지 말라(로 티르차흐, לֹא תִּרְצָח)"는 두 단어로 이루어진 단언적 명령이다. 로가 미완료와 함께 절대금지법으로 사용되는 경우에 해당한다. *라차흐*(רצח)는 '살인하다, 죽이다'로 성경에 매우 드물게 사용된다. 이 단어는 잔인하게 죽이는 의미를 담고 있다. 이것은 나쁜 감정으로 혹은 의도적으로 살해하는 것이지, 사형과 같은 제도적인 죽임을 의미하는 것이 아니다.[25] 피흘리는 죄악은 가인 때부터 있었던 것으로 하나님이 매우 싫어하는 죄악이었다. 사람의 생명을 함부로 취하지 못하게 하시는 것은, 하나님이 사람의 생명을 주셨기 때문이다. 특히 하나님은 사람이 하나님의 형상으로 지음을 받았기 때문에 그 생명을 귀하게 여겨야할 것을 미리 말씀하셨다(창 9:5~6). 따라서 본계명은 불법적인 살인에 대한 금지와 함께, 이웃에 대한 생명 존중과 보호라는 적극적인 측면도 있다.

사람의 생명을 취해서는 안 된다고 하는 율법에 몇 가지 논의점이 있다. 첫째는 '이 계명이 죄수에 대한 사형까지 금하는 것인가?'라는 질문이다. 많은 사람은 이 계명과 또 창세기 9장의 말씀을 근거로 어떠한 죄인도 사형을 시켜서는 안 된다고 주장한다. 그러나 창세기 9장의 구절들을 다시 살펴보자. 하나님은 사람을 자기 형상대로 지었기 때문에 사람의 피를 흘려서는 안 된다고 말씀하신다(창 9:6). 피를 흘린다는 것은 사람의 생명을 끊는다는 것을 의미한

다. 그러나 이것은 살인자까지 에게도 생명을 끊어서는 안된다고 면죄부를 준 말씀이 아니다. 본문은 오히려 그 반대를 말하고 있다. 하나님은 "내가 반드시 너희 피 곧 너희 생명의 피를 찾으리니 짐승이면 그 짐승에게서, 사람이나 사람의 형제면 그에게서 그의 생명을 찾으리라"고 하셨다(창 9:5). 그리고 "무릇 사람의 피를 흘리면 사람이 그 피를 흘릴 것이니"라고 말씀하셨다(창 9:6). 살인한 자는 그도 죽어야 한다는 말씀이다. 사람이 형제의 피를 흘리게 하면 그의 생명도 취하겠다는 것이다.

하나님의 율법은 매우 엄격하다. 신명기에서는 "네 눈이 긍휼히 여기지 말라 생명에는 생명으로 ..."라고 말씀하신다(신 19:21). 남의 생명을 취하는 자는 그의 생명도 취하라는 것이다. 이렇게 엄격하지 않으면 살인을 방조하는 결과를 낳게 하여 사람의 생명을 경시하는 풍조가 생길 것이다. 물론 이것이 살인자는 모두 사형을 시켜야 한다는 것을 주장하는 것은 아니다. 사형선고는 매우 신중하게 이루어져야 한다. 그러나 잔인한 살인자나 무차별적인 다수에게 행한 흉악한 살인범의 경우에는 엄단하여 그러한 일이 다시 일어나지 않도록 본보기를 보여야 하는 것이 오히려 성경의 가르침이다.

둘째 논의 점은 자살에 관한 것이다. 자살도 생명을 취하는 것이므로 이 6계명을 범하는 것이 된다. 그러므로 자살을 시도하려는 사람은 자신이 이 계명을 어긴다는 것을 특히 명심하여야 할 것이다. 셋째 논의점은 신약에서 이 계명에 대하여 어떤 견해를 갖고 있느냐는 것이다. 신약은 살인의 개념을 더 엄격하게 다루고 있다. 예수님은 육체적인 목숨을 해하는 것만 살인이 아니라고 하셨다. 형제에게 분노를 나타내는 자뿐만 아니라 "라가라 하는 자"까지 이 계명을 어기는 것으로 간주하신다(마 5:21~22). "라가(ρακά)"는 '바보, 멍텅구리'라고 부르는 욕을 의미한다. 그리고 또 다른 곳에는 "그 형제를 미워하는 자마다 살인하는 자니"라고 말한다(요일 3:15). 구약의 법은 육체적인 해를 입히는 것을 의미했다면, 신약에서는 그 행동에는 이르지 않았지만 마음에 이미 그런 행동을 일으키게 하는 씨앗이 발생한다면 이미 그는 살인 죄를 범한 것이라고 규정한다. 신약의 법은 내면화가 특징이다(렘 31:33 참조).

(7) 간음하지 말라(제7계명, 20:14)

"간음하지 말라(로 티네아프, לֹא תִּנְאָף)"는 두 단어로 이루어진 강력한 명령이다(절대 금지법으로 사용되었음). 나아프(נָאַף)는 정당하지 않는 성관계, 혹은 혼외정사를 말한다. 간음은 가족 간의 신뢰를 무너뜨리기 때문에 가정을 파괴한다. 가정은 사회의 근간을 이루는 주춧돌이다. 가정이 무너지면 사회가 불안정하게 된다. 간음은 단지 사람들 사이의 신뢰만 해치는 것이 아니라 하나님에 대한 가증스러운 범죄 행위이기도 하다. 왜냐하면 혼인은 하나님께서 제정하신 것이기 때문이다(창 2:24). 하나님은 결혼한 언약의 백성(신약에서는 성도)이 외간 여자와 간음하는 것을 언약을 배반하는 것으로 간주한다. 결혼 의식은 하나님 앞에서 맹세하였기 때문이다(말 2:14). 그래서 이혼은 하나님이 미워하는 것이라고 하였다(말 2:16). 예수님이 결혼 제도는 하나님께서 만드신 것이며(마 19:4~5), 또 "하나님이 짝지어 주신 것을 사람이 나누지 못할지니라"고 하셨다(19:6). 모세가 이혼 증서를 주어 아내를 버리라고 한 것(신 24:1)은 사람 마음의 완악함을 인하여 허락한 것이지 본래는 그렇지 아니하다고 하셨다(19:7~8). 따라서 아내를 내어버리고 다른 데 장가드는 자는 간음하는 것이라고 하셨다(19:9). 이런 의미에서 볼 때에 이 법은 일부다처제를 지지하지 않는다. 족장들(아브라함, 야곱)이 여러 아내를 가진 것은 이 법이 주어지기 이전이었음을 상기할 필요가 있다.

하나님은 간음을 자신을 배신하는 범죄의 목록 중 하나에 포함시킨다(거짓말, 도둑질, 살인, 거짓맹세, 그리고 간음; 호 4:2; 렘 7:8~9). 하나님은 이 간음을 행하는 자에게 엄한 벌을 내릴 것을 주문하신다. 간음한 남녀를 죽이라고 하였고(레 20:10; 신 22:22), 간음하다 현장에서 발각된 남녀를 성 밖으로 끌어내어 돌로 쳐서 죽이라고 하셨고(신 22:24), 어떤 경우에는 불태워 죽이라고 하였다(레 20:14; 21:9). 기본적으로 간음한 남녀 모두에게 형벌이 내려지지만, 남자의 강요에 의해 벌어진 강간의 경우에는 남자에게만 벌이 가해진다. 만약 들에서 강간이 이루어진 경우에도 남자에게만 벌이 주어졌고 여자에게는 면죄되었다. 왜냐하면 여자가 소리쳐도 들을 사람이 없음을 고려한 것이다(신

22:25~27). 이것은 여자가 억울하게 벌을 받는 일을 없애기 위한 장치였다.

하나님은 자주 자기 대신 다른 것을 쫓는 것에 대하여 음행으로 비유하였다. 이 사례의 첫째는백성이 우상 숭배하는 것을 간음으로 비유하였다. 하나님과 자기 백성을 남편과 아내로 간주했으며, 양자는 언약으로 맺어진 관계였기 때문이다. 대표적인 예가 호세아서에 나타난다(역시 사 57:5 이하; 렘 3:6 이하; 겔 16:15 이하 등을 보라). 또 하나님을 의지하지 않고 이방 나라(앗수르, 이집트, 심지어는 바벨론)를 의존하는 것도 음행으로 표현하기도 하였다(겔 16:25~34; 23:5 이하 등). 그들의 음행의 특이점을 말하면서, 값을 받지도 않고 오히려 주면서 행음하는 창녀보다도 못한 짓이라고 꾸짖는다.

신약에서 예수님은 현장에서 잡혀온 음녀에게 "죄 없는 자가 먼저 돌로 쳐라"고 하셔서 살려주기도 하였다(요 8:5~9). 예수님도 그녀를 정죄하지는 않겠다고 하셨지만 그러나 "다시는 죄를 범치 말라"고 당부하셨다(8:11). 그러므로 신약이 결코 음행을 용인한 것이 아니다. 신약은 오히려 음행을 매우 심각하게 본다. 바울은 "음행을 피하라. 사람이 범하는 죄마다 몸 밖에 있거니와 음행하는 자는 자기 몸에게 죄를 범하느니라"고 하였다(고전 6:18). 자기의 몸을 더럽히는 것은 매우 심각한 범죄이다. 왜냐하면 우리의 몸은 성령이 거하시는 성전이기 때문이다(6:19).

신약에서 이 법에 대하여 앞의 계명과 마찬가지로 내면성을 강조한다. 예수님은 "여자를 보고 음욕을 품는 자마다 마음에 이미 간음하였느니라"고 하셨다(마 5:28). 구약의 율법에는 외형적인 행위로 범죄의 기준을 삼았지만, 신약은 행위를 일으키는 동기인 마음의 생각만으로도 범죄 행위로 규정한 것이다. 음행에 대한 정의를 구약보다 더 엄격하게 내렸다.

(8) 도적질하지 말라(제8계명, 20:15)

이 계명도 두 단어로 이루어진(로 티게노브, לֹא תִגְנֹב) 절대부정의 강력한 명령이다. 동사 가나브(גָּנַב)는 '허락받지 않고 다른 사람의 것을 몰래 취하는 것'을 의미한다. 남의 것을 몰래 취하는 것과 관련하여 남녀 관계에 대하여는 제

7계명이 명했고, 제8계명은 그 외의 모든 것에 해당한다. 이것은 원래 사람을 납치하여 노예로 파는 것을 막기 위하여 시작한 법 같지만,[26] 그러나 모든 종류의 도적질이 해당한다. 뒤에 세부적인 법에서는 도적질한 물건(혹은 가축)에 대하여는 2~5배로 배상하도록 했으며, 만약 어두운 데서 주인이 도둑을 쳐서 죽인 경우에는 그 흘린 피에 죄를 물을 수 없게 하였다. 이것은 언약공동체의 질서를 유지시키기 위해 내린 엄한 명령이다. 스가랴 선지자가 두루마리 환상을 통해 하나님이 세상을 심판할 때에 도적질한 자들을 벌하실 것에 대한 메시지를 보기도 하였다(슥 5:3).

그러나 가난한 사람을 위해 허락하는 것도 있다. 밭에 이삭을 줍는 것, 포도 같은 열매를 주인이 수확하고 남은 것을 따서 먹는 것 등을 허락하였다. 오히려 주인은 밭 한 모퉁이의 곡식 일부와 포도의 일부를 가난한 사람을 위해 남겨두라고까지 명하신다(레 19:9~10). 모든 수확물은 다 하나님의 것이므로 그 일부는 하나님께서 자기 공동체의 생존을 위해 사용하시겠다는 의지이다.

(9) 거짓 증거하지 말라(제9계명, 20:16)

제9계명은 이웃에 대하여 거짓 증거를 하지 말라는 것이다. "증거하다"의 아나(עָנָה)는 '대답하다, 증언하다'이다. 이 계명은 근본적으로 재판에서 증인으로 나선 자가 거짓 증언을 하는 것을 말한다. 하나님은 신중을 기하여 재판할 것을 요구하신다. 피고에게 벌을 내릴 때에는 한 증인으로만 부족하며, 두세 증인이 있어야 한다고 명시하신다(민 35:30; 신 17:6; 19:15). 하나님은 재판에서 유죄로 인정된 사람을 죽일 때에 증인이 먼저 손을 댄(주로 돌로 침) 후에 다른 사람이 손대라고 하였다(신 17:7). 증인이 그 재판에 대한 책임을 지게 한 것이다. 만약 그가 거짓 증언을 하여 그 사람을 죽였으면, 그는 단순히 거짓말을 한 것을 넘어 살인한 죄를 안게 된다. 그런 위험을 증언하게 사람에게 안겨준 것이다.

---

26 아란 콜, 『출애굽기』, 230.

두세 증인도 얼마든지 조작할 수 있다. 하나님은 재판에서 무죄한 자의 피를 흘리는 것을 극도로 미워하신다(신 19:13; 21:8; 27:25). 특히 예레미야 선지자는 무죄한 자의 피를 흘린 대가로 예루살렘이 비참하게 망할 것을 경고하기도 하신다(렘 7:6; 19:4; 26:15). 대표적인 증인 조작은 이세벨이 아합을 위해 나봇의 포도원을 빼앗은 사건을 들 수 있다(왕상 21:8~13). 하나님은 이 사건을 계기로 아합에게 "개들이 나봇의 피를 핥은 곳에서 개들이 네 피 곧 네 몸의 피도 핥으리라"고 경고하시고(21:19), 이세벨도 개들에게 그 시체를 먹힐 것이며(21:23), 아합이 속한 가문(오므리 가문)에 대하여 "성읍에서 죽은 자는 개들이 먹고 들에서 죽은 자는 공중의 새가 먹으리라 하셨느니라"고 하셨다(21:24). 이 거짓 증언의 율법을 어긴 자에 대하여 엄중하게 그 죄의 값을 물으신 것이다.

이 계명은 꼭 재판이 아니더라도 양자의 논쟁에서 거짓말을 하는 것도 다 포함한다. 거짓 소문을 내어 어떤 사람을 망하게 하는 것(레 19:16), 이웃에게 해를 줄 수 있는 험담 등도 포함될 것이다. 이스라엘은 언약공동체이다. 언약공동체는 신뢰를 바탕으로 한다. 거짓 증언과 모함은 공동체를 허무는 악한 일이므로 하나님이 싫어하신다.

⑽ 네 이웃의 소유를 탐내지 말라(제10계명, 20:17)

"탐내다"의 하마드(חָמַד)는 '몹시 바라다, 원하다, 욕망하다'이다. 쉽게 말해서 남의 것에 대해 욕심을 내는 것을 의미한다. 남이 가진 것에 대하여 시기하는 것도 이것에 해당한다. 다른 계명과 달리 이 계명은 행동이 아닌 마음의 욕망을 가리킨다. 행동은 이 마음의 욕망에서부터 시작하기 때문이 이 마음의 욕망을 정죄한 것이다.

본문에서의 "(이웃의) 집(바이트, בַּיִת)"은 건물을 의미하는 것보다 '가족, 가정'을 의미한다. 가정의 구성 요소는 우선 가족이며, 가족 중에 우선적으로 생각할 것은 아내가 될 것이다. 이것은 이미 제7계명에서 명령한바가 있다. 7계명에서는 외적인 행동을 말했지만 여기서는 내면적인 마음까지도 금하고 있다. 이것은 예수님도 지적하는 바이기도 하다(마 5:28). 탐심은 시기심으로 이어지고, 결국 외적인 행동으로까지 연결될 것이다. 하나님은 이 모든 것의 원인을 아예 뿌리부터 제거하시기를 원하신다.

이 율법에는 이웃의 가족뿐만 아니라 그 집이 소유하는 노예(남종, 여종), 그리고 소와 나귀와 같은 가축도 포함한다(20:17하). 그 외에도 그들이 소유한 물건들과 땅도 포함할 것이다. 이웃이라는 개념에도 넓은 의미로 생각했으면 좋겠다. 이웃의 *레아*(רֵעַ)는 기본적으로 '친구, 동료'를 의미하지만 넓게는 '타인(another person)'도 포함한다. 따라서 이 계명은 어떠한 것이든 남의 것은 탐내지 말라는 의미로 해석된다.

4) 모세가 암흑 속으로 들어가다(20:18~21)

십계명 율법은 하나님이 직접 음성으로 반포하셨다. 하나님이 친히 그 법조문을 낭독할 때에 백성들이 너무 두려워하여 하였다. 하나님이 율법을 주신 산 위에는 "우뢰와 번개와 나팔소리와 산의 연기"등이 그대로 있었다(20:18). 이것은 19:16~20에서 하나님이 시내산 위에 현현하실 때의 그 모습이다. 단지 여기에 사용된 번개의 *라피드*(לפד)는 '불꽃'으로서(창 15:17에는 '횃불'로 번역되었다), 출애굽기 19장에 나타난 *바라크*(בָּרָק, 번쩍이는 불빛, 번개)와는 조금 다른 표현이다. 20장의 묘사에서는 구름 속에 불이 함께 있었던 모습이라며, 19장의 묘사는 그야말로 번쩍이는 번개 모습으로 보면 좋겠다. 19장에서는 '빽빽한 구름'이 산 위를 덮은 것으로 묘사하였는데(16절), 20장에서는 그것을 '암흑'으로 묘사한다(20:21).

'우뢰, 번개' 그리고 '연기' 등은 자연의 재해이지만 '나팔 소리'는 하늘 군대의 소리이다. 전장에 나가는 용사처럼 하나님이 자연재해로 무장하고 천군(千軍)들을 대동하여 언약의 당사자로 나선 것이다. 19장에서도 백성들이 산 위의 광경을 보고 두려워 떨었었다(19:16). 이제는 그러한 무장한 모습과 함께 하나님이 직접 목소리로 율법을 발할 때에 백성들의 두려움이 극치에 달하였다. 더욱이 하나님의 목소리는 암흑에서부터 나왔다. 어둠은 심판을 상징한다. 십계명은 언약의 법이다. 만약 그 법을 어기면 언약을 범한 것이 된다. 그러면 하나님은 무장하신 그 모습으로 상대를 공격할 것이다. 그러므로 백성들이 두려워하는 것은 당연하다.

백성은 죽음의 공포를 느낄 만큼 두려움에 가득 찼다(19절). 하나님이 계명들을 선포할 때에 이전의 자신들의 모습에서 그 계명들을 다 지키지 못하고 있음을 생각했을 것이다. 죄를 인지하면서 하나님의 위엄하심을 접할 때에 두려움은 배로 더 컸을 것이다. 높은 보좌에 앉으신 하나님의 거룩한 모습을 본 이사야가 "화로다 나여 망하게 되었도다"(사 6:5)라고 엎드러졌던 모습과 비교될 수 있다. 그때에 이사야는 입술이 부정한 백성 중에 거하면서 자신의 입술도 부정하였음을 발견하였기 때문이었다.

모세는 백성에게 두려워하지 말라고 안심시킨다(20:20상). 이 말은 하나님의 의도에 반하는 것 같다. 하나님은 시내산에서 강림하실 때부터 백성들이 두려움을 가질 수 있게 의도적으로 무서운 모습으로 나타나셨다. 또 하나님이 열 가지 계명을 직접 목소리로 반포하실 때에 백성들이 두려움을 갖게 한 의도가 있었다고 해야 한다. 하나님의 현현 앞에서 사람이 섰을 때에 두려움을 가질 수밖에 없다. 호렙산에서 모세가 그러하였고, 다니엘이 힛데겔 강변에서 천사를 만났을 때에도 두려워 떨었다(단 10:8).

그러나 하나님께서 그들을 두려움을 갖도록 하시는 이유가 있었다. 바로 모세의 다음 말이다: "하나님이 강림하심은 너희를 시험하고 너희로 경외하여 범죄치 않게 하려 하심이니라"(20:20). 하나님께서 무섭게 나타나신 것은 그들의 멸하고자 함이 아니라 오히려 구원하고자 한 의도가 있다는 것이다. 본절에서 "시험하다"의 나사(נסה)는 역경이나 고난을 통하여 그들의 신앙 혹은 죄악의 상태가 어떠한지 시험(test)하는 것을 의미한다. 마치 순도가 높은 금속을 얻기 위해 센 불로 달구는 것과 같다. "경외하여"의 이르아(יראה)는 '경외하다'라 자주 번역되지만 기본적으로는 '두려워하다'이다. 본문의 경우에는 후자를 택하는 것이 좋겠다. 두려움은 용광로 불과 같아 사람의 마음을 달구어 순전한 믿음을 갖게 만들어 준다는 것이었다. 그러나 그 불은 쇠붙이를 망하게 하는 목적이 아니라 순도를 높이기 위함이다. 마찬가지로 두려움을 주시는 것도 그들을 단련시키려는 선한 목적이 있는 것이다. 그러므로 모세는 그들에게 두려워하지 말라고 권면하는 것이다.

언약을 맺을 때에 하나님은 두려운 모습으로 산 위에 강림하셨다. 마치 히타이트 왕이 언약을 맺는 현장에 등장할 때에 중무장하고 장군들을 대동하여 입장하는 모습과 같다고 하겠다. 언약의 당사자인 대왕은 위협을 가하여 작은 나라 백성이 배반하지 못하게 만드는 것이다. 하나님도 자신을 최대한 무섭게 보이는 것은 그들을 멸망시키기 위함이 아니라, 그들이 계명을 잘 지키게 하는 목적이 있는 것이다. 그러므로 백성은 정신 줄 놓은 사람처럼 두려워하고만 있을 것이 아니라 오히려 정신을 차리고 그 두려움을 극복할 필요가 있는 것이다.

백성은 시내산에서 멀리 서서 산 위에 있는 장엄한 모습을 보고 있었을 것이다. 모세는 하나님이 계시는 암흑으로 가까이 갔다고 말한다(21절). 산위에 빽빽한 구름이 있었다(19:9, 16). 그 구름이 너무 진(빽빽)하였기 때문에 그 안이 어둠이었을 것이다(신 5:23 참조). 솔로몬이 성전 건축을 완성한 후 제사장들이 법궤를 지성소에 안치하고 나올 때에 역시 구름이 가득 찼는데, 그때에 솔로몬이 다음과 같이 말하였다: "여호와께서 캄캄한 데 계시겠다 말씀하셨사오나"(왕상 8:12; 대하 6:1). 하나님은 지성소에 빛이 전혀 들지 않게 만드셨다. 그뿐만 아니라 구름이 가득하였기 때문에 더 어두웠을 것이다.

하나님이 왜 구름 혹은 암흑 가운데 계시는가? 어둠은 심판을 상징한다. 언약을 맺으실 때에 어둠을 들이신 것은 언약이 파기할 때에 심판이 있을 것임을 예고하신 것이고, 계명을 암흑 가운데서 반포하신 것은 계명을 어기는 자에게 심판이 있을 것임을 암시한 것이다. 백성은 이러한 암흑 가까이 접근하기를 두려워했고, 멀리 떨어져서 바라볼 뿐이었다. 그러나 모세는 하나님이 계신 그 암흑 속으로 올라갔다(20:21). 백성은 자신들의 죄 때문에 두려워할 수밖에 없었겠지만, 모세는 죄와 상관이 없었기 때문에 그러한 두려움은 없었을 것이다. 다시 하나님은 암흑 속에서 모세에게 여러 법들을 주실 것이다.

교훈과 적용

① "네 부모를 공경하라"는 제5계명은 하나님에 대한 의무와 이웃에 대한 의무 중간에 놓여서 양자를 연결시키고 있다. 사람을 존재하게 한 것은 육체적으로는 부모이지만, 영적으로는 하나님이기 때문이다. 사람이 보이는 부모를 존경하지 못하면 어떻게 보이지 않는 창조자 하나님을 존경할 수 있겠는가? 사람이 하나님에게 행해야 할 존경하고 섬겨야 하는 도리를 부모에게도 꼭 같이 해야 하는 것은 양자가 다 우리를 이 땅에 있게 하신 분이기 때문이다.

② 제10계명인 "탐내지 말라"는 명령에 대하여 사람들이 쉽게 취급할 수 있다. 다른 계명들은 외형적으로 드러나지만 탐심은 사람의 마음에 있어 노출되지 않기 때문이다. 또 이것은 마음에서 잠시 일어날 수 있는 일시적인 것이므로 심각하게 생각하지 않을 수 있다. 그러나 이 계명은 제6에서 제9계명까지의 모든 계명의 기초가 되며, 또 요약이라고 할 수 있다. 그러므로 더 심각하게 다루어야 한다. 살인, 간음, 도둑질, 거짓 증거 등은 탐심으로부터 죄가 싹튼다. 즉 탐심이 없는 우발적으로 일어난 것은 살인, 간음, 도둑질, 거짓 증거 등의 죄가 성립되지 않는다. 그러므로 이 탐심을 심각하게 생각하고 아예 초기에 제거해야 한다. 예수님의 가르침도 외형적으로 드러난 살인과 간음 등 보다 마음속에서 싹트는 마음에서 그 죄를 짓는 것으로 정죄하셨다. 이 죄는 나만이 알 수 있는 것이므로 나 자신이 엄격히 정죄하는 태도를 가져야한다.

③ 하나님이 율법을 직접 반포하실 때에 백성들은 모세에게 "당신이 우리에게 말씀하소서 우리가 들으리이다 하나님이 우리에게 말씀하시지 말게 하소서 우리가 죽을까 하나이다"(20:19)라고 부르짖었다. 그 후로부터 하나님은 모세에게 직접 말씀하시고 모세가 전달하는 모습으로 나타난다. 모세는 모압 땅에서 그 당시의 일을 회상하면서, 하나님께서 모세와 같은 선지자를 세우실 것을 말한다(신 18:16~18). 이것이 선지자의 기원이다. 선지자는 하나님 말씀을 대신해서 말하는 자이다. 하나님이 세우신 선지자도 모세와 같은 권위를 가진다. 오늘날도 종들이 대신 말씀을 전한다. 예배 중에 있는 설교는 '하나님 말씀을 선포'이다. 이 말씀에 대하는 성도는 옛 시내산에서 백성들이 그 말씀을 들을 때에 두려워했던 것과 같은 태도를 가져야 한다.

4. 언약의 법들: 세부적인 법규(20:22~23:19)

출애굽기 20:22~23:33을 일반적으로 '언약의 책'으로 부른다. 왜냐하면 24:7 에 '언약의 책(세펠 하베리트, סֵפֶר הַבְּרִית)'이란 말이 사용되었기 때문이다. 언약 을 체결할 때에 모세가 백성에게 들려준 책이다. 따라서 십계명과 함께 이 단 원의 법들도 언약의 법으로 주어진 것으로 보아야 한다.

모세는 홀로 산위의 암흑으로 들어갔다. 열 가지 계명이 선포된 이후 여호 와께서 주시는 추가적인 법을 받기 위함이다. 10계명은 하나님이 직접 백성에 게 반포하셨다(20:22). 그것은 그만큼 그 법들이 엄중함을 보여주신 것이었다. 이제 하나님은 모세를 불러 이 나머지 율법들을 그에게 들려주고 그가 백성에 게 반포하도록 하셨다. 앞에 주어진 열 가지 계명은 오늘날의 헌법에 해당한 다면, 앞으로 주어지는 법들은 법률에 해당한다. 법률은 헌법의 세부적인 해 설과 같다. 24:3에 모세는 백성들에게 "여호와의 모든 말씀과 그 모든 율례"를 전했다고 말한다. 이때에 "말씀(핫데바림, הַדְּבָרִים)"은 십계명에 해당하는 것이 고, "율례(핫미쉬파팀, הַמִּשְׁפָּטִים)"은 세부 조항을 가리키는 것이다.

세부적인 법규에서 먼저 예배에 대한 지침을 내리신다. 이것은 십계명 중 1~4계명에 대한 부가적인 설명이라고 할 수 있다. 그 다음은 도둑, 살인, 간음 등에 규정으로서 십계명의 후반부에 대한 세부적인 지침이다. 특히 후반부에 서는 행한 대로 되갚아 주는 원리와 또 손해를 기친 자에 대한 배상을 규정한 다. 특히 상해 혹은 도적에 대한 배상에서는 오늘날 세상 법에서 형사적인 책 임과 민사상의 책임을 함께 묻게 하는 제도의 원리와 같다고 하겠다. 죄를 짓 고난 후 하나님에게 제물을 바치고 회개했으면 그 책임을 다한 것이 아니다. 하나님에게 하는 것 외에 사람의 당사자에게 몇 배의 보상을 해야 한다. 그리 고 그 뒤에는 사회 약자에 대한 윤리적인 법과 절기 등에 관한 법을 주셨다.

20:22-23:33에 주어지는 세부적인 법에는 다음과 같다. 예배의 양식 (20:22-26), 민법 (21:1-23:13), 노예의 권리 (21:2-11), 보복의 원리 (21:12-32), 재산 침해에 대한 규정 (21:33-36; 22:5-6), 도둑에 대한 규제 (22:1-4), 양친학대에

대한 규제 (22:7-15), 간음한 죄(22:16~20), 사회 약자에 대한 규정(22:21~28), 제물에 관한 규례(22:29~31), 송사에 대한 법령(23:1~9), 절기에 대한 법령 (23:10~19) 등으로 구성된다.

1) 예배의 양식(20:22~26)

> 22 여호와께서 모세에게 이르시되 너는 이스라엘 자손에게 이같이 이르라 내가 하늘로부터 너희에게 말하는 것을 너희 스스로 보았으니 23 너희는 나를 비겨서 은으로나 금으로나 너희를 위하여 신상을 만들지 말고 24 내게 토단을 쌓고 그 위에 네 양과 소로 네 번제와 화목제를 드리라 내가 내 이름을 기념하게 하는 모든 곳에서 네게 임하여 복을 주리라 25 네가 내게 돌로 제단을 쌓거든 다듬은 돌로 쌓지 말라 네가 정으로 그것을 쪼면 부정하게 함이니라 26 너는 층계로 내 제단에 오르지 말라 네 하체가 그 위에서 드러날까 함이니라

하나님은 예배할 때에 범하기 쉬운 주의사항을 주신다. 먼저 자신을 형상화하여 은이나 금으로 신상을 만들지 말라고 하신다(20:23). 이것은 제2계명에서 이미 말씀하신 내용이다. 자신을 예배할 때에 이방인들이 우상숭배하는 것과 같은 행위를 하지 말 것을 지시한 것이다. 이방인들은 신상을 만들어 놓고 그 신상 자체가 마치 신인 것처럼 섬긴다. 그러나 하나님은 사람이 만든 신상에 거주하는 그런 분이 아니시다. 어떤 종류의 물질에 하나님을 제한할 수 없다. 그러므로 하나님은 자신의 형상을 만드는 것을 금지하신다.

다음으로 하나님은 제사를 드릴 제단을 만드는 규정을 주신다. 먼저 토단을 쌓고 그 위에 제사를 드리라고 하신다(24절). 가나안 사람들은 주로 돌을 이용하여 단을 쌓았다. 대표적인 예로 므깃도의 제단을 들 수 있다. 토단을 만들라는 것은 성막 뜰에 만들어진 제단의 규정과는 다르다. 성막이 아닌 곳에서 이스라엘이 제단을 만들 때에 하나님은 흙으로 단을 쌓는 것을 선호하셨다.

"무릇 내 이름을 기념하게 하는 모든 곳"(24절중)은 꼭 예루살렘만으로 국

한 할 수 없다. "모든 곳(콜 하마콤, כָל־הַמָּקוֹם)"에서 콜은 그곳이 한 곳 이상임을 나타낸다. 마콤은 단순한 장소일 수 있지만, 그러나 하(הַ) 정관사가 붙으면 특별한 장소 즉, 성소로 사용된다(창 12:8; 13:3; 28:11). "기념하게"의 히브리어 자카르(זָכַר)는 '기억하다, 생각하다' 혹은 '상기하다'이다. 이 구절에는 두 가지 의미를 내포하고 있다.

첫째로, 여호와 하나님을 생각하게 하는 그 어느 곳에서 여호와께 번제나 화목제를 드리라고 하신다. "내가 내 이름을 기념하게 하는 모든 곳에서"라고 하셨기 때문이다. 예를 들면, 아브라함이 제단을 쌓은 곳들(세겜, 벧엘, 브엘세바 등)이 여호와를 기억하게 할 수 있는 장소가 될 것이다. 가나안에 들어간 이후 사람들은 여러 곳에서 제사를 드렸다. 사무엘이 여러 곳에서 제사를 드린 것에서 잘 알 수 있다. 두 번째로, 사람이 임의로 아무 곳이나 제사를 드리는 장소를 정하지 말라는 것이다. 하나님이 지정하신 그 곳, 즉 하나님의 이름이 기념되는 그곳에서만 제사를 드리도록 허용하시는 것이다. 이것은 하나님을 섬길 때에 사람의 임의성을 배제하고 철저히 하나님의 지시대로만 수행하라는 것이다.

제물로는 양이나 소로 번제와 화목제를 드리라고 하셨다(20:24상). "번제"의 올라(עֹלָה)는 동사 알라(עָלָה, 올라가다)에서 온 단어로서 제물 전체를 온전히 태워 그 향기가 하늘로 올라가게 하는 제사이다. 하나님께 온전히 바친다는 헌신을 표시하는 제사이기도 하다. 화목제의 쉘렘(שֶׁלֶם)은 주로 언약과 연관되어 드려진다. 이 제사는 내장과 기름만 제단 위에서 태우고 고기는 제사장과 드린 공동체가 함께 나누어 먹는다. 이러한 제사는 하나님이 기뻐하셔서 그곳에 강림하여 복을 내릴 것이라고 말씀하신다(24절하). "강림하다"의 보(בוֹא)는 '들어오다'이다. 하늘에서 내려오는 개념이 아니라, 자신을 섬기는 이스라엘 공동체 속으로 들어오시는 것을 나타내는 단어이다.

다시 제단을 만드는 방법에 대하여 말씀하신다. 앞에서 제단은 흙으로 만드는 것을 선호하였지만, 여기서는 돌로써 쌓을 경우에 대하여 말씀하신다. 그 때에는 다듬거나 정으로 쪼개지 말라고 하신다(25절). "다듬다"의 가지트(גָּזִית)

는 '잘라낸'이다. 솔로몬이 성전을 지을 때에 돌을 다듬어서(잘라내어) 사용하였다. 그러나 하나님은 제단만큼은 인위적인 방법으로 만들지 말라고 하신다. 자연 그대로의 돌을 사용하라는 것이다. 정으로 쪼개면 부정하게 된다고 한다. "부정하다"의 할랄(חָלַל)은 '더럽히다, 모독하다'의 뜻인데, 하나님의 법령을 파괴하는 행위에 사용된다(습 3:4; 시 89:31 등). 혹자는 신이 돌에 머물고 있는데 정으로 쪼면 신이 놀라 도망가기 때문에 이러한 명령을 주신 것으로 생각하기도 한다.[27] 그러나 그러한 미신은 가나안 우상숭배의 사상에서 있을 수 있겠지만 하나님이 그 이유로 이런 명령을 주셨다고 할 수 없다. 본 단원에서 말하는 하나님의 뜻은 사람이 인위적인 방법을 사용하여 장소를 정하거나(24절) 또 제단을 만들지 말라는 것이다. 장소도 사람이 인위적으로 정하면 안 되고, 제단도 인위적으로 만들지 말라는 것이다. 하나님이 정해주신 대로, 또 하나님이 만들어 놓으신 자연석 그대로 사용하라는 것이다. 후에 여호수아가 세겜의 에발산에 제단을 쌓을 때에 이 명령에 있는 그대로 하였다. 그러나 성막과 성전에서는 돌로 제단을 만들지 않았다. 성막에서는 제단을 조각목으로 만들고 놋으로 쌌으며(27:1~2), 솔로몬 성전에는 놋으로 제단을 만들었다(대하 4:1).

26절에는 제단에서 봉사할 때에 주의사항을 말씀하신다. 층계로 단위에 오르지 말라고 하신다. 왜냐하면 아래에 위치한 사람이 하체를 보게 되면 부정하기 때문이다(25절). 이렇게 층계를 만들지 않기 위해서는 제단이 높아서는 안 된다. 성막 제단의 높이는 삼 규빗(약 140cm) 이었다(27:1, 넓이와 길이는 각각 다섯 규빗 이었음).

2) 노예의 권리(21:1~11)

1 네가 백성 앞에 세울 법규는 이러하니라 2 네가 히브리 종을 사면 그는 여섯 해

---

27   아란 콜,『출애굽기』, 235.

동안 섬길 것이요 일곱째 해에는 몸값을 물지 않고 나가 자유인이 될 것이며 3 만일 그가 단신으로 왔으면 단신으로 나갈 것이요 장가 들었으면 그의 아내도 그와 함께 나가려니와 4 만일 상전이 그에게 아내를 주어 그의 아내가 아들이나 딸을 낳았으면 그의 아내와 그의 자식들은 상전에게 속할 것이요 그는 단신으로 나갈 것이로되 5 만일 종이 분명히 말하기를 내가 상전과 내 처자를 사랑하니 나가서 자유인이 되지 않겠노라 하면 6 상전이 그를 데리고 재판장에게로 갈 것이요 또 그를 문이나 문설주 앞으로 데리고 가서 그것에다가 송곳으로 그의 귀를 뚫을 것이라 그는 종신토록 그 상전을 섬기리라 7 사람이 자기의 딸을 여종으로 팔았으면 그는 남종 같이 나오지 못할지며 8 만일 상전이 그를 기뻐하지 아니하여 상관하지 아니하면 그를 속량하게 할 것이나 상전이 그 여자를 속인 것이 되었으니 외국인에게는 팔지 못할 것이요 9 만일 그를 자기 아들에게 주기로 하였으면 그를 딸 같이 대우할 것이요 10 만일 상전이 다른 여자에게 장가 들지라도 그 여자의 음식과 의복과 동침하는 것은 끊지 말 것이요 11 그가 이 세 가지를 시행하지 아니하면, 여자는 속전을 내지 않고 거저 나가게 할 것이니라

하나님은 이스라엘 공동체 안에서 약자에게 관심을 가진다. 먼저 약자 중에 종에 관한 규례를 제정하신다. "히브리 종을 사면"(21:2)이라는 말은 동족을 종으로 살 경우를 가리킨다. "히브리"는 아브라함에게 사용되었지만(창 14:13), 본격적으로는 이집트에서 이스라엘 사람을 가리키는 것으로 사용되었다. 만약 동족의 사람을 종으로 살 경우, 육년만 섬기게 하고 칠년에는 값없이 자유의 몸으로 내어 보내어야 한다. 내어 보낼 때에는 빈손으로 보내지 말고 그가 수확한 것에서 후히 주어 보내라고 하신다(신 15:12~14). 히브리 사람이 아닌 이방인 종인 경우에 종신으로 주인을 섬긴다(레 25:46).

7년째에는 자유케 하라는 것은 안식의 개념에 해당한다. 안식일에는 모든 일에서부터 쉬어야 하는 원리가 여기에도 적용되는 것이다. 7년째에는 종들을 풀어주어야 하는 것은 좀 더 큰 안식인 안식년의 원리에 해당한다. 그러나 출애굽기 본문에서의 7년은 년도가 고정된 안식년에 대한 규례가 아니다. 어

느 시점이던지 종으로 팔린 날로부터 7년째가 되면 그를 자유롭게 풀어주어 야 하는 규례이다. 따라서 이것은 오늘날 일부 교회나 직장에서 일반적으로 계산하는 안식년에 대한 개념과 같다고 하겠다. 즉, 일을 시작한 시점에서 6 년이 지나고 제7년째에 안식년을 가진다는 것이다. 가장 큰 안식의 법인 희년 에는 자동적으로 종들을 풀어주어야 한다(레 25:40~41,54). 희년은 년도가 고 정되어 있기 때문에 종을 살 때에 이 희년까지 얼마의 기간이 남았는지를 계 산하여 값을 매긴다(레 25:50~52).

종을 풀어주는 안식에 대한 규정의 근거는 출애굽에 사건에 있다. 신명기가 말하는 종의 규례에서도 7년째에 풀어주는 근거로 이집트에서 종이었던 것과 하나님이 구속하신 것을 기억하여 그것을 시행하라고 하신다(신 15:15). 신명 기의 10계명 중 제4계명인 안식일에 대한 법을 주시면서 모든 사람이 안식일 을 지켜야 하는 이유로서 이집트에서 종되었던 그들을 하나님이 인도해내셨 음을 기억하라고 하신 것과 같다(신 5:15). 희년의 규례에서는 그들이 종을 대 할 때에 옛날 이집트에서 종살이하던 상황을 기억하라고 하신다. 옛날 자신의 처지를 아는 자로서 자신이 부리는 자를 너그럽게 대하여야 한다. 그리고 하 나님이 그들을 값없이 종에서부터 해방시켜 주었기 때문에 자신의 종도 값없 이 풀어주라는 것이다(레 25:42, 55).

종으로 팔려온 자가 혼자였으면 그가 연수가 되어 풀려날 때도 혼자 나가 야 한다. 만약 그가 종으로 있을 때에 결혼했으면 가족이 함께 나갈 수 있다 (21:3). 그러나 상전이 그에게 아내를 주어 결혼했으면 아내와 자식은 상전에 게 속하여 같이 나가지 못할 것이다(4절). 하지만 법은 사랑하는 가족을 남겨 둔 채 억지로 그를 쫓아내지는 못하게 하였다. 만일 종이 상전과 처자를 사랑 하니 나가서 자유하지 않겠다고 하면(5절), 상전은 종을 데리고 재판장에게 가 라고 한다(6절상). 개역개정은 "재판장"이라고 번역했지만 히브리어는 엘로힘 (אֱלֹהִים), 즉 '하나님'이다. 하나님에게 가라는 의미는 성막(성전)으로 가라는 것 이다. 종이 자유를 포기하겠다는데 재판을 열 필요는 없다. 대신에 종이 하나 님 앞에서 맹세함으로써 그것을 확정하게 하는 것이다. 그때에 하나님이 그

둘 사이의 증인이 된다. 이보다 더 큰 맹세는 없다.

"문설주"는 문기둥이다. 이것은 아마도 성전의 문기둥을 말하는 것으로 보인다. 이것 역시 하나님 앞에서 맹세하는 의식의 과정으로 이해된다. 맹세하는 종에게 제사장은 송곳으로 그 귀를 뚫는다(6절중). 귀를 뚫는 것은 노예의 표시일 가능성이 있지만 확실한 증거는 없다. 귀를 뚫는 것은 아마도 맹세의 표식, 혹은 순종의 표시일 것이다.

남종의 경우와는 달리 여종의 경우에는 7년째의 해방이 이루어지지 않는다(21:7). 아버지가 딸은 주인에게 팔았다는 것은 주인의 첩으로 들어갔다는 것을 의미하는 것 같다.[28] 만일 주인이 그 여종을 기뻐하지 아니하면 그녀를 속신케 하라고 한다. "속신하다"의 *파다*(פָּדָה)는 '속량하다, 대속하다'의 의미이다. 기본적으로는 값을 지불하고 사는 것을 의미한다.[29] 이 경우에는 값을 주고 사는 것이 아니라 값없이 풀어주는 것을 의미한다. '그 여자를 속였다'는 말에서 볼 때에 여자의 아버지에게 값을 지불하고 살 때에 그녀를 아내(혹은 첩)으로 받아들이겠다고 약속한 것으로 보인다. 그런데 그를 기뻐하지 않는 것은 원래의 약속 위반이 된다. 이렇게 여자에게 불이익이 가해졌으므로 주인은 그 여자를 타국인에게 팔면 안 된다(8절하).

만일 돈을 주고 살 때에 자기 아들에게 주기로 했으면, 그를 딸같이 대접하라고 한다(9절). 만약 상전이 다시 다른 여자를 들이면, 먼저 들인 종에게 의복과 음식을 제공하고, 동침하는 것도 끊지 말라고 한다(10절). 만약 이 세 가지를 시행하지 않으면 속전을 내지 않고 거저 나가게 하라고 명령한다(11절).

3) 보복의 원리 (21:12~27)

12 사람을 쳐죽인 자는 반드시 죽일 것이나 13 만일 사람이 고의적으로 한 것이

---

28 Gispen, *Exodus*, 208.
29 BDB, 804.

아니라 나 하나님이 사람을 그의 손에 넘긴 것이면 내가 그를 위하여 한 곳을 정하리니 그 사람이 그리로 도망할 것이며 14 사람이 그의 이웃을 고의로 죽였으면 너는 그를 내 제단에서라도 잡아내려 죽일지니라 15 자기 아버지나 어머니를 치는 자는 반드시 죽일지니라 16 사람을 납치한 자가 그 사람을 팔았든지 자기 수하에 두었든지 그를 반드시 죽일지니라 17 자기의 아버지나 어머니를 저주하는 자는 반드시 죽일지니라 18 사람이 서로 싸우다가 하나가 돌이나 주먹으로 그의 상대방을 쳤으나 그가 죽지 않고 자리에 누웠다가 19 지팡이를 짚고 일어나 걸으면 그를 친 자가 형벌은 면하되 그간의 손해를 배상하고 그가 완치되게 할 것이니라 20 사람이 매로 그 남종이나 여종을 쳐서 당장에 죽으면 반드시 형벌을 받으려니와 21 그가 하루나 이틀을 연명하면 형벌을 면하리니 그는 상전의 재산임이라 22 사람이 서로 싸우다가 임신한 여인을 쳐서 낙태하게 하였으나 다른 해가 없으면 그 남편의 청구대로 반드시 벌금을 내되 재판장의 판결을 따라 낼 것이니라 23 그러나 다른 해가 있으면 갚되 생명은 생명으로, 24 눈은 눈으로, 이는 이로, 손은 손으로, 발은 발로, 25 덴 것은 덴 것으로, 상하게 한 것은 상함으로, 때린 것은 때림으로 갚을지니라 26 사람이 그 남종의 한 눈이나 여종의 한 눈을 쳐서 상하게 하면 그 눈에 대한 보상으로 그를 놓아 줄 것이며 27 그 남종의 이나 여종의 이를 쳐서 빠뜨리면 그 이에 대한 보상으로 그를 놓아 줄지니라

범죄한 죄인은 반드시 그 죄를 본인에게 되갚아주는 것이 범죄자를 처벌하는 원리로 주어진다.

(1) 살인자에 대한 보복(21:12~14)

사람을 죽인 자는 그도 반드시 죽이라고 한다(21:12). 제6계명에 대한 보충적인 법이다. "반드시 죽이라"는 히브리어 문장 모트 유마트(מוֹת יוּמָת)에서 앞의 모트는 부정사 절대형이며, 뒤의 유마트는 본동사로서 홉알(사역 수동형)이다. 부정사 절대형이 본동사 앞에 붙으면 강조가 된다. 따라서 '정녕 죽임을 당하도록 하라'로 번역된다. 그 죄값을 반드시 그대로 받도록 하라는 것이다.

그러나 살인에서도 예외가 있다. 13절에, 사람이 계획하여 죽인 것이 아닌 경우에는 죽음이라는 가혹한 벌을 면하게 하였다. "계획하여"의 *차다*(צָדָה)는 '숨어 기다리다'이다. 이것은 그 사람을 죽이기 위해 비밀리에 준비하였음을 의미한다. 즉 의도적인 살인이다. 만약 이러한 의도적인 살인이 아니라면 하나님이 그 사람을 죽인 자에게 붙이신 것으로 인식해야 한다. "붙이다"의 *아나*(אָנָה)는 '(어떤 일을) 만나다'이다. 이것은 그 사건이 우연히 혹은 부지중에 발생했음을 말하며, 그런 우발적인 것은 하나님께서 일으키신 것이다. 그러기 때문에 본의 아니게 살인한 사람은 하나님이 정하신 한 곳으로 도망하라고 하신다. 후에 도피성 제도를 두어 부지중에 살인한 사람이 피할 수 있게 하였다(민 35:6).

그런데 출애굽기 본문에서의 "한 곳"은 *마콤*(מָקוֹם)인데, 정관사가 붙어 *하마콤*(הַמָּקוֹם)이 되면 성소 혹은 제단의 장소가 된다(창 13:3; 28:11). 정관사는 한정의 역할을 한다. 출애굽기에서는 정관사 대신 '하나님이 정하신'이라는 말이 *마콤*(한 곳)을 한정한다. 여기에서도 *하마콤*과 같이 제단이라 보아야 할 것이다. 본문에서부터 제단은 살인자의 도피의 장소가 되었다. 후에 아도니야가 반란에서 실패한 후 제단 뿔을 잡고 목숨을 건졌다(왕상 1:50~51). 아도니야는 살아남았지만 그러나 요압이 제단 뿔을 잡았을 때에는 잡은 상태에서 죽임을 당했다(왕상 2:28). 아도니야는 살인을 저지르지 않았기 때문이요, 요압은 의도적인 살인을 저질렀기 때문이었다(아브넬과 유다 군대장관 아마사를 죽였음, 왕상 2:32). 그것은 출애굽기 21:14에 근거한 것이다. 14절에는 사람이 그 이웃을 고의로 죽였으면 여호와의 단에서라도 잡아내려 죽이라고 하였다. "고의로 죽이다"의 *레호르고 베오르마*(לְהָרְגוֹ בְעָרְמָה)에서 오르마는 '기민한(shrewd), 교활한(crafty)'의 의미이다.[30] 에덴동산에서 뱀을 말할 때에 "뱀이 가장 간교하더라"에서 오르마가 사용되었다. 이 단어는 좋은 의미로도 그리고 나쁜 의미로도 사용되었다. 여기에서는 후자의 것으로 보아야 한다. 주변을 살펴 빠

---

30 BDB, 791.

른 판단을 내려 사람을 죽이고 그것을 교묘하게 은폐하려는 술책을 쓰는 자로 볼 수 있다. 살인 행위일 뿐만 아니라 은폐까지 시도한 그러한 자에게는 제단이 보호하는 역할을 하지 않는다.

(2) 불효자에 대한 처벌(21:15~17)

21:15에, 자기의 아버지나 어머니를 치는 자는 반드시 죽이라고 하였다. "치는 (자)"의 *나카*(נָכָה, 본문에서는 힢일 분사형으로 사용됨)는 치명적인 타격을 가하는 것이며, 쳐서 죽이는 의미까지 있다. 이것은 제5계명을 어기는 것이다. 17절에 아버지나 어머니를 저주하는 자도 5계명을 범한 죄이며, 그 경우에도 그를 죽이라고 명령한다. "저주하다"의 칼랄(קָלַל)은 기본적으로 '가볍게 여기는 것' 즉 '업신여기다'이며, 더 나아가서 '저주하다'의 뜻도 있다. 이것은 상스러운 말을 하는 것을 포함하여 부모를 무시하거나 업신여기는 행동도 해당한다.

16절에 "납치하는 (자)"의 가나브(גָּנַב)는 '도적질하다'이다. 사람을 노예로 팔기 위해 유괴하는 일을 말한다. 이렇게 유괴하여 자기의 수하에 두었든지, 남에게 판 사람은 반드시 죽이라고 하였다. "수하에 두다"는 말은 그에게 빚을 지워 자기 손안에서 벗어나지 못하게 올가미를 매는 행위로 볼 수 있다. 자기의 유익을 위해 사람을 유괴하는 이런 행위를 극악한 것으로 보아 이런 자도 반드시 죽이라고 명령하신다. 이 유괴범에 대한 규정이 불효에 대한 형벌 중간에 끼어있다. 이것은 유괴가 가정을 파괴하는 큰 범죄임을 시사한다.

(3) 상해(傷害)에 대한 처벌(21:18~27)

서로 싸우다가 돌이나 주먹으로 상대에게 상해를 입힌 경우, 가혹할 정도의 큰 벌은 주어지지 않는다. 만약 상대에게 상해를 가해 그가 자리에 누웠다가 다시 거동하면 그 기간 동안 노동하지 못함으로 입은 손해를 배상하고, 그리고 치료가 완료될 때까지의 비용을 지불해야 한다(21:18~19). 오늘날 상해 보험에서 치료비와 함께 일당을 지불하는 것과 같다. 두 사람이 싸우다 분을 이기지 못하여 "주먹"이나 그 주위에 있는 "돌"을 들어 치는 경우가 생길 수 있다. 그러한 경우에 그것을 우발적으로 본 것이다. 만약 의도적으로 상대를 해할 작정이었다면 칼이나 몽둥이 등의 무기를 미리 준비했을 것이다. 돌은 싸움의 현장에서 쉽게 발견될 수 있기 때문에 준비한 무기로 보지 않은 것이다. 그러나 우발적이라도 상해를 가한 자로 상대의 치료와 그가 입은 손해를 확실하게 배상하게 하였다.

주인이 매로 그 남종이나 여종을 쳐서 당장에 죽으면 반드시 형벌을 받아야 한다(20절). 고대 사회에서 노예 혹은 종은 주인의 소유물로 여겼다. 그래서 고대 중동 지방 법전에서는 종에 대한 법이 따로 없었다. 종에게 형벌을 가해 죽이던 살리던 그것은 주인의 권리였다. 그러나 하나님의 법에서는 비록 종이 그들의 재산이더라고 죽일 수 있는 권한을 인정하지 않는다.

그러나 만약 종이 며칠을 연명하였다가 죽으면 형벌을 면하게 하였다(21절). "매(쉐베트, שֵׁבֶט)"(20절)는 종이나 자식에게 교정의 도구(채찍)로 사용되는 막대기이기 때문에 이 도구를 사용하여 형벌을 가하는 것을 정당한 것으로 본 것이다. 21절에서 종은 "상전의 재산"이라고 하였다. "재산"의 캐새프(כֶּסֶף)는 '은' 혹은 '(은으로 된) 돈'을 의미한다. 당시 화폐가 없었기에 은을 대용으로 사용하였다. 종은 은(돈)을 지불해서 사야하며, 또 은을 받고 팔 수도 있기에 주인의 재산과 같은 것이다. 종이 매질로 결국 죽게 되면 주인은 자기의 재산을 잃은 것이기 때문에 그에게 충분한 보상이 주어진 것으로 보았다. 그러나 아무리 자신의 재산이더라도 죽이는 것은 엄격히 금지하였다.

만약 싸우다가 아이 밴 여인을 다쳐 낙태케 하였으나 산모에게 다른 해가 없으면 벌금으로 보상하는 것으로 규정하였다(22절상). 태어날 아이를 잃게 된 보상이다. 이때에 금액에는 정해진 것이 없으며 합의하여 정하도록 하였다. 청구 금액은 먼저 남편이 정하도록 하였고, 만약 가해자가 그 액수가 부당하다고 생각하면 재판을 받아 판결에 따라 내라고 하였다(22절하).

그러나 낙태 외에 다른 해가 있으면 그 해를 입은 그대로 갚도록 하였다. 아이에 대한 생명의 값은 합의하여 지불하는 것을 허용했지만, 산모에 대한 상해는 더 엄격하게 규정하고 있는 것이다. 생명은 생명으로(23절), 눈은 눈으로, 이는 이로, 손은 손으로, 발은 발로(24절), 데운 것은 데움으로, 상하게 한 것은 상함으로, 때린 것은 때림으로(25절) 갚게 하였다. 이 되갚아주는 법은 더 이상 그러한 불상사를 미연에 방지하는 차원에서 주어진 것으로 볼 수 있다.

다시 종에 대한 규정이 주어진다. 사람이 그 남종의 한 눈이나 여종의 한 눈을 쳐서 상하게 하면 그 눈 대신에 그를 놓을 것이며(26절), 만약 한 이를 쳐서 빠뜨리면 그 이 대신에 그를 놓으라고 했다. 이것은 고대사회의 종에 대한 일반적인 법보다 더 엄격하게 종의 인권을 보호한 것이다. 앞의 20절에서 매를 사용하여 종을 징계하는 것은 교정의 차원에서 허용하였지만, 여기에서 매 아닌 주먹으로 종의 신체에 위해를 가하는 것은 폭력으로 규정하고 엄격하게 금지한 것이다.

4) 가축에 의한 상해(21:28~36)

28 소가 남자나 여자를 받아서 죽이면 그 소는 반드시 돌로 쳐서 죽일 것이요 그 고기는 먹지 말 것이며 임자는 형벌을 면하려니와 29 소가 본래 받는 버릇이 있고 그 임자는 그로 말미암아 경고를 받았으되 단속하지 아니하여 남녀를 막론하고 받아 죽이면 그 소는 돌로 쳐죽일 것이고 임자도 죽일 것이며 30 만일 그에게 속죄금을 부과하면 무릇 그 명령한 것을 생명의 대가로 낼 것이요 31 아들을 받든지 딸을 받든지 이 법규대로 그 임자에게 행할 것이며 32 소가 만일 남종이나 여종을 받으면 소 임자가 은 삼십 세겔을 그의 상전에게 줄 것이요 소는 돌로 쳐서 죽일지니라 33 사람이 구덩이를 열어두거나 구덩이를 파고 덮지 아니하므로 소나 나귀가 거기에 빠지면 34 그 구덩이 주인이 잘 보상하여 짐승의 임자에게 돈을 줄 것이요 죽은 것은 그가 차지할 것이니라 35 이 사람의 소가 저 사람의 소를 받아 죽이면 살아 있는 소를 팔아 그 값을 반으로 나누고 또한 죽은 것도 반으로 나누려니와 36 그 소가 본래 받는 버릇이 있는 줄을 알고도 그 임자가 단속하지 아니하였으면 그는 소로 소를 갚을 것이요 죽은 것은 그가 차지할지니라

이스라엘에는 여러 종류의 가축이 있겠지만 여기서는 주로 소가 나온다. 왜냐하면 사람에게 상해를 입힐 만큼 힘센 가축은 소가 거의 유일하기 때문이다. 먼저 소가 사람을 받아서 죽이면 그 소는 돌에 맞아 죽게 하라고 한다 (21:28). 짐승도 사람처럼 '피를 흘리는 자는 그도 반드시 피를 흘려야한다'는 원리를 적용한 것이다(창 9:5). 이 경우에는 그 소의 고기를 먹지 말라고 한다. 사람을 죽인 소이니 부정하다고 판단한 것이다. 소에는 벌이 가해지지만 그러나 그 임자는 벌을 면한다(21:28하). 짐승이 저지른 죄에 대하여 주인에게 책임을 전가시키지 않는다. 주인은 단지 죽은 소를 처분할 수 없으므로 입는 손해만 입게 된다.

그런데 소가 본래 사람을 받는 버릇이 있고, 이웃이 그것을 경고하였는데도 그 임자가 단속하지 않았다면 소와 함께 임자도 죽어야 한다(29절). 이것은 간접적인 살인을 행한 것과 같다. 그러나 소 주인이 재판에서 속죄금을 내는 판정을 받을 경우도 있다(30절). "속죄금"의 코펠(כֹּפֶר)은 '몸값'을 의미한다. 그것은 그 사람의 생명의 대가라고 말한다. "대가"의 피드욤(פִּדְיֹם)은 동사 파다 (פָּדָה, 속량하다, 값을 지불하다)에서 온 명사로서 '속량'을 뜻한다. 속량은 돈으로도 할 수 있겠지만, 그러나 그 사람의 생명의 값이므로 그 값을 아들 혹은 딸로 대신하라고 한다.

소가 만일 남의 집 남종이나 여종을 받으면 소는 돌에 맞아 죽어야 하며, 소 임자는 종의 주인에게 은 삼십 세겔로 보상하라고 한다(32절). 일반 사람을 죽인 것과 달리 속전으로 보상할 수 있게 허락한 것이다. 은 삼십 세겔은 종의 값어치이다.

사람이 파 놓은 구덩이에 소나 나귀가 빠져 죽으면, 그 구덩이를 덮지 않은 책임을 지고 짐승의 값을 지불해야 한다. 죽은 짐승은 구덩이 주인이 차지한다(33~34절). 여러 종류의 구덩이가 있을 수 있다. 첫째는 물 저장소가 있으며, 둘째는 곡식 저장소이며, 셋째는 동물의 덫으로 사용한 것일 수 있고, 넷째는 사람을 가두는 감옥으로도 쓰였을 것이다. 이런 구덩이의 주인은 사람이나 짐승이 빠져 해를 입지 않도록 잘 관리해야 한다.

소가 다른 사람 소유의 소를 받아 죽이면 산 소와 죽은 소를 모두 팔아 서로 반분하게 하였다(35절). 그런데 그 소가 들이받는 버릇이 있는 줄을 알고도 그 임자가 단속하지 아니하였으면 이쪽 주인은 저쪽 주인에게 소로 갚아야 하며, 죽은 소는 이쪽 주인의 차지가 된다. 공정의 법칙을 적용한 것이다.

5) 도적질에 대한 배상(22:1~15)

1 사람이 소나 양을 도둑질하여 잡거나 팔면 그는 소 한 마리에 소 다섯 마리로 갚고 양 한 마리에 양 네 마리로 갚을지니라 2 도둑이 뚫고 들어오는 것을 보고 그를 쳐죽이면 피 흘린 죄가 없으나 3 해 돋은 후에는 피 흘린 죄가 있으리라 도둑은 반드시 배상할 것이나 배상할 것이 없으면 그 몸을 팔아 그 도둑질한 것을 배상할 것이요 4 도둑질한 것이 살아 그의 손에 있으면 소나 나귀나 양을 막론하고 갑절을 배상할지니라 5 사람이 밭에서나 포도원에서 짐승을 먹이다가 자기의 짐승을 놓아 남의 밭에서 먹게 하면 자기 밭의 가장 좋은 것과 자기 포도원의 가장 좋은 것으로 배상할지니라 6 불이 나서 가시나무에 댕겨 낟가리나 거두지 못한 곡식이나 밭을 태우면 불 놓은 자가 반드시 배상할지니라 7 사람이 돈이나 물품을 이웃에게 맡겨 지키게 하였다가 그 이웃 집에서 도둑을 맞았는데 그 도둑이 잡히면 갑절을 배상할 것이요 8 도둑이 잡히지 아니하면 그 집 주인이 재판장 앞에 가서 자기가 그 이웃의 물품에 손 댄 여부의 조사를 받을 것이며 9 어떤 잃은 물건 즉 소나 나귀나 양이나 의복이나 또는 다른 잃은 물건에 대하여 어떤 사람이 이르기를 이것이 그것이라 하면 양편이 재판장 앞에 나아갈 것이요 재판장이 죄 있다고 하는 자가 그 상대편에게 갑절을 배상할지니라 10 사람이 나귀나 소나 양이나 다른 짐승을 이웃에게 맡겨 지키게 하였다가 죽거나 상하거나 끌려가도 본 사람이 없으면 11 두 사람 사이에 맡은 자가 이웃의 것에 손을 대지 아니하였다고 여호와께 맹세할 것이요 그 임자는 그대로 믿을 것이며 그 사람은 배상하지 아니하려니와 12 만일 자기에게서 도둑 맞았으면 그 임자에게 배상할 것이며 13 만일 찢겼으면 그것을 가져다가 증언할 것이요 그 찢긴 것에 대하여 배

상하지 아니할지니라 14 만일 이웃에게 빌려온 것이 그 임자가 함께 있지 아니할 때에 상하거나 죽으면 반드시 배상하려니와 15 그 임자가 그것과 함께 있었으면 배상하지 아니할지니라 만일 세 낸 것이면 세로 족하니라

　도적질에 대한 법령은 제8계명에 대한 보충 해설이다. 사람이 소나 양을 도적질하여 잡거나 팔면 소 하나에 소 다섯으로 갚고 양 하나에 양 넷으로 갚게 하였다(22:1). 이것은 받은 대로 갚는다는 원칙보다 훨씬 무거운 벌이다. 도둑질이 의도적인 것으로 보았기 때문이다. 만약 어두울 때에 도적이 침입한 것을 보고 그를 쳐 죽이면 피흘린 죄가 없다고 하였다(2절). 도적이 무장하였을 가능성도 있기 때문에 위협에 대한 주인의 정당방위로 간주하였다. 어떠한 결과에 대해서도 그 사건을 일으킨 도적에게 그 모든 책임이 있음을 인정한 것이다. 그러나 해가 돋은 후에 그런 일이 발생했으면 피 흘린 죄가 있다고 하였다(3절상). 그가 위협적인 도구로 무장하였는지 알 수 있는 상황이므로 주인의 정당방위가 성립되지 않는다. 이 법은 도적에게도 그 생명에 대한 존엄성이 있음을 인정한 것이다.

　도적은 주인의 피해에 대하여 반드시 배상하여야 한다. 만약 갚을 능력이 없으면 몸을 팔아서라도 그것을 배상해야 한다(3절하). 만약 소나 나귀나 양과 같은 가축을 도적질하여 그 짐승이 자기 손에서 아직 살아있는 경우는 갑절을 배상해야 한다(4절). 이것은 가축을 도적질할 때에 네 배로 배상하라는 원리보다 약하다. 왜냐하면 아직 그 짐승이 살아있어 범죄 행위가 완료되지 않았기 때문이다.

　만약 가축에게 풀을 먹이다가 그 짐승을 풀어주어 남의 밭에서나 포도원의 것을 먹게 하였다면, 짐승의 임자는 자기 밭의 제일 좋은 것으로 배상해야 한다(5절). 가시나무를 태우다가 불이 나서 남의 집 낟가리나 거두지 못한 곡식을 태우면 불 놓은 자가 반드시 배상해야 한다(6절). 가시나무는 울타리(밭의 경계)로 심는 경우가 많다. 특별히 짐승들이 밭으로 침입하지 못하도록 방어하기 위한 울타리였을 것이다. 마른 가시나무는 불이 잘 붙는다. 그래서 가난

한 사람이 가시나무를 땔감으로 사용하기도 하였다. 불을 태우는 목적은 밭
둑을 소독하거나 또 풀을 뿌리까지 태워죽이기 위한 목적이었을 것이다. 그
러나 불은 항상 예기치 않게 번져나간다. 의도적이지 않지만 남의 밭에 피해
를 입혔으면 배상해야 한다.

만약 이웃에게 돈이나 물품을 맡겼는데 그것이 도적맞은 경우에 도적이 잡
히면 그 도적이 갑절을 배상할 것이다(7절). 그런데 문제는 도적을 만났다고
주장하는데 도적이 잡히지 않았다면 물건을 맡은 사람이 의심을 받을 것이 당
연하다. 이럴 경우 물건 맡은 자를 재판장에게 데리고 가서 그가 손을 댄 여
부의 조사를 받게 한다(7~8절). 여기서 "재판장"은 히브리어로 엘로힘(אֱלֹהִים)
이다. 성막의 하나님에게 나아가서 맹세하면서 도적의 여부를 판가름한다는
의미이다.

또 어떤 사람이 가축이나 물품을 잃었는데 나중에 어떤 집에서 그 잃은 것을
발견하고 그것이 자기의 것이라고 주장하면, 두 편 모두 재판장에게 나가야
한다(9절상). 소, 나귀, 그리고 양은 그 당시 대표적인 가축으로 간주된다. 따
라서 그 외의 다른 가축의 경우도 여기에 포함한다고 보아야 한다. "재판장에
게 나간다"는 말은 여기서도 '하나님 앞에 (나간다)(아드 하엘로힘, עַד הָאֱלֹהִים)'
는 말이다(21:6 참조). 이것은 성전(혹은 성막)에 나가서 하나님 앞에서 맹세케
하고 제사장이 옳고 그름을 판단하는 것이다. 혹시 어떤 사람이 물건을 주웠
을지라도 소유권은 원래의 임자에게 있다. 물건을 주운 사람이 순순히 원주
인에게 그 물건을 내어놓으면 문제가 해결되지만, 그가 자기 것으로 주장하
여 재판한 결과 그의 것이 아닌 것으로 판정나면 그는 배로 물어주어야 한다
(22:9하). 도적에 해당하는 대가를 치루는 것이다.

22:10에 사람이 자기의 가축(나귀, 소, 양 등)을 이웃에게 맡겨 지키게 하였
다가 죽거나 상하거나 끌려가는 경우에 대한 법이 주어진다. "끌려가다"의 솨
바(שָׁבָה)는 '(포로로) 잡혀가다'이다. 이것은 적이 와서 빼앗아 가거나 혹은 사나
운 짐승이 와서 낚아채어 가는 경우가 되겠다. 이러한 손상에 대하여 아무도
본 사람이 없으면 맡은 자가 자기는 손대지 아니하였다고 여호와로 맹세하게

하고 임자는 그것을 믿으라고 한다. 맹세는 성막에서, 그리고 제사장 앞에서 여호와의 이름으로 할 것이다. 그러면 그 사람은 배상하지 않아도 된다. 만약 그가 거짓말을 했으면, 그에 대한 벌은 여호와께서 내릴 것이다.

그러나 만일 "자기에게서 도적 맞았으면" 그 임자에게 배상하라고 말한다 (12절). "도적맞다"에서 여기서는 *가나브*(בּנָגְ, 도적질하다)의 닢알(수동)형이며, 본동사 앞에 부정사 독립형이 사용되었다. 부정사 독립형은 강조를 나타낸다. 따라서 '정녕(확실하게) 도적을 당하였다면'으로 번역된다. 앞의 10절에서는 대적이 빼앗아 간 경우에는 가축을 맡은 사람의 책임이 없다고 하였다. 그러나 도적을 맞은 경우는 맡은 자에게 책임이 있다고 판단한다. 짐승을 부탁받았으면 그것을 잘 보호하고 살펴야 할 의무가 있다. 이 의무를 다하지 못하였기에 그 책임을 져야하는 것이다.

만약 가축이 찢긴 것이 남아 있으면 그것을 가져다가 증거로 제시하고, 거기에 대한 배상은 하지 않아도 된다(13절). 찢긴 것은 사나운 짐승에게 당한 것이다. 사나운 짐승이 가축을 찢기만 하고 남겨둘 리는 없다. 당연히 먹기위해 가져갈 것이다. 목동이 사나운 짐승이 가축을 살육하는 것은 막을 수 없었지만 그러나 최대한 짐승을 위협하여 쫓아내었기 때문에 찢긴 것이 남아있는 것으로 볼 수 있다. 찢긴 체로 남아있는 그 자체가 노력했다는 증거가 된다. 적어도 맡은 자가 이렇게 최선을 다했으면 그에게 배상을 요구할 수가 없는 것이다.

위에서는 짐승의 임자가 이웃에게 부탁하여 맡긴 경우이다. 그러나 반대로 이웃이 짐승의 주인에게 빌려와서 그러한 불상사가 일어났으면 빌려 온 자가 짐승의 임자에게 배상해야 한다(14절). 소나 나귀를 빌려 오는 경우는 그것을 사용하기 위해서이다. 그러므로 빌려 온 자가 그것을 보호해야 할 책임이 있다. 만약 죽거나 다치거나 하면 분명히 그 값어치대로 보상해야 한다. 그러나 짐승의 임자가 함께 있을 때에 그 일이 일어났으면 배상하지 않아도 된다(15절). 짐승의 임자는 삯을 받고 빌려주었을 것이다.

6) 간음한 죄(22:16~17)

> 16 사람이 약혼하지 아니한 처녀를 꾀어 동침하였으면 납폐금을 주고 아내로 삼
> 을 것이요 17 만일 처녀의 아버지가 딸을 그에게 주기를 거절하면 그는 처녀에
> 게 납폐금으로 돈을 낼지니라

사람이 정혼하지 아니한 처녀를 꾀어 동침하였으면 납폐금을 주고 아내로 삼아야 한다(22:16). "꾀다"의 파타(פָּתָה)는 '권유하다(persuade)' 혹은 '속이다 (deceive)'로 번역되지만(참조, 대하 18:19, '속이다'로 번역됨; 렘 20:7, '권유'로 번역됨),[31] 예레미야가 "주께서 나를 권유하시므로(파타) 내가 그 권유를 받았 사오며 주께서 나보다 강하사 이기셨으므로"라는 말에서 예레미야는 백성에게 나가고 싶지 않지만 하나님께서 강하게 압박하여 나갈 수밖에 없다는 불평을 하는 것이다. 출애굽기 본문에서도 단순하게 유혹한 것보다 여자가 원하지 않았는데도 강압적으로 몰아붙여 그러한 관계로 들어가게 된 경우가 된다. "납폐금을 주고"의 마하르(מֹהַר)는 결혼을 위해 값을 치루는 것을 의미한다. 세겜에서 하몰의 아들 세겜이 디나를 사랑하여 "이 소녀만 내게 주어 아내가 되게 하라 아무리 큰 혼수와 예물을 청구할찌라"(창 34:12)에서 "혼수"에 해당한다. 이것은 이삭의 결혼을 위해 엘리에셀이 리브가에게 준 예물과는 다르다. 결혼 예물은 선물의 성격이지만, 그러나 마하르(납폐금)는 몸값을 지불하는 돈이다. 이것은 벌칙에 가깝다.

그러나 만일 여자의 아버지가 딸을 그의 아내로 주기를 싫어하면, 죄를 범한 남자는 납폐금에 해당하는 돈만 지불해야 한다(22:17). 본문에서는 돈의 액수를 정하지 않았지만, 다른 곳에서 이와 비슷한 경우에 '은 오십 세겔'을 지불하도록 요구한다(신 22:29). 이 금액은 종의 몸값(은 삼십 세겔)보다 많은 액수이다. 처녀의 정조를 빼앗았기 때문에 그 처녀는 일생을 망친 것이 된다. 그러

므로 거기에 마땅한 금액을 지불해야 하는 것이다.

7) 이교도적인 가증한 일들(22:18~20)

18 너는 무당을 살려두지 말라 19 짐승과 행음하는 자는 반드시 죽일지니라 20 여
호와 외에 다른 신에게 제사를 드리는 자는 멸할지니라

앞으로 가나안에 들어갔을 때에 이스라엘이 이방인들이 행하는 가증한 일
들을 목도하게 될 것이다. 신명기 18장은 이교도적인 행위들을 자세히 설명한
다. 이스라엘이 그 땅에 들어가서 그러한 가증한 행위를 본받지 말라고 경고
하면서(신 18:9), 그것을 행하는 자들을 반드시 그 땅에서 쫓아내라고 하신다.
출애굽기 본문에서 이방인이 행하는 첫 번째 이교도의 목록으로 무당의 행위
를 꼽는다(22:18). "무당(메카쉐파, מְכַשֵּׁפָה)"의 동사 카솨프(כָּשַׁף)는 '마술을 행
하다'이다. 본문에서와 또 다른 곳에서는 '무당'(신 18:10)으로 번역되었고, '술
사'(7:11), 혹은 '점쟁이'로 번역되기도 하였다(단 2:2). 이것은 주술을 행하거나
점을 치는 행위를 말한다. 이런 자들은 살려두지 말라고 한다. 이때에 10계명
과 같이 절대 부정어 로(לֹא, '반드시 ...하지말라')가 사용되었다.
  다음 목록의 이방인의 가증한 행위는 짐승과 행음하는 것이다. 이런 자는
반드시 죽이라고 말한다(22:19). "행음하다"의 임-쇠카브(עִם-שֹׁכֵב)는 '함께 눕
다'인데, '동침하다'로 자주 번역된다. 가나안 인들은 동성애와 함께 이러한 수
음까지 행하는 부도덕한 사람들이었던 것 같다(레 20:15 참조). 수간(獸姦)은
가나안판 '바알 이야기'에 자주 등장하고 있으며, 이것은 종교의식의 행위로
보이기도 한다.[32] 출애굽기 본문은 이런 자들을 반드시 죽이라(부정사 독립형
을 사용하여 강조하고 있음)고 명령한다.
  다음으로 이교도들이 행하는 가증한 것은 우상에게 희생제사를 드리는 것

---

32 아란 콜, 『출애굽기』, 250.

이다(22:20). 이것은 가나안에서 일반적으로 행해지는 우상숭배의 행위였다. 팔레스틴에는 많은 가나안 시대의 제단이 발견된다. 본문은 이런 자들을 다 멸하라고 명령한다(22:20). "멸하다"의 *하람*(חרם)은 완전히 없애버리는 것을 의미한다. 이스라엘이 가나안을 차지할 때에 가나안 사람을 멸절하라고 하나님이 명하신다. 왜냐하면 이스라엘이 그들을 따라 우상을 숭배할 수 있기 때문이다. 이스라엘 한 사람이 이방인과 같이 우상을 숭배하면 이웃이 또 그를 따라할 수 있다. 이것을 방지하기 위해 하나님은 그러한 우상숭배자를 완전히 멸절하기를 명령한 것이다.

위의 행위들에 대하여 아주 엄격한 벌을 명령하는 것은 앞으로 가나안에 들어가서 이방인들의 가증한 죄악들을 근원적으로 차단하기 위함이다.

8) 사회 약자들에 대한 배려(22:21~27)

21 너는 이방 나그네를 압제하지 말며 그들을 학대하지 말라 너희도 애굽 땅에서 나그네였음이라 22 너는 과부나 고아를 해롭게 하지 말라 23 네가 만일 그들을 해롭게 하므로 그들이 내게 부르짖으면 내가 반드시 그 부르짖음을 들으리라 24 나의 노가 맹렬하므로 내가 칼로 너희를 죽이리니 너희의 아내는 과부가 되고 너희 자녀는 고아가 되리라 25 네가 만일 너와 함께 한 내 백성 중에서 가난한 자에게 돈을 꾸어 주면 너는 그에게 채권자 같이 하지 말며 이자를 받지 말 것이며 26 네가 만일 이웃의 옷을 전당 잡거든 해가 지기 전에 그에게 돌려보내라 27 그것이 유일한 옷이라 그것이 그의 알몸을 가릴 옷인즉 그가 무엇을 입고 자겠느냐 그가 내게 부르짖으면 내가 들으리니 나는 자비로운 자임이니라

이스라엘 사회는 약자를 우선적으로 배려한다. 이것은 하나님께서 자기 백성을 지키는 한 방법이다. 성경이 자주 언급하는 약자는 이방 나그네, 고아와 과부, 그리고 가난한 사람이다.

(1) 이방 나그네(22:21)

약자 중에 첫째는 이방 나그네였다. 하나님은 "이방 나그네를 압제하지 말고 그들을 학대하지 말라"고 하신다(22:21). "이방 나그네"로 번역된 *게르*(גֵּר)는 그곳의 시민이 아닌 사람이 임시로 체류하고 있는 것을 말한다. 물론 그는 외국인이 된다. 고대 사회에서 함께 살고 있지만 외국인인 경우에는 불이익이 많았다. 우선 그곳의 땅을 사서 자기의 소유로 만들 수 없었다. 아브라함도 사라가 죽었을 때에 매장지 사기도 힘들었을 정도로 거류자로서의 불이익을 받았다(창 25장). 그리고 여러 가지 법의 보호도 받지 못하였다. 일반적으로 이런 거류자는 가난할 수밖에 없었다. 그래서 이스라엘 안에서 제일 큰 약자로 분류되었다.

"압제하다"의 *야나*(יָנָה)는 '부당하게 대우하다'이다. 외국인이라고 그에게 불이익을 주는 행위이다. "학대하다"의 *라하츠*(רָחַץ)는 '억압하다'이며, 심하면 '학대하다'로까지 번역할 수 있다. *야나*는 은밀하게 차별대우를 한다면, *라하츠*는 노골적으로 핍박을 가하는 행위이다. 하나님은 이러한 이방 나그네를 압제하지 말 것을 명령하시면서, 그 이유를 "너희도 애굽 땅에서 나그네 이었음이니라"고 말한다(22:21하). 이집트에서 이스라엘 사람들이 단지 이방인이라는 이유 때문에 종이 되었고, 학대를 당하였다. 그때에 그들은 그것이 너무 부당하다고 울부짖었다. 그런데 그 옛적 일을 잊어버리고 이제 자신들의 처지와 같았던 외국인 나그네를 압제하는 것은 옳지 않다. 하나님은 공평하신 분이시므로 그러한 불공정한 행위를 양쪽 모두에게 적용하여 금하신다.

(2) 과부와 고아(22:22~24)

다음의 약자는 과부와 고아이다. 그들에게 공통점은 가장이 없다는 것이다. 그들에게 제일 큰 약점은 가족을 부양할 노동력이 없다는 것이고, 또 가정을 보호할 방패막이 없다는 것이다. 재산상이나 신변상 어떤 문제가 발생했을 때에 그들은 자신을 방어할 기둥이 없기 때문에 불이익을 당할 수밖에 없었다. 그래서 재판에서 항상 불리하였다. 따라서 하나님은 재판에서 고아와 과부를 보호하는 판결을 하는 것이 곧 공의를 이루는 것으로 보았다.

"해롭게 하다"(22:22하)의 *아나(עָנָה)*는 '괴롭히다, 고통을 가하다'이다. 무법한 자가 힘 없는 자를 학대하는 것이다. 힘 없는 자가 이런 괴롭힘을 당하면서 여호와께 부르짖으면 반드시 그 부르짖음을 들으시겠다고 하신다(23절). "부르짖다"의 *차아크(צָעַק)*는 '큰 소리로 외치다'이며, 본 문장에서 정동사 앞에 부정사 독립형(강조의 의미가 있음)이 사용되어 '크게 부르짖다'로 번역된다. "듣다"의 *솨마(שָׁמַע)*에서도 정동사 앞에 부정사 독립형이 사용되어 '반드시 듣겠다'로 번역된다.

하나님이 과부와 고아의 소리를 들으시고 노를 맹렬하게 발할 것이다(24절). "나의 노가 맹렬하므로"의 히브리어 *하라 아피(חָרָה אַפִּי)*에서 아프는 '화'이며, *하라*는 '성내다'이다. 둘을 합하면 '화를 화내다' 혹은 '노를 발하다'로 번역할 수 있다. 하나님이 화를 내시면 어떤 일이 벌어질까? 하나님이 칼로 그들을 죽여 그들 아내는 과부가 되고 그 자녀는 고아가 되겠다고 한다(24절하). 여기의 '칼로 죽인다'는 것은 전쟁을 통한 징계를 말한다. 이것은 보복의 원리대로 그들을 보복하시는 것이다. 예를 들어 이집트 사람들이 하나님의 장자인 이스라엘을 내어보내지 아니하므로 그들의 장자를 죽이겠다고 하신(4:23) 것과 원리가 같다. 전쟁은 하나님이 자주 사용하시는 징계의 도구이다. 전쟁에서 학대한 남자가 죽으니 아내는 과부가 되고 자녀는 고아가 되어 그의 가족이 결국 과부와 고아의 서러움을 경험할 것이다.

(3) 가난한 사람(22:25~27)

세 번째 약자는 가난한 사람이다. 이스라엘 백성 중 가난한 사람에게 돈을 꾸이면 변리를 받지 말라고 하신다(22:25). 여기에 사용된 "돈"의 캐새프(כֶּסֶף)는 '은'을 말하는데, 화폐로 사용되는 은을 가리킨다. 가난한 자가 돈을 꿀 때에는 피치 못할 사정이 있어 급하게 필요한 경우일 것이다. 돈 있는 자는 이런 사정을 악용해서 비싼 이자를 받고 빌려 줄 것이다. 고대 중동 지방에서는 돈을 빌릴 때에 이자는 선불로 떼고 나머지를 주는 것이 일반적이었다. 이것이 심할 때에 악성 고리대금이 된다. 이렇게 되면 가난한 자는 더 가난해지고 부자는 더 부유하게 된다.

또 다른 율법에서도 하나님은 동족의 가난한 자에게 돈이나 음식을 꾸일 때에 이식을 취하지 말라고 한다(레 25:37; 신 23:19). 그런데 이 율법은 동족에 한에서 주어진 것이다. 타국인에게 돈을 꾸이면 이식을 취하는 것을 허용하였다(신 23:20). 만약 돈을 꾸일 때에 이식을 취하지 못하게 하면 돈 있는 사람이 아예 빌려주지 않을 것이고, 그렇게 되면 가난한 사람은 더 위기에 몰릴 것이다. 만약 부자가 이식 없이 가난한 사람을 도우면 하나님이 자신이 그에게 복을 내려 보상을 하겠다고 하셨다(신 23:20하). 그러므로 부자는 이런 믿음을 가지고 가난한 사람을 도와야 한다.

또 이웃의 옷을 전당 잡거든 해지기 전에 돌려주라고 한다(22:26). "전당잡다"의 하발(חָבַל)은 물건 자체를 전당 잡고 돈을 빌리는 것에도 사용되고, 또한 돈을 빌릴 때에 보증하기 위하여 담보물로 맡기는 경우에도 해당한다(암 2:8). 또 본 문장에서는 강조를 의미하는 부정사 독립형이 사용되었다. 그래서 다시 번역하면 '필히 전당 잡거든'이다. 전당 잡지 않을 수 없는 사정이 있어 간청하여 물건을 담보로 돈을 꾸는 것을 의미한다. 여기에 사용된 "옷"의 살마(שַׂלְמָה)는 주로 외투(겉옷)를 가리킨다. 넓은 천 조각이거나 통으로 짠 옷이어서 낮에는 몸에 걸치는 옷이 되고, 밤이면 몸을 덮는 이불로 사용된다. 가난한 사람에게 담보 혹은 전당을 잡힐 만한 물건은 그 옷이 유일할 수가 있다.

시내 광야에서는 낮에 무덥지만 밤이 되면 매우 춥다. 가나안 땅에도 그만큼은 아니지만 낮과 밤의 온도차이가 심하다. 가난한 사람은 덮을 이불이 따로 없을 것이다. 옷을 저당잡히면 그는 밤의 추위를 가릴 아무 것도 없을 것이다. 이스라엘은 언약공동체이다. 한 공동체 안에 있는 형제를 이렇게 무정하게 버려두면 안되는 것이다. 따라서 해지기 전에 그 옷을 주인에게 돌려주라고 하신다. 매일 저녁마다 옷을 주인에게 돌려주면 담보물로서의 가치를 상실하며, 주인은 담보물이 약화되는 불이익을 당하게 된다. 그럴 때에 하나님이 그것에 대한 보증을 약속하셨다. 그가 주인을 축복할 것이고, 하나님도 그를 의롭다 일컬을 것이다. 이것은 그 무엇과도 바꿀 수 없는 큰 보상이다.

반면에 옷을 돌려받지 못하고 그가 밤에 추위에 떨면서 여호와께 부르짖는다면 하나님께서 그 소리를 들을 것이며, 전당 주인이 받을 수 있는 자비를 그에게 베푸실 것이다. 하나님은 자비하신 분이시다.

9) 하나님께 바치는 것들(22:28~31)

> 28 너는 재판장을 모독하지 말며 백성의 지도자를 저주하지 말지니라 29 너는 네가 추수한 것과 네가 짜낸 즙을 바치기를 더디하지 말지며 네 처음 난 아들들을 내게 줄지며 30 네 소와 양도 그와 같이 하되 이레 동안 어미와 함께 있게 하다가 여드레 만에 내게 줄지니라 31 너희는 내게 거룩한 사람이 될지니 들에서 짐승에게 찢긴 동물의 고기를 먹지 말고 그것을 개에게 던질지니라

22:28에 "너는 재판장을 욕하지 말며"라고 번역하는데, 여기의 "재판장"으로 번역된 엘로힘(אֱלֹהִים)은 하나님이다. "욕하다"의 칼랄(קָלַל)은 '하찮게 여기다' 혹은 '무시하다'이다. 하나님을 무시하는 것은 불경죄에 해당한다. 이런 불경죄는 엄중하게 다스려져야 한다. 다른 곳의 율법에서는 불경죄를 범하는 자를 회중이 돌로 쳐 죽였다(레 24:10~14). "지도자"로 번역된 나시(נָשִׂיא)는 '우두머리'인데, 왕에게도 사용되었다(겔 21:25, 시드기야; 30:31, 이집트 왕; 34:24; 37:25, 메시아 왕 등). 이런 지도자는 하나님에 의해 세워졌다. 그렇기 때문에 지도자를 존중하고 그를 따라야 한다. 그를 저주하는 것은 그를 세우신 하나님을 저주하는 것이 된다(롬 13:1~3 참조). 특히 고대 이스라엘 지도자(왕)는 재판을 한다. 재판에서 한쪽 편은 불만을 품을 수 있다. 그런 불만에서 재판관을 저주하면 안된다. 다음으로 하나님께 바치는 것에 대한 율법을 준다. 바칠 첫 목록은 추수한 것과 짜낸 즙이다(22:29). "추수한 것"의 멜레아(מְלֵאָה)의 원뜻은 '충만한'인데, '풍요한 소출'을 의미한다. 이 추수한 것의 첫 열매를 하나님께 바쳐야 한다. 첫 열매는 전체를 대표하는 것이다. 풍요로운 소출은 하나

님이 주신 것이므로 그 모든 것은 하나님의 것이라는 뜻으로 첫 열매를 대표로 바치는 것이다. 또 첫 열매의 대표성 원리는 거룩성에서도 나타난다. 하나님께 바쳐진 첫 열매는 거룩한 것이 된다. 첫 것이 거룩하면 전체도 거룩하게 되는 것이다. 첫 것의 대표성 때문이다.

또 "짜낸 즙"의 *대마*(דֶּמַע)는 구약에서 본 절에 한번 나오는데, 그 어근인 동사 *다마*(דָּמַע)는 '울다'이다. *대마*를 엄격히 번역하면 '울음, 눈물'이며, 의역을 해서 '즙(juice)'으로도 볼 수 있다. 이스라엘에서 보통 '즙'이라고 하면 포도 즙과 올리브 즙을 들 수 있다. 본 절은 추수한 것과 즙을 하나님께 드릴 때에 더디게 하지 말라고 하신다. 또한 미룬다는 것은 바치는 것에 대한 정성이 부족한 태도이며, 미루다 보면 잊어버릴 수 있다. 물론 오래 두면 상하기 쉽다. 더 신선하게 하나님께 바치라는 의미도 있을 수 있다. 그러므로 수확한 즉시 첫 열매를, 그리고 포도 혹은 올리브 즙을 짠 것을 바로 하나님께 바치라고 명령하시는 것이다.

하나님께 드리는 것은 또 있다. 처음 난 아들과 짐승의 첫 것들을 바치라고 하신다(13:29하~30). 처음 난 아들에 대한 유례는 유월절에 있다. 하나님이 이집트의 장자와 모든 짐승의 첫 것을 다 죽였을 때에 이스라엘의 장자와 그 가축은 죽이지 않았다. 따라서 하나님은 이스라엘의 장자와 짐승의 첫 것은 모두 하나님 자신의 것임을 선포하셨다(13:2, 12). 그런데 장자를 직접 하나님께 드리는 대신 짐승으로 대속하도록 허락하셨다(13:13). 그리고 하나님은 이스라엘 전체 중 장자를 하나님의 것으로 채택하시는데, 장자(르우벤) 대신 레위인을 하나님의 것으로 삼으셨다(민 3:41, 45). 대속의 원리를 이용하신 것이다.

출애굽기 본문에서 "소와 양도 그와 같이(켄, כֵּן) 하되"(22:30)라고 하셨는데, 수확물(첫 열매를 바침)과 사람의 경우 장자를 바친 것과 같이 가축도 첫 태에서 난 것은 하나님께 바치라는 것이다. 짐승의 첫 태의 것을 바칠 때에 칠 일 동안은 어미와 함께 있다가 팔일째에 하나님께 드리라고 하신다(30절하). 짐승의 어미에게 모정애가 있다. 낳자마자 새끼를 **빼앗는** 것은 어미에게 너무 무정하다. 따라서 7일 정도는 어미가 새끼를 품을 수 있는 기회를 주신 것이다. 이것은 추수한 것과 즙을 바칠 때에 신속하게 하라는 말씀과는 차이가 있다. 다른 곳에서는 짐승의 경우에도 비싼 짐승은 값싼 짐승으로 대속하도록 허락하였다(13:12~13). 사람의 경우 대속물로 대치하게 허락하신 것과 같다.

결론적으로 본문은 하나님의 것이 된 사람이 어떻게 살아야 할 것을 말씀하셨다. 22:31에 하나님은 "너희는 내게 거룩한 사람이 될지니"라고 하였다. 첫 것은 전체를 대표한다. 첫 것이 하나님의 것이라면 전체도 하나님의 것이라는 의미이다. 하나님께 바쳐진 첫 것이 거룩하면 그 뒤의 모든 것도 거룩하다(롬 11:16). 하나님은 이스라엘을 "제사장 나라가 되며 거룩한 백성이 되리라"고 하였다(19:6; 참조 신 7:6). 제사장은 거룩해야 한다. 그러므로 이스라엘은 거룩한 백성으로 살아야 한다. 따라서 거룩에 손상되는 일을 하면 안된다. 그 대표적인 예로 "들에서 짐승에게 찢긴 것의 고기를 먹지 말고"라 하신다(22:31하). 제사장이요 거룩한 백성이 오염된 고기를 먹음으로 자신의 몸을 더럽히면 안 된다. 이것은 한 예에 불과하다. 피를 빼지 않고 고기를 먹는 것도 자신을 더럽히는 것이고, 시체를 만지는 것 등도 몸을 더럽히는 것이 될 것이다.

10) 송사에 대한 법령(23:1~9)

1 너는 거짓된 풍설을 퍼뜨리지 말며 악인과 연합하여 위증하는 증인이 되지 말며 2 다수를 따라 악을 행하지 말며 송사에 다수를 따라 부당한 증언을 하지 말며 3 가난한 자의 송사라고 해서 편벽되이 두둔하지 말지니라 4 네가 만일 네 원수의 길 잃은 소나 나귀를 보거든 반드시 그 사람에게로 돌릴지며 5 네가 만일 너를 미워하는 자의 나귀가 짐을 싣고 엎드러짐을 보거든 그것을 버려두지 말고 그것을 도와 그 짐을 부릴지니라 6 너는 가난한 자의 송사라고 정의를 굽게 하지 말며 7 거짓 일을 멀리 하며 무죄한 자와 의로운 자를 죽이지 말라 나는 악인을 의롭다 하지 아니하겠노라 8 너는 뇌물을 받지 말라 뇌물은 밝은 자의 눈을 어둡게 하고 의로운 자의 말을 굽게 하느니라 9 너는 이방 나그네를 압제하지 말라 너희가 애굽 땅에서 나그네 되었었은즉 나그네의 사정을 아느니라

23:1에는 "거짓된 풍설을 퍼뜨리지 말라"고 하신다. 소위 '가짜 뉴스'를 퍼뜨리지 말라는 것이다. 이 말은 법정에 관한 문맥에서 나왔다. 재판을 받는 자가 유리한 판결을 유도하기 위해 거짓 소문을 내는 경우를 두고 한 말이다. "악인과 연합하여"(1절중)라는 말을 히브리어 문자 그대로 번역하면 '악한 자와 함께 너의 손을 놓아'가 된다. 이것은 악한 자와 공모를 하여 사기 재판을 한다는 말이다. "위증하는"의 *하마스*(חָמָס)는 '폭력, 불법'을 뜻한다. 악한자와 공모하여 거짓 증언하여 재판에서 그 사람이 부당한 판결을 받게 하는 것은 불법이며, 폭력에 해당한다.

법정에서 "다수를 따라 악을 행하지" 말라고 한다(2절상). 다수가 항상 옳은 것이 아니다. 대중은 선동에 따라 쉽게 움직일 수 있다. 악한 자가 무리들을 선동하여 죄없는 자를 정죄하게 만들 수 있다. 여기에 휩쓸려 악한 일에 서지 말라고 한다. 또 송사에서 다수에 따라 부당한 증언에 참여하지 말라고 한다(2절하). 여기의 "송사"는 *리브*(רִיב)로서 일차적으로는 '다투다'라는 의미이지만 자주 '송사'로 번역된다(17:2 주석 참조). "부당한"의 *나타*(נָטָה)는 일차적인 의미가 '뻗다, 내밀다'이지만, '구부러지다, 굽다'라는 의미로도 사용된다. 여기에서는 '왜곡된'으로 번역하는 것이 좋다. 어떤 이슈에서 다툼이 일어날 때에 다수가 힘 있는 편이 된다. 특히 송사에서 다수가 진실을 왜곡할 수 있다. 본문은 그러한 다수의 편에 서서 사실을 왜곡하지 말라는 것이다.

가난한 자의 송사라고 편벽되이 두둔하지 말라고 한다(23:3). "가난한 자"의 *달*(דַּל)은 '빈곤한 자'라기보다는 '낮은 자,' 즉 하위 계층에 더 무게가 있는 말이다. 고아와 과부, 혹은 나그네와 같이 힘 없는 사람을 가리킨다. 여기에 "송사"도 *리브*이며, 재판과 관련된 다툼이다. "편벽되이 두호하다"의 *하다르*(הָדַר)는 '부풀어 오르다'이다. 어떤 잘못에 대하여 지나치게 과장하거나 정실에 얽매여 편파적으로 편을 드는 것을 말한다. 민심은 힘 있는 자와 부자 편에 관대하게 쏠리고 힘 없는 자에게는 박하기가 쉽다. 특히 재판에서 가난하고 힘 없는 자에게는 작은 것도 부풀어서 크게 정죄하기 쉽다. 본문의 법은 이러한 억울함이 없도록 금지하는 것이다.

만약 원수의 소유인 길 잃은 가축을 만나면 반드시 그 사람에게 돌려주라고 한다(4절). "원수"의 오예브(אֹיֵב)는 불화를 일으키는 이웃보다는 '대적' 즉 '공적'을 의미한다. 그러나 그러한 원수라도 힘 없는 가축을 빼앗아 와서는 안 된다고 말한다. 보통의 사람 같으면 길 잃은 원수의 가축을 발견하면 그냥 방치해버리기 쉽다. 하나님은 그것이 사회 정의라고 말하지 않는다. 오히려 그 가축을 그 사람에게로 돌려주라고 말한다. "반드시"라고 번역한 것은 본동사 슈브(שׁוּב) 앞에 부정사 독립형(하쉐브, הָשֵׁב, 힢일 부정사 독립형, 되돌리다)이 붙어 있는 것을 살린 것이다. 돌려주는 것을 강조하는 것이다. 신약에서 예수님은 이보다 더 나아가서 "네 원수를 사랑하라"고 하셨다(마 5:44).

만약 너를 미워하는 자의 나귀가 짐을 싣고 엎드러짐을 보면 그를 도와 짐을 부려주라고 한다(23:5). 상대가 나를 미워하는 사람이라면 도와주지 않아도 비난받지 않을 것이다. 그러나 본 율법은 나에게 아무리 정당성이 있더라도 어려움에 처한 사람을 구제하지 않는 것은 윤리적으로 부당하다고 판정한다. 개인적인 감정이 있더라도 인간으로서 해야 할 기본 의무는 지켜야한다는 것이다.

또 가난한 자의 송사라고 정의를 굽게 하지 말라고 명령한다(6절). 1~3절의 송사는 군중을 동원한 송사에 대한 것이라면, 본 절은 개인 대 개인의 송사를 말하는 것이라고 할 수 있다. "가난한 자"의 에브욘(אֶבְיוֹן)은 일반적으로 '가난한 자'로 번역되지만, 사회의 보호가 필요한 자에게 해당되는 말이며, 또 경건한 가난한자를 뜻하기도 한다(예, 암 2:6; 시 37:14). "송사"로 번역된 리브는 '다투다'인데, 법정 다툼 즉 '송사'로 자주 번역된다. "정의"의 미쉬파트(מִשְׁפָּט)도 '재판'이다. 이 재판은 통치와 관련하여 사용되는 단어이다(때로는 '통치하다, 다스리다'로도 번역됨). 따라서 통치자가 행하는 공적인 재판에서의 판결의 나타내기도 한다(왕상 3:11; 20:40 등). 미쉬파트는 '공의(정의)'로도 자주 번역된다. 공정한 재판으로 세워지는 정의를 뜻한다.

"굽게 하다"의 나타는 '구부러지다, 휘다'라는 의미로서, 잘못된 재판을 의미한다. 하나님은 특별히 가난한 자에게 이러한 불공정한 재판이 이루어지지 않도록 강하게 경고하신다. 특히 가난한 자와 고아와 과부에게 재판이 바르게 행하여지는 것은 곧 공의가 실현되는 것으로 성경은 자주 말한다(잠 29:4; 미 3:1; 레 19:15; 삼하 8:15; 사 9:7; 33:5; 등). 하나님 나라는 바른 재판을 통하여 정의가 실현되어야 한다. 그러나 인간의 사회에서는 그러한 정의가 쉽게 왜곡된다. 그래서 궁극적으로 메시야가 이러한 정의를 실천할 왕으로 묘사된다(시 72:1, 2; 103:19; 사 9:7; 16:5; 28:17; 32:1; 42:1, 3, 4; 51:4; 등등).

23:7에는 "거짓 일을 멀리하며 무죄한 자와 의로운 자를 죽이지 말라"라고 명령한다. 여기의 "거짓 일"은 재판과 관련된 부정한 일을 말하는 것이다. 거짓으로 증언하는 일, 그리고 잘못된 판결을 내리는 일 모두를 금하는 것이다. "무죄한 자"와 "의로운 자"는 재판에서 억울한 누명을 쓰는 쪽의 사람들을 일컫는다. 이스라엘 사회에서는 두세 사람의 증언이 있으면 재판이 쉽게 열리며, 여러 명의 증인이 나서면 범죄가 인정된다. 이렇게 재판이 쉽게 이루어지니 악한 사람들은 의로운 사람을 모함으로 정죄하기 쉽다. 특히 여호와께 불경스런 일을 행하였다는 증언이 있고 그 재판에서 죄가 인정되고, 마을 사람들이 그를 성 밖으로 끌고나가 돌로 쳐서 죽인다. 그래서 유대 말기에 힌놈의 아들 골짜기는 무죄한 피를 많이 흘려 더러워진 곳으로 취급되었다(렘 19:4).

하나님은 이런 사람을 "악인"이라 규정하고, 그들을 결코 의롭다 하지 않겠다고 하였다. 여기에서의 "의롭다"의 찻디크(צדיק)는 상반절에 나타난 "의로운 자"와 같은 단어이다. 남을 정죄하는 자는 자신은 스스로 의롭다고 생각하는 오만함에 기인했을 수 있다. 그래서 열린 재판이 잘 못된 결과를 낳는다면 하나님께서는 그들을 결코 의롭다고 인정하지 않을 것이다.

재판에서는 공정성이 필수이다. 그런데 악한 자는 재판에 이기기 위해 돈으로 증인을 사기도 하며, 또 재판자에게 뇌물을 제공한다. 하나님은 이러한 뇌물을 결코 받지 말라고 명령하신다(23:8상). 사람들은 선물을 좋아한다. 선물을 해도 보편적 상식보다 많게 하거나 재판에 연루된 사람이 한다면 그것은 뇌물이 된다. 이러한 뇌물은 사람의 눈을 어둡게 한다(8절중). "어둡게 한다"의 아와르(עור)는 '시력을 잃게 하다, 눈멀게 하다'이다. 갈 길을 볼 수 없다는 의미이다. 또 뇌물은 의로운 자의 말을 굽게 한다(8절하). "굽게 하다"의

사라프(עָוָה)는 '비틀다, 굽게하다, 왜곡시키다'이다. 의로운 자의 찻디크는 하나님께서 인정하는 '의'이다. 본문에서는 재판장으로 앉은 의인을 말한다. 그의 판결이 뇌물로 인해 비틀어 질 때에, 그 결과는 정의롭지 못한 혹은 불의한 재판이 되는 것이다.

사회 약자에 속하는 부류는 고아와 과부, 가난한 사람, 그리고 하나 더 있는데 바로 이방 나그네이다. 이방 나그네는 사회약자들을 배려하라고 할 때에 첫 목록으로 언급되었었는데(22:21~27) 여기에서 재판과 관련하여 다시 언급한다. 이방인 나그네는 자기의 울타리가 되어 줄 동료가 없으므로 재판에서 어떤 변호를 받지 못할 것이다. 그러므로 재판에서 불리할 수밖에 없다. 그러한 약점이 있는 사람을 재판장은 배려를 해 주어야 한다. 본문은 다시 "이방 나그네를 압제하지 말라"고 명령한다(23:9상). "압제하다"의 *라하츠*(לָחַץ)는 '억압하다, 학대하다'이다(22:21 참조). 이방인을 학대하지 말아야 할 이유를 이스라엘이 이집트에서 나그네 되었던 시절을 기억하라는 데에 둔다(23:9하). "사정"으로 번역된 *내패쉬*(נֶפֶשׁ)는 '영혼, 몸, 생명체' 등으로 다양하게 번역될 수 있는데, 본문에서 영어성경들은 주로 'heart(심정)'로 번역한다. 여기에서는 '사정, 형편'으로 이해하면 좋다.

11) 절기에 대한 법령(23:10~19)

10 너는 여섯 해 동안은 너의 땅에 파종하여 그 소산을 거두고 11 일곱째 해에는 갈지 말고 묵혀두어서 네 백성의 가난한 자들이 먹게 하라 그 남은 것은 들짐승이 먹으리라 네 포도원과 감람원도 그리할지니라 12 너는 엿새 동안에 네 일을 하고 일곱째 날에는 쉬라 네 소와 나귀가 쉴 것이며 네 여종의 자식과 나그네가 숨을 돌리리라 13 내가 네게 이른 모든 일을 삼가 지키고 다른 신들의 이름은 부르지도 말며 네 입에서 들리게도 하지 말지니라 14 너는 매년 세 번 내게 절기를 지킬지니라 15 너는 무교병의 절기를 지키라 내가 네게 명령한 대로 아빕월의 정한 때에 이레 동안 무교병을 먹을지니 이는 그 달에 네가 애굽에서 나왔음이라

빈 손으로 내 앞에 나오지 말지니라 16 맥추절을 지키라 이는 네가 수고하여 밭에 뿌린 것의 첫 열매를 거둠이니라 수장절을 지키라 이는 네가 수고하여 이룬 것을 연말에 밭에서부터 거두어 저장함이니라 17 네 모든 남자는 매년 세 번씩 주 여호와께 보일지니라 18 너는 네 제물의 피를 유교병과 함께 드리지 말며 내 절기 제물의 기름을 아침까지 남겨두지 말지니라 19 네 토지에서 처음 거둔 열매의 가장 좋은 것을 가져다가 너의 하나님 여호와의 전에 드릴지니라 너는 염소 새끼를 그 어미의 젖으로 삶지 말지니라

언약의 법으로 많은 법이 주어졌는데, 마지막으로 절기에 대한 법령이 주어진다. 절기는 하나님을 어떻게 섬길(예배할) 것인지를 말해주는 것이다. 레위기서에도 많은 율법이 주어진 후에 안식에 대한 법을 줌으로서 마감을 하고 있는 것(레 25장)과 비교될 수 있다.

(1) 안식의 절기(10~13절)

절기를 논할 때에 가장 기초가 되는 절기는 안식일(안식년 포함)이다. 이 안식 절기에 대한 규례는 제4계명의 부가적인 설명이다. 본문은 안식년의 법령부터 먼저 준다. 육년 동안에 땅을 파종하여 그 소산을 거두어 먹으라고 한다(23:10). 이것은 하나님께서 "땀을 흘려야 식물을 먹으리라"고 하신(창 3:19) 명령에 근거한 것이다. 사람과 땅은 함께 하나님의 저주를 받은 한 공동체이다(3:17 참조). 소출을 내는데 둘이 함께 기여해야 한다.

본문에서 제칠년에는 갈지 말고 묵혀 두라고 한다(23:11). "갈지 말고"의 솨마트(שׁמט)는 '쉬게 하다'이다. 땅으로 쉬게 하라는 것이다. "묵혀 두어"의 나타쉬(נטשׁ)는 '...한 상태로 놓아두다'이다. 이 안식년에서 안식의 주체가 사람이 아닌 땅임을 알 수 있다(레 25:2 참조). 이것은 안식의 목적이 사람만을 노동으로부터 쉬게 하는 것이 아님을 뜻한다. 땅도 쉬어야 하는 주체이다. 사람과 땅이 함께 쉰다. 그런데 땅이 쉰다고 하여 안식년에 생산을 멈추는 것이 아니다. 사람이 경작하지 않는데도 땅은 오히려 먹을 것을 내며, 이것을 가난한 백성

이 먹게 하고 남은 것을 들짐승이 먹으라고 한다(23:11중).

이상의 모습은 타락 이전의 에덴동산으로 회복을 주신 것으로 볼 수 있다. 물론 타락 이전에도 경작은 있을 수 있지만(2:5, 15 참조), 경작을 위한 노동은 타락 이후 하나님께서 아담에게 내리신 대표적인 저주의 모습이었다. 안식년은 이 노동에서 해방을 주신 것이다. 안식년의 안식에 참여하는 자들의 종류들을 보면 첫째는 사람이며, 둘째는 땅이며, 셋째는 들짐승들이다(역시 레 25:5~6을 보라). 사람과 자연이 함께 안식을 누리는데, 먹을 것은 그대로 주어진다. 이것은 창조 질서의 원래 모습과 같다.

다음으로 하나님은 안식일에 대하여 명령하신다. 먼저 제육일 동안 일하고 제칠일에는 쉬라고 하신다(23:12). 이것은 안식년 규례에서 제육년 동안 일하고 제칠년에는 쉬라는 것과 같다. 그리고 안식일에 주인뿐만 아니라 남녀 종들과 그 가족, 나그네, 그리고 가축들까지 쉬라고 명령하신다. 이것도 안식년의 원리와 같다.

23:13에는 "내가 네게 이른 모든 일을 삼가 지키고"라고 시작한다. "모든 일"은 바로 앞에 언급한 안식년과 안식일의 규례이다. 따라서 그 뒤에 이어지는 말도 위의 절기와 관련된 것으로 볼 필요가 있다. 안식의 규례에다가 하나 더 더한다. 우상에 관한 일이다. 안식일에는 단순히 쉬는 것이 아니라 성막에 나아가서 하나님께 예배드리는 날이기도 하다. 이때 "다른 신의 이름은 부르지도 말며 입에서 들리게도 말라"고 하신다(13절하). 물론 이 규정은 일차적으로는 예배와 관련이 있겠지만 그러나 안식일 예배에만 한하지 않았을 것이다. 신들의 이름을 부르는 경우는 예배 때뿐만 아니라 맹세할 때에도 사용한다. 맹세할 때에 신의 이름을 건다는 것은 그 신이 위대하다는 것을 전제한 것이다. 따라서 이 경우에도 우상숭배에 해당한다.

(2) 세 절기들(14~17절)

23:14에 "너는 매년 세 번 내게 절기를 지킬지니라"라 명령한다. 이 절기는 성막 혹은 성전으로 올라가서 행하는 축제이다. 23:17에는 "너의 모든 남자는

매년 세 번씩 주 여호와께 보일지니라"고 하였다. 성막(성전)이 여호와가 임재해 계시는 곳이다. 따라서 여호와께 보이라는 것은 성막에 오라는 것이다. "절기를 지키다"(14절)의 하가그(חָגַג)의 근본 의미는 '비틀거리다, 춤추다'인데 (삼상 30:16참조), 여기에서부터 '축제를 가지다' 혹은 '거룩한 절기를 지키다'의 의미로 발전하였다. 성경에서 삼대 절기에 대하여 처음 나온다. 본문에서는 무교절, 맥추절, 수장절로 말하지만(23:15~16), 성경 다른 곳에는 무교절(유월절), 칠칠절(오순절), 초막절로 말한다(레 23장; 신 16장; 대하 8:13). 양쪽이 같은 절기를 가리킨다.

첫 번째 절기로는 무교절이다. "너는 무교병의 절기를 지키라"고 하였다(23:15상). 날짜에 대하여 "아빕월의 정한 때"라고 했는데, 12:18에 근거하면 아빕월 14일(서양력으로 3월 말경)이다. 그날은 유월절 당일이기도 하다. 그날부터 7일간 무교병을 먹으라고 하신다(23:15중). 왜냐하면 그날에 그들이 이집트에서 나왔기 때문이다. 무교절은 출애굽을 기념하는 절기이다. 그런데 왜 무교병을 먹어야 하는가? 그것은 준비하지 못한 체 급하게 출발한 것을 기억하기 위함이었다(12:39). 그런데 본문에서는 왜 '유월절'로 표기하지 않고 '무교절'로 말하는가? 본문에서는 축제 행사를 위주로 해서 설명하였기 때문일 것이다. 유월절은 가정에서 음식을 먹는 행사이다. 대신 무교절은 이스라엘 전체가 성막(성전)에 모여 칠 일간 축제 행사를 한다. 따라서 성전 축제에 해당하는 절기를 말하는 본문에서는 무교절만 말하는 것이다. 출애굽기 12장에서는 무교절을 포함한 유월절을 제정하시면서 자세히 설명하였었다. 따라서 23장 본문에서는 간략하게 이 절기를 언급한다.

하나님은 "아빕월의 정한 때에 칠일 동안 무교병"을 먹으면서 지낼 것을 명령하신다(23:15). "아빕(월)"의 아비브(אָבִיב)는 '푸른 곡식 이삭'이란 뜻이고, 유대인 월력의 첫 달이다. 포로 후기에는 '니산(월)'로 불렸다(느 2:1; 에 3:7). 아빕월이 시작할 때는 아직 곡식이 완전히 영글지 않아 손으로 이삭을 비벼먹기에 좋은 때이다. 그달 14일경에는 첫 이삭을 수확할 수 있었다. 무교절(유월절) 절기를 지키러 여호와 앞에 나올 때에는 빈손으로 보이지 말라고 하신다

(23:15하). 유월절 절기에 성막(혹은 성전)으로 나갈 때에 첫 이삭을 하나님께 바쳤다(레 23:10). 첫 이삭은 유월절과 깊은 관계가 있다. 유월절은 이집트 장자(가축을 포함한)가 죽는 대신 이스라엘 장자(혹은 가축의 첫 새끼)는 살았다. 그래서 하나님은 그 장자를 하나님께 바치라고 명령하셨다. 이삭의 첫 열매도 같은 맥락에서 이해할 수 있다. 사람과 짐승의 첫 것이 하나님의 것인 것처럼, 첫 이삭도 하나님 자신의 것임을 천명하신 것이다. 또 첫 것의 다른 의미는 뒤에 오는 모든 것의 대표이다. 첫 것을 하나님께 바친다는 것은 전체가 다 하나님의 것임을 고백하는 것이다.

두 번째 절기는 맥추절이다. "맥추절을 지키라 이는 네가 수고하여 밭에 뿌린 것의 첫 열매를 거둠이니라"고 하셨다(23:16상). "맥추절"의 히브리어는 하그 카치르(חַג קָצִיר)인데 하그는 '축제' 혹은 '절기'이며, 카치르는 '수확' 혹은 '추수'이다. "맥추"라는 말은 원어에 없는 것이다. 이 절기는 "밭에 뿌린 것의 첫 열매를 거둠"을 기념하는 것이다. 밭에 씨앗을 뿌려 수확하는 것, 그것은 밀 혹은 보리로 보아야 한다. 그러므로 이 절기를 "맥추절"이라고 번역하였다. 밀-보리는 가을에 씨앗을 뿌려 봄에 수확한다. 따라서 이 절기는 봄에 있는 것이다.

"맥추절(하그 카치르)"이란 말은 본문에서만 나타난다. 성경 다른 곳에서는 삼대 절기를 유월절(무교절 포함), 칠칠절(오순절), 그리고 초막절로 준다(신 16:16). 따라서 맥추절은 칠칠절에 해당한다. 34:22에 "칠칠절 곧 맥추의 초실절을 지키고 세말에는 수장절을 지키라"고 말한다. 이때도 칠칠절을 맥추의 초실절이라고 한다. "초실절"의 히브리어는 빅쿠레이 카치르(בִּכּוּרֵי קָצִיר)인데, 카치르는 23:16의 맥추절에 대한 단어와 같다. 빅쿠레이는 '첫 열매들'이다. 따라서 칠칠절과 맥추절을 같은 절기로 보아야 한다. 칠칠절은 유월절로부터 7주가 지난 날(50일)부터 시작한다. 따라서 오순절이라고 부르기도 한다.

본문에는 맥추절에 대하여 설명하면서 "첫 열매를 거둠이니라"고 하였다(23:16). "첫 열매"의 빅쿠르는 '처음 익은 것'이란 뜻이다. 사실 첫 열매(초실)은 유월절에 드렸다. 성경에서는 유월절에 토지소산의 처음 익은 것(첫 이삭)을 가져다가 너의 하나님 여호와의 전에 드리라고 한다(34:26; 레 23:10). 그리고 이 첫 수확에서부터 7주간이 지난 것이 칠칠절이다. 칠칠절은 수확을 끝내고 곡식을 창고에 들인 후 수확한 십분의 일을 하나님께 드리면서 감사하는 축제이다. 그러면 출애굽기 23장 본문에 맥추절에 첫 수확을 드리라는 것은 무엇인가? 이것은 첫 열매라기보다는 일 년 중 맨 앞에 수확한 것을 의미하는 것으로 보아야 한다. 한 해 동안 수확은 여러 번 있다. 특히 가을에 수확한 것을 바치는 절기는 수장절(초막절)로 불린다. 이 연중 후반에 수확하는 것과 대조하여 맥추절을 첫 수확한 것으로 설명했다고 볼 수 있다.

셋째 절기는 수장절이다. 본문은 "수장절을 지키라 이는 네가 수고하여 이룬 것을 연말에 밭에서부터 거두어 저장함이니라"고 말한다(23:16하). "수장절"의 히브리어 하그 하아시프(חַג הָאָסִף)에서 하그는 '절기, 축제'이며, 아시프는 '모으다' 혹은 '거두어들이다'이다. "연말"에 수확하여 거두어들이는 것이므로 이것은 가을의 수확을 기념하는 것이다. 이스라엘에서는 가을에 주로 과실들(감람열매, 포도 등)을 수확한다.

이 절기는 성경 다른 곳에서는 초막절로 불린다(신 16:13,16). 초막절의 날짜는 일곱째 달(티쉬리 혹은 에다님, 양력으로 9월 중순~10월 중순) 열 닷샛날부터 시작한다(레 23:34). 유대에서는 여름에 비가 오지 않아 메마르다가 티쉬리 달부터 이른 비가 오기 시작한다. 이 이른 비와 함께 그들은 주 농산물인 밀과 보리를 파종한다. 한편으로 이때는 가을 과실들을 수확한다. 이렇게 수확한 것을 성전에 바치면서 축제를 행한다. 이 축제 기간에는 예루살렘 성 안에 머물지 않고 모두 밖에 나와 초막을 짓고 일주일 동안 축제를 가진다. 초막을 짓는 이유는 출애굽 때의 광야 생활을 기념하기 위해서이다.

하나님은 이스라엘 모든 남자는 해마다 세 번씩 여호와께 보이라고 명하신다(23:17). 세 번은 위의 세 절기를 가리킨다. "여호와께 보이라"는 것은 성막 혹은 성전으로 오라는 것이다. 이 축제를 위한 제사를 드릴 때에 "제물의 피를 유교병과 함께 드리지 말며"라고 말씀하신다(18절상). 희생제사를 드릴 때에 제물의 피를 제단에 바르기도 하고 또 제단 아래에 붓는다(29:12, 16, 20). 이 피와 관계된 의식을 행할 때에 유교병을 사용하는 것을 금지하신 것이다. 물론 무교절의 경우에는 유교병을 사용할 수 없다. 다른 절기인 경우에도 유교병을 금지한 것은, 누룩은 부패의 상징이기 때문으로 보인다.

"내 절기 제물의 기름"이라고 부른 것은 희생제사를 드릴 때에 기름을 불살라 드리도록 하였기 때문이다(29:13,22). 특히 화목제를 드릴 때에는 내장과 기름만 제단 위에서 불태우고 고기는 제사장과 드린 사람이 먹게 하였다(레 3:3, 4, 8, 10, 14 등). 이때에 그 희생 기름을 아침까지 남겨두지 말라고 하신다. 유월절에도 하나님은 당일 저녁에 먹고 남은 것은 불태워 다음날 아침까지 남겨두지 말라고 하신 것과 일치한다(12:10). 기름은 상하기 쉽다. 특히 하나님께 드리는 제물은 신선해야 하기 때문에 이런 명령을 하셨을 것이다.

(3) 기타 의식적인 율법

다시 하나님은 첫 열매에 대하여 언급하신다. 토지에서 처음 익은 열매의 첫 것을 여호와께 가져와서 드리라고 하신다(23:19). 유월절에 첫 곡식단을 드렸는데, 유월절뿐만 아니라 과실의 경우에도 수시로 첫 열매를 하나님에게 바치는 것이 법이다. 첫 것은 전체의 대표이다. 첫 열매를 바친다는 것은 그 뒤의 모든 수확물도 다 하나님의 것임을 의미한다. 또 그 첫 것은 하나님에게 바쳐짐으로써 거룩케 되었다. 첫 것이 거룩하면 그 뒤에 모든 것도 거룩케 된다(롬 11:16 참조). 과실의 경우 첫 열매는 크고 당도도 높다. 그러므로 가장 좋은 것을 하나님께 드린다는 의미도 될 것이다(렘 24장 참조).

하나님은 "염소 새끼를 그 어미의 젖으로 삶지 말지니라"고 명령하신다(23:8하). 이러한 행위는 윤리적인 측면으로도 비난을 받을 것이다. 엄마의 젖이 새끼에게 먹여 생명을 주어야 하는 것을 반대로 그 젖으로 새끼를 죽인다는 것은 너무 잔인한 행동이다. 그뿐만 아니라 가나안 문서에서는 이런 행위를 마법적인 의식으로 묘사하고 있다고 한다. 풍요를 기원하기 위해 이런 의식을 행했다는 것이다.[33] 하나님은 이교도들이 행하는 이런 마술을 엄격히 금지하신다.

33　아란 콜, 『출애굽기』, 260.

5. 언약의 약속들(23:20~33)

20 내가 사자를 네 앞서 보내어 길에서 너를 보호하여 너를 내가 예비한 곳에 이르게 하리니 21 너희는 삼가 그의 목소리를 청종하고 그를 노엽게 하지 말라 그가 너희의 허물을 용서하지 아니할 것은 내 이름이 그에게 있음이니라 22 네가 그의 목소리를 잘 청종하고 내 모든 말대로 행하면 내가 네 원수에게 원수가 되고 네 대적에게 대적이 될지라 23 내 사자가 네 앞서 가서 너를 아모리 사람과 헷 사람과 브리스 사람과 가나안 사람과 히위 사람과 여부스 사람에게로 인도하고 나는 그들을 끊으리니 24 너는 그들의 신을 경배하지 말며 섬기지 말며 그들의 행위를 본받지 말고 그것들을 다 깨뜨리며 그들의 주상을 부수고 25 네 하나님 여호와를 섬기라 그리하면 여호와가 너희의 양식과 물에 복을 내리고 너희 중에서 병을 제하리니 26 네 나라에 낙태하는 자가 없고 임신하지 못하는 자가 없을 것이라 내가 너의 날 수를 채우리라 27 내가 내 위엄을 네 앞서 보내어 네가 이를 곳의 모든 백성을 물리치고 네 모든 원수들이 네게 등을 돌려 도망하게 할 것이며 28 내가 왕벌을 네 앞에 보내리니 그 벌이 히위 족속과 가나안 족속과 헷 족속을 네 앞에서 쫓아내리라 29 그러나 그 땅이 황폐하게 됨으로 들짐승이 번성하여 너희를 해할까 하여 일 년 안에는 그들을 네 앞에서 쫓아내지 아니하고 30 네가 번성하여 그 땅을 기업으로 얻을 때까지 내가 그들을 네 앞에서 조금씩 쫓아내리라 31 내가 네 경계를 홍해에서부터 블레셋 바다까지, 광야에서부터 강까지 정하고 그 땅의 주민을 네 손에 넘기리니 네가 그들을 네 앞에서 쫓아낼지라 32 너는 그들과 그들의 신들과 언약하지 말라 33 그들이 네 땅에 머무르지 못할 것은 그들이 너를 내게 범죄하게 할까 두려움이라 네가 그 신들을 섬기면 그것이 너의 올무가 되리라

하나님은 모세에게 출애굽을 명령하시면서 이스라엘을 약속의 땅 가나안으로 인도해 내시겠다고 하셨다(3:8; 6:8). 가나안으로 향하는 여정 중 이스라엘이 시내산에 이르렀을 때에 하나님이 그들과 언약을 맺으신다. 언약은 나라

만들기라고 하였다(19:5~6). 언약을 통하여 하나님이 왕으로 군림하시고 이스라엘은 하나님의 나라요 그의 백성이 되었다. 20~23장을 통하여 왕되신 하나님이 자기 백성에게 언약의 법을 주셨다. 이 언약의 율법 끝에 하나님께서는 그들에게 약속을 주신다. 왕으로서 자기 백성을 베푸시는 언약의 약속이다.

고대 언약에서 의무 조항(법)이 준 후에 축복과 저주를 선포한다. 히타이트 왕 Mursilles와 Duppi-Tessub 간의 조약에서는 다음과 같은 축복항목이 있다: "바라건대 맹세의 신들께서 그의 신체, 그의 아내, 그의 아들, 그의 손자, 그의 집, 그리고 그의 나라와 더불어 그를 보호하시기를..." 그리고 축복과 함께 저주도 나타난다: "바라건대 맹세의 신들께서 두피-테숩의 신체와 그의 아내, 그의 아들, 그의 손자, 그의 집, 그리고 그의 나라와 더불어 그를 파멸시키시기를..."[34] 출애굽기 본문에서 주어지는 이 약속들은 축복에 해당한다고 할 수 있다(본문에서 저주는 나타나지 않는다). 노아의 언약에서 자연의 보존과 회복을 약속으로 주셨고(창 9장), 아브라함의 언약에서는 땅을 주시겠다는 약속(창 15:18~21)을 주신 것과 같다.

하나님이 약속을 주실 때는 항상 조건이 붙는다. 시내산 언약과 관련한 대표적인 약속들을 레위기 26장과 신명기 28장을 들 수 있다. 레위기 26장에서 하나님은 약속을 시작하기 전에 먼저 우상을 섬기지 말고, 안식일을 잘 지키고, 자기의 '모든 규례와 계명을 잘 지키면'으로 시작한다(레 26:1~3). 그리고 주시는 약속은 첫째는 풍족한 소산(26:4~5)이며, 둘째는 전쟁에서의 승리(26:7~8)이다. 신명기 28장에서 "내가 오늘 네게 명령하는 그의 모든 명령을 지켜 행하면"(28:1) 그리고 "네 하나님 여호와의 말씀을 청종하면"(28:2) 이 모든 복을 주실 것을 말씀하신다. 여기에서 주시는 약속도 첫째는 풍족한 소산이며(28:3~6, 8~12), 둘째는 전쟁에서의 승리이다(28:7). 출애굽기 본문에서도 약속이 그와 유사하게 주어진다.

---

34   말텐스,『하나님의 구원계획』, 95.

① 하나님이 그들 중에 있어 보호하고 인도해 주실 것이다(23:20~23). 하나님께서 주시는 첫 번째 약속은 그들은 보호하여 무사히 목적지 가나안으로 인도하시겠다는 것이다. 출애굽기 본문에서 첫 문장은 '보라(힌네, הִנֵּה)'라는 감탄사로 시작한다(23:20상, 개역성경에는 나타나지 않음). 아주 중요한 말씀을 하시기 위해 청중의 주의를 환기시키시는 것이다. "내가 사자를 네 앞서 보내어..."의 문장에서 "내가(아노키, אָנֹכִי)"라는 인칭대명사를 사용한다(일반적인 문장에서는 인칭대명사가 잘 사용되지 않음). 이것은 자신을 강조하기 위한 방법이다. "사자"로 번역된 말아크(מַלְאָךְ)는 '천사'인데, '사자'로도 자주 번역된다. 이 단어는 간혹 사람에게도 사용되는데, 메시지를 전하는 자(삼상 6:21) 혹은 외교 사절단과 같은 사람의 경우이다(삼하 5:11; 왕상 20:2 등). 그러나 일반적 말아크는 초자연적인 존재(천사)에 사용된다. 만약 전자로 본다면 모세나 여호수아가 되겠지만, 본문에서는 후자로 보는 것이 타당하다. 여호와의 사자는 단순한 천사 이상의 분으로 자주 나타난다(창 16:7이하; 22:11, 15; 출 3:2; 삿 2:1; 13:3, 13, 17이하 등). 그런 경우에 여호와자신과 동일시하거나 하나님에 해당하는 분으로 나타난다. 출애굽기 3:2에서 불 가운데에 "여호와의 사자"가 나타나신 것으로 시작하지만, 나중에는 그 불 가운데에서 모세에게 말씀하신 분은 여호와 자신이었다.

출애굽기 본문에서 사자를 보내는 첫째 목적은 "길에서 너로 보호하여"라는 것이다(23:20중). "보호하다"의 솨마르(שָׁמַר)는 '지키다'이다. 하나님이 이스라엘을 목적지(가나안 땅)까지 인도하기 위해 그들은 길에서 지켜주기 위해 사자를 보내겠다는 것이다. 사실 이스라엘을 광야에서 인도하신 분은 하나님 자신이었다. 구름기둥과 불기둥으로 그들을 인도하셨는데, 그 구름과 불은 하나님의 영광의 표현이었다.

그들을 지켜 무사히 약속의 땅에 이르게 하겠다는 것은 하나님이 그들과 함께 하시겠다는 약속과 같다. 이 약속은 하란으로 길을 떠나던 야곱에게 벧엘에서 주셨던 하나님의 약속을 상기하게 한다: "내가 너와 함께 있어 네가 어디로 가든지 너를 지키며 너를 이끌어 이 땅으로 돌아오게 할지라"(창 28:15).

그리고 야곱의 가족이 이집트로 가는 도중 브엘세바에서 주신 약속과도 같다: "내가 너와 함께 있어 네가 어디로 가든지 너를 지키며 너를 이끌어 이 땅으로 돌아오게 할지라"(창 46:4).

그러나 이 약속에는 말씀을 청종하라는 조건이 있다. 21절은 "너희는 그 목소리를 청종하고 그를 노엽게 하지 말라"고 하신다. "그 목소리"의 "그"는 앞에서 언급한 여호와의 사자(천사)이다. "청종하라"는 것은 그의 목소리를 들으라는 것이다. 그리고 "그를 노엽게 하지 말라"고 하신다(21절중). "노엽게 하다"는 마라르(מרר)의 힢일(사역)형인데, '쓰게 하다, 쓰라리게 하다'이다. 여기에서도 "그를"은 여호와의 사자이다. 그런데 이 모든 구절에서 "그"는 여호와 자신을 가리키는 것으로 볼 수 있다. 그를 노엽게 하지 말라는 것은 바로 하나님께 그렇게 하지 말라는 것과 같다. 본문이 바로 그것을 증명한다. 왜냐하면 "내 이름이 그에게 있음이니라"라고 말하고 있기 때문이다(21절하). 여호와의 이름이 그에게 있다는 것은 바로 그가 여호와와 동일시된다는 의미이다. 이것을 보아서 그(여호와의 사자)는 사람일 수가 없음이 확실하며, 오히려 하나님 자신과 동일시 될 수 있는 분이다.

"허물"의 패솨(פשע)는 '범죄'를 의미하며, 더 나아가서 '반역'이라고도 번역할 수 있다. 이스라엘 백성들이 광야에서 여호와의 말씀에 순종하지 아니하고 자주 반역하였다. 하나님은 그들의 그러한 죄악을 결코 용서하지 않을 것이라고 말씀하신다. 히브리서 3장은 광야에서 그들이 불순종함으로 하나님의 "노하심을 격동하여" 광야에서 멸망하였다고 회상한다(히 3:8, 17, 18). 출애굽기 본문은 그러므로 그(사자)의 목소리를 청종하라고 다시 말씀하신다(23:22상).

사자를 보내는 둘째 목적은 대적을 물리쳐 무사히 땅을 차지하기 위함이다. 만약 그들이 여호와의 말대로 행하면 "내가 네 원수에게 원수가 되고 네 대적에게 대적이 될지라"고 하셨다(22절하). "원수"의 오예브(אויב)는 '적(敵, enemy)'을 말한다. 이스라엘이 가나안 사람에게 원한이 맺힌 그러한 원수의 개념이 아니라, 그 땅을 차지하기 위해 쳐서 무찔러야 하는 적인 것이다. 이스라엘에게 적을 여호와의 적으로 인식하겠다는 것이다. 따라서 "사자가 네 앞서 가서" 그들을 물리쳐 주시겠다는 것이다. 가나안 정복을 두고 하신 말씀이다. 여기에서 가나안에 거주하는 사람들을 "아모리 사람과 헷 사람과 브리스 사람과 가나안 사람과 히위 사람과 여부스 사람" 여섯 종족으로 언급한다. 이것은 출애굽을 명령하실 때에 언급한 그 여섯 종족들이다(3:8, 17, 주석 참조).

하나님은 그 원주민들을 "끊으리니"라고 말씀하신다(23:23하). "끊다"의 카하드(כָּחַד)는 '지우다, 말살하다'이다. 그들을 완전히 도말하시겠다는 것이다. 출애굽하여 오랜 세월을 걸쳐 가나안 땅에 왔지만 그곳에는 여섯 족속이 자리를 잡고 있다. 이스라엘에게는 그들의 땅을 빼앗아 차지하는 일이 아득하기만 할 것이다. 하나님을 자기의 사자를 보내어 이스라엘을 모든 길에서 안전하게 지켜줄 뿐만 아니라, 가나안 원주민들을 몰아내고 그 땅을 자기 백성에게 주실 것을 약속해 주셨다.

② 풍요로운 소산의 복을 주신다(23:23~). 언약의 하나님이 주시는 두 번째 약속은 그들에게 복을 주시겠다는 것이다. 이것은 왕이 자기 백성에게 복지 국가를 이루어 주시겠다는 약속이다. 그러나 이 복을 받기 위해 조건이 있다. 우상들을 파괴하고 하나님을 잘 섬기면 주시는 복이다. 땅을 주실 하나님은 그들에게 당부하신다: "너는 그들의 신을 숭배하지 말며 섬기지 말며 그들의 행위를 본받지 말며 그것들을 다 깨뜨리며 그들의 주상을 부수고"(23:24, 25 상). 이것은 제1, 2계명을 다시 상기시키는 것이다.

가나안에는 대표적인 신으로 바알과 아낫(성경에는 아세라)뿐만 아니라 수많은 신들이 있었다. 특히 바알은 농사의 신이다. 가나안 사람들의 농사는 모든 부분에 바알 우상과 관련이 있다. 가나안의 농사법은 이집트의 농사법과 매우 다르다. 더욱이 이집트에서 농사를 지어 보았던 세대의 사람들은 두 명 외에는 광야에서 다 죽었다. 농사를 한 번도 지어보지 못한 이스라엘 사람들이 가나안 사람들로부터 농사법을 배우려 할 것임이 틀림없다. 그러면 그들의 바알 우상숭배를 따라갈 위험성이 크다. 따라서 하나님은 철저하게 그들의 신을 섬기지 말라고 지시하신다. 실제로 이스라엘이 가나안을 정복할 때에 그 주민들을 다 쫓아내지 아니하였는데, 그들이 철 무기가 있어 싸우기를 주저한 경우도 있지만(삿 1:19, 29), 가장 큰 이유는 그들을 사역을 시키기 위해서 였다(삿 1:28, 30, 33, 35 등).

"주상"의 맛체바(מַצֵּבָה)는 근본적 의미기 '기둥(기념비로서의 기둥)'인데, 종교적인 의미가 부여된 '주상'으로 자주 쓰인다. 일반적으로 마을 입구에 놓였는데(텔 단의 성문 앞의 경우), 각 가정에서도 주상(돌기둥의 모양)이 흔하게 발견된다(특히 하솔에서 발굴된 많은 주상들이 유명하다). 이 부분을 히브리어 문장으로 보면 아주 강력한 메시지로 주어진 것이 드러난다. *하레스 테하레셈 웨쉬벨 테사벨 맛체보테헴*(הָרֵס תְּהָרְסֵם וְשַׁבֵּר תְּשַׁבֵּר מַצֵּבֹתֵיהֶם)에 본동사 *하라스*(הָרֵס)와 *쇠바르*(שָׁבַר)는 비슷한 의미로서 '부수다, 파괴하다'이다. 같은 의미의 단어가 반복된 것은 강조하기 위함이다. 그리고 양쪽의 본동사 앞에 부정사 절대형이 사용되었는데, 부정사 절대형이 본동사 앞에 놓인 것은 강조의 의미를 부여하기 위해서이다. 따라서 이 본문은 '너는 주상들을 정녕 부수고, 그것들을 반드시 파괴하라'로 번역된다. 이스라엘 사람들이 가나안에 들어가서 그들의 우상숭배에 쉽게 동화될 수 있는 위험이 있음을 사전 경고하시면서 철저한 파괴를 명령하신 것이다.

하나님은 그들에게 금지하는 명령만 일방적으로 하시지 않으신다. 명령을 잘 순종하면 복을 주실 것도 말씀하신다. "너의 하나님 여호와를 섬기라 그리하면 여호와가 너희의 양식과 물에 복을 내리고 너희 중에 병을 제하리니"(23:25). "복"의 *바라크*(בָּרַךְ)는 기본적으로 '무릎을 꿇다'인데, 무릎을 꿇고 기도하는 것, 또 무릎을 꿇고 경배하는 것으로도 사용되었고, 복을 비는 것(축복) 혹은 하나님이 주시는 복으로 많이 사용되었다(창 1:22, 28; 2:3; 12:3; 17:16, 20; 신 28:3, 4, 5, 6, 8; 등등).[35] 강물을 끌어들여 농사를 짓는 이집트와는 달리, 가나안 땅은 하늘에서 비가 내려주어야 농사를 지을 수가 있다(신 11:10,12 참조). 물에 복을 내린다는 것은 그들의 농사에 필요한 적당한 비를 내려주시겠다는 것이다. 그래서 그들이 풍요로운 양식을 얻을 것이다. 이

---

35 BDB, 138~39

것은 언약의 약속 중에서 가장 중요한 것은 풍요로운 소산에 대한 복이다(레 26:4~5; 28:4~5, 12; 등등).

그리고 그들 중에 병을 제하겠다고 하였다. 언약을 통하여 이스라엘은 하나님의 나라가 이루어진다(19:5~6 주석 참조). 현대 국가가 구상하는 복지에 대하여 말할 때에 먹고 사는 문제(직장)와 의료보장제도이다. 질병이 없는 건강을 주겠다는 것도 풍요로운 양식과 함께 이스라엘이라는 나라에 주시는 복지의 한 부분이다.

또 다산(多産)의 복을 주신다: "낙태하는 자가 없고 잉태치 못하는 자가 없을 것이라"(23:26). 다산은 하나님께서 주시는 복 중의 하나이다(시 127:4~5 참조). 특히 아이가 없는 여인이 당하고 고통은 엄청 크다(사 4:1참조). 하나님이 또 장수도 약속하신다(23:26하). 자식과 함께 장수는 역시 하나님이 주시는 큰 복이다.

③ 대적을 물리쳐 주실 것이다(전쟁에서의 승리, 23:27~30). 하나님이 대적들을 파하겠다고 하신다. 전쟁에서의 승리는 언약의 복 중에 중요한 요소 중 하나이다(레 26:6~8; 신 28:7; 등등). 왕은 자기 백성에게 두 가지를 해야 할 의무가 있다. 첫째는 백성에게 복지를 베풀어야 한다(이것은 앞 절들에서 살펴보았다). 둘째는 대적을 물리치고 백성에게 평화를 주어야 한다. 이제 가나안으로 향하고 있는 백성에게 하나님의 자신의 위엄을 그들 앞에 보내겠다고 하셨다(23:27상). "위엄"의 에마(אֵימָה)는 '공포, 두려움'이다. 이스라엘이 지나는 곳마다 그곳 백성들은 두려움에 사로잡힐 것이다. 여리고 성이 이스라엘이 가까이 온 것을 알고 두려움에 사로잡혔던 것에서 그 예로 볼 수 있다(수 2:9). 그들에게 두려움을 먼저 보낼 뿐만 아니라 실제 하나님이 그들을 물리치겠다고 하셨다(23:27중). "물리치다"의 하맘(הָמַם)은 '(완전히) 파괴하다'이다. 여리고 성을 무너뜨리신 것에서 그 예를 볼 수 있다.

또 " 네 모든 원수들이 네게 등을 돌려 도망하게 할 것"이라고 하셨다(27절 하). "등"의 오래프(עֹרֶף)는 '목, 목덜미'이다. 야곱이 유다를 축복할 때에 "네 손이 네 원수의 목을 잡을 것이요"라고 하였다(창 49:8). 이것은 대적을 제압하는 힘이 그에게 있음을 상징적으로 보여준다. 사나운 짐승이 먹잇감을 공격할 때에 목덜미를 잡고 늘어지는 것을 연상케 한다. 이러한 힘 앞에 대적은 두려워 도망할 것이다. 출애굽기 본문에 원수가 "등지게 할 것"이라 말로 번역하였는데, 이것은 의역한 것이다. 즉 상대방이 이스라엘을 두려워 도망할 것이라는 우회적인 표현이다.

하나님이 "왕벌을 네 앞에 보내리니"라고 말씀하신다(23:28상). 왕벌은 오늘날의 말벌에 해당한다. 이 벌에 쏘이면 생명을 잃을 수도 있다. 이것은 비유적인 표현이다. 하나님이 자신의 사자를 보내어 대적을 물리치겠다는 약속이다. 이 벌이 가나안 땅에 거주하는 여러 족속들을 그들 앞에서 쫓아내겠다고 하신다(28절하). 여호수아가 여리고 가까이에 가서 동정을 살피고 있을 때에 여호와의 사람을 만난다. 그는 자신이 여호와의 군대 장관이라고 말하였다(수 5:14). 그리고 그는 여리고를 점령할 방법을 가르쳐준다. 여리고 점령은 이스라엘이 칼로 싸워 이긴 것이 아니다. 하나님의 사자가 앞장서서 그 성을 친 것이다. 출애굽 본문에 근거하면 하나님이 보내신 왕벌에 의해 그 성이 무너진 것으로 해석할 수 있다. 이스라엘이 가나안에서 여러 전쟁을 했지만 그 모든 전쟁은 여호와께서 수행하신 것이었다(수 10:14, 42; 23:3 참조). 여호와는 언약의 왕으로서 백성을 위해 대적을 물리치는 전쟁을 수행하는 것이다.

백성의 안전은 적군으로부터도 위협받을 수 있지만 야생 짐승들로부터도 올 수 있다. 진정한 평화는 전쟁이 없을 뿐만 아니라 짐승의 위협으로부터도 안전해야 완성된다(레 26:6; 사 35:9 참조). 출애굽기 본문에서 하나님은 한꺼번에 모든 원주민들을 쫓아내지 않겠다고 하신다. 왜냐하면 그 땅이 황무하게 되면 들짐승들이 번성하여 이스라엘을 해할까 염려하기 때문이다(23:29). "황무하다"의 쉐마마(שְׁמָמָה)는 전쟁으로 인해 성읍이 완전히 초토화가 되는 것을 말한다. 사람이 살던 곳이 폐허가 되면 풀이 우거지고 사나운 들짐승들이 거주하는 곳이 되니 사람들이 그리로 지나가지 못하게 될 것이다(이런 상황을 잘 묘사한 다음 구절을 참조. 사 7:23~25; 34:13~15).

하나님은 마을이 황폐하고 사람이 없을 때의 심각한 상황을 염려하여 이스라엘이 번성할 때까지 그들을 조금씩 쫓아내겠다고 하신다(23:30). 이것은 왕이 자기 백성의 평화와 안전을 세밀히 챙기시는 모습니다. 실제로 가나안 정복은 장기간에 걸쳐서 이루어진 것 같다. 여호수아서를 보면 빠르게 정복이 진행된 것 같지만 사사기를 보면 많은 원주민들이 남아있는 모습을 볼 수 있다(사사기 1장을 참조할 것).

④ 땅을 주실 것이다(23:31~33). 국가에서 영토가 매우 중요하다. 하나님이 이스라엘이 차지할 땅의 영역을 정해주신다. 홍해에서 시작하여 서쪽에는 블레셋 바다이고, 동쪽으로는 광야에서부터 하수까지라고 정한다(23:31). "홍해"의 얌 수프(יַמָּה סוּף)는 문자적으로 '갈대바다'이다. 이것은 서남쪽의 이집트와의 경계선상에 있는 이스라엘이 출애굽할 때에 건넌 그 갈대바다(현재 수에즈 운하가 시작되는 곳)일 수도 있고, 혹은 동남쪽 끝에 해당하는 아카바 만(에일랏 지역)의 홍해로 간주될 수도 있다.[36] "블레셋 바다"는 서쪽의 경계선으로서 여기에서의 바다는 지중해이다. "광야"는 남쪽 경계선인 네게브 사막으로 볼 수 있으며, "하수"는 북쪽 경계선으로서 유브라데 강을 말한다. 하나님께서는 모든 거민들을 쫓아내고 이 영토를 이스라엘에게 주시겠다고 약속하셨다(31절하).

이러한 경계선은 하나님이 아브라함과 언약을 맺을 때에 주셨던 영역과 거의 일치한다: "그 날에 여호와께서 아브람으로 더불어 언약을 세워 가라사대 내가 이 땅을 애굽 강에서부터 그 큰 강 유브라데까지 네 자손에게 주노니"(창 15:18). 이 경계선을 포함한 영역은 다윗과 솔로몬 시대에 완성되며, 분열왕국 중 여로보암 2세(북 왕국)와 웃시야 왕(남 왕국) 시대에 다시 이루어졌다. 이러한 영토의 경계가 이루어진 것은 하나님께서 이스라엘에게 주신 하나님 나라의 완성의 모습이라고 할 수 있다.

하나님은 다시 그들에게 확인의 말씀을 하신다. 이스라엘이 그들(가나안 거주민들)과 그들의 신과 언약하지 말라고 하신다. 하나님은 오직 자신과만 언

---

36 아란 콜, 『출애굽기』, 265.

약 관계를 유지하기를 원하신다. 만약 다른 백성과 또는 그들의 신들과 언약을 맺는다면 하나님과 맺은 언약을 배반하는 것이다. 따라서 하나님은 그러한 배반 행위를 엄히 경계하신다. 그런데 후에 여호수아가 기브온 사람들과 언약을 맺는 과오를 범한다(수 9:15). 그로 인하여 그 뒤에 큰 불행을 맞기도 하였다(삼하 21장 참조).

하나님은 다시 가나안 거민들을 그 땅에 머물지 못하게 하라고 하신다. 만약 그들이 남아 있으면 이스라엘이 그들을 따라 범죄하며 그들의 신을 섬길까 염려함이었다(23:33). 만약 그들을 남겨두면 그들의 농사법을 따라할 가능성이 많다. 그렇게 되면 그들이 섬기는 바알 우상을 섬기기 쉽게 된다. 실제 사사기에서는 이스라엘이 끊임없이 바알 우상을 숭배하는 것을 보게 된다. 하나님은 그러한 위험을 알았기 때문에 시내산에서 언약을 맺으면서 당부하신 것이다.

이상으로 하나님은 자신이 주신 법을 잘 준행할 때에 그들이 받을 혜택을 말씀하심으로써 의무 조항인 율법 선포를 마친다.

교훈과 적용

① 하나님은 시내산 언약에서 긴 율법을 주셨다. 그런데 율법과 관계하여 시내산 언약에 대한 깊은 오해가 있다. 시내산 언약은 율법이 조건으로 주어진 행위언약이며, 새 언약은 은혜언약이라는 것이다. 그들은 이스라엘이 언약의 조건이었던 율법을 이행하지 못하였기에 언약은 파기되었고, 하나님은 새로운 이스라엘인 교회에게 은혜언약인 새 언약을 주셨다고 한다. 그러므로 신약에서는 이스라엘이 교회로 대체되었으며, 이스라엘은 폐기되었다는 것이다. 이 주장은 두 가지 이유 때문에 받아들일 수 없다.

첫째, 시내산 언약에서 율법이 구원을 위한 조건으로 주어지지 않았다. 율법은 이미 구원받은 사람이 어떻게 하나님을 섬기며 살아야 하는지를 위해 주어진 것이다. 그렇기 때문에 율법을 어겼기 때문에 이스라엘이 폐기되었다는 것이 성립될 수 없다. 바울은 유대인에 대하여 논쟁하면서 "어떤 자들이 믿지 아니하였으면 어찌하리요 그 믿지 아니함이 하나님의 미쁘심을 폐하겠느냐?"(롬 3:3)라고 반문한다. 그리고 "그럴 수 없느니라"고 대답한다(3:4상). "그러므로 내가 말하노니 하나님이 자기 백성을 버리셨느냐 그럴 수 없느니라 나도 이스라엘인이요..."(롬 11:1~2). 바울은 끝까지 자기 동족이 그리스도의 믿음으로 돌아온다는 기대를 버리지 않았다(11:24~26).

둘째, 새 언약에도 율법이 그대로 자리잡고 있다: "그러나 그 날 후에 내가 이스라엘 집과 맺을 언약은 이러하니 곧 내가 나의 법을 그들의 속에 두며 그들의 마음에 기록하여"(렘 31:33). 여기의 "법"은 토라로서 모세의 법과 다른 법을 주시겠다는 것이 아니다. 단지 새 언약이 시내산 언약과 다른 점은 법을 그들의 마음에 둔다는 것이다. 즉 법의 내면성이다. 돌비에 쓰인 것이 아닌, 성령으로 마음에 새겨진다는 것이다(고후 3:3). 그러므로 율법을 확실히 이룰 수 있게 된 점이 다르다.

② 오늘날 율법에 대하여 깊은 오해가 있다. 구약 시대는 율법의 시대이며, 신약 시대는 은혜의 시대라는 것이다. 극단적인 주장에는 신약 시대에서 율법은 필요 없다고 한다. 율법은 몽학선생(가정교사)으로서 아들을 주인에게 넘겨준 이후 그의 모든 사명이 끝났으며, 예수님이 오신 이후 그것은 어떠한 발언권도 없다는 것이다. 즉 율법은 그 완성자인 예수 그리스도에게로 인도하는 사명밖에 없다는 것이 바울의 요지라고 한다. 예수님은 율법을 다 이루었고, 율법은 폐지되었다는 것이다. 은혜가 온 후로는 율법 아래 매이지 않는다고 한다. 모세의 언약에서 율법이 구원에 대하여 발언권이 있었으나, 이제는 구속사적인 면에서 율법은 종결되었다고 한다. 믿음에 율법 준수를 첨가하는 것은 예수님의 십자가를 무효화시키는 것이라고까지 말한다.[37]

과연 신약에서 율법을 폐지되었으며, 그 어떤 발언권도 없는 것일까? 예수님은 율법을 완성하러 오셨지 폐지하러 오신 것이 아니라고 말씀하셨다. 예수님이 자신이 율법이나 선지자를 폐하러 온 것이 아니라 완전하게 하려고 함이라고 말씀하시면서, "천지가 없어지기 전에는 율법의 일점 일획도 결코 없어지지 아니하고 다 이루리라"고 하셨다(마 5:17~19). 바울도 에베소서에 제5계명을 들어 부모에게 순종할 것을 권면한 뒤, "이것이 약속있는 첫 계명"이라고 하였다(엡 6:1-3).

물론 율법은 구원을 위한 어떤 기여도 할 수 없다. 신약 시대에 유대인들은 율법의 행위로 구원받는다는 주장에 대해 바울은 반대하였다. 구원은 율법의 행위에 있지 않고 오직 믿음으로 받는 것임을 바울은 계속 외쳤다. 그러나 모세 언약에서 율법의 기능도 그와 같았다. 이미 구원받은 백성에게 율법이 주어졌지, 율법을 통해서 구원으로 들어가는 아니었다. 하나님의 백성이 어떻게 그 백성으로서의 삶을 살아야 할 것인지를 위해 율법이 주어졌었다.

---

37 서철원, 『복음과 율법과의 관계』 (서울: 크리스챤비젼하우스) 참조.

신약에서도 그 원리는 남아있어야 한다. 바울은 오직 믿음으로만 의롭다 함을 얻을 수 있음(롬 3:22, 25. 26, 28)을 강조한 후에, "그런즉 우리가 믿음으로 말미암아 율법을 파기하느냐 그럴 수 없느니라 도리어 율법을 굳게 세우느니라"고 하였다(3:31). 바울은 율법이 악한 것이 아니라 선한 것이라고 했다(롬 7:16). 율법이 죄냐? 그럴 수 없다고 했다(7:7). 율법도 거룩하며 계명도 거룩하며 의로우며 선하다(7:13). 문제는 우리 육체의 나약함 때문이 이루지 못하는 것이다. 그런데 바울은 율법에 대한 해법을 제시한다. "율법이 육신으로 말미암아 연약하여 할 수 없는 그것을 하나님은 하시나니"(롬 8:3), 곧 "육신을 따르지 않고 그 영을 따라 행하는 우리에게 율법의 요구가 이루어지게 하려 하심이니라"고 하였다(8:4). 신약에는 성령이 율법을 우리 마음에 두어 우리가 그것을 이루게 하는 것이다.

이상에서 볼 때에 율법은 구원을 위해 어떤 기여도 할 수 없지만, 그러나 구원받은 백성이 하나님을 섬기며 살기 위해 율법은 계속 필요한 것이다. 그 율법은 육신의 힘이 아닌 영의 능력으로 이루어질 수 있다. 신약 시대에는 영이 마음에 새긴 율법, 즉 율법의 내면성이 특징이다.

③ 하나님이 시내산에서 주신 많은 법 중에 재판에 관한 것이 눈에 띈다. 하나님은 공정한 재판을 강조하신다. "거짓된 풍설(가짜 뉴스)"를 퍼뜨려 재판을 왜곡하지 말라고 하셨고(23:1), "위증"하여 사람이 억울한 판결을 받게 하지 말라고 하셨다. 또 "다수를 따라 악을 행하지" 말라고도 하였다(2절상). 대중은 선동에 따라 쉽게 움직일 수 있다. 악한 자가 무리들을 선동하여 죄 없는 자를 정죄하게 만들 수 있다. 오늘날 이슈가 되는 소위 '대중 정치' 혹은 '인민 재판'를 하지 말라는 것이다. 다수가 항상 옳은 것이 아니다. 특히 송사에서 다수가 진실을 왜곡할 수 있다. 따라서 재판장은 그러한 다수의 편에 섬으로써 사실을 왜곡하지 말라는 것이다. 오늘날 재판에서 특별히 유의해야 할 사항이다.

④ 하나님은 사회약자들을 배려하라고 말씀하신다. 첫 번째 약자는 이방 나그네이다(22:21). 외국인은 비빌 언덕이 없으며, 법의 보호도 잘 받지 못한다. 또 직장에서도 차별을 받아 가난할 수밖에 없다. 이집트에서 이스라엘 사람들이 단지 이방인이라는 이유 때문에 종이 되었고, 학대를 당하였다. 그러한 옛 자신들의 처지를 생각하여 외국인을 불공정하게 차별하지 말라고 하신다. 두 번째 약자는 과부와 고아이다(22:22~24). 그들이 재산상이나 신변상의 문제가 발생했을 때에 자신을 방어할 기둥이 없다. 하나님은 재판에서 고아와 과부를 보호하라고 하신다. 세 번째 약자는 가난한 사람이다(22:25~27). 이 가난한 사람을 배려하는 방법으로 돈을 꾸일 때 변리를 받지 말라고 하신다(22:25). 악성 고리 대금업자에 대한 경고이다. 이렇게 되면 가난한 자는 더 가난해지고 부자는 더 부유하게 된다. 또 옷을 전당잡거든 해지기 전에 돌려주라고 한다(출 22:26). 가난한 사람에게 그것

은 낮에는 몸에 걸치는 옷이 되고, 밤이면 몸을 덮는 이불로 사용된다. 그러한 세밀한 문제까지 가난한 자를 배려하라는 것이다.

특히 재판에서 그러한 사회 약자들에게 불공정한 판결을 하지 말라고 명령한다. 가난한 자와 고아와 과부에게 재판이 바르게 행하여지는 것은 곧 공의가 실현되는 것으로 성경은 자주 말한다(잠 29:4; 미 3:1; 레 19:15; 삼하 8:15; 사 9:7; 33:5; 등). 선지자들은 이런 가난한 자들에게 불공정한 재판을 하는 것을 율법이 시행되지 못하는 기준으로 삼기도 한다(사 1:17; 59:4; 렘 5:1; 7:5; 등). 하나님 나라는 바른 재판을 통하여 정의가 실현되어야 한다. 궁극적으로 메시아가 이러한 정의를 실천할 왕으로 묘사된다(시 72:1, 2; 103:19; 사 9:7; 11:4, 5; 16:5; 28:17; 32:1; 42:1, 3, 4; 51:4; 등등).

⑤ 하나님은 이스라엘이 반드시 지켜야 할 세 가지 절기를 말씀하신다(출 23:14). 이 절기들에는 성막 혹은 성전으로 올라가서 행해야 하는 축제이다. 유월절(무교절), 칠칠절(맥추절, 오순절), 그리고 초막절(수장절)이다. 이 세 절기들은 출애굽 과정 중에 주어졌으며, 모두 출애굽의 구속과 관계되었다. 유월절은 출애굽 구원의 시작을 의미하며, 초막절은 광야 생활을 기념하며, 그리고 칠칠절(오순절)은 구원의 완성인 가나안에서의 안식을 의미한다.

또 이 세 절기는 수확과도 관계가 있다. 유월절은 이삭의 첫 수확을 바쳤으며, 초막절은 가을의 열매 수확을 하나님께 바쳤으며, 칠칠절은 수확을 끝내고 창고에 들인 후 그 십의 일을 하나님께 바친다. 또한 이 세 절기는 신약의 교회와도 관련이 있다. 유월절은 예수님께서 죽으심으로 교회를 일으키신 사건이며, 오순절은 교회의 시작이며, 칠칠절은 광야 교회와 같은 오늘날의 교회 생활을 비춘다. 하나님은 세 절기들을 지키면서 옛 구속의 사건을 기억하도록 하였다. 오늘날 교회도 이러한 구속을 기억하기 위한 절기들을 지켜야 할 것이다.

⑥ 언약에는 항상 약속이 따른다. 모세의 언약에도 여러 가지 약속을 주셨다. 첫째는 하나님이 그들과 함께 하셔서 그들을 보호하고 인도하시겠다는 약속이다. 이것은 옛 벧엘에서 야곱이 받았던 약속이었으며(창 28:15), 브엘세바에서 야곱에게 주셨던 약속이기도 하다(창 46:4). 둘째, 그들에게 복을 주시겠다는 것이다. 이 복에 언급되는 것 중에 가장 먼저는 풍족한 소산을 주시겠다는 약속이다. 시절에 따라 알맞은 비를 내려주심으로 그들은 풍성한 곡식을 거둘 것이다. 그와 함께 병이 없는 세상, 다산의 복, 그리고 장수도 복도 약속하셨다. 셋째 약속은 전쟁에서의 승리를 약속하셨다. 대적이 한길로 왔다가 일곱 길로 도망가게 하겠다(신 28:7)는 약속과 같다. 오늘날도 우리가 언약의 백성이라면 이러한 복을 계속 받을 것이다.

6. 언약의 증거를 세움(24:1~4)

> 1 또 모세에게 이르시되 너는 아론과 나답과 아비후와 이스라엘 장로 칠십 명과 함께 여호와께로 올라와 멀리서 경배하고 2 너 모세만 여호와께 가까이 나아오고 그들은 가까이 나아오지 말며 백성은 너와 함께 올라오지 말지니라 3 모세가 와서 여호와의 모든 말씀과 그의 모든 율례를 백성에게 전하매 그들이 한 소리로 응답하여 이르되 여호와께서 말씀하신 모든 것을 우리가 준행하리이다 4 모세가 여호와의 모든 말씀을 기록하고 이른 아침에 일어나 산 아래에 제단을 쌓고 이스라엘 열두 지파대로 열두 기둥을 세우고

하나님은 모세와 함께 이스라엘 장로들을 따로 불렀다. 대표들 목록은 먼저 아론과 나답과 아비후이다. 아론은 모세의 다음 서열로서 백성의 대표가 되기에 충분하다. 나답과 아비후는 아론의 아들들로서 제사장 반열에 드는 사람들이다.[38] 두 번째 그룹은 70인의 장로들이다. 이들은 이스라엘 12지파들 중에서 뽑힌 이스라엘을 대표하는 사람들이었다(24:9). 그들이 여호와가 임재하신 산으로 올라갔다.

그러나 그들은 하나님 임재 장소 가까이는 가지 못하고 멀리서 여호와를 경배하였다(24:1). 이스라엘 대표들은 산 중턱에 머무른 것 같다. "경배하다"의 *샤하*(שָׁחָה, 주로 힡파엘로 사용됨)는 기본적으로 '구부리다, 절하다'라는 의미이지만, '경배하다, 예배하다'의 의미로 사용된다.[39] 언약을 통하여 왕이 되신 여호와 하나님을 섬기며, 그가 공표하신 법을 잘 지키겠다는 의사의 표현이다. 출애굽기 3장에서 하나님이 모세에게 출애굽한 이후 "너희가 이 산에서 하나님을 섬기리니"라고 말씀하셨는데(3:12), 이제 하나님은 그들로부터 경배를 받으심으로 섬김을 받으신다.

---

38 후에 이 두 아들은 지정된 것이 아닌 다른 불로 여호와께 분향하다가 불이 나와 그들을 삼켜서 죽는다(민 3:4; 레 10:1~2).

39 BDB, 1005.

하나님은 그 대표들 중 모세만 자기 가까이 나아오게 하고, 다른 사람들은 더 이상 접근하지 못하게 하였다(24:2). 아직 언약이 완전히 체결되지 않았기 때문에 그들을 자신으로부터 엄격하게 갈라놓는 것이다. 이러한 상황은 하나님이 십계명을 직접 공포하신 이후, 모세만 따로 부르셨던 것과 상통한다: "백성은 멀리 섰고 모세는 하나님이 계신 암흑으로 가까이 가니라"(20:21). 그 암흑 속에서 하나님은 모세에게 이스라엘이 지켜야할 세부적인 법들을 주셨다(20:23~23:33).

모세가 내려와서 여호와께서 산 위에서 주셨던 모든 말씀과 모든 율례를 백성에게 고하였다(24:3상). "말씀"의 다바르(דָּבָר)는 하나님의 말씀도 되며 명령도 된다. "율례"의 미쉬파트(מִשְׁפָּט)의 기본적인 의미는 '재판'이며, 여기에서는 재판과 관련된 법령을 가리킨다. 이 법령은 앞으로 이스라엘의 재판에서 판결에 사용할 기본법이 된다. "고하다"의 사파르(סָפַר)는 '이야기하다, 자세히 설명하다'이다. 학사 에스라가 광장에 모인 백성들에게 율법을 낭독하고 자세히 설명한 모습과 비슷하다. 그들이 한 목소리로 "여호와의 명하신 모든 말씀을 우리가 준행하리이다"라고 고백하였다(3절하). "준행하다"는 것은 지켜 행하겠다는 것이다. 모세는 이 모든 말씀을 기록하였다(4절상). 법령은 반드시 글로써 남겨야 한다. 이로써 율법의 공포가 완성되었다.

그리고 언약의 다음 순서로 증인을 채택한다. 고대 언약의 경우 언약의 증인 또는 증거를 세운다. 자주 그들이 섬기는 신을 증인으로 채택한다. 양 국가가 공히 알고 있는 신의 이름이 증인으로서 채택되었을 것이다. 히타이트 제왕 수필루리우마(Suppiluliuma)와 우갈릿 왕 니크만두(Niqmandu)와 맺은 언약에서 "바라건대 수천의 신들이시여 그것을 아시옵소서. 헤밧(Hebat)의 신, 아리나(Arinna)의 신..."라고 증인으로 요청하였다.[40] 성경의 언약에서 신을 증인으로 내세우지 않는 것은 너무나 당연하다. 유일신이신 하나님이 직접 언약의 당사자이기 때문이다. 노아의 언약에서는 무지개를 증거로 채택하였으며(

---

40   말텐스, 『하나님의 구원계획』, 96.

창 9:13~16), 아브라함의 언약에서는 할례가 언약의 증거였다(창 17:11). 시내산 언약에서는 하나님이 12돌을 세워 언약의 증거로 삼는다.

모세는 산 아래 단을 쌓고 열두 기둥을 세웠다(4절). "산 아래"는 하나님이 임재하신 산 위에 대비되는 백성이 서 있던 장소이다. 단을 쌓은 것은 하나님에게 제사를 드리기 위함이다. 열 두 기둥을 세운 것은 이스라엘 열두 지파를 의미하는 것이다. 그 돌기둥들은 거기에 남아있어 언약의 증인역할을 할 것이다. 여호수아가 요단강을 건널 때에 각 지파별로 강바닥에서 12돌을 취하여 길갈에 세웠다(수 4:20). 후일에 후손들이 이 돌의 의미를 물을 때에 '하나님이 물을 마르게 하여 이스라엘이 마른 땅을 밟고 이 요단을 건넜음'이라고 알려주라 하였다. 그 돌은 이스라엘 백성이 요단강을 마른 땅을 밟고 건넌 것을 직접 본 당사자로서, 그것을 증언하는 증거물이 되었다. 시내산 12돌도 하나님과 백성이 언약을 맺을 때에 그 현장에 있었던 것으로서 그 언약에 대한 산 증거물이 될 것이다.

후에 이 증거물을 찾아 나선 사람이 있었다. 바로 엘리야였다. 갈멜산 제단의 대결 뒤에 이세벨의 위협을 피해 시내산까지 온 것이다. 그가 먼 길을 온 이유는 이스라엘이 언약을 어겼다는 것을 고자질하기 위해서였다: "이는 이스라엘 자손이 주의 언약을 버리고 주의 단을 헐며 칼로 주의 선지자들을 죽였음이오며…(왕상 19:14). 그곳에 있었던 12돌은 바로 그곳이 바로 언약의 현장이었음을 증거를 해 주기 때문이다.

7. 언약 체결 의식(24:5~8)

> 5 이스라엘 자손의 청년들을 보내어 여호와께 소로 번제와 화목제를 드리게 하고 6 모세가 피를 가지고 반은 여러 양푼에 담고 반은 제단에 뿌리고 7 언약서를 가져다가 백성에게 낭독하여 듣게 하니 그들이 이르되 여호와의 모든 말씀을 우리가 준행하리이다 8 모세가 그 피를 가지고 백성에게 뿌리며 이르되 이는 여호

와께서 이 모든 말씀에 대하여 너희와 세우신 언약의 피니라

언약 체결 의식은 매우 중요하다. 왜냐하면 이 의식을 통해서 언약에 대한 책임을 맹세하기 때문이다. 고대의 언약에서의 체결 의식은 일반적으로 짐승을 쪼개어놓고 작은 왕이 그 사이를 지나가는 것이었다. 이것은 만약 언약이 파기되면 짐승처럼 쪼개어져서 죽을 것이라는 맹세를 하는 것이다. '언약을 세우다'의 *카라트 베리트*(כָּרַת בְּרִית) 관용구에서 *카라트*는 '짜르다'인데, 이것은 짐승을 쪼개는 것에서 유래된 것일 수 있다.

　성경에서 짐승을 쪼개어 지나가는 언약의 장면이 두 번 나타난다. 첫 번째는 아브라함과 언약을 맺는 장면에서 나온다: "아브람이 그 모든 것(삼 년 된 암소와 삼 년 된 암염소와 삼 년 된 수양)을 취하여 그 중간을 쪼개고 그 쪼갠 것을 마주 대하여 놓고…"(창 15:10). 그런데 여기에서 쪼갠 짐승 사이로 아브라함이 아닌 횃불이 지나갔다. 언약의 장면에서 연기 나는 풀무 불이 보였는데, 이것은 하나님이 임재를 나타낸다. 그 풀무 불에서 나온 횃불이었으므로 쪼갠 고기 사이로 지나가신 분은 하나님 자신, 혹은 하나님 쪽의 어떤 분이었음이 된다. 이것은 언약이 파기될 경우 죽음을 부를 수 있는 그 모든 책임을 하나님 자신이 지겠다는 것이다.

　두 번째 장면은 예레미야서(34장)에 나타나는 언약의 장면이다. 바벨론 왕 느부갓네살이 제3차로 침입하여 예루살렘 성을 포위하고 있을 때였다. 이스라엘 사람들은 자신들이 무슨 잘못이 있어 하나님께서 자신들에게 이런 고초를 당하고 있는지를 생각해보았다. 그들은 안식년(혹은 희년)의 규례를 지키지 않아 종들을 풀어주지 않았음을 발견하였다. 그래서 이스라엘 지도자들과 부자들이 하나님 앞에 언약을 맺으면서 종들을 풀어주었다.

　그런데 마침 이집트 군대가 이스라엘을 돕기 위해 올라왔고, 바벨론 군대는 그들과 싸우기 위해 잠시 예루살렘 포위를 풀었다. 그러자 이스라엘 부자들과 고관들은 풀어준 종들을 다시 잡아들였다. 하나님은 언약을 깬 그들에게 다음과 같이 경고하신다: "송아지를 둘에 쪼개고 그 두 사이로 지나서 내 앞에 언약

을 세우고 그 말을 실행치 아니하여 내 언약을 범한 너희를 곧 쪼갠 송아지 사이로 지난 유다 방백들을…. 너희 원수의 손과 너희 생명을 찾는 자의 손에 붙이리니 너희 시체가 공중의 새들과 땅 짐승의 식물이 될 것이며…"(렘 34:18-20). 짐승을 쪼개고 그 사이로 지나갔다는 것은 목숨을 두고 맹세한 것이다. 하나님은 언약을 파기한 자는 마땅히 자신의 몸도 쪼개어져야 한다.

모세의 언약에서도 위의 수준에 걸맞은 체결 의식이 있을 것으로 예상된다. 모세의 언약에서 두 가지 의식이 나타난다.

1) 희생제사를 드리다(24:5)

모세는 청년들을 보내어 소로 번제와 화목제를 드리게 하였다(24:5). "청년"의 *나아르*(נַעַר)는 일반적으로 '소년'을 가리키는데 '젊은 이'로도 번역이 가능하다. 반란을 일으킨 압살롬을 *나아르*라고 부른 것에서 보면 힘이 왕성한 젊은 이를 가리키는 단어이기도 하다. 아직 제사장이 세워지기 이전이었다. 소를 제어하기 위해 힘센 장정이 필요했을 것이다. 그래서 모세가 이 일을 위해 장정을 보내었을 것이다.

번제의 *올라*(עֹלָה, the burnt offering)는 '올라가다'라는 뜻이며, 제물을 불사를 때에 향기로운 냄새가 하나님에게 올라간다는 뜻으로 붙여진 이름 같다. 번제는 여러 종류의 제사들 중에 가장 기본이 되는 제사이다. 이 제사는 제물의 내장과 가죽을 제외하고 전부를 제단위에 올려 태워서 드리고, 피를 단 사면에 뿌린다(레 1:11). 번제의 목적은 먼저 죄 용서(속죄)를 받기 위해 드렸으며(보편적인 죄에 대하여), 또한 하나님께 감사의 의미로, 또 헌신의 의미로 드렸다(레 1:9,13,17).

화목제(*재바흐 쉴라밈*, זֶבַח שְׁלָמִים, the peace offering)는 제물의 기름과 두 콩팥을 화제로 하나님께 불살라 드리고 나머지 고기들은 집례한 사람(제사장)과 드린 사람의 가족들이 성전에서 나누어 먹는다(레 7:15-21; 신 12:17, 18). 물론 모든 제사는 속죄와 관련이 있다. 특별히 화목제는 맹세(to fulfill a vow)할 때와 감사 할 때에 드렸다(레 7:12). 이 제사는 맹세를 위해 드려졌기 때문에 언약과 밀접한 관련이 있다. 이 제사가 언약을 맺는 장면에서 자주 나타나는 이유이다(신 27:7; 수 8:31; 삼상 11:15; 등).

2) 피를 뿌림(24:6~8)

제사를 드린 후 모세가 피를 취하여 반은 양푼에 담고 반은 단에 뿌렸다(24:6). 피를 단에 뿌리는 것은 번제의 일반적인 의식이었다. 피를 단에 뿌린 것은 그 제단을 정결케 하는 의식이다(레 8:15 참조). 제단이 깨끗해져야 그 위에서 바쳐지는 제물도 깨끗해진다. 그리고 모세는 언약서를 가지고 백성에게 낭독해 들려주었다(7절상). "언약서"의 세펠 하베리트(סֵפֶר הַבְּרִית)에서 세펠은 '책'이며 베리트는 언약이다. 이 '언약의 책'은 출애굽기 20:18~23:33의 율법을 가리킨다. 이것은 모세가 산 위에 올라가서(20:21을 보라) 하나님께서 들려주신 율법의 말씀을 적은 책일 것이다.

모세가 이 언약의 책을 백성에게 낭독하여 들려주었을 때에 백성은 "여호와의 모든 말씀을 우리가 준행하리이다"라고 응답하였다(12:7하). 모세가 그 피를 취하여 백성에게 뿌리면서 말하였다: "이는 여호와께서 이 모든 말씀에 대하여 너희와 세우신 언약의 피니라"(24:8). "뿌리다"의 자라크(זָרַק)는 정결 의식에서 물이나 피를 뿌리는 것에 사용되는 단어이다. 왜 제사에서 피가 중요할까? 왜 성막(혹은 성전)의 기구나 사람에게 피가 뿌려질까? 그 해답은 레위기에서 찾아볼 수 있다: "모든 생물은 그 피가 생명과 일체라"(레 17:14상; 참조 창 9:4~6). 피가 있어야 생명을 유지하고, 피를 흘리면 죽는다. 그래서 피는 곧 생명과 일치하는 것이다.

모세가 백성에게 피를 뿌리면서 "이것은 언약의 피니라"고 말한 것은, 이 언약은 바로 피로 맹세한 것임을 뜻한다. 그 의미는 만약 언약을 어기면 그들이 생명을 내어놓아야 한다는 뜻이다. 이것은 다른 언약에서 쪼갠 짐승 사이로 지나가는 맹세와 같은 의미이다. 언약을 맺으실 때에 하나님은 산 위에서 막강한 호위병을 대동하여 나타나셨다(19:16~20, 우레, 번개, 빽빽한 구름, 불, 연기, 그리고 천사들의 나팔소리 등). 그리고 하나님은 자신이 직접 기본이 되는 열 가지 계명과 그 외의 많은 율법을 공포하셨다. 모세가 이 율법들을 다시 백성들에게 낭독하였다. 백성들은 우리가 다 준행하겠다고 맹세하였다(24:7). 이렇게 맹세하는 그들에게 피가 뿌려졌다. 만약 그들이 그 율법들을 어기면 언약이 파기되는 것이고 하나님은 자신이 중무장한 그 모습으로 백성을 치실 것이다.

여기에서 의문이 생긴다. 과연 이스라엘 백성이 그 법을 다 지킬 수 있을까? 아니었다. 이스라엘은 시내산에서 벗어나기도 전에 금송아지 우상을 만들어 섬겼다(32장). 그러면 또 다른 의문이 제기된다. 하나님은 언약이 그렇게 쉽게 파기될 줄을 모르고 그런 준엄한 언약을 맺으셨을까? 하나님께서는 그것을 다 아셨을 것이다. 그런데도 위험한 언약을 맺으셨는가? 하나님은 그들의 연약함을 아시고 미리 무엇을 준비해 두셨다. 무엇을 준비해두셨는가? 그것은 바로 그 뿌려진 피에 있었다.

하나님은 언약을 맺으면서 번제와 화목제를 드리게 하셨다(24:5). 모세가 그 피를 양푼에 담아 반은 제단에 뿌리고 또 반은 백성에게 뿌렸다. 바로 제물로 바쳐진 그 짐승의 피이다. 반을 단에 뿌렸다는 것은 단이 정결케 되어 하나님이 받으실 만한 깨끗한 것이 되었다는 것이다. 같은 피를 백성에게 뿌렸다는 것은 백성도 깨끗이 되어 하나님이 받으실 만한 것이 되었다는 것이다.

왜 제사에서 피의 역할이 중요한지를 레위기는 말해준다: "육체의 생명은 피에 있음이라 내가 이 피를 너희에게 주어 단에 뿌려 너희의 생명을 위하여 속하게 하였나니 생명이 피에 있으므로 피가 죄를 속하느니라"(레 17:11). '피가 죄를 속한다'고 하였다. "속하다"의 카파르(כָּפַר)는 원래 '덮다'라는 의미이지만 강세형(피엘)에서는 '속량하다'는 의미로도 사용된다(레위기에서 많이 사용되었음).[41] 짐승의 피가 그의 죄를 덮어준다는 의미이다. 제사를 '희생 제

41 BDB, 497.

사'라 부르고 제물을 '희생 제물'이라고 부른다. 그 이유는 제물이 드리는 사람 대신 죽기 때문이다. 그래서 이것을 '대속'이라고 부른다. 예수님의 죽음은 이 대속의 원리를 가장 잘 대변하는 것이다(마 20:28; 갈 1:4; 딤전 2:6 등).

하나님은 범죄한 그들을 대신해서 짐승이 희생으로 바쳐지는 제도를 언약 안에 넣으셨다. 그리고 그 제물의 피를 취하여 뿌리게 하셨다. 뿌려진 그 피는 바로 대속의 피였던 것이다. 그래서 그들의 모든 허물이 덮어지고 깨끗하여졌다. 이로써 언약이 체결되었다.

흔히 성경의 모든 언약의 은혜언약이라고 부른다. 그런데 모세의 언약은 분명 율법이 주어졌고, 이 율법의 행위에 따라 그들이 생명을 얻는지 사망을 가질 것인지가 판가름된다(참조, 신 30:15, 19, 20). 모세의 언약은 분명히 조건이 있었으므로 이것을 '행위언약'이라고 불러야 할 요소가 충분히 있다. 그런데도 어떻게 모세의 언약을 은혜언약이라 할 수 있는가? 그 이유는 그 언약에 대속의 원리가 들어있기 때문이다. 그들에게 뿌려진 피가 대속의 피였기 때문이다.

이 대속의 원리는 신약에서 이루어질 예수 그리스도를 내다보고 있다(히 9:15~17 참조). 히브리서에서 이스라엘 백성들이 언약을 파기했지만 하나님은 그 언약의 책임을 지고 자기 아들을 죽게 하였다고 말한다(히 9:15). 그의 피로 말미암아 언약 파기의 값은 치러졌고 언약은 다시 유효하게 되었다(9:16~17, 여기에서 '유언'으로 번역된 디아데케(διαθήκη)는 '언약'으로 번역되어야 함). 대속받은 사람들은 하나님의 백성이 된 것이다. 사람이 언약을 파기했는데도 그 책임을 사람에게 묻지 않고 대속물에게 전가했으며, 궁극적으로는 자기 아들에게 책임을 지웠기 때문에 모세의 언약은 은혜언약이 되는 것이다.

8. 식사를 나눔(24:9~11)

9 모세와 아론과 나답과 아비후와 이스라엘 장로 칠십 인이 올라가서 10 이스라

엘의 하나님을 보니 그의 발 아래에는 청옥을 편 듯하고 하늘 같이 청명하더라
11 하나님이 이스라엘 자손들의 존귀한 자들에게 손을 대지 아니하셨고 그들은
하나님을 뵙고 먹고 마셨더라

고대의 언약에서 언약의 의식이 끝나면 대왕은 환한 웃음의 얼굴을 띄고 내려
와 작은 왕과 그 무리들을 식사에 초대하였다. 이제 한 나라의 군주와 백성이
된 것을 축하하는 자리였다. 시내산 언약도 마찬가지로 이런 식사가 이루어
진다. 대속의 피가 뿌려짐으로써 이스라엘은 죄가 덮였고, 깨끗한 백성이 되
었다. 이렇게 언약이 체결되었으므로 그들은 이제 언약의 백성이 되었다. 하
나님이 그 백성들을 식사에 초대하기 위해 산위로 부르셨다. 앞에서 산 중턱
에 머물렀던(24:1~2) 아론과 나답과 아비후와 이스라엘 장로 칠십 인이 모세
와 함께 산 위로 올라가서 하나님을 뵈었다(9절).

24:10은 다음과 같이 묘사한다: "이스라엘 하나님을 보니 그 발 아래에는 청
옥을 편듯하고 하늘 같이 청명하더라." 산 위는 하나님 임재의 장소였다. 거기
에서 그들은 하나님은 보았다(라아, רָאָה, 보다)고 말한다. 발 아래에 무엇인가
펼쳐져 있는 것을 보아, 하나님은 산 위에서 더 높은 곳(하늘 위)에 자리하고
계신 것처럼 묘사한다. 마치 이사야가 성전에서 하나님이 "높이 들린 보좌"에
앉아있는 모습을 본 것과 비교될 수 있다. 성전(특히 지성소)은 하나님 임재의
장소이다. 그러나 하나님은 높이 들린 보좌에 앉았고, 옷자락이 성전에 가득
하였다고 하였다. 높은 곳과 성전이 옷자락으로 연결되어 있다.

출애굽기 본문에서는 높이 계신 하나님과 시내산은 청명한 하늘로 연결되
어 있다. "청옥"의 삽피르(סַפִּיר)는 '사파이어(청옥)'인데, 푸른빛을 띤 보석이
다. "청명"의 토하르(טֹהַר)는 '맑음, 청결'이다. 깨끗한 하늘을 표현한 것이다.
"펴다"의 리브나(לִבְנַת)의 동사 라반(לָבַן)은 '벽돌을 깔다(pavement)'라는 의미
이다. 오늘날 길에 아스팔트를 까는 것처럼, 고대에는 돌을 길에 까는 모습이
다. 9절을 다시 묘사한다면 하나님은 산 위에 높이 계신 모습이었는데 '그의
발 아래는 사파이어 혹은 청명한 하늘이 펼쳐져 있었더라'이다.

이러한 묘사는 에스겔이 본 보좌의 환상과 비슷하다. 에스겔은 그발 강가에서 북방에서부터 오는 네 생물(그룹 천사)을 보았다(겔 1:4이하). 그 생물들 머리 위에 "수정 같은 궁창"의 모양이 펼쳐졌고(1:22), 그 궁창 위에 보좌가 있었다(26절). 그 보좌에 앉으신 분은 여호와였다. "수정같은 궁창"은 청명한 하늘을 말한다. 출애굽기 본문에서 청옥을 편듯한 하늘과 같다. 이것은 언약체결 이전과는 정반대의 모습니다.

언약 체결 이전의 하나님 임재의 모습과 그 이후의 모습을 비교해 보자.

① 전에는 백성들에게 산 가까이 접근하지 말라고 했다. 만약 어기면 "돌격할까 하노라"고 하였다(19:24). 그런데 이제는 이스라엘 대표들을 올라오라고 부른다.

② 전에 하나님은 산 위에 **빽빽한** 구름, 폭풍, 불, 그리고 지진 속에서 무서운 모습으로 임재하셨다(19:16~20). 특히 20:21에는 산위를 '암흑'으로 표현하는데, 그것은 **빽빽한** 구름 때문이었다. 그런데 이제는 구름이 걷히고 청명한 하늘로 바뀌었다. 암흑은 심판을 상징한다. 그러나 청명한 하늘은 포근하고 따뜻하다. 사랑으로 품는 모습입니다.

③ 전에는 그들을 하나님으로부터 엄격히 분리시키셨다. 그러나 이제는 그들을 자기의 앞에서 식사를 가지게 하였다.

그들이 산위에 올라갔지만 하나님이 이스라엘의 존귀한 자들에게 손대지 아니하셨다(24:11상). "존귀한 자"의 *아칠*(אָצִיל)은 '모퉁이, 우두머리'이다. 이스라엘의 대표자들이다. 바로 모세, 아론, 나답, 아비후와 이스라엘 장로 칠십인들이다. "손대지 아니하셨다"에서, "(손을) 대다"의 *쇠라흐*(שָׁלַח)는 "(손을) 내밀다, 뻗다"이다. 많은 경우에 '손을 내밀다'는 표현이 '치다'는 의미로 사용되었다. 앞에서 하나님이 백성 중 누구든지 경계선을 넘어 산 위로 오른다면 그를 향하여 "돌격할까 하노라"고 말씀하셨다(19:24). 그러나 이제는 하나님이 산위에 오른 그들을 치지 아니하셨다.

10절에 "(이스라엘의 하나님을) 보니"라고 했는데, 여기서는 *라아*가 사용된 반면, 11절에서는 "(그들은 하나님을) 뵙고 (먹고 마셨더라)"에서 *하자*(חזה)가 사용되었다. *라아*는 단순히 '보다'라는 의미가 기본이지만,'주의 깊게 살펴보다 (observe, look at)'의미도 가지고 있다.[42] 반면에 *하자*는 선지자와 같은 하나님의 사람이 환상을 보는 경우에 자주 사용되었다. 물론 여기서는 선지자들과 달리 그들이 환상으로 보았다고 할 수 없다. 이 양 구절에서 우리는 다음과 같이 추측해 볼 수 있다. 10절에서 *라아*가 사용되었지만 하나님 본체를 보았다기보다 하나님 임재의 가시적인 현상을 보았을 것으로 추정된다. 청옥과 같은 하늘에서 그들은 하나님 임재를 가시적으로 인식하였을 것이다. 11절에서 *하자*가 사용된 것은 그들이 영적으로 하나님의 임재를 느끼면서, 하나님과 교감하는 가운데 식사를 나누는 모습으로 이해해야 할 것이다.

본 구절들에서 가장 중요한 것은 그들이 하나님 임재 안에 들어 있음을 알았고, 하나님과 교감을 나누면서 식사를 나누었다는 것이다. 그러면서도 그들은 죽지 않았음을 강조하고 있다. 이것은 언약의 왕으로서의 무서운 분이 아닌 따뜻하고 사랑을 느낄 수 있었던 모습이었다는 것이다. 일반적으로 언약을 맺는 과정에서는 아주 살벌하고 준엄하지만, 일단 맹세의 의식이 끝나고 언약 체결이 끝나면 대왕 작은 왕은 서로의 긴장을 풀고 식사의 교제를 나누며 서로의 친분을 확인하였다. 이스라엘의 경우 언약을 통하여 양 당사자는 왕과 백성의 사이가 되었다. 이 긴밀한 관계를 확인하기 위해 식사를 나누는 것이었다.

9. 언약 문서를 만들기 위해 부름(24:12~18)

12 여호와께서 모세에게 이르시되 너는 산에 올라 내게로 와서 거기 있으라 네가 그들을 가르치도록 내가 율법과 계명을 친히 기록한 돌판을 네게 주리라 13 모세

---

42 BDB, 907.

가 그의 부하 여호수아와 함께 일어나 모세가 하나님의 산으로 올라가며 14 장로
들에게 이르되 너희는 여기서 우리가 너희에게로 돌아오기까지 기다리라 아론
과 훌이 너희와 함께 하리니 무릇 일이 있는 자는 그들에게로 나아갈지니라 하
고 15 모세가 산에 오르매 구름이 산을 가리며 16 여호와의 영광이 시내 산 위에
머무르고 구름이 엿새 동안 산을 가리더니 일곱째 날에 여호와께서 구름 가운데
서 모세를 부르시니라 17 산 위의 여호와의 영광이 이스라엘 자손의 눈에 맹렬
한 불 같이 보였고 18 모세는 구름 속으로 들어가서 산 위에 올랐으며 모세가 사
십 일 사십 야를 산에 있으니라

고대 언약에서 언약의 문서 두 개를 만들어서 양쪽이 각각 보관한다. 그 문서
는 신전의 가장 신성한 곳에 문서를 보관하였다. 시내산 언약에서도 하나님께
서 이 문서를 만들어 성소 가장 깊은 곳에 보관하도록 하였다.

여호와께서 모세에게 다시 산으로 올라오라고 명하신다(24:12상). 산 위는
여호께서 임재해 계시는 곳이다. "내게로 와서 거기 있으라"(12절중)라는 말
에서 그곳이 여호와 임재의 장소임이 증명된다. 하나님께서 산 위를 그를 부
른 이유는 율법을 기록한 돌판을 주기 위함이다: "내가 율법과 계명을 친히
기록한 돌판을 네게 주리라"(12절하). 이 돌판에는 10계명이 기록되었다. 이
열 가지 계명은 가장 기본적인 언약의 법이다. 성경 다른 곳에서는 이 돌판
을 '증거판'이라고 불렀고(31:18, 언약의 증거라는 의미), 또 '언약의 돌판'이라
고 부르기도 하였다(신 9:9). 따라서 이 계명은 언약의 문서임이 분명하다. 하
나님은 이 언약의 법을 기록하여 주기 위해 모세를 자신이 임재해 계신 산 위
로 불러 올렸다.

모세가 그의 부하 여호수아와 함께 하나님의 산으로 올라갔다(13절). "부
하"로 번역된 *쇼라트*(מְשָׁרֵת)는 '섬기다, 봉사하다'의 동사 강세형(피엘) 분사이
다. 이를 보면 여호수아는 모세를 수종드는 사람이다. 모세는 최측근만 데리
고 하나님 임재의 산으로 올라갔다. 장로들에게 "너희는 여기서 우리가 너희
에게로 돌아오기까지 기다리라 아론과 훌이 너희와 함께하리니 무릇 일이 있

는 자는 그들에게로 나아갈지니라"라고 부탁하고 올라갔다(14절). 아론은 모
세의 형으로서 출애굽 때에 모세의 대변인 역할을 하였고, 훌은 르비딤에서
아말렉과 전쟁이 있었을 때에 아론과 함께 산위에서 모세의 팔을 붙들었던 백
성의 지도자였다. "일이 있는 자"는 재판할 문제가 생기는 경우를 말한다. 물
론 재판을 위해 천부장, 백부장 등과 같은 지도자들을 세웠지만(18:21), 중요
한 사건일 경우 모세가 친히 재판을 하였다. 모세는 그 모든 권한을 아론과 훌
에게 맡기고 올라갔다.

　모세가 산에 올라가니 구름이 산을 가렸다(15절). 이 구름은 하나님 임재를
가리키는 거룩한 구름이다. 때로는 하나님이 불 가운데 나타나셨지만(3장), 때
로는 구름으로 나타나기도 하셨다. 예수님이 승천하실 때에 "구름이 저를 가
리워 보이지 않게 하더라"고 하였는데(행 1:9), 주님이 하나님 임재 안으로 들
어가셨음을 의미한다. 산 위에 "여호와의 영광"이 머물렀다(24:16상). "여호와
의 영광"도 하나님 임재를 가리키는 용어이다. 자주 '여호와의 영광'이 거룩
한 구름과 함께 나타나고(16:10; 40:34, 35; 민 16:42; 겔 10:4) 또 양자가 동일
시되기도 한다(왕상 8:11; 겔 1:28 등). 여호와의 영광은 엑소더스(출애굽, 출 바
벨론)와 관계되어 나타나며(출 바벨론의 경우, 사 40:5), 또 성막(성전)과 관련된
곳에 나타난다(40:34, 35; 왕상 8:11; 대하 7:2; 겔 10:4, 18, 19; 43:4 등등). "머
무르다"의 *쉬칸*(שָׁכַן)은 '살다, 거주하다'이다. 잠시 머무르는 것이 아니라 그곳
이 거주의 장소가 된다는 의미이다. 앞으로 주어질 성막의 이름은 이 *쉬칸*의
명사인 *미쉬칸*(מִשְׁכָּן, tabernacle)으로 불린다. 즉 '하나님의 거처'라는 뜻이다.
구름이 육일 동안 산을 가렸고, 제칠 일에 여호와께서 구름 가운데 모세를 불
렀다(16절하). 산 밑에서 보고 있는 이스라엘의 눈에는 여호와의 영광이 맹렬
한 불 같이 보였다고 한다(17절). 구름과 불은 모두 여호와의 영광을 나타내
는 보이는 형상이다.

　모세는 구름 속으로 들어가서 산 위에서 사십 일을 있었다. "구름 속으로
들어가서"라는 말은 하나님 임재의 장소 안에 들어갔다는 말이다(15절 참조).
"사십 일 사십 야"는 40일 낮과 밤을 의미한다. 히브리인들의 표현에서 자주

낮과 밤을 따로 표현하는 습성이 있다(신 9:18; 창 7:4, 여기에서 '사십 주 사십 야'로 표기됨; 왕상 19:8, '사십 주 사십 야'; 단 8:14, '이천 삼백주야'로 말하였는데 이것은 1,150일을 가리킨다; 등).

40년은 성경에 자주 등장한다. 이스라엘이 광야에서 머문 햇수가 40년이며, 모세가 40/40/40년씩 이집트 생활/광야 생활/출애굽 과정으로 나뉘기도 하였다. 또 사울(행 13:21), 다윗, 그리고 솔로몬이 40년간 왕위에 있었다. 물론 위의 숫자들을 상징적인 것이 아닌 실 년수로 보는 것이 옳다. 모세가 산 위에 머문 사십 일도 실제 기간으로 보아야 할 것이다. 산 위에서 하나님은 성막에 대한 많은 자료들을 지시하셨다. 이 모든 지시를 기록하면서 챙겼다면 40일은 적당한 기간으로 볼 수 있다.

산 위에서 하나님은 성막을 지으라고 하시면서 자세한 규격을 주시고, 또 성막에서의 예배를 말씀해 주신다(25~31장). 이 성막에 관한 지시는 언약이 종결되지 않은 상태에서 주어졌다는 것에 유의할 필요가 있다. 이 성막에 대한 지시가 완성되는 장면에서 하나님이 언약의 "증거판"인 돌을 주심으로써 언약이 종결된다. 성막은 언약의 법을 주심과 그 법의 문서를 만들어 주시는 중간에 주어졌다. 성막 제정이 언약 과정 중에 위치해 있다는 뜻이다. 따라서 성막은 언약과 관계 되어 중요한 의미를 가지는데, 다음과 같은 이유에서이다.

첫째, 시내산에서 언약을 맺었던 그 모든 행위가 바로 성막으로 옮겨져서 성막 예배로 자리 잡는다. 따라서 성막의 예배는 언약 갱신의 의식이라고 말할 수 있다. 성막 제정과 그 예배의 마지막 지시에서 안식일에 대한 규례를 다시 주시는데, 그 안식일을 "영원한 언약"이라고 말하고(31:16), 또 "영원한 표징(언약의 표징이라는 뜻임)"이라고 말한다(17절). 안식일에 성막에서 드리는 예배가 바로 언약과 관계가 있으며, 바로 그 언약 자체임을 뜻하는 것이다.

둘째, 언약 문서인 두 돌판을 성막에 보관함으로써 성막이 언약과 관계가 있음이 입증하였다. 이 돌판들이 담긴 궤를 '언약궤'라고 부른다. 이 언약궤는 성막 가장 깊숙한 곳에 보관하였다. 지성소는 하나님 임재의 장소이다. 바로 시내산 위의 그 임재의 장소가 그리로 옮겨갔다고 할 수 있다. 하나님은 산 위 그 임재의 장소에서 율법을 돌들에 새겼다. 그리고 그 증거판을 자신의 임재의 장소인 성막(특히 지성소)에 보관하도록 하신 것이다. 거기에 하나님이 임재하셔서 왕으로서 그 율법으로 이스라엘을 계속 다스릴 것이다.

성막 제정을 완성하신 후 하나님은 자신이 직접 만드신 십계명의 두 돌판을 모세에게 주신다(31:18). 그 두 돌판은 언약의 문서이다. 그 언약의 문서가 만들어짐으로써 언약의 모든 절차가 끝난다.

교훈과 적용

① 하나님은 시내산에 12 돌 기둥을 언약의 증거로 남기셨다(24:4). 하나님은 언약에서 항상 증거를 세우셨다. 노아의 언약에서 무지개를 증거로 세웠으며, 아브라함에게는 할례를 언약의 증거로 주셨다. 시내산에 세워진 12돌은 언약을 맺는 현장에 있었으며, 앞으로 그 언약에 대한 산 증거물이 될 것이다. 후에 이 증거물을 찾아 나선 사람이 있었다. 바로 엘리야였다. 갈멜산 제단의 대결 뒤에 이세벨의 위협을 피해 엘리야는 유다 왕국의 맨 밑 끝에 있는 브엘세바로 간다. 만약에 도망할 목적이었다면 사해 서쪽 비탈의 유대광야라는 곳이 있었다(다윗이 사울을 피해 도망했던 곳). 그런데도 북쪽 왕국에서 출발하여 남쪽 왕국의 맨 끝으로 간 것이다. 거기에서 엘리야는 다시 힘을 얻어 40일을 걸어 하나님의 산 호렙(시내산)에 이르렀다. 그 사막의 먼 곳을 혼자서 왜 그곳까지 찾아갔을까? 언약의 하나님께 이스라엘을 고발하기 위해서였다: "이는 이스라엘 자손이 주의 언약을 버리고 주의 단을 헐며 칼로 주의 선지자들을 죽였음이오며…(왕상 19:14). 그곳에 있었던 12돌은 바로 그곳이 바로 언약의 현장이었음을 증거를 해 주기 때문이다.

이 엘리야에게 하나님이 나타나셨는데, 바위를 부수는 강한 바람, 지진, 불 가운데 계시는 분이 아니 하였다(왕상 19:11~12상). 시내산에서 언약을 맺을 때 나타나셨던 그러한 모습이 아닌 세미한 음성 가운데 나타나셨다(19:12하~13). 징계의 채찍이 아니라 하나님은 아직은 말씀으로 그들을 설득해 보겠다는 것이었다. 이스라엘 왕국에서 가장 악한 왕의 시대에 하나님은 가장 훌륭한, 그리고 많은 선지자들(엘리야, 엘리사, 아모스, 호세아, 요나, 미가, 이사야 등)을 주셔서 그들을 통해 계속 회개하고 돌아올 기회를 주셨다. 그러나 언젠가는 언약을 파기한 백성을 심판할 것이다. 그래서 엘리야에게 앞으로 심판에 동원될 세 사람에게 기름을 부으라고 하셨다. 하사엘, 예후, 엘리사였다. 그들을 통하여 하나님은 이스라엘에게 언약의 어긴 대가가 무엇인지를 보여주실 것이다.

② 우리는 시내산 언약을 '은혜언약'이라고 부른다. 시내산 언약에는 율법이 주어진 것이 두드러진다. 그 법을 잘 준행하면 복과 그렇지 않으면 저주를 받을 것이다. 그 율법은 생명과 사망의 조건이었다(신 30:15~20을 보라). 그런데도 어떻게 은혜언약이라 할 수 있는가? 그것은 언약에서 뿌린 피에 그 답이 있다(출 24:7~8). 피를 뿌린 것에는 두가지 큰 의미가 있었다. 첫째, 그들이 언약을 파기한다면 생명을 내어놓아야 한다는 것이었다. 피는 곧 생명을 의미한다. 피로 맹세하였다는 것은 목숨을 내어놓겠다는 의미이다. 둘째, 그 피를 뿌렸다는 것은 대속을 의미하였다. 바로 제사를 드린 제물의 피였기 때문이다(24:5~6).

구약의 제사와 피뿌림은 신약에서의 성취를 내다보고 있다. 히브리서는 예수님이 어떻게 그것을 성취하셨는지를 말해준다: "이를 인하여(즉 그 피흘림을 인하여) 그는(예수님은) 새 언약의 중보니 이는 첫 언약(시내산 언약) 때에 범한 죄를 속하려고 죽으사 부르심을 입은 자로 하여금 영원한 기업의 약속을 얻게 하려 하심이니라"(히 9:15). 만약 언약이 파기되었는데도 죽어야 한다. 왜냐하면 언약은 피로 체결되었기 때문이다. 그런데 언약을 어긴 자는 바로 이스라엘 백성이었는데 하나님은 자기 아들을 이스라엘 측 대표자로서 그 언약의 책임을 지고 죽게 하신 것이다. 바로 예수님은 언약의 중보자로 죽으신 것이다. 시내산 언약이 은혜언약이라는 이유가 여기에 있다. 그들에게 뿌려진 피는 대속의 피였으며, 하나님은 자신의 아들을 통하여 그 피를 흘리도록 계획해 두셨기 때문이다.

③ 언약에서 신약을 내다보는 두 가지 중요한 의식이 있었다. 하나는 제사와 피뿌림이었으며, 다른 하나는 식사를 나누는 것이었다. 신약의 성찬식은 이 언약의 두 가지 요소를 담고 있다. 첫째, 예수님이 흘리신 피(포도주가 상징함)와 십자가 위에 살을 찢는 죽음(떡이 상징함)을 기념하는 것이다. 예수님이 성찬식에서 그렇게 외쳤다: "이것은 죄사함을 얻게 하려고 많은 사람을 위하여 흘리는 바 나의 피, 곧 언약의 피니라"(마 26:28). 모세가 언약에서 그 백성에게 피를 뿌렸는데 그것은 대속의 피였던 것처럼, 예수님도 제자들에게 자신의 피를 상징하는 포도주를 나누어 주었는데, 바로 대속의 피이다. 성찬식의 포도주는 언약의 죄를 대속하기 위해 흘리신 예수님의 피를 기념하는 것이다.

둘째, 언약적 식사이다. 언약의 순서에는 식사가 있었다. 이스라엘 대표들이 하나님 임재의 장소에 올라가서 하나님을 보면서 식사를 하였다. 예수님이 가지신 마지막 만찬도 근본적으로 식사였다. 오늘날 성찬도 하나님 임재 안에서 예수님 성도들, 그리고 성도들 사이에 나누는 식사의 교제임을 명심해야 할 것이다.

제6장

성막과
성막 예배

25~31장

본문 개요

25-31장은 성전 건립을 위한 청사진을 제시하고, 35-40장에서 실제 성막건축이 기록된다. 그 둘 사이에 이스라엘이 범죄하고 언약이 갱신된 사건이 삽입된다(32-34장). 출애굽기 전체를 보면 단일 기사로서는 성막이 가장 많은 분량을 차지한다. 그만큼 성막이 중요하다는 의미이다.

성막의 기사는 시내산 언약 안에 들어있다. 19장에서 시작한 언약의 과정은 아직 끝나지 않았다. 하나님의 임재, 율법 선포, 언약 의식, 그리고 이어진 식사 다음에 성막 제정이 들어있다. 성막에 대한 청사진을 주신 후에 언약 문서인 증거판이 완성됨으로서 언약의 종결이 이루어진다. 따라서 성막은 언약과 밀접한 관련이 있다.[1] 시내산 언약은 두 가지의 중요한 의미가 있었다. 첫째는 나라(신정 국가 체제)를 건립하는 역할을 하며; 또 예배의 원형이 완성되었다.[2] 이 언약의 의미는 성막의 기능에서 잘 나타날 것이다.

성막제정은 시내산 위에서 하나님의 지시로 이루어진다. 산꼭대기는 구름과 하나님의 영광으로 덮여 있었다. 거기에서 모세는 성막에 관한 지침을 받는다. 성막이 완성된 후 시내산 위에 있던 하나님의 영광이 성막으로 옮겨 그곳을 가득 채운다. 단지 하나님만 옮겨간 것이 아니다. 시내 산에서 있었던 언약의 모든 것이 성막으로 넘어가 머무르게 되는 것이다. 시내산과 성막은 연속성이 있다는 의미이다.

성막의 명칭은 '회막'의 성격을 가장 잘 나타내어 준다. 대표적인 용어는 '성막'이다. 성막(tabernacle)의 미쉬칸(מִשְׁכָּן)과 쉬키나(שְׁכִינָה)는 동사 샤칸(שָׁכַן, 거주하다)에서 온 명사로서 '(하나님의) 거처'라는 의미이다.또 '증거 장막(오헬 하에두트, אֹהֶל הָעֵדוּת)'으로도 불렸는데, 이것은 언약의 증거가 된다는 의미이다. 또 '회막'으로 자주 불렸는데, 오헬 모에드(אֹהֶל מוֹעֵד)는 문자적으로는 '회

---

1 히브리서에서도 시내산 언약과 성막을 연관시켜 말한다: "첫 언약에도 섬기는 예법과 세상에 속한 성소가 있더라"(히 9:1).

2 여기에 대하여는 제5장의 '본문 개요'를 참조하라.

집 천막'이다. 하나님의 백성이 회집하는 장소라는 의미이다. 이상의 명칭에서 성막이 무엇을 가리키는지를 잘 드러내준다. 첫째는 하나님 임재의 장소라는 의미이며; 둘째는 시내산 언약이 성막 안에 그대로 들어 있음을 의미하며; 셋째는 백성이 하나님을 만나고 또 하나님 안에서 안식을 즐기는 곳이라는 의미이다.[3]

하나님이 지시한 성막은 세 구분으로 이루어졌다. 뜰과 성소, 그리고 지성소이다. 기구들을 보면 뜰에는 번제단과 물두멍이 있었고, 성소는 등대와 떡상 그리고 향단이 있었다. 가로놓인 휘장 넘어 지성소에는 법궤(그 위의 속죄소)가 놓여 있었다.

출애굽기 본 단원은 다음과 같은 내용으로 이루어져 있다. 먼저 성막과 그 기구들에 대하여 어떻게 만들 것인지를 구체적으로 지시하고 있다(25~27장). 그리고 제사장의 에봇과 그 섬기는 규례를 말하고(28장), 제사장의 위임식과 제사 제도에 대하여 말한다(29장). 성막에서 섬기는 방법, 즉 성막 예배에 대하여 기록하고(30장), 마지막으로 안식일에 대한 의미와 규례를 말한다(31장).

이 성막과 그 예배에 대한 규례의 뒤에 하나님께서 두 돌판을 모세에게 건네주신다(31:18). 두 돌판은 언약 문서이므로, 시내산 언약이 이로써 종결되었음을 알리는 것으로 볼 수 있다.

내용 분해

1. 성막을 위한 준비(25:1~9)
   보론 1 성막의 서론적 고찰
2. 성막과 그 기구들(25:10~40)
   1) 법궤(25:10~16)
   2) 속죄소(25:17~22)

---

3 '보론 1: 성막의 서론적 고찰'을 참조할 것

보론 2 법궤와 속죄소

3) 떡상(25:23~30)

4) 등대(25:31~40)

보론 3 떡상과 등잔대

5) 성막 구조물의 제작(26:1~30)

  ⑴ 성막을 덮는 휘장(26:1~14)

  ⑵ 성막 벽을 이룰 나무 널판(26:15~30)

6) 안 휘장(26:31~33)

보론 4 휘장

7) 성소의 입구 휘장(26:36~37)

8) 번제단(27:1~8)

9) 성막 뜰(27:9~19)

  ⑴ 남편과 북편의 울타리(27:9~12)

  ⑵ 동편 울타리와 문(27:13~16)

  ⑶ 뜰에 대한 전체적인 개요(27:17~19)

11) 등불에 대한 봉사(27:20~21)

3. 제사장에 대한 규례(28:1~29:46)

  1) 제사장을 부르심(소명)(28:1)

  2) 아론과 그 아들들을 위한 제사장 복(28:2~43)

    ⑴ 에봇(28:2~8)

    ⑵ 호마노(28:9~14)

    ⑶ 흉패(28:15~29)

    ⑷ 우림과 둠밈(28:30)

    ⑸ 에봇 받침 겉옷(28:31~35)

    ⑹ 금패(28:36~38)

    ⑺ 반포 속옷(28:39~40상)

    ⑻ 성관(28:40하~41)

1. 성막을 위한 준비(25:1~9)

> 1 여호와께서 모세에게 말씀하여 이르시되 2 이스라엘 자손에게 명령하여 내게 예물을 가져오라 하고 기쁜 마음으로 내는 자가 내게 바치는 모든 것을 너희는 받을지니라 3 너희가 그들에게서 받을 예물은 이러하니 금과 은과 놋과 4 청색 자색 홍색 실과 가는 베 실과 염소 털과 5 붉은 물 들인 숫양의 가죽과 해달의 가죽과 조각목과 6 등유와 관유에 드는 향료와 분향할 향을 만들 향품과 7 호마노며 에봇과 흉패에 물릴 보석이니라 8 내가 그들 중에 거할 성소를 그들이 나를 위하여 짓되 9 무릇 내가 네게 보이는 모양대로 장막을 짓고 기구들도 그 모양을 따라 지을지니라

하나님께서 언약의 문서인 돌판을 주시겠다며 모세를 산 위로 부르셨다 (24:12). 모세는 산 위에서 40일(사십 일 사십 야)을 산 위에 머물렀다. 그 40일 동안 거의 대부분의 시간을 하나님이 성막에 대한 지시를 하셨다. 그리고 그 뒤에 두 돌판을 주셨다. 그 돌판은 언약의 문서이기 때문에 그로써 언약은 종결되었다.

하나님께서는 자신이 거할 성소를 지으라고 하신다(25:8). 바로 성막이다. 이 구절은 성막이 하나님 임재의 장소임을 드러낸다. 이 성막에서 하나님은 이스라엘로부터 섬김을 받으신다. 백성은 이 성막에서 안식을 누린다. 이러한 성막의 기능들을 위해 성막 기구 하나하나가 만들어졌다고 할 수 있다.

성막과 그 기구들에 대한 구체적인 지시에 앞서 하나님은 그것들을 만들 재료들을 어떻게 준비할 것인지를 말씀하셨다. 이스라엘에게 명하여 하나님에게 예물을 가져오라고 하셨다(2절). "명하다"로 번역된 *다바르*(דָּבַר)는 '말하다' 인데, 하나님의 경우 강력한 말씀 혹은 지시로 이해될 수 있다. "예물"의 *테루마*(תְּרוּמָה)는 높은 분에게 드리는 '선물', 혹은 하나님에게 드리는 '헌물'로 사용

된다. 제사에 사용되는 '제물'로 사용되기도 하고, 제사 직무를 수행하는 제사장에게 지정되는 제물의 몫에도 사용되었다. 본문에서는 하나님에게 바칠 '헌물'로도 번역하는 것이 좋다. 하나님은 "내게 드리는 것을 (너희는 받을지니라)"고 하신 것은 성막 자체가 하나님 자신의 것임을 강력하게 시사한다.

이 예물을 바칠 때에는 즐거운 마음으로 내어야 한다(2절하). "즐거운 (마음)"의 나다브(נָדַב)는 '기꺼이' 혹은 '자발적으로'이다. 하나님의 성막을 위한 예물이니 자원하는 마음으로 바쳐야 한다. 그 예물의 종류는 먼저 귀금속인데 금, 은, 그리고 놋 등이 속한다(3절). 금은 고대에 시내 반도에서 생산되었다. "놋"은 구리에 아연을 넣어 만든 합금인데, 여기의 네호새트(נְחֹשֶׁת)는 구리로 보는 것이 좋겠다. 구리는 고대로부터 아라바 지역(사해 남부)에서 많이 채굴되었다.

다음 품목은 실과 가죽들이다. 실에는 청색 자색 홍색실과 가는 베실과 염소털이 언급된다(4절). 색깔(청색, 자색, 홍색)이 있는 실은 비싼 염료로 물들인 실이기 때문에 고대에서는 매우 귀한 것으로 취급되었다. 부자가 아니고는 감히 이런 색깔의 실로 짠 옷을 입지 못하였다(창 37:3 참조). "가는 베실"의 쉐쉬(שֵׁשׁ)는 '세마포(fine linen)'를 가리킨다. 쉐쉬는 이집트어에서 유래된 단어이며, 아마에서 가늘게 뽑아낸 가닥으로 꼬아서 만든 실이다. 이집트가 생산지이다. "염소 털"은 염소의 털을 꼬아서 만든 검은 실로서, 비에도 잘 견기기 때문에 유목민들이 천막을 만드는 데 사용되었다.

다음 품목으로 가죽과 나무인데, 붉은 물들인 수양의 가죽과 해달의 가죽과 조각목이다(5절). "해달"로 번역된 타하쉬(תַּחַשׁ)는 '돌고래(dolphin)'로 보기도 한다.[4] 이 가죽들은 장막의 덮개로 사용하기 위한 것이다. "조각목"의 쉿타(שִׁטָּה)는 대부분의 영어성경이 아카시아(acacia)로 번역한다(한국 야생의 아카시아와는 다름). 시내 반도 사막에서 자라는 나무이다. 건조한 땅에서 뜨거운 햇볕을 받으며 자라기 때문에 재질이 매우 단단하다. 그래서 법궤와 같은 기

---

4 BDB, 1065; 표준새번역, 공동번역, NASB 등은 '돌고래'로 번역한다.

구를 만드는 재료로 사용하기에 적합하였다.

　다음의 품목은 기름과 향품들이다(6절). "등유"는 불을 밝힐 기름이다. "관유"의 *미쉬하*(מִשְׁחָה)는 '기름부음'의 의미로 사용되는 단어이며, 제사장 임직을 위해 사용하는 기름이다. "향품"은 분향할 때에 태우는 향이다. 그 다음 품목은 보석들인데(7절), "호마노"는 제사장 어깨에 메는 보석이며, 대제사장 흉패에는 열 두 보석들이 달린다. 출 28:18~20에 기록된 흉패의 보석은 홍보석, 황옥, 녹주옥, 석류석, 남보석, 홍마노, 호박, 백마노, 자수정, 녹보석, 호마노, 벽옥이다. 이러한 귀중한 물품들은 이스라엘이 이집트에서 나올 때에 이집트 사람들로부터 선물로 받은 것들이 다수일 것이다(3:22; 12:35~36).

　하나님은 "내가 그들 중에 거할 성소를 그들이 나를 위하여" 지으라고 명령하신다(25:8). 이때 "성소"는 *미쉬칸*(מִשְׁכָּן)으로서 '성막'을 말할 때에 사용된 단어이다. '거할'의 *솨칸*(שָׁכַן)은 '거주하다, 살다'로서, 이 동사에서 미쉬칸의 명사가 나왔다. 따라서 미쉬칸은 하나님의 '거처'가 된다. 하나님은 이 성막을 통하여 이스라엘 중에 거주하실 것이다. 하나님은 자신의 거처를 지시하는 모양을 따라 지으라고 하신다(9절). "모양(타브니트, תַּבְנִית)"을 다른 말로 하면 구조이다. 하나님은 자신의 처소이므로 자신이 지시하는 대로 짓기를 원하신다.

보론 1 성막의 서론적 고찰

1. 성막연구에서의 유의할 사항

성막은 성경 전체가 압축되어 있다고 할 수 있다. 그리고 성경의 중요 진리가 다 들어있다고도 할 수 있다. 그만큼 성막이 중요하다는 의미이다. 이스라엘은 성막 혹은 성전 중심의 신앙생활을 했다. 따라서 성막은 이스라엘 신앙의 핵심 이라고도 할 수 있다. 따라서 성막을 자세히 살피는 것이 성경 전체의 진리를 이해하는 데에 매우 중요한 일이다.

성막의 연구에 들어가기 전에 먼저 꼭 알아야 할 전제조건이 있다. 그것은 성 막과 언약과의 관계이다. 일반적으로 '광야에서의 하나님 임시처소였다?'는 것 으로만 생각하는데, 성막이 언제 어디에서 주어졌느냐는 질문에 놓쳐서는 안되 는 중요한 점이 있다. 바로 시내산 언약의 과정 중에 주어졌다는 점이다. 따라서 성막을 이해할 때에 언약을 고려하지 않으면 안된다는 것이다.

시내산 언약은 출애굽기 19:10 이하부터 시작하여 31:18로 마친다. 이 언 약의 과정을 요약하면 다음과 같다: ① 하나님 임재(출 19:10~25); ② 언약문 낭독(20:1~17~23:19); ③ 언약의 약속들(23:20~33); ④ 언약의 증거를 세움 (24:1~4); ⑤ 언약 체결 의식(儀式)(24:5~8); ⑥ 식사 교제(24:9~11); ⑦ 언약 문 서를 만들어 주심(24:12~18; 31:18). 식사의 교제 이후 하나님은 모세를 산위 로 불렀다. 언약 문서를 만들어 주기위해서였다: "... 너는 산에 올라 내게로 와 서 거기 있으라 네가 그들을 가르치도록 내가 율법과 계명을 친히 기록한 돌판 을 네게 주리라" (출 24:12). 모세는 산 위 구름 속으로 들어가서 40일을 머물렀 다(출 24:18). 이 40일간 거의 모든 시간은 하나님이 성막의 청사진을 주시는 것 으로 채웠다. 그리고 이 성막 청사진을 주신 후에 증거판 둘을 모세에게 주시는 것으로(31:18) 모든 언약의 과정은 종결된다.

성막이 시내산 언약 과정 중에 주어졌다는 것은 성막이 언약과 밀접한 연관이 있다는 의미이다. 신약의 히브리서도 이것을 말한다: "첫 언약에도 섬기는 예법과 세상에 속한 성소가 있더라 예비한 첫 장막이 있고 그 안에 등잔대와 상과 진설병이 있으니 이는 성소라 일컫고"(히 9:1~2). 성막을 첫 언약 안에 들어 있는 것으로 이해한 것이다. 따라서 성막은 언약과 함께 그 의미를 살펴야 한다. 즉 시내산 언약이 그대로 성막으로 옮겨졌으며, 성막의 기구와 그 섬김도 언약과 관계하여 살필 필요가 있다.

2. 성막의 정의

성막을 기능 중심으로 정의하면 다음과 같다.

1) 하나님 임재의 장소이다

성막(tabernacle)에는 여러 이름이 있지만, 대표적으로 미쉬칸(מִשְׁכָּן)과 쉐키나(שְׁכִינָה)라고 불린다(물론 '회막'이라는 용어로도 많이 사용되었다). 이 두 단어는 동사 솨칸(שָׁכַן)에서 파생된 명사인데, 솨칸은 '거주하다, 살다'이다. 따라서 성막은 그 단어 자체가 '하나님 임재의 처소'임을 나타내어 준다. 하나님께서 시내산에서 직접 성막을 지시하실 때에도 다음과 같이 말씀하셨다: "내가 그들 중에 거할 성소를 그들이 나를 위하여 짓되"(출 25:8).

성막이 하나님 '임재의 장소'의 처음이 아니다. 최초의 그리고 대표적인 하나님 임재의 장소는 에덴동산이었다(창 3:8; 겔 28:13이하 참조). 두 번째 하나님 임재의 장소는 시내산(호렙산)으로 볼 수 있다. 하나님이 호렙산 가시덤불 불꽃 가운데 나타나시면서 하나님의 임재가 그 산에 있는 것으로 나타난다(출 3장). 그 이후 그 산을 "하나님(여호와)의 산"이라 불렀다(4:27; 18:5; 24:13 등). 시내산에서 언약을 맺으면서 하나님은 산 위에 임재하셨고, 거기서 율법과 성막의 청사진을 주셨다. 특히 산 위에는 '하나님의 영광'이 구름과 함께 머물렀다

(24:15~18). 세 번째 하나님 임재의 장소는 바로 성막이다. 성막이 완성되었을 때에 그 하나님의 영광이 구름과 함께 성막으로 옮겨와 가득하였다(출 40:34-38). 그 구름은 여호와의 임재 증거였다.

성막에서 하나님은 어떤 분으로 임재하시는가? 하나님은 성막에서 언약의 왕으로 임재해 계신다. 고대 언약은 나라 만들기라고 할 수 있다.[5] 언약을 통하여 하나님은 대왕으로 군림하셨고, 그리고 이스라엘을 자기 백성으로 영입하셨다. 이 언약의 왕이 성막으로 옮겨 법궤 위에 보좌를 펴고 앉으셔서 언약의 왕으로 그들을 통치하신다. 왕의 중요한 역할을 백성을 재판하는 일고, 또 백성을 위해 전쟁을 수행하는 일이다. 하나님은 성막에서 이러한 역할을 하는 왕으로 군림하실 것이다.

2) 하나님을 (예배로) 섬기는 장소이다

이스라엘은 성막에서 하나님을 섬긴다. 그런데 그 섬김의 모든 행위는 예배라고 할 수 있다. 이 예배는 시내산 언약에서 정형화되었다. 시내산 언약은 두 가지의 중요한 의미가 있었다. 첫째는 나라(신정국가 체제)가 건립되었으며, 둘째는 예배의 원형이 완성되었다. 이러한 언약의 의미는 성막의 기능에서 잘 나타날 것이다. 그러면 어떻게 시내산 언약이 예배의 원형이라고 할 수 있는지 그 이유를 다음과 같이 볼 수 있다.

① 하나님이 출애굽의 목적을 지시하실 때에 나타난다(3:12). 호렙산에서 하나님이 모세에게 출애굽을 지시하시면서 "너희가 이 산에서 하나님을 섬기리니"라고 하셨다(3:12).[6] 모세가 바로에게 계속 요구한 것도 여호와께 제사 드리러 혹은 섬기러 가겠다고 요청하였고(5:3; 8:1; 등등), 바로가 대답한 것도 섬

5　출 19:6 주석을 보라.

6　이 부분을 위해 2:12 주석을 보라.

김(혹은 제사)에 대한 거부였다. 그런데 위 본문들에서 사용된 '섬기다(아바드, עָבַד)'의 말은 예배행위를 가리키는 것으로 볼 수 있다. 그 근거는 다음과 같다.

첫째, '섬기다'와 '(희생)제사 드리다' 두 용어가 서로 교체로 사용되었다. 모세와 바로의 대화를 보면 어떤 때는 제사 드리러 가겠다고 했고(5:3, 8, 17; 8:8, 25, 27 등등), 또 어떤 때는 섬기러 가겠다고 하였다(10:7, 8, 11, 24; 12:31 등). 두 개가 서로 교차되어 사용된 것이다. 특히 10:26은 가축으로 제사를 드리는 것을 섬기는 것으로 표현하고 있다. 제사는 곧 예배라고 할 수 있다. 따라서 3:12 본문에서 "이 산에서 하나님을 섬기리니"라고 한 것은 그곳에서 예배하라는 말로 이해할 수 있다.

둘째, '섬기다(아바드)'가 성막 혹은 성전에서 사용된 것은 예배 행위로 볼 수 있다. 아바드는 일반적으로 '봉사하다'로 번역되는데, 레위 자손이 성전에서 하나님께 봉사하는 것에 자주 사용되었다(민 3:7-8, 4:23, 4:30, 4:47, 8:11, 8:19 이하, 등). 성막에서 봉사하는 모든 행위는 예배로 간주할 수 있다. 또 아론(제사장)이 제물을 드리는 일을 봉사하는 것으로 표현되기도 하고(민 8:11), 절기 축제에도 아바드가 사용되었다(12:25, 26에 '예식'으로 번역됨. 이 구절의 주석을 보라).

결론적으로 하나님이 모세에게 "이 산에서 나를 섬기라"고 하였는데, 이 섬김은 '예배'와 같은 의미인 것을 확인했다. 그러면 시내산에서 무슨 일이 있었는가? 바로 언약을 맺는 일이 있었다. 따라서 구 언약은 3:12에 명령한 "너희가 이 산에서 하나님을 섬기리니"의 실현이며, 이것은 바로 예배라고 할 수 있다. 따라서 언약의 중요한 순서들(하나님 임재, 율법 선포, 언약 의식(제사, 피 뿌림), 식사 등)은 예배의 원형이라고 할 수 있다. 이 예배가 성막으로 옮겨갔다.

② 안식일을 언약의 표징으로 주셨다(31:12~17). 이 시내산 언약은 그대로 성막으로 옮겨져서 안식일에 드려진 예배로 되었다. 하나님은 시내산 언약의 마지막에 회막을 지시하시고 난후, 언약의 문서인 두 증거판을 만들어 주시기 바로 직전에 안식일에 대한 말씀을 다시 해 주셨다: "너희는 나의 안식일을 지키라 이는(키, כִּי, 왜냐하면) 나와 너희 사이에 너희 대대의 표징이니 ..."(출 31:13). 안식일을 반드시 지켜야 하는데, 그 이유는 그것이 표징이기 때문이

다. "표징"의 오트(אות)는 '표시, 표징, 증거, 표적'으로 번역되는데, 언약에서 이 단어가 언약의 증거(혹은 표징)로 사용되었다(노아의 언약에서, 창 9:12,13,17; 아브라함의 언약에서, 창 17:11). '표징' 혹은 '증거'는 그것을 통하여 하나님이 맺으신 언약을 기억하게 하는 목적이었다.

또 하나님이 "이같이 이스라엘 자손이 안식일을 지켜서 그것으로 대대로 영원한 언약을 삼을 것이니"(출 31:16)라고 하신 말씀에서도 안식일이 언약을 위한 것임을 입증한다. 에스겔도 이것을 증언한다: "또 내가 그들을 거룩하게 하는 여호와인 줄 알게 하려고 내 안식일을 주어 그들과 나 사이에 표징을 삼았노라(겔 20:12; 역시 20:12을 참조하라). 안식일은 언약을 기억하기 하는 표식이다. 따라서 안식일을 범하는 것은 언약을 무시하는 것이 된다. 그래서 하나님이 안식일을 지킬 것을 매우 엄하게 명령하신다. 이날을 범하는 자는 죽이라고까지 하셨다(출 31:14).

그들이 안식일에 어떻게 언약을 기억하는 일을 했는가? 바로 예배를 통해서였다. 그들은 안식일에 성막 혹은 성전에서 예배를 드렸는데 바로 그 예배가 언약과 관계된 것으로 볼 수 있다. 따라서 성막에서의 예배는 언약 갱신이라 할 수 있다.

3) 성막이란 백성이 하나님의 안식을 누리는 장소이다

안식일을 말씀하실 때 항상 안식을 지켜야 하는 이유를 주셨는데, 첫째는 언약의 표징이기 때문이었으며, 둘째는 천지창조에서 여호와께서 제칠일에 하나님이 안식하였기 때문이라고 말씀하신다: "... 이는 ... 나 여호와가 엿새 동안에 천지를 창조하고 일곱째 날에 일을 마치고 쉬었음이니라"(출 31:17). 그런데 창조에서 하나님만의 안식이었나? 창조기사는 다음과 같이 말한다. "하나님이 그 일곱째 날을 복되게 하사 거룩하게 하셨으니 이는 ... 그 날에 안식하셨음이니라"(창 2:3). 그날을 복되게 하고 거룩하게 하셨는데, 하나님을 위해 복을 주고 거룩케 할 필요가 없다. 왜냐하면 하나님은 복의 근원이시며 또 자체가 거룩하신 분이기 때문이다. 그 안식에 사람과 자연이 함께 참여하기 때문에 거룩케 하고 또 복도 주신 것이었다. 안식의 율법들을 보면 모두 하나님은 '내 안식'이니라고 하면서, 그 안식에 사람, 짐승, 심지어 땅까지 참여하게 하였다(출 20:10; 레 25:2).

하나님의 안식이 단순히 일에서부터 쉼을 의미하는가? 안식이 단순히 쉬는 것이었으면, 일곱째 날에 쉬고 또 여덟째 날에는 다른 일을 했는가? 일곱째 날은 창조의 완성이었다. 더 이상 창조 행위와 같은 일은 남아있지 않았다. 그리고 그 안식은 하나님이 창조물과 함께 누리는 누림이었다.[7] 이 누림에 사람도 참여할 특권을 주셨다. 안식일은 일을 하지 않아야 한다는 부정적인 법이 아니라 누리라는 긍정적인 법이다.

그럼 성막에서 어떤 누림의 모습을 생각할 수 있는가? 시내산 언약에서 제사를 드리고 피를 뿌린 의식을 행한 후, 하나님은 이스라엘 대표를 산 위에 불러올려 식사를 하게하였다(출 24:9~11). 산 위는 하나님 임재의 장소였다. 전에는 구름이 빽빽했고, 우레, 뇌성, 지진 등이 가득했었는데, 이제 그 모든 구름이 걷히고 청명한 하늘이 되었다(24:10). 대표들은 "하나님을 뵙고 먹고 마셨다"(출 24:11). 하나님 임재의 장소는 성막으로 옮겨졌다. 안식일에 그들은 성막에서 언약 갱신적 예배를 드리면서 하나님 임재 안에서 거룩한 음식을 하나님을 보면서 먹는다. 이러한 안식의 혜택은 언약의 왕이 자기 백성에게 주는 복지라고 할 수 있다.

3. 성막의 모형론적 기능

1) 구약과 신약의 관계

구약과 신약과의 관계를 보면 구약은 미래에 오실 메시아를 내다보고 있고, 신약은 구약을 어떻게 완성하였는지를 말해주는 것으로 규정할 수 있다. 이러한

---

7 한정건, 『창세기』, 60~64 참조.

관계에서 때로는 모형론이 등장한다. 구약의 어떤 본문 혹은 사물은 모형의 역
할을 하며, 신약이 참 것으로 나타난다. 그 중에 대표적인 것이 성막의 모형론
이다. 성막의 모형론은 다음 구절들에 그 근거를 둔다.

> 이 장막은 현재까지의 비유니 이에 따라 드리는 예물과 제사는 섬기는 자를 그
> 양심상 온전하게 할 수 없나니(히 9:9).

> 그러므로 하늘에 있는 것들의 모형은 이런 것들로써 정결하게 할 필요가 있었
> 으나 하늘에 있는 그것들은 이런 것들보다 더 좋은 제물로 할지니라(히 9:23).

> 그리스도께서는 참 것의 그림자인 손으로 만든 성소에 들어가지 아니하시고
> 바로 그 하늘에 들어가사...(히 9:24).

위의 구절들에서 "비유," "그림자," 그리고 "모형"은 같은 의미로 볼 수 있다.
모형(模型, Typus)은 앞으로 나타날 실체(대칭형, Antitypus)를 미리 보여주
는 전표(前表) 혹은 예표(豫表)를 말한다. 오늘날 모델하우스를 생각하면 쉽게
이해할 수 있을 것이다.

　성막은 근본적으로 하나님 임재의 장소이다. 성막이 모형이라고 할 때에 삼위
하나님께서 각각 어떻게 이 모형에서 이루어지는지를 보아야 한다.

2) 참 성전으로 오신 삼위 하나님

(1) 성막으로 오신 예수님

성막의 근본적인 의미는 하나님 임재의 처소이다. 예수님은 하나님으로서 이
땅에 오셨으므로 성막의 개념과 일치하는 것으로 볼 수 있다. 요한복음은 예수
님이 이 땅에 성육신으로 오신 것을 다음과 같이 묘사한다.

말씀이 육신이 되어 우리 가운데 거하시매 우리가 그의 영광을 보니 아버지의 독생자의 영광이요 은혜와 진리가 충만하더라(요 1:14).

이 구절에서 성막과 관계된 두 가지 용어가 나타난다. 첫째, "거하시매"의 헬라어 스케노오(σκηνόω)는 '장막을 치다, 거주하다'인데, 이것은 성막의 쉐키나에 해당되는 용어이다. 쉐키나는 동사 쉐칸(거주하다, 장막을 치다)에서 온 명사로서 '(하나님의) 거처'라는 의미이다. 둘째, "영광"이라는 독사(δόξα)는 성막과 관련된 '(하나님의) 영광'에 사용된 단어이다(출 40:34; 왕상 8:11 등등). 신약에서 하나님이신 예수님이 성막이 되어 이 땅에 오셨다. 우리가 그의 영광을 본다고 했다. 구약에서는 영광을 직접 볼 수 없었다(모세도 볼 수 없다고 했음, 출 33:18~20). 그리고 영광이 성막(성전)에 임할 때에 항상 구름이 영광을 가렸다. 신약에서 예수님은 직접 볼 수 있게 나타났고, 자신을 본 자는 아버지를 본 것과 같다고 하셨다.

예수님이 성막 혹은 성전으로 오셨음은 성전청결사건에서 잘 드러난다. 유월절에 성전에 올라가서 두 번 성전을 깨끗이 한 사건이 있었는데, 공사역 초기(요 2:15~21)와 마지막(마 21:12~16)에서였다. 두 사건은 모두 성전 깊숙이(여인의 뜰)까지 들어온 짐승들을 몰아내고 장사꾼들을 내쫓으신 것이었다. 이 사건들에서 예수님이 주신 메시지는 다음 세 가지의 의미가 있다.

① 예수님이 참 성전이심을 선포하신 것이었다. 예수님이 그때에 "너희가 이 성전을 헐라..."라고 하셨는데(요 2:19), 요한은 그 말씀은 "성전된 자기 육체를 가리켜 말씀하신 것이라"는 주석을 달았다(2:21). ② 예수님이 짐승들을 쫓아내신 것은 이제 참 제물이 왔으니 그림자들은 물러가라는 선포였다. ③ 예수님은 마치 주인처럼 성전에 앉아 절름발이를 불러 고쳐주시고 또 어린이들에게 찬양을 받으셨다. 대제사장이 아닌 자신이 성전의 주인이심을 천명하신 것이었다.

(2) 성령님이 성전으로 오심

예수님이 성전을 헐면 삼일만에 일으키겠다고 하신 말씀에서 그것이 "성전된

자기 육체를 가리킨 것"이라고 하였다(요 2:19, 21). 삼일만에 일으킨다는 것
은 무엇인가? 물론 일차적으로 부활을 염두에 두고 하신 말씀이 분명하다. 그
러나 단순히 부활하신 몸이 참 성전이라고 할 수 있을까? 예수님은 자신의 부
활과 함께 새로운 성전을 일으키겠다는 것을 말씀하신 것으로 보아야 한다.

최후의 만찬 자리에서 예수님이 자신이 떠나가시면 보혜사를 보내겠다고 말
씀하셨다.

그러나 내가 너희에게 실상을 말하노니 내가 떠나가는 것이 너희에게 유익이
라 내가 떠나가지 아니하면 보혜사가 너희에게로 오시지 아니할 것이요 가면
내가 그를 너희에게로 보내리니(요 16:7).

부활하신 예수님이 제자들에게 예루살렘을 떠나지 말고 그 약속된 성령을 기
다리라고 하셨다. 그리고 오순절 성령님이 내림으로써 교회가 시작되었다. 성
령하나님의 임재가 있었던 바로 그 모임이 성전이며, 따라서 교회를 새로운 성
전으로 보아야 할 것이다.

신약 여러 곳에서 교회 혹은 성도들을 교회라고 말한다(고전 3:9; 3:17; 엡
2:21). 교회는 성령이 거주하므로 바로 성전이다. 바울은 교회가 성전인 것을 다
음과 같이 말한다: "너희가 하나님의 성전인 것과 하나님의 성령이 너희 안에 거
하시는 것을 알지 못하느뇨"(고전 3:16).

성막의 신약에서 모형적 성취를 보면 첫째, 예수님이 성막으로 오셨고(성자
하나님 임재), 둘째, 성령님이 성전으로 오셨다(성령 하나님이 교회에 임재). 그
런데 여기에서 끝나면 안된다. 마지막 셋째로 성부 하나님이 성전으로 오시는
것이 남았다(이 부분은 뒤에 다룰 것이다).

⑶ 성부 하나님이 성막으로 오심

마지막에 성부 하나님이 성막으로 오심으로 성막의 모든 모형적인 의미는 완
성된다(이 부분은 '보론 6 성막의 최종적인 완성'에서 다룰 것임).

2. 성막과 그 기구들(25:10~40)

하나님은 성막을 만들 것을 지시하셨는데, 그 순서를 살필 필요가 있다. 보통 상식적으로 생각하면 겉(덮개)에서부터 안으로, 그리고 뜰에서부터 성소, 그리고 지성소로 진행될 것으로 예상할 수 있다. 그러나 하나님은 법궤(속죄소를 포함)를 만들 것을 지시하시는 것으로부터 시작하신다. 가장 중요하고 핵심적인 것부터 시작하였다고 볼 수 있다. 그리고 성소의 기물들(떡상,향단, 등대), 그 다음은 뜰의 기구들(놋제단, 물두멍)로 이어진다. 이 기구들을 다 끝내기 전에 성막 덮개를 만들 것을 지시하고, 그리고 번제단을 만들라고 하신다. 그리고 완전히 장면을 바꾸어 대제사장과 제사장의 에봇, 그리고 그들의 임직과 봉사에 관하여 말씀하신 후에 다시 나머지 기구인 성소에 놓일 향단과 뜰에 놓일 물두멍을 만들 것을 지시하신다.

성막과 그 기구들은 각각 하나님을 어떻게 섬길 것인지를 보여준다. 그리고 그것이 궁극적으로 신약 시대에 어떻게 완성될 것인지도 내다보고 있다.

1) 법궤(25:10~16)

> 10 그들은 조각목으로 궤를 짜되 길이는 두 규빗 반, 너비는 한 규빗 반, 높이는 한 규빗 반이 되게 하고 11 너는 순금으로 그것을 싸되 그 안팎을 싸고 위쪽 가장자리로 돌아가며 금 테를 두르고 12 금 고리 넷을 부어 만들어 그 네 발에 달되 이쪽에 두 고리 저쪽에 두 고리를 달며 13 조각목으로 채를 만들어 금으로 싸고 14 그 채를 궤 양쪽 고리에 꿰어서 궤를 메게 하며 15 채를 궤의 고리에 꿴 대로 두고 빼내지 말지며 16 내가 네게 줄 증거판을 궤 속에 둘지며

성막의 기구 중에 제일 먼저 법궤를 만들 것을 지시하신다. 이것은 그만큼 법궤가 중요하다는 의미이다. 궤는 조각목(아카시아 나무)으로 짜라고 하셨다 (25:10, 조각목에 대하여 25:5을 참조할 것). "궤(ark)"의 아론(אֲרוֹן)은 기본적으

로 '상자, 관(장례용)'이란 의미이다. 그 크기는 길이가 2.5규빗(약 112cm), 폭이 1.5규빗(약 68cm), 높이가 1.5규빗인 상자이다. "규빗"은 히브리어로 암마(אַמָּה)인데 손가락 끝에서 팔꿈치까지를 말한다. 사람에 따라 그 길이가 다르기 때문에 정확한 길이를 확정할 수 없으나(신 3:11; 겔 40:5 참조), 대략 45.6cm로 본다.[8]

궤를 조각목 나무로 짜서 만든 후 정금으로 안팎으로 입혔다(11절). 윗 가로 돌아가며 금 테를 둘렀다. 그리고 금고리 넷을 만들어 네 발에 달라고 한다. "발(파암, פַּעַם)"로 표현한 것은 궤 밑바닥 부분의 네 모서리에 고리를 달았기 때문으로 보인다. 채도 조각목으로 만들고 금으로 쌌다(13절). 그리고 채를 양편 고리에 꿰어 궤를 메게 하였다(14절).

이 채는 고리에 꿴 대로 두어 빼어내지 말라고 하였다. 이 채가 길어서 솔로몬 성전에서는 휘장 밖으로 나와 성소에서도 보였다고 한다(왕상 8:8). 채를 항상 꿰어둔 것은 언제든지 들고 옮길 수 있도록 준비된 상태를 지니게 한 것이다. 이스라엘이 행군할 때에는 이 궤가 출발하는 것으로 시작하였다. 이 궤는 레위인 제사장만이 매고 움직였다.

법궤의 명칭이 이 궤의 성격을 잘 나타낸다. 일반적으로 법궤라 불리지만, '법궤'라는 말은 성경에 한번만 나온다(레 16:2). '법궤'의 궤 안에 법을 쓴 돌판이 들어있기 때문에 그렇게 불리는 것이다. 이 궤는 '언약궤로 가장 많이 사용되었다. 그 안에 언약의 법이 들어있기 때문이다. 다음으로는 증거궤로 많이 사용되었다. 이것은 궤가 언약의 증거가 된다는 의미이다. '증거궤' 안에 들어있는 돌을 '증거판'이라고 부르는 것도 같은 이유에서이다.

궤를 만든 후 하나님은 앞으로 자기가 줄 증거판을 궤 속에 두라고 명령하신다(25:16). 증거판은 이제 곧 언약의 율법인 십계명을 하나님께서 직접 기록하여 모세에게 주실 두 돌판이다. "증거판"의 에두트(עֵדוּת)는 약속(언약)에 대한 증거(testimony) 역할을 하는 것을 의미한다. 모세의 증거판은 언약 문서로서

---

8 규빗에 대한 논쟁은 Hyatt, *Exodus*, 266을 보라.

언약의 증거 역할을 할 것이다. 즉, 이스라엘이 이 율법을 낭독할 때마다 언약을 기억하게 한다는 것이다. 이 법궤의 모든 다른 이름들이 다 언약과 관계가 있으며, 이 궤는 언약을 상징하는 핵심적인 것이 되었다.

후에 이 궤 안에는 두 돌판 외에 만나를 담은 항아리(16:33)와 아론의 싹난 지팡이(민 17:10; 히 9:4)가 들어있었다. 그러나 나중 솔로몬 시대에는 궤 속에 두 돌판만 들어있었다(왕상 8:9).

2) 속죄소(25:17~22)

> 17 순금으로 속죄소를 만들되 길이는 두 규빗 반, 너비는 한 규빗 반이 되게 하고 18 금으로 그룹 둘을 속죄소 두 끝에 쳐서 만들되 19 한 그룹은 이 끝에, 또 한 그룹은 저 끝에 곧 속죄소 두 끝에 속죄소와 한 덩이로 연결할지며 20 그룹들은 그 날개를 높이 펴서 그 날개로 속죄소를 덮으며 그 얼굴을 서로 대하여 속죄소를 향하게 하고 21 속죄소를 궤 위에 얹고 내가 네게 줄 증거판을 궤 속에 넣으라 22 거기서 내가 너와 만나고 속죄소 위 곧 증거궤 위에 있는 두 그룹 사이에서 내가 이스라엘 자손을 위하여 네게 명령할 모든 일을 네게 이르리라

하나님은 속죄소를 만들라고 하였다(15:17). "속죄소"로 번역된 캅포레트(כַּפֹּרֶת)는 카파르(כָּפַר, 덮다) 동사에서 온 명사로서 단순히 번역하면 '뚜껑, 덮개'이다. 이것을 "속죄소"로 번역한 것은 그 기능을 고려한 해석적 번역이다. 대 속죄일에 이 법궤 뚜껑에 피가 뿌려짐으로서 율법이 덮여지고 이스라엘의 죄가 속하여진다는 의미에서 이것을 '속죄소'라고 번역한 것으로 생각할 수 있다. 영어성경은 이것을 'mercy seat(시은소)'로 번역하였다. 이것도 해석적 번역이라 할 수 있는데, 한글성경의 '속죄소'가 훨씬 좋은 번역이다.

이 속죄소는 정금으로 만들라고 하셨다(17절상). 법궤는 조각목(아카시아)으로 만들고 금을 입히라고 한 것과 비교할 때에 속죄소가 그만큼 중요하다는 의미이다. 그 크기는 길이가 2.5규빗(약 112cm), 폭이 1.5규빗(약 68cm)이었

다(17절하). 법궤의 길이와 폭이 일치한다.

속죄소 구조의 하이라이트는 그룹 천사를 만들어 세운 것이다(18절). 양쪽 끝에 각각 한 그룹씩 만들어 속죄소와 한 덩이로 연결되게 하라고 하신다(19절). 그룹들은 날개를 높이 펴서 그 날개로 속죄소를 덮으라고 했고, 얼굴을 서로 마주보게 하고 또 속죄소를 향하게 하라고 하신다. 그룹은 금으로 만들었는데, 부어 만들거나 조각으로 만들지 않고 망치로 쳐서 만들었다.

그룹 천사는 하나님을 가장 가까이에서 모시는 천사이다. 그룹이 나타나는 곳이면 바로 하나님이 그곳에 임재해 계심을 의미한다고 보면 된다. 성막에서도 하나님은 이 두 그룹 사이에 임재하시겠다고 하셨다: "거기서 내가 너와 만나고 속죄소 위 곧 증거궤 위에 있는 두 그룹 사이에서 내가 이스라엘 자손을 위하여 네게 명할 모든 일을 네게 이르리라"(22절). 이것은 대속죄일에 대제사장이 지성소에 들어가서 여호와를 뵙는 것을 말한다. 하나님은 그 법 위에 군림하셔서 백성의 대표를 만나신다. 그리고 법 위에서 언약의 하나님(왕)으로서 백성에게 지시하시고 다스리신다.

교훈과 적용

① 성막에서 가장 중요한 기물이 법궤이다. 이 법궤는 언약의 법을 보관한 것이다. 하나님은 이 법궤 위에 임재하셨다. 그 법으로 백성을 통치하신다는 의미이다. 왕의 통치행위에서 가장 중요한 것은 재판이다. 따라서 법궤가 놓인 지성소는 하나님의 법정이 된다. 하나님은 백성인 대표를 일 년에 한 번씩 만나기를 원하신다. 거기에서 대제사장은 하나님으로부터 재판을 받는다. 율법이 그 앞에 선 사람을 정죄할 것이다. 사람은 누구나 이 하나님의 법정에서 율법의 정죄를 받아야 한다.

② 속죄소는 한편으로 보면 법궤의 뚜껑이지만 속죄소 그 자체로 중요한 기능을 가지고 있다. 바로 뚜껑으로서 법궤 안에 든 법을 덮는 역할을 하는 것이다. 율법이 그대로 드러나면 사람은 그 율법 앞에서 살아날 수가 없다. 그런데 지성소에 들어간 대제사장은 속죄

제물로 바쳐진 수소 혹은 숫염소의 피를 가지고 들어갔다. 그 피가 속죄소에 뿌려짐으로 서 속죄소는 율법을 덮는 효력을 발생한다. 그 피는 누군가 대신 죄의 값을 치루고 죽었음 을 증명하는 속량(대속)의 피이다. 구약에서는 희생제물의 피가 그 역할을 했지만, 신약에 서는 예수 그리스도께서 대제사장으로서 자기의 피로 이 성소에 들어가셨다고 하였다(히 9:12). 주님의 십자가의 보혈이 우리를 율법의 정죄로부터 의롭다 함을 받게한다는 그 놀 라운 진리를 속죄소를 통하여 보게된다.

③ 법궤와 속죄소는 하나이면서도 양자는 서로 상반되는 기능으로 조화를 이룬다. 법궤는 하나님의 공의를 드러내는 도구였고 속죄소는 하나님의 사랑을 드러내는 도구이다. 자기 아들을 희생제물로 희생시켜 그 피를 속죄소 위에 뿌리게 한 백성을 향한 하나님의 사랑 이 이 속죄소를 통하여 나타난 것이다. 율법이 더 크게 드러나서 하나님의 공의로우심이 크면 클수록 하나님의 사랑이 더 크게 드러난다. 두 기능 중 당연히 돋보이는 것은 후자이 다. 따라서 하나님은 속죄소 전체를 금으로 만들라고 지시하였을 것이다.

보론 2 법궤와 속죄소

1. 법궤의 기능적 역할

1) 언약의 법을 보관하였다

궤 안에는 언약의 문서가 들었는데, 그 내용은 하나님이 시내산 언약 때에 선포하셨던 10계명이었다. 이 궤가 가장 거룩한 장소인 지성소에 놓였다. 이것은 언약의 법을 가장 중요시하며 살아야 함을 의미한다. 이스라엘의 존재 가치는 하나님이 주신 율법을 잘 지키며 사는지에 달렸다. 열왕기서에서 모든 왕들에 대한 기록도 이 율법을 지킨 왕이었는지를 평가하고 있다. 특히 예레미야와 같은 선지자는 모세의 율법을 백성이 지키지 않음으로 나라가 멸망으로 가고 있음을 부르짖었다. 이스라엘은 성막 혹은 성전 중심의 삶을 살았으며, 그것은 또한 바로 율법이 그들의 삶에 중심 역할을 했음을 의미한다.

2) 법은 하나님의 통치 수단(재판)이다

법은 왕의 통치 수단이다. 고대의 왕은 법을 공포하고, 그 법을 시행하고, 그 법에 따라 재판하는 최고의 권위를 가졌다. 하나님은 언약을 통하여 왕으로 등극하셨고, 또 법을 주셨다. 따라서 하나님은 이 법을 통하여 이스라엘을 왕으로 통치하신다. 왕이 법과 관련한 통치에서 가장 중요한 한 것은 재판하는 업무였다. 왕의 재판권 행사에 대한 예를 성경에 여러 곳에서 볼 수 있다. 압살롬이 성문에 앉아 사람들을 재판했는데, 이것은 아버지 다윗의 왕권을 도적질하는 것이었다(삼하 15:2,6). 솔로몬이 하나님에게 재판할 지혜를 달라고 구하였다(왕상 3:7~9). 왕의 역할에서 재판이 얼마나 중요한 업무였는지를 보여주는 것이다.

하나님은 법궤 위에 보좌를 펴고 앉으셔서 백성을 재판하신다. 시편은 하나님의 재판을 다음과 같이 말한다: "주께서 나의 의와 송사를 변호하셨으며 보좌에 앉으사 의롭게 심판하셨나이다"(시 9:4; 역시 시 11:4; 45:6; 47:8 등을 참조하라). 재판장으로서 보좌에 앉으신 모습은 이사야가 본 환상에서도 볼 수 있다. 이사야는 성전에서 높이 들린 보좌에 앉으신 여호와를 뵈었다(사 6:1). 거기서 하나님은 자기 백성을 심판하고 계시는 모습을 보게 된다(사 6:9~13을 보라).

대제사장은 일 년에 한 번씩 대속죄일에 백성을 대표해서 지성소에 가서 하나님을 대면한다. 그때에 지성소는 법정이 된다. 일 년 동안 생활한 이스라엘은 과연 무죄할지 아니면 율법의 정죄로 심판을 받아야 할지 두려운 순간이다. 지성소에서 하나님이 재판하시는 현장의 모습을 스가랴 3장에서 볼 수 있다. 대제사장 여호수아가 여호와 앞에 섰고, 사탄이 그를 정죄하였다(슥 3:1). 이것은 스가랴가 대제사장이었던 여호수아가 대속죄일에 지성소에 들어가 있는 것을 환상으로 본 모습일 것이다. 사탄이 정죄한 것은 그가 더러운 옷을 입고 그곳에 있다는 것이었다(3:3). 이것은 실제 그가 입은 옷이 더럽다는 것은 아닐 것이다. 아마도 죄로 오염되었음을 우회적으로 표현한 것일 수 있다.

그런데 오히려 하나님이 사탄을 꾸짖는다. 그리고 천사에게 명한다: "그 더러운 옷을 벗기라 하시고 또 여호수아에게 이르시되 내가 네 죄악을 제거하여 버렸으니 네게 아름다운 옷을 입히리라"(슥 3:4). 법정에서 정죄함을 받은 자가 어떻게 죄를 씻을 있을까? 스가랴서에서는 세밀히 묘사하지 않지만 대속죄일의 속죄 행사를 보면 이해할 수 있을 것이다. 대제사장은 제물의 피를 가지고 들어가서 그 피를 속죄소 위에 뿌렸을 것이다. 분명 하나님은 이것을 근거로 해서 정죄를 풀어주었을 것이다(속죄소에서 설명할 것임). 대제사장이 법정에서 살아 지성소에서 나옴으로서 이스라엘의 죄는 사해지고 다시 하나님의 백성으로서 성막에서 안식을 누릴 수 있었다.

하나님의 심판(재판)은 자기 백성 안에서만 그치지 않고, 세상 나라(왕)들까지 미친다. 시편은 하나님이 이방 나라들을 책망하시고 심판하시는 것을 다음과 같이 묘사한다: "여호와께서 영원히 앉으심이여 심판을 위하여 보좌를 준비하셨도다. 공의로 세계를 심판하심이여 정직으로 만민에게 판결을 내리시리로다"(시 9:7~8). 다니엘은 보좌에 앉으신 분이 세상을 심판하는 것을 환상으로 보았다(단 7:9이하). 신약에서 사도 요한도 이와 비슷한 보좌에 앉으신 이를 보았고(계 5:1), 보좌에 앉으신 이의 심판을 보았다(계 6:16).

요한은 다시 보좌의 하나님을 보는데, "하늘에 증거 장막의 성전이 열리며"(계 15:5), 일곱 재앙을 가진 일곱 천사가 성전으로부터 나와 하나님의 진노가 가득 담긴 대접을 받아 선다(15:6~7). 여기의 '증거 장막'은 법궤가 있는 지성소로 보아야 한다(민 17:7~8 참조). 드디어 하나님의 큰 음성이 성전의 보좌로부터 나서 이제는 때가 되었음을 알린다(계 16:18). 그리고 번개, 음성, 우렛소리, 큰 지진 등의 재난이 땅에 임하고, 큰 성 바벨론을 포함한 만국의 성이 무너진다(16:18~19). 계시록의 최후의 심판도 흰 보좌에 앉으신 이에 의해 이루어진다(계 20:11~12).

이상 성경이 보좌에 지성소 법궤 위에 앉으신 하나님이 자기 백성과 또 세상에 대하여 심판을 행사하시는 분으로 묘사하는 것을 보았다.

3) 전쟁을 수행함

이스라엘은 전쟁에 나설 때에 법궤를 앞세웠다. 그들은 그때에 법궤에 하나님이 임재하시는 것으로 이해하였다(삼상 4:4,7). 그것은 법궤 자체가 전쟁을 수행하는 것이 아니라 법궤에 임재하신 하나님이 전쟁하는 것임을 의미한다. 고대에 왕의 큰 역할 중의 하나는 전쟁을 수행하는 것이었다. 역시 이스라엘 왕국에서도 하나님이 전쟁을 수행하셨다. 그래서 이스라엘의 전쟁은 하나님의 전쟁이었다. 이러한 전쟁은 광야 모습에서부터 나타난다.

(1) 광야에서의 법궤

이스라엘이 행진할 때에 항상 법궤가 앞장섰다. 여호와의 영광인 구름이 오르면 제사장이 궤를 매고 출발하였고, 그러면 구름이 궤 위에 덮었다. 구름이 머무르면 언약궤도 멈추고 이스라엘의 행진도 멈추었다(민 10:33~36). 궤가 옮겨지는 그곳에 여호와가 있는 것으로 간주되었다.

이스라엘은 광야에서 방랑하는 나그네와 같았다. 원수들의 공격에 취약할 수밖에 없었다. 그러나 여호와의 이름이 있는 궤가 있으니 그들은 안전하였다. 궤가 떠날 때에 모세가 다음과 같이 말하였다: "여호와여 일어나사 주의 대적들을 흩으시고 주를 미워하는 자가 주 앞에서 도망하게 하소서"(민 10:35). 또 궤가 쉴 때에는 이렇게 말하였다: "궤가 쉴 때에는 말하되 여호와여 이스라엘 종족들에게로 돌아오소서"(10:36). 이것은 하나님께서 백성들 앞서 대적을 뚫고 행진하시는 모습을 그린 것이다.

(2) 가나안 전쟁

가나안 정복 때에 있었던 여러 번의 전쟁은 여호와의 전쟁이었다. 첫 번째 여리고 전쟁은 언약궤를 앞세워 행진함으로써 정복이 이루어졌다. 그 외에 가나안 정복의 여러 전쟁에서도 여호와께서 친히 전쟁하셨다. 특히 기브온에서 다섯 왕들의 군대와 싸우는 전쟁에서 크게 승리한 것은 "이는 여호와께서 이스라엘을 위하여 싸우셨음이니라"고 말한다(수 10:14, 역시 10:41을 보라). 가나안 정복을 마친 보고의 자리에서 여호수아는 "너희가 다 보았거니와 너희의 하나님 여호와 그는 너희를 위하여 싸우신 이시니라"고 결론을 맺는다(23:3).

가나안을 정복한 후에도 궤는 전쟁에 자주 사용되었다. 엘리 제사장 시대에 블레셋과의 전쟁에서 궤가 전쟁으로 왔다(삼상 4:3~11). 물론 전쟁은 패하였지만 이것은 언약궤가 전쟁을 수행한다는 인식을 모든 백성들, 심지어 블레셋 사람들까지 인식하였다는 증거이다. 궤는 랍바의 전쟁에서도 진중에 있었던 것으로 말해진다: "우리아가 다윗에게 아뢰되 언약궤와 이스라엘과 유다가 야영 중에 있고 내 주 요압과 내 왕의 부하들이 바깥 들에 진 치고 있거늘…"(삼하 11:11). 언약궤가 많은 전쟁을 수행했다는 증거는 궤가 예루살렘으로 입성할 때의 묘사에서도 나타난다(시 68:14, 18).

(3) 법궤가 예루살렘으로 입성할 때의 모습

시내산에서 궤가 만들어진 이후 하나님이 임재하셨던 법궤는 계속 방랑하셨
다. 법궤가 예루살렘으로 옮겨져서 예루살렘의 성전 산에 안치되는 것은 출애
굽 이후의 오랜 방랑 생활을 끝내고 여호와께서 이스라엘 중에 계시면서 왕
으로 통치하시게 되는 중요한 사건이 된다. 시편 68편은 다윗이 법궤를 예루
살렘으로 모시고 올 때에 부른 노래이다(시 68:25을 보라). 법궤가 오는 것을
다윗은 하나님이 친히 행차하시는 것으로 말한다: "하나님이여 그들이 주께
서 행차하심을 보았으니 곧 나의 하나님, 나의 왕이 성소로 행차하시는 것이
라"(68:24). 법궤가 오는 것은 하나님께서 오시는데, 그 하나님은 바로 왕으로
행차하는 것이었다.

그런데 그 왕은 혼자 오시는 것이 아니다. 엄청난 군대를 대동하고 돌아오
는 것이다. "하나님의 병거는 천천이요 만만이라"(68:17상). 물론 다윗이 군대
를 동원하여 법궤를 이동하는 것이 아니다. 이것은 바로 하나님의 군대(천군천
사)로 보아야 한다. 시편은 이 모습을 마치 시내산 성소에 계심 같다고 하였다
(68:17하). 시내산 위에는 우레, 번개, 빽빽한 구름, 불, 지진, 그리고 나팔 소리
가 있었는데(출 19:16~20), 앞의 것들은 자연재해들이며 마지막 것은 천군들이
부르는 나팔 소리였다.[9] 무기로 무장하고 하늘 군사를 거느린 그는 전쟁에서 승
리하고 돌아오는 개선 왕으로 본국에 귀환하는 하는 것으로 묘사한다: "주께서
높은 곳으로 오르시며 사로잡은 자들을 취하시고 선물들을 사람들에게서 받으
시며 반역자들로부터도 받으시니 여호와 하나님이 그들과 함께 계시기 때문이
로다"(시 68:18).

하나님이 언제부터 전쟁을 하셨는가? 전쟁은 이집트에서부터 시작하였다(
출 7:4; 12:12,41; 14:25,30; 참조). 그리고 광야에서 아말렉과 전쟁해서 이겼
고, 요단강 동편의 아모리 왕 시혼, 바산 왕 옥을 쳐부수었으며, 가나안을 정복
할 때에도 하나님이 전쟁하셨다. 그 뒤 다윗을 통하여 주변의 여러 나라를 무찌

---

9 이 부분의 자세한 설명은 19:16~20 주석을 보라.

르고 이제 예루살렘으로 입성하신다. 주께서는 예루살렘의 시온산, 높은 곳에 오르셔서 그들 중에 거하시면서 왕으로서 영원히 통치하실 것이다(시 68:18). 이로써 출애굽의 구속 역사가 완성되었다고 할 수 있다(출 15:17~18 참조). 법궤 위에 앉으신 왕이 자기 백성을 위해 하시는 전쟁은 종말에서 계속될 것이다.

4) 법을 통하여 왕으로서 복지를 베푸심

법궤 안에는 10계명 두 돌판이 들어있었는데, 이 계명은 하나님이 주신 모든 법을 대표하는 것이며, 하나님이 시내산에서 주신 모든 법들(언약의 책에 기록된 법, 출 20:22~23:33; 레위기도 포함)과 모압광야에서 주신 법들(신명기서)을 대변하는 것이다. 하나님께서 이 법을 주신 이유는 첫째, 나라 체계를 만들기 위해서였고, 둘째, 복을 주기 위해서였다.[10] 언약은 나라 만들기였다. 언약을 통하여 하나님이 왕으로 등극하시고, 이스라엘을 자기 백성으로 삼으셨다. 성막에서 하나님은 법궤 위에 앉으셨다. 바로 언약의 율법으로 통치하기 위해서였다. 하나님은 그 율법으로 통치권 행사(재판을 행하심)만 하실 뿐만 아니라 그 율법에 근거하여 백성들에게 복을 주신다. 나라 통치자로서의 왕의 궁극적인 목적은 복지 국가를 만드는 것이다. 법은 이것을 이루기 위한 매개체 역할을 한다.

오경에서 하나님은 율법을 통하여 자신에게 순종하는 자에게 복을 주실 약속하셨다. 신명기는 다음과 같이 규례와 복에 관하여 말씀하신다: "여호와께서 우리에게 이 모든 규례를 지키라 명령하셨으니 이는 우리가 우리 하나님 여호와를 경외하여 항상 복을 누리게 하기 위하심이며...."(신 6:24). 시내산에서 주어진 율법의 마지막에 해당하는 레위기 26장에는 "너희가 나의 규례와 계명을 잘 준행하면..."이라고 시작하는데(레 26:3), 하나님은 그들에게 풍족한 소산의 복을 줄 것이며, 또 전쟁이 없는 평화를 주실 것을 말한다(레 26:4~8). 이것은

---

10 이 부분의 자세한 설명은 20:1~17 주석을 보라.

바로 하나님이 주시는 복지 국가의 모습이다. 이것은 율법을 통하여 그들이 얻는 것이다.

　율법을 준행함으로써 하나님께 받는 복은 오경에서 거듭 나온다(예. 신 28:1~13). 물론 그 반대로 율법을 준행하지 아니하면 그 복과 반대되는 저주를 받을 것이다(기근, 전염병, 전쟁, 포로). 하나님은 성막에서 대제사장(혹은 제사장)이 여호와의 이름을 이스라엘 자손에게 축복하실 것을 말씀하시는데, "여호와는 네게 복을 주시고 너를 지키시기를 원하며…"로 시작하는 제사장 축복을 명하셨다(민 6:24~17). 이처럼 하나님은 성막에서 자기 백성에게 복을 베푸시기를 원하시는 분이셨다.

　정리하면, 법궤는 성막(성전)에서 가장 핵심적인 기물이다. 이 법궤가 없는 성막은 그 의미가 없다. 왜냐하면 법궤가 없으면 하나님의 임재가 없는 것이 되기 때문이다. 또 법궤의 중요성은 언약의 문서라는 데서도 찾을 수 있다. 하나님은 법궤 위에 임재하시는 것은 언약의 왕으로 임재하시기 때문이다. 이 법궤는 하나님의 공의를 드러내신다. 법궤 위에 앉으신 왕은 백성에게 공의의 심판을 행하실 뿐만 아니라 백성을 보호하고(전쟁을 수행하심으로써), 또 백성에게 복지를 제공하신다.

2. 속죄소의 기능(역할)

속죄소는 성막의 기구 중 가장 중요하다. 그 중요한 기능은 언약궤와 같이 생각해야 한다. 속죄소는 언약궤의 뚜껑이므로 언약궤의 한 구조물에 속한 다고 할 수 있다. 따라서 일반적으로 언약궤라고 하면 속죄소를 포함한 전체를 말하는 것이다. 그러나 성경에서는 속죄소를 특히 따로 언급할 때가 많으며, 그것이 가지는 특별한 기능이 있음을 말한다. 이것은 속죄소를 법궤와 분리하여 생각해야 함을 의미한다. 법궤는 조각목(아카시아)으로 만들고 금을 입히라고 하였는데, 속죄소는 전체를 정금으로 만들었다. 이것도 법궤와는 다른 부속 기구임을 보여주는 것이다.

　둘은 한 기구이면서도 다른 역할을 하고 있다. 그런데 그 역할이 서로 보완적이다. 법만으로 하나님을 완전 이해할 수도 없으며, 속죄소만으로도 마찬가지이다. 둘은 서로의 상반되는 기능으로서 완벽한 조화를 이루며 하나님의 양 속성을 이해할 수 있게 만든다. 즉, 공의와 사랑이라는 속성이다.

1) 하나님 임재 장소

하나님은 속죄소 위에 있는 두 그룹 사이에 임재하셔서 이스라엘과 만나겠다고 하셨다(출 25:22; 민 7:89). 그룹 천사는 하나님을 가장 가까이에서 모시는 천사이다. 그룹이 나타나는 곳이면 바로 하나님이 그곳에 임재해 계심을 의미한다고 보면 된다. 그룹은 에덴동산에서 맨 먼저 나타난다(겔 28:13~14; 역시 창 3:24 참조). 성전에서 그룹이 하나님을 모시는 천사로 나타나는 가장 강력한 성경 구절은 에스겔서에 나타난다. 에스겔 1장에 하나님이 네 생물을 타고 바벨론으로 옮겨오시는 모습을 에스겔이 보았는데, 10장에서는 실제 여호와의 영광이 그룹 위에 올라 이동하는 장면을 세밀히 묘사한다(겔 10:1, 3, 4, 18; 11:23). 이처럼 성전의 그룹들은 하나님 가장 가까이 모신 천사로 나타난다. 따라서 속죄소 위에 그룹이 있다는 것은 하나님이 거기에 임재해 계심을 나타낸다.

2) 율법을 덮음

성막에서 하나님은 지성소에 있는 법궤 위에 임재하신다. 하나님은 자신이 계시는 그 곳(지성소)로 함부로 들어오지 못하게 금하셨다. 비록 아론일지라도 아무 때나 법궤 위 속죄소 앞에 들어오면 죽을 것이라고 명하셨다(레 16:2). 이 모습은 마치 시내산 언약을 맺을 때에 산 위 구름 가운데 임재하여 계시면서 아무도 산 가까이 나아오지 못하게 한 것과 같다(출 19:24). 그런데 하나님은 대속죄일에 대제사장을 거기서 만나겠다고 하셨다(25:22). 그때에 바로 그 지성소는 하나님의 법정(法廷)이라고 할 수 있다. 그러면 대제사장(이스라엘)이 어떻게 그 법정에서 살아남을 수 있는가? 그것은 대속죄일에 이루어진 일을 보면 알 수 있다.

대속죄일에 대제사장은 먼저 숫염소로 제단에 제물로 바친 후, 그 염소의 피를 양푼에 담아 지성소에 들어간다. 대제사장은 피를 속죄소 위에 일곱 번 뿌리고 나머지는 속죄소 앞에 쏟는다(레 16:14). 대속죄일에 피뿌림은 언약과정에서 모세가 백성에게 피를 뿌린 것과 같다(출 24:8). 모세가 시내산 언약에서 언약서를 낭독한 후 피를 뿌렸다는 것은 언약의 율법을 어기면 그들이 생명을 내어놓아야 한다는 뜻이다. 그러나 그 피뿌림은 또 다른 의미가 있다. 바로 그 피는 제물로 바쳐진 짐승의 것이므로 대속의 피가 된다.

그 언약의 의식이 대속죄일에 재현되었다. 대속죄일에 대제사장이 지성소에 들어가서 하나님을 만난다. 하나님이 언약의 법 위에 보좌를 펴고 앉으셨다. 과연 이스라엘과 대제사장이 언약의 법을 다 지켰다고 할 수 있겠는가? 할 수 없었다면 대제사장이 살아날 수 있을까라는 의문을 가지게 된다. 그런데 대제사장은 먼저 숫염소(제사장을 위해서는 수송아지)를 속죄제로 드리고 그 피를 양푼에 담아 지성소로 들어가 속죄소 위에 피를 뿌렸다(레 16:15~16). 속죄소위에 피가 뿌려질 때에 속죄소는 율법을 덮는 뚜껑으로서 효능을 발휘한다. 피는 누군가 대신 죽어주었음을 의미한다. 그래서 그 피는 대속의 피가 된다. 그로써 대제사장과 백성은 죄사함을 받는다.

3) 신약에서의 시내산 언약과 대속죄일 성취

구약과 신약의 관계는 구약이 신약을 내다보고 있으며, 신약은 구약의 것이 어떻게 성취되는지를 보여주는 것이다. 이러한 해석에서 성막 모형론이 중요하다. 신약에서 예수님이 어떻게 성막을 성취하셨으며, 또 앞으로 어떻게 성취될 것인지가 나온다.

(1) 예수님이 맺으신 새 언약(마 26:26~28)

위에서 언급된 대속죄일의 의식은 시내산 언약의 의식이 넘어온 것이라고 하였다. 이 대속죄일의 의식(시내산 언약 의식을 포함)이 어떻게 예수님에게서 이루어졌는지를 살피는 것이 성막 연구에서 가장 중요하다. 구약의 희생제사는 그림자였고 예수님이 올 때 까지만 대속의 피가 뿌려졌었다. 예수님이 직접 희생제물로서 이 대속을 이루셨다(마 20:28).

먼저 우리는 예수님이 시내산 언약을 이루신 장면부터 보아야 한다. 바로 최후의 만찬에서다. 그 만찬에서 예수님은 외쳤다: "이것은 죄사함을 얻게 하려고 많은 사람을 위하여 흘리는 바 나의 피, 곧 언약의 피니라"(마 26:28). 최후의 만찬에서 예수님이 시내산 언약을 재현하고 계신다. 이것은 언약 갱신이며, 그래서 '새 언약'이라고 부른다: "... 이 잔은 내 피로 세우는 새 언약이니"(눅 22:20).

옛 언약(시내산 언약)과 새 언약(최후의 만찬에서의 예수님께서 행하신 언약 갱신)을 다음과 같이 대조해 볼 수 있다. 모세가 짐승을 제물로 바친 것과 같이, 예수님은 자신이 제물로 바쳐지겠다고 선언하신다. 모세가 제물의 피를 양푼이에 담았는데, 예수님도 자기의 피를 상징하는 포도주를 잔에 부었다. 모세가 그 백성에게 피를 뿌렸는데, 예수님도 자신의 피를 상징하는 포도주를 제자들에게 나누어 주었다. 그리고 양쪽 다 그것은 바로 대속의 피였다. 모세가 피를 뿌리면서 "이것은 언약의 피"라고 했는데, 예수님도 그 잔을 주면서 "이것은 언약의 피"라고 했다. 시내산에 하나님은 백성을 자기에 임재의 장소에 초대하여 식사의 교제를 하게 하셨는데, 예수님이 베푸신 최후의 만찬도 역시 식사의 교제였다. 이상의 요소들을 볼 때에 옛 언약과 새 언약은 전혀 다른 언약이 아님을 알 수 있다. 그러면 무엇이 달라서 '새 언약'이라고 불렀는가? 내면성과 완전성이 그 차이다. 이 새 언약과 옛 언약, 그리고 성소와 관계시켜 설명해 주는 곳이 있다. 히브리서이다.

(2) 히브리서가 말하는 옛 언약, 성소, 그리고 새 언약(히 9장)

히브리서 9장은 옛 언약과 성소를 연결시키는 말로써 시작한다: "첫 언약에도 섬기는 예법과 세상에 속한 성소가 있더라"(히 9:1). 먼저 성소의 구조와 여러 기물들을 말한 후에(9:2~5), 섬기는 예식에 대하여 말한다(9:6). 특히 대제사장이 지성소에 들어가는 대속죄일에 대하여 설명한다. 히브리서는 이 성소의 일들은 현재까지의 비유라고 말한다. 비유는 참 것을 설명해 주기 위한 예시이다. 모형과 같은 것이다.

히브리서는 이제 참 것을 다음과 같이 설명한다: "그리스도께서 대제사장으로 오사... 염소와 송아지의 피로 하지 아니하고 오직 자기의 피로 영원한 속죄를 이루사 단번에 성소에 들어가셨느니라"(히 9:11~12). 예수님이 대제사장으로서 피를 가지고 성소에 들어갔으면 무엇을 하는가? 대속죄일에 대제사장이 무엇을 하였는지를 알면 쉽게 답이 나온다. 바로 피를 속죄소 위에 뿌린 것이다. 히브리서는 구약에 염소와 황소의 피가 사람의 죄를 사하고 거룩하게 했거늘 하물며 그리스도의 피가 어찌 너희 죄를 사하여 깨끗하게 할 수 없느냐며 그의 피의 효력을 강조한다(히 9:13~14).

위 구절들에서 옛 것과 새 것이 어떻게 다른지를 분명히 설명한다. 옛 것에서는 해마다 반복하여 제사가 드려져야 피가 반복하여 뿌려져야 하였다. 그 대속의 일은 일시적이었으며, 불완전한 것이었다. 그러나 새 것에서는 한 번만으로 모든 것이 이루어졌다. 이 대속은 완전하고 영원하다. 따라서 옛 것은 그림자요 비유에 불과하고, 예수님이 참 것으로 그 모든 것을 이루신다.

그리고 히브리서는 다음의 중요한 말을 한다: "이로 말미암아 그는 새 언약의 중보자시니 이는 첫 언약 때에 범한 죄에서 속량하려고 죽으사 부르심을 입은 자로 하여금 영원한 기업의 약속을 얻게 하려 하심이라"(히 9:15). 이스라엘은 첫 언약(시내산 언약)을 맺은 즉시 언약을 범하였다. 비록 그 죄를 중보하기 위해 대속제물이 바쳐졌지만 그것은 일시적이었고 불완전하였다. 예수님은 그 범한 죄(옛 언약에서)를 속량(값을 지불함)하기 위해 죽으셨다. 옛 언약의 모든 것을 완전케 하신 것이 바로 새 언약이다.

히브리서는 계속해서 이 언약과 성소를 연관시켜 설명한다. 첫 언약에도 피를 뿌리면서 세웠다(히 9:18~20). 바로 그 피는 대속의 피였다. 그와 같이 성막에서도 피를 섬기는 일에 쓰는 모든 그릇에 뿌렸다고 말한다(히 9:21). 이 피뿌림은 대속제일에 속죄소와 향단, 그리고 제단에 뿌렸음을 염두에 둔 말일 것이다. 바로 시내산 언약이 그대로 성막으로 옮겨져서 의식이 계속되었음을 말하는 것이다. 그리고 이 성막 모형이 예수님에게서 이루어졌던 것이다.

(3) 신약에서의 속죄소(롬 3:25)

속죄소의 헬라어 *히라스테리온*(ἱλαστήριον)은 신약성경에 꼭 두 번 나온다. 먼저 히브리서에 성소에 대하여 이야기 하면서 "그 위에 속죄소를 덮는 영광의 그룹들이 있으니"라고 말한다. 이때의 "속죄소"는 *히라스테리온*이다. 이 *히라스테리온*이 나오는 또 다른 구절이 있다: "이 예수를 하나님이 그의 피로써 믿음으로 말미암는 화목제물로 세우셨으니…"(롬 3:25). 여기에 "화목제물"로 번역된 것이 *히라스테리온*이다.

*히라스테리온*은 70인역본에서 '속죄소'에서와 '속죄제'에서 사용되었다. 그러면 로마서 본문에서 둘 중 무엇을 선택해야 하는지를 본문의 문맥을 통하여 선택해야 한다. 대부분의 번역성경들은 '제물' 혹은 '속죄제' 등으로 번역한다. 그러나 우리는 속죄소로 번역하는 것이 옳다고 생각한다. 왜냐하면 로마서 본문을은 문맥상에서 보면 법정의 상황으로 이해해야 하기 때문이다. 어째서 법정 상황인지 문맥을 보자.

바울은 유대인들이 가졌다고 자랑하는 율법에 대하여 말하면서, 그 율법의 기능이 심판에 있는 것임을 말한다: "우리가 알거니와 무릇 율법이 말하는 바는 율법 아래에 있는 자들에게 말하는 것이니 이는 모든 입을 막고 온 세상으로 하나님의 심판 아래에 있게 하려 함이라"(롬 3:19). 모든 사람이 죄를 범하였으매 하나님의 영광에 이르지 못하였다(3:23). 그런데 "그리스도 예수 안에 있는 속량으로 말미암아 하나님의 은혜로 값 없이 의롭다 하심을 얻은 자 되었느니라"고 말한다(롬 3:24). "의롭다 함을 받다(*디카이오*, δικαιόω의 수동태, δικαιούμενοι)"는 말은 신학적인 용어로 '칭의(稱義)'라고 부르며, 이 칭의(Justification)를 흔히 법정 용어(a court terminology)라고도 말한다. 재판에서 판사가 '무죄'라고 선고한다는 의미이다.

앞에서 하나님의 재판정에서 율법 혹은 양심이 우리를 정죄하였는데, 무조건 의롭다고 선고할 수 있는가? 만약 그렇게 선고한 재판을 공정하다고 할 수 있는가? 그래서 24절 상반절은 이렇게 말한다: "그리스도 예수 안에 있는 속량으로 말미암아…. 의롭다 하심을 얻은 자 되었느니라." 즉, '칭의'는 '속량'으로 말미암아 얻는다고 한다. 이 속량(아포루트로시스, ἀπολύτρωσις)의 동사 아포루트로(ἀπολύτρω, 속량하다, redeem)의 사전적 의미는 '몸값을 받고 종을 놓아 주어 양민이 되게 하다'의 의미이다. 고대 헬라어 문학 작품에 사형 선고를 받은 사람이 돈으로 다른 사람을 사서 그가 대신 사형을 당하게 할 때에 속전으로 사람을 사는 것, 즉 '사다'라는 용어가 아포루트로이다. 로마서 본문에서 예수 그리스도가 우리를 위해 죄의 값을 지불해 주었기 때문에 우리가 의롭다 하심을 받는다고 한다.

법정이라고 하면 구약에서 지성소를 연상할 수 있다. 하나님이 법궤 위 높이 들린 보좌에 앉으셨다. 하나님의 법정이다. 그 앞에선 대제사장이 율법의 정죄함을 받는다. 그때에 대제사장이 속죄제 제물의 피를 뿌린다. 하나님은 그의 죄의 값이 피로 인하여 지불되었음을 선언하고 그를 용서해 주신다. 로마서 법정에서도 율법이 우리를 정죄한다. 우리에게는 심판밖에 남은 것이 없다. 그런데 의외의 사건이 벌어진다. 본문은 다음과 같이 말한다: "이 예수를 하나님이 그의 피로써 믿음으로 말미암는 화목제물로 세우셨으니"(롬 3:25상). "세우셨다"의 프로에데토(προέθετο)는 '제시하다, 공개하다'이다. 이 구절을 다시 번역하면 다음과 같다: '하나님이 (예수 그리스도의 피로 인하여 믿는 자에게 효력이 발생하는) 속죄소를 제시하셨다(혼 프로에데토 오 데오스 히라스테리온, ὃν προέθετο ὁ θεὸς ἱλαστήριον).' 그리고 하나님은 이렇게 말씀하실 것이다. '율법아, 그래 너의 고소하는 바가 옳다. 저는 그러한 죄인이니라. 그러나 보아라. 누군가가 그를 대신하여 피를 흘려 죽지 않았는가? 여기 이 속죄소가 그것을 증거하지 아니하냐?' 하나님은 율법의 입을 막고, 그리고는 우리를 향하여 '너는 의롭다'라고 선고하시는 것이다.

그 속죄소에는 대제사장으로서 양과 염소가 아닌 자기의 피를 가지고 친히 성
도로 들어가셨던 그 예수님의 피가 묻혀있다(히 9:12). 하나님은 자기 아들을 희
생시켜 우리의 죄의 값을 갚게 하여 우리에게 '칭의'를 선고한 것이므로 어느 누
구도 그 재판에 시비를 걸 수 없다. 그래서 그 재판에서 우리도 의롭다 함을 받
을 뿐만 아니라 하나님의 의로움도 드러나는 것이다(롬 3:26).

4) 에덴동산의 그림자

속죄소에는 두 그룹 천사가 조각되어 얹혀있었다. 금으로 조각하여 만들어 속
죄소와 한 덩이가 되게했다. '그룹(케루브)'은 하나님 가장 가까이 모시고 있는
천사이며, 그룹은 에덴동산을 지키는 천사로 처음 언급된다. 에덴동산은 원래
의 하나님 임재의 장소였다(창 3:8 참조). 하나님은 범죄한 아담과 하와를 그
동산에서 쫓아내시고 그룹들로 지키게 하셨다(창 3:24).

대속죄일에 대제사장이 지성소에 들어가서 피를 뿌릴 때에 다음과 같은 의미
심장한 구절이 있다.

> 그(대제사장)는 또 수송아지의 피를 가져다가 손가락으로 속죄소 동쪽에 뿌리
> 고 또 손가락으로 그 피를 속죄소 앞에 일곱 번 뿌릴 것이며(레 16:14).

왜 속죄소 동편에 피를 뿌렸을까? 혹시 에덴동산과 관련이 있지 않을까 의심
해 볼 수 있다.

> 이같이 하나님이 그 사람을 쫓아내시고 에덴 동산 동쪽에 그룹들과 두루 도는
> 불 칼을 두어 생명 나무의 길을 지키게 하시니라(창 3:24)

속죄소 위에 그룹이 있는데, 그 그룹은 에덴동산 동편을 지키게 했던 천사이
다. 하나님은 사람이 그 동산으로 들어가지 못하도록 그룹을 두어 지킨 것이다.

속죄소와 에덴동산이 서로 연관성이 있다면 하나님이 바로 그 동편에 피를 뿌림으로써 속량하셔서, 에덴동산을 회복하는 길을 여신 것으로 볼 수 있다.

다시 로마서의 하나님 법정에서 예수 그리스도의 속량으로 우리를 의롭다 해 주셨다고 했다(롬 3:24). 속량은 누가 값을 대신해서 치러 주었다는 것이다. 구약에서 속량(파다, פָּדָה와 가알, נָאַל)은 두 가지가 있다. 첫째, 짐승으로 대신 죽게 할 때에 사용되었고; 둘째, 기업을 사서 돌려준다는 의미가 있다. 전자는 속죄소의 피로 인하여 죄에 대한 속량이며, 후자의 경우는 룻기에서 잘 나타난다. 보아스가 가까운 친척으로서 옛 엘리멜렉의 땅을 사서 룻에게 돌려주었다. 그때에 사용된 단어가 가알인데, 우리말로 '기업을 무르다'로 번역되었다.

우리에게도 이 두 번째 의미의 속량받을 것이 있어야 한다. 바로 아담이 범죄하여 쫓겨났던 그 에덴을 도로 찾는 일이다. 로마서 3장에서 하나님은 이 재판석에서 우리 앞에 속죄소를 제시하셨는데, 그것은 그 위에는 그룹이 조각되어 있는 하나님 임재의 장소였다. 그것은 잃어버렸던 옛 에덴의 그림자이며, 또 앞으로 우리가 들어갈 하나님의 나라의 모형이기도 하다. 그것을 우리 앞에 제시하셨다는 것은 우리에게 그 두 번째 속량도 허락하신 것으로 볼 수 있다. 히브리서 9장에서 예수님이 옛 언약의 범죄를 위해 피를 흘림으로서 새 언약을 이루셨는데, 그 결과에 대하여 다음과 같이 말한다: "... 이는 첫 언약 때에 범한 죄에서 속량하려고 죽으사 부르심을 입은 자로 하여금 영원한 기업의 약속을 얻게 하려 하심이라"(히 9:15). 예수님은 죄뿐만 아니라, 잃었던 기업도 속량하셔서(값을 지불함) 우리가 그것을 얻게 하시기 위해 새 언약의 중보자로 죽으셨다.

정리하면, 속죄소는 법궤의 정죄에서 하나님의 백성을 해방해 주는 역할을 한다. 둘은 하나이면서도 또 각각 다른 기능을 가지고 있다. 법궤는 심판을 백성에게 내리는 도구였고 속죄소는 그 심판을 해소하는 도구였다. 이 두 가지는 하나님의 다른 두 성품을 대변한다. 전자는 하나님의 공의를 세우게 하고, 후자는 하나님의 은혜와 사랑을 드러낸다. 전자가 클수록 후자가 더 돋보인다. 후자가 더 돋보이는 것은 우리가 아직 죄인이었을 때에 하나님이 자기 아들을 희생해 주셔서 우리에 대한 자기의 사랑을 보여주셨기 때문이다.

3) 떡상(25:23~30)

23 너는 조각목으로 상을 만들되 길이는 두 규빗, 너비는 한 규빗, 높이는 한 규빗 반이 되게 하고 24 순금으로 싸고 주위에 금 테를 두르고 25 그 주위에 손바닥 넓이만한 턱을 만들고 그 턱 주위에 금으로 테를 만들고 26 그것을 위하여 금 고리 넷을 만들어 그 네 발 위 네 모퉁이에 달되 27 턱 곁에 붙이라 이는 상을 멜 채를 꿸 곳이며 28 또 조각목으로 그 채를 만들고 금으로 싸라 상을 이것으로 멜 것이니라 29 너는 대접과 숟가락과 병과 붓는 잔을 만들되 순금으로 만들며 30 상 위에 진설병을 두어 항상 내 앞에 있게 할지니라

성소(외소)에 들어가면 세 가지 기구들이 있었다. 성소를 들어가면 왼쪽(남편)에 등대, 오른쪽(북편)에는 떡상, 그리고 안쪽(지성소 바로 맞은 편)에 향단이 있었다. 등대와 떡상은 쌍을 이루는 기구들로서 의무와 누림을 나타내어 준다.

하나님은 조각목(아카시아 나무)으로 상을 만들라고 하셨다(25:23). 그 크기는 길이가 2규빗(약 91.2cm), 넓이가 1규빗(45.6cm), 그리고 높이가 1.5규빗(68.4cm) 이었다. 나무 위에 정금으로 싸고 주위에 금 테를 둘렀다(24절). 그리고 사면에 손바닥 넓이만한 턱(미스개래트, מִסְגֶּרֶת, 테두리, 가장자리)을 만들고 그 턱 둘레에 금으로 테(제르, זֵר, 작은 원, 테)를 만들었다(25절). 네 발 위 네 모퉁이에 금고리 넷을 만들어 달게 하였다(26절). 채(막대)를 조각목으로 만들고 금으로 그 나무를 싸고 금고리에 끼워 상을 메어 이동할 수 있게 하였다(27~28절).

떡상의 부속 기구로 대접과 숟가락과 붓는 병과 잔을 금으로 만들라고 하였다(29절). 이 기구들은 항상 떡상 위에 놓아두었다(민 4:7). 대접은 금으로 만들었는데, 떡을 담아 옮기는 데 쓰였다(37:16; 민 4:7). 병과 붓는 잔은 떡과 함께 먹는 음료수, 즉 포도주를 담기 위한 것이다. 이것을 보면 떡과 함께 포도주도 떡상에 진설한 것으로 볼 수 있다. 이것은 신약에서 성찬식에 떡과 포도

주가 사용된 것과 대비될 수 있다. 숟가락은 떡을 먹는 도구를 상징하는 것 같다. "붓는 잔"에서 "잔"의 메낫키트(מְנַקִּית)는 '큰 잔, 대접'으로 번역될 수 있는 것이다. "붓는"이란 단어의 나사크(נָסַךְ)는 '붓다'라는 의미로도 사용되었지만 '주조하다(금속을 녹여 부어 만드는 방법)'라는 의미로도 사용되었다(사 40:19; 44:10). 여기서도 '금을 부어 만든 대접'으로 보는 것이 좋으며, 이 대접은 향을 담아 떡상의 떡 위에 올려놓는 용도로 사용된 것같다(레 24:7).

하나님은 상 위에 진설병을 두어 항상 하나님 앞에 있게 하라고 하셨다(25:30). "진설병"의 히브리어는 래햄 파님(לֶחֶם פָּנִים)인데, 래햄은 '떡이며' "진설"에 해당하는 파님은 '얼굴'이다. 조금 의역하면 '면전(面前)'이라고 할 수 있다. "진설병"은 하나님 면전에 놓아두는 떡이라는 의미이다. 상 위에 떡은 한 줄에 여섯씩 두 줄로 진설하였는데,매 안식일에 묵은 떡을 거두어 내고 새 떡을 여호와 앞에 진설하였다(레 24:7~8). 옛 떡은 아론과 제사장들이 거룩한 곳(성전 뜰)에서 먹었다(24:9).

교훈과 적용

성소에 들어가면 왼쪽(남편)에는 등대 오른쪽(북편)에는 등대가 있었는데, 두 기구는 쌍으로 놓여있었다. 한쪽은 백성에게 누림을 주는 것이며, 다른 쪽은 백성이 해야 할 의무를 나타내는 것이다. 떡상은 이스라엘 백성을 위해 준비된 것이었다. 이스라엘은 안식일에 하나님 임재 안에서 거룩한 떡을 먹는 기쁨을 만끽하였다. 이 떡은 신약 시대의 참 떡이신 예수님을 내다보는 것이었다. 신약에서 이 떡상은 성찬식으로 계승되었다. 신약 성도는 예수 그리스도를 살과 피를 상징하는 떡과 포도주를 먹는 더 거룩한 음식을 먹는다. 그리고 성찬은 미래에 영원한 하나님의 나라에서 하나님께서 베푸시는 잔치(계 19:9)를 바라본다. 미래의 나라에서 하나님이 베푸시는 잔치를 이사야서는 다음과 같이 묘사한다: "만군의 여호와께서 이 산에서 만민을 위하여 기름진 것과 오래 저장하였던 포도주로 연회를 베푸시리니 곧 골수가 가득한 기름진 것과 오래 저장하였던 맑은 포도주로 하실 것이며"(사 25:6). 그 때에 백성(성도)이 하나님 앞에서 가장 좋은 잔치의 기쁨을 누릴 것이다.

4) 등대(25:31~40)

> 31 너는 순금으로 등잔대를 쳐 만들되 그 밑판과 줄기와 잔과 꽃받침과 꽃을 한 덩이로 연결하고 32 가지 여섯을 등잔대 곁에서 나오게 하되 다른 세 가지는 이 쪽으로 나오고 다른 세 가지는 저쪽으로 나오게 하며 33 이쪽 가지에 살구꽃 형 상의 잔 셋과 꽃받침과 꽃이 있게 하고 저쪽 가지에도 살구꽃 형상의 잔 셋과 꽃 받침과 꽃이 있게 하여 등잔대에서 나온 가지 여섯을 같게 할지며 34 등잔대 줄 기에는 살구꽃 형상의 잔 넷과 꽃받침과 꽃이 있게 하고 35 등잔대에서 나온 가 지 여섯을 위하여 꽃받침이 있게 하되 두 가지 아래에 한 꽃받침이 있어 줄기와 연결하며 또 두 가지 아래에 한 꽃받침이 있어 줄기와 연결하며 또 두 가지 아래 에 한 꽃받침이 있어 줄기와 연결하게 하고 36 그 꽃받침과 가지를 줄기와 연결하 여 전부를 순금으로 쳐 만들고 37 등잔 일곱을 만들어 그 위에 두어 앞을 비추게 하며 38 그 불 집게와 불똥 그릇도 순금으로 만들지니 39 등잔대와 이 모든 기구를 순금 한 달란트로 만들되 40 너는 삼가 이 산에서 네게 보인 양식대로 할지니라

등대는 성소에 떡상과 쌍을 이루며 놓였다. 떡상은 하나님으로부터 혜택을 받아 누리는 것이라면, 다른 하나(등대)는 사람이 해야 할 의무를 지니고 있다 고 할 것이다. "등대"의 *메노라*(מְנוֹרָה)는 등잔을 놓는 받침대이다. 하나님은 정 금으로 등대를 쳐서 만들되, 밑판과 줄기, 등잔과 꽃받침과 꽃, 이 모든 것을 한 덩이가 되게 만들라고 하셨다(25:31). 마치 속죄소 넓은 판과 두 그룹 천사 가 한 덩어리로 만든 것과 같다.

이 등대에 대하여 먼저 밑판을 말한다(31절중). 밑판은 위로 벌어진 가지들을 지탱해주기 위해 무게 중심이 잘 잡히게 만들었을 것이다. 그리고 가운데 원 둥치 의 기둥이 세워졌다. 원 기둥 옆으로 양쪽 대칭으로 각 세 개씩 여섯 가지를 내어 전체가 일곱 가지로 올라가게 만들었다(32절). 일곱 가지의 높이는 같다(33절하).

일곱 가지, 그리고 일곱 등잔을 만든 이유는 무엇일까? 우선 일곱은 하나님 의 숫자라 할 수 있다. 하나님은 일곱을 자주 사용하셨다. 안식일, 안식년, 희

년 등이 일곱 숫자로 구성되었다. 계시록에도 일곱 사이클이 나온다(일곱 인, 일곱 나팔, 일곱 우레, 일곱 대접). 또 일곱은 완전한 숫자라고 할 수 있다. 계시록의 일곱 교회는 신약교회 전체를 대변하는 것으로 볼 수 있다.

원 가지에서 가지들이 갈라져 나가는 마디에 살구꽃 꽃받침을 만들었다. 즉 꽃받침이 원가지와 각 줄기들은 연결시키게 만든 것이다(35절). 이쪽 세 가지들에는 살구꽃 모양의 잔을 세 개 만들어 연결되게 하였고, 저쪽 세 가지에도 맨 끝에 살구 꽃 모양의 잔을 만들었다(33절). 원 가지에는 살구꽃 형상의 잔 넷과 꽃받침과 꽃이 있게 하였다(34절).

"살구꽃 모양"으로 번역된 메숫카딤(מְשֻׁקָּדִים)은 동사 쇠카드(שָׁקַד)의 강세수동(푸알) 복수 분사형이다. 쇠카드는 '지켜보다, 관찰하다'라는 동사로서, 이것에서 유래된 명사(쇠케드, שָׁקֵד)는 '살구나무(영어는 almond로 번역됨)'로 번역되었다(렘 1:11). 본문에서는 메숫카딤과 연관하여 여러 곳에서 "꽃(패라흐, פֶּרַח)" 혹은 "꽃받침"이 나온다. 그러므로 메숫카딤을 살구꽃으로 번역하였다. 하지만 살구나무로 번역된 쇠케드는 아몬드로 번역하는 것이 옳다. 아몬드는 봄에 처음으로 마른 가지에서 꽃을 터트리는 나무이다. 이 나무는 봄을 기다리는 사람에게 봄이 옴을 알려주는 나무로 인식되어 왔다. 한국의 매화와 같다고 할 수 있다.

왜 하나님은 등대에 아몬드 꽃 혹은 그 꽃받침을 새기도록 했을까? 이것은 아몬드 나무가 어떤 역할을 하는지를 아는 것이 중요하다. 아몬드(쇠케드)는 하나님이 예레미야를 선지자로 부르시는 장면에서 환상으로 보여주셨다(렘 1:11). 하나님이 살구나무 가지를 환상으로 보여주신 뒤, 그 의미를 직접 주신다: "이는 내가 내 말을 지켜 그대로 이루려 함이라 하시니라"(1:12). 이때에 "지켜"의 단어가 쇠카드이다. 자신이 하신 말씀을 분명히 이루시겠다는 의지를 보여주신 것이다. 이 환상을 주신 목적은 선지자의 역할이 하나님의 말씀을 전하고, 그 말씀이 어떻게 이루어지는 지를 관찰하는 자임을 주지시키는 것이다.

등대에 왜 아몬드 꽃 모양들을 만들어 놓은 것은 불을 밝히는 것과 연관이 있을 것이다. 즉, 잘 살펴보라는 의미가 있다. 어두우면 아무것도 볼 수 없다. 살펴보기 위해서는 불이 필요하다. 따라서 등대에 장식된 살구나무(아몬드)는 그 등대의 기능에 잘 어울리는 꽃이다.

등대의 부속 기구로서 불집게와 불똥 그릇도 정금으로 만들라고 하였다 (25:38). "불집게"의 멜레카흐(מֶלְקַח)는 심지를 짜르는 가위일 것이고, "불똥 그 릇"의 마흐타(מַחְתָּה)는 자른 심지를 담는 접시로 생각된다. 일곱 등잔과 함께 이 부속 기구들도 모두 정금으로 만들었다.

등대를 돌보는 사람은 아론과 그 아들들(27:21), 즉 제사장이다. 제사장은 감람기름(Olive Oil)을 가져와 등잔에 붓고, 끊이지 말고 등불을 켜라고 하신 다(27:20). 제사장은 등불이 꺼지지 않도록 세밀히 살펴야 한다(레 24:2~3). 하 나님은 저녁부터 아침까지 여호와 앞에 항상 등잔불을 정리하여 꺼지지 않도 록 하라 명하셨다(레 24:4).

교훈과 적용

① 하나님은 성소에 등잔대를 두고 항상 불이 잘 붙도록 아주 유의를 기울여야 한다는 것 이다. 하나님은 조금이라도 흐트러지거나 불이 꺼지는 것을 용납하지 않으셨다. 이것은 촛대의 사명이 어떠해야 하는지를 잘 보여주는 것이다. 성소의 등잔대는 신약 시대 교회 를 내다보는 모형이었다('보론 3'을 참조할 것). 구약 시대에 등불에 문제가 있었다면 봉사 하는 제사장에게 있었겠지만, 신약에서는 예수님과 성령님이 돌보시므로 그 봉사는 완벽 하다. 문제가 생긴다면 촛대에게 있다. 교회가 등불을 밝힌다는 것은 바른 그리고 온전한 신앙을 지켜야 한다는 것이며, 세상을 향해 빛을 발해야 한다는 것이며, 또 선지자로서의 복음을 전하는 사명을 감당해야 하는 것이다.

② 하나님은 원래 빛을 좋아하셨지만(창 1:3~4) 자신은 캄캄함을 선택하시고(왕상 8:12) 빛을 비추는 것은 교회에게 넘겨주셨다. 교회 혹은 성도가 하나님의 임재의 처소인 성소 에서 불을 밝히는 사명을 부여받았다는 것은 참으로 영광스러운 것이다. 더욱이 예수님과 성령님이 촛대를 봉사해주시므로 구약 성소의 등대보다 영광스러움이 더하다. 만약 그러 한 좋은 사명을 다하지 못한다면 있는 것까지 빼앗길 것이며(눅 8:18), 주님은 촛대를 옮 겨갈 것이다(계 2:5). 이 사명을 잘 감당하여 마지막 날 빛으로 오실 하나님과 주님과 함 께 영원한 기쁨을 누려야 하겠다.

보론 3 떡상과 등잔대

성막의 성소에는 향단, 등대(등잔), 떡상이 있었다. 떡상과 등잔대는 성소에 나란히 놓여 짝을 이룬다. 이 둘의 하나는 누림을 위한 것이고, 다른 하나는 의무를 위한 것이다.

1. 떡상

1) 떡상의 떡은 누구를 위한 것인가?

이것이 하나님을 위해서 차려진 음식이라면 불신자들이 나무 아래나 산당에 귀신이 먹으라고 음식을 차려놓는 것이나 다름이 없을 것이다. 하나님이 배가 고파 이런 음식을 먹을까? 아니다 성경은 이것이 하나님 자신을 위한 것이 아니라 바로 이스라엘을 위한 것이라고 말한다. "... 이는 이스라엘 자손을 위한 것이요"(레 24:8). 또 상에는 떡을 열두 개를 올려놓았는데(24:5), 이것은 이스라엘 열두 지파, 즉 이스라엘 전체를 의미한다. 열두 떡덩이를 어떻게 이스라엘 전체가 먹을 수 있겠는가? 그래서 하나님은 그들의 대표로 제사장이 먹으라고 하신다(레 24:9). 제사장이 먹는 것은 이스라엘 전체가 먹는 것과 같다.

이 떡상에 대한 봉사를 보자. "안식일마다 이 떡을 여호와 앞에 항상 진설할지니..."(레 24:8). 성전 안에서 봉사하는 행위 하나하나는 예배 행위라고 할 수 있다. 성막에서의 안식일 예배에서 이 떡상의 봉사는 매우 중요한 부분이었을 것이다. 그리고 이 떡을 거룩한 곳에서 먹는 것도 예배 의식의 일부였다(레 24:9).

2) 거룩함을 입은 떡

(1) 바쳐진 제물이므로 거룩한 떡이 됨

이 떡은 거룩한 떡이라고 하였다. "이 떡은 … 이는 여호와의 화제 중 그에게 돌리는 것으로서 지극히 거룩함이니라"(레 24:9). 이것을 화제라고 말한 것은 이 성소의 떡상 위에 놓인 이 떡은 하나님에게 바쳐진 제물임을 강조하기 위함이다. 제물로 바쳐졌다는 것은 첫째로 그것은 하나님의 것이라는 뜻이며, 둘째로 거룩한 것이라는 의미이다.

(2) 향기름을 올려 거룩케 함

레위기서는 또 다음과 같이 말한다. "너는 또 정결한 유향을 그 각 줄 위에 두어 기념물로 여호와께 화제를 삼을 것이며"(레 24:7). 유향, 향유, 관유(붓는 기름) 등은 단어들이 약간씩 다르지만 거의 같은 것으로 볼 수 있으며, 이것 모두 '향기름'으로 표현할 수 있다. 출애굽기 30:22-29에 이러한 향유를 만드는 법이 나와 있는데, 거기에 의하면 유향의 목적은 거룩케 하는 것임을 말한다: "그것으로 거룩한 관유를 만들되 향을 제조하는 법대로 향기름을 만들지니 그것이 거룩한 관유가 될지라"(출 30:25). 그것이 거룩하기 때문에 그것에 접촉하는 것도 모두 거룩하다고 말한다. "그것들을 지극히 거룩한 것으로 구별하라 이것에 접촉하는 것은 모두 거룩하리라"(출 30:29). 특히 이 관유를 성막 기구들에 바르는데, 그것은 거룩하게 하기 위함이었다. "또 관유를 가져다가 성막과 그 안에 있는 모든 것에 발라 그것과 그 모든 기구를 거룩하게 하라 그것이 거룩하리라"(출 40:9). 또 제사장을 세울 때에 기름을 부어 거룩케 한다. "너는 아론과 그의 아들들에게 기름을 발라 그들을 거룩하게 하고…"(출 30:30).

향기름을 떡에 올리는 이유도 이와 같다. 떡 위에 오른 향 냄새가 떡을 감쌀 때에 떡이 거룩함을 입는다. 이렇게 거룩함을 입은 떡은 세상의 그 어떤 좋은 떡보다 아름답다. 이스라엘 사람들은 성전 뜰에서 이 음식을 먹을 때에 선택받은 백성들이 하나님의 성전에서 거룩한 음식을 먹는다는 자부심과 기쁨을 그들은 만끽하였을 것이다.

(3) 언약의 떡

이 떡상의 규례에서 그것을 언약의 떡으로 표현한다: "항상 매 안식일에 이 떡을 여호와 앞에 진설할지니 이는 이스라엘 자손을 위한 것이요 영원한 언약이니라"(레 24:8). 언약과 떡과 어떤 관계가 있는가? 옛 언약에도 떡의 요소에 나타난다. 시내산 언약에서 피를 뿌림으로 언약 의식이 행하여진 후 하나님은 이스라엘 대표들을 산 위로 불러 올렸다(출 24:9). 산 위는 바로 하나님 임재의 장소였다. 그곳에서 그들은 "하나님을 보고 먹고 마셨다"(출 24:11). 피로 언약이 체결되었으므로 이제 그들은 하나님의 백성이 되었었다. 하나님은 자기 백성을 자신의 임재의 장소에 부르셔서 그들에게 음식을 먹게 한 것이었다.

그 시내산 언약의 요소가 그대로 성막으로 옮겨졌다. 이스라엘은 하나님 임재의 장소에서 제사의 예배를 드린 후 거룩한 떡을 먹는다. 이러한 성전 봉사 모두가 예배 행위이다. 성막 혹은 성전 예배는 곧 언약 갱신의 의식이라고 할 수 있다. 하나님은 매 안식일마다 백성들을 성막에 와서 이런 언약 갱신의 예배를 드리도록 명령하였다.

(4) 떡상의 모형론적 의미

신약 예배에서도 구약 예배와 같이 떡이 있다. 곧 성찬식에서 그것을 볼 수 있다. 시내산 언약과 성찬식의 연관성을 다음의 도식과 같이 두 가지 측면에서 볼 수 있다.

피뿌림: 시내산 언약(제사, 피뿌림) → 성막(대속죄일과 속죄소)
→ 성찬식(포도주, 예수님의 피)

떡: 시내산 언약(식사 제공) → 성막(떡상, 성소에서 먹음)
→ 성찬식(떡, 예수님의 살)

위의 도식 중 떡상과 관련된 성찬의 의미를 더 자세히 살펴보면 다음과 같다.

성찬식에 예수님은 떡을 떼어서 제자들에게 주시면서 "받아서 먹으라 이것은 내 몸이니라"고 하셨다(마 26:26). 이것은 내일이면 예수님이 십자가에 달려 찢기실 자기 몸을 가리키기는 것이었다. 일찍 예수님은 자신이 하늘에서 내려온 떡이라고 하셨다. 오병이어의 사건 뒤에 사람들이 옛 조상들이 광야에서 옛 만나를 먹었던 것을 상기하면서(요 6:31), 예수님께 "주여 이 떡을 항상 우리에게 주소서"라고 요청하였다(요 6:34). 예수님은 다음과 같이 말씀하셨다: "예수께서 이르시되 나는 생명의 떡이니 내게 오는 자는 결코 주리지 아니할 터이요"(요 6:35, 역시 6:48, 49, 50, 51을 보라). 또 "내 살은 참된 양식이요 내 피는 참된 음료로다. 내 살을 먹고 내 피를 마시는 자는 영생을 가졌고 마지막 날에 내가 그를 다시 살리리니"라고 하셨다(요 6:55~56). 이 말씀은 성찬식의 떡(예수님의 살을 상징)과 포도주(예수님이 피를 상징)를 연상케 한다.

구약 성막에서의 떡을 '화제'라고 했으며, 그래서 거룩한 것이라고 하였다. 이스라엘 백성이 하나님 임재 안에서 그것을 먹는 특권을 누렸다. 성찬식에서 제자 혹은 믿는 사람이 먹어야 할 떡도 제물로 바쳐지는 예수님의 몸을 가리키며, 그래서 신령한 음식이다. 오늘날 우리도 예배 중에 하나님 안에서 하나님의 백성으로서 제물로 바쳐진 예수님, 신령한 떡(예수님의 영적인 몸)을 먹는 특권을 가진다.

정리하면, 구약 성막에서 하나님은 안식일 예배 중에 그 거룩한 떡을 백성들에게 먹게 하였다. 백성은 그것을 먹음으로서 하나님의 백성이 된 자부심을 느끼며, 하나님과 맺은 언약을 기억하였다. 신약 예배도 언약 갱신적 예배가 되어야 한다. 우리도 예배에서 하나님은 우리 왕이심을 확인하고, 또 성찬 예식을 행함으로써 하나님 앞에서 거룩한 떡을 먹는 기쁨을 누려야 하겠다.

2. 등잔대(메노라)

1) 등잔대의 특이점

등잔대는 불을 붙이는 등잔을 올려놓는 대이다(lamp stand). 등잔대에 특이한 것은 일곱 가지들에 살구꽃 모양을 가지고 있다는 것이다. 가지들이 갈라져 나가는 마디에 살구꽃 꽃받침을 만들어 원가지와 각 줄기들을 연결되게 만들었고(출 25:35~36), 각 가지들에는 살구꽃 모양의 잔을 만들었다(25:33). 이 등불을 밝히는 것은 등대의 모양이 살구꽃으로 된 것과 연관이 있을 것으로 추측된다.

"살구꽃"과 관련된 쇠케드(שָׁקֵד)는 영어로는 아몬드(almond)로 번역되었다. 아몬드는 봄에 처음으로 마른 가지에서 꽃을 터트리는 나무이다. 이 나무는 봄을 기다리는 사람에게 봄이 옴을 알려주는 나무로 인식되어 왔다. 한국의 매화와 같다고 할 수 있다.

이 살구나무(아몬드)는 하나님이 예레미야를 선지자로 부르실 때에 환상으로 그의 사명을 일깨워 주실 때에 사용한 나무였다: "여호와의 말씀이 또 내게 임하니라 이르시되 예레미야야 네가 무엇을 보느냐 하시매 내가 대답하되 내가 살구나무 가지를 보나이다"(렘 1:11). 하나님은 직접 그 환상의 의미가 무엇인지를 말씀해주신다: "여호와께서 내게 이르시되 네가 잘 보았도다 이는 내가 내 말을 지켜 그대로 이루려 함이라"(1:12). 여기의 "지켜"라는 단어가 쇠카드(שָׁקֵד)이다. 쇠카드의 뜻은 '깨어있다, 지켜보다, 관찰하다, 감시하다'의 의미이다. 이 환상의 목적은 하나님 자신이 하시는 말씀은 분명히 이루어진다는 것을 주시시키며, 또한 선지자는 말씀을 전할 뿐만 아니라 그 말씀이 어떻게 이루어질 것인지를 관찰하는 자라는 것을 명심하게 한 것이다.

이 쇠케드는 선지자와 말씀과 관계가 있는 것은 분명하다. 등대에 왜 쇠케드 나무의 모양들을 만들어 놓은 것은 분명 의미가 있을 것이다. 뒤에 그 의미가 어떻게 드러나는지를 살펴보겠다.

2) 등대의 규례(레 24:1~4)

등대를 돌보는 사람은 아론과 그 아들들(출 27:21), 즉 제사장이다. 제사장은
감람기름(Olive Oil)을 가져와 등잔에 붓고, 끊이지 말고 등불을 켜라고 하신
다(27:20). 제사장은 등불이 꺼지지 않도록 세밀히 살펴야 한다(레 24:2~3).그
런데 이 등불은 항상 켜져 있어야 하는지 아니면 저녁부터 아침까지만 밝히는
것인지 논란의 소지가 있다.

다음 구절을 보면 항상 켜있어야 하는 것처럼 보인다: "이스라엘 자손에게 명
령하여 불을 켜기 위하여 감람을 찧어낸 순결한 기름을 네게로 가져오게 하여
계속해서 등잔불을 켜 둘지며"(레 24:2). "계속해서"의 타미드(תָּמִיד)는 '계속' 혹
은 '영속'을 의미한다. 이것만 보면 불을 계속적으로 켜고 있어야 하는 것으로
볼 수 있다.

혹시 저녁부터 아침까지만 불을 밝히나 하는 의문을 가질 구절도 있다: "아
론은 회막안 증거궤 휘장 밖에서 저녁부터 아침까지 여호와 앞에 항상 등잔불
을 정리할지니"(레 24:3). 여기의 "정리하다"의 아라크(עָרַךְ)는 '정리하다, 배열
하다'의 의미가 있는데, 영어성경 NIV는 'to tend(돌보다, 보살피다)'로, NASB
는 'to keep it(보존하다)'로 번역한다. 본문의 뜻은 밤 사이에 등잔불이 줄어들
거나 꺼지지 않도록 잘 보살피라는 의미이지 저녁에 켜고 아침에는 끄라는 말
이 아니다. 또 향을 피우는 규례를 말하면서 아론이 아침에 "등불을 손질할 때"
향을 사르라고 말한다(출 30:7). 이때에 "손질하다"에는 야타브(יָטַב, 좋게하다)
가 사용되었는데, NIV는 'to tend(돌보다, 보살피다)'로, NASB는 'to trim(짜르
다)'로 번역한다. 여기에서도 아침에 불을 켠다는 의미가 아니다. 또 그 다음 구
절에 "또 저녁때 등불을 켤 때에"(30:8)라는 말에서 "켜다"로 번역된 단어의 알
라(עָלָה)는 '올라가다'이다. 이것도 불을 켜는 것이 아니다.

등불의 봉사와 관련된 모든 구절들은 등불이 고르게 잘 타오르도록 잘 손질
하고 돌보라는 것이다. 불이 줄어들거나 꺼지는 이유는 두 가지가 있다. 첫째,
기름이 없거나, 둘째, 심지가 타서 굳어지기 때문이다. 그래서 제사장은 아침

과 저녁에 기름을 잘 공급하고 수시로 심지가 탄 부분을 짤라주어 불이 최상으로 잘 타오르록 해주라는 것이다. 특히 밤 사이에 더 세심히 잘 돌보라는 것이다. 하나님은 등불이 조금이라도 흐트러지거나 불이 줄어드는 것을 용납하지 않았다는 것이다. 이 부분을 중요하게 다룬 이유는 나중에 촛대의 사명과 연관이 있기 때문이다.

3) 등잔대의 기능(역할)

(1) 등잔대는 누구를 위해 불을 밝히나?

왜 불을 밝히라고 하셨을까? 하나님이 어둡지 않도록 불을 밝혀주어야 했을까? 그것이 아닌 것은 하나님은 오히려 캄캄한 데 계시겠다고 하였기 때문이다: "그 때에 솔로몬이 가로되 여호와께서 캄캄한 데 계시겠다 말씀하셨사오나"(왕상 8:12). 하나님이 스스로 어둠을 선택하셨는데 자신을 위해 불을 밝히라고 할 필요가 없는 것이다. 불을 밝힌다는 것이 무슨 의미인지는 나중에 밝히도록 하겠다.

(2) 등잔대는 무엇(누구)인가?

① 여호와 혹은 예수님인가? 구약에 여호와께서 등불이라고 한 구절은 있다: "여호와여 주는 나의 등불이시니 여호와께서 나의 흑암을 밝히시리이다"(삼하 22:29). 또 신약에서도 예수님이 빛이라고 말하는 구절들도 나타난다: "빛이 어두움에 비취되 어두움이 깨닫지 못하더라"(요 1:5); "참빛 곧 세상에 와서 각 사람에게 비취는 빛이 있었나니"(요 1:9). 따라서 등잔대는 하나님 혹은 예수님으로서 사람을 위해 빛을 비추는 것으로 생각할 수도 있다.

그러나 위의 논리에 의문이 제기된다. 성막의 구조에서 성소와 지성소를 비교해 볼 때에 지성소는 하나님의 공간이지만 성소는 백성의 공간이다. 떡상도 백성을 위한 것이고, 향단도 백성이 하나님께 기도하는 도구이다(나중에 논할 것임). 따라서 성소에 하나님 자신이 서 있는 것은 맞지 않다. 또 하나님이 불을 잘 밝히기 위해 사람(제사장)이 등불을 잘 돌보아야 한다는 것도 맞지 않다. 사람이 기름을 제공하고 보살펴 주어야 하나님이 제대로 된 등불 역할을 할 수 있는가? 만약 사람의 실수로 등불이 꺼진다면 하나님의 빛의 역할도 꺼지는가? 하나님 혹은 예수님의 빛이 사람의 봉사에 좌우된다는 것은 있을 수 없다.

② 등대는 다윗이며, 등불은 그의 왕권인가? 하나님은 다윗의 등불을 여러 번 말씀하셨다: "그 아들에게는 내가 한 지파를 주어서 내가 내 이름을 두고자 하여 택한 성 예루살렘에서 내 종 다윗에게 한 등불이 항상 내 앞에 있게 하리라"(왕상 11:36; 역시 15:4; 왕하 8:19; 대하 21:7을 보라). 또 다윗과 같은 왕(메시야를 가리킴)에 대해서도 등을 말한다: "내가 거기서 다윗에게 뿔이 나게 할 것이라 내가 내 기름 부은 자를 위하여 등을 예비하였도다"(시 132:17). 여기에서 하나님이 다윗에게 주셨던 등불은 온전한 통치권을 말한다. 성경에 등불이 나온다고 해서 무조건 성전의 것으로 대입시키는 것은 무리이다. 성경 어디에서도 다윗의 등불이 성전의 등불을 가리킨다는 것은 없다. 또 다윗 이전에도 이 등불은 있어야 하였다. 그러므로 이것을 다윗에게 국한시켜서도 안될 것이다.

구약에서는 등대는 무엇을 위해 있는지, 그리고 무엇을 위해 불을 밝히라고 하셨는지 찾을 길이 없다. 그래서 신약에서 그 의미를 찾아보아야 하겠다. 그런데 신약에 가기 전에 구약에서 꼭 보아야 할 곳이 있다. 바로 스가랴서이다.

③ 스가랴가 본 등잔대(슥 4장). 스가랴 4장은 바벨론 포로에서 돌아온 사람들이 성전을 재건하고 있는 중에 스가랴가 본 성전의 환상이다. 그런데 스가랴가 본 성전에서 다른 것은 없고 오직 등대만 묘사되고 있다. 천사가 스가랴에게 '무엇을 보느냐'고 물었다. 스가랴가 대답하였다: "내가 보니 순금 등대가 있는데 그 꼭대기에 주발 같은 것이 있고 또 그 등대에 일곱 등잔이 있으며 그 등대 꼭대기 등잔에는 일곱 관이 있고"(슥 4:2).

그런데 그 곁에 등대를 돌볼 제사장이 있어야 하는데, 다른 것이 있다: "그 등대 곁에 두 감람나무가 있는데 하나는 그 주발 우편에 있고 하나는 그 좌편에 있나이다"(4:3). 주발은 기름을 담아 등잔에 붓는 그릇으로 보인다. 이 등대 옆에 제사장 대신 두 감람나무가 있어 주발이 이 감람나무에서부터 기름을 받는 모습으로 보인다. 이 환상의 초점에는 등대와 거기에 기름을 제공하는 두 감람나무에 모여 있다.

스가랴는 왜 감람나무가 등대 옆에 있는지 궁금하여 물었다: "금 기름을 흘려내는 두 금관 옆에 있는 이 감람나무 두 가지는 무슨 뜻이니이까?"(슥 4:12). 천사가 대답했다: "가로되 이는 기름 발리운 자 둘이니 온 세상의 주 앞에 모셔섰는 자니라"(슥 4:14). 기름부음 받은 자는 왕, 제사장, 선지자가 해당한다. 여기에 기름 발리운 자 둘에 대하여 일반적으로 대부분의 학자들은 당시의 총독인 스룹바벨과 대제사장 여호수아라고 풀이한다. 이 두 사람은 이 성전을 재건하는 공사를 이끌고 있는 사람들이다. 물론 일차적으로는 그것이 맞는 말이다. 그러나 우리는 그냥 그 두 사람이라고만 하고 끝낼 수 없다. 단순히 스룹바벨과 여호수아라는 것이 맞지 않는 이유는 다음과 같다.

첫째, 아론의 후예가 아닌 스룹바벨과 같은 사람이 등대에 기름을 제공하는 봉사를 하는 것이 맞지 않다. 스룹바벨은 다윗의 후손이다.

둘째, 12절에 감람나무가 "금 기름을 흘려 내린다"고 하였는데, 이것은 그가 가장 좋은 기름으로 완벽한 봉사를 하는 것으로 말하는 것이다. 스룹바벨과 여호수아 자신이 기름을 직접 흘러내고 있다는 것이 맞지 않으며, 또 그들이 그러한 완벽한 봉사를 할 수 있는 사람인지는 의문이다. 따라서 여기에 "기름 부음받은 자"는 메시아로 보아야 한다.

셋째, 14절에는 기름 발리운 자 둘은 "온 세상의 주 앞에 모셔 섰는 자"라고 한다. 두 사람의 봉사가 이스라엘에 한정된 것이 아니라 세상을 향한 것임을 가리키는 것이다. 따라서 이스라엘에 한정된 봉사를 하는 것도 힘겨운 스룹바벨과 여호수아로 볼 수 없다.

넷째, 스가랴의 다른 장들에서 대제사장직과 왕직을 가진 미래의 '싹'에 대하여 말하고 있다. 여기에도 그와같은 맥락에서 읽어야 한다.

그러면 제사장직과 왕직이 함께 나오는 스가랴의 다른 구절들을 보자. 먼저 스가랴 3장에서 하나님이 대제사장 여호수아의 죄를 제거하고 아름다운 옷을 입혀주라고 하자, 스가랴가 얼른 다음과 같이 추가로 요청했다: "내가 말하되 정결한 관을 그의 머리에 씌우소서 하매 곧 정결한 관을 그 머리에 씌우며 옷을 입히고 여호와의 천사는 곁에 섰더라"(슥 3:5). 물론 제사장도 관을 썼다. 그러나 대제사장이 쓰는 "관"의 *미그바아*(מִגְבָּעָה)는 일종의 모자와 같은 것이다. 여기에서 "관"의 차니프(צָנִיף)는 성경 다른 곳에는 왕의 관으로 사용되었다: "너는 또 여호와의 손의 아름다운 면류관, 네 하나님의 손의 왕관(차니프)이 될 것이라"(사 62:3). 그런데 하나님은 여호수아와 그 동료들은 앞으로 나게 될 "내 종 싹"을 위한 예표의 사람들이라고 하였다. 여기 "싹"의 *채마흐*(צֶמַח)는 자주 메시아를 가리키는 데에 사용되었다(렘 23:5; 33:15 등). 여기에도 메시아를 가리키는 것으로 보아야 한다. 그 메시아는 제사장 복을 입고 왕관을 썼다. 메시아의 이중직, 즉 왕직과 제사장직을 동시에 가진 것을 가리킨다.

하나님은 스가랴 6장에서 스가랴에게 금으로 면류관을 만들어 대제사장이 여호수아의 머리에 씌우라고 하였다(슥 6:11). 그리고 하나님은 그 행위에 대한 의미를 다음과 같이 말해주었다: "보라 싹이라 이름하는 사람이 자기 곳에서 돋아나서 ... 그가 여호와의 전을 건축하고 영광도 얻고 그 자리에 앉아서 다스릴 것이요 또 제사장이 자기 자리에 있으리니 이 둘 사이에 평화의 의논이 있으리라 하셨다"(슥 6:12, 13). 여기서도 싹(채마흐)도 메시아를 가리키는 용어이다. 그에게 왕권과 함께 제사장권도 주어질 것이다.

스가랴 4장으로 돌아가서, 하나님은 아직 성전건축 중에 있는 그 때에 왜 하나님이 스가랴 선지자에게 그 환상을 보여주었을까? 그 이유는 스룹바벨이 완성할 성전이 아닌 그 미래의 것을 내다보라는 메시지를 주기 위해서이다. 그것은 미래의 참 성전에서 이루어질 등잔대에 대한 완전한 봉사에 대하여 말씀해 주고 싶은 것이었다. 그 봉사자는 왕권과 제사장권을 가진 자가 할 것임을 보여준 것이다. 이러한 봉사의 모습을 우리는 신약의 계시록에서 볼 수 있다.

4) 등잔대의 모형론적 해석: 사도 요한이 본 등잔대(계 1:12~20)

요한은 하늘 성소를 보는데, 맨 먼저 그 성소 안에 있는 일곱 금 촛대를 보게 된다(계 1:12~13). 여기에서 촛대로 번역된 *루크니아*(λυχνία)는 70인역본에서 성전에 있었던 등잔대(메노라)에 사용되었다. 신약에서는 '등경'으로 번역되기도 하였다(마 5:15 등). 따라서 요한이 본 일곱 촛대는 성전에 있었던 등잔대를 가리키는 것이 틀림없다.

만약에 그 촛대가 성전의 등잔대라면 그 사이를 왕래하는 사람은 제사장이어야 한다. 그런데 계시록에서 촛대 사이로 왕래하는 "인자같은 이"는 부활하신 예수님이다(단 7:13; 마 26:64; 행 7:55, 56 참조). 그가 발에 끌리는 옷을 입고 가슴에 띠를 하였다(계 1:13)는 것은 제사장의 모습이다. 유대에는 땅이 메마르기 때문에 일반인들은 끌리는 옷을 입지 않는다. 오직 제사장은 성전에서 옷이 발을 가려야 한다. 그런데 그는 단순히 제사장의 모습뿐만이 아니라 왕적인 모습도 가지고 있다.

그 머리와 털의 희기가 흰 양털 같고 눈 같으며 그의 눈은 불꽃 같고(1:14)

그의 발은 풀무에 단련한 빛난 주석 같고 그의 음성은 많은 물 소리와 같으며(1:15)

그 오른손에 일곱 별이 있고 그 입에서 좌우에 날선 검이 나오고 그 얼굴은 해가 힘있게 비취는 것 같더라(1:16)

곧 산 자라 내가 전에 죽었었노라 볼지어다 이제 세세토록 살아 있어 사망과 음부의 열쇠를 가졌노니(1:18)

위의 모든 표현은 힘 있는 왕의 모습이다. 그가 제사장과 왕으로서 촛대사이를 다니시는 것이다. 이것은 스가랴가 보았던 그 환상의 참 모습이라고 할 수 있다. 예수님이 촛대 사이로 다니시면서 무엇을 하겠는가? 그가 제사장의 모습으로 기름을 부어 촛불을 켜고, 또 왕적인 분으로서 등불을 돌보고, 그 등불을 해

치려는 자를 무찌르는 일을 할 것이다.

그러면 예수님이 돌보고 있는 이 촛대는 무엇일까? 계시록은 바로 이 일곱 촛대가 일곱 교회라고 한다: "네 본 것은 … 일곱 촛대는 일곱 교회니라"(1:20). 일곱 교회는 전체 교회를 대표하는 것으로 볼 수 있다. 구약 성막은 참 거룩한 곳이었다. 그곳에서 불을 밝히는 등잔대는 영광스럽고 거룩한 기물이었다. 그런데 신약에서는 거기에 더하여 예수님이 제사장이요 왕으로서 촛대를 돌보고 계신다. 불을 밝혀야 하는 교회는 얼마나 자랑스러운가?

예수님만 촛대를 돌보는 것이 아니라 거기에 일곱 사자가 있다: "네가 본 것은 내 오른손의 일곱 별의 비밀과 또 일곱 금 촛대라 일곱 별은 일곱 교회의 사자요 일곱 촛대는 일곱 교회니라"(1:20). 그뿐만 아니라 성령도 교회를 돌보신다(1:4, 5 참조). 성령을 '일곱 영'이라고 표현한 것은 교회를 일곱으로 표현했기 때문으로 보아야 한다. 성령이 그 교회를 돌보신다는 의미일 것이다. 그러면 교회가 등불을 밝힌다는 것이 무엇일까?

(1) 온전한 신앙을 지키는 것

계시록 1장 마지막에 주님은 "일곱 촛대는 일곱 교회"라고 말씀하시고는 바로 다음에 그 일곱 교회에게 편지하라고 하신다(계 2:1이하). 그리고 그들이 어떻게 신앙생활을 해야 할 것인지를 말씀하신다. 촛대를 돌보신 예수님이 그 촛대에게 당부하신 것은 곧 그들이 어떻게 등불을 밝혀야 하는지를 말씀해 주신 것으로 볼 수 있다. 이 일곱 교회에 대한 말씀을 간단하게 몇 가지만 보면, 처음 사랑을 되찾을 것(2:4~5), 음행을 삼갈 것(2:14), 말씀을 지킬 것(3:8), 그리고 환란을 잘 견딜 것(2:10) 등을 들 수 있다. 만약 그들이 계속 돌이키지 않을 때에는 "네 촛대를 그 자리에서 옮기리라"고 경고하셨다(2:5하).

그러나 안타깝게도 처음 편지를 받은 일곱 교회는 그 역할을 다하지 못한 것 같다. 지금 터어키 옛 교회가 섰던 곳에 가보면 옛날의 그 교회들은 흔적도 없이 사라지고 없다. 온전한 불을 밝히는 사명을 다 못하였기 때문에 촛대를 옮겨버린 것이다.

(2) 세상을 밝히는 것

스가랴 4장의 두 감람나무에 대한 설명에 기름부음 받은 자 둘은 "온 세상의 주 앞에 서 있는 자"라고 하였다(슥 4:14). 메시아가 세상을 향한 역할이 있음을 말하는 것이다. 그 주님이 촛대를 봉사하므로, 교회도 세상을 비추는 것이어야 한다. 신약에 많은 구절이 성도(혹은 교회)는 세상을 비추는 빛이 되어야 한다고 말한다.

너희는 세상의 빛이라 산 위에 있는 동네가 숨기우지 못할 것이요(마 5:14).

사람이 등불을 켜서 말 아래 두지 아니하고 등경 위에 두나니 이러므로 집안 모든 사람에게 비취느니라(마 5:15).

이같이 너희 빛을 사람 앞에 비취게 하여 저희로 너희 착한 행실을 보고 하늘에 계신 너희아버지께 영광을 돌리게 하라(마 5:16).

옛날 한국교회는 이런 사명을 잘 감당하였다. 초기에 한국에 온 선교사들은 한국사회를 선도하는 교회를 세우겠다고 다짐했으며, 그래서 교회와 학교, 그리고 병원을 세웠다. 이전의 교회는 사회를 밝히는 등불이 되었다. 교회는 그러한 초심을 잃지 않아야 할 것이다.

(3) 복음을 전하는 것

누가복음 8장에 주님은 하나님 나라를 선포하시며 복음을 전하셨는데(눅 8:4~15), 대표적으로 씨 뿌리는 비유를 말씀하셨다. 씨 뿌리는 비유는 하나님 나라의 현재성을 가장 잘 나타내준다. 씨 뿌리는 비유의 중심 메시지는 '하나님 나라는 계속 자란다'는 것이다. 씨를 뿌린다는 것은 복음 전파를 의미하고, 그 뿌려진 말씀이 초반에 혹은 중간에 실패하는 경우도 있지만 결국 많은 결실을 맺음으로써 하나님 나라가 확장하여 간다.

이 씨 뿌리는 비유는 등불의 교훈으로 결론 맺는다: "누구든지 등불을 켜서 그릇으로 덮거나 평상 아래에 두지 아니하고 등경 위에 두나니 이는 들어가는 자들로 그 빛을 보게 하려 함이라"(눅 8:16). 그릇으로 덮는 이유는 환란이 닥칠 때에 행여 내가 가진 이 불조차 꺼질까 보호하는 것이고, 평상 아래 두는 것은 복음을 부끄러워하는 것을 말한다. 이렇게 복음을 숨기는 사람은 결국 자기가 가진 것도 빼앗길 것이다(8:18).

계시록 11:4에 또 촛대가 나온다. 11장 이전 10장 마지막에는 천사가 요한에게 두루마리를 먹으라고 하였다(계 10:9). 요한이 먹으니 입에는 꿀 같이 다나 배에서는 쓰게 되었다(10:10). 입에는 달다는 것은 말씀을 읽을 때 혹은 말씀을 들을 때에는 달콤하다는 것이다. 배에서 쓴 것은 이 말씀대로 살아갈 때에, 혹은 복음을 전파할 때에 어려움이 따른다는 것을 의미한다. 그리고는 천사가 말한다: "네가 많은 백성과 나라와 방언과 임금에게 다시 예언하여야 하리라"(10:11). 마지막 때에 복음을 전해야 하는 선지자로서의 사명을 주신 것이다. 11장은 이 주제가 계속 연결된다.

11장의 주요 내용은 마지막 때에 선지자의 역할을 말한다. 두 증인이 권세를 받고 예언을 하는데(11:3), "증인"의 마르투스(μάρτυς)는 예수에 대한 증거를 하는 사람에게 사용된 단어이다(행 1:8; 13:31). 그리고 그들에 대하여 다음과 같이 말한다: "그들은 이 땅의 주 앞에 서 있는 두 감람나무와 두 촛대니"(계 11:4). 그리고 이것을 다음과 같이 해석한다: "이 두 선지자가..."(계 11:10). 본문을 해석하는 데는 많은 어려움이 있다. 그러나 주 메시지는 마지막에 교회 혹은 성도가 해야 하는 선지자의 사명, 즉 복음 전하는 사명을 감당하라는 것이다.

구약에서 하나님이 예레미야 선지자를 부르실 때에 살구나무(쇠케드)를 보여주셨는데, 살구나무가 선지자의 상징이라 할 수 있었다. 선지자는 하나님의 말씀을 전할 뿐 아니라, 그 하나님의 말씀이 어떻게 이루어지는지를 깨어서 관찰하는 자가 되라고 하셨다. 우리는 등잔대가 쇠케드 모양을 갖추고 있음을 인식해야 한다. 그리고 그 등대는 바로 교회라고 하였다. 등대는 교회의 선지자적 사명자임을 암시하는 것으로 볼 수 있다.

정리하면, 성소의 등대는 불을 밝히기 위한 기구였는데 구약에서는 이스라엘, 신약에서는 교회가 해야 할 사명을 말하는 것이다. 교회가 등불을 밝힌다는 것은 바른 그리고 온전한 신앙을 지켜야 하다는 것이며, 세상을 향에 빛을 발해야 한다는 것이며, 또 선지자로서의 복음을 전하는 사명을 감당해야 하는 것이다. 교회가 성소에서 불을 밝히는 사명을 부여받은 등대라고 생각하면 참으로 영광스럽다. 따라서 교회는 등불의 역할을 잘 감당해야 한다. 하나님은 조금이라도 흐트러지거나 불이 꺼지는 것을 용납하지 않으셨다. 이것은 촛대의 사명이 어떠해야하는지를 잘 보여주는 것이다. 구약 시대의 문제는 봉사하는 제사장에게 있었겠지만, 신약에서는 봉사하시는 예수님과 성령님은 완벽하시다. 문제가 생긴다면 촛대에게 있음을 명심해야 한다.

5) 성막 구조물의 제작(26:1~30)

성막 안에 놓인 기구들을 말하는 있는 중에 본문은 갑자기 성막 전체의 구조로 넘어간다. 먼저 중요한 기구들을 우선 말해놓고 전체 구조를 설계한 후에 나머지 기구들은 그 놓일 위치와 관련해서 다시 언급될 것이다.

(1) 성막을 덮는 휘장(26:1~14)

> 1 너는 성막을 만들되 가늘게 꼰 베 실과 청색 자색 홍색 실로 그룹을 정교하게 수 놓은 열 폭의 휘장을 만들지니 2 매 폭의 길이는 스물여덟 규빗, 너비는 네 규빗으로 각 폭의 장단을 같게 하고 3 그 휘장 다섯 폭을 서로 연결하며 다른 다섯 폭도 서로 연결하고 4 그 휘장을 이을 끝폭 가에 청색 고를 만들며 이어질 다른 끝폭 가에도 그와 같이 하고 5 휘장 끝폭 가에 고 쉰 개를 달며 다른 휘장 끝폭 가에도 고 쉰 개를 달고 그 고들을 서로 마주 보게 하고 6 금 갈고리 쉰 개를 만들고 그 갈고리로 휘장을 연결하여 한 성막을 이룰지며 7 그 성막을 덮는 막 곧 휘장을 염소털로 만들되 열한 폭을 만들지며 8 각 폭의 길이는 서른 규빗, 너비는 네 규빗으로 열한 폭의 길이를 같게 하고 9 그 휘장 다섯 폭을 서로 연결하며 또 여섯 폭을 서로 연결하고 그 여섯째 폭 절반은 성막 전면에 접어 드리우고 10 휘장을 이을 끝폭 가에 고 쉰 개를 달며 다른 이을 끝폭 가에도 고 쉰 개를 달고 11 놋 갈고리 쉰 개를 만들고 그 갈고리로 그 고를 꿰어 연결하여 한 막이 되게 하고 12 그 막 곧 휘장의 그 나머지 반 폭은 성막 뒤에 늘어뜨리고 13 막 곧 휘장의 길이의 남은 것은 이쪽에 한 규빗, 저쪽에 한 규빗씩 성막 좌우 양쪽에 덮어 늘어뜨리고 14 붉은 물 들인 숫양의 가죽으로 막의 덮개를 만들고 해달의 가죽으로 그 윗덮개를 만들지니라

본문은 "너는 성막을 만들되... 열 폭의 휘장을 만들지니"라고 말한다(26:1). "휘장"의 예리아(יְרִיעָה)는 '커튼(curtain), 막'을 의미하며, 여기서는 성막을 덮

는 덮개(지붕)를 말한다. 이 덮개는 네 겹으로 만들어졌다. ① 맨 아래 막은 여러 색깔의 직물을 엮어서 만들었고(1절, '성막'이라 불림); ② 두 번째 겹은 염소털로 만든 휘장으로서 첫 번째 막을 덮었고(7절, '성막을 덮는 막'이라 불림); ③ 세 번째 겹은 붉게 물들인 수양의 가죽으로 만들었고(14절상, '막의 덮개'라 불림); ④ 맨 위의 겹은 해달의 가죽으로 만들었다(14절하, '윗덮개'라 불림).

26:1에서 "너는 성막을 만들되"라고 말하는데, 이 "성막"의 미쉬칸(מִשְׁכָּן)은 일반적으로 하나님이 거주하는 성막 전체를 의미하지만 본 절에서는 성막 지붕 덮개의 맨 아래 겹의 막을 일컫는다. 이 막(휘장)은 "가늘게 꼰 베실과 청색 자색 홍색실"로 정교히 수놓아 만들라고 했다. 여기에 언급된 염색된 실들은 그 중요성과 가격에 따른 순서로 쓰인 것 같다. "가늘게 꼰 베실"은 좋은 아마포로 세밀하게 꼬아 만든 실이다. 아마포의 원산지는 이집트이며, 매우 고급스런 실(혹은 천)으로 취급된다.

성막을 만드는데 다양한 직물을 제작하는 방법이 나타난다. 첫째는 1절에 '정교하게 수놓아'라는 표현은 가장 세밀한 직제 작업으로서, 성막의 맨 밑 덮개와 지성소와 성소를 가르는 휘장, 그리고 대제사장의 에봇과 흉패(가슴받이)를 제작하는데 사용되는 기술이다(26:1,31; 28:6,15). 둘째는 '수놓는' 작업인데('정교히'라는 말이 빠졌음), 중요성에서 한 단계 낮은 천을 제작할 때 사용하는 방법이었다. 성막과 뜰을 구분 짓는 휘장, 뜰의 문에 치는 휘장, 제사장 의복 중에 허리띠를 제작할 때에 사용되었다(26:36; 27:16; 28:39). 셋째는 '짜기'인데, 성막에서 상대적으로 덜 중요한 것을 만드는 직물에 사용되었다. 일반 제사장 겉옷이나 속옷 등의 제작에 사용되었다.[11]

제1겹(제1 앙장, 맨 아래쪽 덮개)은 성막 안쪽에서 보이는 천장이었으므로 고가에 해당하는 가는 베실과 여러 색갈의 귀한 실을 사용하여 "정교하게 수놓은" 최상의 직물로 만들어졌다. 그리고 거기에 그룹 천사를 수놓았다(1절하). 금으로 입힌 벽과 함께 화려한 천정은 성막 안을 아름답게 만들었다. 성막 안

---

11 박철현,『출애굽기 산책』, 215.

은 하나님이 임재하는 장소이며, 가장 거룩한 곳이다. 세계, 아니 우주에서 가장 거룩한 장소라고 할 수 있다. 따라서 그 내부는 가장 아름답고 고귀하게 꾸며져야 할 당위성이 있다.

이 첫 휘장은 열 폭으로 만들라고 하였다(26:1). 각 폭의 크기는 길이는 28규빗(약 12.8m), 넓이는 4규빗(약 1.8m)의 직사각형이며, 열 폭 모두 꼭 같은 크기였다(2절). 휘장은 다섯 폭을 연결하여 한 조를 이루게 하여 두 조로 나누어서 만들었다. 각 휘장 폭의 "끝폭 가"에는 청색 실로 50개의 고(고리구멍)를 만들었다(4절). "끝폭 가"로 표기된 히브리어는 *카차*(קָצָה)와 *사파*(שָׂפָה) 두 단어가 사용되었는데 모두 '가장자리, 끝'이라는 의미이다. "고"의 *룰라아*(לֻלְאָה)는 '고리' 혹은 '고리구멍'이다. 여기에서는 고리구멍으로 번역하는 것이 좋다. 고리 50개를 만들어 양쪽 고리구멍에 끼워 두 폭을 연결하게 했다.

두 조의 휘장을 서로 연결하기 위해 금 갈고리 오십을 만들고 그 갈고리로 양쪽 조의 고리구멍에 끼워 서로 연결하여 막이 하나가 되게 하였다(6절). 하나로 된 전체의 길이는 28규빗(약 12.9m), 폭은 40규빗(약 18m)이다. 이 천으로 만든 휘장은 덮개의 여러 겹 중에 맨 아래에 놓이는 것이다.

둘째 겹(제2휘장)은 염소털로 실을 만들어 짠 덮개이다. 염소털이므로 보온과 방한에 효과적이었을 것이다. 크기는 제1휘장을 여유 있게 덮도록 만들었다. 열한 폭을 만들라고 하였는데(7절), 각 폭의 길이가 30규빗(13.7m), 폭은 4규빗(1.8m)으로 각 폭의 길이를 같게 하였다(8절). 이 염소털 휘장의 다섯 폭을 서로 이어 한 조를 만들고, 또 다른 여섯 폭을 서로 이어 한 조를 만들었다(9절). 각 조의 가장자리에 고리구멍을 50개씩 만들었다(10절). 놋 갈고리 50을 만들어 양 조의 고리구멍에 꿰어 서로 연결하여 한 막이 되게 하였다(11절). 제1앙장에서는 금 갈고리를 사용하였지만 여기에서는 놋 갈고리였다. 이것은 중요성에 차이를 둔 것이다. 가운데 들어가는 것이기 때문에 귀한 것을 할 필요가 없다.

제2휘장은 제1의 것(천으로 된 휘장)보다 폭의 수도 하나 더 많고, 각 폭의 길이도 더 길다. 다 연결하면 전체의 길이가 30규빗(약 13.7m), 폭은 44규빗(약

20m)였다. 제1휘장보다 더 크게 만들어 아래의 것을 여유 있게 덮도록 하였다. 이 폭의 남는 부분은 장막 앞쪽에 반폭(2규빗) 밑으로 드리우게 하였고(9절), 또 반폭(2규빗)은 뒤로 드리우게 하였다(12절). 그리고 길이로 남는 것은 양편에 각각 1규빗씩 드리우게 하였다. 이렇게 완전히 덮고도 남게 만든 안쪽의 귀한 휘장을 보호하기 위해서였다.

세 번째 겹(제3휘장)은 붉게 물들인 숫양의 가죽이다. 제4휘장은 해달의 가죽이다(26:14). 이 휘장들을 만드는 세부사항이나 크기는 주어지지 않는다. 제3 앙장을 '막의 덮개'라고 하였고 제4앙장은 그 '웃 덮개'라고 하였다. 수양의 가죽이나 해달의 가죽은 내구성이 강한 것으로 파악된다. 해달(타하쉬, תַּחַשׁ)은 북태평양 근해에 서식하는 족제비과의 바다 짐승으로서, 모피는 암갈색이고 광택이 있으며 육지에 사는 동족인 수달보다는 훨씬 털이 길고 조밀하다. 몸길이는 1m 가량 되며, 모피는 최고급품으로 평가된다. 타하쉬를 대부분의 영어번역 성경에서는 '돌고래'로 번역한다(25:5참조). 돌고래 가죽은 거무스름한 색깔로서 볼품이 없어 보이는 가죽이다. 맨 아래 겹의 각종 색깔로 짠 직물과는 너무 대조적인 모습이다.

해달이거나 돌고래든 이 동물의 가죽은 내구성뿐만 아니라 방수도 잘 되었다. 이 휘장들의 크기는 주어지지 않지만 아래층의 것을 충분히 덮을 수 있는 크기였을 것이다. 이러한 휘장들은 지붕에서부터 옆으로 내려와 놋으로 만든 말뚝(쇄기 못)으로 땅에 고정시켰다(27:19 참조).

(2) 성막 벽을 이룰 나무 널판(26:15~30)

15 너는 조각목으로 성막을 위하여 널판을 만들어 세우되 16 각 판의 길이는 열 규빗, 너비는 한 규빗 반으로 하고 17 각 판에 두 촉씩 내어 서로 연결하게 하되 너는 성막 널판을 다 그와 같이 하라 18 너는 성막을 위하여 널판을 만들되 남쪽을 위하여 널판 스무 개를 만들고 19 스무 널판 아래에 은 받침 마흔 개를 만들지니 이쪽 널판 아래에도 그 두 촉을 위하여 두 받침을 만들고 저쪽 널판 아래에도

그 두 축을 위하여 두 받침을 만들지며 20 성막 다른 쪽 곧 그 북쪽을 위하여도 널판 스무 개로 하고 21 은 받침 마흔 개를 이쪽 널판 아래에도 두 받침, 저쪽 널판 아래에도 두 받침으로 하며 22 성막 뒤 곧 그 서쪽을 위하여는 널판 여섯 개를 만들고 23 성막 뒤 두 모퉁이 쪽을 위하여는 널판 두 개를 만들되 24 아래에서부터 위까지 각기 두 겹 두께로 하여 윗고리에 이르게 하고 두 모퉁이 쪽을 다 그리하며 25 그 여덟 널판에는 은 받침이 열여섯이니 이쪽 판 아래에도 두 받침이요 저쪽 판 아래에도 두 받침이니라 26 너는 조각목으로 띠를 만들지니 성막 이쪽 널판을 위하여 다섯 개요 27 성막 저쪽 널판을 위하여 다섯 개요 성막 뒤 곧 서쪽 널판을 위하여 다섯 개이며 28 널판 가운데에 있는 중간 띠는 이 끝에서 저 끝에 미치게 하고 29 그 널판들을 금으로 싸고 그 널판들의 띠를 꿸 금 고리를 만들고 그 띠를 금으로 싸라 30 너는 산에서 보인 양식대로 성막을 세울지니라

하나님은 조각목(아카시아 나무)으로 널판(판자)을 만들어 세우라고 하셨다 (26:15). 이 널판을 수직으로 세워 성막 벽을 만들기 위해서이다. 이 널판은 단단히 세워져서 성막을 지탱해주는 골격을 이루었다. 각 널판의 길이는 10규빗(4.56m), 넓이는 1.5규빗(68cm)의 크기로 48개의 같은 널판을 만들게 하였다. 각 널판에 두 축을 내어 서로 연결하라고 하였는데(17절상), "축"의 야드 (דד)는 '손'이다. 각 판이 손과 같은 축을 두 개씩 내어 서로 상대의 널판을 잡아 주어 단단하게 잇게 만들었다.

남쪽을 위해 널판 20개를 만들고(17절하), 이 20개의 널판 아래에 은 받침 40개를 만들라고 하였다(19절). 각 널판에 2개씩 받침을 만든 것이다. 각 널판 아래에도 두 축(손)을 만들어 은으로 만든 받침에 끼워 고정시키도록 하였다. 성막 북편을 위해서도 꼭 같이 만들라 하였다. 즉, 널판 20개에(20절) 은 받침 40개를 만들고 각 널판 아래에 두 받침씩 만들어 널판을 세우게 하였다(21절).

성막 뒤쪽 서편을 위해서는 널판 여섯을 만들고(22절), 그 뒤쪽(서편) 양 모퉁이를 위해 널판 둘을 또 따로 만들라고 하였다. 이 모퉁이에는 아래에서 윗고리까지 두 겹 두께가 되게 한 것이다(24절). 이 서편 여덟 널판을 세우기 위

해 은 받침 열여섯 개를 만들고, 각 판 아래에 두 받침씩 받치도록 하였다 (25절).

또 조각목으로 띠(가로막대, 혹은 빗장)를 만들라고 하였는데, 각 편(남, 북, 서)을 위해 다섯 개씩을 만들라고 하였다(26~27절). 이 띠를 세워진 널판들 중간에 띠게 하여 각 널판이 따로 놀지 않도록 하였다. 이 띠는 이쪽 끝에서 저쪽 끝까지 미치게 하였다(28절).

그 널판들을 금으로 싸고, 그 널판들의 중간에 금고리를 만들어 띠를 꿰게 하였다. 역시 띠도 금으로 쌌다(29절). 하나님은 모세에게 산에서 보인 식양대로 성막을 세우라고 당부하셨다(30절).

6) 안 휘장(26:31~35)

> 31 너는 청색 자색 홍색 실과 가늘게 꼰 베 실로 짜서 휘장을 만들고 그 위에 그룹들을 정교하게 수 놓아서 32 금 갈고리를 네 기둥 위에 늘어뜨리되 그 네 기둥을 조각목으로 만들고 금으로 싸서 네 은 받침 위에 둘지며 33 그 휘장을 갈고리 아래에 늘어뜨린 후에 증거궤를 그 휘장 안에 들여놓으라 그 휘장이 너희를 위하여 성소와 지성소를 구분하리라 34 너는 지성소에 있는 증거궤 위에 속죄소를 두고 35 그 휘장 바깥 북쪽에 상을 놓고 남쪽에 등잔대를 놓아 상과 마주하게 할지며

앞에서 성막의 외부 구조가 완성되었다. 이제 하나님은 내부에 성소와 지성소를 구분 지을 휘장을 만들라고 하셨다. 너는 청색 자색 홍색실과 가늘게 꼰 베실로 짜서 장을 만들라고 하셨는데(26:31상), 여기의 "휘장"은 포래캐트 (פָּרֹכֶת)로서 앞에 지붕덮개에 사용되었던 예리아(יְרִיעָה, 휘장)와는 다른 단어이지만, 의미는 비슷하다. 개역개정 판은 둘 다 '휘장'으로 번역하였다. 예리아는 주로 천막에 사용되는 일반적인 용어였고(아 1:5; 사 54:2; 렘 10:20; 49:20,29), 포래캐트는 성막 혹은 성전의 휘장으로만 사용되었다. 이 휘장에 그룹을 수

놓으라고 하셨다(31절하). (그룹 천사에 대하여는 25:17 이하 속죄소에 대한 주석 참조).

이 휘장을 걸 기둥 네 개를 만들라고 하셨다(32절). 이 기둥은 조각목으로 만들고 금으로 싸서 각각 은 받침 위에 세우라고 하였다. 금 갈고리로 네 기둥 위에 드리워서 휘장을 거기에 걸도록 하였다. "드리우다"의 단어 *나탄*(נתן)은 '놓다, 붙이다'이다. 세워진 네 기둥에 고리를 붙여서 휘장을 걸도록 한 것이다.

이 휘장 안에 증거궤를 들여놓고 휘장으로 그 앞을 가리게 하였다. 이 휘장으로 성소와 지성소를 구별하게 하였다(33절). 지성소에 있는 증거궤 위에 속죄소를 올려놓고(34절), 휘장 밖 성소에는 북편에 떡상을 놓고 남편에 등대를 놓아 이 두 기구가 마주보게 하였다(34~35절). 휘장 앞 성소에는 등대에 항상 불이 켜져서 밝혔지만, 지성소에는 암흑이었다. 하나님이 계시는 암흑과 백성의 대표인 제사장이 봉사하는 밝은 곳이 이 휘장으로 나누었다.

이 휘장은 이스라엘이 넘을 수 없는 생명선이었다. 그 너머 지성소에는 오직 대제사장이 일 년에 한번, 즉 대속일에만 들어가서 하나님을 뵐 수 있었다.

교훈과 적용

① 휘장은 "성소와 지성소를 구분"하는 것이다(26:33). 성소는 사람의 지역이었고, 지성소는 하나님의 지역이었다. 하나님이 휘장으로 이 두 지역을 구분해 놓은 것은 사람을 위해서였다. 하나님을 보면 사람이 살 수 없기 때문이다. 그러나 하나님은 그 휘장 뒤에서 그들과 일년에 한번씩 만나 주신다. 그 만남을 통하여 하나님은 백성을 통치하시고, 또 복을 주신다. 하나님은 제사장에게 자신을 대리하여 이렇게 백성을 축복하라고 하셨다: "여호와는 그 얼굴로 네게 비취사..."(민 6:24~27). 오늘날 우리는 이 휘장없이 하나님을 직접 뵈며 예배드린다. 여호와의 얼굴이 내게 비취는 것이 최고의 복이다.

② 예수님이 십자가에서 죽으실 때 휘장이 찢겨졌다. 바로 그 순간은 예수님이 친히 대

제사장으로서 자기 피로 영원한 속죄를 이루기 위해 지성소를 들어가신 장면이었다(히 9:11~12). 그런데 히브리서는 그 휘장은 바로 그리스도의 육체라고 말한다(히 10:20하). 예수님의 육체가 찢김으로써 휘장이 찢어진 것이었다. 그것은 우리에게 생명의 길을 열어 주기 위함이었다(10:20상).

③ 휘장에 그룹들이 정교하게 수놓아져 있었다(26:31). 바로 그 뒤는 에덴동산이 있음을 암시한 것이다. 성경은 종말에 에덴동산의 회복을 말한다. 생명나무의 열매가 그 중요한 위치를 도로 회복하고(계 2:7; 22:2), 보좌로부터 맑은 생명수 강이 흘러나와 길 가운데로 흐르고, 강 좌우에 생명나무가 있어 열매를 맺는다(계 22:1~2). 회복된 에덴동산, 그것이 완성되는 하나님 나라의 모습이 될 것이다. 그곳에서 성도는 하나님이 함께 안식을 누릴 것이다. 그룹이 새겨졌던 성막의 휘장은 그 미래의 하나님 나라를 바라보는 도구이기도 하였다.

보론 4 휘장

1. 휘장의 역할

1) 하나님과 사람을 구분

하나님은 휘장이 "성소와 지성소를 구분하리라"고 하셨다(출 26:33). 성소의
세 기구들을 보면 모두 이스라엘 백성을 위한 것이었다. 떡상은 백성을 위해
준비해 둔 것이고, 등대는 구약에는 이스라엘 백성, 신약에는 교회가 밝혀야
할 불이고, 또 향단은 성도들이 하나님을 향하여 기도하는 도구였다. 그러므로
성소는 백성을 위한 공간이라고 할 수 있다. 지성소에는 여호와 하나님이 법궤
위에 보좌를 펴고 앉으셨다. 그러므로 지성소는 하나님의 지역이었다. 휘장은
그 두 지역을 구분해 놓았다.

　이 휘장은 하나님이 자신을 백성에게 드러내지 않기 위해 자신을 위해 가리
게 했는가? 아니다. 성경은 백성을 위해서라고 말한다: "그 휘장이 너희를 위하
여 성소와 지성소를 구분하리라"(출 26:33하). 사람이 지성소에 있는 여호와를
직접 보면 살 수 없기 때문이다.

　하나님은 지성소에 계시는데 그 지성소는 캄캄하다고 하였다(왕상 8:12). 물
론 성막 안에는 빛이 들어오지 않는다. 하나님은 창을 내라고 하지 않았다. 위
와 옆에는 네겹이나 이 장막을 덮었다. 또 중간의 휘장도 엄청 두꺼웠다. 전혀
빛이 들어오지 않는다. 그래서 어둡겠지만 또 그 지성소에는 구름이 가득했기
때문에 어두웠을 것이다.

　출애굽과 또 성막과 관련하여 하나님 임재를 말할 때에 "여호와의 영광"이
라고 표현했다. 그런데 이 "여호와의 영광"은 자주 거룩한 구름과 함께 나타나
고(출 16:10; 40:34,35; 민 16:42; 겔 10:4), 또 양자가 동일시되기도 한다(왕상
8:11; 겔 1:28 등). "영광"의 카보드(כָּבוֹד)는 원래 '무겁다', '중하다'란 의미이다.

왜 하나님을 자신을 가리킬 때에 카보드로 표현했을까? 이것은 자신을 속성을 나타내기 위해서이다. '그의 영광스러움이 무겁다, 그의 의가 크다, 그의 거룩이 너무 중하다'는 의미를 드러내기 위해 카보드를 사용했을 것으로 추측할 수 있다. 그런데 특이한 것은 이 영광이 거의 구름과 함께 사용된다는 것이다.

하나님 임재가 있었던 시내산 위는 구름과 흑암이 덮였었는데(신 4:11; 출 20:21), 시내산 위에 머물던 구름과 영광은 회막으로 옮겼고(출 40:34), 또 솔로몬이 성전을 지었을 때에 성전으로 옮겼다(왕상 8:11). 물론 성막과 성전이 처음 완성되었을 때에는 여호와의 영광이 전체에 가득했을 것이다. 하나님은 자신은 지성소 안 어둠에 머무시고 나머지 공간은 백성에게 내어주셨다. 하나님은 왜 휘장 뒤 어둠속에 자신을 감추셨는가? 다음과 같은 두가지 이유 때문일 것이다.

첫째, 사람이 자신을 보면 살 수 없기 때문이다. 한 때에 모세가 "주의 영광을 내게 보이소서"라고 요구하였다(출 33:18). 그 때에 하나님은 "네가 내 얼굴을 보지 못하리니 나를 보고 살 자가 없음이니라"고 말씀하셨다(33:20). 하나님의 거룩이 너무 크기 때문에 거룩하지 못한 사람이 그를 보고 살 수 없는 것이었다. 이사야가 성전에서 높이 들린 보좌에 앉으신 여호와를 보았을 때에 그 앞에서 모셔선 스랍 천사들이 "거룩하다 거룩하다 거룩하다 만군의 여호와여 그의 영광이 온 땅에 충만하도다"라고 노래하였다(사 6:3). 그 때에 이사야가 그 앞에서 죽게 되었다(6:5). 하나님의 거룩과 자신의 부정함의 차이에서 오는 당연한 결과였다. 하나님을 직접 본다는 것은 곧 죽음을 의미한다. 따라서 하나님은 자신의 그 거룩의 중함, 영광의 크심을 구름으로 가리고 또 휘장으로 가린 것이다. 그것은 사람을 위해서였다.

둘째, 심판을 가리기 위해서이다. 하나님이 언약을 선포하실 때에 불꽃, 구름, 어둠 속에 선포하셨다(신 5:22). 어둠은 심판을 상징한다. 율법을 주실 때에 어둠속에서 주셨다는 것은 율법을 어긴다면 심판하겠다는 것이다. 이 모습이 그대로 성막으로 옮겨졌다. 바로 지성소에는 법이 기록된 두 돌 판이 있고, 하나님은 그 법궤 위에 구름 그리고 어둠과 함께 임재해 계신다. 만약 휘장이 없이 그 모습을 바로 백성에게 보인다는 것은 그들은 하나님의 심판을 직면하게 될 것이다. 하나님은 휘장 뒤에 숨으신 것은 비굴해서가 아니라, 백성에게 심판을 유보하시기 위해서였다. 따라서 이 휘장은 바로 생명선이었다.

성막의 히브리어 이름인 *미쉬칸*(מִשְׁכָּן) 혹은 *쉐키나*(שְׁכִינָה)는 하나님이 백성 중에 거주하신 다는 의미이다. 출애굽 때부터 하나님은 구름기둥 혹은 불기둥으로 그들 중에 계시면서 그들을 인도하셨다. 그런데 시내산에서 금송아지 사건 이후 하나님이 이스라엘과 함께 가시는지가 큰 이슈가 되었다. 하나님이 다음과 같이 선언하셨기 때문이다: "너희를 젖과 꿀이 흐르는 땅에 이르게 하려니와 나는 너희와 함께 올라가지 아니하리니 너희는 목이 곧은 백성인즉 내가 길에서 너희를 진멸할까 염려함이니라"(출 33:3). 그때에 모세가 하나님이 함께 가실 것을 간청하였다(33:16 이하).

결국 하나님은 모세의 요청을 받아들여 함께 가시겠다고 하셨다. 그러면 만약 그들 중에 있으면 그들이 진멸할 것이 뻔한데 그것은 어떻게 해결되었는가? 그 비밀은 성막에 있었다. 성막을 지으라고 다시 명령하시고, 그 성막 안, 휘장 뒤에 어둠과 함께 머무시면서 그 모든 문제를 해결하셨던 것이다. 즉, 성막으로 하나님이 그들과 함께 계시게 되었으며, 휘장으로 자신을 감추심으로써 그들에게 내릴 진노를 유보하셨다. 그러므로 휘장은 하나님을 위해서가 아니라 백성을 위해서 꼭 있어야 하였다.

2) 에덴동산(천국)의 문이다

하나님은 휘장에 "그룹들을 정교하게 수놓으라"고 하셨다(출 26:31). 물론 지성소 안의 속죄소 위에도 그룹들이 있었고, 그 그룹들 위에 하나님이 임재하겠다고 하셨다(25:22). 솔로몬 성전에서 그룹이 더 많이 등장한다. 특히 지성소에는 두 그룹이 크게 조각되어 세워졌는데, 각 그룹의 날개는 벽에 닿았고 또 서로의 날개는 성전의 중앙에서 서로 닿았다(왕상 6:27). 그리고 금으로 그룹을 입혔다(6:28). 제사장들이 언약궤를 지성소 그룹들의 날개 아래에 가져다 놓았다. 그룹들이 날개를 펴서 궤와 그 채를 덮었다(8:6, 7).

그런데 그 그룹 천사를 왜 휘장에도 새겼을까? 그것은 사람들이 그것을 보면서 무엇을 기억하게 하신 것이다. 바로 에덴동산이다. 그룹이 맨 먼저 나타나는 곳은 에덴동산이다(겔 28:13,14). 그룹이 있었다는 것은 하나님이 그곳에 임재해 계셨다는 의미이다. 에덴 동산은 최초의 하나님 임재의 장소였다. 에덴동산에는 강이 흘렀고, 온갖 아름다운 보석들이 있었고, 각종 실과(특히 생명나무와 선악을 알게하는 나무)가 있었다. 그곳은 하나님이 계신 곳이었기에 성산(聖山)이라고 불렀다.

그런데 하나님은 그 곳에서 아담과 하와는 선악을 알게 하는 나무의 열매를 맺음으로써 언약을 깨뜨렸다. 하나님은 사람을 하나님 임재의 장소였던 에덴동산에서 쫓아내시고, 에덴동산 동쪽에 그룹들과 두루 도는 불칼을 두어 생명 나무의 길을 지키게 하셨다(창 3:24). 그들은 에덴 동편에 쫓겨나서 거기 거주하였다. 쫓겨나온 에덴은 잃어버린 고향이 되었다. 그리운 고향, 가고 싶은 고향, 그러나 갈 수 없었다. 왜냐하면 그룹들이 불칼과 함께 지키고 있기 때문이었다. 그리고 에덴동산은 감추어졌다. 그런데 하나님은 사람과 함께 지내기 위해 사람 속으로 들어오셨는데, 그게 바로 성막이었다.

하나님이 이렇게 휘장 뒤에 어둠 속에서지만 하나님이 사람들 중에 함께하시기 위해 오신 것만으로도 고마운 일이었다. 휘장 앞에서 사람들은 거기에 수놓아진 그룹들을 보면서 하나님이 그 너머에 계신다는 것을 인식할 수 있다. 사람들이 그 휘장 뒤로는 함부로 들어가지 못하지만 그 휘장 앞에서 하나님이 거기 계시다는 것을 아는 것만으로도 얼마나 다행인지 모른다. 그리고 일 년에 한번씩 속죄제의 피를 가지고 대제사장이 사람의 대표자로서 지성소에 들어갈 수 있는 길을 허락해 주신 것만으로 너무 감사하다.

하나님은 끝까지 에덴동산을 감추시고, 자신을 그 뒤에 숨기시지 않으셨다. 이 동산을 회복하는 길을 여셨다. 바로 예수님에게 그것을 이루게 하셨다.

2. 휘장의 모형론적 역할

1) 예수님이 성전의 모형을 이루심

(1) 예수님이 참 제물로서 바쳐짐

성전 청결 사건에서 예수님이 짐승을 쫓아내신 것은 이제 참 제물이 왔으니 옛 그림자들은 더 이상 필요없음을 선포하신 것이라고 하였다. 예수님 자신이 참 제물인 것을 선포하신 것이다. 그리고 예수님 자신이 성전의 주인이요 참 제사 장이심을 선언하신 것이기도 하였다.

　마지막 주간이 시작될 즈음 예루살렘에서는 중요한 모임과 결정이 이루어진 다. 산헤드린 공회가 모였다. 그들은 예수를 어떻게 처리할 것인지에 대하여 의 논하였다. 드디어 대제사장 가야바가 결심을 하고 말을 한다: "한 사람이 백성 을 위하여 죽어서 온 민족이 망하지 않게 되는 것이 너희에게 유익한 줄을 생각 하지 아니하는도다"(요 11:50). 가야바는 많은 사람을 살리기 위해서 예수는 죽 어야 한다고 말한다. 그런데 요한은 주석을 단다.

> 이 말은 스스로 함이 아니요 그 해의 대제사장이므로 예수께서 그 민족을 위하
> 시고 또 그 민족만 위할 뿐 아니라 흩어진 하나님의 자녀를 모아 하나가 되게
> 하기 위하여 죽으실 것을 미리 말함이러라(요 11:51~52).

　요한은 '대제사장인 네가 예수를 죽이는 것이 마땅하고, 그는 민족과 흩어진 하나님의 자녀를 위해 죽어야 하는 것이 맞다'고 맞장구를 친 것이다. 이것은 대 속죄일에 대제사장 역할을 염두에 둔 주석이다. 평소에는 대제사장이 직접 제 물을 잡거나 바치지 않는다. 그러나 대속죄일은 그가 직접 이 모든 역할을 감당 한다. 과연 대제사장 가야바는 그 대속죄일의 모형적인 일을 이루려 하는 것이 다. 실제 대제사장 가야바는 선두에 서서 예수를 죽이는 데 성공하였고, 그로 인 해 십자가에서 예수님의 대속죄일 제물이 이루어졌다.

(2) 성막 휘장이 예수님의 육체로 이루어짐

히브리서는 "휘장은 곧 그(예수님)의 육체니라"고 말한다(히 10:20). 이것은 모형론적인 해석이다. 이 휘장의 모형은 예수님의 십자가 위에서 이해될 수 있다. 예수님은 십자가에서 성막 모형의 모든 것을 이루셨다. 예수님이 죽으시는 마지막 장면을 보자. "제육시로부터 온 땅에 어둠이 임하여 제구시까지 계속"되었다(마 27:45). 어둠은 심판을 상징한다. 바로 휘장너머 계신 여호와가 여기에 나타난 것 같다. 그 하나님은 심판주로 나타난 것이다. 그때 예수님은 "엘리 엘리 라마 사박다니"라고 부르짖었다(27:46). 십자가의 그 순간은 하나님의 심판을 당하는 것이었다. 그리고 예수께서 다시 크게 소리 지르시고 영혼이 떠나셨다(27:50).

드디어 대제사장 가야바가 해냈다. 예수님을 제물로 바치는 일을 성공적으로 완수한 것이다. 그런데 놀랍게도 이것으로 이 땅의 대제사장(가야바)의 사명을 끝났다. 이제 더 이상 성전과 대제사장이 필요없게 되었다. 그리고 양의 사명도 이제 끝났다. 이 순간을 히브리서가 다음과 같이 설명한다.

> 예수 그리스도께서 "대제사장으로 오사... 염소와 송아지의 피로 아니하고 오직 자기 피로 영원한 속죄를 이루사 단번에 성소에 들어가셨느니라(히 9:11,12)

예수님이 죽으신 순간 그가 가야바로부터 바통을 이어받아 참 대제사장으로서 자기의 피를 가지고 성소에 들어가신 것이다. 이때 성소는 지성소를 의미한다. 예수님 자신이 대제사장인 것과 참 제물인 것을 이루신 것이다.

그런데 예수님이 그 지성소로 들어가는 순간 휘장을 어떻게 통과하셨을까? 다시 마태복음의 기록을 보자. 예수님의 영혼이 떠나가시자 "이에 성소 휘장이 위로부터 아래까지 찢어져 둘이 되고"(마 27:51)라고 말한다. 성소의 휘장이 찢어진 것이다. 히브리서는 이 휘장은 예수님의 육체를 가리킨 것이라고 하였다. 예수님 자신의 육체가 찢겨짐으로써 그 모형이었던 휘장이 찢어져 소용이 없게 된 것이다.

예수님 십자가 마지막 순간 지성소의 어두움이 세상에 드러났다. 그 순간은 하나님의 심판의 시간이었다. 하나님은 지성소에 대제사장이 가지고 들어온 그 피의 어린양에게 심판하시고, 어둠을 걷어내셨다. 하나님과 백성 사이의 장벽도 없어졌다.

(3) 휘장이 찢겨진 결과

① 회복이 시작된다. 만약 구약 시대에 휘장이 찢겼으면 큰일 났을 것이다. 하나님의 구름과 흑암이 바로 사람에게 노출되었으면 어떻게 되었겠는가? 그런데 십자가 사건으로 말미암아 오히려 반대의 일들이 벌어졌다. 휘장이 찢어지자 땅이 진동하며 바위가 터지고 무덤들이 열리며 자던 성도의 몸이 많이 일어났다(마 27:51~53). 바로 에덴동산에서 범죄의 결과 "정녕 죽으리라", 그리고 "흙으로 돌아가리라"하신 그 저주가 어떻게 풀려 해결될 것임을 상징적으로 보여준 사건이다. 당시는 맛만 보여준 것이다. 완전한 회복은 나중에 이루어질 것이다.

② 예수님이 성도들에게 지성소의 길을 열어주셨다. 휘장 안은 그룹들이 법궤 위를 위엄 있게 덮고 있던 곳이었다. 예수님은 대제사장으로서 그 찢어진 휘장으로 먼저 들어가셨고, 자신의 피를 속죄소 위에 뿌림으로써 언약을 파기한 죄에 대한 속량을 이루셨다. 그래서 하나님의 백성이 예수님을 따라 하나님 앞에 직접 나아갈 수 있게 되었다. 히브리서는 다음과 같이 말한다.

> 그러므로 형제들아 우리가 예수의 피를 힘입어 성소에 들어갈 담력을 얻었나니 그 길은 우리를 위하여 휘장 가운데로 열어 놓으신 새로운 살 길이요(히 10:19-20)

> 우리가 이 소망을 가지고 있는 것은 영혼의 닻 같아서 튼튼하고 견고하여 휘장 안에 들어 가나니 그리로 앞서 가신 예수께서 멜기세덱의 반차를 따라 영원히

대제사장이 되어 우리를 위하여 들어 가셨느니라(히 6:19, 20)

성막이 이루어졌다. 신약 시대 성도는 새로운 성막 시대에 살고 있다. 교회는 새로운 성전이다. 이 성전을 위해 성령님이 오셨다. 성도는 성령님과 직접 교제하며 산다. 그런데 성막이 여기서 끝나서는 안 된다. 원래의 하나님 임재 장소였던 에덴동산의 회복도 있어야 하고, 죽음과 고통이 없는 타락 이전의 모습으로 돌아가야 한다. 예수 그리스도에 의해 구약의 모형이 이미 이루어졌지만(fulfillment) 그러나 종결(consummation)은 아니다(It was already fulfilled, but not yet consummated). 이것은 성부 하나님이 성막으로서 이 땅 위에 오시는 것으로 완성될 것이다.

7) 성소의 입구 휘장(26:36~37)

36 청색 자색 홍색 실과 가늘게 꼰 베 실로 수 놓아 짜서 성막 문을 위하여 휘장을 만들고 37 그 휘장 문을 위하여 기둥 다섯을 조각목으로 만들어 금으로 싸고 그 갈고리도 금으로 만들지며 또 그 기둥을 위하여 받침 다섯 개를 놋으로 부어 만들지니라

하나님은 외소로 들어가는 성막 문을 위하여 청색 자색 홍색실과 가늘게 꼰 베실로 수놓아 짜서 휘장을 만들라고 하셨다(26:36). 이 문의 휘장을 위해 조각목으로 기둥 다섯을 만들어 금으로 싸라고 하셨다. 그 기둥을 위하여 받침 다섯을 놋으로 부어 만들고, 그 위에 기둥을 세우게 하였다. 그리고 기둥에 휘장을 걸 갈고리도 금으로 만들라고 하셨다(37절). 이 휘장은 성소로 들어가는 출입구 역할을 하였다.

솔로몬 성전에서는 외소의 문을 위하여 감람목으로 문설주를 만들고, 잣나무로 두 문짝을 만들었는데, 각 문짝은 두 짝으로 접게 만들었다. 그리고 그 문짝에 그룹들과 종려와 핀 꽃을 아로새기고 금으로 입히게 하였다(왕상 6:33~35). 그러나 성막에서는 이 문짝에 해당하는 휘장에 그룹이 없었다.

8) 번제단(27:1~8)

1 너는 조각목으로 길이가 다섯 규빗, 너비가 다섯 규빗의 제단을 만들되 네모 반듯하게 하며 높이는 삼 규빗으로 하고 2 그 네 모퉁이 위에 뿔을 만들되 그 뿔이 그것에 이어지게 하고 그 제단을 놋으로 싸고 3 재를 담는 통과 부삽과 대야와 고기 갈고리와 불 옮기는 그릇을 만들되 제단의 그릇을 다 놋으로 만들지며 4 제단을 위하여 놋으로 그물을 만들고 그 위 네 모퉁이에 놋 고리 넷을 만들고 5 그물은 제단 주위 가장자리 아래 곧 제단 절반에 오르게 할지며 6 또 그 제단을 위하여 채를 만들되 조각목으로 만들고 놋으로 쌀지며 7 제단 양쪽 고리에 그 채

를 꿰어 제단을 메게 할지며 8 제단은 널판으로 속이 비게 만들되 산에서 네게
보인 대로 그들이 만들게 하라

성막을 위한 하나님의 지시는 지성소에 들어갈 기구로부터 시작하여 성소
의 기구들, 또 성막을 짓는 것으로까지 이어졌다. 이제는 성막 바깥 뜰에 대한
것으로 넘어간다. 뜰에서 가장 중요한 제단을 만들 것을 먼저 말씀하신다. 하
나님께서 단을 만들라고 하셨는데(27:1중), "단"은 *미즈베아흐*(מִזְבֵּחַ)인데, 동
사 *자바흐*(זבַח, 희생제사를 드리다)에서 온 명사이다. 따라서 *미즈베아흐*는 '제
사를 드리는 단'이란 의미로 '제단'으로 번역되었다. 다른 곳에서는 '번제단'으
로도 불리고(레 4:7,10 등, 번제물을 올려 제사를 드리는 단), 또 자주 놋 제단으
로도 불렸다.

제단은 조각목으로 길이가 5규빗(2.28m), 넓이가 5규빗이고, 높이는 3규빗
(1.37m)인 정사각형 통을 만들고(27:1), 그 나무들을 놋으로 싸라고 하였다. 그
리고 그 네 모퉁이 위에는 뿔을 만들어 붙이라고 하였다(2절). 앞에서는 흙으
로 쌓거나, 쪼지 않은 돌로 쌓아 제단을 만들도록 하였는데(20:24~25), 성막에
서는 나무로 그리 크지 않게 만들라고 하셨다. 이렇게 네모로 만든 것은 옮겨
다니기 편리하게 하기 위해서였다. 솔로몬 성전의 제단도 모양은 같지만(놋으
로 만들었고, 네 뿔이 달림) 크기는 길이 20규빗(9.12m), 넓이가 20규빗, 높이가
10규빗(4.56m)로서 성막의 것보다 몇 배로 컸다(대하 4:1).

제단의 네 모퉁이에 뿔을 달았는데, 이 제단에 뿔은 무슨 용도로 사용되었
을까? 다음과 같이 몇 가지로 추론해 볼 수 있다. 첫째, 뿔은 능력과 권세, 즉
왕권을 상징한다. 한나의 기도에서 "여호와께서 땅 끝까지 심판을 베푸시고
자기 왕에게 힘을 주시며 자기의 기름부음을 받은 자의 뿔을 높이시리로다"
고 노래하였다. 여기의 "기름부음 받은 자"는 왕을 가리키며, 뿔은 그의 왕권
을 말한다(뿔이 권세 혹은 왕권을 상징하는 것으로 다음 구절들을 참조하라, 삼하
22:3; 시 18:2; 단 7:7; 8:3, 20, 21; 눅 1:69 등).

둘째로, 뿔은 희생제물을 드릴 짐승을 묶는데 사용한 것으로 보인다(시

118:27). 셋째로 범죄의 혐의가 있는 사람이 탄원을 위해 붙잡기도 하였다(왕상 1:50; 2:28). 넷째로 뿔은 제단을 대표하는 의미도 있었다. 제사를 드릴 때에 피를 뿔에 바른다(29:12; 레 4:18; 등등). 그것은 그 제단을 정결케 하는 의식일 것이다. 뿔에 희생제물의 피가 뿌려짐으로써 제단이 깨끗해졌고, 그 제단위에 있는 제물이 하나님이 받으실 만한 깨끗한 제물이 된 것이다.

제단의 부속 기구들을 만들었는데, 재를 담는 통과 부삽, 대야, 고기 갈고리, 그리고 불을 옮기는 그릇 등을 만들었다. 이 모든 그릇들은 놋으로 만들었다(27:3). 다른 기구들은 그 용도가 분명한 것 같고, 대야의 용도만 설명할 필요가 있게 보인다. "대야"의 미즈라크(מִזְרָק)는 '사발, 대접'을 가리키는데, 본문에서는 그 크기가 컸기 때문에 대야로 번역한 것 같다. 이것은 희생제물의 피를 담아 기구들에 뿌리는 용기로 사용되었다.

하나님은 제단을 위하여 놋으로 그물을 만들고 그 네 모퉁이에 놋고리 넷을 만들라고 하셨다(4절). 이 놋 그물망을 단 안의 높이 절반에 오르게 고정시켰다(5절). 재가 그물망 밑으로 흐르는 구조로 만들어 나무가 잘 탈 수 있게 하였다.

또 놋제단을 맬 채를 만들라고 하셨는데, 조각목으로 만들고 놋으로 싸라고 하셨다(6절). 단 양편에 고리를 달고 그 채를 꿰어 단을 메게 하였다(7절). 단은 널판으로 둘려 만들었는데, 가운데에는 비었고(8절), 놋 그물망만 부착되었다.

교훈과 적용

성막 문에 들어가면 제일 먼저 번제단을 만난다. 이 번제단을 통과해야만 성소로 나아갈 수 있다. 이 제단의 역할은 바로 제사를 드리는 것이었다. 이 제사는 하나님이 기뻐하시는 향기로운 것이었다. 왜냐하면 첫째, 그 제물은 백성을 위해 대신 희생당하는 것이며, 둘째, 앞으로 있을 하나님의 아들 예수님의 희생제물을 내다보기 때문이다. 이 제단은 하나님이 기뻐하시는 또 다른 일을 한다. 성도의 순교자를 제물로 받고 (계 6:9~10), 또 그 피를 향과 함께 하나님에게 올려드리는 역할을 한다(8:3~4). 또 제단은 성도들의 순교의 피를 기억하여 세상을 향한 심판의 역할도 한다(8:5; 16:6~7). 우리에게 이 제단이 있다는 것이 너무 감사한 일이다. 이 제단이 있기에 우리가 예수 그리스도의 피로 대속함을 받을 수 있으며, 이 제단이 있기에 우리가 하나님에게 기도의 향을 올릴 수 있기 때문이다(제단의 불로 향을 피움, '보론 5 제단과 향단' 참조).

9) 성막 뜰(27:9~19)

9 너는 성막의 뜰을 만들지니 남쪽을 향하여 뜰 남쪽에 너비가 백 규빗의 세마포 휘장을 쳐서 그 한 쪽을 당하게 할지니 10 그 기둥이 스물이며 그 받침 스물은 놋으로 하고 그 기둥의 갈고리와 가름대는 은으로 할지며 11 그 북쪽에도 너비가 백 규빗의 포장을 치되 그 기둥이 스물이며 그 기둥의 받침 스물은 놋으로 하고 그 기둥의 갈고리와 가름대는 은으로 할지며 12 뜰의 옆 곧 서쪽에 너비 쉰 규빗의 포장을 치되 그 기둥이 열이요 받침이 열이며 13 동쪽을 향하여 뜰 동쪽의 너비도 쉰 규빗이 될지며 14 문 이쪽을 위하여 포장이 열다섯 규빗이며 그 기둥이 셋이요 받침이 셋이요 15 문 저쪽을 위하여도 포장이 열다섯 규빗이며 그 기둥이 셋이요 받침이 셋이며 16 뜰 문을 위하여는 청색 자색 홍색 실과 가늘게 꼰 베 실로 수 놓아 짠 스무 규빗의 휘장이 있게 할지니 그 기둥이 넷이요 받침이 넷이며 17 뜰 주위 모든 기둥의 가름대와 갈고리는 은이요 그 받침은 놋이며 18 뜰의 길이는 백 규빗이요 너비는 쉰 규빗이요 세마포 휘장의 높이는 다섯 규빗이요 그 받침은 놋이며 19 성막에서 쓰는 모든 기구와 그 말뚝과 뜰의 포장 말뚝을 다 놋으로 할지니라

(1) 남편과 북편의 울타리(27:9~12)

하나님은 성막의 뜰을 만들라고 하셨다(27:9상). 뜰은 제사를 드리는 공간이기도 하지만, 이스라엘 백성이 모여 예배드리고, 또 식사를 나누는 곳이었다. 따라서 공간이 커야 하였다. 먼저 뜰의 남편을 어떻게 만들 것인지를 지시하

신다. 뜰 남편의 길이가 100규빗(45.6m)인데, 여기에 칠 울타리로 길이가 100 규빗 높이가 5규빗(2.3m) 되는 세마포장을 쳐서 남쪽 편을 가리도록 하였다. "세마포(fine linen)"의 *쉐쉬*(שׁשׁ)는 아마포의 가는 실로 곱게 짠 천이다. 이집 트에서 주로 생산되었다. 이 세마포는 제사장 복을 만드는 데 사용되었는데, 본문에서는 성막의 휘장과 덮개로 사용되었다. "(세마포) 휘장"의 *캘라*(קלע)는 커튼(curtain)이다. "한쪽 편을 당하게 하라"는 말은 이 세마포 휘장으로 한쪽 편의 울타리로 만들라는 것이다.

휘장을 세울 수 있도록 기둥들을 만들어 세우는 데, 남쪽편의 기둥은 20개 였다. 이 각 기둥은 놋으로 만든 받침대 위에 세웠다(10절상). 또 기둥에 갈고 리를 만들었는데, "갈고리"의 *와우*(וו)는 휘장을 기둥에 고정시키게 하는 고 리(hook)이다. 그리고 가름대를 만들어 기둥과 기둥사이를 붙들도록 하였 다. 이 갈고리와 가름대는 은으로 만들었다(10절). 이상은 남편 울타리에 대 한 설명이다.

북편에도 남편의 것과 같이 포장(휘장)의 길이가 100규빗(45.6m) 이었고, 기 둥도 20개였으며, 그 기둥의 받침도 20개이며 놋으로 만들었다. 또 기둥에 갈 고리와 가름대를 은으로 만들었다(11절). 또 뜰의 옆면에 해당하는 서편을 위 하여도 길이가 50규빗(22.8m)되는 포장(휘장)을 치라고 하였다. 남편과 북편 포장의 절반의 길이이다. 이 포장을 걸기위해 기둥 열 개와 받침 열 개를 만 들라고 하였다(12절).

(2) 동편 울타리와 문(27:13~16)

성막의 문(입구)은 항상 동쪽으로 향하게 하였다. 앞으로 성전이 세워질 때 에도 문은 동쪽편에 위치하게 만든다. 뜰 동쪽 전체의 폭이 50규빗(22.8m) 이 었는데(27:13), 그 중에 20규빗(9.12m)이 문이다. 전체 폭 중에 절반 가까이가 문인 셈이다. 매우 넓은 문이라 할 수 있다. 문 이편의 가름막을 위해 포장(휘 장)을 15규빗(6.84m)을 만들었고, 그것을 세울 기둥이 셋이고 또 받침도 셋이 었다(14절). 문 저편을 위해서도 꼭 같이 포장이 15규빗, 기둥이 셋, 그리고 받침도 셋을 만들었다(15절).

성막 문은 청색 자색 홍색실과 가늘게 꼰 베실로 수놓아 짠 20규빗의 직물로 만들었다(16절). 옆 울타리의 휘장은 '세마포' 천이었는데 문의 휘장은 그보다 훨씬 더 고급스럽고 아름다운 천이었다. 여러 가지(네 가지) 색깔과 또 가는 아마포 실로 수놓아 짠 천이다. 이 문을 더 중요시 여겼다는 의미이다. 이 휘장을 걸 수 있게 네 개의 기둥과 네 개의 받침을 세우게 했다. 기둥에 은으로 만든 갈고리가 있었고, 또 받침은 놋으로 만들었다(17절).

이 문은 이스라엘 전체가 들어가야 할 문이므로 커야 했다. 문은 하나였으며, 제사장이나 일반 백성이나 구분 없이 이 한 문으로 출입했다.

(3) 뜰에 대한 전체적인 개요(27:17~19)

뜰 전체의 면적을 보면 가로가 100규빗(45.6m), 세로는 50규빗(22.8m), 높이(벽으로 둘러친 휘장의 높이)는 5규빗(2.28m)이었다(18절). 성막을 평수로 따지면 약 370평 정도가 된다. 성막에서 쓰는 모든 기구(용기)를 놋으로 만들었고, 포장(휘장) 말뚝(쇄기 못)도 모두 놋으로 만들었다(19절). 말뚝(pin, 쇄기 못)은 지붕을 덮는 휘장들을 땅에 고정시키는데 사용되었을 것이다.

성막에 쓰인 재료들을 보면 성소의 것과 뜰의 것들에서 가치의 차이가 있다. 성소의 벽은 조각목에 금을 입힌 반면, 뜰의 벽은 휘장에 기둥들로 만들어졌다. 가로대도 성소의 것은 조각목에 금을 입힌 반면, 뜰의 것은 조각목에 은을 입혔다. 휘장의 고리도 성소의 벽은 금으로 만들었으나, 뜰은 은으로 만들었다. 성소의 받침대는 은이었던 반면, 뜰의 받침대는 놋이었다. 이러한 가치의 차등은 거룩성의 차이로 연결될 수 있다.

교훈과 적용

① 성막은 둘레에 울타리가 쳐졌다. 둘러 쳐진 울타리와 휘장은 안과 밖을 구분한다. 밖은 세속이지만, 안은 하나님이 계신 장소이며 거룩한 곳이다. 문을 통하여 그 안으로 언약의 백성인 이스라엘만 들어갈 수 있다. 이 세마포 휘장은 거룩과 속된 것을 구별하는 막이었다(겔 42:20). 그런데 울타리 휘장 안에 들어갈 수 있었던 이스라엘은 하나님 앞에 갈 수 있었던 대단한 자부심을 가졌다. 신약에서 주님이 다시 일으키신 성전인 교회에는 우리가 함께 참여할 수 있음에 감사한다. 우리가 바로 하나님의 소유(보물)된 백성이며, 왕같은 제사장이요 거룩한 나라이다(벧전 2:9). 옛 이스라엘 못지않게 우리도 선택된 백성으로서의 자부심을 가져야 하겠다.

② 백성들은 안식일에 성막에 모여 뜰에서 제사를 드린 후 제물의 고기를 나누어 먹었다. 하나님 안에서 누리는 안식의 특권이었다. 오늘날 성도도 새 성전인 교회에 모여 예배를 드리며, 성찬식을 나눈다. 성찬식은 하나님 임재 안에서 먹는 식사의 의미도 있다. 이것은 구약 시대의 이스라엘 못지않게 신약의 성도들이 누리는 특권이다.

11) 등불에 대한 봉사(27:20~21)

20 너는 또 이스라엘 자손에게 명령하여 감람으로 짠 순수한 기름을 등불을 위하여 네게로 가져오게 하고 끊이지 않게 등불을 켜되 21 아론과 그의 아들들로 회막 안 증거궤 앞 휘장 밖에서 저녁부터 아침까지 항상 여호와 앞에 그 등불을 보살피게 하라 이는 이스라엘 자손이 대대로 지킬 규례이니라

하나님은 등불을 끊이지 말고 밝히라고 명령하신다. 이것은 성소에 있는 등대에서 밝히는 불이다(27:20). 등대는 감람유(Olive oil)를 사용하여 불을 붙인다. 이 감람유는 "감람으로 짠 순수한 기름"이라고 묘사한다. "순수한"의 자크(זך)는 '깨끗한, 정결한'이다. 맑은 기름이라고 할 수 있다. 일반적으로 감람유를 짤 때에 먼저 감람 열매를 맷돌에 갈아, 그리고 자루에 넣어 무거운 돌

을 올려놓아 기름이 흘러나오게 한다. 그러나 상품의 기름을 얻으려 할 때에는 최상의 열매를 골라 나무 막대로 찧는다(한국의 절구와 비슷한 것). 이때에 너무 많이 으깨어지지 않게 가볍게 찧는다. 자루에 넣어 눌러서 맨 처음 나오는 기름이 가장 맑은 기름이다(virgin olive oil).

하나님은 아론과 그 아들들이 성소에서 등불을 점검하는 일을 담당하라고 하신다(21절). 제사장이 이 등불의 봉사를 하라는 것이다. "회막안 증거궤 앞 휘장 밖"은 성소(외소)를 가리킨다. 저녁부터 아침까지 항상 여호와 앞에 그 등불을 보살피게 하라고 하신다. "보살피다"의 *아라크*(ערך)는 '정돈하다, 배열하다'이다. 일곱 등대의 불이 조금도 흐트러짐 없이 잘 타고 있는지를 점검하라는 것이다. 이 봉사는 "대대로 지킬 규례"라고 하셨다. 앞으로 계속하여 이 명령을 잘 수행하라고 하시는 것이다.

교훈과 적용

본문은 등불을 어떻게 밝힐 것인지를 말해준다. 그런데 등불을 밝힐 것에 대한 명령이 왜 앞에 등대를 설명할 때(25:31~40)에 있지 않고, 여기 뜰을 묘사하는 문맥에 들어있는가? 그것은 뜰이 백성들이 차지하는 영역이기 때문이다. 등불을 밝히는 것은 백성들이 해야 할 사명이다. 물론 제사장이 봉사하지만, 등대에 불을 밝히는 것은 백성이 해야 할 사명을 가리키는 것이다. 계시록에서 일곱 촛대가 일곱 교회라고 하였다(계 1:20). 촛대가 불을 밝혀야 하는 것이 교회가 해야 할 사명이다. "너희는 세상의 빛이라"하신 말씀은 성도에게 빛을 비추는 자가 되라는 것이다. 구약에서도 뜰의 설명과 함께 불을 밝힐 것을 말씀하신 것은 백성들에게 그 사명을 인식시키기 위함이라 할 수 있다.

3. 제사장에 대한 규례(28:1~29:46)

성막은 하나님 임재 장소이고, 하나님을 섬기는(예배로) 장소이며, 또 백성이 안식을 누리는 장소이다. 앞 장에서 성막을 어떻게 지을 것인지를 말씀하셨다. 성막이 세워졌으면 누가 어떻게 하나님을 섬길 것인지를 말해주어야 한다. 28장과 29장은 성막에서 하나님을 가장 가까이에서 섬길 제사장에 관한 규례의 내용이다. 제사장이 입을 에봇을 어떻게 만들 것인지, 제사장 임직식, 제사장이 자신을 위해서 드려야 할 제사에 대하여 말씀하신다.

1) 제사장을 부르심(소명)(28:1)

> 1 너는 이스라엘 자손 중 네 형 아론과 그의 아들들 곧 아론과 아론의 아들들 나답과 아비후와 엘르아살과 이다말을 그와 함께 네게로 나아오게 하여 나를 섬기는 제사장 직분을 행하게 하되

제사장은 거룩하게 구별된 사람이다. 따라서 그의 복장도 보통 사람과는 구별되어야 한다. 하나님은 먼저 제사장들을 지명하신다. 바로 모세의 형 아론과 그 아들들, 곧 나답과 아비후와 엘르아살과 이다말이다. 모세에게 이 모두를 불러 여호와를 섬기는 제사장 직분을 행하게 하라고 명령하신다. 아론은 레위인이며, 이스라엘의 제사장직은 오로지 레위인 안에서 계승되었다.

하나님은 레위인에 대하여 "첫 태에 처음 난 자를 대신케 하였은즉 레위인은 내 것이라"고 하셨다(민 3:12). 이 규례는 유월절 사건에서 유래되었다. 그때에 이집트 장자들은 모두 죽었었다. 그러나 이스라엘 장자들은 죽지 않는데 대신에 대속물을 바쳐서 대속하라고 하였다. 레위 지파도 이스라엘 중 첫 것을 대신한 대속물로 하나님에게 바쳐진 것이 되었다. 레위인은 세 그룹으로 구성되었다(게르손 자손, 고핫 자손, 므라리 자손). 그들에게는 각각 특수한 임무가 부여되었다(민 3:14-38). 대제사장은 아론과 그 직계 후손만 가능하였다.

하나님이 아론과 그 아들들에게 "제사장 직분을 행하게 하라"고 하신다(28:1하). 제사장의 코헨(כהן)은 거룩하게 구별된 자로서 하나님에게 봉사하는 자이다. 제사장이 행해야 할 직분의 역할은 첫째, 성막(성전)에서 하나님을 섬기는 일이었다. 이 섬김은 예배로 규정할 수 있다(3:12 주석 참조). 희생 제사를

드리고 등대에 불을 밝히고, 떡상을 정리하고, 향단에 향을 피우는 일 등을 예배로 규정할 수 있다(민 18:5). 둘째, 하나님의 율법을 백성에게 가르치는 일이다(대하 15:3, 렘 18:18, 겔 7:26, 미 3:11), 하나님의 뜻을 받들어 백성을 가르치고 인도하는 역할이다. 송사에서 재판을 하고, 문둥병자를 식별하는 일 등의 업무도 여기에 해당한다. 셋째, 백성을 위해 하나님의 뜻을 묻는 일을 한다(우림과 둠밈을 통해, 출 28:30, 스 2:63). 넷째, 중보 역할을 한다. 백성의 편에서 죄를 사하기 위해 제사로써, 그리고 기도로써 중보한다. 또 하나님의 복을 백성에게 전달한다(민 6:23~26). 전쟁 시에 양각 나팔을 불고 언약궤를 메고 앞장서는 일도 이 영역에 속한다고 할 수 있다.

2) 아론과 그 아들들을 위한 제사장 복(28:2~43)

하나님은 형 아론을 위하여 "거룩한 옷을 지어서 영화롭고 아름답게"하라고 했다. 아론은 대 제사장이다. 대제사장은 하나님 가장 가까이에서 뵙고, 또 봉사한다. 그러므로 그의 옷이 하나님을 반영하여야 한다. 하나님 가까이 모시고 있는 그룹이 하나님의 속성을 반영한 것과 같은 원리이다(겔 1:5~10). 그 옷에 대하여 본문은 세 단어로 표시한다. 첫째는 "거룩한"이다. "거룩한"의 코데쉬(קֹדֶשׁ)는 가장 기본적인 의미가 '분리된'이다. 세속 혹은 더러운 것과 완전히 분리된 것, 즉 '신성한' 것이다. 거룩은 하나님의 속성 중에 으뜸 되는 것이다.

둘째는 "영화롭다"이다. "영화롭다"의 카보드(כָּבוֹד)의 기본 의미는 '무겁다'인데, 부와 영예가 크다는 의미이며, 성경에서 자주 '영광'으로 번역되었다. '영광'이라는 단어는 하나님에게 자주 사용된다(14:4, 17, 18; 16:7, 10; 24:16, 17; 33:18, 22 등등). '여호와의 영광'이라는 용어는 출애굽(출바벨론 포함)과 성막과 관련하여 사용되었다. 자주 이 '영광'은 구름과 함께 나타나며, 또 하나님 자신을 대변하는 말로 사용되기도 하였다. 여호와 하나님이 영광스러운 분이시니 그 앞에 서야 할 대제사장의 옷도 영광스러워야 한다.

셋째는 "아름답게"이다. "아름답다"의 티프아라(תִּפְאָרָה)는 '영화롭다'로 번역하는 것이 좋다. 이 단어도 하나님에게 자주 사용되었는데, 하나님을 찬양할 때에 많이 사용되었다(시 96:6; 대상 29:11; 출 28:40 등). 대제사장의 옷도 이렇게 아름답게 꾸미기를 하나님께서 원하셨다. 따라서 이 옷은 하나님의 속성을 반영하였다고 할 수 있다.

이 옷으로 그(아론)를 거룩하게 하라고 하셨다(28:3하). 그리고 그 옷을 "거룩한 옷"이라고 명하며, 그 거룩한 옷을 입혀 아론이 "제사장 직분을 행하게" 하라고말씀하신다(28:4).사람의 무게는 옷이 만든다고 해도 과언이 아니다. 옷이 거룩하니 그 옷을 입은 사람도 거룩하게 보이는 것이다. 레위기 16:4은 아론이 입을 대제사장 옷을 "거룩한 세마포 속옷을 입으며 세마포 고의를 살에 입고 세마포 띠를 띠며 세마포 관을 쓸지니 이것들은 거룩한 옷이라 물로 몸을 씻고 입을 것이며"라고 말한다. 거룩한 옷을 입기 위해서는 몸도 깨끗해야 함을 말한다.

이렇게 거룩한 옷이기에 만드는 사람도 중요하다. 그래서 이 옷을 짓기 위해 하나님은 지혜있는 자를 택하라고 하신다. 원래 그가 지혜로운 사람일 수 있고, 또 하나님이 지혜로운 영을 주어 그가 지혜로울 수 있다. 하나님은 이 양자를 다 원하셨다(28:3).

제사장의 옷은 여러 종류 혹은 여러 부분으로 만들어진다. 반포 속옷, 겉옷, 에봇, 흉패, 허리 띠, 그리고 머리에 두룬 띠와 관 등이다(4절). 맨 먼저 세마포로 만든 속옷을 입는데 무릎 아래로 내려오는 긴 옷이다. 그 위에 푸른색 겉옷을 덮어 입는데, 히브리의 "겉옷"의 메일(מְעִיל)은 '덮다'라는 동사 마일(מָעַל)에서 온 단어이다. 이 겉옷은 통으로 짜서 위쪽에 구멍을 내어 머리에서부터 뒤집어쓰듯이 입는다. 그 위에 에봇을 걸치고, 에봇 어께 위에 이스라엘 열두 지파의 이름이 새겨진 두 호마노 보석을 고정시켰다. 가슴에는 이스라엘 이름들이 각각 새겨진 열두 보석이 달린 판결흉패를 달았고, 허리띠를 띠고, 머리에 두건을 두르고 관을 썼다. 이 부속들에 대하여 주요 부분들을 뒷 구절들이 추가적으로 설명한다.

대제사장 옷을 짓기 위한 재료는 "금실과 청색 자색 홍색실과 가늘게 꼰 베

실이다"(28:5). 금실은 금을 얇게 쳐서 가늘게 오려 만든 실이다(39:3). 이 실들 중에 금실만 빼면 성막 맨 안쪽 휘장과 지성소와 성소를 가르는 휘장, 또 성막 뜰에 들어가는 문의 휘장들에 공통적으로 사용된 것이다(여기에 대한 설명은 25:4 주석을 참조하라). 이것들은 비싼 재료들이며 곱고 화려하다. 제사장 옷은 거기에다 금실을 넣었다. 그러므로 이 의복은 더 화려한 것이 된다.

(1) 에봇(28:2~8)

> 2 네 형 아론을 위하여 거룩한 옷을 지어 영화롭고 아름답게 할지니 3 너는 무릇 마음에 지혜 있는 모든 자 곧 내가 지혜로운 영으로 채운 자들에게 말하여 아론의 옷을 지어 그를 거룩하게 하여 내게 제사장 직분을 행하게 하라 4 그들이 지을 옷은 이러하니 곧 흉패와 에봇과 겉옷과 반포 속옷과 관과 띠라 그들이 네 형 아론과 그 아들들을 위하여 거룩한 옷을 지어 아론이 내게 제사장 직분을 행하게 하라 5 그들이 쓸 것은 금 실과 청색 자색 홍색 실과 가늘게 꼰 베 실이니라 6 그들이 금 실과 청색 자색 홍색 실과 가늘게 꼰 베 실로 정교하게 짜서 에봇을 짓되 7 그것에 어깨받이 둘을 달아 그 두 끝을 이어지게 하고 8 에봇 위에 매는 띠는 에봇 짜는 법으로 금 실과 청색 자색 홍색 실과 가늘게 꼰 베 실로 에봇에 정교하게 붙여 짤지며

에봇은 푸른 색 겉옷 위에 걸쳐 입는 조끼와 같은 옷이다. 긴 앞치마와 같이 생겼고, 대제사장의 어깨에 걸친다. 에봇은 제사장을 상징하는 옷이었고(삼상 2:18; 호 3:4), 제사장 옷 중에서 가장 중요하다. 에봇은 "금 실과 청색 자색 홍색 실과 가늘게 꼰 베 실로 정교하게 짜서" 짓도록 하였다(28:6). 성막 안 휘장을 짜는 같은 색깔의 실에다가 금 실을 넣어 더 아름답게 만들었다.

에봇은 네 부분으로 구성되었다. 몸체, 양쪽 어깨에 매는 어깨받이(견대)들, 그리고 장식한 띠이다. 어깨받이는 에봇을 양쪽 어깨에 부착하는 것으로서, 에봇을 만드는 실들로 정교하게 짜서 만들었다(6절). 아마도 에봇을 어깨에 부

착하는 기능을 했을 것이고, 또 두 호마노 보석을 매어다는 기능도 하였다. 에봇 위에 매는 띠도 에봇을 짜는 같은 실(금 실과 청색 자색 홍색 실과 가늘게 꼰 베 실)로 정교하게 짜서 에봇에 붙였다(8절).

(2) 호마노(28:9~14)

> 9 호마노 두 개를 가져다가 그 위에 이스라엘 아들들의 이름을 새기되 10 그들의 나이대로 여섯 이름을 한 보석에, 나머지 여섯 이름은 다른 보석에 새기라 11 보석을 새기는 자가 도장에 새김 같이 너는 이스라엘 아들들의 이름을 그 두 보석에 새겨 금 테에 물리고 12 그 두 보석을 에봇의 두 어깨받이에 붙여 이스라엘 아들들의 기념 보석을 삼되 아론이 여호와 앞에서 그들의 이름을 그 두 어깨에 메워서 기념이 되게 할지며 13 너는 금으로 테를 만들고 14 순금으로 노끈처럼 두 사슬을 땋고 그 땋은 사슬을 그 테에 달지니라

하나님은 호마노 두 개를 가져다가 그 위에 이스라엘 아들들의 이름을 새기라고 명령하셨다(28:9). "호마노"로 번역된 쇼함(שֹׁהַם, onyx)은 붉은 줄무늬가 있는 반투명성 보석이다. 보석의 색깔은 다양한데 붉은색(홍마노), 녹색(녹마노), 흰색(백마노) 등의 색깔이 있다. 호마노는 동방에서 나는 귀중한 보석이었다(20:2; 겔 28:13; 대상 29:2). 이 보석은 에덴동산을 묘사하는 곳에서 처음 등장한다(창 2:12; 참조, 겔 28:13). 이름을 새길 때에 나이에 따라 순서대로 한 보석에 여섯 이름, 또 다른 보석에 여섯 이름을 쓰게 하였다(28:10). 우측 어깨받이에는 르우벤, 시므온 레위, 유다, 단, 그리고 납달리 이름을 썼고, 좌측 어깨받이에는 갓, 아셀, 잇사갈, 스블론, 요셉, 그리고 베냐민 족장의 이름을 새겼다.

이름은 금 테 안에 도장을 파듯 새겼다(11절). "도장"의 호탐(חוֹתָם)은 '인장'인데, 고대 왕이나 귀족의 인장에는 반타원형의 태 안에 새긴다. 인장은 그 사람을 대변한다. 이스라엘의 12이름을 호마노에 새긴 것은 이스라엘 전체를 의미하는 것이고, 이스라엘이 보석과 같은 존재임을 나타내는 것이다. 하나님

은 이 호마노를 "이스라엘 아들들의 기념 보석을 삼되"라고 말하셨다(12절상).

하나님은 이 두 호마노 보석을 견대(어깨받이)에 부착시키기 위해 순금으로 노끈처럼 땋아 사슬을 만들라고 하셨고, 이 사슬을 호마노 금 테에 연결하여 견대에 매라고 하셨다(14절). 또한 아론이 여호와 앞에서 그들의 이름을 그 두 어깨에 메워서 "기념이 되게" 하라고 하셨다(12절하). "기념"의 *지커론*(זִכָּרֹן)은 '기억, 회상'이란 뜻이며, 그 보석을 통하여 여호와께서 이스라엘을 기억하겠다는 의미이다. 하나님은 성막에서 아론 혼자가 아닌 이스라엘 전체를 보시기 원하셨던 것이다. 또한 대제사장이 성전 안에서 하나님께 봉사한 것은 이스라엘 전체가 봉사한다는 의미도 된다.

(3) 흉패(28:15~29)

15 너는 판결 흉패를 에봇 짜는 방법으로 금 실과 청색 자색 홍색 실과 가늘게 꼰 베 실로 정교하게 짜서 만들되 16 길이와 너비가 한 뼘씩 두 겹으로 네모 반듯하게 하고 17 그것에 네 줄로 보석을 물리되 첫 줄은 홍보석 황옥 녹주옥이요 18 둘째 줄은 석류석 남보석 홍마노요 19 셋째 줄은 호박 백마노 자수정이요 20 넷째 줄은 녹보석 호마노 벽옥으로 다 금 테에 물릴지니 21 이 보석들은 이스라엘 아들들의 이름대로 열둘이라 보석마다 열두 지파의 한 이름씩 도장을 새기는 법으로 새기고 22 순금으로 노끈처럼 땋은 사슬을 흉패 위에 붙이고 23 또 금 고리 둘을 만들어 흉패 위 곧 흉패 두 끝에 그 두 고리를 달고 24 땋은 두 금 사슬로 흉패 두 끝 두 고리에 꿰어 매고 25 두 땋은 사슬의 다른 두 끝을 에봇 앞 두 어깨받이의 금 테에 매고 26 또 금 고리 둘을 만들어 흉패 아래 양쪽 가 안쪽 곧 에봇에 닿은 곳에 달고 27 또 금 고리 둘을 만들어 에봇 앞 두 어깨받이 아래 매는 자리 가까운 쪽 곧 정교하게 짠 띠 위쪽에 달고 28 청색 끈으로 흉패 고리와 에봇 고리에 꿰어 흉패로 정교하게 짠 에봇 띠 위에 붙여 떨어지지 않게 하라 29 아론이 성소에 들어갈 때에는 이스라엘 아들들의 이름을 기록한 이 판결 흉패를 가슴에 붙여 여호와 앞에 영원한 기념을 삼을 것이니라

흉패는 대제사장의 가슴에 달았고, 에봇에 연결되어 있었다. 이것은 에봇을 짠 실(금 실과 청색 자색 홍색 실과 가늘게 꼰 베 실)과 그 짜는 방법도 같았다(28:15). 흉패의 크기는 길이와 넓이가 각각 약 23cm(한 뼘)되는 정사각형이었고, 짠 천은 두 겹으로 두껍게 만들었다(16절). 이 두 겹은 주머니 역할도 하였다(우림과 둠밈을 이 주머니 안에 넣음).

흉패에 가장 특이한 것은 12 보석을 여기에 달았다는 것이다.이 보석들은 네 줄을 달았는데, 각 줄에 세 개의 보석을 달았다. 첫 줄은 홍보석, 황옥, 녹주옥이었고(17절); 둘째 줄은 석류석, 남보석, 홍마노였고(18절); 셋째 줄은 호박, 백마노, 자수정이었고(19절); 넷째 줄은 녹보석, 호마노, 벽옥이었다(20절). 이 보석들은 대부분 어떤 보석인지 명확하지 않다. 첫째 줄에 달린 "홍보석"의 오댐(אֹדֶם)은 '홍옥'으로도 번역되었고(욥 28:19), 영어로는 사르디어스(sardius) 혹은 루비(ruby)로 번역된다. 적색을 띠는 옥으로 볼 수 있다. "황옥"의 피트다(פִּטְדָה)는 영어성경들이 토파즈(topaz)로 번역하였다. 엷은 노란색을 띤 보석으로서 계시록의 새예루살렘의 12 기둥을 이루는 보석으로도 나온다(계 21:20). "녹주옥"의 바래캐드(בָּרֶקֶת)는 '빛나다'라는 바라크(בָּרָק)에서 나온 단어로서 에머랄드(emerald)로 알려졌다.

둘째 줄에 달린 "석류석"의 노패크(נֹפֶךְ)는 터키석(turquoise)으로 알려졌으며, 청록색을 띤 돌이다. "남보석"의 삽피르(סַפִּיר)는 사파이어(sapphire)로서 푸른색을 띠는 강옥이다. '청옥'으로도 불린다. 성경에 11번이나 사용되었다. 하나님의 보좌에도 사용되었고(겔 1:26; 10:1), 새 예루살렘의 기초석에도 사용되었다(계 21:19). "홍마노"의 야할롬(יַהֲלֹם)은 '벽옥'의 일종으로서, 영어 성경에서는 주로 다이어몬드(diamond)로 번역되었다.

셋째 줄에 달린 "호박"의 래쉠(לֶשֶׁם)은 적황색의 보석이다. 영어로는 재이신스(jacinth)로 번역되었다. "백마노"의 쉐부(שְׁבוֹ)는 마노의 종류로서 화산암의 빈 구멍 안에서 석영, 단백석, 옥수 등이 차례로 침전하여 생긴 것으로, 가로로 자르면 여러 층이 다원형의 무늬를 이루고 있다. 영어성경은 에게이트(agate)로 번역된다. "자수정"의 아흐라마(אַחְלָמָה)는 자주빛이 나는 수정이다. 자석영이라고도 불린다. 자주빛이 나지만 전체적으로 투명하다. 영어로는 에미시스트(amethyst)로 번역되었다.

넷째 줄에 달린 "녹보석"의 *타르쉬쓰*(תַּרְשִׁישׁ)는 청록색 혹은 황색을 띄기도 하는 보석으로서, 청록색은 에메랄드(emerald)로 부르고, 황색은 '황옥'으로도 불린다. 영어성경은 베릴(beryl)로 번역되었다. 규산염의 광물로서 정육방형의 결정체를 가진다. "호마노"는 견대에 붙였던 보석이었다. "벽옥"(*야쉐페*, יָשְׁפֵה)은 영어로 야스퍼(jasper)로 번역되었는데, 야스퍼는 산화철을 함유한 석영의 일종이다. 갈색 혹은 황색을 띄는 것이 대부분이지만 청록색을 띄기도 하며, 투명한 보석이다. 사도 요한이 보좌에 앉으신 이의 모습이 "벽옥"같다고 묘사하기도 했다(계 4:3).

보석들은 잘 손질하여 둥글고 볼록한 모양에 매끄럽고 광택이 나게 만들었다.[12] 보석들에는 모두 금 테를 물리게 하였다(28:20). 그리고 이 금 테 안에 이스라엘의 열두 지파의 이름들을 하나씩 한 보석에 새기게 하였다. 이름을 도장 새기는 법으로 새기라고 하였는데(21절), 바로 인장의 형태이다. 각 보석은 각 지파의 인장이 되었다. 인장은 그 사람을 대변한다. 이러한 인장의 형태는 앞에서 견대에 부착한 호마노에도 비슷한 모양이었다. 호마노에는 한 금 테 안에 여섯 이름이 함께 새겨졌지만, 흉패의 보석에는 각각의 보석에 금 테를 두르고 그 안에 한 지파씩 이름이 들어가게 하였다. 고대 왕이나 귀족의 이름을 쓸 때에 테를 두르고 그 안에 새긴 형식과 같다.

보석에 인장을 새기게 한 것은 하나님이 이스라엘을 보석같은 귀한 존재로 여기셨기 때문이다. 시내산 언약을 맺으면서 하나님이 "너희가 내 소유가 되겠고…"(19:5)라고 하셨는데, 그때의 "소유"는 *세굴라*(סְגֻלָּה)로서 '보물'을 뜻한다(신 26:18; 전 2:8 참조). 이스라엘 각 지파들이 하나님 앞에서 보석과 같은 존재임을 반영한 것이다.

출애굽 본문은 흉패를 에봇에 부착하는 방법을 세밀히 기록한다. 먼저 순

---

12 존 더햄, 『출애굽기』, 629.

금으로 노끈처럼 땋은 사슬을 정사각형 흉패 가장자리에 붙였다(22절). 또 금 고리 둘을 만들어 흉패 위쪽 양 모서리에 달았다(23절), 땋은 두 금 사슬을 그 두 고리에 꿰어 매고(24절), 그 사슬의 다른 끝을 에봇의 양쪽 견대(어깨받이)의 금 테에 매게 하였다(25절). 또 금 고리 둘을 만들어 흉패 아래 양쪽 모서리에 달게 하였고(26절), 또 에봇 양 옆구리 쪽에도 고리를 달게 하였다. 그리고 청색 끈으로 아래쪽 흉패 고리와 에봇 옆구리 고리에 매게 하였다(28절). 이렇게 흉패를 사방 끝에서 에봇으로 매어 달아 흉패가 견고히 붙어있게 하였다.

에봇을 입은 아론이 성소에 들어갈 때에는 이스라엘 아들들의 이름이 새겨진 흉패를 가슴에 붙이게 하였다. 여호와께서는 이 이름들을 "영원한 기념을 삼을 것이니라"고 하셨다. "기념을 삼을 것"으로 번역된 *지커론*(זִכָּרוֹן)은 동사 *자카르*(זָכַר, 기억하다)에 온 명사로서, '생각나게 하는 것' 혹은 '기억, 회상'으로 번역된다. 하나님은 성소에서 아론의 봉사를 받으면서 아론의 흉패에 있는 보석들을 통하여 이스라엘 모든 지파를 기억하기 원한 것이다.

이것을 판결흉패라고 불렀다. "판결"의 *미쉬파트*(מִשְׁפָּט)는 재판을 의미한다. 이러한 이름이 붙여진 이유는 여러 가지로 생각해 볼 수 있다. 첫째, 대제사장은 이 흉패를 달고 하나님에게로 나아간다. 하나님은 단지 대제사장의 깨끗함만으로 그를 자신의 처소인 지성소로 들이지 않았다. 바로 흉패에 붙인 이스라엘 전체가 깨끗해야 가까이 올 수 있게 하신 것이다. 하나님은 이스라엘이 흠이 없는지를 판단하여 대제사장을 받아들였기 때문에 이 이름이 붙여졌을 수 있다. 둘째, 백성이 어떤 문제가 생겨 제사장에게 판결을 받을 때 이것을 이용했기 때문에 그렇게 붙여졌을 수 있다. 셋째, 이 흉패 안에 우림과 둠밈이 들어있는데, 이것들로써 판결이 내려진다. 그러므로 흉패 자체를 판결흉패라고 불렀을 수 있다.

(4) 우림과 둠밈(28:30)

30 너는 우림과 둠밈을 판결 흉패 안에 넣어 아론이 여호와 앞에 들어갈 때에 그

의 가슴에 붙이게 하라 아론은 여호와 앞에서 이스라엘 자손의 흉패를 항상 그
의 가슴에 붙일지니라

하나님은 우림과 둠밈을 대제사장의 가슴에 붙은 흉패 속에 넣으라고 하였
다(28:30). 여호와 앞에 나아갈 때에는 항상 흉패를 가슴에 붙이고, 우림과 둠
밈도 가슴에 품고 있어야 하였다. "우림(אוּרִים)"은 '불빛'의 의미를 가진 우르
(אוּר)의 복수형이다. 여기에서의 복수는 장엄복수로 보아야 한다. 이 경우에
는 '참 빛' 혹은 '(맹렬한) 불꽃'으로 해석될 수 있다. "둠밈(툼밈, תֻּמִּים)"은 '완전
함'이란 뜻을 가진 톰(תֹּם)의 복수형이다. 여기서도 장엄복수로 보는 것이 좋
다. 빛과 완전함은 하나님의 속성이며, 또한 하나님께서 자기 백성에게도 원
하시는 것이다. 하나님께서 자기의 두 속성으로써 백성들을 판단하실 것이다.
이 돌의 사용 용도는 첫째, 대제사장이 성소로 들어갈 때에 이스라엘을 용
납할 것인지를 이 돌들을 통하여 알려주셨을 것으로 추측된다. 둘째로는 백성
이 어려운 일을 결정하기 위해 하나님의 뜻을 물을 때 이 돌들을 사용하였다.
여호수아를 백성의 지도자로 세울 때에도 이것들로 하나님의 뜻을 물었고(민
27:21), 사울이 블레셋과 전쟁할 때에도 이것들로 하나님의 뜻을 물었다(삼상
28:6). 하나님의 판결이 어떻게 이 두 돌을 통하여 나타났는지 확실하지 않다.
돌들이 빛이 남을 통하여 판결이 이루어졌다는 추측과, 대제사장이 주머니에
있는 두 돌중 어느 것을 선택해 내느냐에 따라 판결이 이루어졌다는 주장도
있다. 후자는 제비를 뽑는 원리와 같았다.[13]

(5) 에봇 받침 겉옷(28:31~35)

31 너는 에봇 받침 겉옷을 전부 청색으로 하되 32 두 어깨 사이에 머리 들어갈 구
멍을 내고 그 주위에 갑옷 깃 같이 깃을 짜서 찢어지지 않게 하고 33 그 옷 가장

---

13 이란 콜, 『출애굽기』, 289.

자리로 돌아가며 청색 자색 홍색 실로 석류를 수 놓고 금 방울을 간격을 두어 달되 34 그 옷 가장자리로 돌아가며 한 금 방울, 한 석류, 한 금 방울, 한 석류가 있게 하라 35 아론이 입고 여호와를 섬기러 성소에 들어갈 때와 성소에서 나올 때에 그 소리가 들릴 것이라 그리하면 그가 죽지 아니하리라

에봇 아래에 받쳐 입는 옷은 통으로 짠 푸른색의 겉옷이다(28:31). 청색의 태켈래트(תְּכֵלֶת)는 자주색으로도 번역이 가능하다. 통 옷의 두 어깨 사이에 머리 들어갈 구멍을 내었는데, 이 구멍을 통하여 옷을 머리 위로 입고 또 벗었다. 그 때에 찢어지지 않게 하기 위해 구멍 주위에 갑옷 깃같이 깃을 짜서 달게 하였다(32절).

옷 가장자리에는 청색 자색 홍색실로 석류를 수놓고, 금방울을 간격에 맞추어 달았다(33절). 금방울을 단 이유는 성소에 들어갈 때와 나갈 때에 소리를 내기 위해서였다. 하나님은 소리를 내게 하여 죽음을 면하게 하라고 하셨다(35절). 물론 밖에 있는 사람들에게 제사장이 어디로 움직이는지를 소리를 통하여 알려주는 것이기도 하였을 것이다. 석류는 금방울 사이에 달았는데, 다산을 상징하기도 한다.

(6) 금패(28:36~38)

36 너는 또 순금으로 패를 만들어 도장을 새기는 법으로 그 위에 새기되 '여호와께 성결'이라 하고 37 그 패를 청색 끈으로 관 위에 매되 곧 관 전면에 있게 하라 38 이 패를 아론의 이마에 두어 그가 이스라엘 자손이 거룩하게 드리는 성물과 관련된 죄책을 담당하게 하라 그 패가 아론의 이마에 늘 있으므로 그 성물을 여호와께서 받으시게 되리라

대제사장의 성관에 붙이는 패다. 순금으로 만든 이 패에는 "여호와 성결"이란 글이 새겨져 있다. 인을 새기는 법으로 새겼다(28:36). 청색 끈으로 매여 성

관 앞쪽에 달게 하였다(37절). 대제사장은 하나님께서 성별하여 세운 사람으로서 성결한 모습으로 하나님을 섬겨야 한다. 이마에 붙이는 패는 그 사람의 신분을 나타낸다. 재림해 오시는 예수님의 머리에 쓴 면류관에도 그의 이름이 쓰여 있는 모습과 비교된다.

"여호와께 성결"이라는 글의 의미는 다음과 같이 추정된다. 첫째, 제사장은 여호와께서 택하여 세우신 '구별된 자'란 의미였을 것이며; 둘째, 제사장은 고도의 성결이 요구된다는 의미일 것이다. 제사장 자신을 위해 속죄제를 드리게 한 것에서도 볼 수 있다(29:14). 하나님께 드리는 성물이 받으실 만하기 위해서는 드리는 자가 깨끗해야 한다(28:38).

(7) 반포 속옷(28:39~40상)

> 39 너는 가는 베 실로 반포 속옷을 짜고 가는 베 실로 관을 만들고 띠를 수 놓아 만들지니라 40 너는 아론의 아들들을 위하여 속옷을 만들며 그들을 위하여 띠를 만들며

가는 베실로 짠 옷이며, 맨 안쪽에 먼저 입는 속옷이다(28:39). 가는 베실(아마실)로 짰는데 흰색이다. 하나님은 속옷을 띠로 매라고 하셨다(39절; 39:27~29). 예수님이 십자가에 달릴 때에 군인들이 속옷을 벗겨 제비뽑았던 옷과 비슷하다(요 19:23).

(8) 성관(28:40하~41)

> 40 … 그들을 위하여 관을 만들어 영화롭고 아름답게 하되 41 너는 그것들로 네 형 아론과 그와 함께 한 그의 아들들에게 입히고 그들에게 기름을 부어 위임하고 거룩하게 하여 그들이 제사장 직분을 내게 행하게 할지며

하나님은 대제사장을 위해 관을 만들라고 했다. 대제사장이 쓰는 "관"의 *미그바아(מִגְבָּעָה)*는 일종의 모자와 같다. '왕관'의 *내재르(נֵזֶר)*와는 다르다. 관은 영광과 존귀를 나타낸다. 하나님은 관을 만들어 씌워서 대제사장을 영화롭고 아름답게 하라고 하셨다.

(9) 속바지(28:42~43)

> 42 또 그들을 위하여 베로 속바지를 만들어 허리에서부터 두 넓적다리까지 이르게 하여 하체를 가리게 하라 43 아론과 그의 아들들이 회막에 들어갈 때에나 제단에 가까이 하여 거룩한 곳에서 섬길 때에 그것들을 입어야 죄를 짊어진 채 죽지 아니하리니 그와 그의 후손이 영원히 지킬 규례니라

대제사장의 의복들 중에 마지막으로 베로 속옷바지(고의)를 만들라고 하였다(28:42). "베"의 *바드(בַּד)*는 흰 세마포 천이다. 속바지는 허리로부터 넓적다리까지 하체를 가리기 위해서 입었다. 오늘날 내의와 같은 것으로 볼 수 있다. 이것은 하체를 가리기 위한 것이 주목적이다. "하체"로 번역된 *애르와(עֶרְוָה)*는 외음부를 가리키는 것으로 볼 수 있다.

이상의 에봇과 그 부속 옷들을 아론과 그의 아들에게 입히라고 하셨다(41절상). 그들에게 제사장 임직을 위해 기름 부을 때에도 그 옷들을 입고, 제사장 직분을 행할 때에도 입혔다(41절하). 성소 안의 거룩한 곳에서나 제단이 있는 회막의 뜰에서 여호와를 섬길 때에 이 에봇을 입어야 그들이 죽지 않을 것이라고 하였다(43절). 이것을 그 후손들도 지켜야 할 영원한 규례로 정하였다(43절).

교훈과 적용

① 아론과 그 아들들은 대제사장과 제사장 직분을 받았다. 제사장은 거룩하게 구별된 자로서 성막에서 하나님에게 봉사하는 자이다. 출애굽기 28장은 아론이 입을 에봇에 대하여 설명한다. 28:2에 "아론을 위하여 거룩한 옷을 지어서 영화롭고 아름답게 하라"고 하셨다. 온갖 색깔의 실로 정교하게 짤 뿐만 아니라 온갖 보석으로 장식하였다. 하나님은 자신이 기뻐하시는 곳에 자주 보석으로 장식하신 것을 본다(에덴동산의 경우, 창 2:12; 겔 28:13; 마지막 새 예루살렘의 경우, 계 21:19,20). 그만큼 하나님은 자신을 직접 섬기는 제사장을 거룩하고 영화롭게 아름답게 만들었다. 그 모습은 하나님의 속성을 반영한다. 하나님 자신은 그러한 섬김을 통하여 자신이 거룩하고 영화롭고 아름다움을 드러내기를 원하셨다. 오늘날도 하나님을 섬기는 성도가 거룩하고 영화롭고 아름다움으로써 하나님을 높여야 할 것이다.

② 아론의 옷에 붙은 두 호마노 보석에 12지파의 이름이 새겨졌으며, 또 흉패의 보석에도 열두지파의 이름이 인장같이 새겨졌다. 인장은 그 사람을 대변하는 것이며, 따라서 아론이 이스라엘을 모두 품고 하나님께 봉사한다는 의미이다. 하나님은 성전 안에서 아론만 보기를 원치 않고, 이스라엘 백성 전체를 보기를 원하였다. 신약에서도 우리도 "왕같은 제사장이요 거룩한 나라"라고 하였다(벧전 2:9). 그러기에 오늘날 우리도 하나님 앞에 직접 나아가서 예배로서 봉사하는 것이다.

③ 흉패의 보석들에 이스라엘의 이름들이 새겨졌다는 것은 하나님이 그들을 보석같이 귀하게 보신다는 뜻이다. 19:5에 하나님은 "너희가 내 소유가 되겠고..."라고 하셨는데 소유는 보물을 뜻한다. 흉패의 보석들은 이스라엘이 하나님 앞에서 보석과 같은 존재임을 반영한 것이다. 백성들이 에봇을 입은 대제사장을 보면서 아름답다고 감탄하였다. 12보석이 함께 어울려져 에봇에 붙어있으니 더 아름답게 보였을 것이다. 이처럼 그들은 하나님 앞에서 보석과 같은 귀한 존재임을 인식하고 자부심을 느꼈을 것이다.

신약에서 우리도 왕같은 제사장일 뿐만 아니라 하나님의 소유라고 한다(벧전 2:9). 바로 출애굽기 19:5~6의 구절과 꼭 같다. 신약의 성도도 하나님의 소유 죽 보물이라는 것이다. 우리에게 과연 하나님의 보물이 될 수 있는 가치가 있는가? 우리가 귀한 보배가 될 수 있는 길이 있다. 바울이 다음과 같이 고백한다: "내가 그리스도와 함께 십자가에 못박혔나니 그런즉 이제 내가 산 것이 아니요 오직 내 안에 그리스도께서 사신 것이라" (갈 2:20). 바울이 육체는 자랑할 것이 없지만, 그러나 자기 안에 귀한 것이 있는데, 그것이 바로 예수 그리스도라고 했다. 그리고 "우리가 이 보배(예수님)를 질그릇에 가졌으니"(고후 4:7)라고 고백한다. 우리가 보잘것없는 질그릇이라도 보물을 가졌으니, 우리 자신이 보배가 되는 것이다.

3) 대제사장의 임직식(29:1~39)

(1) 임직식을 위한 준비(29:1~3)

> 1 네가 그들에게 나를 섬길 제사장 직분을 위임하여 그들을 거룩하게 할 일은 이러하니 곧 어린 수소 하나와 흠 없는 숫양 둘을 택하고 2 무교병과 기름 섞인 무교 과자와 기름 바른 무교 전병을 모두 고운 밀가루로 만들고 3 그것들을 한 광주리에 담고 그것을 광주리에 담은 채 그 송아지와 두 양과 함께 가져오라

아론과 그 아들들이 하나님을 섬길 제사장 직분을 행할 수 있기 위해 그들에게 제사장 직분을 위임하라고 하시고, 이 임직식을 통하여 그들을 거룩하게 하라고 하신다(29:1). "거룩하다"의 *카다쉬*(קָדַשׁ)는 '구별하다, 성별하다'에서 '거룩하다'라는 의미까지 지녔다. 임직식은 단순히 어떤 사람을 직분자로 세울 뿐만 아니라, 그가 거룩을 입게 하는 의식이다. 이 거룩을 위하여 여러 가지 준비가 필요하였다.

먼저 임직을 받는 자는 수송아지 하나와 흠 없는 숫양 둘을 택하여 성막으로 가져온다. 수송아지는 속죄제를 위한 것이고(14절), 숫양 둘은 번제(18절)와 화목제(25절)를 위한 것이다. 그리고 무교병과 기름 섞인 무교 과자와 기름 바른 무교 전병을 모두 고운 밀가루로 만들라고 하신다(2절). 그것들을 한 광주리에 담아 송아지와 두 양과 함께 가져오라 하신다(3절). 무교병과 무교 과자들은 여호와께 드릴 요제(24절)와 번제를 드리기 위해서이다(25절).

(2) 임직식 절차들(29:4~9)

4 너는 아론과 그의 아들들을 회막 문으로 데려다가 물로 씻기고 5 의복을 가져다가 아론에게 속옷과 에봇 받침 겉옷과 에봇을 입히고 흉패를 달고 에봇에 정교하게 짠 띠를 띠게 하고 6 그의 머리에 관을 씌우고 그 위에 거룩한 패를 더하고 7 관유를 가져다가 그의 머리에 부어 바르고 8 그의 아들들을 데려다가 그들에게 속옷을 입히고 9 아론과 그의 아들들에게 띠를 띠우며 관을 씌워 그들에게 제사장의 직분을 맡겨 영원한 규례가 되게 하라 너는 이같이 아론과 그의 아들들에게 위임하여 거룩하게 할지니라

① 아론과 아들들을 데려다가 물로 씻김(4절). 물로 씻는 것은 정결케 하는 가장 기초적인 방법이다. 신약 시대에 유대인 사회에서 널리 시행된 결례와 비슷하다. 성막 뜰에는 물두멍이 있었는데, 이 기구로써 정결케 하는 의식을 행하였을 것이다.

② 아론에게 대제사장 옷을 입힘(5~6절). 옷을 입는 순서는 다음과 같다. 먼저 속옷을 입고 다음으로 겉옷을 입는다. 겉옷은 에봇 받침이라고 불린다. 그리고 에봇을 그 위에 덮는다. 흉패를 에봇에 매어 달고, 정교하게 짠 띠를 허리에 띠운다. 에봇을 입은 제사장의 머리에 관을 씌우고, 그 위에 "여호와께 성결"이라는 글이 새겨진 순금 성패를 이마에 붙였다(6절). 이로써 옷 입기를 마친다.

③ 대제사장 머리에 관유를 부음(7절). 에봇을 입고 성막 뜰의 지정된 장소에 선 대제사장에게 기름을 붓는다. 관유를 만드는 법은 출애굽기 30:22~33에 자세히 설명하고 있다. 액체 몰약과 육계와 창포와 계피와 감람유를 가져다가 향을 만드는 법대로 거룩한 관유를 만든다. 이 관유는 거룩한 도구들에 바르는데 사용되고, 또 제사장을 세우는 임직 예식에서도 쓴다. 이 기름을 거룩한 것으로 말씀하신다(30:31~32). 이 기름이 발린 것은 모두 거룩하게 구별되었다(30:29). 제사장에게도 이 기름을 발라 거룩하게 구별하라고 하셨다(30:30).

시편 133:2은 이 임직식 장면을 잘 묘사하고 있다. 기름이 머리 위에 부어지면 얼굴로 흘러내려 수염을 적시고, 수염에서 떨어진 기름이 옷깃을 타고 흘러내려 땅으로 떨어진다. 하나님은 대제사장은 부모가 사망해도 머리를 풀지 말고 그 옷을 찢지 말라 하셨는데, 왜냐하면 "이는 하나님께서 위임한 관유가 그 위에" 있기 때문이었다(레 21:12). 이것은 기름부음이 얼마나 엄중함을 보여주는 말씀이다. 이렇게 거룩해진 대제사장은 하나님께 봉사할 만한 사람들이 된다.

④ 제사장들의 임직식(8~9절). 대제사장의 임직이 끝난 후 아론의 아들들을 제사장으로 세우는 순서가 진행된다. 먼저 아들들에게 제사장 복을 입힌다. 그들에게 세마포로 짠 속옷을 입히고(29:8), 띠를 띠웠다. 띠를 맨다는 것은 종이 주인을 봉사할 때의 모습을 상기시킨다. 그리고 관을 씌운다(9절). 그러나 이 관은 대제사장의 관과는 달랐을 것이다. 물론 그들에게도 기름을 부었을 것이다(30:30; 40:15 참조). 이렇게 하여 그들을 거룩하게 하고, 제사장 직분을 위임한다. "위임하다"의 히브리어는 말레 야드(מָלֵא יָד)인데, 직역하면 '손을 채우다'이다. 어떤 사람의 손에 무엇을 가지게 한다는 말이며, 그가 그것을 소유하게 한다는 것을 의미한다. 성막에서 하나님을 섬기는 모든 일을 그에게 맡긴다는 의미이다. 따라서 의역하면 '위임하다'라고도 번역이 가능하다.

(3) 여러 제사들을 진행함(29:10~30)

10 너는 수송아지를 회막 앞으로 끌어오고 아론과 그의 아들들은 그 송아지 머리에 안수할지며 11 너는 회막 문 여호와 앞에서 그 송아지를 잡고 12 그 피를 네 손가락으로 제단 뿔들에 바르고 그 피 전부를 제단 밑에 쏟을지며 13 내장에 덮인 모든 기름과 간 위에 있는 꺼풀과 두 콩팥과 그 위의 기름을 가져다가 제단 위에 불사르고 14 그 수소의 고기와 가죽과 똥을 진 밖에서 불사르라 이는 속죄제니라 15 너는 또 숫양 한 마리를 끌어오고 아론과 그의 아들들은 그 숫양의 머리 위에 안수할지며 16 너는 그 숫양을 잡고 그 피를 가져다가 제단 위의 주위에 뿌

리고 17 그 숫양의 각을 뜨고 그 장부와 다리는 씻어 각을 뜬 고기와 그 머리와 함께 두고 18 그 숫양 전부를 제단 위에 불사르라 이는 여호와께 드리는 번제요 이는 향기로운 냄새니 여호와께 드리는 화제니라 19 너는 다른 숫양을 택하고 아론과 그 아들들은 그 숫양의 머리 위에 안수할지며 20 너는 그 숫양을 잡고 그것의 피를 가져다가 아론의 오른쪽 귓부리와 그의 아들들의 오른쪽 귓부리에 바르고 그 오른손 엄지와 오른발 엄지에 바르고 그 피를 제단 주위에 뿌리고 21 제단 위의 피와 관유를 가져다가 아론과 그의 옷과 그의 아들들과 그의 아들들의 옷에 뿌리라 그와 그의 옷과 그의 아들들과 그의 아들들의 옷이 거룩하리라 22 또 너는 그 숫양의 기름과 기름진 꼬리와 그것의 내장에 덮인 기름과 간 위의 꺼풀과 두 콩팥과 그것들 위의 기름과 오른쪽 넓적다리를 가지라 이는 위임식의 숫양이라 23 또 여호와 앞에 있는 무교병 광주리에서 떡 한 개와 기름 바른 과자 한 개와 전병 한 개를 가져다가 24 그 전부를 아론의 손과 그의 아들들의 손에 주고 그것을 흔들어 여호와 앞에 요제를 삼을지며 25 너는 그것을 그들의 손에서 가져다가 제단 위에서 번제물을 더하여 불사르라 이는 여호와 앞에 향기로운 냄새니 곧 여호와께 드리는 화제니라 26 너는 아론의 위임식 숫양의 가슴을 가져다가 여호와 앞에 흔들어 요제를 삼으라 이것이 네 분깃이니라 27 너는 그 흔든 요제물 곧 아론과 그의 아들들의 위임식 숫양의 가슴과 넓적다리를 거룩하게 하라 28 이는 이스라엘 자손이 아론과 그의 자손에게 돌릴 영원한 분깃이요 거제물이니 곧 이스라엘 자손이 화목제의 제물 중에서 취한 거제물로서 여호와께 드리는 거제물이니라 29 아론의 성의는 후에 아론의 아들들에게 돌릴지니 그들이 그것을 입고 기름 부음으로 위임을 받을 것이며 30 그를 이어 제사장이 되는 아들이 회막에 들어가서 성소에서 섬길 때에는 이레 동안 그것을 입을지니라

임직식을 끝낸 그들은 이제 제사장들의 죄를 속하기 위한 제사를 드린다. 제사장들을 위해 여러 가지 제사가 드려졌는데, 다음과 같다.

① 속죄제를 드리다(10~14절). 대제사장을 깨끗하게 하기 위해 여러 제사들

이 드려지는데, 속죄제가 맨 먼저 드려졌다. 속죄제는 사람의 죄를 속하고 사함을 받기 위해 드리는 제사이다. 제사장은 무엇보다도 먼저 자신의 죄에서 정결함을 얻고 죄로부터 자유해야 업무를 수행할 수 있다.

속죄제를 위해 하나님은 수송아지를 회막 앞으로 끌어오라고 말씀하신다. 제물의 종류는 속죄 대상 인물에 따라 다르다. 제사장은 흠없는 수송아지를 (레 4:3이하), 이스라엘 회중과 회중의 대표자인 장로들도 수송아지를 속죄제로 드렸다(레 4:14, 20이하). 족장이 범죄했을 때 숫염소를 드렸고(레 4:24이하), 일반 백성 개인이 드릴 때에는 어린 암양을 드렸다(레 4:32~35). 만약 가난하여 양을 드릴 형편이 안 될 경우 집비둘기 두 마리나 산비둘기 두 마리로 대체할 수 있었다(레 5:7이하).

제사를 드리기 전 아론과 그의 아들들이 그 송아지 머리에 안수하게 하였다(29:10하). "안수하다"의 *사마크*(סָמַךְ)는 '손을 얹다'인데, 종교 의식적인 행위로서 '안수하다'로 번역할 수 있다. 제물에 손을 얹는 것은 제물과 자신을 동일시하는 것이며, 또한 안수자의 죄를 제물에 전가시키는 행위도 된다(이 의미를 위해 레 15:21 참조하라). 그리하여 제물이 죽는 것은 안수자가 죽는 것과 동일시 취급된다.

회막 문 여호와 앞에서 그 송아지를 잡으라고 하신다(29:11). "회막"의 오헬 모에드(אֹהֶל מוֹעֵד)는 문자적으로는 '회집 천막'인데, 자주 성막 대신에 사용되었다. 송아지를 성소 입구 앞의 성막 뜰에서 잡았다. 그리고 피 의식이 진행하였는데, 피의 일부를 제단 뿔에 바르고 나머지는 제단 밑에 쏟는다(12절). 피를 제단 뿔에 바르는 것은 그 제단을 정결케 하는 의미이다.

제단 위에는 내장에 덮인 모든 기름과 간 위에 있는 꺼풀과 두 콩팥과 그 위의 기름을 올려놓고 불살랐다(13절). 그리고 고기와 가죽과 똥은 진 밖에서 불태웠다. 경우에 따라서는 고기를 불사르지 않고 제사장이 성막 뜰에서 먹으라고 하였다(레 6:25~29). 그러나 임직식 현장에서는 밖에서 태우도록 하였다. 밖에서 태운다는 것은 그것을 하나님께 드린다는 의미가 아니다. 그러나 이미 그것은 바쳐진 것이므로 거룩한 성물로 취급해야 한다. 따라서 사람이 함부로 취급하거나 먹어서는 안 된다. 정해진 규정대로 태워야 하는 것이다.

제사장은 속죄제를 드림으로써 죄가 사하여졌고, 거룩한 성전에서 봉사하며 성막 뜰에서 거룩한 음식을 먹을 수 있는 합당한 자가 되었다. 대제사장이 먼저 자기 죄를 사한 후에 다음으로 백성의 죄를 위하여 제사 드릴 수 있게 되는 것이다(히 7:27).

② 번제를 드리다(15~18절). 속죄제 다음 번제를 드리게 하였다. 번제는 헌신의 의미로 드렸다. 속죄제 뒤에 번제를 드린 것은 죄 사함을 받은 후에 그가 자신을 하나님에게 바치는 헌신을 할 수 있기 때문이다. 이 번제를 위해 숫양이 드려졌다. 아론과 그의 아들들이 숫양의 머리위에 안수하였다(29:15). 이로써 숫양은 드리는 자와 동일시되는 것이다. 숫양을 잡고 그 피를 제단 위와 주위에 뿌렸다(16절). 제물의 피를 뿌린 것은 정결케 하는 의식이다.

숫양은 각을 뜨고(17절), 그 전부를 제단 위에 올려 불살랐다. 이것을 번제라고 불렀다(18절). 한글과 영어성경이 "번제(燔祭, burnt offering)"라는 단어를 사용하는데, 이것은 '불을 태우는 제사'라는 의미이다. 히브리어의 의미와는 맞지 않는 용어로 번역된 것은 성경에 이 제사를 "화제(火祭)"라고 부르는 데서(18절하) 기인했다고 생각한다. 히브리어 "번제"의 올라(עֹלָה)는 알라(עָלָה, 올라가다)에서 온 명사로서, 아마도 연기와 냄새가 하늘로 올라간다는 의미로 붙여진 이름인 것 같다. 하나님은 이것을 "향기로운 냄새"라고 말씀하셨다. 이렇게 제물의 모든 것을 태워 하나님에게로 올려 보내는 것이므로 이것은 여호와께 드리는 선물로 간주된다.[14] 또 하나님께 대한 존경의 표시이기도 하며, 하나님을 향한 자신의 헌신에 대한 표현이기도 하다. 아브라함이 드린 번제는 순종과 헌신을 고백하는 믿음을 보인 것이었다(창 22장).

③ 또 하나의 숫양으로 행하는 정결 의식(19~21절). 하나님은 번제에 사용한 것과 같은 또 하나의 숫양을 택하라고 하신다(29:19상). 대속죄일에 숫염소 둘을 취하여 하나는 번제물로 또 하나는 광야로 보내어지는 아사셀 염소로 삼

---

14 기동연, 『레위기』 (서울: 생명의 양식, 2019), 205~6.

은 것과 비교될 수 있다(레 16:5). 이 숫양의 머리 위에 아론과 그 아들들이 안수한다(29:19하). 그 숫양을 잡고 그 피를 가져다가 아론의 오른쪽 귓불과 그의 아들들의 오른쪽 귓불에 바르고 그 오른손 엄지와 오른발 엄지에 바르라고 하신다(20절상). "귓불(티누크 오젠, אֹזֶן תְּנוּךְ)"은 귀바퀴의 아래쪽에 조금 늘어난 부분이다. 성경 여러 곳에서 정결케 하고자 하는 자에게 피를 귓불과 엄지에 바르게 한다(레 8:23, 24; 14:14, 17, 25, 28). 이것은 정결케 하는 하나의 의식으로 자리매김했다고 볼 수 있다.

이 정결 의식에서 왜 피를 귓불과 오른손과 발의 엄지에 바른 이유가 무엇이었는지 정확하게 알 수 없다. 다만 다음과 같이 유추해 볼 수는 있겠다. 어떤 사람이 누구에게 예속된 것임을 표하기 위해 귀를 뚫는 경우도 있었다(21:6). 이때에 귀는 그 사람을 대변하는 것으로 볼 수 있다. 만약 그것이 사실이라면 귓불과 엄지에 피를 바른 것은 그 사람 전체에게 피를 바른 것이 되고, 그 몸을 하나님께 헌신하여 바친다는 의미가 된다. 오른손과 오른발은 그 사람의 힘을 상징한다. 그 엄지들은 그 손과 발을 대표한다. 여기에 피를 바른다는 것은 그들이 힘으로 하는 모든 활동을 하나님에게 헌신하여 바친다는 의미로도 볼 수 있다.

제물의 피를 제단 주위에 뿌렸다. 제단과 그 주위를 정결케하는 의식이다. 또 피와 관유를 가져다가 아론과 그의 옷과 그의 아들들과 그의 아들들의 옷에 뿌렸다. 이것은 사람들을 깨끗케 하고 옷을 거룩케 하는 것이었다(29:21).

④ 제사장에게 주어지는 임직식 숫양과 음식들(22~30절). 위임을 받는 자를 위해 두 숫양이 사용되었다. 하나는 전체를 번제로 하나님께 드렸었다(20:15~18). 다른 하나의 숫양의 머리 위에 위임받는 자들이 안수하고 그것을 잡아 피를 위임받는 자의 오른쪽 귓부리, 오른 손 엄지, 오른 발 엄지에 발랐다(29:19~20). 그리고 그 피를 관유와 함께 그들의 옷에도 뿌렸다(21절). 제물의 피가 그들을 정결케 한 것이다. 그런데 이 두 번째 숫양 내장의 모든 부위와 기름, 그리고 오른쪽 넓적다리를 제사장이 가지도록 하였다(22절). 하나님은 그것을 임직식의 숫양이라고 불렀다(22절하). 두 숫양 중 하나는 하나님께

바쳐졌고 다른 하나는 제사장에게 돌려주는 것이었다. 그 고기들은 이미 제물로 바쳐진 것이기 때문에 하나님의 것이다. 그래서 그들이 취한 고기는 위임을 받는 자들에게 하나님께서 하사하는 선물인 것이다.

하나님은 번제물의 숫양들과 함께 또 무교병들도 광주리에 담아 가져오게 하였다. 광주리에 담긴 것들은 하나님에게 바쳐진 것이다. 그 광주리에서 떡한 개와 기름 바른 과자 한 개와 전병 한 개를 가져다가(23절) 그것들을 아론의 손과 그의 아들들의 손에 주었다. "과자"의 할라(חַלָּה)는 밀가루에 기름을 섞어 만든 가운데 구멍이 난 특별한 모양의 과자 종류이다. "전병"의 라키크(רָקִיק)는 기름을 발라 굽는 과자이다.

흔들어 여호와 앞에 요제를 삼았다(24절). 히브리어에서 "흔들다"의 누프(נוּף)는 '이리저리 움직이다, 흔들다'이며, "요제"의 테누파(תְּנוּפָה)는 '흔들다'의 누프에서 온 명사로 직역하면 '흔듦'이다. 하나님 앞에서 흔드는 것은 그 제물을 하나님에게 바치는 행위이다. "여호와께 열납되도록 흔들되"라는 말에서(레 23:11) 그 행위가 바치는 표시임을 알 수 있다. 따라서 테누파는 '흔들어 바치는 제물'의 의미를 가졌다. 이 부분을 직역하면 "그것을 요제(흔들어 바치는 제물)로 흔들다"이다.

광주리에서 꺼낸 무교병과 과자, 그리고 전병의 일부를 요제로 흔든 후에 숫양의 번제물(29:18) 위에 같이 올려 불살랐다(25절중). 이 과자들도 하나님 앞에 올라가는 향기로운 냄새라고 하였다(25절). 그리고 이것을 여호와께 드리는 화제라고 하였다. "화제"의 잇쇄(אִשֶּׁה)는 '불로 태워 드리는 제사'이다.

그런데 요제(흔들어 드리는 제사)는 모두 불에 태우는 것이 아니다. 어떤 요제는 태워 제물로 바치지만 어떤 요제는 제사장의 몫으로 주어진다. 본문의 경우에도 일부의 요제는 번제와 함께 태워 하나님께 바쳤다. 그리고 일부는 사람에게 주어졌다. 아론을 위한 둘째 숫양, 즉 임직식 숫양(22절)의 가슴 부위를 가져다가 여호와 앞에 요제로 흔들어 바치는데, 이것은 "네 분깃이니라"고 말씀하셨다(26절). 이때에 "너"는 모세를 가리킨다. "분깃"의 마나(מָנָה)는 그가 차지할 몫을 말한다. 또 임직식 숫양의 가슴과 넓적다리도 요제물로 삼아 거룩하게 한 후(27절), 이것들을 아론(대제사장)과 그의 아들들(제사장)의 분 깃으로 돌렸다(28절상). 즉 하나님에게 바쳐진 제물이 된 후에 그들에게 주었 다. 하나님이 자기의 것은 선물로 하사한 것이다.

하나님은 이것은 앞으로 이스라엘 자손이 대제사장과 제사장에게 돌릴 영 원한 분깃으로 지정하였다. 그리고 이것을 또한 거제물이라고 하였다(28절 하). "거제물"로 번역된 *테루마*(תְּרוּמָה)는 동사 룸(רוּם)에서 나온 단어인데, 룸 은 '높음, 높은 곳'이란 의미이다. *테루마*는 '높은 곳으로 바쳐진 물건'이란 뜻 이며, 이 단어가 많은 곳에서 '예물'로 번역되었다(25:2, 3; 35:24; 대하 31:10; 겔 45:1, 16 등등). 따라서 "거제물"이란 말에는 '하나님에게 바쳐진 제물'이란 의미와 '귀하게 드려진 것'이란 두 의미가 함께 들어있다고 하겠다.

그런데 이렇게 제사장의 몫으로 지정되는 거제물이 또 있다. 즉 화목제물 중에서 나타난다(29:28하). 화목제는 다른 제사와 다른 특이한 점이 있다. 화 목제는 제물의 기름과 두 콩팥을 화제로 하나님께 불살라 드린다. 제물의 나 머지 부분 중 가슴은 아론과 그 자손에게, 우편 뒷다리는 집례한 제사장에게, 나머지는 제사를 드리는 자가 그의 가족(노비도 포함)과 레위 사람들과 함께 성막(전)에서 먹는다(레 7:15-21; 신 12:17, 18). 여기에서 아론(대제사장)이 차 지하는 가슴 부위와 또 그 아들들(제사장들)이 차지하는 뒷다리 부분은 거제물 이 되는 것이다. 출애굽기 본문은 임직식 때에 아론과 그 아들이 차지하는 거 제물들은 화목제에서 드려지는 그 거제물과 같다고 말하면서, 이것을 영원한 규례로 삼으라고 한다(29:28하).

이러한 임직식 규례는 한번으로 끝나지 않고 아론의 후손들에게 계속 이어 질 것이다(29절상). 그 후손들은 아론과 그 아들들이 입었던 대제사장복 혹은 제사장복을 입고 기름부음을 받을 것이다(29절하). 아론의 아들들이 제사장이 된 후 그들은 각각 일주일 동안 성소에서 섬길 것인데, 임직식 때에 입은 그 옷을 입고 섬겨야 한다(30절).

(4) 거룩한 음식을 먹음(29:31~34)

> 31 너는 위임식 숫양을 가져다가 거룩한 곳에서 그 고기를 삶고 32 아론과 그의
> 아들들은 회막 문에서 그 숫양의 고기와 광주리에 있는 떡을 먹을지라 33 그들
> 은 속죄물 곧 그들을 위임하며 그들을 거룩하게 하는 데 쓰는 것을 먹되 타인은
> 먹지 못할지니 그것이 거룩하기 때문이라 34 위임식 고기나 떡이 아침까지 남아
> 있으면 그것을 불에 사를지니 이는 거룩한즉 먹지 못할지니라

임직식의 마지막은 거룩한 음식을 먹는 순서이다. 하나님은 모세에게 임직
식 숫양(둘째 숫양)을 가져다가 거룩한 곳에서 고기를 삶으라고 말씀하신다
(29:31). 거룩한 곳은 물론 성막(성전) 뜰이다. 앞에서 모세와 아론, 그리고 그
아들들(제사장) 몫의 부위가 따로 있었고, 그것을 여호와 앞에서 흔들어(요제
로 흔듬) 거룩하게 하였고, 그것을 거제물이라고 말하였다. 아마도 일단 모든
고기를 가마솥에 넣어 함께 삶고 그것을 먹을 때에 각각 몫으로 받은 부위들
을 취하였을 것이다.

그들이 먹는 음식은 제물로 바쳐진 고기뿐만이 아니었다. 하나님에게 바쳐
졌던 광주리에 요제로 바쳐진 두(23~24절 참조) 남은 떡은 그들의 몫이 되어
함께 먹었다(32절). 이 모든 음식을 임직식에서 그들을 거룩하게 하기 위해 사
용된 "속죄물"이라고 말한다(33절). 그것들은 거룩한 음식들이며, 그날 거룩
함을 입은 당사자들만이 그것을 먹을 특권이 있었다. 타인은 결코 그것을 먹
을 수 없다(33절).

그런데 그들이 먹을 "속죄물"의 히브리어 쿠파르(כֻּפַּר)는 카파르(כָּפַר, 덮다)
의 푸알(강세 수동)형으로서 직역하면 '덮어진 것'으로 번역된다. 카파르에서
파생된 캅포레트(כַּפֹּרֶת)가 '속죄소(언약궤의 뚜껑)'로 번역되었다. 피가 속죄소
에 뿌려질 때에 율법을 덮는 기능을 발휘하여 그들의 죄가 속죄되었다는 의미
이다. 그와 연관시켜 본문의 쿠파르도 속죄와 관련된 의미를 가질 수 있다. 본
문에서 쿠파르를 바로 그 앞에 있는 관계대명사(아쉐르, אֲשֶׁר)와 함께 번역하

면 '속죄되어진 것', 즉 '속죄물'이 되는 것이다. 바로 그들의 죄를 덮은 그 제물의 고기를 그들이 먹는 특권을 누리는 것이다.

이 임직식 고기나 떡이 아침까지 남아 있으면 그것을 불살라야 한다(34절). 이 음식들은 거룩하기 때문에 날이 지나게 둘 수 없다. 이렇게 거룩한 곳(성막 문 앞, 32절상)에서 먹는 식사로써 임직식의 행사는 끝나게 된다. 이 식사는 하나님 앞에 거룩한 자가 거룩한 음식을 먹는 영광스러운 일이 아닐 수 없다.

이상의 임직식 장면은 예배의 모습이라고 할 수 있다. 그래서 이것을 '위임 예배'라고 부를 수 있다. 그런데 이 위임 예배는 시내산 언약의 중요한 내용을 그대로 담고 있다(19~24장). 하나님 임재가 있는 곳(성막)에서 제사가 드려지고, 피가 뿌려지고, 거룩한 음식을 먹는 순서들이다. 그래서 이러한 예배를 '언약 갱신'이라고 할 수 있다.

(5) 이레 동안 행하는 임직식 축제(29:35~42)

35 너는 내가 네게 한 모든 명령대로 아론과 그의 아들들에게 그같이 하여 이레 동안 위임식을 행하되 36 매일 수송아지 하나로 속죄하기 위하여 속죄제를 드리며 또 제단을 위하여 속죄하여 깨끗하게 하고 그것에 기름을 부어 거룩하게 하라 37 너는 이레 동안 제단을 위하여 속죄하여 거룩하게 하라 그리하면 지극히 거룩한 제단이 되리니 제단에 접촉하는 모든 것이 거룩하리라 38 내가 제단 위에 드릴 것은 이러하니라 매일 일 년 된 어린 양 두 마리니 39 한 어린 양은 아침에 드리고 한 어린 양은 저녁 때에 드릴지며 40 한 어린 양에 고운 밀가루 십분의 일 에바와 찧은 기름 사분의 일 힌을 더하고 또 전제로 포도주 사분의 일 힌을 더할지며 41 한 어린 양은 저녁 때에 드리되 아침에 한 것처럼 소제와 전제를 그것과 함께 드려 향기로운 냄새가 되게 하여 여호와께 화제로 삼을지니 42 이는 너희가 대대로 여호와 앞 회막 문에서 늘 드릴 번제라 내가 거기서 너희와 만나고 네게 말하리라

임직식은 하루만으로 끝나지 않는다. 일주일 동안 제단과 제사장을 거룩케 하는 의식이 계속 진행된다(29:35). 일반적으로 대 절기들(유월절, 칠칠절, 초막절) 축제가 일주일간 진행된다. 그것과 마찬가지로 임직식도 일주일간 드려지므로 축제로 불릴 수 있다.

① 매일 드리는 속죄제(35~37절). 첫날 아론과 그 아들들에게 기름을 붓고 수송아지를 그들의 속죄를 위한 속죄제로 드렸었다(10~14절). 그때에 수송아지 피를 제단의 뿔에 발랐었다(12절). 제단을 깨끗이 한 것이었다. 그런데 하나님은 일주일 동안 매일 제단을 깨끗이 하고 속죄하기 위해 수송아지를 속죄제로 드리라고 명령하신다(36절). 이렇게 해야 제단은 지극히 거룩한 것이 되고, 또한 제단에 접촉하는 모든 것이 거룩하게 된다고 하신다(37절). 물론 이 속죄제는 제단을 깨끗이 할 뿐만 아니라 드리는 제사장도 깨끗이 하였다. 왜냐하면 이 속죄제를 드릴 때에 제사장이 제물의 머리에 손을 얹었기 때문이다.

속죄제를 위한 수송아지의 내장에 덮인 기름과 간 위에 있는 꺼풀과 두 콩팥, 그리고 그 위에 있는 기름을 제단 위에서 태워졌을 것이고, 고기와 가죽, 그리고 똥은 진 밖에서 불살랐을 것이다(14절 참조).

② 매일 드리는 번제(38~42절). 속죄제를 드려 제단을 거룩하게 한 후에 하나님은 번제를 드리라고 하셨다. 속죄하여 거룩하게 된 사람이 감사와 헌신의 번제를 드리는 것이다. 이 번제를 위해 매일 어린양 두 마리가 드려졌다(38절). 한 마리는 저녁 하루가 시작하는 아침에(39절상) 해가 뜰 때를 맞추어 들여졌을 것이다. 하루 일과를 시작하기 전에 먼저 하나님께 번제의 제사를 드린 것이다. 또 하루 일과가 끝나는 저녁, 즉 해지는 시간에 저녁 번제(39절하)가 드려졌다.

임직식 축제 때에 조석으로 드리는 번제에는 소제와 전제를 함께 드렸다. 소제는 5대 제사(번제, 속죄제, 화목제, 속건제, 소제) 중 유일하게 피가 없는 곡물로 드리는 제사이다. 소제는 고운 밀가루 십분의 일 에바(한 에바는 약 40리터)와 찧은 기름 사분의 일 힌(한 힌은 약 6.4리터이다)을 더하여 드렸다(40절).

"소제"의 민하(מִנְחָה)는 '선물을 주다'라는 동사 마나흐(מָנַח)에서 온 명사로서, '예물'이라는 뜻을 가지고 있다. 하나님께 받은 은혜에 대한 감사 혹은 복 주심에 대한 답례로 드렸다. 번제나 속죄제, 속건제 등 항시 다른 피제사와 함께 드려졌다(레 5:11-13). 소제를 드리는 방식에는 a. 고운 기름 가루 한 줌에 유향 혹은 기름을 섞어 드릴 수 있고; b. 화덕으로 구워 무교병이나 무교전병으로 드릴 수 있고; c. 철판에 부쳐서(과자로 만듦) 드릴 수 있고; d. 솥에 삶아서 드릴 수 있고; e. 첫 이삭을 볶아서 찧은 것으로 드릴 수 있다(레 2:2-14).

"전제(奠祭)"의 내새크(נֶסֶךְ)는 동사 나사크(נָסַךְ)에서 나온 단어인데, 나사크는 '붓다'라는 뜻이다. 따라서 "전제"는 '부어드리는 제사'이다. 제단의 제물 위에 포도주나 독주를 부어서 드리는 제사를 말한다. 번제의 제물이 어린양이면 전제로 포도주 한 힌(약 6.5리터)의 사분 일이 사용되었다(민 15:5). 전제를 붓는 자가 하나님께 드리는 헌신의 뜻을 담아 드리는 것이다.

번제는 감사와 헌신의 의미를 가졌는데, 여기에 소제(감사의 표시)와 전제(헌신)를 함께 드림으로서 그 의미를 배가시켰다. 이렇게 함께 드리는 제사를 하나님은 "향기로운 냄새"로 받으셨다(29:41). 이것을 하나님은 대대로 드려질 규례로 삼으셨다(42절상). 이 번제는 성막 문 앞에서 행하여졌다(42절중). 성막은 여호와께서 임재하시는 곳이다. 거기에서 하나님은 자신에게 감사와 헌신을 드리는 그들을 만나주시겠다고 약속하셨다(42절하).

(6) 결론: 제사장에게 주는 하나님의 약속(29:43~46)

> 43 내가 거기서 이스라엘 자손을 만나리니 내 영광으로 말미암아 회막이 거룩하게 될지라 44 내가 그 회막과 제단을 거룩하게 하며 아론과 그의 아들들도 거룩하게 하여 내게 제사장 직분을 행하게 하며 45 내가 이스라엘 자손 중에 거하여 그들의 하나님이 되리니 46 그들은 내가 그들의 하나님 여호와로서 그들 중에 거하려고 그들을 애굽 땅에서 인도하여 낸 줄을 알리라 나는 그들의 하나님 여호와니라

성막은 하나님이 임재해 계시는 곳이다. 그곳에서 하나님은 이스라엘 백성을 만나시겠다고 약속하신다(29:43). 성막에 임재하시는 하나님은 "영광"으로 표현된다. "영광"은 출애굽과 성막에서 사용되는 '하나님 임재'를 대변하는 전문용어이다. 이 "영광"은 주로 구름으로 표현되었다(40:34,35). 이 하나님의 임재(영광)는 성막을 거룩하게 만든다(29:43하). 하나님께서 성막만 거룩하게 할뿐만 아니라 제단도 거룩하게 하며, 또 아론(대제사장)과 그 아들들(제사장들)도 거룩하게 하여 하나님에게 직분을 행할 수 있게 하겠다고 하셨다(44절).

마지막으로 하나님은 "내가 이스라엘 자손 중에 거하여 그들의 하나님이 되리니"라고 약속하신다(45절). 성막은 '하나님 임재의 장소'이다. 하나님은 성막을 통하여 그들 중에 계시겠다는 약속을 이루신다. 광야에서 성막은 이스라엘 중심에 위치하여 자리잡았으며, 그들이 행진할 때에는 앞에서 인도하셨다. "그들의 하나님이 되리니"라는 문구는 언약을 연상케 한다. 언약을 통해 하나님이 그들의 하나님이 되셨고 그들은 하나님의 백성이 되었다. "나는 너희의 하나님이 되고 너희는 내 백성이 될 것이니라"(레 26:12)는 말은 소위 '언약 문구(the covenant formula)'라고 불린다. 앞으로도 이 문구는 계속 언약을 상기시킬 때에 사용될 것이다(신 29:13; 렘 7:23; 11:4; 24:7; 30:22; 31:1, 33; 32:38; 겔 11:20; 37:23, 27; 슥 8:8; 13:9; 등등).

이 마지막 약속은 46절에서 다시 반복된다. 여기에서 자신을 '여호와' 하나님이심을 강조한다. 하나님은 이집트에서 구출해 내실 때에 '여호와'라는 자신의 이름을 걸고 그 일을 하셨다(3:15; 5:1~2; 6:2; 14:4; 15:3 참조). 그 이름으로 그들을 이집트에서 인도하여 내신 이유는 '그들 중에 거하기' 위해서이며, 또한 그들의 하나님이 되기 위해서임을 밝히신다. 성막과 그 예배에 대한 말씀의 결론은 바로 이것이다. '여호와'라 이름하는 그분이 자기 백성 중에 거하신다는 것이다.

교훈과 적용

대제사장의 임직식이 아름답게 거행되었다. 아론이 에봇을 입고 성전 뜰에 서고, 모세가 그의 머리에 기름을 붓는다. 그 기름은 머리의 관을 적시고 얼굴을 타고 내려와서 수염을 적시고, 수염을 타고 흘러내려 에봇을 적시며 번져나간다. 어깨에 매어 달린 호마노를 적시고, 흉패와 거기에 붙은 열두 보석들을 차례로 적셔 내려간다. 이 보석들에는 이스라엘의 열두 지파의 이름이 새겨져 있다. 그리고 기름은 계속 내려와 옷깃에서 뚝뚝 떨어진다. 아론이 거룩함을 입는 순간이다. 그 순간은 아론뿐만 이스라엘 열두 지파, 즉 이스라엘 모든 백성이 함께 거룩함을 입는 것이다. 왜냐하면 그들이 보석으로서 에봇에 붙어있기 때문이다. 이 장면을 보면서 그들은 감격하였을 것이다.

시편 기자는 다음과 같이 노래한다: "형제가 연합하여 동거함이 어찌 그리 선하고 아름답고 머리에 있는 보배로운 기름이 수염 곧 아론의 수염에 흘러서 그의 옷깃까지 내림 같고"(시 133:1~2). 이 시편은 '성전에 올라가는 노래'라는 제목이 붙었다. "형제가 연합하여 동거함"은 축제 때에 그들이 성전 뜰에 모여 거룩한 고기를 서로 나누어 먹으며 일주일을 지내는 것을 말한다. 그들은 그 순간 '어찌 그리 선하고 아름다운고'라고 자부심을 느끼며, 자기들의 그 모습과 그 옛날 기름부음을 받던 아론의 모습을 회상하면서 노래한다. 바로 아론이 기름부음을 받았던 순간 이스라엘 백성인 그들도 '제사장 나라'요 '거룩한 백성'이 된 것을 실감한 것이다. 그들은 아론의 에봇에 보석으로 붙어 함께 기름 발린 거룩한 백성임을 상기하며, 그것이 그렇게도 아름답다고 노래한 것이다.

신약성경은 우리 교회를 몸으로 비유한다(고전 12:27; 엡 1:23). 예수님이 머리이고 우리가 거기에 연결된 지체이다(엡 5:23; 골 1:24; 고전 6:15). 그런데 우리가 한 몸을 될 수 있는 것은 한 성령의 세례로 이루어졌다고 한다(고전 12:13). 마치 아론이 임직을 받을 때에 아론과 함께 이스라엘 전체가 하나로 거룩함을 입었던 모습을 연상케 한다. 신약은 더 진한 거룩함이요 또 하나의 연합이다. 왜냐하면 더 큰 제사장이신 예수님에게 연합되었으며, 관유가 아닌 성령의 부음으로 이루어졌기 때문이다.

4. 성막에 대한 부가적인 설명(30:1~38)

본 단원은 성막에 대한 추가적인 설명을 여러 가지로 주고 있다. 그 순서나 주제의 연결도 매끄럽지 못하다. 특히 앞에서 성막의 여러 기구들을 설명했는데

(25:10~40), 본 단원에서는 두 가지 기구들(향단, 물두멍)을 추가로 설명하고 있다. 왜 이 두 가지는 따로 떼어 여기에서 다루고 있는지 그 이유가 불분명하다.

1) 분향단(30:1~10)

1 너는 분향할 제단을 만들지니 곧 조각목으로 만들되 2 길이가 한 규빗, 너비가한 규빗으로 네모가 반듯하게 하고 높이는 두 규빗으로 하며 그 뿔을 그것과 이어지게 하고 3 제단 상면과 전후 좌우 면과 뿔을 순금으로 싸고 주위에 금 테를두를지며 4 금 테 아래 양쪽에 금 고리 둘을 만들되 곧 그 양쪽에 만들지니 이는제단을 메는 채를 꿸 곳이며 5 그 채를 조각목으로 만들고 금으로 싸고 6 그 제단을 증거궤 위 속죄소 맞은편 곧 증거궤 앞에 있는 휘장 밖에 두라 그 속죄소는 내가 너와 만날 곳이며 7 아론이 아침마다 그 위에 향기로운 향을 사르되 등불을손질할 때에 사를지며 8 또 저녁 때 등불을 켤 때에 사를지니 이 향은 너희가 대대로 여호와 앞에 끊지 못할지며 9 너희는 그 위에 다른 향을 사르지 말며 번제나 소제를 드리지 말며 전제의 술을 붓지 말며 10 아론이 일 년에 한 번씩 이 향단 뿔을 위하여 속죄하되 속죄제의 피로 일 년에 한 번씩 대대로 속죄할지니라이 제단은 여호와께 지극히 거룩하니라

하나님은 분향할 제단을 만들라고 하신다(30:1). 여기 "제단"의 미즈베아흐(מִזְבֵּחַ)는 번제단에도 사용된 단어이고, 족장 시대에 '제단을 쌓았다'고 할 때에도 사용되었다(창 8:20; 12:7; 26:25; 35:7 등등). 향단과 제단이 같은 용어로 사용된 것은 서로 연관성이 있음을 보여준다. 향단을 만들 재료는 조각목이고 금으로 겉을 쌌다. 크기는 길이와 넓이가 각각 한 규빗(45.6cm) 정방형이며, 높이는 두 규빗(약 91cm)이었다(30:2). 윗부분 네 모서리에는 뿔을 달았다. 이것은 번제단과 같은 모양이다. 단지 양쪽은 크기와 높이가 달랐고(번제단의 길이와 넓이가 각각 5규빗, 높이는 3규빗 이었음), 또 번제단은 조각목으로 만들고 놋으로 입혔는데 반해 향단은 조각목으로 만들고 금으로 입힌 정도가 달랐다.

금으로 입혔다는 것은 그만큼 중요하다는 의미이다. 이것은 거룩성에서 뜰과 성소의 차이와도 관련이 있을 것이다.

향단의 뿔은 번제단의 것과 모양을 같게 하기 위한 것 외에 어떤 용도로 만들어졌는지를 알 수 없다(뿔의 용도에 대하여는 번제단의 뿔을 참조할 것). 뿔은 순금으로 쌌다. 매우 귀하게 여겼음을 알 수 있다(3절상). 향단 윗면 둘레에 금 테를 둘렀다(3절하). 금 테 아래 양쪽에 금고리 둘씩 만들어 달았고, 반대쪽에도 달았다. 향단을 멜 채를 꿸 고리를 만들었는데(4절), 조각목으로 만들고 금으로 쌌다(5절).

향단이 놓일 위치를 말할 때에 "증거궤 위 속죄소 맞은편 휘장 밖"이라고 했고, 또 "속죄소는 자신이 사람과 만날 곳"임을 언급도 한다. 왜 자신의 바로 맞은편을 언급했을까? 이것은 서로의 교류, 혹은 주고 받는 대화를 하겠다는 의도를 보이신 것이다. 하나님은 향단을 자기 맞은편 가까이에 거기서 피어오르는 향을 즐겨 흠향하시면서 이 향단과 교제를 나누겠다는 것이다.

향을 사르는 시간은 하루 두 번이다. 아침에 등불을 손질할 때에 피우고(30:7), 또 저녁에 등불을 켤 때에 향을 사르라고 하신다(8절상). 아침과 저녁은 각각 번제를 드린 직후가 될 것이다. 매일 아침 해뜰 때에 아침 번제가 드려졌고, 저녁 해질 때에 저녁 번제가 드려졌다. 제사장은 제물을 태운 불을 향로에 담아 하나님 앞에 가서 향을 피웠다. 다른 불을 사용하면 죽음을 면치 못한다. 아론의 아들 나답과 아비후가 이 불이 아닌 다른 불을 사용하여 여호와 앞에 분향 하다가 불이 여호와에게서 나와 그들을 삼킨 사건이 있었다(레 10:1~2). 이 분향하는 시간에 제사장은 등불도 점검하는 것으로 나타난다. 이렇게 매일 향을 사르는 규정은 영원히 계속되어야 하며, 여호와 앞에서 끊지 말라고 하셨다(30:8).

이 향단 위에는 정해진 향으로만 살라야 한다(9절). 이 향을 만드는 법은 뒤에 언급될 것이다. 또 이 향단 위에 번제나 소제를 드리지 말고 전제의 술을 붓지 말라고 하신다(9절). 향단의 모양이 번제단의 모양과 같다. 또 향단도 '제단(미즈베아흐)'으로 불렸다. 그러므로 후에 행여나 이 제단 위에 번제와 같이 태우는 제사나 소제와 같이 태우지 않는 제사를 드릴 가능성이 있음을 경계한 것이다. 전제의 술도 번제단의 제사에서만 사용하지 향단에는 사용하지 못하도록 금하였다. 향단과 번제단이 서로 깊은 연관성은 있으나 서로의 용도를 이탈하면 안 됨을 주지시키는 것이다.

아론(대제사장)은 일 년에 한 번씩 이 향단 뿔을 위하여 속죄해야 한다. 대제사장이 속죄제의 피를 향단 뿔에 바름으로써 향단을 거룩하게 하라고 하신다(10절). 뿔은 제단을 대변하는 것으로 볼 수 있다. 앞에서 대제사장 임직식 때에 속죄제 피로 번제단 뿔에 발랐었다(29:12). 그 피를 통해 제단을 깨끗이 하였고, 또 거룩하게 만들었다. 향단에도 마찬가지로 향단을 깨끗하고 거룩하게 만들어서 그 위에 드리는 향을 하나님이 받으실만한 것이 되게 하였다. 속죄제의 피는 아마도 대속일에 드리는 속죄제일 것이다. 대제사장은 속죄제의 피를 가지고 지성소까지 들어간다. 그때에 분향단에도 발랐을 것이다.

교훈과 적용

향단은 휘장을 가운데 두고 하나님 보좌 바로 앞에 놓았다. 하나님은 향을 "향기로운 냄새"라고 하였다. 번제단의 제물도 "향기로운 냄새"라고 말씀하신 것과 같다. 하나님이 기뻐 받으신다는 뜻이다. 어떻게 그것이 향기로운 냄새가 될까? 첫째, 향단의 제물의 냄새를 대신하니 향기로운 것이다. 둘째, 성도들의 기도이니 그것이 향기로운 것이다. 하나님은 성도들의 기도를 가까이에서 들으시기를 원하셨다. 기도는 하나님과의 교제를 가지는 한 방법이다. 즉 기도는 일종의 만남이고 대화이다. 하나님은 그 성도의 기도를 듣고 백성의 죄를 사하기도 하고(민 16:49), 성도의 기도를 들으시고 백성을 심판하기도 하신다(계 8:5). 향단의 뿔은 이 심판을 위해 직접 나서기도 한다(9:13). 성도의 기도는 이렇게 힘이 있다. 이런 기도의 향을 하나님 바로 가까이에서 할 수 있다는 것이 얼마나 영광스러운지를 알아야 하겠다.

보론 5 제단과 향단

뜰에는 제단과 물두멍이 있었다. 성막 뜰은 백성의 공간이었다. 성막이 자주 '회막'(오헬 모에드, אֹהֶל מוֹעֵד, tent of meeting)이라고 불렸는데, 하나님과 백성과의 만남의 장소라는 의미이다. 백성들은 거기에서 하나님께 예배드리고 하나님 앞에서 함께 거룩한 음식을 먹으며 안식을 누렸다.

오경에는 '회중' 혹은 '총회'라는 말이 자주 언급된다(민 10:7; 20:4; 신 5:22; 23:3 등). 이 총회는 언약 공동체이다. 만약 어느 개인이 언약을 어기는 범죄를 행하였을 때에는 "총회 중에서 끊어질 것"이다고 말해진다(민 19:20). 이 언약 공동체는 하나님과 백성과의 관계, 또 백성들 서로의 유기적 관계를 형성한다. 그들은 이 언약 공동체의 삶을 성막(혹은 성전) 중심으로 이루어나갔다. 즉 그들은 예배 공동체였다.

1. 제단

1) 제단의 이름과 제작

"제단"의 미즈베아흐(מִזְבֵּחַ)는 동사 자바흐(זָבַח, 희생 제사를 드리다)에서 나온 말로서, '제사를 드리는 단'의 의미이다. 제단은 조각목으로 길이가 5규빗(2.28m) 사각형 통을 만들고(출 27:1), 네 모퉁이 위에는 뿔을 만들어 붙이라고 하였다(27:2).

2) 제단의 네 뿔

제단의 가장 큰 특징은 네 모퉁이에 뿔을 가졌다는 것이다. 분명 뿔을 단 이유가 있을 것이다. 직접적으로 그 이유를 말해주는 곳이 없기 때문에 성경에 나타나는 뿔의 의미를 살펴보면서 그 용도를 짐작해 보아야 할 것이다.

첫째, 뿔은 권위(권세)를 상징한다. 그래서 자주 왕권을 상징하기도 한다. 한나의 기도에서 "... 여호와께서 땅 끝까지 심판을 내리시고 자기 왕에게 힘을 주시며 자기의 기름 부음을 받은 자의 뿔을 높이시리로다"라고 하였는데(삼상 2:10), 여기에 뿔은 왕권을 말한다(뿔이 권세 혹은 왕권을 상징하는 것으로 다음 구절들을 참조하라: 삼하 22:3; 시 18:2; 단 7:7; 8:3, 20, 21; 눅 1:69 등).

뿔이 왕 혹은 왕권을 상징하는 것은 성경에 많이 나타난다. 대표적으로 다니엘이 다음과 같이 묘사한 것에서 볼 수 있다: "내가 생각할 때에 한 숫염소가 서쪽에서부터 와서 온 지면에 두루 다니되 땅에 닿지 아니하며 그 염소의 두 눈 사이에는 현저한 뿔이 있더라"(단 8:5). 이때에 "숫염소"는 헬라 제국이며, "현저한 뿔"은 알렉산더 대왕을 가리킨다.

제단의 뿔은 제단의 위엄을 나타내기 위해 만들어졌을 것이다. 네 개나 단 것은 그만큼 그 권위가 큼을 뜻할 것이다. 하나님이 제단에게 권위를 주신 것은 하나님이 기뻐하시는 제물을 바치는 도구이기 때문이다. 유대인들은 제단을 두고 맹세하는 관습이 있었다. 이것은 제단의 권위를 인정하였기 때문이었을 것이다(왕상 8:31, 32; 역시 마 23:18~20을 보라). 이 제단의 권위는 뒤에 확인해 볼 수 있을 것이다.

둘째, 범죄 혐의가 있는 사람이 탄원을 위해 붙잡기도 하였다. 다윗의 아들 아도니야가 반란을 일으킨 후 솔로몬이 왕이 된 것을 보고 두려워하여 가서 제단 뿔을 잡았다(왕상 1:50). 아도니야의 반란에 가담한 요압도 장막으로 도망하여 제단 뿔을 잡았다(2:28). 이것은 자기 죄에 대한 탄원으로 보인다. 이때의 제단 뿔은 도피성과 같은 역할을 한다. 부지중에 사람을 죽인 사람이 피의 보복자로부터 피해 숨을 수 있는 곳이다. 도피성이나 제단 둘 다 무죄한 자의 피를 흘리지 않게 보호할 권위를 가졌다. 그러나 요압은 그 뿔을 잡은 채 죽임을 당했다. 아브넬과 아마샤를 죽인 죄값이 그에게로 돌아간 것이다.

셋째, 제단을 대표하는 의미가 있었다. 제사를 드릴 때에 피를 뿔에 바른다

(출 29:12; 레 4:18; 등등). 레위기는 피를 뿔에 바름으로서 제단이 깨끗하게 되는 것으로 말한다. "모세가 잡고 그 피를 가져다가 손가락으로 그 피를 제단의 네 귀퉁이 뿔에 발라 제단을 깨끗하게 하고…"(레 8:15). 뿔에 발랐는데 제단과 그 위의 제물이 깨끗케 된다는 것은 그 뿔이 제단과 거기에 관한 모든 것을 대표한 것으로 볼 수 있기 때문이다.

넷째, 뿔은 희생제물을 드릴 짐승을 묶는 데 사용되었다(시 118:27).

3) 제단의 용도

(1) 제물을 바치는 도구였다

성막 문에 들어가면 제일 먼저 제단을 만난다. 하나님에게 나아갈 수 있는 유일한 길은 희생제사를 통하였다. 제단은 제사를 통한 구원의 중보 역할을 담당하였다. 제사의 종류는 번제, 소제, 화목제, 속죄제, 속건제가 있었다(레 1~6장). 제사를 드리는 목적은 첫째, 속죄와 성결을 위해 제사를 드렸다. 이것은 죄에 대한 보상으로서 사람 대신 제물을 바쳤다. 제사를 드림으로 죄가 속해진다(레 4:26, 31, 35; 5:10, 16,18; 6:7; 16:34 등). 특히 대속죄일에 드리는 제사는 대제사장 자신뿐만 아니라 백성의 모든 죄를 위한 것이었다(레 16:15ff). 둘째, 헌신(번제)과 맹세(서원)를 위해 드려졌다. 특히 화목제는 맹세의 서약을 위해 드려졌다. 이 화목제는 제물의 기름과 두 콩팥을 화제로 하나님께 불살라 드리고, 제물의 나머지 부분은 제사장과 드린 사람들(그의 가족, 노비, 레위인 그리고 성전에 참여하는 사람들)이 함께 성전에서 먹었다(레 7:15-21; 신 12:17,18). 셋째, 감사의 표시를 위해 소제(민하, מנחה, 선물)가 드려졌다.

제사에서 제물의 피가 특별하게 취급되었다. 그 제물의 피를 번제단 뿔에 바르기도 했으며, 향단의 뿔에 발랐고, 또 속죄소에 뿌리기도 했다. 왜 제사에서 피가 중요하게 취급되었는가? 피는 곧 생명을 담고 있는 그릇으로 파악되었기 때문이다(레 17:11). 피를 흘림은 생명을 바쳤다는 의미가 된다. 그런데 그 제물은 자신이 아닌 다른 사람을 위해 바쳐졌다. 따라서 제물의 피는 대속의 피가

되는 것이었다. 이것은 예수님의 피가 우리를 대속하는 역할을 하는 것을 의미
한다(마 26:28; 요 6:53,56; 19:34; 롬 3:25; 고전 10:16; 엡 1:7; 2:13; 9:13~14;
13:12, 20; 벧전 1:19; 요일 1:7; 계 1:5; 5:9; 7:14; 12:11; 등등).

(2) 제단이 심판의 역할을 함

요한계시록은 성전 환상을 본 것이다. 계시록에 제단이 나오는데, 좀 더 다른
용도로 나타난다.

① 제단은 순교의 피를 잊지 않고 기억한다. 계시록 6장에는 짐승이 사람들을
죽이는데, 짐승은 적그리스도를 가리킨다. 그가 죽인 사람들은 말씀과 그들이
가진 증거 때문이었는데, 바로 성도들을 말한다. 그렇게 "죽임을 당한 영혼들이
제단 아래에 있어"(계 6:9)라고 했는데, 이것은 구약 제단에서 제물의 피를 제단
밑에 쏟는 것과 비교된다(레 9:9). 계시록에서 제단은 순교자의 피를 간직하고
있다. 그런데 그 순교자의 피가 하나님에게 신원한다: "큰 소리로 불러 이르되
거룩하고 참되신 대주재여 땅에 거하는 자들을 심판하여 우리 피를 갚아 주지
아니하시기를 어느 때까지 하시려 하나이까"(계 6:10). 하나님이 동료의 순교의
수가 차기까지 기다리라 하신다(계 6:11).

② 제단이 심판의 역할을 한다. 하나님은 성도가 죽임을 당한 그 희생제물의
불로써 세상을 심판한다: "천사가 향로를 가지고 제단의 불을 담아다가 땅에 쏟
으매 우레와 음성과 번개와 지진이 나더라"(계 8:5). 제단의 불이 땅을 심판한 것
이다. 또 다른 곳에서도 제단으로부터 심판이 시작된다: "또 불을 다스리는 다른
천사가 제단으로부터 나와" 마지막 악한 자들을 심판하라고 명령한다(14:18).
그리고 일곱 금 대접을 가진 천사들이 땅에 쏟아(물론 제단의 불일 것임) 세상
을 심판하는데(16:1~2), 다른 천사가 거룩하신 이(하나님)가 이렇게 심판하시는
것이 의롭다고 하면서 다음과 같이 말한다: "그들이 성도들과 선지자들의 피를
흘렸으므로 그들에게 피를 마시게 하신 것이 합당하니이다"(16:6). 그러자 제단
이 화답한다: "또 내가 들으니 제단이 말하기를 그러하다 주 하나님 곧 전능하신

이시여 심판하시는 것이 참되시고 의로우시도다 하더라"(16:7). 제단이 하나님의 심판이 정당함을 증인에 나서는 것이다. 왜냐하면 제단은 그 위에 순교자들이 제물로 바쳐진 것의 증인이기 때문이다. 제단은 네 뿔을 가지고 있다. 이 그의 권위로 세상에 대한 심판이 정당함을 증언하는 것이다.

정리하면, 제단은 제물을 태우는 곳이다. 그 제물은 하나님이 기뻐하시는 향기라고 하셨다. 그 짐승이 희생제물이기 때문이다. 사랑하는 자기 백성 대신으로 희생으로 죽으니 그 제물을 기뻐하신 것이다. 특히 그 제물은 궁극적으로 하나님의 아들 예수를 가리킨다. 하나님은 자기 아들이 범죄한 자기 백성 대신 십자가에 달려 제물로 바쳐지는 그것을 기뻐하신다. 제단은 이러한 귀한 제물을 바치는 도구일 뿐만 아니라 순교의 제물을 받은 역할도 한다. 이 순교의 피를 간직한 제단은 그의 권세를 발휘할 것이다. 뿔을 가진 제단은 순교의 피를 흘리게 한 자들을 심판하기 위해 증언에 나설 것이다.

2. 향단

향단은 번제단과 한 짝을 이루어, 서로의 기능을 보완한다.

1) 향단의 이름과 제작

"분향단"의 이름은 미즈베아흐(מִזְבֵּחַ)이다. 이것은 번제단에 사용한 이름이다. 향단과 제단이 같은 용어로 사용된 것은 서로 연관성이 있음을 보여준다. 향단을 만들 재료는 조각목이고 금으로 겉을 쌌다. 네모 정방형이며, 윗부분 네 모서리에는 뿔이 달렸다. 이 모양은 번제단과 같다. 번제단은 조각목으로 만들고 놋으로 입혔는데 반해 향단은 조각목으로 만들고 금으로 입힌 정도가 달랐다. 금으로 입혔다는 것은 그만큼 중요하다는 의미이다. 이것은 뜰과 성소의 거룩성 차이와도 관련이 있을 것이다.

2) 향단의 규례

(1) 위치

향단이 놓일 위치를 말할 때에 "증거궤 위 속죄소 맞은편 휘장 밖"이라고 했다
(출 30:6). 이 위치를 말하면서 "속죄소는 자신이 사람과 만날 곳"임을 언급도
한다. 왜 자신의 바로 맞은편에 두셨는가? 서로 교류, 혹은 주고받는 대화를
하겠다는 의도를 보이신 것이다. 하나님은 향단을 자기 맞은편 가까이에 거기
서 피어오르는 향을 즐겨 흠향하시면서 이 향단과 교제를 나누겠다는 것이다.

(2) 향의 봉사

① 매일의 향 봉사. 향을 사르는 시간은 하루 두 번이다. 아침에 등불을 손질할
때에 피우고(출 30:7), 또 저녁에 등불을 켤 때에 향을 사르라고 하신다(30:8
상). 아침과 저녁은 각각 번제를 드린 직후가 될 것이다. 매일 아침 해뜰 때에
아침 번제가 드려졌고, 저녁 해질 때에 저녁 번제가 드려졌다. 제사장은 제물
을 태운 불을 향로에 담아 하나님 앞에 가서 향을 피웠다. 이 분향하는 시간에
제사장은 등불도 점검하는 것으로 나타난다.

봉사에서 유의할 점들이 있다. 첫째, 이 향단 위에는 정해진 향으로만 살라야
한다(9절). 이 향을 만드는 법은 뒤에 언급될 것이다. 둘째, 이 향단위에 번제나
소제를 드리지 말고 전제의 술을 붓지 말라고 하신다(9절). 향단의 모양이 번제
단의 모양과 같으며, 향단도 '제단(미즈베아흐)'으로 불렸다. 그러므로 후에 행
여나 이 제단 위에 번제와 같이 태우는 제사나 소제와 같이 태우지 않는 제사를
드릴 가능성이 있음을 경계한 것이다. 전제의 술도 번제단의 제사에서만 사용하
지 향단에는 사용하지 못하도록 금하였다. 향단과 번제단이 서로 깊은 연관성은
있으나 서로의 용도를 이탈하면 안 됨을 주지시키는 것이다.

② 향단 뿔을 위한 속죄. 아론(대제사장)은 일 년에 한 번씩 이 향단 뿔을 위하
여 속죄해야 한다(출 30:10). 대속죄일에 대제사장이 속죄제의 피를 가지고 지
성소에 들어가서 속죄소 위에 뿌린다. 그로써 대제사장은 죄가 속하고(의롭다

함을 입고) 하나님과 대면할 수 있다. 그런데 그 속죄제 피를 또 바르는 곳이 있다. 제단에 뿌리고(레 17:6,11) 또 향단 뿔에 바름으로써 향단을 거룩하게 하라고 하신다(출 30:10). 뿔은 제단을 대변한다. 뿌려진 피는 대속의 피이다. 제단에 피를 뿌린 것은 제단을 깨끗하고 거룩하게 만든 것이었다. 향단에도 마찬가지로 향단을 깨끗하고 거룩하게 만들어서 그 위에 드리는 향을 하나님이 받으실 만한 것이 되게 하였다.

3) 향단의 역할(기능)

(1) 향단은 번제단의 대행 역할을 한다

① 향단과 번제단의 연관성. 향단과 번제단은 서로 밀접한 연관성이 있다. 둘다 '제단'(미즈베아흐)으로 불렸으며, 둘 다 네 뿔을 가진 모양이 닮았으며, 향단에 피울 불은 반드시 번제단의 제물을 태운 불을 사용해야만 하였다. 향을 사르는 시간은 아침과 저녁인데, 이것은 아침 번제를 드린 후와 저녁 번제를 드린 직후가 된다. 제사장은 이 제물을 태운 불을 향로에 담아 하나님 앞에 가서 향을 피웠다. 이 불이 아닌 다른 것으로 피우는 것을 엄격히 금지하였다. 다른 불을 사용하면 죽음을 면치 못한다. 아론의 아들 나답과 아비후가 이 불이 아닌 다른 불을 사용하여 여호와 앞에 분향 하다가 불이 여호와에게서 나와 그들을 삼킨 사건이 있었다(레 10:1~2).

이상에서 볼 때에 번제단과 향단은 밀접한 연관이 있는 것이 사실이다. 차이는 번제단은 뜰에 있고 향단은 하나님 바로 맞은 편 앞에 놓였다는 것이다. 왜 이렇게 서로 모양도 같고 연관성 있게 만들어 하나님 바로 앞에 놓게 하였는가? 그 이유를 다음과 같이 살펴볼 수 있다.

② 번제단의 향기를 가까이 가지고 오게 함. 번제단이 그 중요성에 비하여 하나님 임재의 장소와 멀다는 것에서 찾아볼 수 있다. 번제단이 뜰에 있어야 하는 이유는 제사 때에 불을 태워야 하고, 짐승들을 잡아야 하는 번잡하기 때문일 수도 있을 것이다. 그러나 그보다 더 중요한 것은 사람이 이 제단의 희생 제사를

맨 먼저 거쳐야 하기 때문일 것이다. 이 제사 없이 하나님에게로 나아갈 수 없다. 그런데 그 희생제사는 너무 귀한 것이고, 하나님은 그 제물이 탈 때에 그것을 향기로운 냄새라고 하셨다(출 29:25; 레 2:9; 4:31; 8:28; 23:18 등등). 그 좋은 것을 하나님은 가까이 마시기를 원하셨다. 그래서 다른 제단을 만들게 하셔서 자기 가까이 두게 하셔서 번제단 제물을 태운 불을 가져와서 자기 앞에 향을 피우게 하신 것으로 이해할 수 있을 것이다.

(2) 향단의 향은 성도들의 기도였다

성경 여러 곳에서 분향과 기도를 연결시킨다. 구약의 대표적인 예를 보라. "나의 기도가 주의 앞에 분향함과 같이 되며 나의 손 드는 것이 저녁 제사 같이 되게 하소서"(시 141:2). 신약에서는 분향과 기도가 연관된 곳이 누가복음 1장이다. 제사장 사가랴가 분향하는 그 시간에 모든 백성이 밖에서 기도하였다고 하였다(눅 1:9~10). 향이 성도의 기도인 것은 이 계시록에 확실하게 나타난다.

그 두루마리를 취하시매 네 생물과 이십사 장로들이 그 어린양 앞에 엎드려 각각 거문고와 향이 가득한 금 대접을 가졌으니 이 향은 성도의 기도들이라 (계 5:8)

또 다른 천사가 와서 제단 곁에 서서 금 향로를 가지고 많은 향을 받았으니 이는 모든 성도의 기도와 합하여 보좌 앞 금 제단에 드리고자 함이라(계 8:3)

향연이 성도의 기도와 함께 천사의 손으로부터 하나님 앞으로 올라가는지라 (계 8:4)

향단은 지성소 속죄소와 바로 마주보고 있다. 향단은 모든 기구들 중에 하나님 가장 가까이 놓인 기구이다. 하나님은 성도들의 기도를 가까이에서 들으시기를 원하는 모습으로 볼 수 있다. 하나님은 기도를 매일 정기적으로 자신을 향하여 하기를 원하신다. 제사장은 번제를 드린 후 성소에 들어가서 향 제단에 있는 향로를 가지고 나와서 제물을 태운 불을 담아가서 향을 피울 때에 성전 뜰에 모인 모든 사람은 기도한다. 예루살렘에서 멀리 있는 사람들도 이 시간에 성전을 향하여 기도한다. 기도는 하나님과의 교제를 가지는 한 방법이다. 기도는 일종의 만남이고 대화이다. 성도는 향과 함께 이 하나님과 대화를 나누는 것이다. 하나님은 이 성도의 기도를 향기로운 냄새로 받으신다.

기도는 번제단을 근거로 하게 하였다. 하나님은 번제단의 불 외에 다른 불을 사용하지 못하도록 엄중하게 명하셨다. 제단의 불을 제물을 태운 것이었다. 제물은 구속(속량)을 위해 바쳐진 것이다. 이렇게 속량을 전제로 한 기도를 받으시는 것이었다.

(3) 구약은 제한된 사람만 분향할 수 있었다

① 오직 아론 자손의 제사장만 분향할 수 있었다. 성소의 하나님 앞에서 분향한다는 것은 영광스러운 일이었다. 성소에서 향을 태울 수 있는 사람은 아론 자손의 제사장으로서, 반차에 따라 제비 뽑힌 제사장이었다. 하나님은 절대로 다른 사람이 그 일을 하도록 허락하지 않으셨다. 다른 사람이 이 일을 하겠다고 나섰다가 징계를 받은 경우들이 있었다.

첫째, 고라와 그 무리들이다. 그들이 당을 짓고 회중들의 지휘관 250명과 함께 모세와 아론에게 반기를 들었다(민 16:1~3). 모세는 고라의 무리들에게 제안하였다. 250명 모두 향로를 가지고 여호와 앞에 와서 여호와께서 누구를 향을 기뻐 받으시는지를 시험해 보자고 하였다(16:17). 그들이 향로에 불을 담고 그 위에 향을 얹어 여호와 앞에 섰다. 모세와 아론도 회막 문에 섰다(16:18). 여호와께로부터 불이 나와서 분향하는 250명을 불살랐다(민 16:35). 하나님은 그 이유를 다음과 같이 말한다: "이는 아론 자손이 아닌 다른 사람은 여호와 앞에 분향하러 가까이 오지 못하게 함이며 또 고라와 그의 무리와 같이 되지 않게 하기 위함이라"(민 16:40). 하나님은 정해진 제사장 아닌 사람이 분향하는 것을 결코 용납하지 않으신다는 것을 보여준 사건이었다.

둘째, 웃시야 왕이다. 웃시야 왕 역시 제사장이 아닌데 분향을 하다가 하나님의 채찍을 맞았다. 웃시야는 초기에 우상을 제거하고 하나님에게 충성을 다하였다. 그래서 이웃들과의 전쟁에서 승리하고 나라가 부강하였다. 그러다 교만하여 성전에 들어가서 향단에 분향하려 하였다(대하 26:16). 제사장 아사랴가 들어가서 왕을 꾸짖었다: "웃시야여 여호와께 분향하는 일은 왕이 할 바가 아니요 오직 분향하기 위하여 구별함을 받은 아론의 자손 제사장들이 할 바니 성소에서 나가소서 왕이 범죄하였으니 하나님 여호와에게서 영광을 얻지 못하리이다"(26:18). 웃시야가 향로를 잡고 분향하다가 화를 내니 그의 이마에 나병이 생겼다. 그는 성전에서 쫓겨났다.

② 신약 시대에는 어떤가? 신약 시대에는 제사장만 분향하면서 기도하는 특권이 무너졌다. 구약은 새 시대의 모습을 이렇게 묘사한다: "여호와께 연합한 이방인은 말하기를 여호와께서 나를 그의 백성 중에서 반드시 갈라내시리라 하지 말며 고자도 말하기를 나는 마른 나무라 하지 말라"(사 56:3). 그리하여 "내 집은 만민이 기도하는 집이라 일컬음이 될 것임이라"고 하였다(56:7). 예수님이 그 새로운 시대를 여셨다. 성전에 입전하여 매매하는 자들을 쫓아내시고 성전에 자리를 잡고 앉아 맹인과 저는 자들을 고쳐주시고 어린아이들로부터 찬양을 받으셨다(마 21:14, 15). 대제사장들과 서기관들이 예수께 항의하였을 때에 예수님은 "기록된 바 내 집은 만민이 기도하는 집이라 칭함을 받으리라고 하지 아니하였느냐"(막 11:17)라고 이사야서를 인용하였다. 새 시대가 도래했음을 선포하신 것이었다. 이제 성전에는 누구나 들어갈 수 있는 곳이 되었으며, 누구나 기도할 수 있는 집이 되었다. 성도들은 거룩한 제사장이며, 왕 같은 제사장이라고 하였다(벧전 2:8~9).

(4) 죄사함의 도구로 사용되었다

민수기 16장에서 고라와 그 일당들이 모세와 아론을 원망하며 반란을 일으킨 후 여호와의 영광이 나타나서 그들을 염병으로 멸하려 하였을 때였다. 모세가 아론에게 "향로를 가져다가 제단의 불을 그것에 담고 그 위에 향을 피워 급히 회중에게로 가서 그들을 위하여 속죄하라"고 지시한다(민 16:47). 아론이 향로에 향을 피워 갔을 때에 이미 염병이 시작되었다. 그가 향로를 들고 죽은 자와 산 자 사이에 섰을 때에 염병이 그쳤다(16:48).

어떻게 향로가 사람을 살리는 구원의 도구 역할을 할 수 있었을까? 첫째, 그 불은 제물을 태운 불이기 때문에 죄사함의 효능을 낼 수 있는 것이다(사 6:5~7을 보라). 둘째, 모세와 아론의 중보기도가 효력을 발휘하였기 때문이었을 것이다. 하나님은 제단의 불과 함께 자기의 충성스로 종들의 중보기도를 통하여 그들의 죄를 사하고 구원을 베푸시는 은혜를 베푸셨다.

(5) 심판의 역할을 한다

향로의 향은 한편으로는 하나님에게 향기로운 예물이 되지만, 또 다른 한편으로 심판을 내리는 도구가 된다. 계시록 8장에서 천사는 향로를 두 가지 용도로 사용한다. 첫째, 제단의 불을 담아 향과 함께 그 성도들의 기도를 하나님에게 올렸다(계 8:3-4). 둘째, 또 다른 천사가 그 제단의 불을 담아 세상에 쏟음으로써 세상을 심판한다(8:5).

어떻게 제단의 불이 향로에 담겼을 때에 한쪽으로는 향기로운 것으로 하나님이 받으시는 기도가 되고, 또 한쪽으로는 심판의 도구로 사용되었는가? 그 불은 짐승이 성도를 죽인 불이기 때문이다(계 6:8~9). 그 성도들의 피가 제단 아래에서 하나님께 원수를 갚아달라고 하소연하였다(6:10). 그 기도의 힘은 세상을 심판하는 근거가 되었다.

계시록 9장에서 세 가지 화를 말한다(계 9:12). 두 번째 화는 여섯째 천사가 나팔을 부는 것으로 시작하는데 이때에 "하나님 앞 금 제단(향단을 말함) 네 뿔에서 한 음성이 나서" 이 화의 시작을 알린다(9:13). 향단은 번제단과 두 가지 면에서 연관되어 있다. 첫째, 향단의 뿔은 제물의 피가 묻혔다. 둘째, 번제단의 불을 가지고 와서 피웠다. 계시록에서 제단에 바쳐진 제물은 성도들이었다. 향단의 뿔은 향단을 대표하며, 또 권위(권세)를 상징한다. 뿔에서 소리가 났다는 그가 향단을 대변한 것이라 할 수 있다. 뿔이라는 권위를 가지고 세상을 외친 것이다.

정리하면, 향단은 제단과 밀접한 연관이 있다. 제단을 대신해서 하나님에게 향기를 올려 드리며, 또 가까이에서 하나님과 교제한다. 이 향단의 향은 성도들의 기도를 가리킨다. 성도들의 기도는 구원을 위한 중보 역할도 하고, 심판을 위한 중보 역할도 한다.

2) 이스라엘 개인이 내는 속전(30:11~16)

11 여호와께서 모세에게 말씀하여 이르시되 12 네가 이스라엘 자손의 수효를 조
사할 때에 조사 받은 각 사람은 그들을 계수할 때에 자기의 생명의 속전을 여호
와께 드릴지니 이는 그들을 계수할 때에 그들 중에 질병이 없게 하려 함이라 13
무릇 계수 중에 드는 자마다 성소의 세겔로 반 세겔을 낼지니 한 세겔은 이십 게
라라 그 반 세겔을 여호와께 드릴지며 14 계수 중에 드는 모든 자 곧 스무 살 이
상 된 자가 여호와께 드리되 15 너희의 생명을 대속하기 위하여 여호와께 드릴
때에 부자라고 반 세겔에서 더 내지 말고 가난한 자라고 덜 내지 말지며 16 너는
이스라엘 자손에게서 속전을 취하여 회막 봉사에 쓰라 이것이 여호와 앞에서 이
스라엘 자손의 기념이 되어서 너희의 생명을 대속하리라

인구 조사할 때에 계수에 포함된 모든 사람은 자기의 생명을 대신할 속전
을 여호와께 바치라고 한다(30:12). "속전"의 코페르(כֹּפֶר)는 '덮다'의 의미를 가
진 카파르(כָּפַר)에서 나왔는데, 죄를 덮는다는 의미이다. 무엇인가 대신하여
그 죄의 값을 갚아줌으로써 그의 죄가 덮이게 된다. 바로 여기에는 대속의 의
미를 가졌다. 히브리어 본문에 돈의 의미는 없다. 일반적으로는 대속을 위해
다른 생명이 바쳐졌다. 하나님은 출애굽할 때에 이스라엘 장자들이 죽지 않
은 것에 대하여 다른 짐승으로 대속하라고 하셨다(13:13). 또 하나님은 레위
인들을 모든 첫 태에서 난모든 자를 대신하게 하여 자기의 것으로 삼았다(민
3:12). 그런데 본문에서는 생물이 아닌 어떤 물건(화폐로 통용되는)으로 그의
생명의 값을 갚으라고 하신다. 그래서 속전(贖錢)이라는 말로 번역되었다. 이
속전은 그들의 생명을 대속할 것이고(12절중), 또한 그들의 질병을 없게 할 것
이라고 하신다(12절하).

속전은 이스라엘 인구에 포함된 사람은 한 명 당 성소의 세겔로 반 세겔을
내라고 한다(13절). 세겔(쉐켈, שֶׁקֶל)은 근동 지방에서 널리 사용한 무게의 단위
로서, 약 11.4g에 해당하는 중량이다. 반 세겔은 약 5.7g이다. 성경에서는 이

용어가 단순히 무게로 사용될 때도 있지만 화폐로서도 사용되었다. 포로귀환 이후에도 이 법은 계속 유효하였고, 신약 시대에도 모든 유대인 남자는 반 세겔의 성전세를 내었다(마 17:24,27). *게라*(הָרֵגּ)는[15] 1/20세겔이며, 약 0.57g이 다. 인구조사에 포함하는 남자의 연령을 스무 살이었다. 스무 살 이상 되는 사람은 모두 이 속전을 여호와께 드리라고 하신다(30:14).

속전은 부자라고 더 내지 말고 가난한 자라고 덜 내지 말라고 한다(15절). 생명의 가치는 부에 따라서 달라질 수 없음을 보여준다. 하나님이 이 속전을 취하는 이유는 무엇인가? 하나님이 돈이 필요하기 때문인가? 물론 하나님이 자신을 위해 돈이 필요한 것이 아니다. 하나님은 이 속전을 회막(성막) 봉사에 쓰라고 하신다(16절상). 회막을 유지하기 위해, 그리고 봉사자들(레위인)의 정상적인 활동을 유지하기 위해 비용이 필요하다. 하나님은 이 속전을 회막 봉사를 위해 사용하라고 하신다.

하나님은 "이것이 여호와 앞에서 이스라엘 자손의 기념이 되어서 너희의 생명을 속하리라"고 하였다(16절 하). "기념"의 *지키론*(וֹרָּכִזּ)은 '생각나게 하는 것' 혹은 '기억, 회상'이다. 이 행동을 통하여 무엇을 마음에 떠오르게 한다는 것이 다. 예를 들어 유월절 행사를 통하여 옛날 하나님께서 그들 조상들을 이집트에서 구속하신 것을 회상하는 것과 같다. 속전의 경우는 반 세겔을 성전에 바침을 통하여 하나님께서 그들의 생명을 속하여 주신 것을 기억하게 한다.

3) 물두멍(30:17~21)

17 여호와께서 모세에게 말씀하여 이르시되 18 너는 물두멍을 놋으로 만들고 그 받침도 놋으로 만들어 씻게 하되 그것을 회막과 제단 사이에 두고 그 속에 물을 담으라 19 아론과 그의 아들들이 그 두멍에서 수족을 씻되 20 그들이 회막에 들

---

15 *게라*는 바벨론 무게 단위이다. 바벨론 단위가 여기에 나오는 데에 대한 논쟁이 있다. 비평학자들은 이 책이 바벨론 이후에 쓰인 이유라고 생각한다. 그러나 정확한 무게를 환산하기 위해 후에 이 *게라*의 무게를 삽입했을 가능성도 있다. 이란 콜, 『출애굽기』, 297을 보라.

어갈 때에 물로 씻어 죽기를 면할 것이요 제단에 가까이 가서 그 직분을 행하여 여호와 앞에 화제를 사를 때에도 그리 할지니라 21 이와 같이 그들이 그 수족을 씻어 죽기를 면할지니 이는 그와 그의 자손이 대대로 영원히 지킬 규례니라

여호와는 놋으로 물두멍을 만들어 회막과 제단 사이에 두고 그 속에 물을 담으라고 하신다(30:18). "물두멍"의 키요르(כִּיּוֹר)는 '노(盧)' 혹은 '용광로'로 사용되었으며(슥 12:6 참조), 깊이가 있는 냄비 혹은 대야(basin)를 가리키기도 한다. 성막에 물을 담는 그릇으로 자주 사용되었는데, '물두멍'으로 번역되었다. 만든 재료는 놋이었다. 가까이 있었던 번제단도 놋으로 입혀졌다. 성막에서의 물두멍이 얼마나 큰지 묘사되지 않는데, 솔로몬의 성전에는 열 개가 만들어져 뜰에 놓였으며, 하나의 크기는 용적이 40밧(약 920리터) 직경이 4규빗(약 1.8m)이었다. 상당히 큰 대야이다. 놋으로 받침도 만들었다(30:18).

물두멍은 성막 뜰(제단과 성막 사이)에 놓여 항상 물이 담겨있어야 했다(18절 하). 제사장이 만약 씻지 않고 성막에 들어간다면 죽음을 면하지 못할 것이다(20절상). 그것이 놓인 위치가 제단과 성막 사이였음에도 성소에 들어가기 전에 반드시 씻고 들어가야 함을 암시하고 있다. 이것은 앞으로 대대로 계속 지켜져야 할 규례이다(21절).

4) 향유를 만드는 법(30:22~38)

하나님께서는 성막에서 사용할 기름과 향을 만드는 법을 지시하신다.

(1) 관유 만들기(30:22~25)

22 여호와께서 모세에게 또 말씀하여 이르시되 23 너는 상등 향품을 가지되 액체 몰약 오백 세겔과 그 반수의 향기로운 육계 이백오십 세겔과 향기로운 창포 이백오십 세겔과 24 계피 오백 세겔을 성소의 세겔로 하고 감람 기름 한 힌을 가지

고 25 그것으로 거룩한 관유를 만들되 향을 제조하는 법대로 향기름을 만들지니
그것이 거룩한 관유가 될지라

관유를 만들기 위해 여러 가지 상등 향품이 사용되었다. "향품"의 배셈(בְּשָׂמִים)
은 '향료' 혹은 '좋은 냄새'를 가리킨다. 재료들을 보면 어떤 것은 액체로 어떤
것은 고체(주로 가루였을 것임)로 사용되었을 것이다. 각 재료들의 용량이 나오
는데, 어떤 것은 액체 부피의 단위로, 어떤 것은 무게의 단위를 주고 있기 때
문이다. 이 향품의 재료들을 보면 액체 몰약 오백 세겔(고체 무게단위), 향기로
운 육계 이백오십 세겔, 향기로운 창포 이백오십 세겔(30:23), 계피 오백 세겔,
감람 기름 한 힌(액체 부피단위)이 사용되었다(24절). "몰약"은 소말리아, 아라
비아, 그리고 에디오피아 등지에서 콤미포라 뮈르하(Commiphora myrrha)라
는 나무에서 나오는 진액인데, 쓴맛을 가진 방향(芳香) 물질이다. 이스라엘 사
람들에게는 비싼 수입품이다. 왕과 같은 고귀한 사람들이 몸과 의복에 바르는
향품이다. 신약에서 동박박사들이 예수님께 경배하면서 바친 향품이기도 하
다. 500세겔은 5.7kg이 되는 많은 양이다.

"육계"의 킨나몬(קִנְּמוֹן)은 영어로 시나몬(cinnamon)으로 불리는 향품으로
계피의 종류이다. 한약재로 쓰인다. 각종 향품에 섞어 사용한다. 250세겔은
약 2.9kg이다. "창포"의 카내(קָנֶה)는 '갈대'이다. 본문은 "향기로 창포"라고 하
였다. 갈대 중에서도 특히 좋은 냄새를 풍겨 향 재료로 사용되는 것으로 보인
다. 약 2.9kg이 사용되었다. "계피"는 녹나무과에 속하는 생달나무의 껍질로
만든 약제이다. 약 5.9kg이 사용되었다. "감람기름(olive oil)"은 한 힌을 사용
했는데 약 3.6리터가 된다.

이상의 재료들로 향을 제조하는 법대로 향기름을 만들라고 하였다(25절).
이것들을 섞는 순서와 방법은 자세히 나와 있지 않다. 이것을 "향기름"이라
불렀는데, "향기름"의 로카흐(רֹקַח)는 '혼합된 향품'을 말한다. 또 이것을 거룩
한 "관유"라고 부르기도 했다(25절). 관유의 사용은 성막에 있는 여러 기구들
에게 발라 거룩하게 하였다. 이 기름을 아론과 그의 아들들에게도 바름으로써

그들을 거룩하게 하여 제사장 직분을 감당할 수 있게 하였다. 따라서 각 기구들에 바르는 것도 그것들을 거룩하여 하나님을 위해 쓰일 만한 도구로 만들기 위한 것으로 해석할 수 있다. 아마도 대제사장에 기름을 바르는 임직식 때에 성막 기구들에도 발랐을 것으로 추측된다.

(2) 관유의 사용법(30:26~33)

> 26 너는 그것을 회막과 증거궤에 바르고 27 상과 그 모든 기구이며 등잔대와 그 기구이며 분향단과 28 및 번제단과 그 모든 기구와 물두멍과 그 받침에 발라 29 그것들을 지극히 거룩한 것으로 구별하라 이것에 접촉하는 것은 모두 거룩하리라 30 너는 아론과 그의 아들들에게 기름을 발라 그들을 거룩하게 하고 그들이 내게 제사장 직분을 행하게 하고 31 이스라엘 자손에게 말하여 이르기를 이것은 너희 대대로 내게 거룩한 관유니 32 사람의 몸에 붓지 말며 이 방법대로 이와 같은 것을 만들지 말라 이는 거룩하니 너희는 거룩히 여기라 33 이와 같은 것을 만드는 모든 자와 이것을 타인에게 붓는 모든 자는 그 백성 중에서 끊어지리라 하라

관유의 사용은 첫 번째로 회막과 그 기구들에게 바르는 것이었다. 먼저 하나님은 회막과 증거궤에 바르라고 하였다(26절). 회막은 여러 겹의 휘장으로 만들어졌는데, 그 중에서 맨 안쪽(여러 색깔로 수놓은 천) 휘장이었을 것이다. 증거궤가 회막 다음으로 언급된 것은 기구들 중에서 가장 중요하였기 때문이었을 것이다. 그리고 성소에 있는 떡상과 그 부속 기구들, 등잔대와 그 부속 기구들, 분향단과 번제단의 그 모든 기구들, 그리고 물두멍과 그 받침에 관유를 발랐다(27~28절). 그것들에게 기름을 바름으로써 거룩하게 구별되게 하였다(29절상).

그 기구들이 기름이 발리어 거룩하게 된 것에는 양면이 있다. 긍정적인 면에서는 그것들에 접촉하는 모든 것도 거룩하게 된다는 것이다(29절하). 거룩

한 것은 그 거룩을 다른 것에도 이전시키는 효력이 있는 것으로 여겨진다. 반면에 거룩한 것이기 때문에 잘못 취급했다가는 크게 다치게 된다. 웃사가 법궤를 만짐으로 죽게 되었다(삼하 6:6~7). 웃시야 왕이 자신이 직접 향을 피우다가 하나님의 진노로 나병에 걸리게 되었다(대하 26:19). 거룩한 기구들은 거룩한 의식대로 다루어야 한다.

관유의 두 번째 사용은 아론과 그 아들들에게 바르는 것이었다(30:30상). 이것은 그들의 임직식에 있었던 기름을 붓는 의식을 가리키는 것이다. 이 기름을 바름으로써 그들이 거룩하게 되어 제사장 직분을 행하기에 합당한 자가 되었다(30절하). 하나님이 지시한 대로 만든 관유는 거룩한 것이기 때문에 아무 사람의 몸에 부으면 안된다(31~32절상). 그리고 위에 언급된 특별한 용도 외에 다른 목적을 위해 이 방법대로 만들면 안된다(32절하). 거룩한 것이므로 거룩하게 취급해야 한다. 만약 이런 방법대로 만드는 자가 있으며 그는 백성중에 끊어질 것이며, 이 향기름을 타인에게 붓는 자도 백성 중에서 끊어질 것이다(33절).

(3) 향 만드는 법(30:34~38)

> 34 여호와께서 모세에게 이르시되 너는 소합향과 나감향과 풍자향의 향품을 가져다가 그 향품을 유향에 섞되 각기 같은 분량으로 하고 35 그것으로 향을 만들되 향 만드는 법대로 만들고 그것에 소금을 쳐서 성결하게 하고 36 그 향 얼마를 곱게 찧어 내가 너와 만날 회막 안 증거궤 앞에 두라 이 향은 너희에게 지극히 거룩하니라 37 네가 여호와를 위하여 만들 향은 거룩한 것이니 너희를 위하여는 그 방법대로 만들지 말라 38 냄새를 맡으려고 이같은 것을 만드는 모든 자는 그 백성 중에서 끊어지리라

관유(향기름)에 이어 이번에는 분향단에 피울 향을 만드는 법을 여호와께서 지시하였다. 재료들은 소합향, 나감향, 풍자향의 향품을 취하고 그 향품을 유

향에 각각 같은 무게로 섞었다(30:34). "소합향"의 *나타프*(נָטָף)는 동사 *나타프*(נָטַף, 방울져서 떨어지다)에서 온 단어로 나무의 수액을 채취하는 모습에서 이 단어가 생긴 것 같다. 한글로 번역된 "소합향"은 조록나무의 줄기에서 채취한 진액을 정제하여 만든 약재로서 한약에서도 쓰인다. 그러나 정확하게 한약에 쓰이는 소합향인지는 알 수 없다. "나감향"의 *세헬래트*(שְׁחֵלֶת)는 성경 중에 본문에서 단 한번 나온다. 영어로는 오니카(onycha)로 번역되었는데, 이것은 홍해와 지중해에서 생육하는 조개에서 채집한 향이다. 특히 태우는 방향제로 사용된다. "풍자향"의 *핼베나*(חֶלְבְּנָה)는 동사 *하라브*(חָלַב, 젖을 내다)에서 나온 말로서, 고무나무 같은 식물에서 채취한 송진과 같은 것이며 향료로 사용된다.

위의 세 가지 중 첫 번의 것과 세 번째의 것은 나무에서 채취한 것이고, 두 번째는 조개류이다. 그 향재료들을 같은 무게로 섞어 향 만드는 법대로 만들라고 하신다(35절상). 향 만드는 법은 어떤 것인지 정확하게 기록되지는 않는다. 그런데 이 향에다는 소금을 쳐서 성결하게 하라고 하신다(35절하). "성결하게 하다"의 *타호르 코대쉬*(טָהוֹר קֹדֶשׁ)에서 *타호르*는 형용사로서 '순수한, 깨끗한'이며 *코대쉬*는 '거룩'이다. 합하면 '순전한 거룩'으로 번역할 수 있다. 소금이 어떻게 물건을 거룩하게 하는지는 알 수가 없다. 일반적으로 소금은 맛을 내는 것과 부패를 방지하는 역할을 한다. 언약을 맺을 때에 소금을 사용하는데(민 18:19; 대하 13:5), 이것은 변하지 않는 언약을 상징한다. 향에서 소금을 치는 것도 부패 방지 목적이 있는 것이 아닌가 생각된다. 그런데 하나님은 이 소금 치는 것으로 완전히 거룩한 향으로 받으시겠다고 하신다.

아마도 만들어진 향은 환(丸)으로 만들어 보관한 것 같다. 그중 얼마는 곱게 찧어 가루를 만들어 성소의 증거궤 앞에 두라고 하였다. 그리고 이것은 지극히 거룩하다고 하셨다(36절). 가루를 두라고 지시한 증거궤 앞에는 향단이 있다. 향단 위에 그 가루를 두었는지 향단과 관계가 없이 두었는지 확실하지 않다. 향단 위에 두었다면 향불을 피우는 향로와는 어떤 관계인지 밝혀지지 않는다. 가루로 만든 향 자체는 은은한 향 냄새를 낼 것이다.

위에서 만든 향은 여호와를 위하여 만들어진 것이며, 따라서 거룩한 것이다. 그러므로 그 방법대로 어떤 사람을 위하여 만들지 말라고 하신다(37절). 만약 사람이 향을 맡기 위해 그것을 만든다면 그는 백성 중에서 끊어지리라고 말씀하신다(38절). 그것은 그가 죽음을 면치 못할 것이라는 말이다. 그런 특별한 향은 오직 여호와를 위해서만 제조되고 또 그를 위해서만 사용되어야 한다.

교훈과 적용

① 속전: 하나님은 20세 이상 이스라엘 사람 남자는 누구든지 속전(贖錢)을 여호와께 바치라고 하신다(30:12). "속전"의 코패르는 '(죄를) 덮는다'는 의미이다. 죄의 값을 지불함으로써 죄가 덮이는 것이다. 따라서 여기에는 대속의 의미를 가졌다. 신약에서는 '속량'이라는 단어로 *아포루트로시스*가 사용되었다. 이 단어는 속전으로 종을 사서 풀어주어 양민이 되게 하는 의미이다. 이스라엘 사람들은 예수님 시대까지 계속 성전에 이 속전을 바쳤다. 신약에서 예수님이 자기 몸을 바쳐 우리를 죄의 종에서 해방시켜 주셨다(마 20:28; 3:24; 엡 1:7; 골 1:14).

② 향기름: 하나님은 귀한 향재료들로 향기름(로카흐)을 만들라고 하셨다. 이것을 거룩한 "관유"라고 부르기도 했다(30:25). 관유 자체가 거룩할 뿐만 아니라 그것으로써 다른 것도 깨끗하게 하였다. 첫째, 아론과 그의 아들들에게 관유로 바름으로써 그들을 거룩하게 하여 제사장 직분을 감당할 수 있게 하였다. 둘째, 성막에 있는 여러 기구들에게 발라 거룩하게 하였다. 셋째, 떡상의 떡위에 향기름을 올려 거룩을 입게 하였다(레 24:8). 신약에서 이 향기름의 역할을 성령이 하신다. "성령 안에서 거룩하게 되어" 이방인을 향한 하나님의 복음의 제사장 직분을 하게 하셨다고 바울은 고백한다(롬 15:16). 그리고 성도들이 "성령 안에서 씻음과 거룩함과 의롭다 하심을 받았느니라"고 말한다(고전 6:11; 역시 살후 2:13; 벧전 1:2; 등). 성령으로 거룩함을 입음으로써 우리는 하나님 앞에 나아갈 수 있는 사람이 되었다.

5. 성막 기구들 만들기(31:1~11)

1 여호와께서 모세에게 말씀하여 이르시되 2 내가 유다 지파 훌의 손자요 우리
의 아들인 브살렐을 지명하여 부르고 3 하나님의 영을 그에게 충만하게 하여 지
혜와 총명과 지식과 여러 가지 재주로 4 정교한 일을 연구하여 금과 은과 놋으로
만들게 하며 5 보석을 깎아 물리며 여러 가지 기술로 나무를 새겨 만들게 하리라
6 내가 또 단 지파 아히사막의 아들 오홀리압을 세워 그와 함께 하게 하며 지혜
로운 마음이 있는 모든 자에게 내가 지혜를 주어 그들이 내가 네게 명령한 것을
다 만들게 할지니 7 곧 회막과 증거궤와 그 위의 속죄소와 회막의 모든 기구와 8
상과 그 기구와 순금 등잔대와 그 모든 기구와 분향단과 9 번제단과 그 모든 기
구와 물두멍과 그 받침과 10 제사직을 행할 때에 입는 정교하게 짠 의복 곧 제사
장 아론의 성의와 그의 아들들의 옷과 11 관유와 성소의 향기로운 향이라 무릇
내가 네게 명령한 대로 그들이 만들지니라

성막의 여러 기구들과 사용할 향을 제조하는 방법까지 하나님은 세밀하게 지
시하셨다. 이제 그것을 어떻게 그리고 누가 만들 것이지도 하나님이 지도하
신다.

1) 장인(匠人)을 지명함(31:1~6)

여호와께서 누가 성막과 그 기구들을 만들 것인지를 지명하신다. 먼저 유
다 지파 훌의 손자요 우리의 아들인 브살렐을 지명하여 부르셨다. "지명하
여 부르셨다(카라티 베셈, קָרָאתִי בְשֵׁם)"라는 말을 직역하면 '그 이름을 불렀다'
이다. 하나님이 그의 이름을 꼭 찍어서 말하였다는 것이다. 브살렐(בְּצַלְאֵל)은
'하나님의 그늘(보호) 안에'라는 의미이다. 그는 유다 지파요 훌의 손자다. 훌
은 갈렙의 아들로서 르비딤에서 이스라엘이 아말렉과 전쟁할 때에 아론과 함
께 모세의 팔을 올렸던 지도자였다. 브살렐은 성막을 제작한 일에 총괄책임

을 맡았다.

브살렐은 하나님의 영이 충만하여 지혜와 총명과 지식, 그리고 재주를 겸비한 자였다(3절). "지혜"의 호크마(חָכְמָה)는 전문직에서의 기술뿐만 아니라, 지도자로서의 통찰력과 통제력까지도 겸비한다. "총명"의 트분나(תְּבוּנָה)는 '이해력, 지력'이다. 어떤 일에 대하여 충분히 이해하고 파악했음을 의미한다. 하나님께서 "지혜(트분나)로 하늘을 지으신" 것으로 말하고 있다. "지식"의 다아트(דַעַת)는 동사 야다(יָדַע, 알다)에서 온 명사로서 경험으로 얻을 수 있는 기술상의 지식이나 재능이다. "재주"의 멜라카(מְלָאכָה)는 '업무, 일'이다. 그는 모든 일에 총명과 지혜와 지식이 충만했으며, 이것들에 더하여 하나님의 영이 함께 하심으로써 카리스마적인 지도력까지 갖추었다.

또 그는 공교한 일을 연구하여 금과 은과 놋으로 만들게 하였다(4절). "공교한 일"의 마하솨바(מַחֲשָׁבָה)는 동사 하솨브(חָשַׁב, 생각하다, 계획하다, 계산하다)에서 나온 명사로서, '생각, 계획, 고안'등의 뜻이며, 나아가서 '발명'으로 번역도 가능하다. "연구하여"의 하솨브는 '생각하다, 계산하다'이다. 합하면 '(일을) 잘 기획하여'라고 할 수 있다. 하나님의 영이 이런 지혜를 주셔서 금과 은과 놋으로 만드는 일을 잘 수행할 수 있게 하였다는 의미이다. 그리고 보석을 다듬고, 나무에 조각하는 일들도 잘 감당하게 하였다(5절).

하나님은 또 한 사람을 장인(匠人)으로 세워 브살렐을 조력하게 하였다. 단지파 아히사막의 아들 오홀리압이다(6절). 오홀리압(אָהֳלִיאָב)의 뜻은 '아버지의 장막'이다. 그는 원래 지혜로운 마음이 있는 자였는데, 하나님께서 또 지혜를 주어 성막의 기구들을 만들게 하였다(6절하). 본 절에 나오는 "지혜로운"의 하캄(חָכָם)과 "지혜(호크마)"는 같은 의미의 형용사와 명사이다. 이 지혜는 브살렐에게도 주어진 것이었다(3절). 이것은 전문직에서의 기술뿐만 아니라, 지도자로서의 통찰력과 통제력까지도 겸비한 사람을 의미한다. 하나님은 이 두 사람뿐만 아니라 여러 지혜로운 사람들에게 성막에 필요한 것들을 만들게 하였다.

2) 그들이 성막과 관련된 모든 것들을 만듦(31:7~11)

하나님은 브살렐과 오홀리압을 통하여 회막과 그 부속 기구들을 만들도록 하였고, 또 제사장 의복과 관유과 향을 만들도록 하였다. 맨 먼저 만들 것은 회막이었다(31:7상). "회막"의 오헬 모에드(אֹהֶל מוֹעֵד)는 직역하면 '집회의 천막'이다. 천막은 네 겹으로 이루어졌다(여러 색깔의 직물, 염소털 휘장, 붉은 물들인 수양의 가죽, 그리고 해달의 가죽; 26장 참조). 장인(匠人)들이 이 모든 것을 만들도록 했다.

기구들에서는 증거궤를 만들게 했으며(31:7중), 증거궤 위에 놓을 속죄소를 만들도록 했다(31:7하). 속죄소는 정금으로 만들어질 것이고, 또 두 그룹 천사를 정금으로 쳐서 만들어 그 위에 올릴 것이다(25:17~22 참조). 그 외 회막의 모든 기구들을 만들도록 했는데, 떡상과 그 부속 기구를 만들게 했으며, 정금 등대와 모든 부속 기구들을 만들게 했고, 그리고 분향단을 만들게 했다(31:8). 또 번제단과 그 모든 부속 기구들을 만들게 하였고, 물두멍과 그 받침을 만들게 하였다(9절).

또 그들에게 제사장 복을 만들게 하였다(10절).대제사장 아론의 옷은 여러 종류 혹은 여러 부분으로 만들어진다. 반포 속옷, 겉옷, 에봇, 흉패, 허리 띠, 그리고 머리에 두른 띠와 관 등이다(28:4 참조). 이것들은 고운 베실로 공교히 짠 의복이다. 또 그 아들들(제사장)의 옷을 만들게 하였는데, 먼저 속옷을 만들고, 띠를 만들며, 베로 고의를 만들 것이다(28:40~42 참조).

관유를 만들게 했으며, 분향할 향도 만들게 하였다(31:11). 그 모든 것은 하나님께서 지시하신 대로 만들도록 명령하셨다.

교훈과 적용

하나님은 성막과 그 기구들을 만들기 위해 특별한 장인(匠人)들을 지명하여 불렀다. 브살렐과 오홀리압이다. 하나님은 어떤 사람을 사용하였는지를 보면 그들은 다음과 같은 부류의 사람들이었다. ① 그들의 가문이 하나님을 충성스럽게 섬겼던 사람들이었다. 브살렐은 유다 지파요 훌의 손자다. 훌은 갈렙의 아들로서 르비딤에서 이스라엘이 아말렉과 전쟁할 때에 아론과 함께 모세의 팔을 올렸던 지도자였다. 브살렐의 뜻이 '하나님의 그늘(보호) 안에'라는 의미인 것을 보아서 그의 부모가 얼마나 하나님을 사모한 사람이었는지를 알 수 있다. ② 그들은 지혜와 총명과 지식, 그리고 재주를 겸비한 자였다(3절). 전문직에서의 기술뿐만 아니라, 지도자로서의 통찰력과 통제력까지도 겸비한 사람이었다. ③ 거기에 하나님의 영이 충만한 사람이었다. 아무리 지식적으로 유능한 사람이라도 하나님의 영이 없이는 거룩한 일을 감당할 수 없다. 그들이 하나님의 영으로 충만함으로써 카리스마적인 역량까지 갖추게 되었다. 하나님은 언제나 하나님 나라를 위해 이렇게 잘 준비된 사람을 사용하신다.

6. 안식일을 언약의 표징으로 주심(31:12~17)

12 여호와께서 모세에게 말씀하여 이르시되 13 너는 이스라엘 자손에게 말하여 이르기를 너희는 나의 안식일을 지키라 이는 나와 너희 사이에 너희 대대의 표징이니 나는 너희를 거룩하게 하는 여호와인 줄 너희가 알게 함이라 14 너희는 안식일을 지킬지니 이는 너희에게 거룩한 날이 됨이니라 그 날을 더럽히는 자는 모두 죽일지며 그 날에 일하는 자는 모두 그 백성 중에서 그 생명이 끊어지리라 15 엿새 동안은 일할 것이나 일곱째 날은 큰 안식일이니 여호와께 거룩한 것이라 안식일에 일하는 자는 누구든지 반드시 죽일지니라 16 이같이 이스라엘 자손이 안식일을 지켜서 그것으로 대대로 영원한 언약을 삼을 것이니 17 이는 나와 이스라엘 자손 사이에 영원한 표징이며 나 여호와가 엿새 동안에 천지를 창조하고 일곱째 날에 일을 마치고 쉬었음이니라 하라

하나님이 모세를 시내산 위에 불러 언약의 후속에 관한 여러 말씀을 하셨다. 이제 언약을 마무리 지을 때가 되었다. 하나님은 모세에게 이스라엘 자손에게 고하라고 하신다. 바로 "너희는 나의 안식일을 지키라"는 말씀이다(31:13). 안식일은 언약의 법인 십계명에서 이미 명령하신 바 있다(20:10~11). 이 계명을 언약을 마무리하면서 다시 한 번 강조하신다. 여기서는 언약과 관계하여 안식일의 중요성을 말씀하신다.

31장 본문에서 안식일을 지켜야 할 이유를 말씀하신다. "이는"(31:13중)의 키(כִּי)는 불변사로서, 앞 절의 원인 혹은 목적의 관계를 나타낸다. 우리말로 '왜냐하면'으로 번역할 수 있다. "이는 나와 너희 사이에 너희 대대의 표징이니"라고 하셨다. 바로 안식일이 표징이기 때문에 반드시 지켜야 한다는 것이다. "표징"의 오트(אוֹת)는 '표시, 표징, 증거, 표적'으로 번역된다. 특히 언약에서 이 단어가 사용되었는데 곧 언약의 증거였다. 노아의 언약에서 "내가 내 무지개를 구름 속에 두었나니 이것이 나의 세상과의 언약의 증거(오트)니라"고 하셨고(창 9:13; 역시 9:12, 17), 아브라함의 언약에서는 "너희는 포피를 베어라 이것이 나와 너희 사이의 언약의 표징(오트)이니라"고 하셨다(창 17:11). 무지개와 할례는 각각 언약의 증거로 주신 것이었다.

'표징' 혹은 '증거'는 그것을 통하여 하나님이 맺으신 언약을 기억하게 하는 목적이 있다. 무지개를 통하여 노아의 언약을 생각나게 하였으며, 할례의 흔적을 보면서 하나님이 아브라함과 맺은 언약을 기억하게 하신 것이었다. 그러면 출애굽기 본문에서 역시 오트는 언약의 증거라고 할 수 있다. "표징"은 언약을 생각나게(기억하게) 하는 것이다. 그들이 안식일을 지킴으로써 하나님과 백성이 시내산에서 맺으셨던 언약을 기억하게 하라고 말씀하신 것이다.

안식일에 그들은 성막에 모여 예배한다. 그 예배에서 그들은 율법을 낭독하고, 제사를 지내고, 거룩한 음식을 나누어 먹는다. 그것은 바로 언약의 중요한 요소들이다. 시내산에서 맺었던 그 언약이 그대로 성막으로 옮겨져 안식일에 재현하는 것이다. 이 예배를 통하여 그들은 다시 언약을 상기하며 언약을 갱신한다. 안식일 예배는 언약 갱신의 예배라고 할 수 있다(31:16 참조).

하나님은 안식일을 통하여 "나는 너희를 거룩하게 하는 여호와인 줄 너희로 알게 함이라"고 말씀하셨다(31:13하). 언약은 하나님과 백성과의 관계를 정립해 준다. 하나님이 그들의 하나님이 되고, 그들은 그의 거룩한 백성이 되는 것이다. 어떻게 그들이 거룩한 백성이 될 수 있는가? 시내산 언약 의식에서 희생제물로 바쳐졌던 짐승의 피가 그들에게 뿌려졌기 때문에 가능한 것이다. 그로써 그들은 하나님의 식사에 초대받을 수 있는 것이었다. 안식일 예배를 통하여 그들은 이렇게 하나님의 백성이 된 것을 다시 인식하게 되는 것이다.

다시 한 번 하나님은 안식일을 지키라고 명령하신다(14절상). 왜냐하면 이 안식일은 그들에게 성일이 되기 때문이다(14절중). "성일"로 번역된 *코데쉬* (קֹדֶשׁ)는 기본적인 의미가 '분리됨'이며, '거룩함, 신성함'의 뜻도 가진다.[16] 그 날을 거룩한 날로 분리되어 지켜야 한다. 안식일에 그들은 성막에서 하나님에게 언약적인 예배를 드리는 특권을 누린다. 그 예배를 통하여 그들은 거룩한 백성이 된다. 이렇게 성별된 날이기 때문에 그날을 중요하게 지켜야 한다. 만약 그 안식일을 더럽히는 자는 죽음의 벌을 받는다(14절하).

다시 안식의 법을 상기시킨다. "엿새 동안은 일할 것이나 제칠일은 큰 안식일이니 여호와께 거룩한 것이라 무릇 안식일에 일하는 자를 반드시 죽일지니라"(15절). 하나님은 안식일을 범하는 자는 반드시 죽이라고 하셨다. 광야 생활에서 안식일을 범한 사람을 처형한 사건도 있었다(신 15:32~36). 안식일에 나무를 한 사소한 일이었다. 모세는 그를 처형하라고 단호하게 명령하였다. 백성은 그를 진 밖으로 데리고 나가 돌로 쳐 죽였다. 왜 하나님은 이렇게 준엄한 처벌을 주문하였고, 또 모세도 엄격하게 그것을 집행했을까? 물론 하나님의 명령이 주어진 초기였으니 질서를 확립하기 위해 처벌도 엄중해야 하였다. 그러나 우리는 안식일의 의미를 깊이 생각해 볼 때 그 엄중한 이유를 알 수 있을 것이다.

---

16 BDB, 871.

① 하나님은 안식일을 거룩하게 하셨다(창 2:3). 그리고 그날은 하나님의 안식일이라고 하셨다(20:10). 안식일에 일하는 것은 하나님의 안식일, 즉 성일(거룩한 날)을 범하는 것이다. 그래서 하나님의 거룩을 훼손한 벌을 묻는 것이다. ② 그날은 오직 하나님을 섬기고, 또 하나님께서 주시는 안식의 시혜를 누리는 날로만 지키라는 것이다. 일하는 것은 타락 이후에 하나님이 저주로 주신 생업을 위한 것이었다. 안식일의 쉼은 이 타락 이후에 주어진 일이란 구속에서 벗어나 원래 창조 질서로의 회귀를 의미한다(17절; 창 2:3). 이날에 일하는 것은 이 회복을 주시고자 하는 하나님의 의도를 훼손하는 것이다. ③ 안식의 법은 언약의 법이다. 언약 문서인 10계명에 포함되었을 뿐만 아니라, 이 안식일을 통하여 언약을 상기하도록 하는 표징으로 정했다(31:16). 즉 안식일의 성막 예배는 언약적 예배이며 언약 갱신이다. 이 예배를 통하여 하나님을 그들의 하나님으로 모시며, 그들은 하나님의 거룩한 백성임을 다시 확인하는 것이다. 따라서 안식일을 범하는 것은 하나님의 언약을 무시하는 것이다. 이상의 그러한 중요한 것을 등한시하고 오히려 자기 생업을 위해 일하는 자에게 죽이라는 가혹한 명령을 내리신 것이다.

31:16은 안식일을 언약과 관계하여 중요한 말씀을 하신다: "이같이 이스라엘 자손이 안식일을 지켜서 그것으로 대대로 영원한 언약을 삼을 것이니." 본절은 안식일과 언약과 밀접한 관계가 있음을 다시 밝힌다. 즉 안식일을 지키는 것이 바로 언약을 삼는 것이 된다는 것이다. "삼을 것"으로 번역된 *아사*(עשׂה)는 '행하다, 만들다'이다. 다른 표현을 하면 '안식일을 지켜 언약을 만들라' 혹은 '언약을 행하라'는 의미이다. 안식일에 드리는 예배의 행위가 바로 언약을 만드는 그 자체이다. 왜냐하면 그 예배는 언약을 재현하는, 즉 갱신 행위이기 때문이다.

17절은 다시 안식일과 언약의 관계를 설명한다. "이는(안식일) 나와 이스라엘 자손 사이의 영원한 표징이며…"(17절상). 이미 13절에서 설명했지만, "표징(오트)"이란 언약의 증거이며, 기억하게 하는 표식이다. 안식일을 언약의 표징으로 주셨기 때문에 안식일을 범하는 것은 언약을 무시하는 것이 된다(겔 20:12,20). 그런데 여기에서 이 안식일의 표징을 통하여 상기해야할 것이 두 가지가 있다. 첫째는 언약 갱신 예배를 통하여 시내산 언약을 기억하게 하는 것이고, 둘째는 천지창조에서의 제7일 여호와의 안식을 기억하게 하는 것이다. 제7일 여호와의 안식은 천지창조을 완성하신 하나님의 누림이다. 그런데 그 안식은 여호와 혼자만의 안식이 아니었다. 그날을 "복 주시고 거룩하게" 하심으로서 사람과 자연이 그 안식에 함께 참여하게 하셨다. 하나님의 누림에 피조물, 특히 사람을 참여시킨 것이다.[17]

안식일은 일을 하지 말라는 부정적인 명령, 즉 사람을 얽매기 위한 계명이 아니다. 이것은 일에 얽매인 사람을 해방시켜 창조질서 회복의 복이며, 우리에게 안식을 누림을 즐기게 하신 복이다. 이 안식의 누림은 시내산 언약에서 다시 확인되었다. 율법을 지키며, 제사를 드리며, 속죄의 피가 뿌려지며, 하나님 백성이 하나님 임재의 장소에서 거룩한 음식을 나누어 먹는 그 안식의 누림을 다시 맛보는 것이다.

교훈과 적용

① 하나님은 안식일을 "나와 너희 사이에 너희 대대의 표징(오트)이니"라고 하셨다(31:13, 17). 31:16에는 "이같이 이스라엘 자손이 안식일을 지켜서 그것으로 대대로 영원한 언약을 삼을 것이니"라고 하셨다. 안식일과 언약과 밀접한 관계가 있음을 밝히는데, 바로 안식일이 (시내산) 언약의 표징으로 주어졌다는 것이 된다. 표징은 언약을 기억하게 하는 목적이 있다. 안식일이 어떻게 시내산 언약의 표징이 될 수 있는가? 안식일에 그들은 성막에 모여 예배한다. 성막은 하나님 임재의 장소였다. 그곳에서 율법을 낭독하고, 제사를 지내고, 거룩한 음식을 나누어 먹는다. 그것들은 바로 언약의 중요한 요소들이다. 시내산에서 맺었던 그 언약이 그대로 성막으로 옮겨져 안식일에 재현하는 것이었다. 이 예배를 통하여 그들은 다시 언약을 상기하며 언약을 갱신한다. 안식일 예배는 언약 갱신의 예배라고 할 수 있다(31:16 참조).

신약의 주일예배에도 그러한 언약적 요소가 있어야 하겠다. 예배의 부름을 통해 하나

17 한정건, 『창세기』, 60~66 참조.

님 임재를 알리며, 말씀이 선포되고, 성찬을 통하여 예수님의 죽으심(제사의 대체)과 거룩한 식사를 누리는 것은 바로 언약을 재현하는 것과 같다. 그래서 신약의 예배도 언약 갱신의 예배로 볼 수 있다.

② 안식일에 일하는 것을 엄격하게 금지하였다. 이 계명을 어기는 자는 죽이라고까지 하셨다(31:15). 그러나 안식일 계명은 일을 하지 말라는 부정적인 명령, 즉 사람을 얽매기 위한 명령이 아니다. 이것은 일에 얽매인 사람을 해방시켜 주며 안식을 누리게 하기 위해 주어졌다. 예수님이 안식일에 병고친 일을 두고 유대인들이 비난하였을 때에 안식일에 사람을 살리는 것을 아버지께서 원한다고 하셨다(요 5:21; 막 3:3 참조). 그리고 안식일은 사람을 위해서 있는 것이지, 사람이 안식일을 위해 있는 것이 아니라고도 하셨다(막 2:27).
　안식의 계명에서 안식일을 주신 목적은 천지창조에서의 제7일 여호와의 안식을 기억하게 하는 것이었다. 천지창조에서 하나님은 그날을 "복주시고 거룩하게" 하심으로서 사람과 자연이 그 안식에 함께 참여하게 하셨다. 하나님과 사람이 함께 완성된 창조물에 대하여 누리는 것이다. 오늘날도 이 안식의 규정은 하나님 백성이 하나님 임재의 장소에서 하나님을 예배로 섬기고 거룩한 음식을 나누어 먹는 그 안식의 누림을 맛보는 것이어야 하겠다. 따라서 안식일 규례는 이러한 특권을 누리게 하기 위해 주어진 축복임을 명심해야 한다.

7. 언약의 종결(31:18)

> 18 여호와께서 시내 산 위에서 모세에게 이르시기를 마치신 때에 증거판 둘을 모세에게 주시니 이는 돌판이요 하나님이 친히 쓰신 것이더라

고대 언약은 모든 의식이 끝난 후에 언약 문서를 양자가 나누어 가지는 것으로 종결한다. 하나님도 시내산 위에서 모세에게 언약과 관계된 모든 말씀을 마친 후에 증거판 둘을 모세에게 주셨다(31:18상). "증거판"의 루아흐 하에두트(לוּחֹת הָעֵדֻת)에서 루아흐는 '널판지, 판'이다. 에두트는 '증거(testimony)'이다. 나중에 이 돌판을 보관하는 궤를 '증거궤'라고 불렀다. 무엇에 대한 증거인가? 언약의 증거이다. 따라서 이 증거판은 언약 문서라고 할 수 있다. 고대 중동

지방에서는 주로 토판에 글을 새겨 언약 문서를 만들었다. 이집트에서는 물론 파피루스에 기록했을 것이다. 시내산 언약에서는 돌로 만든 판에 언약의 법을 새겼다. 고대에 사람이 돌판에 글을 새기는 것이 쉽지 않았다. 그러나 하나님이 직접 돌판을 만들었고, 거기에 친히 언약의 법을 쓰셨기에 가능했다.

하나님은 증거판을 두 개 만드셨다. 일반적으로 열 가지 계명이 너무 길기 때문에 두 개를 만든 것으로 생각한다. 첫 돌에는 하나님에 대한 계명들(1~4 계명), 둘째 돌에는 사람들 사이에 관한 계명들로 쓰였다고 추측하기도 한다. 그러나 그보다 더 가능성이 있는 것은 같은 것을 두 개로 만든 것이다. 이것은 언약의 문서이다. 언약 문서는 두 개를 만들어 양 당사자가 하나씩 가진다. 증거판도 언약 문서이므로 두 개를 만들었다고 보는 것이 타당하다. 하나는 하나님의 것이고, 다른 하나는 이스라엘 백성의 것이 된다. 두 돌판에는 양면에 글이 새겨졌다고 한다(32:15). 한 면에는 하나님에 대한 계명, 다른 면에는 사람 사이에 관한 계명일 수 있다.

언약의 돌판들은 증거궤에 넣어져 성막(지성소)에 보관되었다. 성막(특히 지성소)은 하나님이 친히 임재해 계신 곳이다. 하나님이 언약 문서를 자신이 친히 보관하는 것이다. 그리고 언약의 당사자인 백성의 대표(대제사장)를 불러 일 년에 한 번씩 이 증거궤 앞에서 대면하도록 하셨다.

소위 모압 언약이라고 불리는 신명기 율법도 모세가 써서 여호와의 언약궤를 메는 레위 자손 제사장들과 이스라엘 모든 장로에게 주었다(신 31:9). 이 신명기 율법은 언약의 율법이다(신 29:1, 9, 12, 14, 21, 25 등). 따라서 모세가 쓴 율법서는 언약의 문서라고 할 수 있다. 율법서를 언약궤를 메는 레위 자손 제사장에게 주라는 것은 그것을 언약궤와 함께 보관하라는 의미이다. 따라서 그 언약의 율법책은 지성소 언약궤 곁에 보관되었을 것으로 추정된다.

그리고 신명기 율법서는 특별한 절기 집회 때에 이스라엘 앞에서 낭독 되었다(신 31:10~11). 출애굽기 본문에서도 언약의 문서인 돌판 자체는 지성소 언약궤 안에 보관되었지만 중요한 절기 때에 혹은 안식일에 이 율법은 백성들 앞에 낭독되었을 것이다.

교훈과 적용

10계명이 기록된 두 돌판은 언약 문서이다. 그래서 이것을 증거판이라고 부른다. 언약의 증거가 되는 것임을 말한다. 그리고 이것을 넣은 궤도 증거궤라고 불렀다. 이 증거궤는 지성소에 보관되었다. 증거궤가 보관된 성막을 '증거의 장막'이라고 불렀다(민 17:7,8; 18:2; 행 7:44; 계 15:5). 언약의 증거가 있는 장막이라는 뜻이다. 성막(특히 지성소)은 하나님 임재의 장소이다. 하나님 자신의 문서가 있기 때문에 자신이 가지는 것이 합당하다. 이스라엘은 일년에 한번씩 대제사장이 와서 그 증거궤 앞에 서는 것으로 대신하였다. 거기에서 이스라엘은 언약을 잘 지켰는지 시험을 받았다. 성막은 철저히 언약과 관계된 것이다.

제7장

언약의 파기와
갱신

32:1~35:3

본문 개요

25~31장에서 성막을 지으라는 하나님의 명령이 주어졌다. 그리고 35~40장은 그 성막을 짓는 이야기로 이어진다. 그런데 그 사이에 황금 송아지를 만드는 반란 사건이 나온다. 성막에 대한 이야기의 중간에 끼인 것이다. 물론 자유주의 신학자들은 문서설 등을 주장하며 이 가운데 끼인 것에 대하여 다른 전승이 들어온 것으로 본다. 그러나 우리는 이 중간의 이야기가 의도가 있게 쓰였다고 보아야 한다. 이 중간의 사건을 통해 과연 성막이 지어질 것인지에 대한 위기가 조성되었다. 왜냐하면 하나님이 그들과 함께 가시지 않겠다고 선언하셨기 때문이었다. 그러나 오히려 그 사건은 성막을 지어야 할 확실한 이유가 더 드러났다. 타락한 사람이 하나님에게 나아갈 수 있는 길을 성막이 제시하기 때문이다.

산 위에 제정하신 성막과 산 밑에서 일어난 황금 송아지 사건은 서로 유사한 이미지로 대조가 된다. 성막은 하나님이 "나를 위하여 만들라"고 하셨다(25:8). 바로 하나님이 성막에 임재하시는 장소이기 때문이다. 성막을 통해서 하나님은 그들 중에 계시게 되었다. 그런데 산 밑에서 백성들은 아론에게 "우리를 위하여 신을 만들라"고 요청한다(32:1). 만든 이유는 그 신이 자기들 가운데 있으면서 자기들을 인도하기를 기대하여서였다. 성막에서 성소 앞에 번제단이 있고, 거기에서 백성들이 번제와 그 화목제를 드린다. 산 밑에서 백성들은 송아지 형상 앞에 제단을 만들고 번제와 화목제를 드렸다. 성막에서 백성들은 화목제의 제물을 나누어 먹는다. 산 밑에서 그들은 제물을 나누어 먹은 식사를 하였다.

백성들의 행동은 여호와를 대항한 반란이었고, 언약을 파기한 것이었다. 모세는 증거판을 던져 깨뜨렸다. 언약이 파기되었음을 천명하는 것이었다. 하나님은 그들을 멸절시키겠다고 하였다. 그러나 모세는 중보자로서의 역할을 잘 하여 하나님의 진노를 거두게 하였다. 그로 말미암아 언약은 갱신되고, 언약의 증거판이 다시 주어졌다.

　　그러나 '하나님이 과연 그들과 함께 하실 것인가?'가 뜨거운 이슈로 등장한다. 하나님은 그들에게 가나안으로 올라가라고 하면서 자신은 함께 가지 않겠다고 선언하셨기 때문이다. 왜냐하면 그들이 도중에 멸절할 수밖에 없기 때문이라고 말씀하신다. 계시지 않는다면 '하나님 나라'도 성립되지 않으며, 이스라엘의 존재 가치도 없어진다. 하나님은 모세의 간청에 의해 같이 가실 것을 허락하신다. 그 해결책은 성막에 있었다. 성막은 예정대로 지어졌다. 하나님은 성막에 머물면서 그들의 제사를 받으시고 죄를 용서해 주시는 시스템을 가동하게 하셨다. 이 성막은 언약을 파기하는 백성들이 하나님에게 나아갈 수 있는 유일한 길을 제공한다. 시내산 아래에서의 금송아지 소동은 성막이 왜 그들에게 꼭 있어야 하는 지를 분명하게 밝혀준다.

내용 분해

　1. 백성들이 반역하다(32:1~10)

　　　　1) 백성들의 조급함(32:1)

　　　　2) 금송아지 우상을 만들다(32:2~6)

　　　　3) 하나님의 반응(32:7~10)

　2. 모세의 첫 번째 중보기도(32:11~14)

　3. 배도의 결과(32:15~29)

　　　　1) 모세가 산에서 내려오다(32:15~18)

　　　　2) 모세의 반응(32:19~20)

　　　　3) 아론의 변명(32:21~25)

　　　　4) 레위인의 헌신(32:26~29)

　4. 모세의 두 번째 중보기도(32:30~33:17)

　　　　1) 모세가 다시 하나님에게 간청함(32:30~32)

　　　　2) 하나님의 대답(32:33~33:3)

　　　　3) 백성의 반응(33:4~7)

본문 주해

1. 백성들이 반역하다(32:1~10)

1 백성이 모세가 산에서 내려옴이 더딤을 보고 모여 백성이 아론에게 이르러 말하되 일어나라 우리를 위하여 우리를 인도할 신을 만들라 이 모세 곧 우리를 애굽 땅에서 인도하여 낸 사람은 어찌 되었는지 알지 못함이니라 2 아론이 그들에게 이르되 너희의 아내와 자녀의 귀에서 금 고리를 빼어 내게로 가져오라 3 모든 백성이 그 귀에서 금 고리를 빼어 아론에게로 가져가매 4 아론이 그들의 손에서 금 고리를 받아 부어서 조각칼로 새겨 송아지 형상을 만드니 그들이 말하되 이스라엘아 이는 너희를 애굽 땅에서 인도하여 낸 너희의 신이로다 하는지라 5 아론이 보고 그 앞에 제단을 쌓고 이에 아론이 공포하여 이르되 내일은 여호와의 절일이니라 하니 6 이튿날에 그들이 일찍이 일어나 번제를 드리며 화목제를 드리고 백성이 앉아서 먹고 마시며 일어나서 뛰놀더라 7 여호와께서 모세에게 이르시되 너는 내려가라 네가 애굽 땅에서 인도하여 낸 네 백성이 부패하였도다 8 그들이 내가 그들에게 명령한 길을 속히 떠나 자기를 위하여 송아지를 부어 만들고 그것을 예배하며 그것에게 제물을 드리며 말하기를 이스라엘아 이는 너희를 애굽 땅에서 인도하여 낸 너희 신이라 하였도다 9 여호와께서 또 모세에게 이르시되 내가 이 백성을 보니 목이 뻣뻣한 백성이로다 10 그런즉 내가 하는 대로 두라 내가 그들에게 진노하여 그들을 진멸하고 너를 큰 나라가 되게 하리라

모세가 산위에서 하나님을 만나고 있는 동안 산 아래에서는 우상을 만드는 반역이 일어났다. 산 위에서 지시하신 모든 것은 언약의 범주 안에 속하는 것이었다. 성막 제정도 언약을 위한 것이었고, 돌판에 계명을 써서 주신 것도 언약의 요소였다. 이렇게 언약이 끝을 맺기도 전에 아래에서는 그 언약을 파기하는 일들이 벌어졌다. 산 위에 있었던 성막에 대한 지시는 죄인이 하나님을 만날 수 있는 그 길들을 보여주신 것이었다. 바로 하나님의 은혜가 가득한 계시

였다. 그런데 산 아래에서는 하나님을 배신하는 행위가 자행되었다. 하나님께서 가장 싫어하시는 우상을 만들고 희생 제사를 드리며 그것을 섬긴 것이다.

1) 백성들의 조급함(32:1)

백성이 모세가 산에서 내려옴이 더딤을 보고(32:1상) 조급함을 느꼈다. "더디다"의 히브리어 보쉬(בּוֹשׁ)의 피엘형(강세형)은 '지체하다'이다. 이러한 지체는 기다리는 사람의 마음을 초조하게 만든다(삿 5:28 참조). 지도자의 부재가 그들을 불안하게 만든 것이다. 모세가 산위에 올라가 있는 기간은 40주(晝) 40야(夜)인데(24:18), 합하여 40일이다. 이정도의 기간이면 그들이 불안함을 느낄만하다. 그러나 그 불안함을 그들은 하나님을 바라보는 믿음으로 달래며 기다려야 했다.

그들이 모여 아론에게로 갔다(32:1중). "모여"의 카할(קָהַל)은 '불러모으다, 소집하다'이다. 선동가가 백성을 소집한 것이다. 이 용어는 이스라엘이 광야에서 불평하며 반란을 일으킬 때에 상용적으로 사용되었다. 소수의 사람이 백성의 불안한 마음을 부추겨 집단적으로 반항하게 만든 것이다. "(그들이 아론)에게 이르러"의 알(עַל)은 자주 '거슬러(against)'로 번역된다. "일어나라(쿰, קוּם, 일어나다)"는 것은 행동할 것을 강요하는 것이다. 그들은 아론에게 충동적이며 위협적으로 접근하고 있다. 아론이 위협을 느끼기에 충분했을 것이다.

그들은 "우리를 위하여 우리를 인도할 신을 만들라"고 요구하였다(1절중). "우리를 인도할 (신)"의 히브리어 예레쿠 레파네누(יֵלְכוּ לְפָנֵינוּ)를 직역하면 '우리들 앞에 갈 (신)'이다. 여기에 사용된 "신"의 엘로힘(אֱלֹהִים)은 하나님에게 사용되는 단어이다. 복수형은 장엄복수로 이해해야 한다. 그러나 여기서는 여호와 하나님이 아닌 일반적인 개념의 '신'을 의미한다. 여태까지는 여호와 하나님이 그들을 이집트에서부터 인도하셨지만, 이제는 어떤 신이든 자기들 앞에서 인도해 주면 좋다는 의미이다. 얼굴이 없고 보이지 않는 신이 아니라, 자기들 눈에 보이는 신을 요구하는 것이다.

그들은 그러한 신을 "우리를 위하여... 만들라"라고 요구한다. 이것은 하나님 중심이 아닌 사람 중심의 사상으로 바뀐 것을 의미한다. 여호와께서 그들을 출애굽 시킬 때에 그들이 요구하였기 때문이 아니었다. 하나님이 스스로 그들을 찾아가서 그들을 인도하여 내신 것이었다(5:21~6:8 참조). 그런데 이제는 자신들을 위한, 자신들의 요구를 들어줄 신을 구하고 있다.

그들은 여호와 하나님께만 불만을 드러내지 않았다. 모세가 없음도 원망하였다. "어찌 되었는지"(32:1하)의 매-하야 로(מֶה־הָיָה לֹו)는 '그에게 무슨 일이 일어났는지'라는 말이다. 이것은 모세가 죽었는지도 모른다는 의미를 담고 있다. 자신들을 광야에 버려두고 떠나버린 것같은 여호와와 모세에 대한 실망감을 표출하는 것이다. 그래서 그들의 요구는 새로운 신을 만들어달라는 것과, 아론이 새로운 지도자가 되어줄 것을 요구하는 것이었다. 아론은 한편으로 압박을 받았지만, 다른 한편으로 자기를 지도자로 인정해주는 것에 대한 기대감도 가졌을 것이다. 이 두 가지 이유가 쉽게 아론의 마음을 움직였을 것이다.

2) 금송아지 우상을 만들다(32:2~6)

백성의 위협적인 요구를 받아들여 아론은 행동에 나선다. 그는 그들의 아내와 자녀의 금귀고리를 빼어 가져오라고 명령한다(2절). "빼어"의 파라크(פָּרַק)는 '잡아채다, 벗기다'인데, 여기에서는 강세형(피엘)으로 사용되었다. 따라서 '정녕 빼어오라'로 번역할 수 있다. 아론이 마지못해 하는 것이 아니라, 오히려 적극적으로 이 일을 주도하고 있다고 하겠다. 금귀고리는 사치의 상징이다(사 3:21; 겔 16:12). 자기 몸의 이 귀한 것을 바치는 것은 신 혹은 상대방에 대한 헌신의 의미로 여겨진다(35:22; 삿 8:24). 집에 감춘 금패물이 아닌 금귀고리를 가져오라고 명령한 의미는 그들의 헌신을 요구한 것이다.

모든 백성이 그 귀에서 금고리를 빼어 아론에게 가져왔다(32:3). 온 백성이 한마음이 되어 이 일에 동참하고 있는 것을 볼 수 있다. 아론이 그 고리들을 받아 송아지의 형상을 만들었다(4절). "부어서"의 추르(צוּר)는 기본적으로 '묶다, 짓누르다'인데, 눌려서 납작하게 만드는 것이다. 일단 이렇게 얇게 만들면 녹이기에 용이하게 된다.[1] 형상을 만들기 위한 첫 단계이다. 이 단어는 '주조하다'로도 번역되었다(왕상 7:15). "조각 칼"의 해래트(חֶרֶט)는 '조각도구, 철필'이다. 이것은 주로 나무를 조각하거나 새기는 데에 사용하는 도구로 보여진다(사 8:1 참조). "형상"의 맛세카(מַסֵּכָה)는 '붓다'라는 의미의 나사크(נָסַךְ)에서 온 명사로서, '부어 만든 상'을 의미한다(사 40:19 참조). 추르와 해래트, 그리고 맛세카를 합하여 보면 나무로 모양을 빚었고 금을 녹여 그 위에 입힌 것으로 볼 수 있다.[2] 물론 금을 녹여 틀에 부어넣고 나온 형상을 조각 도구로 마무리 했을 가능성도 충분히 있다.

"송아지"(32:4중)의 에겔(עֵגֶל)은 어린 송아지가 아니라 힘이 강성해지는 시기의 젊은 황소를 의미한다.[3] 이것은 이집트 아피스 우상과 연관이 있는 것으로 간주된다. 아피스는 아몬-레 신의 화신으로 알려져 있다. 아피스로 선택되는 황소는 특이한 특징을 가져야한다. 몸은 검고, 꼬리에는 털이 두 겹으로 갈라져야 한다. 미간에 사각형의 흰 반점, 등에는 독수리 형상을 한 모양이 있고, 혀 안쪽에는 갑충의 형태를 갖춘 것이 붙어 있어야 한다. 이렇게 선택된 아피스 황소는 아몬-레 신의 화신으로 섬김을 받으며, 죽으면 사카라에 있는 세라피움이라는 무덤에 많은 소장품과 함께 장사되었다. 이집트에서 아피스의 형상들이 여러 개 발견되었는데 모두 두 뿔 사이에 태양의 원반을 가지고 있다.

이스라엘이 이집트에서 살면서 아피스 우상을 자주 대면하였을 것이다. 아피스 황소가 아몬-레의 화신이었던 것처럼, 그들이 금송아지를 여호와 하나님의 화신으로 간주하고 만들었을 수도 있다. 뒤에 금송아지를 두고 여호와의 절기를 지키고 여호와께 드리는 번제를 드리는 행위들을 보면 그랬을 가능성이 크다. 그렇다고 해도 그것은 어떤 형상이든지 만들지 말라는 제2계명을 어겼을 뿐만 아니라, 이집트 우상을 본받아 형상을 만든 것이기 때문에 우상숭

---

1 존 더햄, 『출애굽기』, 672.

2 존 더햄, 『출애굽기』, 677.

3 아란 콜, 『출애굽기』, 307.

배로 간주할 수밖에 없다. 하나님이 내려와 송아지로 변신하였다는 그 자체가
조잡한 이집트 우상의 개념이다. 이러한 금송아지 우상은 후에 여로보암이 벧
엘과 단에 만들어 세운 것과 같은 유형으로 생각된다(왕상 12:28). 여로보암이
세운 것도 아피스와 같은 형상이었을 것이다.

그들이 송아지 형상을 보고 "이는 너희를 애굽 땅에서 인도하여 낸 너희 신
이로다"라고 하였다(32:4). 여호와 하나님과 그들이 만든 송아지 형상을 동일
시하고 있다. 이집트에 10가지 재앙을 내리고 홍해를 건너게 한 그 위대하신
하나님이 한갓 이집트인들이 섬기는 아피스 우상 정도로만 여기는 불경을 저
지르고 있다. 아론이 이 형상을 보고는 그 앞에 단을 쌓았다(5절). "단"의 미즈
베아흐(מִזְבֵּחַ)는 제단을 의미한다. 창세기에서부터 하나님의 현현 앞에서 제
단을 쌓았다(창 12:7). 제단이 놓인 성막과 성전도 하나님 임재의 장소였다.
금송아지 앞에 단을 쌓았다는 것은 송아지의 존재를 신성시하고, 그것에 경
배하겠다는 것이다.

아론이 "내일은 여호와의 절일이니라"라고 공포하였다(32:5하). "절일"의 하
그(חַג)는 '축제, 순례 절기'이다. 이 단어는 유월절 '절기'에 사용되었고(12:14),
하나님이 주신 삼대 절기에 사용된다(23:14~17). 그런데 그것을 '여호와의 절
기'라고 말한다. 앞 절에서 그들이 "이것은 너희를 애굽 땅에서 인도하여 낸
너희 신이로다"(32:4)고 한 말과 맥을 같이 한다. 우상을 여호와와 동일시하는
것이다. 하나님을 우상화하거나 우상을 하나님과 동격으로 올린 둘 중의 하나
이다. 특히 송아지 우상은 이집트의 우상을 채택한 것이다. 이집트 신들을 쳐
서 징계를 내리신 여호와를(12:12), 그 신과 격을 같이 만든 것이다. 그들은 여
호와에 대한 신성모독 죄를 범한 것이며, 또 종교 혼합주의 잘못을 범한 것이
다. 여호와를 낮춘 것은 언약을 통하여 하나님의 성민이 된 자신들을 이방의
사람들과 같은 위치로 추락시킨 것과 같다.

"내일"(32:5중)을 예약한 것은 실제 하나님이 지정하신 성일(출애굽 축제의
날)을 두고 한 말이 아닐 것이다. 하나님이 백성들에게 시내산 아래에서 삼일
을 준비하면서 기다리라고 하신 말씀과 같은 의미로 볼 수 있다. 그 신을 맞이

하기 위해 하루 정도는 준비하고 기다릴 필요가 있음을 생각한 것이다. 축제는 다음날 아침 일찍부터 시작되었다. 그들이 미리 쌓았던 단에서 번제와 화목제를 드렸다(6절중). "번제"는 감사와 헌신을 위해 드리는 제사이다. "화목제"는 맹세를 위해 드린다. 그래서 언약과 관계가 있는 제사이다. 특히 이 제사는 내장과 기름을 태우고 고기는 제사장과 드린 자들이 나누어 먹는다. 이 번제와 화목제는 시내산 언약 때에 그들이 여호와께 드렸던 제사이다(24:5).

그리고 "백성이 앉아서 먹고 마시며"라고 하였는데(6절중), 이것도 시내산 언약에 있었던 식사를 연상케 한다. 시내산 언약에서 그들은 제사와 피뿌림을 통하여 하나님의 언약의 백성이 되었고, 언약의 백성으로서 거룩한 식사에 참여하였다. 이제 그들은 송아지 우상에게 화목제를 드리고, 그 우상의 백성이 된 것을 기뻐하며 그 앞에 앉아 식사를 나누고 있는 것이다. "뛰놀더라"(6절하)의 차하크(צחק)는 '웃다'이다(이삭의 이름이 된 단어이다). 좋아서 웃는 것이다. 이 부분을 직역하면 '일어나서 웃었다'이다. 앉아서 식사를 한 후 그들은 일어나서 기뻐하며 춤추는 모습으로 볼 수 있다.

이로써 언약의 법으로 주셨던 1계명과 2계명을 어겼다. 이스라엘은 자발적으로 "우리가 다 준행하겠나이다"라고 고백하였었다(24:7). 그런데 스스로 그 계명을 어김으로써 언약이 파기되었다. 아니, 그들 스스로 여호와와 맺은 언약을 파기하고 다른 신에게로 넘어갔다. 여호와 하나님의 반응이 어찌할지 심각해지는 상황이 되었다.

3) 하나님의 반응(32:7~10)

그 순간 모세는 아직 시내산 위에 있었다. 하나님은 모세에게 "너는 내려가라"고 명령하신다(32:7상). 하나님께서 산 아래 상황의 심각성을 인식하고 서두르시는 느낌을 준다. "부패하다"의 솨하트(שחת)는 '파멸하다, 멸망시키다, 부패하다'이다. 이 단어는 '멸망하다(파괴하다)'라는 의미로 더 많이 사용되었다(민 32:15; 삼하 20:15; 왕하 19:12; 대하 21:7; 사 37:12; 렘 51:11 등). 창세기 6:11

에 '강포(하마스, חָמָס, 폭력을 사용하다)'라는 단어와 함께 하나님께서 세우신 창
조질서가 어떻게 파괴되었음을 나타내어 주는 단어였다. 노아 시대에 그들이
하나님의 질서를 파괴(부패)하였기에 하나님이 그들을 멸절할 것을 결심하셨
다. 출애굽기 본문에서는 그들이 하나님과 백성의 아름다웠던 관계(언약의 관
계)를 파괴했음을 나타낸다. 따라서 그들을 멸절하고자 하는 결심을 할 것이다.

하나님께서는 그들을 "네가 애굽 땅에서 인도하여 낸 네 백성"이라고 표현
하였다(32:7중). 하나님께서 인도한 것이 아니라 "네가" 인도하였고, 하나님
의 백성이 아니라 "네 백성"이라고 말하고 있음에 유의할 필요가 있다. 이렇
게 말씀하신 첫 번째 이유는, 앞에서 백성이 모세를 두고 "우리를 애굽 땅에
서 인도하여 낸 사람은"이라고 말한 것을 맞받아치는 것이다. 두 번째 이유는
그들을 자기의 백성으로 부르기 싫어했기 때문일 것이다. 구약에서 하나님은
수시로 "내 백성"이라고 불렀다(3:7, 10; 5:1; 7:4; 등등). 그러나 이 순간만큼
은 자기 백성으로 부르고 싶지 않은 심정일 것이다. 앞에서는 "내 백성"이었
기에 그들은 구원의 대상이었다. 이제 "네 백성"이기 때문에 그들이 멸망하여
도 상관이 없게 되었다.

백성이 삼중적으로 하나님과의 관계를 단절시켰다. 첫째, 그들이 하나님께
서 명한 길을 속히(마헬, מַהֵר 빨리) 떠났다(32:8상). 하나님은 그들이 그처럼 빨
리 여호와의 명령하신 것을 떠난 것에 대하여 놀라움을 표시한다. 하나님이
명령하신 길은 바로 언약에서 주신 율법을 지키는 것이다. 그 명령에서 떠난
것은 언약의 관계가 파괴된 것이다. 둘째, 그들은 우상을 만들고 섬겼다. 그
행위를 여러 단계로 말씀하신다. 그들이 송아지(젊은 황소)를 부어 만들었다.
그리고 그것을 숭배하였다. "예배하며"의 솨하(שָׁחָה, 힐파엘로 사용)는 기본 의
미가 '몸을 구부리다, 절하다'인데, 여기에서는 '경배하다, 예배하다'의 의미로
사용되었다. 그들은 희생을 드리며(자바흐, זָבַח, 제사하다) 예배하였다. 셋째,
그들은 그것을 향하여 "애굽 땅에서 인도하여 낸 너희 신"이라고 고백하였다.
그들이 여호와에게서 떠나 황소의 형상이라는 다른 신으로 옮겼다. 이로써 여
호와와의 관계는 끊어졌다.

하나님은 모세에게 그들이 "목이 뻣뻣한 백성"이라고 말씀하셨다(9절). "뻣뻣한"의 *카세*(קָשֶׁה)는 '굳은, 완고한'이다. 쟁기를 끄는 소가 농부가 원하는 방향으로 움직이지 않고 엉뚱한 쪽으로 가는 것을 비유적으로 표현한 것이다. 성경에서 이 문구는 이스라엘이 하나님을 버리고 우상숭배하는 모습을 비유적으로 표현하기 위해 자주 사용되었다. 하나님의 큰 결심이 내려졌다. 이제 자기의 방식으로 일을 처리하겠다고 하신다. 그래서 모세에게 "내가 하는 대로 두라"고 하신다(10절상). 여기에 "두라"로 번역된 *야나흐*(יָנַח)는 '쉬다, 휴식하다'이다. 문자대로 하면 '나로 쉬게 하라' 혹은 '안식하게 하라'이다. 이스라엘을 구원하기 위해 하나님은 쉬지 않고 일을 하였다. 이제는 하나님이 그들을 쓸어버림으로써 비로소 휴식을 취할 수 있을 것이다.

10절은 2:10에 "그런즉"으로 시작하는데, 히브리어 *웨앗타*(וְעַתָּה)는 직역하면 '그래서 이제는'이다. 우리말로 '그런즉'이란 번역도 좋다. 이것은 자신이 앞에서 말한 논리를 근거로 하여 이제 결론을 맺고자 함을 보여준다. '그래서 이제는 내가 하고자 하는 대로 두어라'는 의미를 담고 있다. 하나님이 어떤 결심을 하셨는가? 먼저 "그들에게 진노하여 그들을 진멸"하겠다고 하신다. "진노하여"(10절중)에서 *하라 아프*(חָרָה־אַף) 두 단어가 '화' 그리고 '화내다'이다. 이를 직역하면 '화를 화내다'이며, 의역하면 '크게 노하다'이다. "진멸하고"의 *칼라*(כָּלָה, 여기서는 피엘형)는 '완성하다, 끝내다, 마치다'이지만, 강세형(피엘)으로 사용될 때에는 종결에 이르기까지 완성하거나 '끝내버린다'는 강한 의미를 지닌다(32:10 참조).[4] 그 백성을 이 지면에서 끝이 나게 만들어 버리겠다는 의미다.

그러면 하나님께서 자기 백성을 구출해 내겠다고 하신 약속은 어찌되는 것인가? 하나님은 그 대안으로 산 밑에 있는 그들을 대신하여 모세를 통하여 그 약속을 이루시겠다고 말씀하신다. "(큰) 나라"의 *고이*(גּוֹי)는 '나라'로도 번역될 수 있지만 '백성, 민족'으로 번역하는 것이 좋겠다. 하나님은 한 사람을 통하여

---

4 BDB, 478.

큰 민족을 이룰 수 있다. 보통 사람이라면 이러한 제안을 받을 때에 크게 기뻐하며 받아들일 것이다. 자신이 한 민족의 시조가 되는 것은 큰 영광일 것이다. 하나님의 사람인 모세가 이 제안을 어떻게 받을 것인지 궁금하다.

교훈과 적용

① 이스라엘은 모세가 없는 40일을 참지 못했다. 하나님이 없는 것 같은 갑갑함이 그들에게 장래에 대한 절망감까지 들게 하였다. 마치 그들은 고아와 같이 광야에 내버려진 것과 같은 불안함을 느꼈을 것이다. 그들은 초조함에 못 이겨 하나님을 대체할 다른 신을 구하였다. 그러나 그 순간에 하나님은 모세에게 그들을 구원할 원대한 계획을 지시하고 계셨다. 오늘 우리에게도 하나님이 계시지 않는 것 같은 암울한 상황에서도 그 끝에 하나님은 어떤 구원의 계획을 하고 계신지 기대하며 기다리는 믿음의 인내심을 가져야 하겠다.

② 그들은 "우리를 위하여" 우리를 인도할 신을 만들라고 아론에게 요청하였다. 하나님 중심이 아닌 사람 중심의 신앙의 극치를 본다. 하나님은 모세에게 출애굽을 지시하시면서 "네가 그 백성을 애굽에서 인도하여 낸 후에 너희가 이 산에서 하나님을 섬기리니"(3:12)라고 하셨다. 하나님은 자기 백성을 구원하기 위해 엄청난 많은 일을 하시고 또 풍족한 것을 주셨다. 그리고는 자기를 섬길 것을 원하셨다. 그런데도 그들은 자신들을 위해 우상을 만들고 있다. 오늘날도 우리를 구원하시고 우리에게 필요한 모든 것을 주신 여호와를 섬기는 '하나님 중심' 신앙, 하나님 나라와 그 의를 구하는 신앙을 가져야 하겠다.

③ 이스라엘은 금송아지 우상을 두고 마치 그들을 이집트에서 인도하신 여호와라고 고백한다. 지극히 높으신 하나님을 이집트 우상으로 형상화 한 것이다. 극히 세속화 한 그들의 믿음을 본다. 시편의 기자는 이 관경을 다음과 같이 노래한다: "저희가 호렙에서 송아지를 만들고 부어 만든 우상을 숭배하여 자기 영광을 풀 먹는 소의 형상으로 바꾸었도다. 애굽에서 큰 일을 행하신 그 구원자 하나님을 저희가 잊었나니..."(시 106:19~21). 그들의 조상이 하나님의 백성이 된 그 영광을 버리고, 스스로 풀 먹는 소 형상의 백성으로 자청한 어리석음을 한탄한 것이다.

신약에서도 이방인의 모습을 "썩어지지 아니하는 하나님의 영광을 썩어질 사람과 금수와 버러지 형상의 우상으로" 바꾼(롬 1:23) 우매한 사람을 말한다. 성도는 높으신 하나님을 버러지 우상과 같이 취급하지 말아야 할 것이다.

2. 모세의 첫 번째 중보기도(32:11~14)

> 11 모세가 그의 하나님 여호와께 구하여 이르되 여호와여 어찌하여 그 큰 권능과
> 강한 손으로 애굽 땅에서 인도하여 내신 주의 백성에게 진노하시나이까 12 어찌
> 하여 애굽 사람들이 이르기를 여호와가 자기의 백성을 산에서 죽이고 지면에서
> 진멸하려는 악한 의도로 인도해 내었다고 말하게 하시려 하나이까 주의 맹렬한
> 노를 그치시고 뜻을 돌이키사 주의 백성에게 이 화를 내리지 마옵소서 13 주의
> 종 아브라함과 이삭과 이스라엘을 기억하소서 주께서 그들을 위하여 주를 가리
> 켜 맹세하여 이르시기를 내가 너희의 자손을 하늘의 별처럼 많게 하고 내가 허
> 락한 이 온 땅을 너희의 자손에게 주어 영원한 기업이 되게 하리라 하셨나이다
> 14 여호와께서 뜻을 돌이키사 말씀하신 화를 그 백성에게 내리지 아니하시니라

개인적으로 큰 영광이 될 하나님의 제안을 모세는 거절한다. 모세는 오히려 여
호와의 결정이 부당함을 다음과 같이 여러 이론을 내세워 반론하며 항의한다.

① 모세는 '그들은 여호와께서 애굽 땅에서 인도하여 내신 주의 백성인데
어찌 진노하십니까?'고 항의한다(32:11). 앞에서 하나님께서 "네(모세)가 애굽
땅에서 인도하여 낸 네(모세) 백성"이라고 하셨는데(7절), 11절 본문에서 모세
는 '여호와께서 애굽 땅에서 인도하여 내신 주의 백성'이라고 다시 돌려놓는
다. 자기의 백성인 아닌 여호와의 백성이다. 자기 백성을 이집트에서 인도하
여 내기 위해 하나님께서 어떤 일까지 하셨는가? 그렇게 엄청난 일들을 해서
건져낸 자기 백성을 쉽게 멸할 수 있느냐는 항의이다.

② 이집트 사람이 "여호와가 자기의 백성을 산에서 죽이고 지면에서 진멸
하려는 악한 의도로 인도해 내었다"고 조롱할 일을 자초할 것이냐고 항의한
다(12절). 출애굽 기사에서 여호와께서는 바로와 그 백성에게 '내 백성을 보내
라, 그들이 나를 섬길 것이니라'고 요구하셨다. 그런데 이제 이 백성을 땅위에
서 죽이고 진멸하면 이집트 사람들이 여호와를 어떻게 생각하겠느냐는 것이

다. "악한 의도로"의 히브리어는 라아(רָעָה)인데, 이것은 '악하여'이다. 다시 번역하면 '여호와가 악하여 그 백성을 멸하려고..."라는 말이다. "죽이다"의 하라그(הָרַג)는 '살해하다'이며, "진멸하다"의 칼라(כָּלָה)는 '완성하다, 끝내다'이다(10절 참조). 여기에서 하나님이 그들을 죽이는 것을 이중으로 표현하고 있다. 하나님의 잔인성을 부각시키려는 것이다. 이집트 사람들의 입을 빌어 하는 말이지만 사실은 모세의 의중이 담긴 말이다. 왜냐하면 그 다음 문장에서 그 의도를 읽을 수 있다. "뜻을 돌이키사 주의 백성에게 이 화를 내리지 마옵소서"라는 말에서 "화를"이라고 번역된 단어가 역시 앞에 사용하였던 라아이다. 다시 번역하면 '이 백성에게 악을 (행하지) 마십시오'이다. 하나님께서 하시고자 하는 일을 '악하다'라고까지 말하는 것은 하나님에게 대어들겠다는 의도이다. 앞에서는 이집트 사람의 입을 빌려 한 말이라면, 이제 자신이 마음을 그대로 쏟아내는 것이다.

③ 이스라엘의 조상인 족장들(아브라함, 이삭, 야곱)들에게 맹세하여 주셨던 약속을 기억해 달라고 한다(13절). "맹세하다"의 쇠바(שָׁבַע)는 언약적인 맹세로 볼 수 있다. 모세는 두 가지 하나님의 약속을 언급한다. 첫째는 아브라함의 자손을 하늘의 별처럼 번성케 하겠다는 것이었고(창 15:5), 둘째는 가나안 땅을 그 후손들에게 주어 영원한 기업이 되게 하겠다는 약속이었다(창 15:18). 만약 지금 이스라엘 백성을 다 멸절하면 언약으로 주신 그 약속이 파기되는 것이다. '하나님은 과연 언약에 신실하지 않으신 분이신가?'라며 그의 신실성에 의문을 제기하는 것이다.

이러한 모세의 항의에 하나님은 손을 들고 말았다. 자신의 뜻을 돌이켜서 화를 그 백성에게 내리지 않겠다고 하신다(32:14). "뜻을 돌이키다"의 나함(נָחַם)은 '후회하다'로 자주 번역되는 단어이다. 하나님에게 사용될 때에는 '돌이키다'로 번역하는 것이 좋다. 여기에서도 "화"는 라아이지만, 지금은 '나쁜 것'으로 번역하는 것이 좋겠다. 앞에서 하나님은 자신의 성품인 공의를 나타내시고자 하였다. 그런데 모세의 중보기도를 허락하신 후 이제 자신의 다른 성품인 인애를 나타내고자 하신다.

3. 배도의 결과(32:15~29)

15 모세가 돌이켜 산에서 내려오는데 두 증거판이 그의 손에 있고 그 판의 양면 이쪽 저쪽에 글자가 있으니 16 그 판은 하나님이 만드신 것이요 글자는 하나님 이 쓰셔서 판에 새기신 것이더라 17 여호수아가 백성들의 요란한 소리를 듣고 모 세에게 말하되 진중에서 싸우는 소리가 나나이다 18 모세가 이르되 이는 승전가 도 아니요 패하여 부르짖는 소리도 아니라 내가 듣기에는 노래하는 소리로다 하 고 19 진에 가까이 이르러 그 송아지와 그 춤 추는 것들을 보고 크게 노하여 손에 서 그 판들을 산 아래로 던져 깨뜨리니라 20 모세가 그들이 만든 송아지를 가져 다가 불살라 부수어 가루를 만들어 물에 뿌려 이스라엘 자손에게 마시게 하니 라 21 모세가 아론에게 이르되 이 백성이 당신에게 어떻게 하였기에 당신이 그 들을 큰 죄에 빠지게 하였느냐 22 아론이 이르되 내 주여 노하지 마소서 이 백성 의 악함을 당신이 아나이다 23 그들이 내게 말하기를 우리를 위하여 우리를 인도 할 신을 만들라 이 모세 곧 우리를 애굽 땅에서 인도하여 낸 사람은 어찌 되었는 지 알 수 없노라 하기에 24 내가 그들에게 이르기를 금이 있는 자는 빼내라 한즉 그들이 그것을 내게로 가져왔기로 내가 불에 던졌더니 이 송아지가 나왔나이다 25 모세가 본즉 백성이 방자하니 이는 아론이 그들을 방자하게 하여 원수에게 조 롱거리가 되게 하였음이라 26 이에 모세가 진 문에 서서 이르되 누구든지 여호 와의 편에 있는 자는 내게로 나아오라 하매 레위 자손이 다 모여 그에게로 가는 지라 27 모세가 그들에게 이르되 이스라엘의 하나님 여호와께서 이렇게 말씀하 시기를 너희는 각각 허리에 칼을 차고 진 이 문에서 저 문까지 왕래하며 각 사람 이 그 형제를, 각 사람이 자기의 친구를, 각 사람이 자기의 이웃을 죽이라 하셨 느니라 28 레위 자손이 모세의 말대로 행하매 이 날에 백성 중에 삼천 명 가량이 죽임을 당하니라 29 모세가 이르되 각 사람이 자기의 아들과 자기의 형제를 쳤 으니 오늘 여호와께 헌신하게 되었느니라 그가 오늘 너희에게 복을 내리시리라

하나님과 담판을 지어 뜻을 돌이키게 한 모세는 산 아래로 내려왔다. 아래의

관경은 생각했던 것보다 더 심하다고 느꼈을 것이다. 모세는 순간적인 분노로 돌판을 던져 깨뜨렸다. 그리고 아론과 백성을 책망하고, 배도한 자들을 징계한다.

1) 모세가 산에서 내려오다(32:15~18)

모세가 돌이켜 산에서 내려온다(32:15). "돌이키다"의 *파나*(פָּנָה)는 '돌아서다, 방향을 틀다'이다. 하나님에게 향하던 얼굴을 돌려 산 아래로 향하는 것이다. 그의 손에는 증거의 두 돌판이 있었다. "증거"의 *에두트*(עֵדוּת)는 언약의 증거 역할을 하는 단어이다. 이 에두트는 자주 율법과 동일시된다(신 17:18; 시 19:7; 119:14; 왕상 2:3; 왕하 11:12; 등). 언약의 증거인 율법이 기록되었다는 의미에서 증거판이라고 불리며, 또 이 증거판이 들어있는 궤를 증거궤라고 불렀다. 이 증거궤는 또 언약궤라고도 불린다. 성막을 증거막이라고도 불렀는데(38:21) 증거궤가 있는 막을 뜻한다. 출애굽기 본문은 이 증거판이 두 개이고, 그 판 양면에 글자가 적혀있다고 하였다(32:15하). 돌판이 두개인 것은 언약의 양 당사자가 하나씩 가지기 위한 언약 문서이기 때문이었을 것이다. 이 돌판을 하나님께서 직접 만드셨고, 글자도 하나님께서 쓰셔서 판에 새기셨다(16절). 그만큼 하나님께서 중요하게 여겼음을 알 수 있다.

산에서 내려오는 그들에게 요란한 소리가 들렸다(17절상). "요란한"의 *레아*(רֵעַ)는 '외침, 부르짖음'이다. 여호수아는 진중에서 싸우는 소리가 난다고 말했다. 이 "싸움"의 *밀하마*(מִלְחָמָה)는 서로간의 다툼 혹은 패싸움 정도가 아니라 '전쟁'을 의미한다. 전쟁에서는 상대를 제압하고 자기편의 기운을 돋우기 위해 함성을 지른다. 승리하는 편은 환호를 하며 승리를 자축하고, 패하는 쪽은 탄식하며 운다. 모세가 듣기에는 노래하는 소리였다(18절). "노래하다"의 *아나*(עָנָה)는 기본적으로 '대답하다'이다. 이것은 "소리"의 *콜*(קוֹל)과 합하여 화답의 외침이다. 황소 형상 앞에 절하고 그 우상이 베푸는 은총에 환호하며 큰 소리로 화답하는 그러한 모습과 같다.

2) 모세의 반응(32:19~20)

모세와 진에 가까이 왔을 때에 모든 것이 분명해졌다. 그들이 송아지 앞에서 노래하며 춤추고 있었다(19절). "춤추다"의 *메홀라(מְחֹלָה)*는 전쟁에서 승리한 자들이 승전가를 부르며 뛰어노는 것에 사용되기도 하고(15:20; 삿 11:34; 삼상 18:6), 또 종교 축제에서 춤추는 것으로 사용되기도 한다(삿 21:21). 특히 다윗이 거룩한 언약궤 앞에서 춤추는 모습에서도 볼 수 있다(삼하 6:14). 하나님의 언약궤 앞에서, 그리고 축제 때에 성전에서 좋아서 뛰어노는 그런 관경을 여기 광야에서 이스라엘이 우상 앞에서 그대로 보고 있는 것이다. 이런 모습에 모세가 크게 노하였다(32:19중). "크게 노하다"의 *하라(חָרָה)*는 분노가 타오르는 것을 의미한다. 민수기 11장에서 이스라엘의 악한 말로 하나님을 원망할 때에 하나님이 '진노하셔서' 불로 진을 불태운(민 11:1) 사건을 보면 이 단어가 얼마나 강력한지를 알 수 있다. 앞에서 모세는 하나님에게 진노하지 말라고 간청하였다(32:12). 그러나 모세는 스스로 노를 타오르게 했을 뿐만 아니라, 그 화를 참지 못하여 증거판들을 던져 깨뜨렸다(19절하). 모세의 이 행동은 자제하지 못한 성급한 것으로 비난할 수도 있다. 그러나 이것은 하나님의 의도를 반영했을 수 있다. 하나님의 진노를 자신이 대신하는 것이다. 그리고 증거판을 깨뜨린 것은 이제는 언약의 증거판이 소용없게 되었음을 인정한 것이다. 왜냐하면 그들의 범죄로 언약이 파기되었기 때문이다. 오히려 이 증거판이 그들에게 더 큰 화를 줄 수도 있었다. 그 판은 그들이 율법을 어기고 언약을 파기한 확실한 증거 역할을 할 것이기 때문이다.

모세가 그들이 만든 송아지 형상을 가져 불살라 부수어 가루를 만들어 물에 뿌려 이스라엘 자손에게 마시게 하였다(20절). 우상의 형상을 빻아서 가루를 만든 일은 그 우상을 완전히 파괴하는 행위이다(요시야의 행위를 볼 것, 왕하 23:15). 이렇게 산산이 부수는 것은 우상을 완전히 제거하라는 하나님의 명령을 수행한 것이다(23:24). 모세의 이러한 행위는 하나님을 대행한 것이다. 앞에서 하나님께 중보 기도할 때에는 백성을 대변하였지만, 지금 백성을 대항해

서는 하나님 대리인으로서 행동을 하고 있다. 만약 하나님이 직접 그들에게
벌을 내리신다면 엄청난 재난이 내려질 것이다. 모세는 자신이 엄청난 진노를
그들에게 부음으로서 하나님이 개입할 공간을 주지 않는다. 그의 행위는 하나
님께서 내리실 더 큰 재앙을 방지하는 것이기도 하다.

3) 아론의 변명(32:21~25)

모세는 아론에게 "이 백성이 당신에게 어떻게 하였기에 당신이 그들을 큰
죄에 빠지게 하였느냐?"고 묻는다(32:21). 모세는 아론이 자발적으로 이 일을
행했다고 믿지 않았다. 백성의 강요에 의해 어쩔 수 없이 한 행위로 본 것이
다. 그만큼 형에 대한 신뢰가 있었다. 사실 처음에는 백성의 강요가 있었지만,
그러나 아론이 능동적으로 우상을 만드는 데 앞장섰었다(32:2~5을 보라). 아
론은 "내 주여(아도니, אֲדֹנִי) 노하지 마소서"라며 자비를 요청한다(22절상). 아
도나이(אֲדֹנָי)는 '주'라는 말로서, 여호와를 존칭으로 부를 때에 사용한다. 형이
동생에게 아도니라고 부르는 것은 매우 이례적이다. 자신이 잘못했음을 알고
몸을 낮추는 모습이다.

그리고 아론은 그 악한 행위의 책임을 백성에게 돌린다: "이 백성의 악함을
당신이 아나이다"(22절하). 물론 백성의 악함을 모세는 잘 안다. 출애굽 이후
그들은 몇 번이나 하나님을 원망하고 반기를 들었었다. 그러나 아론은 지도자
로서 그들의 잘못을 꾸짖고 바로잡았어야 했다. 이러한 변명은 자신의 어리석
음을 드러내는 것이고, 참 지도자인 모세와 대조된다. 모세는 지도자로서 백
성을 위해 하나님에게 대어들 듯이 항의하였다. 그런데 아론은 백성을 위해
어떠한 노력도 보이지 않고, 자기 혼자서 빠져나갈 길만 찾는다. 이러한 자세
는 지도자로서 자격이 없음을 증명한다.

아론은 지난 일들을 고한다. 백성들이 자신들을 인도할 신을 만들어 달라고
요청했으며(23절), "금이 있는 자는 빼어내라"하였더니 그것을 자신에게 가져
왔고, 그 금을 불에 던졌더니 송아지가 나왔다고 하였다(24절). 이 마지막 문

장에서 송아지가 주어이며, 마치 신이 스스로 나온 것처럼 말을 하고 있다. 역시 우상을 능동적으로 만든 자기 책임을 회피하는 모습이다.

모세가 보니 백성이 방자하였다(25절상). "방자하다"의 *파라(פָּרַע)*는 '풀어놓다'이다. 마치 고삐 풀린 망아지처럼 마음대로 행동한다는 의미이다. 통제 불가능한 행동을 하며 날뛰는 모습이다. 그런데 "아론이 그들을 방자하게" 하였다고 했다. 백성의 방자한 행동을 아론이 방조하였을 뿐만 아니라 오히려 부추긴 것처럼 말한다. 그 결과 원수에게 조롱거리가 되게 하였다(25절하). "조롱거리"의 *쉼차(שִׁמְצָה)*는 '속삭임, 비웃음'이다. 서로 숙덕거리면서 남을 비웃는 모습이다. 이 원수는 이집트 사람이 될 수 있고, 르비딤에서 전쟁을 벌였던 아말렉 사람일 수 있다. 그들은 하나님이 어떻게 그들을 인도해 왔는지를 눈으로 보았다. 그런데 백성들이 그 하나님을 배반하였고, 또 하나님은 그들을 징계하니 정말 뒤에서 숙덕거리며 비웃을 만하다.

4) 레위인의 헌신(32:26~29)

모세가 진문에 섰다(32:26상). 마을의 문은 지휘자가 서서 백성을 다스리는 장소로 사용된다. 지금 진영의 문이 그 역할을 한다. 모세는 "누구든지 여호와의 편에 있는 자는"(26절중)이라고 외친다. 이것을 직역하면 '누가 여호와를 위하는 자인가?'이다. 여호와를 위해 일할 사람은 자기에게로 오라고 한다. 레위 자손이 다 모여 그에게로 왔다(26절하). 레위 사람들이 우상을 만드는 일에 동참한 여부는 나타나지 않는다. 그러나 그들은 적어도 백성의 행위가 악하다는 것을 알고 있는 것이 분명하다. 레위인은 모세가 속한 지파이기 때문에 모세의 가족 혹은 친척들이라고 할 수 있다. 그러나 그들이 이런 혈연에 끌려 모세에게 나아온 것으로만 볼 수 없다. 왜냐하면 아론도 모세의 친형제이지만 배교에 참여하였기 때문이다.

모세는 레위인들에게 여호와의 말씀을 전하면서 명령한다. 각자가 허리에 칼을 차고 자신의 형제, 친구, 그리고 이웃을 도륙하라고 한다. 이 엄청난 일

을 모세 자신의 명령으로 주는 것은 너무 큰 부담이 된다. 앞 절에서 "여호와
의 편에 있는 자"라고 말하였고(26절중), 이제 그들에게 "여호와께서 이같이
말씀하신다"고 하였다. 여호와 편에 선 자들이 여호와의 말씀을 수행하는 것
은 당연하다.

"죽이라"(27절하)의 *하라그*(הָרַג)는 무참히 죽이는 것, 즉 '살해하다'이다. 이
것은 성경에서 가인이 아벨을 죽인 사건에서 처음 사용되었다(창 4:8). 이 단어
가 악한 음모로 어떤 사람을 무참히 죽이는 데에도 사용되었지만(왕상 18:13;
삼하 3:30 등), 사법적인 형벌로서 처형하는 것에도 사용되었다(삼하 4:11~12;
창 9:6 등). 출애굽기 본문에서는 후자의 경우에 해당한다. 여기에서 죽임을 당
한 사람들은 가장 적극적으로 우상숭배를 주도했던 사람들이었을 것이다. 레
위인들은 어떤 사람이 적극적으로 배도했는지 알았을 것이다.

친구, 이웃, 그리고 형제를 죽이는 일은 심히 어려운 일이다. 그런데 레위
자손들은 모세의 말대로 그 힘든 일을 감당하였다. 그날에 약 3,000이 죽었다
(32:28). 모세는 그들의 이 행위를 칭찬하였다. 그들이 "여호와께 헌신하게 되
었다"라고 말하였다(29절). "헌신하다"의 *밀레우 얘드캠*(מִלְא֨וּ יֶדְכֶ֤ם)을 직역하
면 '너희들은 너희 손을 채우라(명령형)'이다. 그들이 해야 할 일을 완수하라
고 명령하는 것이다. 이 일은 단순한 살인행위나 보복적인 차원에서의 살해
가 아니었다. 그들은 제사장급인 레위인들 이었다. 그들은 이 일은 희생제물
을 바치는 의미로 행하였을 것이다.[5] 하나님을 섬기는 마음으로 그의 명령을
충실히 수행하여 완수함을 의미한다. 하나님은 자신의 일을 잘 수행하여 완
수하는 사람에게 복을 내려주실 것이다(29절하). 모세가 레위인들을 위해 축
복하였다.

---

5 아란 콜, 『출애굽기』, 317.

교훈과 적용

① 모세가 산에서 내려왔다. 그의 손에는 증거의 두 돌판이 있었다. 언약의 증거인 율법이 기록되었다는 의미에서 증거판이라고 불렸다. 언약의 증거를 들고 내려온 모세 앞에 벌어진 관경은 참담하였다. 그들은 우상 앞에서 춤추고 노래하며 뛰놀았다. 모세가 크게 노하였다(32:19중). 그리고 화를 내며 증거판들을 던져 깨뜨렸다(19절하). 이러한 화는 하나님의 의도를 반영한 것이었다. 하나님의 진노를 자신이 대신 하는 것이다. 증거판을 깨트린 것은 이제는 언약의 증거판이 소용없게 되었기 때문이다. 그들의 범죄로 언약이 파기되었기 때문이다.

언약 파기는 무서운 결과를 가져올 것이다. 피를 뿌려 언약을 체결했기 때문이다(24:8). 모세는 그 무서움을 알고 먼저 선수를 치는 것이다. 하나님에게 심판을 내어준다면 참담한 일이 일어날 것이기 때문이다. 지도자는 하나님 대리로 백성이 잘 못한 일이 있을 때에는 엄중하게 꾸짖어야 하며, 심지어 공회에서 쫓아내기까지 해야 한다. 이것은 더 큰 불행을 막는 길이기도 하다.

② 아론은 그 악한 행위의 책임을 백성에게 돌렸다. 물론 백성이 악하였고, 백성의 강한 요구가 있었다. 그러나 아론은 지도자로서 그들의 잘못을 꾸짖고 바로 잡았어야 했다. 반대로 아론은 적극적으로 우상을 만드는 데 앞장섰었다. 그런데 이제는 모세 앞에서 백성을 탓하고 있다. 모세는 악한 백성을 위해 하나님에게 자기 목숨을 내어놓고 탄원하였다. 반면 아론은 자신을 던질 생각이 전혀 없다. 혼자서 빠져나갈 길만 찾는다. 어느 시대든지 그러한 사람은 지도자로서 자격이 없다.

③ 모세의 부름에 레위인들이 응답하였다. 모세의 "죽이라"(32:27)는 명령에 레위인은 동족을 처형하러 나섰다. 친구, 이웃, 그리고 형제를 죽이는 일은 심히 어려운 일이다. 그런데 레위 자손들은 모세의 말대로 그 힘든 일을 감당하였다. 그날에 약 3,000이 죽었다. 그들은 제사장급인 레위인으로서, 이 일은 희생제물을 바치는 의미로 행하였을 것이다. 모세는 그들의 행위를 칭찬하였다. 그들이 "여호와께 헌신하게 되었다"라고 말하였다(29절). 그리고 레위인들을 위해 축복하였다. 뒤에 하나님은 레위인과 언약을 맺으시고 영원히 그들을 사용하실 것이다. 어려운 때에 힘든 일을 감당함으로써 여호와께 헌신하는 사람을 하나님은 귀하게 사용하시는 것을 볼 수 있다.

4. 모세의 두 번째 중보기도(32:30~33:17)

1) 모세가 다시 하나님에게 간청함(32:30~32)

30 이튿날 모세가 백성에게 이르되 너희가 큰 죄를 범하였도다 내가 이제 여호
와께로 올라가노니 혹 너희를 위하여 속죄가 될까 하노라 하고 31 모세가 여호
와께로 다시 나아가 여짜오되 슬프도소이다 이 백성이 자기들을 위하여 금 신
을 만들었사오니 큰 죄를 범하였나이다 32 그러나 이제 그들의 죄를 사하시옵소
서 그렇지 아니하시오면 원하건대 주께서 기록하신 책에서 내 이름을 지워 버
려 주옵소서

레위인들이 하나님의 명령을 수행한 다음날 모세는 백성에게 그들의 범죄
가 얼마나 심각한 것이었는지를 다시 상기시킨다(32:30상). "죄"의 하타(חָטָא)
는 기본적인 의미가 '빗나가다'이며, '표적을 빗 맞추다' 혹은 '길을 잃다'는 의
미이다. 이것에서 발전하여 '범죄하다'의 의미로 자주 사용된다.[6] 백성이 하나
님이 주신 법에 완전히 벗어난 일을 벌인 것이다. 그 죄를 그냥 방치하면 여호
와께서 어떤 벌을 내리실지 모른다. 일단 모세는 그 일에 적극적으로 행동한
사람들을 처리하였다. 그리고 하나님께서 행여나 그들의 죄를 속해줄 것을 기
대하면서 여호와가 임재해 계시는 산으로 올라간다. "속죄가 되다"(30절하)의
카파르(כָּפַר)는 기본적인 의미가 '덮다'인데, 강세형(피엘)에서 '속죄하다'의 의
미로 사용된다.[7] 하나님께서 죄를 덮어달라고 다시 애원하러 올라가는 것이
다. 하나님의 허락이 떨어질지 장담하지 못한다. 백성들도 떨리는 마음으로
함께 애원하며 기다려야 한다.
　모세가 다시 여호와께로 나아갔다(31절상). "나아가"의 수브(שׁוּב)는 '(다시)

6　BDB, 306~07.
7　BDB, 497~98.

돌아왔다'이다. 40일간 여호와와 대면하였던 그곳으로 돌아왔다는 의미이다. 모세는 산 아래에서 백성이 어떠한 악한 일을 하였는지를 목도하고 다시 온 것이다. "슬프도소이다"로 번역된 안나(אָנָּא)는 감탄사로서 '이제 바라건대' 혹은 '(여호와여) 이제 구하오니'등으로 번역되며, 탄원의 의미를 가지고 있다(창 50:17; 왕하 20:3; 느 1:5; 시 116:4 등). 여호와께 간절히 애걸하는 모습이다.

모세는 먼저 백성이 어떤 큰 죄를 범하였는지를 고백한다. 그들이 자신들을 위해 금신을 만들었음을 고한다(32:31하). 여기 "신"의 엘로힘(אֱלֹהִים)은 하나님을 일컫는 것이 아니라 보통명사로서의 '신'으로 이해해야 한다. 하나님 외에 다른 신을 금으로 만들었음을 고백한 것이다. 그것은 자기를 위해 자신들이 만든 신이다. 이것은 제2계명을 어긴 것이므로 언약을 파기했음을 의미하는 큰 죄이다.

모세는 백성의 죄를 고백한 후 용서를 간구한다. 32절에 "그러나 이제"로 번역된 임(אִם)은 '만약 ...하시면' 혹은 '만약 원하시면'이다. '만약 하실 수만 있으면 그들의 죄를 사해주십시오'라는 간청이다. 그런데 모세는 비장한 탄원을 계속한다. "그렇지 아니하시오면 원하건대 주께서 기록하신 책에서 내 이름을 지워버려 주옵소서"(32절하). 만약 백성의 죄를 용서하지 않으면 자신이 대신 죽거나 백성과 함께 죽겠다고 탄원을 하는 것이다. "내 이름을 지워버려 주옵소서"로 번역된 단어는 마하(מָחָה)라는 한 단어인데, '씻다, 닦아내다'이다. '이름'이라는 말은 원문에 없다. '원컨대 당신이 기록하신 당신의 책에서 나를 지워버리십시오'이다. 이 책이 무엇을 의미하는지는 확실하지 않지만, 하나님의 선택하신 거룩한 백성의 명단에서 제해달라는 의미로 볼 수 있다. 백성을 구하기 위해 자신이 하나님으로부터 버림을 받는 길을 택하겠다는 대속적인 탄원이다.

모세의 요청을 볼 때에는 백성과 자신이 죽는 것에 강조점이 있는 것이 아니라 용서해 달라는 데에 있다. 만약 백성이 죽어야 한다면 자신도 함께 죽겠다는 뜻이다. 백성을 위해 자신을 버리겠다는 위대한 지도자의 자기 헌신적인 모습이다.

2) 하나님의 대답(32:33~33:3)

> 33 여호와께서 모세에게 이르시되 누구든지 내게 범죄하면 내가 내 책에서 그를
> 지워 버리리라 34 이제 가서 내가 네게 말한 곳으로 백성을 인도하라 내 사자가
> 네 앞서 가리라 그러나 내가 보응할 날에는 그들의 죄를 보응하리라 35 여호와께
> 서 백성을 치시니 이는 그들이 아론이 만든 바 그 송아지를 만들었음이더라 33:1
> 여호와께서 모세에게 이르시되 너는 네가 애굽 땅에서 인도하여 낸 백성과 함께
> 여기를 떠나서 내가 아브라함과 이삭과 야곱에게 맹세하여 네 자손에게 주기로
> 한 그 땅으로 올라가라 2 내가 사자를 너보다 앞서 보내어 가나안 사람과 아모리
> 사람과 헷 사람과 브리스 사람과 히위 사람과 여부스 사람을 쫓아내고 3 너희를
> 젖과 꿀이 흐르는 땅에 이르게 하려니와 나는 너희와 함께 올라가지 아니하리니
> 너희는 목이 곧은 백성인즉 내가 길에서 너희를 진멸할까 염려함이니라 하시니

하나님은 모세의 요청을 거절하시는 대답을 하신다. "누구든지 내게 범죄하
면 그는 내가 내 책에서 지워버리리라"(33절). 용서해 달라는 것도 거절하고,
또 모세가 함께 죽는 것도 거절하신다. 죄를 지은 자가 직접 책임을 져야한다
는 원칙을 고수하신다. 앞으로 있을 이스라엘 역사에서 이 원칙은 유지된다.
백성이 '아버지가 신 포도를 먹었으므로 아들의 이가 시다'라는 속담은 없게
하겠다고 하신다(렘 31:29; 겔 18:2). 범죄하는 그 당사자가 죽을 것이며, 아버
지나 아들이 대신 당하게 하지 않겠다고 하신다.

그러나 하나님이 모세의 간청을 완전히 거절하지는 않으심을 다음 절에서
볼 수 있다. 하나님이 모세에게 자신의 해법을 제시하는 것에서 거절과 수용
이라는 둘의 조화를 보게 된다. 그 해법은 그는 공의로우신 분이시며 또 은혜
를 베푸시는 분이시라는 속성을 다 반영한 것이 된다. 모세에게 백성을 인도
하여 하나님이 말씀하셨던 곳(가나안)으로 가라고 하신다. 그리고 "내 사자가
네 앞서 가리라"고 하신다(32:34상). 이것은 하나님께서 자신이 약속하신 것을
지키시는 약속에 신실하신 분이심을 증명한다. 자격 없는 그들을 계속 인도하

시겠다는 것은 하나님의 자비와 은혜를 증명하는 것이 된다.

그러나 하나님께서는 보응할 날에는 그들의 죄를 보응하겠다고 하신다(34절하). "보응하다"의 *파카드*(פָּקַד)는 '방문하다'이지만, 가끔 좋은 의미와 또 나쁜 의미의 상반된 것으로 사용된다. 하나님이 그들을 돌보아주기 위해 방문하시는 경우가 있지만(이때 주로 '권고하다'로 번역됨; 창 50:24~25; 룻 1:6; 삼상 2:21; 시 8:4 등), 때로는 그들에게 벌주기 위해 방문하기도 하신다(욥 7:18, '권징하다'; 35:15, '벌주다'; 시 59:5 등). 출애굽기 본문에서는 후자에 속하는 경우이다. 본문에서는 *파카드* 동사가 본동사와 부정사 절대형 이중으로 사용되었는데, 강조를 나타내기 위해서다. 따라서 '그들의 죄를 반드시 갚으리라'로 번역된다. 이것은 죄는 반드시 그 책임을 묻는다는 하나님의 공의를 드러내신 것이다. 결국 이스라엘 백성 중에 이집트에서 나온 자는 두 사람(여호수아, 갈렙) 외에는 모두 광야에서 죽었다는 사실에서 하나님의 말씀이 그대로 성취되었음을 알 수 있다(히 3:11, 17~19).

여호와께서 그 백성을 치셨다(32:35). "치시니"의 *나가프*(נָגַף)는 '심하게 부딪치는' 것, 혹은 '치명적인 타격을 가하는' 것이다. 이것은 강한 징계를 내린 것을 가리킨다. 이때에 하나님이 어떻게 그들을 치셨는지는 구체적으로 밝혀지지 않는다. 질병일 수도 있고, 기후의 변화일 수도 있다. 하나님께서 그렇게 치신 이유는 아론이 만든 그 송아지 때문이라고 하신다(35절하).

하나님은 자신의 사자를 그들과 같이 보내시겠다는 약속(32:34)을 다시 주신다. 모세에게 백성과 함께 약속의 땅으로 올라가라고 하시면서(33:1), 자신의 사자를 그들 앞에 보내어 가나안 원주민들을 쫓아내겠다고 하신다. 하나님은 가나안 땅을 구체적으로 지명할 때에 어떤 민족들이 살고 있는 땅인지를 밝힌다. 33:2에는 여섯 족속(가나안 사람과 아모리 사람과 헷 사람과 브리스 사람과 히위 사람과 여부스 사람)이 살고 있는 땅으로 일컫는다(3:8, 17; 23:23; 등). 일반적으로는 가나안에 일곱 족속이 살고 있는 것으로 알려졌었다(신 7:1; 수 3:10; 24:11 등). 일곱 족속으로 말할 때에 기르가스 족이 첨가되어 있다. 기르가스 족은 후대에 생긴 것이 아니다. 왜냐하면 아브라함 시대에도 이 족속이 언급되었기 때문이다(창 10:16; 15:21).

또 하나님이 가나안 땅을 묘사할 때에 자주 "젖과 꿀이 흐르는 땅"으로 말씀
하신다(33:3상; 3:8, 17; 레 20:24; 민 13:27; 신 11:9; 26:9 등). 이것은 비옥한 땅
을 묘사하는 관용구라고 할 수 있다. 이상은 하나님이 그들에게 약속하신 것
을 지켜 행하시겠다는 은혜의 모습을 보여주시는 것이다. 그러나 사자를 보
내겠다는 것은 하나님 자신이 친히 그들과 함께 올라가지 않겠다는 의미이다.
따라서 이것은 모세의 간청에 반만 허락하신 것이다.

물론 '여호와의 사자'는 때로 여호와 자신으로 나타나기도 한다(3:2이하 주
석 참조). 그러나 항상 그런 것은 아니다. 여기에서 여호와의 사자는 하나님
이 사용하시는 천사로 보아야 한다. 사자만 보내고 자신은 가지 않겠다는 것
은 이스라엘에게서 큰 슬픔이 아닐 수 없다. 그들이 금송아지를 만들고 소동
을 벌인 것도 모세와 여호와가 잠시 그들에게 보이지 않았기 때문이었다. 여
호와가 없는 이스라엘은 그 존재 가치가 없다. 특히 이 말씀은 하나님이 지으
라고 말씀하신 성막도 건축이 취소된다는 것을 의미한다. 왜냐하면 성막은 여
호와 임재의 장소이기 때문이다. 만약 성막이 없으면 그들에게 죄사함의 길
도 없으며, 여호와에게 나아갈 길도 없게 되고, 또 여호와 앞에서 안식을 누
릴 특권도 없게 된다.

여호와께서 그들과 같이 가지 않겠다고 하신 이유는 그들이 목이 곧은 백
성이기 때문에 길에서 그들을 진멸할까 염려함 때문이다(33:3절하). "목이 곧
다"는 것은 '완고하다, 완악하다'는 말이다(32:9 참조). 멍에를 맨 소가 주인의
지시를 따르지 않고 자기 멋대로 가는 것과 같다. "진멸하다"로 번역된 칼라
(כָּלָה)는 '완성하다'이지만, 강세형(피엘)로 사용될 때에 종결에 이르기까지 완
성하거나 끝내는 강한 의미를 지닌다(32:10 참조).[8] 그 백성을 이 지면에서 끝
이 나게 만들어 버리겠다는 의미다. 목이 곧은 백성이기에 그들은 분명한 징
계를 받을 것이다. 만약 가는 도중인 길에서 끝내 버리면 가나안에 인도해서

8 BDB, 478.

그 땅을 주겠다는 약속이 무너진다. 하나님은 그것을 염려하여 같이 올라가지 않겠다고 하신다.

3) 백성의 반응(33:4~7)

> 4 백성이 이 준엄한 말씀을 듣고 슬퍼하여 한 사람도 자기의 몸을 단장하지 아니하니 5 여호와께서 모세에게 이르시기를 이스라엘 자손에게 이르라 너희는 목이 곧은 백성인즉 내가 한 순간이라도 너희 가운데에 이르면 너희를 진멸하리니 너희는 장신구를 떼어 내라 그리하면 내가 너희에게 어떻게 할 것인지 정하겠노라 하셨음이라 6 이스라엘 자손이 호렙 산에서부터 그들의 장신구를 떼어 내니라 7 모세가 항상 장막을 취하여 진 밖에 쳐서 진과 멀리 떠나게 하고 회막이라 이름하니 여호와를 앙모하는 자는 다 진 바깥 회막으로 나아가며

백성이 이 황송한 말씀을 듣고 슬퍼하였다(33:4상). 여호와께서 모세에게 하신 말씀을 어떻게 들었는지는 확언할 수 없다. 산 위에서 여호와께서 큰 소리로 모세에게 말씀하셨을 수 있고, 또 여호수아가 중간에서 그 말씀을 전달했을 수도 잇다. "황송한"의 라아(רַע)는 '나쁜, 악한'이란 뜻이다. 하나님께서 가나안 땅으로 같이 가지 않겠다는 말씀은 이스라엘에게는 가장 나쁜(좋지 않은) 소식임에 틀림없다. 그들은 모두 몸을 단장하지 아니하였다(4절하). "단장"의 아디(עֲדִי)는 '장식, 장식품'이다. 모든 장식품을 자신의 몸에서 제거했다는 것이다. 이것은 슬픔의 표시이며, 또 회개하는 마음으로 자신을 낮추는 모습이기도 하다.

여호와께서 모세에게 자신의 말을 전달 할 것을 지시하셨다. 이스라엘이 목이 곧은 백성이기에, 하나님께서 순식간에 그들을 진멸할 수 있다는 것이다(5절 상). "진멸하다"에 역시 칼라(כָּלָה, 끝내다, 3절 참고)를 사용하였다. "순식간"의 래가 애하드(רֶגַע אֶחָד)에서 래가는 '경각간'으로도 번역되는데(욥 21:130), '눈 깜빡할 사이'라는 의미이고, 거기에 '애하드(하나)'라는 수사가 붙

어 '한순간'으로 번역된다. 한 번의 눈 깜빡할 사이에 그 민족을 끝낼 수 있다는 것이다. 이것은 언약 파기자에게 주는 엄청난 위협이다. 그러므로 그들에게 장신구를 제하라고 요구하신다. 이것은 슬픔의 표시이며, 회개하는 자세로 자신을 낮추는 모습이다. 그리하면 하나님께서 어떻게 일을 처리할 것인지를 알려주겠다고 하신다(33:5하).

이스라엘 자손들은 즉시 그 말씀에 순종하였다. 그들은 그 장신구를 제하였다(6절). 그리고 모세는 한 장막을 취하여 그것을 회막이라고 부르고 그 회막을 이스라엘 진 밖에 멀리 떨어지게 하였다(7절상). 회막은 성막과 동일하게 사용되는 단어이다. 아직 정식으로 성막이 건립되지 않았다. 그러나 성막 이전에 하나님께서 임시로 임재하시고 또 백성과 만날 장소를 만든 것으로 볼 수 있다. 이 회막을 임시로 건설한 것은 여러 가지 의미가 부여된다.

첫째, 하나님이 백성들 중에 자신을 직접 노출시키지 않기 위해 임시 천막을 만들게 하신 것으로 볼 수 있다. 전에는 구름 기둥과 불 기둥으로 그들 중에 임재하시고, 때로는 여호와의 영광으로 그들에게 직접 나타나기도 하였다(16:7, 10; 24:16,17). 그러나 이제 하나님은 그들로부터 숨으시겠다는 것이다. 둘째, 회막을 진과 멀리 떨어지게 하여 하나님이 이스라엘과 거리를 두고 지켜보겠다는 의도이다. 나중에 지어지는 성막은 이스라엘 진 가운데에 위치하게 되는 것과 대조된다.

회막이 진 밖 멀리 나가 있다고 해서 여호와께서는 백성과 완전히 분리하신 것이 아니다. 여호와는 자신을 앙모하는 자를 그 곳에서 만나주시겠다고 하신다(7절하). "앙모하는 자"의 *메바케쉬*(מבקש)는 *바카쉬*(בקש, 찾다)의 피엘 분사형 명사로서 '찾는 자'이다. 신탁을 찾는 자로 사용된다. 여호와의 뜻을 구하는 자는 회막으로 나아올 수 있게 한 것이다. 백성이 단장품을 제하고 여호와의 대답을 기다리고 있는데, 과연 여호와는 그들의 죄를 용서하시고 그들을 만나 주실지 기로에 서있다.

4) 모세가 회막에서 여호와를 만나다(33:8~11)

> 8 모세가 회막으로 나아갈 때에는 백성이 다 일어나 자기 장막 문에 서서 모세가
> 회막에 들어가기까지 바라보며 9 모세가 회막에 들어갈 때에 구름 기둥이 내려
> 회막 문에 서며 여호와께서 모세와 말씀하시니 10 모든 백성이 회막 문에 구름
> 기둥이 서 있는 것을 보고 다 일어나 각기 장막 문에 서서 예배하며 11 사람이 자
> 기의 친구와 이야기함 같이 여호와께서는 모세와 대면하여 말씀하시며 모세는
> 진으로 돌아오나 눈의 아들 젊은 수종자 여호수아는 회막을 떠나지 아니하니라

여호와께서 이스라엘 백성 중에 자신의 뜻을 찾는 자에게 만나주시겠다고 하였지만, 백성은 공포심 때문에 감히 가까이 가지 못하였다. 오직 모세만 그에게 나아갔다. 모세가 회막으로 나아갈 때에 백성은 다 일어나 자기 장막 문에 서서 모세가 회막에 들어가기까지 바라보았다(33:8). 하나님을 만날 수 있는 유일한 사람이기에 그를 응시하고 있는 것이다. 그들의 이 모습은 과연 하나님의 반응이 어떠할까 두려움과 기대에 가득 차 있음을 의미한다.

그런데 놀라운 일이 벌어진다. 모세가 회막에 들어갈 때에 구름 기둥이 내려와 회막 문에 섰다(9절). 여기에 나타나는 구름기둥은 두 가지 의미를 내포한다. 첫째, 여호와의 임재를 나타낸다. 여호와께서는 자신의 임재를 구름으로 자주 표현하신다. 하나님이 모세를 직접 만나주시는 것을 사람들에게 공개적으로 보이는 것이다. 둘째, 여호와 자신을 감추신다. 백성이 여호와와 모세가 만나시는 장면을 구름이 가리는 것이다. 과거 이스라엘이 홍해 앞에 섰고, 이집트 군대가 뒤쫓아 왔을 때에 이스라엘을 앞에서 인도하던 구름 기둥이 뒤로 옮겨가서 이집트 사람들을 가로막았었다. 그들이 보지 못하는 사이 이스라엘은 광명 가운데 바닷길을 무사히 지나갔다. 본문에서도 구름이 가린 회막에서 여호와께서 모세와 말씀하셨다.

백성이 회막 문에 구름 기둥이 선 것을 보고 하나님 임재를 인식하였다. "모든 백성이 회막 문에 구름 기둥이 서 있는 것을 보고 다 일어나 각기 장막 문

에 서서 예배하"였다(10절). 여기에 "예배하다"의 힛타하우우(יִהִשְׁתַּחֲוֹּ)는 쇠하(שָׁחָה)의 힐파엘(재귀)형으로 원래 '구부리다, 절하다'의 의미이며 자주 '예배하다'로 번역되지만,[9] 본 절에서는 그 번역이 적절하지 않은 것 같다. 여기에서는 여호와와 모세에 대한 존경심과 동시에 두려움 나타내는 표현으로 보아야 할 것이다. 따라서 '엎드렸다'로 번역하는 것이 좋을 것이다. 그들은 각기 자기 장막문에서 절하였다. 여호와에 대한 두려움 때문에 집 밖을 벗어나지 못하는 모습이다. 회막 가까이에서 지키고 있는 여호수아(11절)의 모습과 대조된다. 아직은 회막이 진에서 떨어져 있고, 백성도 멀리서 그에게 엎드리지만 그러나 하나님께서 그들을 떠나버리지 아니하셨다. 그리고 적어도 그들의 대표인 모세와 만나주신다. 그들은 여호와께서 자신들을 어떻게 받아주실지 초조한 마음으로 기다린다.

여호와와 모세는 친구가 서로 이야기하는 것처럼 대면하여 말하였다(11절 상). "대면하다"는 말은 '얼굴과 얼굴을 대하다'이다. 이것은 친근감을 강조하는 말이다. 여호와와 모세는 서로 친구처럼 이야기를 나누었다. 모세에게는 여호와가 전혀 두려움의 존재가 아니었다. 이처럼 회막에서 여호와를 만나고 또 진으로 돌아온다(11절중). 여호와의 말씀을 백성에게 전하고, 또 일상적인 생활로 돌아가기 위해서였을 것이다. 그런데 수종자 눈의 아들 여호수아는 회막을 떠나지 아니하였다(11절하). "수종자"의 메솨레트(מְשָׁרֵת)는 솨라트(שָׁרַת, 섬기다, 봉사하다)의 피엘(강세형) 분사로서 '섬기는 자'이다. 그는 항상 모세를 제일 가까이에서 섬기고 있다. 모세가 진영으로 돌아간 후에도 여호수아가 회막에서 떠나지 않은 것은 모세 대신 회막을 지키기 위해서였다.

5) 모세의 간청과 하나님의 응답(33:12~17)

12 모세가 여호와께 아뢰되 보시옵소서 주께서 내게 이 백성을 인도하여 올라

9 BDB, 1005.

가라 하시면서 나와 함께 보낼 자를 내게 지시하지 아니하시나이다 주께서 전에 말씀하시기를 나는 이름으로도 너를 알고 너도 내 앞에 은총을 입었다 하셨사온즉 13 내가 참으로 주의 목전에 은총을 입었사오면 원하건대 주의 길을 내게 보이사 내게 주를 알리시고 나로 주의 목전에 은총을 입게 하시며 이 족속을 주의 백성으로 여기소서 14 여호와께서 이르시되 내가 친히 가리라 내가 너를 쉬게 하리라 15 모세가 여호와께 아뢰되 주께서 친히 가지 아니하시려거든 우리를 이 곳에서 올려 보내지 마옵소서 16 나와 주의 백성이 주의 목전에 은총 입은 줄을 무엇으로 알리이까 주께서 우리와 함께 행하심으로 나와 주의 백성을 천하 만민 중에 구별하심이 아니니이까 17 여호와께서 모세에게 이르시되 네가 말하는 이 일도 내가 하리니 너는 내 목전에 은총을 입었고 내가 이름으로도 너를 앎이니라

다시 회막으로 돌아온 모세가 여호와께 아뢴다. 여호와께서 백성을 인도하여 올라가라 하신 것을 상기하면서(12절상; 1~2 참조), 그러나 여호와께서 어떻게 갈 것인지에 대한 대책을 주지 않음을 불평한다. 모세가 옛날 호렙산(시내산)에서 출애굽의 지시를 받을 때에 하나님이 "내가 정녕 너와 함께 있으리라"고 하셨는데(3:12), 이제 여호와께서 함께 가지 않겠다고 하시면 누가 함께 갈 것이냐고 의문을 제기한다. 여호와께서 자기의 사자를 모세 앞서 가나안 땅으로 보내겠다고 하셨는데도 아직 그가 누구인지 모세에게 지시하지 아니하셨다(33:12중)고 항의한다. "지시하다"의 야다(יָדַע)는 '알리다'이다. 왜 하나님께서 자기에게 모든 것을 밝혀주지 않느냐는 것이다. 사실 모세가 자기들과 함께 갈 '사자'에 대한 궁금증에서 한 말로 볼 것이 아니다. 가나안에 가는 목적을 위해 그 누구라도 함께 가도 좋다는 것은 모세의 생각이 아니다. 모세는 그곳에 가는 것보다 누가 함께 가는가가 더 중요하다. '하나님의 사자'가 아닌 하나님 자신이 함께 계시기를 원하는 것이다. 본심은 다른 것에 있지만 말을 약간 비틀어서 작은 것에 꼬투리를 잡는 것으로 볼 수 있다.

모세는 자기와 하나님의 관계가 얼마나 친밀하고 또 신뢰가 깊은지를 확인

하기 원한다. 모세는 여호와께서 전에 "나는 이름으로도 너를 알고 너도 내 앞에 은총을 입었다"고 하셨음을 상기시킨다(12절하). 이전에 여호와께서 이렇게 말씀하신 기록은 없다. 그러나 기록 밖에서 하나님께서 모세에게 그 말씀을 하셨을 가능성은 충분히 있다. '이름으로 안다'는 것은 매우 친밀함을 나타낸다. "은총을 입다"의 *마차 헨*(מָצָאתָ חֵן)은 '네가 은혜를 발견했다'이다. 하나님께서 은혜 베푸신 것을 모세가 알았다는 의미이다. 자기를 이렇게 잘 아시고 또 은혜를 베푸셨던 분이었음을 내세워 다시 호소한다. 자신이 참으로 주로부터 은총을 입었으면 주의 길을 자신에게 보여 달라고 한다(13절상). "보여 달라"는 히브리어는 *야다*의 힢일(사역형)으로서 '알게 해 달라'는 말이다.

모세는 자신이 주의 목전에서 은총을 입게 해 달라고, 그리고 이 족속을 주의 백성으로 여겨달라고(13절하) 다시 호소한다. "(이) 족속"은 고이(גּוֹי)를 사용하였고, "(주의) 백성"은 암(עַם)이 사용되었다. 이 두 용어는 뜻이 같고 서로 교체하여 사용할 수 있다. 그러나 고이는 열국의 어떤 '민족'에 주로 사용되고, 암은 하나님의 백성 혹은 이스라엘 민족에 주로 사용된다. 특히 시(詩)에서 양쪽이 대조적으로 사용될 때에는 이 구분이 더 확실하다. "여겨 달라"는 *라아*(רָאָה, 보다)의 명령형으로서 '보아 주십시오'이다. 일반 민족이 아닌 주의 백성으로 보아달라는 간청이다.

모세의 간청에 하나님은 "내가 친히 가리라"고 대답하신다(14절상). 이것은 앞에 하신 자신의 말씀(33:3)을 거두어 들인 대 변화이다. 그러나 이것은 이전에 자신이 모세와 함께 하겠다는 약속한(3:12) 것을 지키시는 것이다. 그리고 "내가 너로 쉬게 하리라"고 말씀하신다(33:14하). "쉬게 하다"는 누아흐(נוּחַ)의 힢일(사역)형으로서 '안식하게 하다'로 번역할 수 있다. 백성의 범죄와 하나님의 징계, 특히 하나님이 백성과 함께 가지 않겠다고 하신 말씀은 모세를 안식하지 못하게 하였다. 모세의 그러한 모습을 보는 하나님의 마음도 불편하였을 것이다. 그래서 모세의 소원을 들어주면서 그를 그 근심에서 해방시켜주겠다는 것이다. 모세는 더 확실한 대답을 듣기 원한다. 그래서 다시 자신의 소신을 말한다. 여호와께서 친히 가지 아니하시려면 자기들을 이곳에서 올려 보내지 말라고 한다(15절). 여호와가 없이는 그 땅으로 갈 의미가 없다는 것이다. 차라리 여호와가 계시는 그곳(시내산)에 그대로 있겠다는 것이다. 여호와가 없이는 이스라엘이 어떠한 정체성도 가질 수가 없다. 이스라엘의 존재가치의 첫째와 마지막도 여호와가 그들 중에 있는 것이다. 출애굽의 이유도 여호와를 섬기는 것이었다(3:12, 모세가 바로에게 요청한 것도 여호와를 섬기러 혹은 제사드리려 가겠다는 것이었다).

모세는 자기와 이스라엘 백성이 여호와께 은총을 입었다는 것을 어떻게 알수 있느냐고 질문을 던진다(16절상). 그리고 모세는 스스로 답한다. 그것은 여호와께서 "우리와 함께 행하심"으로 나타나는 것이라고 단언한다(16절중). 여기에서 모세는 교묘하게 대화를 발전시켜 나가고 있다. 모세 자신이 하나님에게 은총을 입은 것을 앞세워 이제 "우리"와 함께 하심으로써 그것을 증명해달라고 한다. 자신에서 '우리'로 대화를 전환시킨다. 주의 백성을 열국에서부터 구별하심도 여호와께서 자신들과 함께 계시기 때문이 아니냐고 따진다(16절하). 일전에 하나님은 이스라엘을 자기의 소유(보물)이며 제사장 나라와 거룩한 백성이 되게 하겠다고 하셨다(19:5~6). 이들이 열국과 구별된 특별한 존재임을 말씀하신 것이다. 그런데 여호와께서 함께하지 않는다면 이들은 특별한 존재가 전혀 아닌 것이 된다.

모세의 말에는 논리가 있었다. 드디어 하나님은 모세에게 응답하신다. 모세가 말하는 모든 것을 다 행하겠다고 하신다(33:17상). 그의 말을 그대로 수긍하는 것이다. 모세에게 백기를 드신 모습이다. 특히 모세가 한 말 "너는 내 목전에 은총을 입었고 내가 이름으로도 너를 앎이니라"도 그대로 인정하신다(17절하). 여호와께서는 아직 그 말이 유효함을 확인하는 것이다. 하나님의 마음을 기어코 돌려놓고야만 모세, 과연 이스라엘의 위대한 지도자였다.

교훈과 적용

① 모세는 하나님에게 나아가서 자기 백성을 죄를 고백한 후 용서를 간구한다. 그런데 모세는 비장한 탄원을 계속한다. 하나님의 선택하신 거룩한 백성의 명단에서 자신을 제해 달라는 것이다(32:32). 하나님께 백성을 진멸하고 모세를 통해 다시 큰 나라를 세우겠다고 하셨다(32:10). 그러나 모세는 백성을 구하기 위해 자신이 하나님으로부터 버림 받는 길을 택하겠다고 한다. 대속적인 탄원이다. 자기 동족에 대한 사랑과 희생 정신을 본다.

이러한 탄원은 바울에게서도 볼 수 있다. 바울은 자신의 마음에 그치지 않는 깊은 근심이 있다고 하면서(롬 9:1), 자기의 골육의 친척을 위해 "자신이 저주를 받아 그리스도에게서 끊어질지라도 원하는 바로라"고 하였다(롬 9:3). 바울은 이방인을 향한 사도직에 대해 영광스럽게 여겼지만, 그러나 그것도 행여나 동족인 유대인이 시기가 나서 하나님에게 돌아오기를 기대하는 마음에서 열심히 일하였다고 고백한다(롬 11:13~14).

모세와 바울과 같이 범죄한 자기 백성을 위해 간절히 기도한 분이 또 계신다. 바로 예수님이시다. 자신을 조종하고 재판에 넘겨 십자가에 죽게 하였고, 십자가 위에 있는 자신을 향하여 저주하였지만(마 27:39~44), 예수님께서는 "아버지 저들을 사하여 주옵소서 자기들이 하는 것을 알지 못함이니이다"(눅 23:34)라고 그들의 죄 용서를 위해 간구하셨다. 위의 모든 중보자의 기도는 불행에 빠진 동족의 대한 사랑과 희생의 정신을 가장 잘 나타낸 것이다.

② 하나님은 자기 사자를 보내어 약속의 땅으로 올라가게 인도하겠다고 하시면서(33:1) 자신은 올라가지 않겠다고 하신다(33:1~3). 하나님의 이 충격적인 말씀에 이스라엘은 공황상태에 빠졌다. 이것은 그들이 언약을 파기한 자들이기에 자기 백성으로 계속 품지 않겠다는 의미로도 해석된다. 이제 그들은 하나님 없는 민족이 될 처지에 놓였다. 하나님 없이 버려진다는 것은 우주의 미아와 같은 존재가 됨을 의미하기 때문이다. 모세의 탄원으로 결국 하나님은 뜻을 돌이키셨다. 오늘날 하나님의 백성들이 과연 하나님이 우리와 함께 계시고 있는지 다시 확인할 필요가 있다. 이것이 그렇게 중요한 문제인지를 인식하며, 매일 하나님과 함께하는 삶을 살아야 할 것이다.

5. 언약이 갱신되다(33:18~35:3)

1) 여호와의 영광 보기를 요청함(33:18~23)

> 18 모세가 이르되 원하건대 주의 영광을 내게 보이소서 19 여호와께서 이르시되
> 내가 내 모든 선한 것을 네 앞으로 지나가게 하고 여호와의 이름을 네 앞에 선
> 포하리라 나는 은혜 베풀 자에게 은혜를 베풀고 긍휼히 여길 자에게 긍휼을 베
> 푸느니라 20 또 이르시되 네가 내 얼굴을 보지 못하리니 나를 보고 살 자가 없
> 음이니라 21 여호와께서 또 이르시기를 보라 내 곁에 한 장소가 있으니 너는 그
> 반석 위에 서라 22 내 영광이 지나갈 때에 내가 너를 반석 틈에 두고 내가 지나
> 도록 내 손으로 너를 덮었다가 23 손을 거두리니 네가 내 등을 볼 것이요 얼굴
> 은 보지 못하리라

앞에서 모세는 여호와께서 이스라엘과 함께 가겠다고 약속하셨다(33:14).
그런데 모세에게는 여호와가 그들 중에 있다는 것을 어떻게 아느냐가 의문이
었다. 여호와는 한 번도 형상으로 나타나시지 않으셨다. 호렙산에서 여호와
께서 모세 앞에 나타나셨지만 불꽃으로 그가 계신다는 신호를 보이셨다. 시
내산 위에 여호와의 영광이 임재하였지만 우레, 번개, 빽빽한 구름, 불, 지진,
나팔 소리 등으로 자신이 거기에 있다는 신호를 보내셨다(19:16이하). 또 시
내산에 여호와의 영광이 임재하셨지만 구름 속에서 자신의 임재를 알리셨다
(24:15이하). 이제 모세는 하나님이 자기들과 함께 계신다는 것을 확실히 보
기 위해 "주의 영광을" 보여달라고 요청한다(33:18). "(여호와의) 영광"의 카보
드(כָּבוֹד)는 '(여호와의) 임재' 혹은 '얼굴(파님, פָּנִים)'과 동의어로 간주된다(33:20
참조).[10] 영광을 보여 달라는 말은 여호와의 임재를 보게 해 달라는 것이며, 또
얼굴을 보여 달라는 것과 같다.

10　존 더햄, 『출애굽기』, 727.

여호와께서는 그것을 조건적으로 허락하신다. 하나님의 모든 '선한 것(콜 투브, כָּל-טוּבִי)'을 모세 앞으로 지나게 하겠다는 것이다(19절). 하나님은 직접 자신의 형상을 말씀하시는 대신 이런 모호한 표현을 쓰신다. 내용적으로 보면 여기에 사용된 투브(טוֹב, 선한 것)는 '영광'이라는 말과 동의어임이 분명하다. 그 '영광'은 또 그의 '형상'을 가리키기도 한다. '영광' 혹은 '형상' 대신 왜 투브라는 말을 선택하였는지에 대한 이유는 확실하지 않다. 단지 하나님은 자신의 형체(본체)에 대하여 말하기를 꺼려하는 것은 분명하다. 투브는 그의 속성을 대변하는 말이다. 앞에서 하나님은 자신의 공의를 강조하셨다. "누구든지 내게 범죄하면 내가 내 책에서 그를 지워 버리리라"고 하셨고(32:33), 또 "내가 보응할 날에는 그들의 죄를 보응하리라"고 하셨다(32:34). 그런데 하나님은 본문에서 모세에게 자신을 투브(선한 것)로 표현하시는 것은 자신의 공의보다 은혜를 앞세운 것임이 분명하다.

실제 하나님은 어떤 형체를 가지신 분으로 인식하면 안 된다. 가끔 어떤 형체로 나타나실 경우가 있지만(겔 1:26~27; 단 7:9 등), 그것은 자신의 속성 혹은 역할을 나타내기 위해 그런 모습으로 보이게 한 것이다. 따라서 에스겔이나 다니엘이 본 것을 하나님의 고정된 모습으로 보면 안 된다. 출애굽기 본문에서 하나님 형상에 대한 확실한 묘사가 없으면 모세 앞에 지날 때에 어떻게 그것이 여호와인줄 알겠는가? 하나님은 모세에게 알 수 있는 힌트를 주셨다. 그 '선한 것'이 지나갈 때에 여호와의 이름을 모세 앞에 선포하겠다고 하신다(33:19중). "선포하다"의 카라(קָרָא)는 '(큰소리로) 외치다'이다. 이름은 그 인격을 대변한다. 자기 '이름이 (거기에) 있다'는 것은 자신의 임재가 거기에 있다는 의미이다(왕상 8:29; 9:3; 11:36; 14:21; 왕하 23:27 등).

그리고 하나님은 한 말씀을 덧붙인다: "나는 은혜 베풀 자에게 은혜를 베풀고 긍휼히 여길 자에게 긍휼을 베푸느니라"(33:19하). 하나님이 어느 누구에게 나타나실 때에는 보통 사건이 아니다. 모세와 같은 특별한 자에게 자신을 보여주시는 것이다. 그리고 이유 없이 자신을 누구에게 드러내시지도 않으신다. 모세에게 은혜를 주시고 긍휼을 베푸시기 위해 자신의 임재를 나타내시겠다는 것이다. "은혜를 베풀다"의 *하난(חנן)*은 '호의를 베풀다' 혹은 '자비를 베풀다'이다. "긍휼을 베풀다"의 *라함(רחם)*은 '(깊이) 사랑하다'이다. 라함은 사랑을 고백할 때에 사용되었고(시 18:1), 또 사랑하는 자에게 베푸는 깊은 애정과 동정심을 표현할 때에도 사용되었다(사 49:15; 시 103:13). 여호와께서 모세를 대하시는 태도가 위의 두 단어에서 잘 표현된다. 이 *하난*과 *라함*은 모세뿐만 아니라 이스라엘로 확대된다(*하난*, 사 33:2; *라함*, 사 49:15; 렘 42:12).

그런데 문제가 있다. 사람이 어떻게 하나님을 직접 볼 수 있다는 말인가? 하나님도 그렇게 말씀하셨다: "네가 내 얼굴을 보지 못하리니 나를 보고 살 자가 없음이니라"(33:20). 여기에 "얼굴(*파님*)"이라고 표현했는데, 이것은 하나님 자신의 임재, 즉 자신의 실체를 우회적으로 표현한 것이다. 하나님의 실체를 보고 살 자가 없다는 것은 하나님과 인간의 격차가 얼마나 큰지를 단적으로 보여준다. 인간은 유한하며, 하나님은 무한하신 분이시다. 모세와 같이 하나님과 가까운 사람조차도 하나님을 감히 볼 수 없을 정도로 높으신 분이시다.

그래서 하나님께서 모세에게 제안하신다. 하나님이 지시하시는 한 반석위에 서 있다가(21절), 여호와의 영광이 지날 때에 그를 반석 틈에 두고 하나님의 손으로 그를 덮고 지나가겠다는 것이다. 여기의 "여호와의 영광"은 여호와의 임재와 동의어로 쓰였다. 여호와께서 실제 '손'이 있는 것으로 생각할 필요가 없다. 인간이 이해하기 쉽게 비유적인 표현을 한 것이다. 무엇으로 가려 하나님의 실체를 보지 못하게 하는 것이다. 그러나 얼굴은 보지 못하지만 여호와께서 지나가신 후 그의 등을 보게 하겠다고 하신다. 여기에 사용된 "얼굴"은 앞모습이고, "등(아호르, אחור, 뒤쪽, 후방)"은 뒷부분이다. 하나님이 지난 후 뒤를 보게 하겠다는 것이다. 이 정도라도 직접 여호와를 본 사람은 모세가 유일하였다.

여기에 회자되는 '하나님의 영광'과 그의 '얼굴' 등은 성막과 밀접한 연관이 있다. 성막에 임재하시는 하나님은 자신을 이중, 삼중으로 감추신다. 하나님은 성막에 임재하실 때에 구름과 함께 '영광'으로 임재하신다(40:34~35). 성막에 휘장을 가리게 하고 그 너머 지성소에 임재하신다. 그 지성소는 캄캄하였다. 그래서 여호와는 캄캄한 데 계신다고 하셨다(왕상 8:12; 대하 6:1). 모세에게도 나타나셨지만 그러나 직접 보여주지 아니하신 이 사건은 앞으로 지어질 성막을 내다보고 있음을 알 수 있다.

2) 여호와를 만나기 위한 준비-언약 갱신을 위한 준비(34:1~4)

1 여호와께서 모세에게 이르시되 너는 돌판 둘을 처음 것과 같이 다듬어 만들라 네가 깨뜨린 처음 판에 있던 말을 내가 그 판에 쓰리니 2 아침까지 준비하고 아침에 시내 산에 올라와 산 꼭대기에서 내게 보이되 3 아무도 너와 함께 오르지 말며 온 산에 아무도 나타나지 못하게 하고 양과 소도 산 앞에서 먹지 못하게 하라 4 모세가 돌판 둘을 처음 것과 같이 깎아 만들고 아침에 일찍이 일어나 그 두 돌판을 손에 들고 여호와의 명령대로 시내 산에 올라가니

하나님을 보기 위해 모세가 준비할 것이 있다. 하나님이 그 준비를 위해 지시하신 것들은 언약을 회복하기 위한 수순들로 파악된다. 첫 번째 준비는, 모세에게 두 돌판을 만들 것을 지시하신다(34:1상). 돌판은 언약의 증거판이다. 이것을 모세가 깨뜨렸다. 모세가 혈기로 그 돌판을 던져 깨뜨린 것만으로 보면 안된다. 백성이 송아지 우상을 만들고 섬김으로서 언약이 파기되었다. 언약이 파기되었기에 증거판이 쓸모가 없는 것이 되었다. 오히려 그 증거판이 있으면 그 율법에 의해 백성이 큰 징계를 받아야 한다. 백성들 앞에서 그 증거판을 깨뜨림으로써 언약이 파기되었음을 그들에게 선포한 효과도 있었다.

증거판이 깨어진 것은 언약이 깨어졌다는 것이고, 그것을 다시 만들라고 하신 것은 언약을 복원하겠다는 의미이다. 첫 판과 둘째 판은 근본적으로 같다. 그 판에 기록된 것은 언약의 율법이고, 또 하나님이 직접 그 율법을 기록하셨다는 점이 같다(1절하). 하나님이 직접 쓰신다는 것은 법령의 엄중함을 나타내는 것이다. 그런데 차이나는 점이 있다. 첫 번의 것은 하나님 자신이 증거판을 직접 만들었다면, 이번에는 언약의 당사자인 모세에게 만들라고 지시

하신다. 일반적으로 언약이 체결될 때에 언약 문서는 큰 왕 편에서 만드는 것
이 통례였을 것이다. 하나님의 경우에도 직접 만드셨고 쓰셨음이 강조되었다
(24:12; 32:16). 그러나 이번의 경우는 모세에게 직접 그 돌판을 만들라고 하
신다. 그 판을 만드는 데 반의 참여를 요구하심으로써 판을 깨뜨린 책임을 물
으시는 것이다.

두 번째로 해야할 것은 여호와를 만나기 위해 준비하고 아침에 시내산에 올
라와 산 꼭대에서 자신에게 보이라고 하신다(34:2). 모세는 여호와를 만날 '준
비'를 해야 한다. 어떤 준비인지는 명확하지 않지만 이전에 이스라엘 백성이
준비한 것을 참조할 수 있다. 전에 시내산 아래에서 이스라엘이 여호와의 임
재를 기다리면서 3일 동안 자신들을 성결케 하고 옷을 빨았다. 하나님을 뵙기
위해 깨끗해야 함을 나타낸 것이었다. 아마 현재의 본문도 그러한 준비를 하
라고 하셨을 것이다. '아침'은 신선한 시간이다. 아직 떼 묻지 않는 깨끗한 시
간에 오라는 것이다. 산꼭대기는 하나님이 임재하시는 장소이다. "보이라"는
나차브(נצב)는 '서다'이다. 하나님 앞에 서서 자신이 여호와를 뵙기에 충분히
깨끗한 상태인지 점검받아야 하는 것이다.

세 번째로 준비할 것은 이스라엘 백성이다. 하나님이 그들이 산에 오르지
말고 나타나지 말라고 하신다. 백성들뿐만 아니라 가축들도 산 앞에 먹지 못
하게 하신다(3절). 하나님이 임재하시는 곳에 다른 사람이나 어떤 짐승도 가
까지 하지 못하게 한 것이다. "나타나지"는 라아(ראה, 보다)의 닢알(수동형)으
로서 '보이게 하지 말라'는 것이다. 만약 산 가까이에서 하나님에게 보이면 그
는 죽음을 면치 못할 것이다. 하나님의 거룩성이 손상되어서는 안되기 때문
이다. 하나님이 임재하시는 산 전체를 거룩한 곳으로 지정하고 그 누구도 이
것을 침범하지 못하게 한 것이다. 이러한 접근 금지령은 이전의 언약을 맺기
전의 모습과 같다(19:12, 23~24). 언약이 체결되고 난 이후에는 그 금지령이
풀렸었다(24:9~11). 이제 다시 언약을 맺기 이전의 상황으로 돌아가서 그들을
준비하게 하신 것이다.

모세는 여호와의 명령대로 준비하였다. 돌판 둘을 처음 것과 같이 같아 만

들고, 아침 일찍 그 판들을 들고 산 위로 올라갔다(4절). 하나님이 어떻게 모세를 만나실지 긴장감이 돈다.

3) 여호와의 영광이 지나가다(34:5~7)

> 5 여호와께서 구름 가운데에 강림하사 그와 함께 거기 서서 여호와의 이름을 선포하실새 6 여호와께서 그의 앞으로 지나시며 선포하시되 여호와라 여호와라 자비롭고 은혜롭고 노하기를 더디하고 인자와 진실이 많은 하나님이라 7 인자를 천대까지 베풀며 악과 과실과 죄를 용서하리라 그러나 벌을 면제하지는 아니하고 아버지의 악행을 자손 삼사 대까지 보응하리라

모세가 산꼭대기에 서서 하나님을 기다렸을 것이다. 드디어 여호와께서 구름 가운데 강림하셨다(34:5상). 구름은 여호와의 임재를 알리기 위해 사용되었고, 또 한편으로는 자신을 가리기 위해 사용하셨을 것이다. 그런데 "그가 함께 거기 서서"라고 말한다(5절중). "서다"의 *야차브*(עָצַב)는 '서다, 위치를 잡다'이다. 하나님이 산꼭대기에서 모세와 함께 위치를 잡으신 것이다. 모세의 앞일 수도 있고 옆일 수도 있다. 모세와 친밀한 관계를 보여준다. 그리고 여호와의 이름을 선포하신다. '이름'은 그를 대변한다. 이름이 있는 곳에는 그가 계신다는 것이다. 또한 이름은 그의 성품을 대변한다. 그 이름을 통하여 자신이 어떠하신 분이심을 밝히신다.

그리고 여호와께서 그의 앞으로 지나신다. "지나다"의 *아바르*(עָבַר)는 앞에서 예고하신(33:19) 그 단어이다. 34장의 현재 본문에는 당시 상황이 많이 생략된 것 같다. 33장에서 예고하신 바와 함께 그 장면을 그려보면 다음과 같다. 모세가 반석 위에 섰다. 여호와께서 강림하셔서 모세와 함께 자리 잡으셨다. 모세는 견딜 수 없는 두려움을 느꼈을 것이다. 모세는 얼른 반석 틈 사이에 숨었을 것이다. 여호와께서는 그 위를 무엇으로 가렸을 것이고, 모세는 여호와의 실체를 보지 못하였을 것이다. 여호와는 그 위를 지나면서 "여호와라 여호

와라"하며 자기 이름을 선포하였다(34:6). "선포하다"의 *카라*(קרא)는 '(크게) 외
치다'이다. 혹자는 모세가 여호와의 이름을 반복적으로 불렀다고 주장하지만
(문법적으로 주어인 '그'를 모세로 보는 것도 가능함), 그러나 여기서는 주어를 여
호와로 보는 것이 타당하며, 그가 자신의 이름을 두 번이나 불렀다고 보아야
한다. 두 번 반복하는 것은 강조를 의미한다. 여기에서 '여호와' 이름을 외치신
것은 역시 두 가지 의미를 내포한다. 첫째는 이름이 자신을 대변한다. 이름이
있는 곳에는 그 자신이 있다는 것과 동일하다(33:19 주석 참조). 그 이름을 외
치는 것은 자신이 거기 있음을 알리는 것이다. 둘째는 이름은 그의 성품을 대
변한다. '여호와'라는 이름은 그가 어떠하신 분이심을 나타낸다.

'여호와(יהוה)'의 어근에 대한 일반적인 견해는 *하야*(היה) 동사에서 파생되었
다고 본다. 그것은 하나님께서 자신의 이름을 설명하시면서 "나는 스스로 있
는 자니라(에흐웨 아쉐르 에흐웨, אהיה אשר אהיה)"고 하신 말씀(3:14)에서도 드
러난다. '나는 스스로 있는 자(I am that I am)'의 의미를 일반적으로는 존재론
적으로 해석하는 경향이 많다. 그러나 이것은 역동적으로 해석해야 한다. 따
라서 '나는 ....할 그런 자이다(I am that I will be, 이때의 "be"동사는 행동을 의
미하는 것으로 볼 것)'으로 해석하는 것이 옳다. '하나님은 어떤 일 곧 하실 준비
가 되신 분이다'는 의미이다.[11]

34장 본 절에서도 '여호와' 이름의 선포와 함께 자신이 어떤 분이심을 밝히
신다: "자비롭고 은혜롭고 노하기를 더디하고 인자와 진실이 많은 하나님이
라. 인자를 천대까지 베풀며 악과 과실과 죄를 용서하리라 그러나 벌을 면제
하지는 아니하고 아버지의 악행을 자손 삼사 대까지 보응하리라"(34:6하~7).
이러한 그에 대한 설명은 바로 그 이름이 담고 있는 의미이기도 하다. 그 설명
이 길지만, 간단히 두 가지로 요약할 수 있다. 첫째는 그는 사랑의 하나님이
시고; 둘째는 그는 공의의 하나님이시다. 출애굽 당시 사랑의 속성이 자기 백
성 이스라엘에게 베풀어졌고(3:15~17; 6:3~7), 그의 공의로운 속성은 바로

---

11 3:14과 6:1~3 주석을 참조할 것.

와 이집트 사람들에게 나타내었었다(14:4, 18, 25; 15:3). 그러나 이제 34장 본문에서는 이 여호와 이름의 양면성이 언약을 맺은 자기 백성에게 모두 나타날수 있음을 선포하시는 것이다. 본문에서는 먼저 사랑의 측면을 말씀하신 후에, 그리고 다음으로 공의의 측면을 선포하신다.

여호와의 사랑의 측면을 여러 용어로 "자비롭고(*라훔*, רחום)", "은혜롭고(*한눈*, חנון)", "노하기를 더디하고" "인자(*헤세드*, חֶסֶד)와 진실(*애매트*, אֱמֶת, 성실)이 많은 하나님이라"고 말씀하신다(34:6). 그 중에서도 헤세드와 애매트는 언약과 관계된 단어이다. *헤세드*는 언약의 상대방에 대한 사랑을 나타내며, *애매트*는 그 언약에 신실하심(변함이 없으심)을 나타낸다(시 89:1, 2, 24, 33, 다윗과 맺은 언약에 대하여 말씀하심). 34:7에는 그 인자와 성실하심을 다시 언급하신다. "인자를 천대까지 베풀며"(34:7상)는 언약의 당사자인 큰 왕이 그 백성에게 베푸시는 사랑이 끊임없을 것임을 말한다. 또 "악과 과실과 죄를 용서하리라"는 것은 상대방이 짓는 죄 때문에 언약이 파손되지 않을 것임을 뜻한다. 이것은 언약의 신실하심을 말하는 것이다. 신약에서도 "어떤 자들이 믿지아니하였으면 어찌하리요! 그 믿지 아니함이 하나님의 미쁘심을 폐하겠느뇨? 그럴 수 없느니라. 사람은 다 거짓되되 오직 하나님은 참되시다"(롬 3:3~4)라고 그의 언약에 신실하심을 확인한다.

그러나 언약에는 사랑만 있는 것이 아니다. 공의의 의미도 있다. 하나님은 언약의 법을 어기는 자에게는 "벌을 면제하지는 아니하고 아버지의 악행을 자손 삼사 대까지 보응하리라"고 하신다(34:7하). "삼사 대"까지는 그 벌을 그 세대에만 끝나지 않겠다는 의미도 있고, 그러나 영원하지는 않을 것이라는 의미도 가지고 있다. 언약에 기인한 사랑은 영원하지만, 반대로 그가 내리시는 벌은 한정적이라는 의미이다. 죄에 대한 징계는 반드시 하되, 그것 때문에 언약은 파기되지 않을 것이며, 궁극적으로는 그 언약이 성취될 것임을 말씀하시는 것으로 보아야 한다(시 89:33~34 참조).

4) 언약을 다시 세우다(34:8~11)

> 8 모세가 급히 땅에 엎드려 경배하며 9 이르되 주여 내가 주께 은총을 입었거든 원하건대 주는 우리와 동행하옵소서 이는 목이 뻣뻣한 백성이니이다 우리의 악과 죄를 사하시고 우리를 주의 기업으로 삼으소서 10 여호와께서 이르시되 보라 내가 언약을 세우나니 곧 내가 아직 온 땅 아무 국민에게도 행하지 아니한 이적을 너희 전체 백성 앞에 행할 것이라 네가 머무는 나라 백성이 다 여호와의 행하심을 보리니 내가 너를 위하여 행할 일이 두려운 것임이니라 11 너는 내가 오늘 네게 명령하는 것을 삼가 지키라 보라 내가 네 앞에서 아모리 사람과 가나안 사람과 헷 사람과 브리스 사람과 히위 사람과 여부스 사람을 쫓아내리니

하나님의 현현 앞에서 모세가 급히 땅에 엎드려 경배하였다(34:8). "엎드려"의 카다드(קדד)는 복종을 수반한 '절하다'이다. 하나님께 경의를 표하기 위해 엎드려 절하는 모습에 자주 사용되었다(창 24:26; 출 4:31; 대상 29:20; 대하 29:30; 느 8:6 등). 또 '경배하다'로도 번역할 수 있다. "경배하다"의 솨하(שחה, 힛파일로 사용)도 '절하다'라는 뜻이며, 발전하여 '경배하다'로 의미로도 사용되었다. 히브리어는 강조의 목적으로 뜻이 같거나 비슷한 단어들을 함께 쓰는 습관이 있다. 바로 본문과 같은 경우이다.

모세는 하나님의 임재 앞에서 다시 자신의 소원을 아뢴다. "주여 내가 주께 은총을 입었거든 원하건대 주는 우리와 동행하옵소서"(34:9상). 모세는 먼저 하나님께서 자기에게 베풀어 주신 은총(헨, חֵן, 은혜)에 근거하여 하나님의 동행을 요청한다. 앞 구절의 뒷부분을 다시 번역하면 '주여(아도나이, אֲדֹנָי) 제발(나, נָא) 우리 중에(베키르베누, בְּקִרְבֵּנוּ) 가소서(할라크, הלך, 걷다)'이다. 33:3에 여호와께서 이스라엘 자손은 가나안 땅으로 올라가라고 하면서 "나는 너희와 함께 올라가지 아니하리니"라고 선언하신 이후 모세와 여호와 사이의 대화의 주제는 모두 여기에 모아진다. 여호와께서 과연 그들과 함께 동행할 것인지의 문제이다. 하나님이 함께할 것인지의 여부는 이스라엘 정체성의 문제

이기도 하다.

34:9하반은 "이는(키, כִּי, 왜냐하면)"으로 시작한다. 왜 하나님이 동행하셔야 하는지 이유를 밝히는 것이다. 모세는 그 근거를 백성이 아닌 자신이 은총 입은 것에 둔다. "이는 목이 뻣뻣한 백성이니이다"(9절 중). "목이 뻣뻣한"이란 말은 '목이 곧은'이라는 말과 같은 것이며, 그 뜻은 '완고하다, 완악하다'는 것이다. 이것은 주인의 말을 듣지 않고 마음대로 가는 소에 빗댄 말이다. 이 "목이 곧은 백성"이라는 말은 앞에서 하나님이 "나는 너희 중에서 함께 (가나안에) 올라가지 않겠다"고 말씀 하실 때에 그 이유로 댄 것이다(33:3, 5). 모세는 전에 여호와께서 하신 말씀이 맞는다고 인정한다. 그럼에도 불구하고 자기를 보아서 죄를 용서해 달라고 한다. 모세는 "우리의 악"과 "우리의 죄"라고 고백한다. "악"의 아욘(עָוֹן)은 '불법'이다. 모세는 '우리'라고 함으로서 자신을 백성과 일원체로 묶는다. 죄를 지은 그 백성에 자기도 속해 있으며, 또 백성의 죄를 용서하지 않으면 자신도 벗어날 수 없다는 것이다.

그리고 모세는 "우리를 주의 기업으로 삼으소서"라고 말한다(34:9하). "기업"의 나할(נָחַל)은 '소유로 얻다' 혹은 '상속하다'이다. 소유물을 영구히 자기의 것으로 삼는 것이다. 이 문장을 다시 풀어서 설명하면 '당신이 우리를 영원한 소유물로 삼으소서'이다. 하나님이 언약을 맺으면서 이스라엘 백성들에게 "그 땅을 기업으로" 얻게 하겠다고 약속하셨다(23:30). 이스라엘이 가나안 땅을 영원한 소유(기업)로 삼는 것처럼, 이제 하나님이 이스라엘을 자기의 기업으로 삼아달라는 것이다. 이것은 시내산 언약을 시작할 때에 하나님께서 "너희는 열국 중에서 내 소유가 되겠고"(19:5)라고 말씀하셨던 것을 상기시키는 것이다. 물론 19장에서는 소유가 세굴라(סְגֻלָּה)로 약간 다른 단어가 사용되었지만 서로 맥이 통하는 것이다. 여기에도 모세는 자신을 포함한 "우리"라고 말한다. 앞에서 백성이 범죄한 후 하나님이 백성을 배제하고 모세 한사람으로 나라를 만들겠다(32:10)고 하셨는데, 모세는 다시 자기는 백성과 하나임을 강조한다. 백성을 제외한 자신만이 하나님의 기업이 될 수 없다는 것이다.

드디어 하나님이 모세의 간청에 대답하신다. 그 대답은 "보라(힌네, הִנֵּה)"로 시작한다. 중대한 발표를 하기 위해 주위를 환기시키는 것이다. "보라 내가 언약을 세우나니(카라트 베리트, בְּרִית כָּרַת)..."(34:10). 이것은 너무나 놀라운 선언이시다. 앞에서 맺었던 언약이 파기되었었다. 그런데 하나님은 다시 언약을 세우시겠다고 한다. 이 말씀은 모세의 간청을 허락하신다는 의미이다. 이스라엘을 자신의 소유 혹은 자기의 백성으로 삼으시려면 파기된 언약이 회복되어야 한다. 언약이 회복되면 하나님은 자기 백성과 함께 가실 것이다. 하나님이 함께 가시면 놀라운 일이 일어날 것이다.

하나님은 " 내가 아직 온 땅 아무 국민에게도 행하지 아니한 이적을 너희 전체 백성 앞에 행할 것이라"고 선포하신다(10절중). "이적을 행하다"의 팔라(פָּלָא)는 '기이하다, 놀랍다'이다. "행하지 아니한"에서는 *바라*(בָּרָא) 동사가 사용되었다. *바라*는 천지창조에서 사용된 용어로서 하나님께 행하시는 특별한 일을 말할 때에 사용된다. 이 문장을 다시 번역하면 다음과 같다: '내가 온 땅과 온 민족들 앞에서 창조하지(*바라*) 않았던 기이한 일을 너희 모든 민족 앞에서 행할 것이다.' 여태까지 사람들이 볼 수 없고 또 경험하지 못하던, 즉 새롭게 창조된 놀라운 일을 하나님이 행하실 것을 말하는 내용이다. 전에도 하나님이 이스라엘 앞에서 진행하였을 때에 홍해가 갈라지고, 반석에서 물이 나오는 놀라운 일들이 있었다. 앞으로도 그와 같은 일들이 계속 일어날 것이다. 아무 것도 없는 광야에서 그들은 40년 동안 만나와 메추라기를 먹었으며, 그들의 의복이 해어지지 아니하였고 발도 부르트지 아니하였다(신 8:3~4). 아무 것도 없는 광야에서 하나님이 함께 하시니 있었던 일이었다.

그때에 "네가 머무는 나라 백성이 다 여호와의 행하심을" 볼 것이다. "머무는"의 *베키르보*(בְּקִרְבּוֹ)는 '그(나라) 가운데'이다. 이스라엘이 머무는 그곳이 어디이든지 하나님께서는 놀라운 일을 행하여 그곳 나라 백성이 보게 하겠고, 그들이 그 일들을 보고 두려워할 것이라고 하신다(10절하). 이러한 이방나라의 두려움의 예를 여리고 성에서 볼 수 있다. 여리고 사람들은 이스라엘이 이집트에서 나올 때부터 여호와께서 행한 일들을 보고 간담이 녹았고, 정신을 잃을 정도였다(수 2:9~11). 또 출바벨론 때에도 세상 사람들뿐만 아니라 들짐승까지도 여호와가 이끄는 이스라엘의 모습을 보고 놀라는 일들이 기록된다. 여호와가 그들을 인도할 때에 사막에서 길이 생기고 없던 물이 솟아나 강처럼 흐른다. 이것을 보는 들짐승들, 즉 시랑과 타조도 여호와를 존경할 것이라고 말한다(사 43:19~20). 하나님은 자기 백성을 구하는 모습을 온 세상 사람들에게 알리신다.

5) 다시 주는 언약의 법(34:11~17)

> 12 너는 스스로 삼가 네가 들어가는 땅의 주민과 언약을 세우지 말라 그것이 너희에게 올무가 될까 하노라 13 너희는 도리어 그들의 제단들을 헐고 그들의 주상을 깨뜨리고 그들의 아세라 상을 찍을지어다 14 너는 다른 신에게 절하지 말라 여호와는 질투라 이름하는 질투의 하나님임이니라 15 너는 삼가 그 땅의 주민과 언약을 세우지 말지니 이는 그들이 모든 신을 음란하게 섬기며 그들의 신들에게 제물을 드리고 너를 청하면 네가 그 제물을 먹을까 함이며 16 또 네가 그들의 딸들을 네 아들들의 아내로 삼음으로 그들의 딸들이 그들의 신들을 음란하게 섬기며 네 아들에게 그들의 신들을 음란하게 섬기게 할까 함이니라 17 너는 신상들을 부어 만들지 말지니라

언약에서는 큰 왕과 작은 나라 백성이 지켜야할 의무 조항이 들어간다. 언약의 법은 이미 시내산 언약에서 주어졌다(20~23장). 34장 본문에서 언약이 갱신되면서 하나님은 다시 아주 기본적으로 지켜야할 의무 사항을 다시 주신다. 시내산 언약과 지금의 갱신 언약은 근본적으로 같다. 따라서 언약의 법도 중복된다. 현재의 법은 전에 주어졌던 법을 요약적으로 주는 것이며, 또 중요한 일부만 발췌한 것으로 볼 수 있다.

"너는 내가 오늘 네게 명령하는 것을 삼가 지키라"고 말씀하신다(34:11상). 이때의 "너"는 모세를 일차적으로 가리키지만, 모세를 포함한 이스라엘 백성 전체를 내포하고 있다. 고대 언약에는 작은 왕이 대표로 그 의식에 참여하지

만 그것은 그 백성 전체가 함께 맺는 언약이 되는 것이다. 구체적인 법을 선포하기 전에 그것을 잘 지킬 것을 당부하는 것이다. 이런 당부와 함께 또 그들에게 의무사항을 주시기 전에 먼저 하시는 말씀이 있다. 히타이트 언약과 여호와께서 맺으시는 언약에서는 하나님이 백성을 위해 무엇을 해 주실 것인지를 먼저 밝히신다. 큰 왕(여호와)이 이렇게 그 백성을 구원해 주었으니 그들도 여호와를 어떻게 섬겨야하는지를 말하는 것이다. 하나님도 백성들에게 의무 조항을 말씀하시기 전에 자신이 백성을 위해 무엇을 해 주실 것인지를 말씀하신다.

하나님은 먼저 "내가 네 앞에서" 가나안의 여섯 족속(아모리 사람과 가나안 사람과 헷 사람과 브리스 사람과 히위 사람과 여부스 사람)을 쫓아내어 그들의 땅을 주겠다고 약속하신다(11절하). 여기에서의 "너"도 모세만 아닌 이스라엘 백성으로 보아야 한다. "네 앞에서"는 '너의 면전(面前)에서' 이다. 이 일을 행하는 주체(주어)는 하나님이시다. 가나안 정복은 외형적 볼 때에 이스라엘 군대가 원주민들과 전쟁해서 빼앗는 것 같지만, 실제 내용은 하나님의 전쟁이었다. 여리고 전쟁도 하나님의 전쟁이었고(하나님이 임재하시는 법궤가 앞장섰음), 기브온 전쟁도 하나님의 전쟁이었다(수 10:14; 23:3). 가나안 족속들을 내쫓고 그 땅을 이스라엘에게 주시겠다는 것은 이미 아브라함에게 주셨던 언약의 약속이었다(창 15:18~21). 하나님은 아브라함과 이삭과 야곱에게 주신 그 언약을 약속을 기억하여 그들은 이집트에서 구출해 내셨다(2:24; 6:8; 33:1 등). 언약에 신실하신 여호와께서 이제 다시 그들과 언약을 새롭게 하여 그 약속을 실천하시겠다고 하신다.

하나님은 자신이 자기 백성을 위해 그 일을 해 주었으니 이제 그 백성도 하나님을 잘 섬기기 위해 해야 할 의무를 다하라고 지시하신다. 하나님이 지시하시는 의무 조항은 다음과 같다.

(1) 그 땅 주민과 언약을 세우지 말라(34:12상, 15절).

그 주민과 언약을 세우지 말아야 할 이유가 두 가지로 주어진다. 첫째, 그

것이 그들에게 올무가 될 염려가 있기 때문이다(34:12하). "올무"의 모케쉬 (מוֹקֵשׁ)는 동사 야카쉬(יָקַשׁ)에서 나온 말로서, 야카쉬는 '미끼를 놓다, 유혹하다'이다. 따라서 모케쉬는 '덫, 올가미'이다. 그 언약이 그들에게 덫이 되어 상해를 입힐 것이다. 하나님은 그들을 모두 그 땅에서 쫓아내기를 원하신다. 언약을 맺는다는 것은 그 원주민과 신뢰 관계를 맺고 함께 공존하겠다는 의미를 담는다. 그런데 후에 이 명령을 어기고 기브온 사람과 언약을 맺는 사건이 발생한다(수 9장). 그 때문에 뒤에(사울과 다윗 시대) 이스라엘에 큰 환란이 닥친다(삼하 21장).

둘째 이유로는 그들의 우상을 섬길 가능성이 있기 때문이다. 하나님은 "이는 그들이 모든 신을 음란하게 섬기며 그들의 신들에게 제물을 드리고 너를 청하면 네가 그 제물을 먹을까 함이며"라고 말씀하신다(34:15). 이 우상 섬김의 염려는 두가지 방향에서 생각할 수 있다. 먼저 언약을 맺을 때에는 의식을 행한다(24:5 참조). 만약 이방인과 언약을 맺는다면 그들이 섬기는 우상에게 제사를 드리는 순서가 들어갈 수 있다. 그리고 언약 당사자들이 식사를 하는데, 그 식사에는 그 우상에게 바쳐졌던 제물이 주요 음식으로 주어질 것이다(하나님과의 언약에서는 화목제를 드리는 것에 해당함).

다음으로는 그들과 언약을 맺고 평화롭게 공존한다면 평상시에 이방인들이 섬기는 우상숭배에 따라갈 염려가 있다. 가나안 사람들은 농사와 관련하여 철저하게 바알 우상 앞에서 축제를 행한다. 본문에 "음란하게 섬기다"로 번역된 자나(זָנָה)는 '간음하다, 매춘하다'이다. 이방 종교에서는 축제에 음란이 가미된 경우가 많았을 것으로 추정된다. 따라서 언약을 맺으며 그 종교 축제에 휩쓸린다면 그런 음란한 행위에도 동참하게 될 것이다. 이러한 이유들 때문에 하나님은 그들과 언약을 맺지 말라고 하신다.

(2) 그들의 우상을 타파하라(34:13).

우상의 제단들을 헐고, 그것들의 주상을 깨뜨리고, 아세라 상을 찍으라고 말씀하신다. "주상"의 맛체바(הַמַּצֵּבָה)는 동사 나차브(נָצַב)에서 나왔는데, 나차브는 '(기둥을) 세우다'라는 뜻으로 맛체바는 '석주(돌기둥)'이지만, 자주 우상으로 섬기기 위해 세워진 석주를 의미하기도 한다. 하솔의 발굴 현장에서는 성문과 광장, 그리고 일반 주택에서도 이 맛체바가 여럿이 발굴되기도 하였다. 텔 단에서는 성문 앞 광장에 한 쌍(부부)의 맛체바가 세워져있는 모습이 인상적이다. 가나안에는 이 맛체바 우상이 그만큼 흔하였다는 의미이다. 아세라는 가나안에서 행운과 행복을 가져다주는 여신이었다. 바알의 아내 신으로 간주된다(우가릿에서는 아낫 여신에 해당함). 아세라 상은 주로 나무로 만든 상(목상)으로 여겨진다(신 16:21; 왕상 14:23; 16:33; 왕하 17:16; 왕하 21:3 등). 하나님은 이들 우상을 깨뜨리고(솨바르, שׁבר, 부수다), 또 목상은 찍어(카라트, כּרת, 짜르다) 없애라고 하신다.

(3) 다른 신을 섬기지 말라(34:14).

여호와께서는 "다른 신에게 절하지 말라"고 하신다(34:14상). "절하다"의 솨하(שׁחה, 힐파일)는 '절하다'에서 시작하여 '경배하다, 예배하다'로까지 번역될 수 있는 단어이다. 여호와 외에 다른 신을 섬기지 말라는 첫 계명에 해당한다. "여호와는 질투라 이름하는 질투의 하나님"이라고 하신다(14절하). "질투하는"의 칸나(קנּא)는 우상숭배와 관련하여 하나님께 사용되는 단어이다. 하나님은 자기의 이름에 '질투(칸나)'라는 이름을 하나 더하신다. 이름은 그 분의 속성을 담고 있다. 하나님은 '질투'를 자기 속성으로 말하고 있는 것이다. 성경은 자주 하나님이 질투하시는 분으로 말을 한다(창 20:5; 신 4:24; 5:9; 6:15 등). 이것은 하나님은 우상숭배를 결코 용납하지 않는 단호함을 보여주는 말이다.

(4) 이방 여인과 혼인하지 말라(34:16)

하나님의 이방인의 딸들을 "네 아들들의 아내로" 삼지 말라고 하신다(34:16상). 만약 이방 여인들을 데려오면 이스라엘의 남자들이 그 여인들의 신들을 음란하게 섬기게 될 염려가 생긴다(16절하). 이것의 대표적인 경우가 모압 광야에서 있은 사건이다. 발람이 이스라엘을 오히려 축복하고 떠나면서(민

24:25) 발락에게 이 계교를 알려주었다. 이스라엘을 무너뜨리기 위해 미인계를 쓰라는 것이었다(계 2:14). 바로 그 계교는 적중하였다. 이스라엘 남자들이 모압 여인들과 행음하였고, 또 그들의 신들에게 절하기까지 하였다(민 25:1 이하). 또 솔로몬이 이방 여인들을 아내로 맞이하여 그들의 신들에게 절하는 일까지 발생하였고, 오므리가 시돈의 공주 이세벨을 며느리로 맞이한 결과 이스라엘이 바알 숭배에 깊이 빠지게 되었다. 하나님은 언약에 의무 조항을 넣어 이러한 불행을 미리 방지하고자 하였다.

(5) 신상을 만들지 말라(34:17)

이것은 제2계명에 해당하는 것이며, 시내산 아래에서 이스라엘 백성이 행한 범죄의 범위에 해당한다. 여기의 신상의 단어는 *맛세카*(מַסֵּכָה)로서 금속을 주조하여 만드는 우상을 가리킨다. 이스라엘이 금송아지를 만들 때에 했던 바로 그 우상이다(32:4). 그러나 여기에서는 금속의 우상만 가리키는 것으로 볼 수 없다. 그 어떤 우상의 형체도 만들지 말라고 것으로 볼 수 있다. 후에 여로보암이 벧엘과 단에 우상을 만들어 세웠던 것을 예로 보면 하나님이 무엇을 경계하였는지를 알 수 있다.

이상은 언약을 다시 체결하는 장면에서 하나님께서 요구하시는 가장 기본 되는 그들의 의무였다. 이상의 모든 명령은 오직 하나님만 섬길 것을 강조한 것이다. 그것만이 언약을 지키는 길이다.

6) 절기를 제정하다(34:18~26)

18 너는 무교절을 지키되 내가 네게 명령한 대로 아빕월 그 절기에 이레 동안 무교병을 먹으라 이는 네가 아빕월에 애굽에서 나왔음이니라 19 모든 첫 태생은 다 내 것이며 네 가축의 모든 처음 난 수컷인 소와 양도 다 그러하며 20 나귀의 첫 새끼는 어린 양으로 대속할 것이요 그렇게 하지 아니하려면 그 목을 꺾을 것이며 네 아들 중 장자는 다 대속할지며 빈 손으로 내 얼굴을 보지 말지니라 21 너는

엿새 동안 일하고 일곱째 날에는 쉴지니 밭 갈 때에나 거둘 때에도 쉴지며 22 칠칠절 곧 맥추의 초실절을 지키고 세말에는 수장절을 지키라 23 너희의 모든 남자는 매년 세 번씩 주 여호와 이스라엘의 하나님 앞에 보일지라 24 내가 이방 나라들을 네 앞에서 쫓아내고 네 지경을 넓히리니 네가 매년 세 번씩 여호와 네 하나님을 뵈려고 올 때에 아무도 네 땅을 탐내지 못하리라 25 너는 내 제물의 피를 유교병과 함께 드리지 말며 유월절 제물을 아침까지 두지 말지며 26 네 토지 소산의 처음 익은 것을 가져다가 네 하나님 여호와의 전에 드릴지며 너는 염소 새끼를 그 어미의 젖으로 삶지 말지니라

하나님은 절기들을 제정하시면서 이스라엘 백성이 매년 세 번씩 자신에게 보이라고 하신다(34:23). 이 세 절기들은 출애굽기에서 두 번 나오는데(23:14 이하; 34:18 이하), 두 기사가 거의 비슷하며, 둘 다 언약의 법으로 주어졌다. 절기들은 이스라엘 뒤의 오랜 역사에서도 지켜야 하는 것인데, 이것들이 왜 언약을 맺는 과정에서 주어졌는지 유의할 필요가 있다. 이 절기들에는 두 가지 원리들이 있다. 첫째, 모두 출애굽 구속을 기념하는 것이다. 무교절은 구속의 시작(출애굽)을 기념하는 것이고, 수장절(초막절)은 구속의 도정(광야 생활)을 기념하고, 그리고 칠칠절(오순절)은 구원의 완성(가나안에서의 안식)을 기념하는 것이다. 둘째, 모두 수확과 관련이 있다. 유월절은 수확한 첫 곡식을 하나님께 가지고 와서 드리며, 수장절(초막절)은 가을 열매를 드리며, 칠칠절은 곡식을 다 거둔 후에 십의 일을 하나님께 가지고 와서 바치는 것이다. 하나님은 자기에게 나올 때에 "빈 손으로 내 얼굴을 보지 말라"(20절)고 하셨다.

(1) 무교절(34:18~20)

하나님은 무교절을 지키라고 명령하신다(34:18). 이 무교절에는 유월절도 포함되어 있다. 유월절 다음날로부터 일주일간 축제 절기를 지킨다(민 28:16~17). 출애굽기에서 이 절기에 대하여 하나님은 이미 여러 번 명령하셨다(12:17이하; 23:15이하). 모든 절기 중에 가장 중요함을 뜻한다. 날짜는 아

빔월(후에는 니산월로 불림) 15일(유월절은 14일) 저녁부터 21일 저녁까지이다. 절기는 일주일 동안 지속되며, 중요한 규칙은 무교병을 먹는 것이다(34:18중). 무교병을 먹는 이유는 그들이 빵을 제대로 준비하지 못한 채 급하게 나온 것을(12:39) 기념하기 위함이다. 이 절기의 핵심 의미는 그날에 이스라엘이 이집트에서부터 나온 것을 기억하기 위함이다(34:18하).

출애굽 당시에 큰 사건이 있었다. 바로 이집트의 모든 장자와 짐승의 처음 난 수컷도 다 죽었다. 그러나 이스라엘 사람들은 해를 당하지 않았다. 그래서 하나님은 이스라엘의 모든 첫 태생(장자)은 자기의 것이라고 선언하셨다. 그런데 하나님은 모든 초태생을 대속하도록 허락하였다(역시 13:2, 12~15을 보라). "대속하다"의 *파다*(תדָּפָ)는 '속량하다'인데, 근본적으로 '값을 지불하다'라는 의미이다. 즉 대체물로 줌으로써 그가 진 빚을 갚는 것이다. 대속의 예를 들면 나귀의 첫 새끼를 위해서는 어린양으로 대속할 것이다(34:19; 13:13). 짐승뿐만 아니라 "네 아들 중 장자는 다 대속할지며"라고 명령하신다(20절상). 사람의 경우에는 경제적 형편에 따라 짐승을 선택할 수 있다. 유월절과 초태생의 규례는 하나님께 바치라는 것보다 대속에 더 초점이 있음을 알아야 한다.

하나님은 이 절기를 지키러 나올 때에 "빈 손으로 내 얼굴을 보지 말라"고 하신다(20절하). "빈손"의 *레캄*(םקָירֵ)은 '공허하게, 헛되이'라는 말이다. 아무것도 없이 하나님 앞에 오지 말라는 것이다. 세 절기들은 모두 수확과 관련이 있다. 유월절에는 곡식의 첫 열매를 가져와서 하나님께 바친다(레 23:10; 역시 신 16:9참조). 유월절이 구속의 시작을 기념하는 것처럼, 유월절에 바치는 첫 곡식단도 농사의 첫 수확을 감사하는 것이다.

"너는 엿새 동안 일하고 일곱째 날에는 쉴지니"라고도 명령하신다(21절상). 이것은 안식일에 대한 법을 다시 잠시 언급하는 것인데(20:9; 23:12), 여기에서는 특히 밭을 갈 때와 거둘 때(21절하)와 같은 농번기에도 반드시 쉴 것을 강조한다.

(2) 칠칠절(34:22상)

이 절기는 맥추절(23:16) 혹은 오순절(민 28:26; 신 16:10)로 불리기도 한다. "칠칠(절)"이란 말의 의미는 '일곱 주간'인데, 첫 곡식을 베기 시작한 날로부터, 혹은 유월절로부터 일곱 주간이 지난 50일째를 가리킨다. 그래서 오순절로 불리기도 한다. 이날은 수확이 다 끝나고 곡식을 창고에 들이기를 완성한 때로서, 맥추수확에 대한 감사의 절기이다(레 23:17). 이 칠칠절을 초실절로도 말한다(34:22상). "초실절"의 빅쿠르(בכורי)는 '첫 열매'라는 뜻이다. 이것은 맥추의 첫 곡식단으로 보기보다는 한해의 농사 전체 중에 연 초에 수확한 결실을 말하는 것으로 보아야 한다. 왜냐하면 첫 곡식단은 유월절에 바치는 것이기 때문이다. 칠칠절은 곡식의 첫 단을 수확한 날로부터 7주를 계산한 절기이므로(신 16:9) 맥추의 수확이 끝나는 때이다. 23:16은 맥추절에 첫 열매를 거두는 것과 수장절에 연종에 거두는 것을 대조하고 있는 데서도 무슨 의도로 첫 열매라고 한 것인지를 알 수 있다.

(3) 수장절(34:22하)

"수장(절)"의 히브리어 아시프(אסיף)는 '수확, 거둬들임'의 의미이다. 가을의 열매 수확을 기념하는 절기인 것이다. 이 절기의 날짜는 일곱째 달(튀쉬리) 15일부터 일주간이다(레 23:34). 또 이 절기는 초막절 또는 장막절로 불린다. 왜냐하면 절기 일주일동안 모두 초막(혹은 장막)에서 거주하면서 축제를 가지기 때문이다. 그것은 출애굽 때에 이스라엘이 광야에서 생활했던 것을 기억하기 위함이다(레 23:42~43; 민 29:12~40; 신 16:13). 또 이 절기는 가을에 수확한 열매를 가져와서 감사의 축제를 행한다(레 23:39~40). 이스라엘이 가을에 수확한 풍성한 열매를 가져와 감사하는 축제를 초막에서 생활하게 한 것은, 광야에서 하나님이 먹을 것을 주셨던 것처럼 이 열매도 하나님께서 주신 것을 잊지 말라는 의미를 담고 있다.

---

12 이에 대하여는 23:16 주석을 참조.

이상의 세 절기에 모든 이스라엘 남자가 여호와 앞에 보이라고 명령하신다(34:23). 이것은 그들이 가나안 땅에서 흩어져 거주하는 것을 전제로 한다. 하나님이 이방 민족들을 쫓아내고 그들의 지경을 넓힐 것인데, 그 지경(地境)을 차지하고 농사를 지으며 살 때에 여호와의 장막에 와서 이 축제를 가지라는 것이다. 그러면 하나님께서 적들이 그 땅을 탐내지 못하게 하겠다고 약속하신다(24절). "탐내다"의 하마드(חָמַד)는 열 번째 계명에서 "이웃의 집을 탐내지 말라"는 데에서 사용되었다. 하나님이 대적으로부터 그 땅을 지켜주겠다는 약속이다.

그리고 절기에 관하여 추가적으로 유의할 사항을 덧붙인다. 이 부분도 23:18 이하와 내용이 거의 일치한다. 몇 가지 부칙을 보면 다음과 같다.

① 제물의 피를 유교병과 함께 드리지 말라고 하신다(25절상; 23:18상). 이것은 유월절 음식에 유교병을 사용하지 말라는 것과 근본적으로 같다. 피는 생명이다. 따라서 제물의 피는 대속의 고귀한 생명의 값이다. 그런데 그 귀한 대속의 피를 세속적인 음식과 접촉하면 부정해 질 수 있기 때문으로 생각된다.

② 유월절 제물을 아침까지 두지 말라고 하신다(25절하). 이것은 유월절 당일에도 음식을 아침까지 남겨두지 말라고 하신 말씀과 일치한다(12:10).

③ 토지 소산의 처음 익은 것을 가져다가 하나님께 드리라고 한다(34:26상; 23:19상). 유월절에 수확한 첫 곡식단을 하나님께 드리는 원리와 같다. 곡식뿐만 아니라 모든 토산물의 첫 열매를 하나님께 드리라는 명령이다. 첫 열매를 드리라는 것에는 두 가지 의미를 부여할 수 있다. 첫째, 유월절에서 초태생이 구원을 받았으며, 그 이후에 첫 태에서 나온 것은 하나님의 것이라고 하였다. 그와 같이 토산물도 첫 번의 것을 하나님의 것으로 채택한 것이다. 둘째, 첫 것은 전체의 대표이다. 모든 수확물도 다 하나님의 것이기에 대표로 첫 것을 바친다는 의미이다.

④ 염소 새끼를 그 어미의 젖으로 삶지 말라고 하신다(26절하; 23:19하; 역시 신 14:21). 어미는 새끼에게 젖을 먹이며 돌본다. 그런데 사람이 새끼를 그 어

미에게서 빼앗아 죽이는 것에 더 나아가서 어미의 젖으로 삶아 죽인다면 그것은 너무 잔인한 것이 된다(23:19하 주석을 참조). 이것은 짐승의 어미와 새끼를 같은 날에 잡지 말라는 것과(레 22:28), 어미가 새끼를 낳으면 7일 동안은 같이 있게 하라는 원리와 같다고 하겠다(22:30; 레 22:27). 우유에 고기를 넣어 삼지 않는 것은 유대인 음식(kosher)의 중요한 원리가 되었다.

이렇게 미래의 가나안 땅에 있을 때의 이스라엘 삶을 왜 지금 광야에서, 그것도 언약을 맺는 자리에서(23:14 이하도 언약의 법으로 주어졌음) 주어졌는지 의문을 제기해야 한다. 언약으로서 그들은 왕(왕보다 더 큰 하나님)과 백성과의 관계가 확정되었다. 왕으로서 하나님은 자기 백성을 이집트에서부터 구속하셨고, 또 약속의 땅을 주실 것이다. 그다음은 그들에게 주는 복지이다. 복지는 풍족한 소산과 전쟁이 없는 평화가 가장 기본이다. 그런데 그러한 복지는 언약의 하나님을 잘 섬길 때에 받는 것이다. 절기는 구속을 기념하는 것이고, 또 풍족한 소산을 주심을 감사하는 축제이다. 백성은 이 절기들을 통하여 하나님께서 그들을 구출해 주셨음과 풍족한 소산을 주셨음을 기억하며 하나님을 섬기는 것이다. 이 섬김을 받는 하나님께서 또 그들을 위해 대적을 물리쳐 주시고 또 풍족한 소산이라는 복지를 주실 것이다.

7) 증거판에 언약의 계명을 다시 기록하다(34:27~28)

27 여호와께서 모세에게 이르시되 너는 이 말들을 기록하라 내가 이 말들의 뜻대로 너와 이스라엘과 언약을 세웠음이니라 하시니라 28 모세가 여호와와 함께 사십 일 사십 야를 거기 있으면서 떡도 먹지 아니하였고 물도 마시지 아니하였으며 여호와께서는 언약의 말씀 곧 십계명을 그 판들에 기록하셨더라

이제 언약 갱신의 마지막 단계로서 언약 문서를 만드는 일이 진행된다. 여호와께서 모세에게 앞에서 말씀하신 모든 언약의 법들을 기록하라고 하신다(34:37상). 모세가 기록하는 부분은 언약의 세부 조항으로서(34:11~26), 앞서

하나님께서 주셨던 언약의 책(21~23장)의 그 일부에 해당한다. 이 법에 나타나는 그 뜻대로 "내가... 너와 이스라엘과 언약을 세웠음이니라" 하셨다(37절하). 이 언약을 맺음에 '너(모세)'뿐만 아니라 '이스라엘'도 포함시켰다. 앞에서 이스라엘을 배제하고 모세만으로 나라를 만들겠다던(32:10) 하나님의 계획을 확실히 바꾸신 것이다. 이 모든 것은 하나님이 모세의 중보기도를 들어주셨기 때문이다.

모세는 산 위에서 사십 주야를 여호와와 함께 있으면서 떡도 먹지 아니하였고 물도 마시지 아니하였다. 물도 마시지 않는 것은 단식이다. 단식은 10일 정도가 그 한계이다. 40일을 단식하며 견디는 것은 인간의 한계를 넘는 것이다(물을 마시는 금식은 40일까지 견딜 경우가 있다). 앞에서도 40일간 산 위에 있었는데, 이번에도 꼭 같이 40일을 지낸 것이다. 오직 모세와 예수님만이 40일을 단식하셨다. 여호와께서 함께 계심으로써 가능한 일이었다.

여호와께서는 모세가 만들어 왔던 두 돌판에 다시 십계명을 기록하셨다. 다시 언약의 문서가 완성되었다. 이로써 깨어졌던 언약이 다시 갱신되었다.

교훈과 적용

① 모세가 하나님의 영광을 보여 달라고 요청한다(33:18). 그러나 하나님은 "네가 내 얼굴을 보지 못하리니 나를 보고 살 자가 없음이니라"(33:20)고 말씀하신다. 하나님의 실체를 보고 살 자가 없다는 말에서 하나님과 인간의 격차가 얼마나 큰지를 보여준다. 인간은 유한하며, 하나님은 무한하신 분이시다. 모세와 같이 하나님과 가까운 사람조차도 하나님을 감히 볼 수 없을 정도로 그는 높으신 분이시다.

그런데 신약에서 볼 수 있는 하나님의 형상이 나타났다. "본래 하나님을 본 사람이 없으되 아버지 품속에 있는 독생하신 하나님이" 나타내셨다(요 1:18). 바로 사람들이 예수님을 통하여 하나님의 형상을 볼 수 있게 되었다. 그리스도는 하나님의 형상이었다(고후 4:4; 골 1:15). 그런데 그는 이 땅으로 내려오셔서 사람들이 "눈으로 본 바요 자세히 보고 우리의 손으로 만진 바였다"(요일 1:1). 이런 주님이 우리를 하나님 가까이로 인도해 주신다. 우리는 미래의 그 하나님 나라에서 얼굴과 얼굴로 대면할 것이다.

② 하나님은 모세에게 두 돌판을 만들 것을 지시하셨다(34:1상). 돌판은 언약의 증거판이었다. 백성이 송아지 우상을 만들고 섬김으로서 언약이 파기되었다. 언약이 파기되었기에 증거판이 쓸모가 없는 것이 되었으며, 그것을 모세가 깨뜨렸다. 모세가 백성들 앞에서 그 증거판을 깨뜨림으로써 언약이 파기되었음을 그들에게 선포한 것이었다. 하나님 대리인으로서 내린 선포이다. 그런데 하나님은 그 증거의 돌판을 다시 만들라고 하셨다. 그것은 언약을 복원하겠다는 의미이다.

하나님은 하나씩 언약 갱신을 진행하신다. 먼저 하나님의 영광이 산위에 나타나셨다 (34:5, 시내산 언약에서 하나님이 임재하셨던 장면과 대조됨, 19:19~21을 보라). 그 임재 앞에 모세도 바위틈에 숨을 수밖에 없었다. 하나님은 "여호와라 여호와라"하며 자기 이름을 선포하였다(6절). 여호와는 자기의 약속을 이루실 행동을 할 준비가 되었다는 의미이다. 이 여호와 이름의 선포는 하나님과 자기 백성이 약속이라는 매개체로 서로 연결되어 있음을 알리는 것이다. 그리고 하나님은 법을 다시 선포하신다(34:11~26). 마지막으로 증거판에 언약의 법을 기록하여 모세에게 전해주신다(34:27~28). 이로서 언약이 갱신되었다. 하나님은 언약을 갱신하심으로써 파기한 그들을 다시 자기 백성으로 맞아주신 것이다.

앞으로 언약은 자주 갱신된다. 대표적으로 모압 땅에서 주신 언약의 법(신명기)을 들 수 있다. 세겜에서도 언약 갱신이 이루어졌으며(수 24장), 길갈에서도 갱신이 있었다(삼상 11:15~12:18). 무엇보다도 가장 크고 중요한 언약의 갱신은 예수님께서 이루신 것이었다(마 26:26~28). 이 언약의 갱신은 히브리서가 잘 요약한다: "이로 말미암아 그는 새 언약의 중보자시니 이는 첫 언약 때에 범한 죄에서 속량하려고 죽으사 부르심을 입은 자로 하여금 영원한 기업의 약속을 얻게 하려 하심이라"(히 9:15). 그로써 신약 성도인 우리가 하나님의 언약의 백성이 된 것이다.

③ 하나님은 언약을 갱신하시면서 먼저 자신이 누구인지를 소개하신다. 자신은 "여호와"라는 이름을 가지신 분이며, "자비롭고 은혜롭고 노하기를 더디하고 인자와 진실이 많은 하나님이라"고 하셨다(34:6). "자비롭고", "은혜롭고", 그리고 "노하기를 더디하고"라는 단어들은 언약을 어긴 백성을 버릴 수 없는 그의 성품을 나타내며, "인자"와 "진실"은 언약의 상대방에 대한 사랑과 신실하심(변함이 없으심)을 나타낸다(시 89:1,2,24,33). 하나님의 사랑과 성실하심은 어떤 자들이 믿지 아니함으로 폐하시는 그리 가벼운 것은 아니다. 잠시 언약을 어긴 자에 대한 징계가 있겠지만, 언약에 기인한 하나님의 사랑은 영원하다. 그리고 하나님의 신실하심 때문에 궁극적으로는 그 언약이 성취되고야 말 것이다(시 89:33~34 참조).

6. 언약 갱신 이후의 일들(34:29~35:3)

모세의 중보 역할로 언약이 갱신되었다. 그 모든 과정에서 모세는 여호와의
더 두터운 신임을 얻었다. 모세는 여호와의 영광을 보기도 하였다. 이렇게 여
호와와 더 가까워진 모세가 백성들에게로 내려왔다. 그의 얼굴에는 여호와
영광의 흔적이 남아있었다. 모세는 백성들에게 더 큰 권위로 인도할 수 있게
되었다. 모세는 여호와와 백성 사이로 왕래하면서 여호와의 법을 전달한다.

1) 모세의 얼굴에 광채가 나다(34:29~35)

> 29 모세가 그 증거의 두 판을 모세의 손에 들고 시내 산에서 내려오니 그 산에서
> 내려올 때에 모세는 자기가 여호와와 말하였음으로 말미암아 얼굴 피부에 광채
> 가 나나 깨닫지 못하였더라 30 아론과 온 이스라엘 자손이 모세를 볼 때에 모세
> 의 얼굴 피부에 광채가 남을 보고 그에게 가까이 하기를 두려워하더니 31 모세가
> 그들을 부르매 아론과 회중의 모든 어른이 모세에게로 오고 모세가 그들과 말하
> 니 32 그 후에야 온 이스라엘 자손이 가까이 오는지라 모세가 여호와께서 시내
> 산에서 자기에게 이르신 말씀을 다 그들에게 명령하고 33 모세가 그들에게 말하
> 기를 마치고 수건으로 자기 얼굴을 가렸더라 34 그러나 모세가 여호와 앞에 들
> 어가서 함께 말할 때에는 나오기까지 수건을 벗고 있다가 나와서는 그 명령하신
> 일을 이스라엘 자손에게 전하며 35 이스라엘 자손이 모세의 얼굴의 광채를 보므
> 로 모세가 여호와께 말하러 들어가기까지 다시 수건으로 자기 얼굴을 가렸더라

40일이 지나서 모세가 그 증거의 두 판을 모세의 손에 들고 시내산에서 내
려왔다(34:29상). 산에서 내려오는 모세는 그 얼굴 피부에 광채가 났다. "광채
가 나다"의 *카란*(קָרַן)은 '빛을 발하다'이다. 그 이유는 '그(여호와)가 말씀하였
기' 때문이라고 한다(29절하). 여호와가 말씀하신 것은 이번이 처음이 아니었
다. 3장에서 여호와가 처음 말씀하신 후 수없이 여호와께서 모세에게 말씀하

셨다. 따라서 단순하게 말하였기 때문으로만 이러한 현상이 일어났다고 볼 수 없을 것이다. 이번에 달랐던 것은 모세가 여호와의 영광을 보여달라고 하였고, 여호와께서 자신의 영광을 보여주러 나타나셔서 모세와 대화하였던 것이다. 그의 얼굴에 광채가 난 것은 여호와를 직접 보면서(뒷모습만 보았지만) 대화한 그 이유 때문이었을 것이다.

모세 얼굴의 광채는 하나님의 신성이 모세를 통하여 나타난 것으로 볼 수 있다. 마치 달이 태양의 빛을 받아 지구에 비춰주는 것과 같다고 하겠다. 이 신성은 백성이 감히 접근할 수 없는 것임을 빛으로 드러내어 준다. 그리고 그 얼굴의 광채는 모세의 권위를 부여해주는 것이기도 하다. 비록 모세는 자기 얼굴에 광채가 나는 것을 깨닫지 못하였지만(29절하), 하나님은 그 광채를 통해서 자기 대변자로서의 모세의 위치를 높이며 또 자기의 권위를 그에게 부여한 것이라 하겠다. 이 광채를 본 이스라엘은 그의 권위에 압도당하였을 것이다. 아론과 온 이스라엘은 모세에게 가까이 나아가는 것을 두려워하였다(30절).

두려워 멀리하는 백성을 모세가 자기에게로 불렀다. 백성 중에 아론과 회중의 어른들이 모세에게로 왔다. 모세가 그들에게 말하였다(31절). "어른들"로 번역된 *나시*(נָשִׂיא)는 '우두머리, 지도자'이며, 심지어는 '왕'으로도 번역된다(겔 34:24; 37:25; 45:22; 46:16 등). 여기는 '회중의 지도자들'로 번역하는 것이 좋다. 그제야 온 이스라엘 백성이 모세 가까이로 왔다(34:32상). 모세가 여호와께서 산위에서 말씀하신 것을 모두 그들에게 전하였다(32절하). 단순히 말씀을 전한 것이 아니라, 그 말씀들을 그들에게 "명령하였다(차와, צִוָּה, 32절)." 그 모든 말씀은 하나님의 명령이었다. 그들이 지켜도 되고 안 지켜도 되는 것이 아니다. 언약의 백성으로서 반드시 행해야 하는 의무이다.

모세가 그들에게 말하기를 마치고 수건으로 자기 얼굴을 가렸다(33절). "수건"의 마스웨(מַסְוֶה)는 '가리개'이다. 본문에서 얼굴을 가린 이유는 백성들이 보기를 두려워하기 때문으로 이해된다. 그런데 신약에서 바울이 이 부분을 조금 다르게 해석한다. 모세가 수건을 얼굴에 쓴 것은 이스라엘 자손들로 장차 없어질 것을 주목지 못하게 하려고 쓴 것이라고 말한다(고후 3:13). 출애굽기 본문에서 모세에게 나타난 광채는 하나님의 영광스러움에 대한 반영이다. 하나 님과 백성의 영광 혹은 거룩의 차이가 너무 크므로 백성들이 그 앞에서 견딜 수 가 없었다. 그들이 감당할 수 없기 때문에 얼굴을 가린 것이다.

모세는 회막에 들어가서 여호와 앞에서 함께 서로 말할 때에는 수건을 벗었 다(34절상). 모세는 하나님의 영광 앞에 대면할 수 있는 유일한 사람이었다. 그 의 거룩성이 하나님 앞에 입증된 것이다. 그가 백성에게 나와서는 여호와께서 명령하신 일들을 이스라엘에게 전할 때에도 수건을 가리지 않았다. 여호와의 말씀의 거룩성과 엄중함을 나타내기 위해서였다. 시내산 언약 때에 하나님이 율법을 직접 공포하셨으며, 그때에 백성이 두려워 떨었다(20:19). 하나님의 자 신의 말씀이 엄중함을 백성들에게 보여주셨던 것이다. 모세는 그러한 중한 말 씀을 위엄 있게 백성에게 선포한 후에는 다시 수건으로 얼굴을 가렸다(34:35). 평범한 사람으로서 자기 백성들 속으로 돌아가기 위함이다.

2) 안식일 규례를 다시 선포하다(35:1~3)

1 모세가 이스라엘 자손의 온 회중을 모으고 그들에게 이르되 여호와께서 너희 에게 명령하사 행하게 하신 말씀이 이러하니라 2 엿새 동안은 일하고 일곱째 날은 너희를 위한 거룩한 날이니 여호와께 엄숙한 안식일이라 누구든지 이 날 에 일하는 자는 죽일지니 3 안식일에는 너희의 모든 처소에서 불도 피우지 말 지니라

모세가 이스라엘 온 회중을 모으고 하나님의 명령을 전했다(35:1). 산 위에 서 하나님께서 언약을 맺으며 말씀하셨던 법에는 여러 가지가 있었다. 그중에 우상을 타파하고 하나님만 섬길 것과, 절기들을 지킬 것을 중점적으로 말씀 하셨다. 절기는 하나님을 섬기는 중요한 방법이며, 또 앞으로 지어질 성막과 연관되어있다. 모세가 산 밑에 내려와서도 여러 번 장막에서 여호와를 뵙고 여호와의 명령을 받았다. 그것들을 백성에게 전했는데, 본문에서는 안식일에

대한 계명을 말하고 있다. 물론 모세가 하나님으로부터 받은 명령은 더 많았을 것이다. 그런데 여기에 특별히 안식일의 계명만 언급한 것은 그만큼 하나님을 섬기는 데 이 안식일이 중요하다는 것을 의미한다.

안식의 율법은 이미 여러 번 발표되었었다(16:23이하; 20:8~11; 31:13~16 등). 여기에서도 앞에서 주어진 것과 거의 같이 반복된다. 여기에서 안식일에 대하여 두 가지가 강조된다. 첫째, 이날은 그들에게 거룩한 날이다(35:2 중). "거룩"의 코대쉬(קֹדֶשׁ)는 '세속(부정)으로 분리됨, 신성함'의 뜻이다. 이것은 하나님의 거룩을 반영한 것이다. 근본적으로 안식일은 하나님의 안식이다. 이 하나님의 안식에 사람이 참여하려면 그가 거룩을 입어야 한다(창 2:3 참조). 그들이 거룩하게 되는 길은 성막에서 희생제사를 드림으로 가능해진다. 이스라엘은 안식일에 성막에 모여 이 제사를 드림으로써 거룩을 입게 되고, 그들이 성전 뜰에서 제물의 음식을 나누어 먹음으로써 하나님의 안식에 참여하게 된다.

둘째, 이날을 안식하라고 한다. 본 절에서 안식의 두 단어가 함께 사용됨으로써 (샵바트 샵바톤, שַׁבַּת שַׁבָּתוֹן) 안식을 강조하고 있다(개역개정은 '엄숙한 안식'으로 번역하는데 직역하면 '안식의 안식일'로 번역된다). 어떻게 그들이 안식을 누리나? 먼저 부정적인 의미로서 일을 하지 않고 쉼을 갖는 것이다. 그러나 안식은 단순히 일에서부터 쉬는 것만으로 보면 안된다. 안식은 하나님의 누림에 동참하여 함께 가지는 누림이라고 할 수 있다.[13] 또 이날을 '여호와께 대한 안식일(라호와 샵바톤, לַיהוָה שַׁבָּתוֹן)'로 말하고 있다. 근본적으로 안식일은 여호와를 섬기는 날이다. 그날은 자신(사람)을 위해 힘쓰는 것이 아니라, 하나님께 예배하고 하나님과 함께 즐기는 날이다. 즉 하나님의 안식에 참여하는 것이다. 즉 안식은 사람이 (일로부터) 쉬는 것이 초점이 아니라, 여호와를 섬기며 하나님과 함께 쉼을 누리는 것에 중요성이 있다고 하겠다.

이 안식의 계명에는 그날을 엄격하게 지킬 것을 명령한다. 누구든지 이 날

---

13 한정건, 『창세기』, 61~64 참조할 것

에 일하는 자는 죽이라고 말씀하신다(31:15을 보라). 왜 이렇게 엄한 처벌을 말씀했을까? 안식일을 범하는 것은 거룩을 훼손하는 것이다. 이 거룩은 하나님에게 속한 것이다. 그러므로 벌을 엄하게 묻는 것이다. 그리고 안식일은 언약의 표징이다(31:16). 안식일에 드리는 예배 행위가 바로 언약 행위이다. 왜냐하면 그 예배는 언약을 재현하고, 즉 갱신하는 행위이기 때문이다. 이 안식일을 범하는 것은 언약을 무시하는 것과 같다. 그러므로 엄히 다스린 것으로 볼 수 있다.

　마지막으로 안식일에 일하는 것의 최소한의 규정을 예로 든다. 즉 처소에서 불을 피우는 것(35:3)은 안식일을 범하는 범주에 속한다. 이 기준으로 안식일에 일하는 것의 기준으로 삼으라는 것이다. 이 안식법을 끝으로 언약의 법이 마감을 한다. 이로써 언약 갱신이 완성되었다.

교훈과 적용

① 산에서 하나님을 뵙고 또 말씀을 받아 내려오는 모세는 그 얼굴 피부에 광채가 났다(34:29). 그의 얼굴에 광채가 난 것은 여호와를 직접 보면서(뒷모습만 보았지만) 대화한 그 이유 때문이었을 것이다. 모세 얼굴의 광채는 하나님의 신성을 모세를 통하여 나타내어 주는 것이다. 자신의 영광과 거룩성을 모세의 얼굴을 통해 보여주신 것이었다. 이 광채를 본 이스라엘은 모세에게 가까이 나아가는 것을 두려워하였다(30절). 모세가 그들에게 말하기를 마치고 수건으로 자기 얼굴을 가렸다(33절). 본문에서 얼굴을 가린 이유는 백성들이 보기를 두려워하기 때문으로 이해된다.

　그런데 신약에서 바울이 이 부분을 조금 다르게 해석한다. 모세가 수건을 얼굴에 쓴 것은 이스라엘 자손들로 장차 없어질 것을 주목치 못하게 하려고 쓴 것이라고 말한다. 즉, 구약의 광채는 일시적인 것이고 없어져야할 것이므로 거기에 얽매이지 않게 하기 위함이라는 것이다(고후 3:13). 사실 모세의 광채가 얼마나 지속되었는지는 성경이 더 이상 밝히지 않는다. 아마도 시내산에서 떠날 때에는 광채가 없어졌을 것같다. 역시 그 광채는 일시적인 것이었다. 따라서 바울이 그렇게 해석한 것도 타당성이 있을 것이다.

　바울은 모세의 광채보다 더 좋은 것에 대하여 말씀하고 싶은 것이다. 즉 예수님으로 율법이 완성되었음을 가르치기를 원하는 것이다. 그런데 유대인들은 모세가 율법을 말할 때에 얼굴에 빛이 났던 그 모습을 잊지 못한다. 그 얼굴의 광채와 같이 그들은 율법도 그렇게 영화로운 것으로 계속 붙들고 있는 것이다. 바울은 신약 시대에도 아직 수건을 쓴 사람들이 있다고 말한다. 물론 유대인을 가리키는 것이고, 수건은 율법을 가리킨다. 예수님께로 돌아가면 이 수건이 벗겨진다고 말한다(고후 3:14~16). 이제 우리는 수건 없이 하나님의 영광을 바로 볼 수 있을 것이다. 하나님의 나라가 완전히 이루어 질 그때에 우리는 얼굴과 얼굴로 여호와를 뵈올 것이다.

② 언약 갱신에서 언약을 마무리하는 마지막에 안식의 공표하셨다(34:29이하). 이것은 시내산 언약의 종결에서도 안식의 율법을 주셨던 것과 같다(31:13~17). 여기에서 안식일에 대하여 두 가지가 강조된다. 첫째, 이날은 그들에게 거룩한 날이다(35:2중). 근본적으로 안식일은 하나님의 안식이다. 이 하나님의 안식에 사람이 참여하려면 그가 거룩을 입어야 한다(창 2:3참조). 이스라엘은 안식일에 성막에 모여 이 제사를 드림으로서 거룩을 입게되고, 거룩한 백성으로서 제물의 음식을 나누어 먹음으로써 하나님의 안식에 참여하였다.

둘째, 이날을 안식하라고 한다. 이날은 어떤 일도 하지 말라고 하셨고, 또 이것을 범하면 죽이라고까지 하셨다. 그런데 유대인들과 오늘날 많은 기독교인들도 이 안식일 규정에서 일하지 않아야 하는 것에만 너무 집착한다. 안식은 단순히 일에서부터 쉬는 것만으로 보면 안 된다. 근본적으로 안식일은 여호와를 섬기는 날이다. 그날은 자신(사람)을 위해 힘쓰는 것이 아니라, 하나님께 예배로서 섬겨야 한다. 또 하나님과 함께 안식을 누리는 날이다. 일을 하지 않고 쉬는 것은 타락 이전 모습으로 회복을 맛보는 것이다. 마치 에덴동산에서 하나님과 함께 즐기는 모습과 같은 것이다. 이날은 여호와를 (예배로) 섬기며 여호와와 함께 안식을 누리는 날임을 명심해야 하겠다.

성막을 짓다

35:4~40장

본문 개요

시내산에서 언약이 맺어지고 그 과정이 끝나기도 전에 백성들이 시내산 밑에서 금송아지 우상을 만들어 섬김으로서 언약이 파기되었다(32장). 하나님은 그들을 멸절하고 모세 한 사람으로 큰 민족을 만들어 주겠다고 제안하였다. 그러나 모세는 그것을 거절하고 백성을 용서해 주실 것을 간구하였다. 하나님은 다시 말을 고쳐 사자를 보내어 그들을 가나안에 들어가게 하겠지만 자신은 이스라엘 백성과 함께 가나안 땅으로 올라가지 않겠다고 말씀하였다(33:3). 언약이 파기된 이후 가장 큰 이슈는 과연 하나님이 이스라엘 백성과 함께 하실 것이냐의 문제였다. 모세는 하나님이 함께 가시지 않으면 자기도 가지 않겠다고 하였다. 하나님은 모세의 간청을 들으시고 또 마음을 바꾸어 같이 올라가시겠다고 허락하셨다(33:14). 그리고 언약이 다시 맺어졌으며(언약이 갱신됨) 언약의 증거판도 다시 주어졌다. 하나님이 다시 그들의 왕이 되셨고, 그들은 하나님의 백성이 되었다. 그리고 하나님은 성막을 지으라고 명령하신다.

앞에서 성막에 대한 청사진을 제시하신 것(25~31장)과 같이 이제 성막이 완성된다. 성막은 하나님 임재의 장소이다. 따라서 성막이 지어진다는 것은 하나님이 그들과 함께 계신다는 의미이다. 하나님은 성막에서 법궤 위에 왕으로 임재해 계시며 그들을 만나주실 것이다. 백성은 성막에서 하나님을 예배로 섬기며, 하나님과 함께 안식을 누린다. 이렇게 성막의 기능이 정상적으로 이루어지는 것은 파기된 언약이 회복됨을 의미한다. 왜냐하면 성막에서 언약 갱신 예배가 드려질 것이기 때문이다.

먼저 하나님은 성막을 짓기 위해 백성들에게 필요한 물건들을 바치라고 하신다. 그리고 장인들에게 지혜를 주셔서 그 일을 감당하게 하신다. 그런 후 하나님은 성막의 부분 부분들을 세밀히 지시하시면서 완성하게 하신다. 거기에 하나님이 임재하심으로 성막은 완성된다.

내용 분해

1. 성막을 짓기 위한 준비(35:4~36:7)

　　　1) 헌물을 바칠 것을 명령함(35:4~9)

　　　2) 성막을 지을 것을 명령함(35:10~20)

　　　3) 성막에 필요한 예물들을 바침(35:21~29)

　　　4) 브살렐과 그 조력자들(35:30~36:2)

　　　5) 넉넉한 예물(36:3~7)

2. 성막과 그 기구들을 만들다(36:7~38:31)

　　　1) 성막을 덮을 막을 만들다(36:8~19)

　　　2) 성막을 세울 널판들(36:20~34)

　　　3) 성막 안의 중간 휘장과 문의 휘장(36:35~38)

　　　4) 언약궤(37:1~5)

　　　5) 속죄소(37:6~9)

　　　6) 떡상(37:10~16)

　　　7) 등잔대(37:17~24)

　　　8) 분향제단(37:25~29)

　　　9) 번제단과 물두멍(38:1~8)

　　　10) 성막 뜰(38:9~20)

　　　　　⑴ 뜰의 울타리(38:9~11)

　　　　　⑵ 동쪽 문과 울타리(38:13~20)

　　　11) 성막 제작 후기(後記, 38:21~31)

3. 아론의 옷을 짓다(39:1~31)

　　　1) 에봇(39:1~21)

　　　2) 에봇 받침 겉옷(39:22~26)

　　　3) 그 외에 부속 부분들(39:27~31)

4. 완성된 성막의 목록들(39:32~43)

5. 성막을 세우다(40:1~30)

    1) 성막을 세울 것을 지시하다(40:1~11)

    2) 아론의 임직을 지시하다(40:12~15)

    3) 성막을 세우다(40:16~33)

6. 여호와의 영광이 성막에 임하다(40:34~38)

보론 6 성막의 최종적인 완성

본문 주해

1. 성막을 짓기 위한 준비(35:4~36:7)

성막을 짓기 위해 먼저 필요한 물품들을 헌납 받는다. 그리고 모세는 백성들에게 성막을 어떻게 지어질 것인지에 대한 구상을 밝힌다. 지혜가 있는 사람들이 감독자로 세워져 각각 맡은 곳에서 일들을 감당한다. 특히 브살렐과 그 조력자들의 역할이 중요하게 나온다. 이러한 모든 준비 과정들은 26장에 시내산에서 하나님이 주신 성막에 대한 지시와 거의 일치한다. 35장은 26장보다 좀 더 세밀한 부분들이 있다.

1) 헌물을 바칠 것을 명령함(35:4~9)

4 모세가 이스라엘 자손의 온 회중에게 말하여 이르되 여호와께서 명령하신 일이 이러하니라 이르시기를 5 너희의 소유 중에서 너희는 여호와께 드릴 것을 택하되 마음에 원하는 자는 누구든지 그것을 가져다가 여호와께 드릴지니 곧 금과 은과 놋과 6 청색 자색 홍색 실과 가는 베 실과 염소 털과 7 붉은 물 들인 숫양의 가죽과 해달의 가죽과 조각목과 8 등유와 및 관유에 드는 향품과 분향할 향을 만드는 향품과 9 호마노며 에봇과 흉패에 물릴 보석이니라

하나님은 이스라엘 백성에게 여호와께 드릴 것을 각자 택하여 가져오라고 말씀하신다(35:5). "드릴 것"의 *테루마*(תְּרוּמָה)는 여호와께 드리는 '헌물'을 말한다. 때로는 높은 분에게 드리는 선물도 되고, 하나님께 드리는 제물, 십일조, 그리고 곡물(곡식단) 등에도 사용된다. "원하는"의 *나디브*(נָדִיב)는 '자발적인, 즐겨하는'이다. 즐거운 마음으로 헌물을 바치라는 것이다.

백성이 바칠 헌물의 목록은 다음과 같다. 금속으로서는 금과 은과 놋 등이며(5절하),[1] 실과 천으로는 청색 자색 홍색 실과 가는 베 실과 염소 털이다(35:6; 25:4 참고). 가죽으로는 붉은 물들인 숫양의 가죽과 해달의 가죽이며, 나무로는 조각목이다(35:7; 25:5 참조). 기름과 향료는 등유, 관유에 드는 향품과, 그리고 분향할 향을 만드는 향품 등이다(35:8; 25:6 참조). 보석으로는 호마노와 에봇과 흉패에 물릴 보석들이다(35:9; 25:7 참조). 이상의 모든 재료들은 25:3~7의 내용과 일치한다(25장 주석 참조).

2) 성막을 지을 것을 명령함(35:10~20)

10 무릇 너희 중 마음이 지혜로운 자는 와서 여호와께서 명령하신 것을 다 만들지니 11 곧 성막과 천막과 그 덮개와 그 갈고리와 그 널판과 그 띠와 그 기둥과 그 받침과 12 증거궤와 그 채와 속죄소와 그 가리는 휘장과 13 상과 그 채와 그 모든 기구와 진설병과 14 불 켜는 등잔대와 그 기구와 그 등잔과 등유와 15 분향단과 그 채와 관유와 분향할 향품과 성막 문의 휘장과 16 번제단과 그 놋 그물과 그 채와 그 모든 기구와 물두멍과 그 받침과 17 뜰의 포장과 그 기둥과 그 받침과 뜰 문의 휘장과 18 장막 말뚝과 뜰의 말뚝과 그 줄과 19 성소에서 섬기기 위하여 정교하게 만든 옷 곧 제사 직분을 행할 때에 입는 제사장 아론의 거룩한 옷과 그의 아들들의 옷이니라 20 이스라엘 자손의 온 회중이 모세 앞에서 물러갔더니

---

1   여기에 대한 자세한 내용은 25:3 주석을 보라.

"무릇 너희 중"에서 "무릇(콜, כל)"은 '모두'이다. 모세는 마음이 지혜로운 모든 사람은 다 와서 여호와께서 명령하신 성막을 만들라고 한다(35:10). 전 백성을 향하여 가능성이 있는 사람을 다 호출하는 것이다. 그만큼 성막건설은 온 민족의 거대한 사업이었다. 하나님은 그들이 만들 목록들을 제시하신다.

먼저 바깥 구조물들은 다음과 같다(35:11).

① 성막: "성막"의 *미쉬칸(משכן)*은 동사 *쇼칸(שכן*, 거주하다, 살다)에서 온 명사로서 직역하면 '거처'가 되며, 하나님이 거하시는 처소이기 때문에 '성막'으로 부르는 것이 좋다. 이 성막은 넓은 의미에서 울타리를 포함한 전체가 되고, 좁게는 뜰을 뺀 덮개로 덮어진 부분을 뜻한다. 아래에 나오는 천막과 구분한다면 여기에서 전자에 해당한다.

② 천막: "천막"의 오핼(אהל)은 베두인들이 치고 사는 이동식 막사를 가리키며, 족장들이 살던 장막에도 사용된 용어이다(창 13:5; 25:27 등). 이것은 성막을 가리키는 다른 용어이기도 하다. 앞에 언급한 후자에 해당한다.

③ 덮개와 갈고리: "덮개"는 나무 구조물 위에 덮는 막으로서 네 겹으로 이루어져 있다(26:1~14 주석 참조). 아래에서부터 다음과 같았다. 여러 가지 색깔의 실로 짠 휘장, 염소털로 만든 휘장, 붉게 물들인 수양의 가죽, 그리고 해달의 가죽이다. "갈고리"는 덮개 휘장의 각 폭(열폭)을 연결하기 위해 만든 고리이다.

④ 널판과 그 띠와 기둥과 받침: 이것들은 성막을 받치는 구조물이다. 받침은 기둥을 세우기 위한 밑 받침대이며 은으로 만들었다. 받침대 위에 "기둥"을 세우고 널판을 고정시켰다. 그리고 "띠"를 띠워 견고하게 하였다(26:15~29 참조). 이 널판 위에 덮개의 막들이 드리워졌다.

밖의 구조물들을 만든 후 안의 기구들을 만들게 하였다(35:12~15).

① 증거궤와 그 채를 만들라고 하였다. "증거궤"는 증거판을 넣는 궤로서 조각목으로 만들었고 금으로 입혔다. 네 모서리에 고리를 만들어 "채"를 끼웠다. 사람이 옮길 때 잡는 막대이다.

② "속죄소"는 기본적으로 증거궤의 뚜껑이다. 순금으로 만들었으며 그 위에 두 그룹 천사가 조각되어 얹혔다.

③ "휘장"은 증거궤를 가리는 막으로서 세 그룹 천사가 수놓아졌다(35:12).

④ "상"은 진설병을 차려놓는 상이다. 그 상에는 옮길 수 있도록 "채"가 끼워져 있었다. 그리고 떡상의 봉사를 위해 필요한 "기구"들을 만들었는데, 떡상의 부속 기구로 대접과 숟가락과 병과 붓는 잔이며, 모두 금으로 만들었다(35:13; 참조, 25:29). 또 그 위에 차려놓은 "진설병"을 만들라고 하였다.

⑤ 불 켜는 "등잔대"를 만들었다. 등잔대는 정금으로 원기둥과 옆에 여섯 가지(합 일곱 가지)를 만들었다. 거기에 따른 부속 "기구"도 만들라고 했는데, 등잔대의 부속 기구로서 불집게와 불똥 그릇도 있으며 정금으로 만들었다(35:14; 참조, 25:38).등잔대 위에 놓을 "등잔"과 "등유"도 만들게 하였다.

⑥ "분향단"과 그 "채"와 "관유"와 분향할 "향품"을 만들었다. "관유"는 성막의 기구들에 발랐으며, 제사장 임직 때에 붓는 기름으로도 사용되었다. 그리고 마지막으로 성막 문(성소로 들어가는 입구)의 휘장을 만들라고 하였다(35:15).

성막 뜰과 그 기구들은 다음과 같았다(35:16~18).

① "번제단"은 조각목으로 만들고 놋으로 입혔다. "그물"은 번제단 안쪽에 친 놋으로 만든 것으로, 재가 밑으로 흐르게 하기 위해 그물로 만들었다. 제단을 옮길 수 있도록 "채"를 만들었다. 그 부속 "기구"로는 재를 담는 통과 부삽, 대야(제물의 피를 담는 용기), 고기 갈고리, 그리고 불을 옮기는 그릇 등이 있으며, 모두 놋으로 만들었다(35:16상; 참조, 27:3).

② "물두멍"은 놋으로 만들었는데(35:16하), 제사장들이 성막에서 봉사할 때에 거기에서 손과 발을 씻었고, 화제를 드릴 제물을 씻었고, 제사를 지낸 후 성막에 들어갈 때에 반드시 씻고 들어갔다. 물두멍의 "받침"이 몇 개인지 성막에서는 밝히는 것이 없는데, 솔로몬 성전에서는 10개의 받침으로 묘사된다(왕상 7:38).

장막 울타리에 대한 부속들은 다음과 같다(35:17~18). 뜰을 만드는 작업은 먼저 "기둥"과 그 "받침"을 만들어 세우고, "포장(캘라, קְלָע, 휘장)"을 둘러친다. 뜰에 들어가는 문도 "휘장"으로 만들게 하였다. 뜰뿐만 아니라 장막 전체의 뼈 대가 되는 "말뚝"도 만들었고, 그 말뚝을 고정시킬 "줄"도 만들었다.

성소에서 섬길 제사장의 옷을 만들 것도 지시하였다(35:19). 아론 대제사장 의 거룩한 옷을 지으라고 하셨는데, 그 대제사장 옷은 여러 부분으로 되어있 다. 반포 속옷, 푸른 겉옷, 에봇, 흉패, 허리 띠, 그리고 머리에 두른 띠와 관 등 이다(참조, 28:4). 아론의 아들 제사장의 옷은 세마포 속옷, 띠, 그리고 머리의 관으로 이루어졌다(참조, 28:40).

이상은 성막과 그 기구들에 대한 지시였다. 이 지시를 들은 온 이스라엘 백성 은 모세에게서 물러갔다. 이제 그들은 각자 자기가 할 일을 찾아 나설 것이다.

3) 성막에 필요한 예물들을 바침(35:21~29)

21 마음이 감동된 모든 자와 자원하는 모든 자가 와서 회막을 짓기 위하여 그 속 에서 쓸 모든 것을 위하여, 거룩한 옷을 위하여 예물을 가져다가 여호와께 드렸 으니 22 곧 마음에 원하는 남녀가 와서 팔찌와 귀고리와 가락지와 목걸이와 여러 가지 금품을 가져다가 사람마다 여호와께 금 예물을 드렸으며 23 무릇 청색 자 색 홍색 실과 가는 베 실과 염소 털과 붉은 물 들인 숫양의 가죽과 해달의 가죽이 있는 자도 가져왔으며 24 은과 놋으로 예물을 삼는 모든 자가 가져다가 여호와께 드렸으며 섬기는 일에 소용되는 조각목이 있는 모든 자는 가져왔으며 25 마음이 슬기로운 모든 여인은 손수 실을 빼고 그 뺀 청색 자색 홍색 실과 가는 베 실을 가져왔으며 26 마음에 감동을 받아 슬기로운 모든 여인은 염소 털로 실을 뽑았 으며 27 모든 족장은 호마노와 및 에봇과 흉패에 물릴 보석을 가져왔으며 28 등불 과 관유와 분향할 향에 소용되는 기름과 향품을 가져왔으니 29 마음에 자원하는 남녀는 누구나 여호와께서 모세의 손을 빌어 명령하신 모든 것을 만들기 위하여 물품을 드렸으니 이것이 이스라엘 자손이 여호와께 자원하여 드린 예물이니라

마음이 감동된 자들과 자원하는 자들이 회막 건축에 필요한 것들, 그리고
거룩한 옷을 짓기 위해 필요한 예물을 가져와 여호와께 드렸다(35:21). "(마음
이) 감동된"으로 번역된 히브리어 *나사*(נשׂא)로서 '들어 올리다'의 뜻이다. 직역
하면 '자기 마음을 올린 자'인데, 의역하면 '감동된 자'로 번역할 수 있다. "자
원하다"의 *나다브*(נדב)는 '기꺼이 하다, 즐거이 하다'이다. 그리고 그들이 바치
는 물건을 "예물"로 말한다. "예물"의 *테루마*(תרומה)는 높은 분에게 드리는 '선
물', 혹은 하나님에게 드리는 '헌물'로 사용된다. 또 "마음에 원하는 남녀"라고
도 하였다(22절). "원하는"의 *나디브*(נדיב)는 앞 절의 "자원하다"로 번역된 *나
다브*의 형용사로서 '즐거이'로 번역할 수 있다. 이상은 그들이 물건을 바칠 때
에 즐거이 자원하여 바친 것을 강조한다.

그들이 바친 물품들은 다음과 같다. 패물로는 팔찌, 귀고리, 가락지, 목걸
이, 그 외의 여러 가지 금품이었다(22절). 실로는 청색, 자색, 홍색 실, 가는 베
실, 그리고 염소 털이었다. 가죽으로는 붉게 물들인 숫양의 가죽, 해달의 가죽
이었다(23절).[2] 금속으로는 은과 놋이며, 나무는 조각목을 가져왔다(24절). 마
음이 슬기로운 여인들은 손수 실을 뽑아내었다(25절). "슬기로운"의 *하캄*(חכם)
은 '지혜로운, 총명함'도 되지만 어떤 전문성이 요구되는 분야에서의 '기술자'
도 된다. 여기에서는 후자로 보는 것이 좋다. 그들은 여러 가지 색깔(청색, 자
색, 홍색)의 실과, 그리고 가는 베 실을 뽑아내어 가져왔다. 또 슬기로운 여인
은 염소 털로 실을 뽑았다(26절).

족장들은 여러 보석들을 가져왔다(27절). "족장"의 *나시*(נשׂיא)는 '우두머리'
이다. 그들이 가져온 보석은 호마노와 에봇의 흉패에 물릴 보석들(12 보석)이
었다. 또 등불을 위한 기름, 관유, 분향할 향에 소용되는 기름과 향품을 가져
왔다(28절). 마음에 자원하는 남녀는 누구나 성막을 위해 필요한 물품들을 예
물로 드렸다(29절). "자원하는"의 *나다브*는 '기꺼이 하다, 즐거이 하다'이다.

---

2 이 물품들에 대한 설명은 25:4~5을 보라.

4) 브살렐과 그 조력자들(35:30~36:2)

30 모세가 이스라엘 자손에게 이르되 볼지어다 여호와께서 유다 지파 훌의 손자요 우리의 아들인 브살렐을 지명하여 부르시고 31 하나님의 영을 그에게 충만하게 하여 지혜와 총명과 지식으로 여러 가지 일을 하게 하시되 32 금과 은과 놋으로 제작하는 기술을 고안하게 하시며 33 보석을 깎아 물리며 나무를 새기는 여러 가지 정교한 일을 하게 하셨고 34 또 그와 단 지파 아히사막의 아들 오홀리압을 감동시키사 가르치게 하시며 35 지혜로운 마음을 그들에게 충만하게 하사 여러 가지 일을 하게 하시되 조각하는 일과 세공하는 일과 청색 자색 홍색 실과 가는 베 실로 수 놓는 일과 짜는 일과 그 외에 여러 가지 일을 하게 하시고 정교한 일을 고안하게 하셨느니라 36:1 브살렐과 오홀리압과 및 마음이 지혜로운 사람 곧 여호와께서 지혜와 총명을 부으사 성소에 쓸 모든 일을 할 줄 알게 하신 자들은 모두 여호와께서 명령하신 대로 할 것이니라 2 모세가 브살렐과 오홀리압과 및 마음이 지혜로운 사람 곧 그 마음에 여호와께로부터 지혜를 얻고 와서 그 일을 하려고 마음에 원하는 모든 자를 부르매

　모세가 성막을 제작하는 일을 위해 책임자를 지명하여 불렀다. 유다 지파 훌의 손자요 우리의 아들인 브살렐(בְּצַלְאֵל, 하나님의 그늘 안에)이었다(35:30). 이것은 이미 성막을 지을 것을 명령하실 때에 여호와께서 말씀하셨던 바와 같다(참조, 31:2이하). 하나님이 그에게 영을 충만하게 하여 지혜(호크마, חָכְמָה, 전문직의 기술도 포함), 총명(트분나, תְּבוּנָה, 이해력, 지력), 그리고 지식(다아트, דַּעַת, 경험으로 얻는 지식이나 재능)으로 여러 가지 일을 하게 하였다(35:31).[3]

　브살렐이 해야 할 주요 작업은 다음과 같다. 금과 은과 놋으로 제작하는 기술을 고안하며(35:32), 보석을 깎아 물리며 나무를 새기는 여러 가지 정교한 일을 하게 하였다. 또 정교한 일을 연구하여 금과 은과 놋으로 만들게 하였다

3　자세한 설명은 31:3 주석을 참조하라.

(참조, 31:4). "정교한 일"의 *마하쇼바*(מַחֲשָׁבָה)는 동사 *하쇼브*(חָשַׁב, 생각하다, 계획하다, 계산하다)에서 나온 명사로서, '생각, 계획, 고안'등의 뜻이며, 더 나아가 '발명'도 가능하다. "연구하여"의 *하쇼브*는 '생각하다, 계산하다'이다. 합하면 '(일을) 잘 기획하여'라고 할 수 있다. 하나님의영이 이런 지혜를 주셔서 금과 은과 놋으로 만드는 일을 잘 수행할 수 있게 하였다는 의미이다. 그리고 보석을 다듬고, 나무에 조각하는 일들도 잘 감당하게 하였다(35:33; 참조, 31:4~5).

브살렐의 조력자로 단 지파 아히사막의 아들 오홀리압(אָהֳלִיאָב, 아버지의 장막)을 감동시켜 가르치게 하였다(35:34). "감동시키다(나탄 베립보, נָתַן בְּלִבּוֹ)"는 말은 '마음을 주다' 혹은 '마음을 일으키다'이다. 그리고 하나님은 그에게 지혜로운 마음을 주어 여러 가지 일을 하게 하였다. 그가 주로 한 일은 조각하는 일(*하라쉬*, חָרַשׁ, 나무를 조각하는 일)과 세공하는 일(*하쇼브*), 그리고 여러 베실(청색, 자색, 홍색 실, 가는 베 실)로 수놓는 일과 짜는 일과, 그 외에 여러 가지 일이었다(35절). "정교한 일을 고안하게"(35절하)는 *하쇼브 마하쇼바*로서 '마음으로 생각하여 기획하는 일', 혹은 '마음으로 디자인 하는 일'로 해석할 수 있다.

브살렐과 오홀리압뿐만 아니라 마음이 지혜로운(호크마, חָכְמָה) 사람들도 그 일을 도왔다(36:1상). 그들에게 여호와께서 지혜와 총명을 부으셔서(36:1중, 31:3 참조) 성소에 쓸 모든 물건을 만들 수 있게 하셨다. 이런 자들이 모두 여호와께서 명령하신 대로 성막을 제작하였다(36:1하). 모세가 브살렐, 오홀리압, 그리고 마음에 지혜를 얻은 자들, 곧 마음에 원하는 자들을 불렀다(2절). "마음에 원하는"의 *나사 레브*(נָשָׂא לֵב)는 하고 싶어 하는 마음이 생기는 것을 의미한다. 이렇게 일할 사람들이 준비되었다.

5) 넉넉한 예물(36:3~7)

3 그들이 이스라엘 자손의 성소의 모든 것을 만들기 위하여 가져온 예물을 모세에게서 받으니라 그러나 백성이 아침마다 자원하는 예물을 연하여 가져왔으므로 4 성소의 모든 일을 하는 지혜로운 자들이 각기 하는 일을 중지하고 와서 5 모

세에게 말하여 이르되 백성이 너무 많이 가져오므로 여호와께서 명령하신 일에 쓰기에 남음이 있나이다 6 모세가 명령을 내리매 그들이 진중에 공포하여 이르되 남녀를 막론하고 성소에 드릴 예물을 다시 만들지 말라 하매 백성이 가져오기를 그치니 7 있는 재료가 모든 일을 하기에 넉넉하여 남음이 있었더라

모세의 부름에 응답한 일꾼들이 성막건설을 위해 가져온 예물들을 모세에게서 받았다. 백성이 아침마다 자원하는 예물을 계속하여 가져왔다(36:3). 백성이 너무 많이 가져오므로 일하는 사람들이 일을 잠시 중지하고 모세에게 와서 이제 쓰기에 남음이 있다고 말하였다(4~5절). 모세가 진중에 공포하게 하여 성소에 드릴 예물을 더 이상 준비하지 말라고 하였다. 백성들이 가져오기를 그쳤다(6절). 모인 재료들이 모든 것을 제작하기에 넉넉하여 남음이 있었다(7절). 이 예물들을 모으는 과정을 보면 그들이 얼마나 기쁜 마음으로 헌신하였는지를 알 수 있다.

교훈과 적용

① 금송아지 사건으로 언약이 파기된 이후 가장 큰 이슈는 과연 하나님이 이스라엘 백성과 함께 하실 것이냐의 문제다. 하나님은 모세의 중보기도를 받아들여 자신이 백성과 같이 가나안으로 올라가시겠다고 허락하셨다(33:14). 하나님의 이 결심으로 언약이 갱신되었으며, 증거판도 다시 주어졌다. 그리고 하나님은 성막을 지으라고 명령하신다. 성막이 지어진다는 것은 하나님이 그들 중에 계신다는 증거이다. 하나님은 이 성막에 왕으로 임재하셔서 그들을 통치하실 것이다. 그래서 이 성막은 그들에게 자신들의 생명보다 더 중요한 것이었다.

이 성막을 짓기 위해 백성들은 가진 물건들을 헌물(테루마)로 바쳤다. 그들은 자원하는 마음으로 즐거이 바쳤다. 헌물의 종류는 보석들에서부터 시작하여 각종 금속, 실과 천들, 목재까지 다양하였다. 백성들이 계속 너무 많이 가져오기 때문에 작업에 지장이 올 정도였으며, 제작하는 기술자들은 백성이 더 이상 가져오지 말도록 요청하기까지 하였다. 하나님이 자신들과 함께 거하실 처소인 성막이기에 그들은 모든 것을 바쳐도 아까워하지 않았던 것이다.

자원하여 헌물을 바친 경우는 다윗 시대에 성전 건축을 위한 준비에도 볼 수 있다. 다윗은 하나님 성전을 진정으로 사모하였다(대상 29:3). 그래서 자신이 먼저 성전 건축을 위해 힘을 다해 많은 것을 헌물로 내어놓았다(대상 29:1~5). 그런 후 다윗은 백성들에게도 하나님의 성전 건축을 위해 헌물을 낼 것을 독려하였다. 이에 모든 가문의 지도자들과 이스라엘 모든 지파의 지도자들과 천부장과 백부장과 왕의 사무관이 다 즐거이 드려 성전 곳간이 가득 차게 되었다. 다윗은 백성들을 그 마음에 감격하여 다음과 같이 하나님께 감사하였다: "나와 내 백성이 무엇이기에 이처럼 즐거운 마음으로 드릴 힘이 있었나이까. 모든 것이 주께로 말미암았사오니 우리가 주의 손에서 받은 것으로 주께 드렸을 뿐이니이다"(대상 29:14).

신약에서 바울은 고린도의 성도들이 넘치는 기쁨으로 연보를 넘치도록 한 것을 칭찬하였다(고후 8:2; 참조, 롬 15:26). 구약에서 성전을 위해 기쁨으로 헌금한 것처럼, 신약에서도 기쁨으로 하나님에게 바치는 것을 원하신다.

② 하나님은 성막 건축을 위해 여러 사람들을 일군으로 세웠다. 브살렐과 오홀리압은 지혜, 총명, 지식이 출중할 뿐만 아니라 하나님의 영이 충만하여 이 일들을 잘 감당하였다. 그들뿐만 아니라 마음이 지혜로운 많은 사람들도 그 일을 도왔다(36:1상). 여호와께서는 그들에게 지혜와 총명을 부으셔서(36:1중, 31:3 참조) 성소에 쓸 모든 물건을 만들 수 있게 하셨다. 유명한 지도자들뿐만 아니라 이렇게 많은 사람들이 작은 일로 성막건설에 참여하였던 것이다. 직접 기구들을 제작하는 사람들뿐만 아니라 온 회중이 자기의 것을 바쳐 그 일에 함께 하였다. 하나님과 회중의 모든 사람들이 합작을 해서 훌륭한 성막을 건설한 것이다. 오늘날도 앞장서는 지도자뿐만 아니라 뒤에서 작은 것을 도우며 봉사하는 사람 전체를 통하여 하나님께서는 자신의 선한 일들이 이루어 가심을 깨닫는다.

2. 성막과 그 기구들을 만들다(36:7~38:31)

성막을 짓기 위한 준비가 다 되었다. 사람도 준비되었고, 재료도 충분하였다. 그리고 성막의 청사진은 하나님이 미리 알려주셨다(25~31장). 이제 성막의 각 부분들, 그리고 그 부속 기구들을 만드는 일이 시작된다. 성막은 겉 구조물부터 먼저 만든 후, 그 안에 들일 기구들을 만드는 순서로 이루어졌다.

1) 성막을 덮을 휘장을 만들다(36:8~19)

8 일하는 사람 중에 마음이 지혜로운 모든 사람이 열 폭 휘장으로 성막을 지었으
니 곧 가늘게 꼰 베 실과 청색 자색 홍색 실로 그룹들을 무늬 놓아 짜서 지은 것
이라 9 매 폭의 길이는 스물여덟 규빗, 너비는 네 규빗으로 각 폭의 장단을 같게
하여 10 그 다섯 폭을 서로 연결하며 또 그 다섯 폭을 서로 연결하고 11 연결할 끝
폭 가에 청색 고를 만들며 다른 연결할 끝폭 가에도 고를 만들되 12 그 연결할 한
폭에 고리 쉰 개를 달고 다른 연결할 한 폭의 가에도 고리 쉰 개를 달아 그 고들
이 서로 대하게 하고 13 금 갈고리 쉰 개를 만들어 그 갈고리로 두 휘장을 연결
하여 한 막을 이루었더라 14 그 성막을 덮는 막 곧 휘장을 염소 털로 만들되 열
한 폭을 만들었으니 15 각 폭의 길이는 서른 규빗, 너비는 네 규빗으로 열한 폭
의 장단을 같게 하여 16 그 휘장 다섯 폭을 서로 연결하며 또 여섯 폭을 서로 연
결하고 17 휘장을 연결할 끝폭 가에 고리 쉰 개를 달며 다른 연결할 끝폭 가에도
고리 쉰 개를 달고 18 놋 갈고리 쉰 개를 만들어 그 휘장을 연결하여 한 막이 되
게 하고 19 붉은 물 들인 숫양의 가죽으로 막의 덮개를 만들고 해달의 가죽으로
그 윗덮개를 만들었더라

성막을 덮을 휘장(막)은 네 겹으로 만들어졌다. 맨 밑의 휘장은 각종 색깔(청
색, 자색, 홍색)의 실과 가늘게 꼰 베실로 짠 천이었는데, 그룹을 무늬 놓았다
(36:8상).[4] 이 휘장은 열 폭 조각으로 만들어졌다. 이 일은 마음이 지혜로운
사람들이 하였다(8절하). 각 폭의 길이는 28규빗(약 12.8m), 넓이는 4규빗(약
1.8m)의 직사각형으로 열 폭 모두 꼭 같은 크기였다(9절). 다섯 폭씩 서로 연
결하며 조를 이루고 두 조를 따로 만든 후 서로 연결하였다(10절). 각 폭의 가
장자리에 청색 고(고리를 끼울 구멍)를 50개씩 만들고(11절), 50개의 고리를 만
들어 고에 끼워 양쪽 폭을 서로 연결하였다(12절). 두 개의 조를 연결하기 위

---

4   자세한 설명은 26:1 이하를 참조하라.

해 금 갈고리 50개로 양쪽을 연결하여 하나의 휘장 막을 이루게 하였다(13절).

성막을 덮는 휘장을 염소 털로 만들라고 하였는데(14절상),[5] 여기에서 사용된 성막(미쉬칸, מִשְׁכָּן)은 맨 밑의 천으로 된 휘장을 말한다. 이 휘장은 성막 안의 천정에 해당하는 것으로 화려하고 고급스럽게 만들어졌다. 두 번째 휘장은 염소 털로 짰으며, 열한 폭을 만들었다(36:14하). 염소 털은 방한과 보온성이 높다. 각 폭의 길이는 30규빗(13.7m), 넓이는 4규빗(1.8m) 이었다. 첫째 휘장보다 각 폭의 크기도 크며, 또 한 폭이 더 많았다. 따라서 첫 휘장을 충분히 덮고 남았다. 휘장 다섯 폭을 서로 연결하여 한 조를 만들고, 다른 여섯 폭을 연결하여 다른 조를 만들었다(16절). 각 폭의 가장자리에 고리 50개를 달아 서로 연결하게 하였다(17절). 또 두 조를 연결하기 위해서는 조의 가장자리에 놋 갈고리 50개를 만들어 서로 연결하여 한 막이 되게 하였다(18절).

세 번째 겹의 휘장은 붉게 물들인 수양의 가죽이었다. 이 세 번째 휘장을 '막의 덮개'라고 불렀다(19절상;참조, 26:14절). 다섯째 겹의 휘장은 해달의 가죽으로 만들었는데 윗 덮개라고 불렀다(19절하). 해달은 족제비과의 바다짐승이다. 해달로 번역된 타하쉬(תַּחַשׁ)를 여러 성경이 '돌고래'로 번역한다(표준새번역, 공동번역, NASB 등). 해달 혹은 돌고래 어느 것이든 이 동물의 가죽은 내구성 길며, 방수에도 효과가 크다. 이상은 성막의 덮개 휘장들이었다.

2) 성막을 세울 널판들(36:20~34)

20 그가 또 조각목으로 성막에 세울 널판들을 만들었으니 21 각 판의 길이는 열 규빗, 너비는 한 규빗 반이며 22 각 판에 두 촉이 있어 서로 연결하게 하였으니 성막의 모든 판이 그러하며 23 성막을 위하여 널판을 만들었으되 남으로는 남쪽에 널판이 스무 개라 24 그 스무 개 널판 밑에 은 받침 마흔 개를 만들었으되 곧 이 널판 밑에도 두 받침이 그 두 촉을 받게 하였고 저 널판 밑에도 두 받침이 그

---

5 자세한 설명은 26:7 이하를 보라

두 축을 받게 하였으며 25 성막 다른 쪽 곧 북쪽을 위하여도 널판 스무 개를 만들고 26 또 은 받침 마흔 개를 만들었으니 곧 이 판 밑에도 받침이 둘이요 저 판 밑에도 받침이 둘이며 27 장막 뒤 곧 서쪽을 위하여는 널판 여섯 개를 만들었고 28 장막 뒤 두 모퉁이 편을 위하여는 널판 두 개를 만들되 29 아래에서부터 위까지 각기 두 겹 두께로 하여 윗고리에 이르게 하고 두 모퉁이 쪽을 다 그리하며 30 그 널판은 여덟 개요 그 받침은 은 받침 열여섯 개라 각 널판 밑에 두 개씩이었더라 31 그가 또 조각목으로 띠를 만들었으니 곧 성막 이쪽 널판을 위하여 다섯 개요 32 성막 저쪽 널판을 위하여 다섯 개요 성막 뒤 곧 서쪽 널판을 위하여 다섯 개며 33 그 중간 띠를 만들되 널판 중간 이 끝에서 저 끝에 미치게 하였으며 34 그 널판들을 금으로 싸고 그 널판에 띠를 꿸 금 고리를 만들고 그 띠도 금으로 쌌더라

성막을 둘러쌀 널판을 조각목으로 만들어 세웠다(36:20).[6] 각 널판의 길이는 10규빗(4.56m) 넓이는 1.5규빗(68cm)의 크기였다(36:21). 각 널판에 두 촉(야드, ㄱ, 손)을 내어 서로 연결하였다(22절). 남쪽 벽을 만들기 위해 널판 20개를 만들었고(23절), 이 널판 밑에 받칠 받침을 40개(한 널판에 두 개의 받침대) 만들었다. 각 널판 아래에도 두 촉(손)을 만들어 은으로 만든 받침에 끼워 고정시키도록 하였다(24절). 북쪽 편을 위해서도 20개의 널판을 만들었다(25절). 각 널판 밑은 받침을 2개씩 모두 40개를 만들었다(26절). 성막의 서쪽 편을 위해 널판 6개를 만들었고, 그쪽 모퉁이에는 각 모퉁이에 한 개씩 두개를 따로 만들었는데(28절), 아래에서 윗 고리까지 두 겹 두께가 되게 만들었다(29절). 모퉁이에는 더 튼튼하게 세운 것이다. 모퉁이 판까지 합하면 서쪽편의 널판은 모두 여덟 개였다. 이 서편 여덟 널판을 세우기 위해 은 받침 열여섯 개를 만들고, 각 판 아래에 두 받침씩 받치도록 하였다(30절).

또 조각목으로 띠(가로막대, 혹은 빗장)를 만들라고 하였는데, 각 편(남, 북, 서)을 위해 5개씩을 만들었다(31~32절). 이 띠를 세워진 널판들 중간에 띠게

---

6 자세한 설명은 26:15~30 주석을 보라.

하였는데, 이쪽 끝에서 저쪽 끝까지 미치게 하였다(33절). 그 널판들을 금으로 싸고 그 널판에 띠를 꿸 금 고리를 만들고 그 띠도 금으로 쌌다(34절). 외형적으로 아주 화려하게 보였을 것이다.

3) 성막 안의 중간 휘장과 문의 휘장(36:35~38)

> 35 그가 또 청색 자색 홍색 실과 가늘게 꼰 베 실로 휘장을 짜고 그 위에 그룹들을 정교하게 수 놓고 36 조각목으로 네 기둥을 만들어 금으로 쌌으며 그 갈고리는 금으로 기둥의 네 받침은 은으로 부어 만들었으며 37 청색 자색 홍색 실과 가늘게 꼰 베 실로 수 놓아 장막 문을 위하여 휘장을 만들고 38 휘장 문의 기둥 다섯과 그 갈고리를 만들고 기둥 머리와 그 가름대를 금으로 쌌으며 그 다섯 받침은 놋이었더라

성막의 벽과 윗 덮개가 만들어 씌워진 후에, 다음으로 성막 안에 두 방(성소, 지성소)을 구분하기 위한 휘장을 만들었다.[7] 휘장은 청색, 자색, 홍색 실과 가늘게 꼰 베 실로 천을 짜고, 그 위에 그룹들을 정교하게 수놓았다(36:35). 네 기둥을 조각목으로 만들어 세웠는데, 기둥은 금으로 쌌다. 기둥에 금으로 만든 갈고리를 달아 휘장을 걸게 하였다. 각 기둥의 받침은 은을 부어 만들었다(36절).

그리고 성막에 들어가는 문을 위해 휘장을 만들었는데 역시 청색, 자색, 홍색 실과 가늘게 꼰 베 실로 수놓아 만들었다(37절). 문의 휘장을 위해 기둥 다섯을 세웠는데, 휘장을 걸기 위해 갈고리를 만들어 기둥에 붙였다. 기둥머리와 가름대는 금으로 쌌다. 다섯 기둥의 받침은 놋으로 만들었다(38절). 이로써 성막의 구조물이 완성되었다. 가운데 휘장과 입구 쪽 휘장을 비교하면 양쪽 다 같은 여러 색깔의 베실로 수놓았지만, 가운데 휘장에는 그룹들을 수놓은 것이 달랐다. 또 기둥들을 보면 가운데 휘장을 위한 기둥 받침은 은으로 만

---

7 자세한 설명은 26:31~33의 주석을 보라.

들어진 반면, 입구 쪽의 것은 놋으로 만들어졌다. 가운데 휘장의 것이 더 귀하게, 그리고 화려하게 만들어졌다.

4) 언약궤(37:1~5)[8]

> 1 브살렐이 조각목으로 궤를 만들었으니 길이가 두 규빗 반, 너비가 한 규빗 반, 높이가 한 규빗 반이며 2 순금으로 안팎을 싸고 위쪽 가장자리로 돌아가며 금 테를 만들었으며 3 금 고리 넷을 부어 만들어 네 발에 달았으니 곧 이쪽에 두 고리요 저쪽에 두 고리이며 4 조각목으로 채를 만들어 금으로 싸고 5 그 채를 궤 양쪽 고리에 꿰어 궤를 메게 하였으며

건축물의 기본 구조를 완성한 후 안에 들일 기물들을 만드는 작업을 하였다. 먼저 지성소의 것에서 시작하여 성소의 기물들, 그리고 뜰에 놓일 것들을 만드는 순서로 엮어졌다. 궤는 조각목으로 만들었는데, 브살렐이 직접 이 작업을 하였다(37:1). "궤(ark)"의 아론(אֲרוֹן)은 기본적으로 '상자, 관'을 의미한다. 그 궤는 다양한 이름으로 불렸다. 첫째, '법궤'라고 불렸는데(레 16:2 등), 그 안에 하나님의 주신 10계명의 돌비가 들어있었기 때문이다. 둘째, '언약궤' 라고도 불렸는데(민 10:33 등), 그 돌비가 언약의 문서로 간주되기 때문이다. 셋째, 증거궤라고도 불렸는데(25:22 등)., 그 돌비는 언약의 증거이다 궤의 크기는 길이가 2.5규빗(약 112cm), 폭이 1.5규빗(약 68cm), 높이가 1.5규빗인 상자였다(37:1).

궤를 조각목 나무로 짜서 만든 후 정금으로 그것을 안팎으로 입혔고, 윗 가로 돌아가며 금 테를 둘렀다(2절). 금고리 넷을 만들어 네 발(밑바닥 부분의 네 모서리)에 달았다(3절). 채를 조각목으로 만들고 금으로 쌌다(4절). 그리고 채를 양편 고리에 꿰어 궤를 메게 하였다(5절).

---

8   법궤에 관한 자세한 설명은 25:10~16 주석을 보라.

5) 속죄소(37:6~9)⁹

6 순금으로 속죄소를 만들었으니 길이가 두 규빗 반, 너비가 한 규빗 반이며 7 금으로 그룹 둘을 속죄소 양쪽에 쳐서 만들었으되 8 한 그룹은 이쪽 끝에, 한 그룹은 저쪽 끝에 곧 속죄소와 한 덩이로 그 양쪽에 만들었으니 9 그룹들이 그 날개를 높이 펴서 그 날개로 속죄소를 덮었으며 그 얼굴은 서로 대하여 속죄소를 향하였더라

"속죄소(mercy seat)"를 순금으로 만들었다(37:6상). "속죄소"의 캅포래트(כַּפֹּרֶת)는 카파르(כָּפַר, 덮다) 동사에서 온 명사로서 단순히 번역하면 '뚜껑, 덮개'이다. 그런데 카파르는 '속죄하다'의 의미로도 자주 사용되었다. 따라서 한글 성경이 "속죄소"로 번역한 것도 정당하다. 속죄소의 길이가 2.5규빗(약 112cm), 폭이 1.5규빗(약 68cm)이었다(6절하). 법궤의 길이와 폭이 일치한다.

속죄소에 중요한 부분은 그룹이라는 천사이다. 두 그룹을 금을 쳐서 만들었는데, 하나는 한 편 끝에 다른 하나는 다른 편 끝에 속죄소와 한 덩이로 연결되게 하였다(7~8절). 두 그룹은 날개를 높이 펴서 그 날개로 속죄소를 덮었고, 얼굴을 서로 대하면서 속죄소를 향하게 하였다(9절). 이 그룹은 하나님을 가장 가까이에서 모시는 천사이다. 하나님은 이 두 그룹 사이에 임재 하셔서 그들과 만나고 또 명령을 내리겠다고 하셨다(25:22).

6) 떡상(37:10~16)¹⁰

10 그가 또 조각목으로 상을 만들었으니 길이가 두 규빗, 너비가 한 규빗, 높이가 한 규빗 반이며 11 순금으로 싸고 위쪽 가장자리로 돌아가며 금 테를 둘렀으

9 속죄소에 관한 자세한 설명은 25:17~22 주석을 보라.
10 떡상에 대한 자세한 설명은 25:23~30 주석을 보라.

며 12 그 주위에 손바닥 넓이만한 턱을 만들고 그 턱 주위에 금으로 테를 만들었고 13 상을 위하여 금 고리 넷을 부어 만들어 네 발 위, 네 모퉁이에 달았으니 14 그 고리가 턱 곁에 있어서 상을 메는 채를 꿰게 하였으며 15 또 조각목으로 상 멜 채를 만들어 금으로 쌌으며 16 상 위의 기구 곧 대접과 숟가락과 잔과 따르는 병을 순금으로 만들었더라

브살렐이 조각목으로 상을 만들었다. 그 크기는 길이가 2규빗(약 91.2cm), 넓이가 1규빗(45.6cm), 그리고 높이가 1.5규빗(68.4cm)이었다(37:10). 나무 위에 정금으로 싸고 위쪽 가장자리 둘레에 금 테를 둘렀다(11절). 사면에 손바닥 넓이만한 턱을 만들었다. "턱"의 미스개래트(מִסְגֶּרֶת)는 '테두리, 가장자리'이다. 그 테두리 둘레에 금으로 테(제르, זֵר, 작은 원, 테)를 만들어 둘렀다(12절). 금고리 넷을 만들어 네 발위 네 모퉁이에 달게 하였다(13절). 조각목으로 채(막대)를 만들어 금고리에 끼워 상을 메게 하였다(14절). 채의 나무를 금으로 쌌다(15절).

떡상 위에 놓을 기구들을 만들었는데, 대접, 숟가락, 잔과 붓는 병을 순금으로 만들었다(29절). 이 기구들은 항상 떡상 위에 놓아두었다(민 4:7).

7) 등잔대(37:17~24)[11]

17 그가 또 순금으로 등잔대를 만들되 그것을 쳐서 만들었으니 그 밑판과 줄기와 잔과 꽃받침과 꽃이 그것과 한 덩이로 되었고 18 가지 여섯이 그 곁에서 나왔으니 곧 등잔대의 세 가지는 저쪽으로 나왔고 등잔대의 세 가지는 이쪽으로 나왔으며 19 이쪽 가지에 살구꽃 형상의 잔 셋과 꽃받침과 꽃이 있고 저쪽 가지에 살구꽃 형상의 잔 셋과 꽃받침과 꽃이 있어 등잔대에서 나온 가지 여섯이 그러하며 20 등잔대 줄기에는 살구꽃 형상의 잔 넷과 꽃받침과 꽃이 있고 21 등잔대에

---

11 등잔대에 대한 자세한 설명은 25:31~40 주석을 보라.

서 나온 가지 여섯을 위하여는 꽃받침이 있게 하였으되 두 가지 아래에 한 꽃받침이 있어 줄기와 연결하였고 또 두 가지 아래에 한 꽃받침이 있어 줄기와 연결하였고 또 다시 두 가지 아래에 한 꽃받침이 있어 줄기와 연결되게 하였으니 ²²이 꽃받침과 가지들을 줄기와 연결하여 전부를 순금으로 쳐서 만들었으며 ²³등잔 일곱과 그 불 집게와 불 똥 그릇을 순금으로 만들었으니 ²⁴등잔대와 그 모든 기구는 순금 한 달란트로 만들었더라

성소에 떡상과 나란히 놓을 등잔대(메노라, מְנוֹרָה)를 만들었다. 순금으로 쳐서 만들되, 밑판, 줄기(가운데 기둥, 혹은 원가지), 등잔, 꽃받침, 그리고 꽃이 한 덩이가 되게 만들었다(37:17). 가운데 기둥 옆으로 양쪽 대칭으로 각 세 개씩 여섯 가지가 나오게 하였다(18절, 가운데 기둥과 합하여 전체가 일곱 가지가 됨). 각 가지들에는 살구꽃 모양의 잔을 세 개씩 만들어 연결되게 하였다(19절). 원가지에는 살구꽃 형상의 잔 넷과 꽃받침과 꽃이 있게 하였다(20절). "살구꽃"으로 번역된 쇠케드(שָׁקֵד)는 영어성경에서 주로 아몬드(almond)로도 번역되었다. 동사 쇠카드(שָׁקַד)에서 나온 말인데, 쇠카드의 뜻은 '지켜보다'의 의미이다. 등대의 불을 밝히는 기능(잘 볼 수 있게 함)에 잘 어울리는 꽃이다.

원 가지에서 나온 여섯 가지들을 위해 꽃받침이 있게 하였는데, 두 가지 아래에 한 꽃받침이 있어 줄기와 연결하였다(21절상). 즉 꽃받침이 원가지와 각 줄기들은 연결시키게 만든 것이었다. 다른 가지들도 두 개씩 한 꽃받침으로 줄기와 연결하였다(21절하). 이 모든 것을 순금으로 쳐서 만들었다(22절).

등대의 부속 기구로서 불 집게(매레카, מֶלְקָח, 심지를 짜르는 가위)와 불똥 그릇(마흐타, מַחְתָּה, 잘라낸 심지를 담는 접시)도 순금으로 만들었다(23절). 등잔대와 그 모든 기구를 "순금 한 달란트로 만들었다"고 했는데(24절), 한 달란트는 대략 30kg에 해당한다.

8) 분향제단(37:25~29)[12]

25 그가 또 조각목으로 분향할 제단을 만들었으니 길이는 한 규빗이요 너비도 한 규빗이라 네모가 반듯하고 높이는 두 규빗이며 그 뿔들이 제단과 연결되었으며 26 제단 상면과 전후 좌우면과 그 뿔을 순금으로 싸고 주위에 금 테를 둘렀고 27 그 테 아래 양쪽에 금 고리 둘을 만들었으되 곧 그 양쪽에 만들어 제단을 메는 채를 꿰게 하였으며 28 조각목으로 그 채를 만들어 금으로 쌌으며 29 거룩한 관유와 향품으로 정결한 향을 만들었으되 향을 만드는 법대로 하였더라

조각목으로 "분향할 제단을 만들었다"고 말하는데(37:25상), "제단"의 *미즈베아흐*(מִזְבֵּחַ)는 뜰에 있는 번제단에 사용된 단어이다. 크기는 길이와 넓이가 각각 한 규빗(45.6cm) 정방형이며, 높이는 두 규빗(약 91cm)이었다. 윗부분 네 모서리에는 뿔을 달았다(25절하). 이름뿐만 아니라 모양도 번제단과 거의 같다(가로 세로에 비해 높이의 비율만 다르다). 제단의 윗면과 옆 사면, 그리고 뿔을 순금으로 쌌고, 향단 윗면 둘레에 금 테를 둘렀다(26절). 금 테 아래 양쪽에 금고리 둘씩 만들어 달았고, 반대쪽에도 달았다. 향단을 멜 채를 꿸 고리였다(27절). 채는 조각목으로 만들고 금으로 쌌다(28절). 거룩한 관유와 향품으로 정결한 향을 만들었으되 향을 만드는 법대로 하였다(29절).[13]

9) 번제단과 물두멍(38:1~8)[14]

1 그가 또 조각목으로 번제단을 만들었으니 길이는 다섯 규빗이요 너비도 다섯 규빗이라 네모가 반듯하고 높이는 세 규빗이며 2 그 네 모퉁이 위에 그 뿔을 만

---

12 분향단의 자세한 설명은 30:1~10 주석을 보라.
13 관유를 만드는 법은 30:22~33 주석을 보라. 또 향을 만드는 법은 30:34 주석을 보라.
14 번제단에 대한 자세한 설명은 27:1~8 주석을 보라.

들되 그 뿔을 제단과 연결하게 하고 제단을 놋으로 쌌으며 3 제단의 모든 기구 곧 통과 부삽과 대야와 고기 갈고리와 불 옮기는 그릇을 다 놋으로 만들고 4 제단을 위하여 놋 그물을 만들어 제단 주위 가장자리 아래에 두되 제단 절반에 오르게 하고 5 그 놋 그물 네 모퉁이에 채를 꿸 고리 넷을 부어 만들었으며 6 채를 조각목으로 만들어 놋으로 싸고 7 제단 양쪽 고리에 그 채를 꿰어 메게 하였으며 제단은 널판으로 속이 비게 만들었더라 8 그가 놋으로 물두멍을 만들고 그 받침도 놋으로 하였으니 곧 회막 문에서 수종드는 여인들의 거울로 만들었더라

브살렐이 조각목으로 번제단(미즈베아흐, מִזְבֵּחַ)을 만들었다. 제단은 조각목으로 만드는데, 길이가 5규빗(2.28m), 넓이가 5규빗되고, 높이는 3규빗(1.37m)인 정사각형 통이었다(38:1). 그 네 모퉁이 위에는 뿔을 만들어 붙였다(2절상). 제단을 놋으로 쌌다(2절하). 제단의 부속 기구들을 만들었다. 재를 담는 통과 부삽, 대야(미즈라크, מִזְרָק, 사발, 대접), 고기 갈고리, 그리고 불을 옮기는 그릇 등이었는데, 모두 놋으로 만들었다(3절).

제단을 위하여 놋으로 그물을 만들어 단 안의 높이 절반에 오르게 고정시켰다(4절). 그물망이 있는 위치에 제단 바깥 네 모퉁이에 채를 꿸 고리를 만들어 달았다(5절). 놋제단을 맬 채를 조각목으로 만들고 놋으로 쌌다(6절). 제단은 널판으로 만들었는데 가운데에는 비었고(7절), 중간쯤 높이에 놋 그물망만 부착되었다.

브살렐이 놋으로 물두멍과 그 받침을 만들었다. 그것을 만든 놋의 출처는 회막 문에서 수종드는 여인들의 거울이었다(8절). 거울로 사용된 놋은 표면이 매우 잘 닦인 양질의 것임에 틀림없다. "회막 문에서 수종드는 여인"이 누구인지는 확실치 않다. "수종 들다"의 차바(צָבָא)는 '전쟁을 수행하다, 싸우다'가 기본 의미인데, 레위인들과 관련에서 성막에서 봉사하는(수종드는) 것으로 사용되었다(민 4:23; 8:24). 이런 성막 문에서 봉사하는 여인은 성경에서 본문과 사무엘상 2:22에만 나온다. "회막 문에서 수종 드는 여인"에 대하여 어떤 학자들은 바알의 신전 창녀의 형태가 이스라엘 회막에까지 들어온 것으로 본다.

그리고 엘리의 아들들이 그 창녀들과 음행한 것을 바알신전에서 있었던 제의
적인 행동이라고도 한다.[15] 그러나 아직 가나안에 들어가기 전에 지어졌던 성
막에서 그런 신전 창녀와 유사한 것으로 볼 수는 없다.[16] 성막 예배를 위해 여
인도 여러모로 도울 일이 있었을 것이다. 여인은 성막 안으로 들어가지 못한
다. 따라서 여인은 그들이 허용되는 성막 문까지 여러 봉사하였을 것이다. 물
두멍을 만든 놋은 그 여인들이 거울로 사용했던 것을 헌물로 바친 것이었다.

10) 성막 뜰(38:9~20)

> 9 그가 또 뜰을 만들었으니 남으로 뜰의 남쪽에는 세마포 포장이 백 규빗이라 10
> 그 기둥이 스물이며 그 받침이 스물이니 놋이요 기둥의 갈고리와 가름대는 은이
> 며 11 그 북쪽에도 백 규빗이라 그 기둥이 스물이며 그 받침이 스물이니 놋이요
> 기둥의 갈고리와 가름대는 은이며 12 서쪽에 포장은 쉰 규빗이라 그 기둥이 열이
> 요 받침이 열이며 기둥의 갈고리와 가름대는 은이며 13 동으로 동쪽에도 쉰 규
> 빗이라 14 문 이쪽의 포장이 열다섯 규빗이요 그 기둥이 셋이요 받침이 셋이며 15
> 문 저쪽도 그와 같으니 뜰 문 이쪽, 저쪽의 포장이 열다섯 규빗씩이요 그 기둥이
> 셋씩, 받침이 셋씩이라 16 뜰 주위의 포장은 세마포요 17 기둥 받침은 놋이요 기
> 둥의 갈고리와 가름대는 은이요 기둥 머리 싸개는 은이며 뜰의 모든 기둥에 은
> 가름대를 꿰었으며 18 뜰의 휘장 문을 청색 자색 홍색 실과 가늘게 꼰 베 실로 수
> 놓아 짰으니 길이는 스무 규빗이요 너비와 높이는 뜰의 포장과 같이 다섯 규빗
> 이며 19 그 기둥은 넷인데 그 받침 넷은 놋이요 그 갈고리는 은이요 그 머리 싸개
> 와 가름대도 은이며 20 성막 말뚝과 뜰 주위의 말뚝은 모두 놋이더라

---

15 아란 콜, 『출애굽기』, 338.

16 비평학자들은 이 이야기가 있는 문서가 늦게 만들어진 P문서로 본다. 그래서 제2(스룹바벨) 성전에서 그런
    경우들을 찾으려고 애쓴다. 그 근거 중 하나는 놋 거울은 로마 시대에 사용되기 시작했다는 것을 든다. 그러
    나 그들도 이 여인이 정확하게 무슨 역할을 한 어떤 여인인지 밝히지 못한다. Hyatt, *Exodus*, 330~31; 존 더
    햄, 『출애굽기』, 782~83을 참조하라.

(1) 뜰의 울타리(38:9~11)

브살렐이 성막의 뜰을 만들었다. 먼저 뜰 남편의 세마포(쉐쉬, שֵׁשׁ, 아마의 가는 실로 곱게 짠 천) 포장(캘라, קְלָע, 휘장)을 만들었는데, 길이가 100규빗(45.6m)이었다(38:9).포장을 세울 기둥들을 만들어 세웠는데, 남쪽편의 기둥은 20개였다. 각 기둥은 놋으로 만든 받침대 위에 세웠다. 또 기둥에포장을 걸기 위한 갈고리(와우, ו, 고리)를 은으로 만들어 기둥에 달게 하였다. 은으로 가름대를 만들어 기둥과 기둥사이를 붙들도록 하였다(10절).

북편에도 남편의 것과 같이 포장의 길이가 100규빗(45.6m) 이었고, 기둥도 20개였으며, 그 기둥의 받침도 20개이며 놋으로 만들었다. 또 기둥에 부착할 갈고리와 가름대를 은으로 만들었다(11절). 뜰의 서편을 위한 포장의 길이는 50규빗(22.8m)이었고, 이 포장을 걸기 위한 기둥 열 개와 받침 열 개를 은으로 만들었다(12절).

(2) 동쪽 문과 울타리(38:13~20)

동편 전체의 길이는 50규빗(22.8m) 이었는데(38:13), 그 중에 가운데 문(20규빗, 9.12m)을 빼고 문 이쪽과 저쪽의 가름막의 포장(휘장)을 세마포로 15규빗(6.84m)씩 만들었다. 포장을 세울 기둥들을 한 편에 3개씩을 만들었고, 그것을 받칠 받침도 셋을 만들었다(14절). 문 저편을 위해서도 꼭 같이 포장이 15규빗, 기둥이 셋, 그리고 받침도 셋을 만들었다(15절). 기둥 받침은 놋으로, 기둥의 갈고리와 가름대는 은으로 만들었고, 기둥 머리싸개는 은으로 만들었다. 뜰의 모든 기둥에 은 가름대를 꿰었다(17절).

성막 문은 청색 자색 홍색실과 가늘게 꼰 베실로 수놓아 짰으며, 길이는 20규빗(9.12m)이었고,높이는 5규빗(6.84m)였다(18절). 이 문의 휘장을 걸 수 있게 네 개의 기둥을 만들었고, 또 네 개의 받침을 놋으로 만들었다. 갈고리와 머리싸개와 가름대는 은으로 만들었다(19절).

성막 둘레에 휘장(덮개)을 당겨 맬 말뚝과 뜰 주위의 말뚝을 만들었는데, 모두 놋으로 만들었다(20절). 이상으로 성막을 만드는 모든 작업을 마쳤다.

11) 성막 제작 후기(後記, 38:21~31)

21 성막 곧 증거막을 위하여 레위 사람이 쓴 재료의 물목은 제사장 아론의 아들 이다말이 모세의 명령대로 계산하였으며 22 유다 지파 훌의 손자요 우리의 아들 인 브살렐은 여호와께서 모세에게 명령하신 모든 것을 만들었고 23 단 지파 아 히사막의 아들 오홀리압이 그와 함께 하였으니 오홀리압은 재능이 있어서 조각 하며 또 청색 자색 홍색 실과 가는 베 실로 수 놓은 자더라 24 성소 건축 비용으 로 들인 금은 성소의 세겔로 스물아홉 달란트와 칠백삼십 세겔이며 25 계수된 회중이 드린 은은 성소의 세겔로 백 달란트와 천칠백칠십오 세겔이니 26 계수된 자가 이십 세 이상으로 육십만 삼천오백오십 명인즉 성소의 세겔로 각 사람에 게 은 한 베가 곧 반 세겔씩이라 27 은 백 달란트로 성소의 받침과 휘장 문의 기 둥 받침을 모두 백 개를 부어 만들었으니 각 받침마다 한 달란트씩 모두 백 달란 트요 28 천칠백칠십오 세겔로 기둥 갈고리를 만들고 기둥 머리를 싸고 기둥 가 름대를 만들었으며 29 드린 놋은 칠십 달란트와 이천사백 세겔이라 30 이것으로 회막 문 기둥 받침과 놋 제단과 놋 그물과 제단의 모든 기구를 만들었으며 31 뜰 주위의 기둥 받침과 그 휘장 문의 기둥 받침이며 성막의 모든 말뚝과 뜰 주위의 모든 말뚝을 만들었더라

성막 만들기를 마친 후 그것을 위해 사용된 재료들이 무엇이며, 누가 어떻 게 만들었는지를 요약해 준다. 제사장 아론의 아들 이다말이 모세의 명령을 받아 성막과 성막에서 봉사할 레위 사람들이 쓸 재료의 물목을 조사하고 계산 하였다(21절). 먼저 누가 이 작업을 주로 수행 하였는지를 말한다. 브살렐(유 다 지파 훌의 손자 우리의 아들)이 하나님이 지시한 성막에 관한 모든 것을 만들 었다(22절). 오홀리압(단 지파 아히사막의 아들)이 브살렐과 함께 작업에 참여 하였다. 그는 재능이 있어서 조각 작업을 하였고, 또 청색 자색 홍색 실과 가 는 베 실로 수놓은 작업도 하였다(23절).

건축 비용을 위해 백성이 드린 금과 은에 대하여 말한다. 금은 성소의 세

겔로 29달란트와 700세겔이었다(24절). 이것들은 화폐 대용으로 사용된 것이 었다. 고대에서는 화폐가 없었기 때문에 물건을 사고 팔 때에 물물교환을 하였다. 그러다가 조금 발전한 것은 곡물, 가축 등을 물물교환의 매개로 삼았고, 점차로 금속인 금, 은, 동 등의 무게를 달아 상거래의 수단으로 사용하였다(창 23:15; 37:28 참조). 세겔(שֶׁקֶל)은 원래 금속의 무게 단위였지만, 점차 화폐에 준하는 가치산정의 기본단위로 사용되었다. 그리고 나중에는 화폐의 단위로 사용되었다. 1세겔의 중량은 약 11.4g 정도였다. "달란트"의 킥카르(כִּכָּר)는 '원형'이라는 뜻이다(원형 지역, 원형 추, 둥근 빵 등). 원형 모양으로 만들어진 금이나 은의 달란트가 화폐의 대용으로 사용되었다가, 나중에는 세겔과 함께 역시 화폐의 단위가 되었다. 1달란트 무게의 가치는 3,000세겔(약 34kg)이었다. 따라서 본문에 언급된 금을 모두 합하여 오늘날 무게로 환산하면 약 1,000kg이 된다. 회중이 드린 은은 100달란트와 1,775세겔이었다. 은의 무게를 환산하면 합하여 약 3,500kg 정도 된다. 모두 엄청난 무게이다. 이상의 금과 은은 자발적으로 낸 것들이었다.

또 사람들에게서 성막 건축을 위해 거둬 들인 속전도 따로 있었다. 하나님이 20세 이상 성인 남자 한 명당 반 세겔씩 속전을 내라고 하였고, 이 속전은 회막 봉사에 쓰라고 하셨다(30:11~16). 인구조사에서 20세 이상 계수된 자가 603,550명이었다(38:26; 참조, 민 1:46). 한 사람이 반 세겔씩 거두니 은 100달란트(약 3,400kg)가 되었다. 이것으로 성소의 받침과 휘장 문의 기둥 받침을 부어 만들었는데,모두 백 개였다. 각 받침마다 한 달란트씩 모두 백 달란트가 소요되었다(27절). 또 1,775세겔로 기둥 갈고리를 만들었고, 기둥머리를 싸고, 기둥 가름대를 만들었다(28절).

백성이 바친 놋은 70달란트(2,380kg)와 2,400세겔(약 27kg)이었다(29절). 이것으로 회막 문기둥 받침, 놋 제단, 놋 그물과 제단의 모든 기구를 만들었고(30절), 또 뜰 주위의 기둥 받침, 그 휘장 문의 기둥 받침, 성막의 모든 말뚝과 뜰 주위의 모든 말뚝을 만들었다(31절). 이상은 백성들이 드린 예물과 그것으로 이룬 공사의 내역들이었다.

교훈과 적용

하나님의 성막 건축이 본격적으로 이루어졌다. 하나님의 지시에 따라 하나하나씩 그들은 정성을 다하여 만들어 갔다. 휘장과 바깥 구조물들을 만들고 성막 안에 들여놓을 기구들을 만들었다. 이러한 정성으로 하나님께서 주신 청사진이 실물로 태어났다. 하나님이 살 처소이니 가장 거룩한 장소이기에 그들은 온 정성을 다 바쳐 그 일에 몰두했을 것이다. 오늘날 우리에게도 하나님의 예배와 관련된 일에 우리의 정성을 다 바쳐야 할 것이다.

3. 아론의 옷을 짓다(39:1~31)

성막을 만든 작업이 완료된 후 아론의 대제사장복을 지었다. 이미 여호와께서 모세에게 지시하신 대로(28:2~40) 모든 작업이 이루어졌다. 사용된 재료는 청색, 자색, 홍색 실 등이었다(39:1). 이 옷은 성소에서 섬길 때 입을 옷이다. 이것을 "정교한 옷"이라고 했는데, "정교한"의 *세라드*(שֵׂרָד)는 실을 가로와 세로로 엮어서 짠(니트) 천을 말한다. 또 "거룩한 옷"이라고 했는데, "거룩한"의 *코대쉬*(קֹדֶשׁ)는 세속 혹은 더러운 것과 '분리된' 것, 즉 '신성한' 것을 말한다.

1) 에봇(39:1~21)[17]

1 그들은 여호와께서 모세에게 명령하신 대로 청색 자색 홍색 실로 성소에서 섬길 때 입을 정교한 옷을 만들고 또 아론을 위해 거룩한 옷을 만들었더라 2 그는 또 금 실과 청색 자색 홍색 실과 가늘게 꼰 베 실로 에봇을 만들었으되 3 금을 얇게 쳐서 오려서 실을 만들어 청색 자색 홍색 실과 가는 베 실에 섞어 정교하게 짜고 4 에봇에는 어깨받이를 만들어 그 두 끝에 달아 서로 연결되게 하고 5 에봇 위에 에봇을 매는 띠를 에봇과 같은 모양으로 금 실과 청색 자색 홍색 실과 가늘

---

17 에봇에 대한 자세한 설명은 28:5~14 주석을 보라.

게 꼰 베 실로 에봇에 붙여 짰으니 여호와께서 모세에게 명령하신 대로 하였더라 6 그들은 또 호마노를 깎아 금 테에 물려 도장을 새김 같이 이스라엘의 아들들의 이름을 그것에 새겨 7 에봇 어깨받이에 달아 이스라엘의 아들들을 기념하는 보석을 삼았으니 여호와께서 모세에게 명령하신 대로 하였더라 8 그가 또 흉패를 정교하게 짜되 에봇과 같은 모양으로 금 실과 청색 자색 홍색 실과 가늘게 꼰 베 실로 하였으니 9 그것의 길이가 한 뼘, 너비가 한 뼘으로 네 모가 반듯하고 두 겹이며 10 그것에 네 줄 보석을 물렸으니 곧 홍보석 황옥 녹주옥이 첫 줄이요 11 둘째 줄은 석류석 남보석 홍마노요 12 셋째 줄은 호박 백마노 자수정이요 13 넷째 줄은 녹보석 호마노 벽옥이라 다 금 테에 물렸으니 14 이 보석들은 이스라엘의 아들들의 이름 곧 그들의 이름대로 열둘이라 도장을 새김 같이 그 열두 지파의 각 이름을 새겼으며 15 그들이 또 순금으로 노끈처럼 사슬을 땋아 흉패에 붙이고 16 또 금 테 둘과 금 고리 둘을 만들어 그 두 고리를 흉패 두 끝에 달고 17 그 땋은 두 금 사슬을 흉패 끝 두 고리에 꿰매었으며 18 그 땋은 두 사슬의 다른 두 끝을 에봇 앞 두 어깨받이의 금 테에 매고 19 또 금 고리 둘을 만들어 흉패 두 끝에 달았으니 곧 그 에봇을 마주한 안쪽 가장자리에 달았으며 20 또 금 고리 둘을 만들어 에봇 앞 두 어깨받이 아래 매는 자리 가까운 쪽 곧 정교하게 짠 에봇 띠 위쪽에 달고 21 청색 끈으로 흉패 고리와 에봇 고리에 꿰어 흉패로 정교하게 짠 에봇 띠 위에 붙여서 에봇에서 벗어지지 않게 하였으니 여호와께서 모세에게 명령하신 대로 하였더라

그들은 금실과 청색, 자색. 홍색 실과 가늘게 꼰 베 실로 에봇을 만들었다 (39:2). 각종 색깔의 실로 짠 다른 천과는 달리 금실이 들어갔다. 금을 얇게 쳐서 가늘게 오려 실을 만들었다(3절상). 금이 들어갔기 때문에 화려하게 보였을 것이다. "정교하게 짜고"에서 "정교하게"의 *하솨브*(חשב)는 '계획하다, 마음으로 생각하다'이다. 온 정성을 다하여 작업을 하였다는 의미이다. 에봇에는 여러 부분들이 있다.

① 어깨받이(39:4).[18] 어깨받이('견대'로도 불림)는 에봇의 양쪽 어깨에 부착한 것으로, 에봇을 만드는 각종 실로써 짰다. 역할은 에봇의 앞과 뒤 양쪽 끝을 서로 연결시키는 것, 두 호마노 보석을 매어다는 것, 또 흉패를 고정시키는 것 등을 하였다.

② 띠(39:5). 에봇 위에 매는 띠를 에봇을 짠 같은 실(금 실과 청색 자색 홍색 실과 가늘게 꼰 베 실)로 정교하게 짜서 에봇에 붙였다.

③ 두 호마노(39:6~7).[19] 호마노(쇼함, שֹׁהַם onyx) 두개를 깎아 만들었다. "깎아"의 *아사*(עֲשָׂה)는 '만들다'이다. 그 위에 금 테를 물렸는데, "물려"의 *사바브*(סָבַב)는 '둘러싸다'이다. 그 금 테 둘레 안에 도장(호탐, חֹתָם, 인장)을 새김 같이 이스라엘의 아들들의 이름을 새겼다. 나이에 따라 순서대로 한 보석에 여섯 이름(우측 견대에는 르우벤, 시므온 레위, 유다, 단, 그리고 납달리), 또 다른 보석에 여섯 이름(좌측 견대에는 갓, 아셀, 잇사갈, 스불론, 요셉, 그리고 베냐민)을 새겼다(28:10).

이 두 호마노 보석을 견대(어깨받이)에 부착시켰는데(39:7상), 순금으로 노끈처럼 사슬을 땋아 이 사슬로 호마노 금 테에 연결하여 견대에 달았다(26:14). 이 보석을 두 어깨에 메어 이스라엘의 아들들을 기념하는 보석을 삼았다고 하였다(39:7하). "기념"의 *지카론*(זִכָּרוֹן)은 '기억, 회상'이란 뜻이며, 그 보석을 통하여 여호와께서 이스라엘을 기억하겠다는 의미이다.

④ 흉패(39:8~21).[20] 대제사장의 가슴에 다는 흉패를 에봇을 짠 것과 같은 실들(금 실과 청색 자색 홍색 실과 가늘게 꼰 베 실)로 에봇을 짜는 방법대로 짰다(39:8). 흉패의 크기는 길이와 넓이가 각각 한 뼘(약 23cm)되는 정사각형이었다(9절). 그 흉패에 12 보석을 달았는데, 한 줄에 3개씩 네 줄을 달았다(10절상). 첫 줄은 홍보석, 황옥, 녹주옥이었고(10절하); 둘째 줄은 석류석, 남보석, 홍마노였고(11절); 셋째 줄은 호박, 백마노, 자수정이었고(12절); 넷째 줄은 녹

---

18 어깨받이에 대하여 28:6~8 주석을 보라.
19 호마노에 대하여는 28:9 주석을 보라.
20 흉패에 대한 자세한 설명은 28:15~30 주석을 보라.

보석, 호마노, 벽옥이었다(13절상).[21]

보석들에는 모두 금 테를 둥글게 물리게 하였다(13절하; 28:20). "물리다"의 밀루아(מִלֻּאַת)는 '박아 끼우다'이다. 각 보석에는 이스라엘의 열 두 지파의 이름을 하나씩 도장(인장)을 새기는 방법으로 새기게 하였다(39:14). 각 보석은 각 지파의 인장이 되는 것이었다. 그들이 또 순금으로 노끈처럼 사슬을 땋아 각 보석을 흉패에 붙였다(15절).

이제 흉패를 에봇에 부착하는 작업이 남았다. 먼저 금 테와 금 고리 두 개를 흉패 위쪽 두 끝에 달았다(16절). 또 순금으로 노끈처럼 땋은 사슬 한쪽 끝을 두 금 고리에 꿰매었다(17절). 사슬의 다른쪽 끝은 에봇의 양쪽 어깨받이(견대)의 금 테에 매었다(18절). 또 금 고리 둘을 만들어 흉패 아래 양쪽 모서리에 달게 하였고(19절), 또 에봇 양 옆구리 쪽에도 금 고리 둘을 달게 하였다(20절). 그리고 청색 끈으로 아래쪽 흉패 고리와 에봇 옆구리 고리에 매게 하였다(21절상). 그리고 이 청색 끈을 에봇 띠 위에 붙여서 에봇에서 떨어지지 않게 하였다(21절하).

2) 에봇 받침 겉옷(39:22~26)[22]

22 그가 에봇 받침 긴 옷을 전부 청색으로 짜서 만들되 23 그 옷의 두 어깨 사이에 구멍을 내고 갑옷 깃 같이 그 구멍 주위에 깃을 짜서 찢어지지 않게 하고 24 청색 자색 홍색 실과 가는 베 실로 그 옷 가장자리에 석류를 수 놓고 25 순금으로 방울을 만들어 그 옷 가장자리로 돌아가며 석류 사이사이에 달되 26 방울과 석류를 서로 간격을 두고 번갈아 그 옷 가장자리로 돌아가며 달았으니 여호와께서 모세에게 명령하신 대로 하였더라

---

21 이 보석들에 대한 설명은 28:17~20 주석을 보라.

22 에봇 받침 겉옷에 대한 설명은 28:31~35 주석을 보라.

에봇 아래에 받쳐 입는 긴 옷으로서, 푸른색 실로 짜서 만들었다(39:22). 통으로 만든 옷의 두 어깨 사이에 머리 들어갈 구멍을 내었다. 이 구멍의 가장자리는 갑옷 깃 같이 깃을 짜서 찢어지지 않게 하였다(23절). 옷 밑의 끝자락에는 청색 자색 홍색실로 석류를 수놓고 달았는데(24절), 금방울도 만들어 석류 사이에 달았다(25절).

3) 그 외에 부속 부분들(39:27~31)

27 그들이 또 직조한 가는 베로 아론과 그의 아들들을 위하여 속옷을 짓고 28 세마포로 두건을 짓고 세마포로 빛난 관을 만들고 가는 베 실로 짜서 세마포 속바지들을 만들고 29 가는 베 실과 청색 자색 홍색 실로 수 놓아 띠를 만들었으니 여호와께서 모세에게 명령하신 대로 하였더라 30 그들이 또 순금으로 거룩한 패를 만들고 도장을 새김 같이 그 위에 '여호와께 성결'이라 새기고 31 그 패를 청색 끈으로 관 전면에 달았으니 여호와께서 모세에게 명령하신 대로 하였더라

① 속옷(39:27). 맨 안쪽에 먼저 입는 속옷으로서, 가는 베실로 짰다. 이 속옷을 아론뿐만 아니라 그의 아들을 위해서도 만들었다.

② 두건과 관(39:28). 세마포로 두건을 짓고 세마포로 빛난 관을 만들었다(28:39 주석 참조).

③ 속바지(39:27하). 가는 베 실로 짜서 세마포 속바지들을 만들었다(28:42 주석 참조).

④ 금패(39:30~31). 대제사장의 성관에 붙이는 패로서 순금으로 만들었다. 이 패에 "여호와 성결"이란 글을 도장을 새기는 법으로 새겼다(30절). 청색 끈으로 매여 성관 앞쪽에 달았다(31절).

교훈과 적용

하나님은 대제사장과 제사장이 입을 옷을 만들게 하였다. 제사장 옷은 거룩할 뿐만 아니라 영화롭고 아름답게 만들어졌다(28:2 참조). 에봇은 금실과 청색 자색 홍색실과 가늘게 꼰 베실로 공교히 짜서 지어 화려하게 만들었을 뿐만 아니라, 여러 보석이 붙어있었다. 제사장 의복 중에 가장 중요한 것은 에봇이었고, 에봇 중에서도 제일 중요한 부분은 흉패였다. 흉패에는 열두 보석이 나란히 붙었는데, 각 지파의 이름이 인장을 새기듯 새겨졌다. 하나님이 이스라엘을 자신의 귀한 소유(세굴라)로 여긴 것이고, 또 대제사장이 성막 안에서 섬길 때에 열두 지파 모두를 보기 원하셨던 것이다. 오늘날 신약의 성도도 왕같은 제사장이요 하나님의 소유(보물)된 백성임을 다시 새겨야 할 것이다(벧전 2:9).

4. 완성된 성막의 목록들(39:32~43)

32 이스라엘 자손이 이와 같이 성막 곧 회막의 모든 역사를 마치되 여호와께서 모세에게 명령하신 대로 다 행하고 33 그들이 성막을 모세에게로 가져왔으니 곧 막과 그 모든 기구와 그 갈고리들과 그 널판들과 그 띠들과 그 기둥들과 그 받침들과 34 붉은 물을 들인 숫양의 가죽 덮개와 해달의 가죽 덮개와 가리는 휘장과 35 증거궤와 그 채들과 속죄소와 36 상과 그 모든 기구와 진설병과 37 순금 등잔대와 그 잔 곧 벌여놓는 등잔대와 그 모든 기구와 등유와 38 금 제단과 관유와 향기로운 향과 장막 휘장 문과 39 놋 제단과 그 놋 그물과 그 채들과 그 모든 기구와 물두멍과 그 받침과 40 뜰의 포장들과 그 기둥들과 그 받침들과 뜰 문의 휘장과 그 줄들과 그 말뚝들과 성막 곧 회막에서 사용할 모든 기구와 41 성소에서 섬기기 위한 정교한 옷 곧 제사 직분을 행할 때에 입는 제사장 아론의 거룩한 옷과 그의 아들들의 옷이라 42 여호와께서 모세에게 명령하신 대로 이스라엘 자손이 모든 역사를 마치매 43 모세가 그 마친 모든 것을 본즉 여호와께서 명령하신 대로 되었으므로 모세가 그들에게 축복하였더라

성막을 만드는 모든 작업이 끝났다. 일찍 여호와께서 명령하신 그대로 다 완성한 것이다(39:32). 브살렐과 작업한 사람들이 그 성막을 모세에게 가져왔다. 그 막과 기구들, 그리고 부속물들의 목록은 다음과 같다.

① 휘장 막과 그것들을 부착할 모든 기구들(갈고리, 널판, 띠, 기둥과 그 받침)이다(33절). 휘장 막은 붉은 물을 들인 숫양의 가죽 덮개와 해달의 가죽 덮개, 염소 털로 짠 덮개,그리고 각종 색깔의 실로 짠 휘장이 있었다(34절).

② 지성소에는 증거궤와 그 채들, 그리고 속죄소가 있었다(35절).

③ 성소에 놓일 상과 그 모든 기구와 진설병(36절), 순금 등대와 그 위에 놓는 잔들과 그 모든 기구와 등유 등이 있었다(37절). 그리고 금 제단(향단)과 거기에 필요한 관유와 향기로운 향이 있었다(38절상).

④ 장막 안 지성소와 성소를 나눌 휘장과 그 기둥들, 성소에 들어가는 문을 만드는 휘장과 그 기둥들이 있었다(38절하).

⑤ 뜰에 놓일 가구들로서 놋 제단과 그 놋 그물, 그 채들, 거기에 필요한 모든 기구가 있었다. 또 물두멍과 그 받침이 있었다(39절).

⑥ 뜰의 포장들, 그 기둥들과 그 받침들이 있었고, 뜰 문의 휘장이 있었다. 덮개의 휘장들과 울타리 휘장들을 고정시킬 줄들과 그 말뚝들도 있었다(40절).

이상은 성막을 이루는 모든 구조물과 거기에서 사용할 기구들이었다. 그 기구들 외에 제사장 아론이 제사 직분을 행할 때에 입는 거룩한 제사장 복과 아론의 아들들의 옷도 있었다(41절). 여호와께서 모세에게 명령하신 대로 이스라엘 자손이 모든 역사를 마쳤다(42절). 모세가 그 모든 것을 보니 여호와께서 명령하신 대로 되었으므로 만족해하였다. 모세가 일을 한 그들에게 축복하였다(43절).

5. 성막을 세우다(40:1~30)

성막의 모든 기구들이 완성되었다. 이제 그것들을 세우고 기구들을 제자리에 가져다 놓으면 된다.

1) 성막을 세울 것을 지시하다(40:1~11)

> 1 여호와께서 모세에게 말씀하여 이르시되 2 너는 첫째 달 초하루에 성막 곧 회막을 세우고 3 또 증거궤를 들여놓고 또 휘장으로 그 궤를 가리고 4 또 상을 들여놓고 그 위에 물품을 진설하고 등잔대를 들여놓아 불을 켜고 5 또 금 향단을 증거궤 앞에 두고 성막 문에 휘장을 달고 6 또 번제단을 회막의 성막 문 앞에 놓고 7 또 물두멍을 회막과 제단 사이에 놓고 그 속에 물을 담고 8 또 뜰 주위에 포장을 치고 뜰 문에 휘장을 달고 9 또 관유를 가져다가 성막과 그 안에 있는 모든 것에 발라 그것과 그 모든 기구를 거룩하게 하라 그것이 거룩하리라 10 너는 또 번제단과 그 모든 기구에 발라 그 안을 거룩하게 하라 그 제단이 지극히 거룩하리라 11 너는 또 물두멍과 그 받침에 발라 거룩하게 하고

여호와께서 첫째 달 초하루에 성막(회막)을 세우라고 모세에게 지시하셨다(40:1~2). 첫째 달은 아빕월이다. 출애굽이 그달 14일에 있었으므로 성막을 완성하여 세운 것은 출애굽한 지 꼭 일 년이 지난 둘째 해 첫 달 첫 날이 된다(7절 참조). 그들이 시내산에 도착한 것은 이스라엘이 이집트에서 출발한 지 3개월이 되던 날이었다(19:1). 시내산에서 있었던 일들을 시간대로 살펴보면 시내산에 머물면서 언약을 맺었고, 모세가 40일간 산 위에서 율법을 받았고(24:18), 이스라엘이 금송아지 우상을 만들어 배반하였고, 모세가 다시 산 위에서 40일간 율법을 받았고(34:28), 다시 돌아와서 성막을 제작하기 시작하였다. 성막의 여러 부속 기구들을 제작한 기간이 약 6개월이 소요된 것 같다.

하나님은 증거궤를 들여놓고 또 휘장으로 그 궤를 가리라고 하셨다(3절). 또

상을 들여놓고 그 위에 물품을 진설하라고 하셨다. 그리고 등잔대를 들여놓아 불을 켜라고 하셨다(4절). 금 향단을 증거궤 앞에 두고, 성막 문에 휘장을 달라고 하셨다(5절). 번제단을 회막의 성막 문 앞에 놓고(6절), 물두멍을 회막과 제단 사이에 놓고, 그 속에 물을 담으라고 하셨다(7절). 뜰 주위에 포장을 치고, 뜰 문에 휘장을 달라고 하셨다(8절).

여호와께서 관유를 가져다가 성막과 그 안에 있는 모든 기구들에 발라 그것과 그 모든 기구를 거룩하게 하라고도 지시하셨다(9절). 관유를 번제단과 그 모든 기구에 발라 그것을 거룩하게 하라고 하셨다(10절). 물두멍과 그 받침에 발라 거룩하게 하라고 하셨다(11절).

2) 아론의 임직을 지시하다(40:12~15)

12 너는 또 아론과 그 아들들을 회막 문으로 데려다가 물로 씻기고 13 아론에게 거룩한 옷을 입히고 그에게 기름을 부어 거룩하게 하여 그가 내게 제사장의 직분을 행하게 하라 14 너는 또 그 아들들을 데려다가 그들에게 겉옷을 입히고 15 그 아버지에게 기름을 부음 같이 그들에게도 부어서 그들이 내게 제사장의 직분을 행하게 하라 그들이 기름 부음을 받았은즉 대대로 영영히 제사장이 되리라 하시매

여호와께서 또 아론과 그 아들들을 회막 문으로 데려다가 물로 씻겨 임직을 위한 준비를 지시하셨다(40:12). 먼저 아론에게 거룩한 옷(대제사장복)을 입히고 그에게 기름을 부어 거룩하게 하여 제사장의 직분을 행하게 하라고 지시하셨다(13절). 또 그 아들들을 데려다가 그들에게 겉옷(케토네트, כְּתֹנֶת, 긴 옷, 제사장을 위한 세마포로 만든 옷)을 입히고(14절), 기름을 부어 제사장 직분을 행하게 하라고 하셨다. 한번 기름부음을 받은 자는 영영히 제사장이 된다고 하셨다(15절).

3) 성막을 세우다(40:16~33)

16 모세가 그같이 행하되 곧 여호와께서 자기에게 명령하신 대로 다 행하였더라 17 둘째 해 첫째 달 곧 그 달 초하루에 성막을 세우니라 18 모세가 성막을 세우되 그 받침들을 놓고 그 널판들을 세우고 그 띠를 띠우고 그 기둥들을 세우고 19 또 성막 위에 막을 펴고 그 위에 덮개를 덮으니 여호와께서 모세에게 명령하신 대로 되니라 20 그는 또 증거판을 궤 속에 넣고 채를 궤에 꿰고 속죄소를 궤 위에 두고 21 또 그 궤를 성막에 들여놓고 가리개 휘장을 늘어뜨려 그 증거궤를 가리니 여호와께서 모세에게 명령하신 대로 되니라 22 그는 또 회막 안 곧 성막 북쪽으로 휘장 밖에 상을 놓고 23 또 여호와 앞 그 상 위에 떡을 진설하니 여호와께서 모세에게 명령하신 대로 되니라 24 그는 또 회막 안 곧 성막 남쪽에 등잔대를 놓아 상과 마주하게 하고 25 또 여호와 앞에 등잔대에 불을 켜니 여호와께서 모세에게 명령하신 대로 되니라 26 그가 또 금 향단을 회막 안 휘장 앞에 두고 27 그 위에 향기로운 향을 사르니 여호와께서 모세에게 명령하신 대로 되니라 28 그는 또 성막 문에 휘장을 달고 29 또 회막의 성막 문 앞에 번제단을 두고 번제와 소제를 그 위에 드리니 여호와께서 모세에게 명령하신 대로 되니라 30 그는 또 물두멍을 회막과 제단 사이에 두고 거기 씻을 물을 담으니라 31 모세와 아론과 그 아들들이 거기서 수족을 씻되 32 그들이 회막에 들어갈 때와 제단에 가까이 갈 때에 씻었으니 여호와께서 모세에게 명령하신 대로 되니라 33 그는 또 성막과 제단 주위 뜰에 포장을 치고 뜰 문에 휘장을 다니라 모세가 이같이 역사를 마치니

여호와께서 지시하신 대로 모세가 그대로 실행하였다. 출애굽한지 둘째 해 첫째 달 초하루에 모세가 성막을 세웠다(16:1 주석 참조).

① 성막 구조물을 세우다(18~19절). 먼저 기둥의 받침을 놓고 그 위에 기둥들을 세우고, 널판을 끼우고 띠를 띠웠다(18절). 그 위에 휘장 막(첫 번째 막, 각종 색깔의 실로 짠 천)을 펴고, 그 위에 덮개(두 번째 막, 염소털실로 짠 휘장)를 덮었다(19절). 물론 그 위에 세 번째 휘장막인 붉게 물들인 수양의 가죽을 얹

었을 것이고, 또 마지막으로 해달의 가죽으로 만든 윗 덮개를 덮었을 것이다.

② 기구들을 성막 안에 안치하다(20~28절). 다음으로 모세는 언약궤를 준비하였다. 증거판(돌판)을 궤 속에 넣고 채를 궤에 꿰고 속죄소를 궤 위에 올렸다(20절). 궤를 성막 안쪽(지성소)에 들여놓고, 가리개 휘장을 늘어뜨려 증거궤를 가렸다(21절).

회막 안 휘장 밖(성소) 북쪽 편에 떡상을 놓고, 여호와 앞 그 상위에 떡을 진설하였다. "여호와 앞"은 '여호와 맞은편'을 의미하는데, 이것은 여호와께서 속죄소 위 두 그룹 사이에 임재해 계시기 때문에(25:22) 쓴 표현이다. 또 성소 남쪽 편에 등잔대를 놓아 떡상과 마주보게 하였다(40:24). 그리고 "여호와 앞" 등잔대에 불을 켰다(25절). 금 향단을 성소 휘장 앞에 두고(26절), 그 위에 향기로운 향을 살랐다(27절). 그리고 성막(성소) 문에 휘장을 달았다(28절). 물론 기둥을 세우고 휘장을 달았을 것이다.

③ 성막 뜰을 만들다(29~33절). 모세는 성막(성소) 문 앞에 번제단을 두고, 번제와 소제를 그 위에 드렸다(29절). 또 물두멍을 회막(성소)과 제단 사이에 놓고, 거기 씻을 물을 담았다(30절). 모세와 아론과 그 아들들이 거기서 손과 발을 씻었다(31절). 그들이 성막(성소)에 들어갈 때와 제단에 가까이 갈 때에 항상 손발을 씻었다(32절). 또 성막과 제단 주위 뜰에 포장을 치고 뜰 문에 휘장을 달았다(33절). 물론 휘장을 달기 위한 기둥들이 세워졌을 것이고, 가로대도 쳤을 것이다(27:17~18 참조). 이상과 같이 모세가 모든 역사를 마쳤다.

6. 여호와의 영광이 성막에 임하다(40:34~38)

34 구름이 회막에 덮이고 여호와의 영광이 성막에 충만하매 35 모세가 회막에 들어갈 수 없었으니 이는 구름이 회막 위에 덮이고 여호와의 영광이 성막에 충만함이었으며 36 구름이 성막 위에서 떠오를 때에는 이스라엘 자손이 그 모든 행진하는 길에 앞으로 나아갔고 37 구름이 떠오르지 않을 때에는 떠오르는 날까지

나아가지 아니하였으며 38 낮에는 여호와의 구름이 성막 위에 있고 밤에는 불
이 그 구름 가운데에 있음을 이스라엘의 온 족속이 그 모든 행진하는 길에서 그
들의 눈으로 보았더라

성막 건축이 끝났다. 구름이 성막에 덮이고 여호와의 영광이 성막에 충만하였
다(40:34). "여호와의 영광"의 "영광(카보드, כָּבוֹד)"은 하나님의 속성(거룩 혹은
영광스러움)을 나타내지만 또 한편으로는 '여호와의 임재'를 상징적으로 표현
하는 전문 용어이다. 또 여호와의 영광은 하나님 자신을 직접 가리키기도 하
였다. 모세가 여호와의 영광을 보여 달라고 했을 때에(33:18) 하나님은 자신의
얼굴을 보고 살지 못한다고 대답하셨다. 즉, 그의 '영광'이 자신의 본체와 동등
함을 말씀하신 것이다. 여호와의 영광은 주로 구름과 함께 나타난다. 구름 속
에 나타나심은 사람들에게 자신의 임재를 가시적으로 보여주는 표이기도 하
였지만, 또 자신의 모습을 감추시기 위함도 된다. 물론 밤에는 그 구름 가운데
에 불이 있어 그의 임재를 표현하기도 하였다(40:38).

구름이 성막에 덮였다는 것은 사람들에게 여호와의 임재를 가시적으로 보
여주신 것이다. 여호와를 본 그의 종 모세조차도 회막에 들어갈 수가 없었
다. 왜냐하면 구름이 덮이고 여호와의 영광이 성막에 충만하였기 때문이었
다(40:35). 그만큼 여호와의 임재가 사람들에게 강력한 인상을 주었음을 의
미한다(역시 왕상 8:11; 대하 5:14; 7:2을 보라). 마치 모세가 시내산 위에서 여
호와의 영광을 직접 보고 몸을 엎드렸던 것과 같은 강렬함을 느낀 것이다
(33:22; 34:8).

여호와께서는 성막 안에서만 머무르시지 않으셨다. 이스라엘이 행진을 해
야 할 때가 되면 구름이 성막 위에서 떠오르고, 그 구름은 앞에 서서 그들의 행
진을 인도하셨다(40:36). 여호와께서는 다른 우상들처럼 가만히 앉아서 예배
만 받으시는 분이 아니심을 보여주는 장면이다. 그는 백성의 왕으로서 성막에
게 그들을 다스릴 뿐만 아니라, 그들의 길을 인도해 주시는 분이시다. 그리고
백성이 전쟁을 할 때에 자신이 앞에서 백성을 위해 싸우실 것이다.

백성들은 구름이 성막 위에서 떠오르면 행진할 준비를 차려서 그를 따라 나아갔다. 만약 구름이 떠오르지 않으면 계속 그 자리에 머물렀다(37절). 하나님이 그들을 직접 인도해 나간 것이다. 그런데 성막에는 항상 구름만 있은 것이 아니었다. 낮에 여호와의 구름이 성막 위에 있고 밤에는 불이 그 구름 가운데에 있었다(38절상). 시내 반도 광야는 사막지대이다. 낮에는 모래가 강렬한 태양의 열을 받아 온도가 급상승하였다가, 밤이 되면 모래가 식어 온도가 급히 하강한다. 그래서 여호와는 낮에는 구름으로 그들에게 그늘을 제공해 주시고, 밤에는 불로써 그들을 추위에서 보호해주셨다. 뒤에 모세는 백성에게 광야에서 그들을 호위하시며 보호하시기를 마치 자기 눈동자 같이 지키셨고, 또 마치 독수리가 새끼를 보호하고 양육하듯이 그들을 인도하셨음을 기억하라고 회상시킨다(신 32:10,11). 광야에서의 이러한 보호는 부모가 자식을 보호하는 것을 더 넘어 왕 되신 언약의 하나님이 자기 백성을 보호하고 인도해 주시는 것이었다. 온 이스라엘 족속은 그 모든 행진하는 길에서 그러한 여호와의 영광을 눈으로 직접 보고 체험하였다(40:38하).

출애굽기는 아브라함에게 주신 약속(창 15:13~16)을 어떻게 성취시키는지를 확인해 주었고, 그 약속이 앞으로 어떻게 계속 완성해 나갈 것임을 내다보게 하면서 끝낸다.

교훈과 적용

① 시내산 언약의 과정에서 성막의 청사진이 주어졌고, 거기에 따라 성막 건설이 완성되었다. 시내산 위에 임재하셨던 여호와의 영광은 구름과 함께 성막으로 옮겨왔다(40:34). "여호와의 영광"은 '여호와의 임재'를 상징적으로 표현하는 전문 용어이다. 하나님의 영광이 구름과 함께 나타났다. 물론 이 구름은 거룩한 구름이다(역시 눅 9:34; 행 1:9). 그러나 하나님 임재와 함께 하는 구름은 또 암흑으로 표현되기도 한다(출 20:21; 신 43:11; 5:22~23). 그리고 성전의 지성소에서도 그는 스스로 암흑 중에 계시는 것을 선택하셨다(왕상 8:12). 구름과 흑암은 하나님 자신을 감추기 위한 수단이었다. 그것도 백성을 위해

서였다. 왜냐하면 백성이 자신을 보면 살 수 없기 때문이었다. 그러나 완성된 성막의 형태인 미래의 하나님 나라에서는 하나님의 영광은 빛으로 임하신다(계 21:11, 23; 사 60:1~4, 19, 20). 하나님은 원래 빛을 좋아하신 분으로서 그 빛을 찾으신 것이다. 그 곳에서 성도들은 하나님을 직접 뵙고, 또 하나님의 영광의 빛 아래에서 하나님과 함께 영원한 안식을 즐길 것이다.

② 성막이 완성되고, 출애굽의 여정은 앞으로 계속 이어질 것이다. 지금부터는 성막에 임재하신 여호와의 영광이 그들을 친히 인도하실 것이다. 여호와의 영광이 성막에 임하였다는 것은 그가 백성 중에 거하시며, 또 언약의 왕으로서 그 백성을 통치하신다는 것이다. 여호와는 왕으로서 백성의 하나님으로서 광야에서 인도하시고, 보호하시고, 먹을 것을 주실 것이다. 그리고 가나안에 들어가서 전쟁으로서 그들을 이기고 자기 백성에게 땅을 나누어주실 것이다. 이 출애굽 여정의 완성은 법궤가 예루살렘으로 옮겨져 여호와께서 자기의 도성에 왕으로 좌정하심으로서 완성된다. 그때에 하나님은 전쟁에서 승리한 왕으로서 원수들로부터 공물을 챙기고 많은 포로들을 끌고 예루살렘으로 들어오신다(시 60:17~18). 하나님은 자신의 산(예루살렘의 산)에 왕으로 좌정하시어 백성들을 영원히 통치하실 것이다(시 68:16~18; 역시 출 15:17~18을 보라). 세상의 많은 크고 작은 산들이 여호와의 산을 시기할 것이다. 왜냐하면 그의 통치권이 높기 때문이다(시 68:15~16).

신약의 교회는 그리스도가 통치하는 광야교회와 같다. 예수님이 세례를 통하여 자기 백성(신약 성도들)과 함께 엑소도스를 시작하셨다(고전 10:1~2). 그리스도는 우리에게 신령한 양식과 음료를 제공해 주신다(10:3~4). 왕이신 하나님이 이스라엘을 인도하셨던 것과 같이 오늘도 왕이신 그리스도께서 성도를 이끌고 저 영원한 나라를 향하여 행군하신다. 우리는 궁극적으로 그 나라에 들어가서 주님과 왕으로 통치할 것이다.

보론 6 성막의 최종적인 완성

성막은 모형이다. 그 모형은 미래에 올 참의 것을 바라보는 것이다. 성막은 근본적으로 하나님 임재의 장소였다. 하나님을 삼위의 분으로 나누어서 신약 시대에 그 모형이 어떻게 이루어졌는지를 볼 필요가 있다. 첫째로 아들 예수님이 성막으로 오심으로서 성막 모형의 많은 것을 이루었다. 둘째로 성령님이 오심으로서 새로운 성전이 세워졌다. 그리고 셋째로 성부 하나님이 오심으로서 모든 성막의 개념이 완성될 것이다. 이미 앞의 두 가지는 보았다(보론 1 성막의 서론적 고찰을 볼 것). 이제 셋째 것을 다루면서 어떻게 성막이 완성될 것인지를 보도록 하겠다.

1. 하나님이 성막을 펴시고 내려오심

성막의 최종적인 완성은 하나님이 성막을 펴시고 내려오심으로서 이루어진다. 계시록에서는 마지막 날에 하늘에서 내려오는 새 예루살렘을 다음과 같이 묘사한다:

> 또 내가 보매 거룩한 성 새 예루살렘이 하나님께로부터 하늘에서 내려오니...
> 내가 들으니 보좌에서 큰 음성이 나서 이르되 보라 하나님의 장막이 사람들과
> 함께 있으매 하나님이 그들과 함께 계시리니 그들은 하나님의 백성이 되고 하
> 나님은 친히 그들과 함께 계셔서(계 21:2, 3)

위의 구절에서 성막과 관계된 여러 말들이 나타난다. "보좌"는 성막에서 법궤 위에 앉은 여호와의 모습을 상기시킨다. "(하나님의) 장막"의 스케네(σκηνή)는 히브리어 성막인 쇼키나(שְׁכִינָה) 혹은 미쉬칸(מִשְׁכָּן)에 해당하는 단어이다. "(그들과 함께) 계시리니"의 스케노오(σκηνόω)는 '거주하다, 살다'라는 단어인데

히브리어 *쇠칸*(שָׁכַן, 거주하다)에 해당한다. 예수님의 성육신 기사에서 "말씀이 육신이 되어 우리 가운데 거하시매(스케노오)"에서 사용된 단어이다(요 1:14).

따라서 위의 계시록 구절은 하나님이 모세에게 성막을 지으라고 명령하셨던 그 말씀과 비교가 된다: "내가 그들 중에 거할(*쇠칸*) 성소(*미쉬칸*)를 그들이 나를 위하여 짓되"(출 25:8). 계시록 본문에서 "그들은 하나님의 백성이 되고 하나님은 친히 그들과 함께 계셔서"라는 문구는 시내산 언약의 중요한 요소였다. 언약은 나라 만들기였다. 언약을 통하여 하나님이 그들의 왕이 되시고, 이스라엘은 그의 백성이 되었다. 그 시내산 언약이 그대로 성막으로 옮겨갔다. 이제 그 언약, 그리고 성막의 의미가 완성되었다.

계시록에 또 다른 묘사도 마지막 날 이후에 대한 묘사에서 성막(성전)에 해당하는 묘사가 있다: "그러므로 그들이 하나님의 보좌 앞에 있고 또 그의 성전에서 밤낮 하나님을 섬기매 보좌에 앉으신 이가 그들 위에 장막을 치시리니"(계 7:15). 이 구절에서도 "보좌," "성전(성소)," "장막을 치다(스케노오)" 등의 말들이 성막(성전)과 관계된 말이다.

계시록에 성막과 관계된 단어는 '하나님의 영광'이라는 용어이다. 계시록 21장의 새 예루살렘에서도 그 용어가 등장한다: "하나님의 영광이 있어 그 성의 빛이…"(계 21:11); "그 성은 해나 달의 비침이 쓸 데 없으니 이는 하나님의 영광이 비치고 어린양이 그 등불이 되심이라"(계 21:23). 여호와의 영광이 가득한 성, 거기에 하나님이 빛으로 등장한다. 더 이상 해와 달이 비침이 쓸데없다. 여호와가 그 성에 영원한 빛이 된다. 성막의 휘장 뒤는 어둠이었다. 그런데 이젠 하나님은 어둠 가운데 계시지 않는다. 원래 하나님은 빛을 좋아하셨고, 자신이 빛이었다. 마지막에 하나님은 이 빛을 되찾으신다.

2. 새 예루살렘 성에서 성전이 있는가?

하나님이 내려오실 때에 그 모습의 설명은 성막인데, 그런데 하늘에서 내려오는 것은 '성전'이라고 하지 않고 '거룩한 성 새 예루살렘'이라고 하였다(계 21:2). '이 성과 성전의 관계는 무엇일까? 성 안에 성전이 따로 있는가?'라는 의문이 제기 된다.

이 예루살렘 성을 더 자세히 보자. 하나님은 요한을 크고 높은 산으로 데리고 올라가 하늘에서 내려오는 거룩한 성 예루살렘을 보여주셨다(21:10). 거기에는 크고 높은 성곽이 있고 동, 서, 남, 북 각 면에 각각 세 문씩 열두 문이 있었다. 그 문들 위에 이스라엘 자손 열두 지파의 이름들이 새겨져 있다(21:12~13). 그런데 이러한 예루살렘 성을 본 사람이 또 있다. 에스겔이다. 에스겔도 예루살렘 성을 보는데, 네모였고, 동, 서, 남, 북 각 면에는 너비가 각각 사천오백 척이며, 또한 각 면에 문이 셋이었고, 각 문에는 이스라엘 열두 지파의 이름이 붙여졌다(겔 48:32~33). 계시록의 모양과 꼭 같고, 문들도 꼭 같이 열두지파의 이름이 붙었다.

에스겔은 크기를 말하는데, 그 사방의 합계는 만 팔천 척이라 했다(겔 48:35). 척이 정확하게 얼마를 가리키는지 알지 못한다. 출애굽기 26:2, 8을 보면 척이 4규빗(약 2m)일 가능성이 제기될 수도 있다. 만약 한 척이 2m로 계산하면 만 팔천 척은 36km가 된다. 그러나 성경에는 척이 얼마를 가리킨다는 척도는 잘 보이지 않는다. 척의 밋다(מִדָּה)는 때로는 무한대의 길이 혹은 시간을 가리키기도 한다(욥 11:9; 시 39:4).

계시록의 새 예루살렘에 대하여도 그 크기를 주고 있다: "그 성은 네모가 반듯하여 길이와 너비가 같은지라 그 갈대 자로 그 성을 측량하니 만 이천 스타디온이요 길이와 너비와 높이가 같더라"(계 21:16). 1 스타디온은 약 190m로 계산된다. 12,000 스타디온은 2,280 km로 그 크기는 어마어마하다. 길이가 예루살렘에서 로마까지 이르는 규모이다. 물론 계시록과 에스겔이 본 성의 크기가 정확하게 일치하지는 않는다. 그러나 양쪽 다 엄청나게 크다는 것을 부각시킨다. 그 길이를 말하는 것은 정확하게 그 크기의 정보를 주기 위해서보다, 그 성이 크다는 것을 상징적으로 표현한 것으로 생각할 수 있다. 유대인 이방인 모든 성도가 다 참여하는 하나님 나라이니 커야 한다.

그런데 에스겔은 다음과 같이 모든 것을 마무리 한다: "그 날 후로는 그 성읍의 이름을 여호와 삼마라 하리라"(겔 48:35). "여호와 삼마"는 것은 '여호와가 거기 계시다'라는 의미이다. 이것은 성막(미쉬칸 혹은 쇠키나, 하나님의 거처)의 의미이다. 이름은 그 사람 혹은 그 성을 대변한다. 바로 그 성이 하나님의 거처라는 뜻이며, 그것은 그 성 자체가 성막(성전)이 된다는 의미이기도 하다.

그런데 계시록에도 이와 같은 내용이 있다: "성 안에서 내가 성전을 보지 못하였으니 이는 주 하나님 곧 전능하신 이와 및 어린양이 그 성전이심이라"(계 21:22). 계시록에서는 더 이상 성전이 없다고 하였다. 왜냐하면 하나님이 자신이 성전이며, 그의 임재가 그 자체가 성전이기 때문이다. 성막의 의미는 하나님 거처이다. 이제 위 땅 위에 있었던 성막 혹은 성전이 하나님과 예수님 그리고 성령의 거처로 한정될 수 없다. 하늘에서 내려온 새 예루살렘 그 자체가 성전이다. 이 새 예루살렘은 바로 하나님 나라라고 할 수 있다. 거기에 하나님이 계시고, 백성이 그를 섬기는 그것이 완성된 성막이라고 할 수 있다.

그런데 이 하나님 나라에 성전이 있는 듯한 구절이 있다. 계시록 7장은 다음과 같이 말한다: "그러므로 그들이 하나님의 보좌 앞에 있고 또 그의 성전(나오스, 성소)에서 밤낮 하나님을 섬기매 보좌에 앉으신 이가 그들 위에 장막을 치시리니"(계 7:15). 여기에서 "성전"의 나오스는 신약 성경에서도 여러 번 성전에 사용되기도 하였다. 그런데 신약에서 가장 보편적으로 성전에 사용된 히에론(ίερόν, 거룩한 집)과는 색깔이 조금 다르다. 나오스의 동사 나이오(ναίω)는 '거주하다, 살다'는 의미로서 "장막을 치다"의 스케노오와 히브리어 쇠칸과 같은 의미이다. 따라서 꼭 성전 건물 자체보다 '하나님의 거처'라는 의미로 '성소'로 번역할 수 있다.

이런 의미로 사용된 대표적인 경우를 스데반이 사용한 것에서 볼 수 있다: "그러나 지극히 높으신 이는 손으로 지은 곳(나오스)에 계시지 아니하시나니 선지자가 말한 바 주께서 이르시되 하늘은 나의 보좌요 땅은 나의 발등상이니 너희가 나를 위하여 무슨 집을 짓겠으며 나의 안식할 처소가 어디냐"(행 7:48,49). 실제 신약 성경에서 나오스는 '성소'로 자주 번역되었다(마 27:5; 막 15:38; 눅

1:9,21,22 등), 또 이방 성소에서도 사용되었다(행 19:24).

이상에서 볼 때에 계시록 7:15에 나오는 나오스는 하나님의 처소를 의미하는 '성소'로 번역할 수 있으며, 따라서 21:22의 '그 성에는 성전이 없다'는 말과 배치되는 것으로 볼 필요가 없다. 그 성 자체가 하나님의 처소로서 성소가 되는 것으로 이해할 수 있다.

성막은 그림자요 모형(예표)였으며, 또 비유였다. 참 것이 오면 그림자와 예표는 더 이상 필요 없다. 성막은 하나님 거주하는 처소이다. 이제 진짜 처소가 왔는데 계속 성막(성전)이 있을 필요가 없는 것이다. 새 예루살렘, 하나님의 처소이며, 보좌가 자리잡은 곳이다. 바로 이것이 성전이다. 따라서 미래에 성전이 세워져야 한다는 것은 동의할 수 없다.

3. 회복된 에덴동산

회복된 성막에는 꼭 짚고 넘어가야 할 것이 있다. 바로 휘장이 보여준 에덴동산의 모습이다. 성막의 휘장 앞에 선 사람은 에덴의 동쪽에 머문 것과 같았다. 예수님의 십자가로 휘장이 열렸으니 그 뒤에는 에덴이 펼쳐져야 한다. 성막의 근본적인 의미는 '하나님 임재의 장소'이며, 최초의 하나님 임재의 장소는 에덴동산이었다. 에덴동산의 회복이 성막의 최종 목표가 되어야 한다.

계시록의 새 예루살렘에서 만물의 회복을 이렇게 말한다: "보좌에 앉으신 이가 이르시되 보라 내가 만물을 새롭게 하노라 하시고..."(계 21:5). 계시록에서 만물이 어떻게 새롭게 하시는지 구체적으로 보도록 하자.

① 강이 흐른다. 요한은 강을 보았다: "또 그가 수정 같이 맑은 생명수의 강을 내게 보이니 하나님과 및 어린양의 보좌로부터 나와서 길 가운데로 흐르더라"(계 22:1~2상). 강이 흐른다는 것은 거기 생명이 살 환경이 만들어졌다는 것이다. 그런데 그 강을 "생명수의 강"이라고 말한다. 그 땅을 다시 살리는 강을

의미한다. 그 강가에 나무들이 열매를 맺고 또 "그 나무 잎사귀들은 만국을 치료하기 위하여 있더라"라고 말한다(22:2하). 에덴동산에서 강이 흘렀던 것과 비교된다: "강이 에덴에서 흘러 나와 동산을 적시고 거기서부터 갈라져 네 근원이 되었으니"(창 2:10).

② 나무들이 있는데, 생명나무가 있다. 계시록에는 강 좌우에 "생명나무가 있어 열두 가지 열매를" 맺는다고 한다(계 22:2). 여러 나무가 있고, 또 다양한 열매들이 맺힌다. 그런데 모든 나무를 '생명나무'라고 말한다. 에덴동산에도 각종 나무들이 있었고 생명나무도 있었다: "여호와 하나님이 그 땅에서 보기에 아름답고 먹기에 좋은 나무가 나게 하시니 동산 가운데에는 생명 나무와 선악을 알게 하는 나무도 있더라"(창 2:9). 물론 계시록에는 선악을 알게 하는 나무는 없으며, 그것과 나란히 있었던 생명나무만 있다. 한 차원 높아진 회복된 하나님 나라의 모습으로 볼 수 있다.

③ 각종 보석들로 장식되었다. 완성된 하나님 나라인 새 예루살렘에는 온갖 보석들로 장식되어 있다(계 21:11). 성곽도 각종 보석으로 쌓였으며(계 21:18~19), 성문도 보석으로 장식되었다. 에덴 동산에는 보석도 있었다: "그 땅의 금은 순금이요 그 곳에는 베델리엄과 호마노도 있으며"(창 2:12); "네(그룹)가 옛적에 하나님의 동산 에덴에 있어서 각종 보석 곧 홍보석과 황보석과 금강석과 황옥과 홍마노와 창옥과 청보석과 남보석과 홍옥과 황금으로 단장하였음이여"(겔 28:13).

④ 회복의 시작점이다. 그 땅의 회복이 시작되는 지점을 유심히 살필 필요가 있다. 바로 물이 "하나님과 및 어린양의 보좌로부터 나와서" 강을 이루어 흐른다(계 22:1). 바로 물의 출발점은 보좌이다. 성막(성전)의 관점에서(물론 새 예루살렘에서는 성전이 없지만) 보면 보좌는 지성소 법궤 위에 앉으신 하나님의 모습으로 이해할 수 있다.

그런데 이와 비슷한 그림이 에스겔에도 있다.

그가 나를 데리고 성전 문에 이르시니 성전의 앞면이 동쪽을 향하였는데 그

문지방 밑에서 물이 나와 동쪽으로 흐르다가 성전 오른쪽 제단 남쪽으로 흘러
내리더라... 동쪽을 향한 바깥 문에 이르시기로 본즉 물이 그 오른쪽에서 스며
나오더라(겔 47:1~2).

에스겔은 성전 안을 보지 못하였다. 그는 성전 건물 밖에서 보는데 물이 성전
안에서 시작하여 문지방 밑으로 새어 나온다. 계시록 22:1과 합하면 성전 안 지
성소, 즉 하나님의 보좌에서부터 흘러나오는 것이라고 할 수 있다.

성전에서 흘러나온 물은 동쪽으로 계속 흘러갔는데, 물의 양이 점점 많아진
다(겔 47:3). 나중에는 그 "물이 가득하여 헤엄칠 만한 물이요 사람이 능히 건너
지 못할 강이더라"고 말한다(47:5). 그리고 그 강 좌우편에 나무가 심히 많았고,
각 족 먹을 열매를 끊이지 않고 맺었다(47:7,12).

그런데 특이한 묘사가 있다. 그 물이 동쪽으로 향하여 흘러 아라바로 내려가
서 바다에 이르렀는데, 그 바다의 물이 되살아났다(겔 47:8). 아라바 지역은 사
해 연안이다. 예루살렘에서 사해 사이는 '예시몬(황무지)'이라고 불리는 황무지
('유대 광야'로도 불림)이다. 강이 그 모든 황무지를 살려놓을 뿐만 아니라 죽은
바다인 사해(死海)도 살려놓는다. 그 강물이 이르는 곳마다 모든 생물이 살고
"고기가 심히 많으리니 이 물이 흘러 들어가므로 바닷물이 되살아나겠고 이 강
이 이르는 각처에 모든 것이" 살아난다(겔 47:9). 사해는 염도가 보통 바다보다
5.7배나 높아 어떤 생물도 살 수 없는 곳이다. 그런데 그곳이 살아나고 고기가
심히 많아 어부가 "엔게디에서부터 에네글라임까지 그물 치는 곳이 될 것이라"
고 한다(겔 47:10). 에네글라임은 어느 곳인지는 모르지만, 엔게디는 사해 서쪽
중앙 부분에 있는 자그마한 마을이다. 사해가 살아나 어부들이 그물을 친다는
것은 회복의 상징성이 크다.

⑤ 다시는 고통과 눈물이 없다. 이제 그곳에는 "다시 저주가 없다"(계 22:3).
이것은 에덴동산으로의 회복이다. 보좌에 앉으신 하나님이 "모든 눈물을 그 눈
에서 닦아 주시니 다시는 사망이 없고 애통하는 것이나 곡하는 것이나 아픈 것
이 다시 있지 아니"한다고 한다(계 21:4; 7:17). 다시는 주리지도 아니하며 목마

르지도 아니하고 해(害)나 상(傷)함도 없다(계 7:16).

　⑥ 밤낮 하나님과 어린양을 섬긴다. 거기에는 성전도 없고, 휘장도 없어 하나님을 직접 뵙는다(계 22:4). 그뿐만 아니라 휘장을 열고 우리 앞에 들어가신 어린양 예수님도 계셔서 그를 직접 뵈며 그를 섬긴다. 그 하나님은 보좌에 앉으신 분이시다. 우리의 왕이심을 의미한다. 성도들이 그 보좌 앞에서 하나님을 밤낮 섬기는데(7:15; 22:3), 이 '섬긴다'는 것은 예배와 동일시된다.

　⑦ 하나님의 영광과 빛이 가득하다. 거기에는 하나님의 영광이 빛으로 나타난다(계 21:23). 구약 성막에서는 하나님의 영광이 구름과 어둠으로 나타났던 것과 비교된다. 원래 하나님은 빛의 분이시다. 어둠은 임시적이었다. 이제 진짜 자신의 영광인 빛을 되찾은 것이다. 하나님과 함께 성도들도 더 이상 어둠 속에 살지 않는다. 그 성에는 해와 달이 비침도 쓸데없을 정도로 하나님의 영광의 빛이 가득하기 때문이다(계 22:5).

　⑧ 하나님이 장막으로 덮으신다. 그곳에서 "보좌에 앉으신 이가 그들 위에 장막을" 치신다(계 7:15). 그것은 자기 백성을 보호하고 돌보신다는 의미이다. 물론 모든 필요한 것을 공급해 주시는 것까지 포함한다. 하나님이 자기의 날개로 자기 백성을 덮는 것이다. 마치 독수리가 새끼가 있는 둥지 위를 맴도는 것과 같다.

　성막은 하나님께서 땅위에 내려오심으로 완성된다. 그의 보좌에서부터 흐르는 물이 강을 이루며 땅을 적시고, 모든 땅은 회복된다. 그와같이 회복된 에덴동산에서 하나님은 백성에게 모든 좋은 것을 공급해 주신다. 또 백성은 하나님을 진정으로 섬긴다. 그것이 참 안식이며, 또 그것이 바로 참된 하나님의 나라이다.

　하나님 나라는 세 요소가 있어야 한다. 즉, 땅과 왕(권)과 백성이다. 나라의 목적은 복지 국가를 이루는 것이다. 참된 복지 국가의 완성, 이것이 성막이 바라본 궁극적인 목표였다. 그로서 성막의 모든 것이 완성된다. 그 완성을 계시록은 이렇게 묘사한다: "또 내게 말씀하시되 이루었도다 나는 알파와 오메가요 처음과 마지막이라"(계 21:6).

성막의 기본적인 의미인 '하나님 임재의 장소'가 발전되는 것을 다음과 같이
도표로 만들 수 있다.

에덴동산 →	성막(성전) →	① 예수님의 오심 ② 성령님의 오심 →	③ 하나님의 오심
(원형, original)	(그림자, 모형)	(이루어짐, fulfillment)	(종결, consummation)
하나님 나라의 원형	하나님 나라가 땅 위에 구현됨	하나님 나라의 성취	하나님 나라의 완성

참고 문헌

단행본

Brown, F., Driver, S. R. and Briggs, C. A., *Hebrew and English Lexicon of the OT*, 3rd ed. (Oxford: University Press, 1998).

Cassuto, U., *A Commentary on the Book of Exodus* (Jerusalem: The Magnes, 1967)

Childs, Brevard S., *The Book of Exodus* (Philadelphia: Wetminster, 1974).

Cornfeld, G. and Freedman, D. N., *Archaeology of the Bible* (Sanfrancisco: Harper & Row, 1976).

Cross, F. M., *Canaanite Myth and Hebrew Epic* (Cambridge: University Press, 1973).

Currid, John D., *Exodus* (Auburn, MA : Evangelical Press, 2000).

David, M., "The codex Hammurabi and its relation to the provisions of law in Exodus," *Oudteśtamentische Studien 7* (1950), 149-178.

Gispen, W. H., *Bible Student's Commentary: Exodus* (Grand Rapids: Zondervan, 1982),

Harrelson, Watler, *The Ten Commandmants and Human Rights* (Philadelphia: Fortress, 1980).

Hyatt, J. P., *The New Century Bible Commentary: Exodus* (Grand Rapids: Eerdmans, 1971).

Keil, C. R. & Delitzsch, F., *Commentary on the OT 1, the Pentateuch* (Grand Rapids: Eerdmans, 1976).

Kitchen, K. A., *The Bible and its world* (Downers Grove: IVP, 1977).

Kline, M. G. and Kitchen, K. A., *Treaty of the Great King* (1963), re-printed in M. G. Kline, *The structure of Biblical authority* (Grand Rapids: Eerdmans, 1975).

McCarthy, D. J., *Treaty and Covenant* (Rome: Analecta Biblica, 1963).

Mendenhall, G. E., *Law and Covenant in Israel and the Ancient Near East* (Western Pennsylvania: Presbyterian Board, 1955).

Noth, M., *Exodus* (The OT Library), trans. by J. S. Bowden (Philadelphia: Westminster, 1962).

Oppenheim, A. Leo, *Ancient Mesopotamia* (Chicago: Chicago University, 1964).

Park, J.E., *The Interpreter's Bible: The Book od Exodus* (NY: Abingdon, 1952).

Parke-Taylor, G. H., *Yaweh: The Divine Name in the Bible* (Waterloo, 1975).

Stuart, Douglas K., *Exodus* (Nashville: Broadman & Holman Publishers, 2006).

Vos, G., *Biblical Theology* (Grand Rapids: Eerdmanns, 1948).

기동연, 『레위기』 (서울: 생명의 양식, 2019).

더햄, 존, 『WBC 성경주석 3: 출애굽기』, 손석태 · 채천석 역 (서울: 솔로몬, 2011).

둠브렐, W. J., 『언약과 창조: 구약 언약의 신학』, 최우성 역 (서울: 크리스챤 서적, 1990).

둠브렐, W. J., 『언약신학과 종말론』, 장세훈 역 (서울: 기독교문서선교회, 2000).

말텐스, 엘머 A., 『하나님의 구원계획』, 김의원 역 (서울: 아가페문화사, 1991)

박철현, 『출애굽기 산책』 (서울: 솔로몬, 2014)

브라이트, 존, 『이스라엘의 역사, 상, 하』, 김윤주 역(서울: 분도출판사, 1978)

아이히로트, 발터, 『구약성서신학』, 박문재 옮김 (서울: 크리스챤 다이제스트, 1994).

우드, 레온, 『이스라엘의 역사』, 김의원 역 (서울: 기독교문서선교회, 1985)

카이저, 『구약성경신학』, 최종진 역 (서울: 생명의 말씀사, 1990)

칼빈, 존, 『출애굽기 주석』, 성서교재간행사 역 (서울: 성서교재간행사, 1982).

콜, 아란, 『틴델 구약주석: 출애굽기』, 장도선 역(서울: 기독교문서선교회, 1990), 75.

한정건, 『성경주석: 창세기』 (총회출판국, 2016).

소 논문

Driver, G. R., "The Original Form of the Name 'Yahweh': Evidence and Conclusion," *ZAW* 46(1928): 7-25.

Freedman, D. N., "YHWH", *TDOT*, vol V, 500~514.

Hyatt, J. P., "The Origin of Mosaic Yahwism," *The Teacher's Yoke*, Festschrift H. Trantham (Waco: Word, 1946), 85-93.

Lambdin, T. O., "Migdol", *Interpreter's Dictionary of the Bible vol 3*, edited by George Arthur Buttrick(Abingdon Press, 1962), 377.

Martin, W.J., "The law code of Hammurabi," in *Documents from OT times*, ed. D W. Thomas (NY: Harper & Row, 1958), 27-37.

McCullough, W. S., "Quail", *IDB*(1962) vol 3, 973.

Mendenhall, G. E., "Covenant forms in Israelite tradition," *BA 17*(1954): 50-76.

Mihelic, J. L. "Red Sea", *IDB* (1962) vol 4, 19-21.

Mihelic, J. L., "Sin, Wilderness of", *IDB* (1962) vol 4, 376.

Mowinckel, S., "The Name of the God of Moses," *HUCA 32*(1961): 121-33.

Payne, J. B., "Yahweh," in R. L. Harris & Others, ed. *Theological Wordbook of the OT* (Chicago: Moody Press, 1980), 210.

Wright, G.E., "Fresh evidence for the Philistine story," *BA* (1966) xxix: 70~86.

손석태, "여호와, 이스라엘의 전사," 『개신논집』 (서울: 개신대학원 대학교, 2005), 15.

한정건, "여호와 이름의 의미," 『개혁신학과 교회』 제14호 (천안: 고려신학대학원, 2003), 7-34.

한정건, "출애굽의 경로와 시내산 위치에 대한 고찰," 『개혁신학과 교회』, 제4호 (부산: 고려신학대학원, 1994), 7-36.

저자 **한정건** 박사

1976년 중앙대학교를 졸업하고(B.S.), 1979년에 고려신학대학원을 졸업하였다(M.Div). 미국 비블리칼 신학교를 거쳐(S.T.M.), 남아공 포쳅스트룸 대학교에서 박사학위를 취득하였다(Ph.D.). 1987년부터 고신대학교 구약학을 가르치다가, 1993년부터 2014년까지 고려신학대학원에서 구약학을 가르쳤다. 2009-2013년 동안 원장으로 섬겼다. 저서로는 『이사야의 메시아 예언 I: 임마누엘의 메시아』, 『이사야의 메시아 예언 II : 종의 노래』(CLC, 2006, 2012), 『창세기』(총회출판국, 2016) 등이 있으며 그 외 역서도 많이 있다.

출애굽기

초판1쇄	2022년 3월 18일

지은이	한정건
발행인	강학근
편집위원장	변종길
발간	고신총회 설립 60주년 성경주석간행위원회
	(위원 : 박영호, 김홍석, 안동철, 김정수, 권종오, 변종길, 신득일)
엮은곳	고신총회 설립 60주년 성경주석편집위원회
펴낸곳	대한예수교장로회 고신 총회출판국
후원	대구대은교회(담임목사 김덕오)
주소	서울특별시 서초구 고무래로 10-5(반포동)
전화	(02)592-0986~7
팩스	(02)595-7821
홈페이지	qtland.com
등록	1998년 11월 3일 제22-1443호

ISBN	978-89-5903-375-1 94230
	978-89-5903-298-3 94230(세트)